GRAETZ · GESCHICHTE DER JUDEN

GESCHICHTE DER JUDEN

VON DEN ÄLTESTEN ZEITEN
BIS AUF DIE GEGENWART

Aus den Quellen neu bearbeitet von
DR. H. GRAETZ

SIEBENTER BAND

Vierte verbesserte Auflage

Bearbeitet von Dr. J. Guttmann

GESCHICHTE DER JUDEN

VON MAIMUNIS TOD
(1205)
BIS ZUR VERBANNUNG DER JUDEN
AUS SPANIEN UND PORTUGAL
Erste Hälfte

Von

DR. H. GRAETZ

arani

Reprint der Ausgabe letzter Hand, Leipzig 1897

© arani-Verlag GmbH, Berlin 1998
Gesamtherstellung: Ebner Ulm
ISBN 3-7605-8673-2

Geschichte der Juden

von

den ältesten Zeiten bis auf die Gegenwart.

Aus den Quellen neu bearbeitet

von

Dr. H. Graetz,
weil. Prof. an der Universität und am jüdisch-theologischen
Seminar zu Breslau.

Siebenter Band.

Vierte verbesserte Auflage.

Leipzig,
Oskar Leiner.

Geschichte der Juden

von

Maimunis Tod
(1205)

bis zur

Verbannung der Juden aus Spanien und Portugal.

Erste Hälfte.

Von

Dr. H. Graetz,
weil. Professor an der Universität und am jüdisch-theologischen Seminar in Breslau.

Vierte verbesserte Auflage.

Bearbeitet
von
Dr. J. Guttmann
Rabbiner.

Leipzig,
Oskar Leiner.

Das Recht der Übersetzung in fremde Sprachen behält sich der Verfasser vor.

Geschichte der Juden

von

Maimunis Tod 1205

bis zur

Verbannung der Juden aus Spanien und Portugal.

Vorwort.

Der jüdische Stamm hatte trotz seiner staatlosen Existenz und atomistischen Zerstreuung eine organische Geschlossenheit und Einheit behauptet und in den drei Jahrhunderten von Saadia, dem ersten mittelalterlichen Religionsphilosophen, bis auf Maimuni, den großen Gedankenwecker, eine Höhe geistiger Freiheit sowie wissenschaftlicher und poetischer Fruchtbarkeit erklommen, die vergessen macht, daß diese Erscheinung im Mittelalter auftrat. Auf diese reiche geistige Erntezeit folgt ein eiskalter, schauriger Winter. Innere und äußere Vorgänge bieten einander die Hand, die jüdische Geschichte ihrer bisherigen Großartigkeit zu entkleiden und ihrem Träger, dem jüdischen Volke, eine abschreckende Knechtsgestalt aufzudrücken. Es sank von der himmelanstrebenden Höhe in das tiefste Elend.

Vermag ein Sohn der Gegenwart sich eine volle Vorstellung von den Leiden dieses Volkes zu machen, die es von der Zeit an erduldete, als das Papsttum und seine irregeleitete Herde von Fürsten und Völkern ihm den Schandfleck anhefteten, damit jeder grinsende Mund es anspeien, und jede Faust sich gegen es zum Schlage ballen sollte, bis zur Vertreibung der Juden aus der pyrenäischen Halbinsel und noch darüber hinaus, bis das Morgenrot der Völkerfreiheit auch ihm aufging? Nehmet allen Jammer zusammen, den weltliche und geistliche Despotie mit ihren Henkersknechten einzelnen und Nationen zugefügt haben; messet, wenn ihr's könnt, die Tränenströme, welche Menschen je über verkümmerte Existenz, über zertretenes Glück, über fehlgeschlagene Hoffnung vergossen haben; vergegenwärtigt euch die Martern, welche eine überreizte Phantasie in den tausend und aber tausend Heiligenlegenden zum Seelen-

schauer der Gläubigen ausgemalt hat, ihr erreicht noch nicht den ganzen
Umfang des Elends, welches das Märtyrervolk mehrere Jahrhunderte
hindurch still, mit flehentlicher Duldermiene erfahren hat. Als wenn sich
alle Mächte der Erde verschworen hätten — und sie hatten sich wirklich
dazu verschworen — den jüdischen Stamm aus dem Kreise der Menschen
zu vertilgen oder ihn in eine vertierte Horde zu verwandeln, so haben sie
ihm zugesetzt. Zu den Wunden, den Faustschlägen, den Fußtritten, den
Scheiterhaufen kam noch der Hohn hinzu. Und dieselben, welche Schmach
und Tod über Israel verhängten und es in den Straßenkot schleiften, erkannten s e i n e n hohen Ursprung an, verherrlichten s e i n e Vergangenheit, stellten s e i n e Propheten und Gottesmänner neben ihre „Heiligen",
sangen s e i n e Lieder in ihren Gotteshäusern, schöpften aus s e i n e r
Lehre Erfrischung und Trost, eigneten sich aber alle diese Herrlichkeiten
an, als wenn es ihr Ureigentum wäre. Sie rissen dem jüdischen Volke die
Krone vom Haupte, setzten sie sich auf und beerbten den Lebendigen. Diese
Jammerszenen darf die Geschichte nicht verschweigen, muß sie vielmehr
vorführen und veranschaulichen, nicht um den Enkeln der gehetzten
Schlachtopfer einen Stachel in die Brust zu senken und die Rachegeister
wachzurufen, sondern um für die Duldergröße dieses Volkes Bewunderung zu erwecken und die Tatsache zu bezeugen, daß es, wie sein Urahn,
mit Göttern und Menschen kämpfte und Sieger blieb.

Hand in Hand mit dieser Entwürdigung und Knechtung ging die
geistige Verkümmerung. Die prangenden Blätter und Blüten eines herr-
lichen Geistesaufschwunges fielen nach und nach zu Boden und ließen
einen rauhen, rissigen Stumpf zum Vorschein kommen, umsponnen von
häßlichen Fäden einer entgeistigten Überfrömmigkeit, einer sinnverwirrenden Geheimlehre und von Auswüchsen aller Art. Die sprudelnde
Springquelle weiser Gedanken und tiefempfundener Lieder versiegte allmählich, der lustig hüpfende Herzschlag einer erhöhten Stimmung ermat-
tete; Gedrücktheit und Dumpfheit des Geistes stellten sich ein. Persönlichkeiten von bestimmender und tonangebender Bedeutung und von
Gewicht verschwanden, als hätte sich die geschichtliche Zeugungskraft in
den Jahrhunderten von Saadia bis Maimuni in Hervorbringung von
Größen erschöpft. Statt der Schöpferkraft, die neue orginelle Geisteserzeugnisse ins Leben ruft, wird immer mehr der Trieb vorherrschend,
das Vorhandene zu erhalten und zu pflegen. Die Gedankenlosigkeit
nimmt zu, und die Denker, welche in der nachmaimunischen Zeit hin und

wieder auftauchen, schlagen selten einen eigenen Weg ein, sondern klammern sich an das Gegebene an oder geraten in falsche Bahnen. Die Wissenschaft behält zwar noch lange Zeit innerhalb der Judenheit ihre Priester und Pfleger, aber sie sinkt allmählich zum bloßen Handwerk herab. Die Zahl der Übersetzungen und Auslegungen der bereits vorhandenen Literatur übersteigt bei weitem die selbständigen Erzeugnisse. Der Schmach von außen entspricht der Verfall im Inneren.

So eintönig auch der Geschichtsverlauf in der Zeitperiode vom Tode Maimunis bis zur Wiederverjüngung des jüdischen Stammes ist, so ist doch in ihr eine Art Fortschritt zu erkennen. Die äußere Geschichte beginnt mit der s y s t e m a t i s c h e n Erniedrigung der Juden, mit der k o n s e q u e n t e n Durchführung ihrer Ausschließung von allen Ehrenbahnen und aus der christlichen Gesellschaft. Die Entehrung steigert sich bis zur allgemeinen Judenmetzelei infolge des schwarzen Todes. Zu den alten Lügen wird eine neue hinzugefügt, von der Brunnen- und Luftvergiftung, welche die Juden zum Gegenstande des allgemeinen Abscheues machte. Und als Schlußakt zu diesem Schauerdrama bereitet sich vor die Verbannung der Juden aus der pyrenäischen Halbinsel, ihrem dritten Vaterlande nächst Judäa und Babylonien.

Die innere Verkümmerung nahm ebenfalls einen stufenmäßigen Gang. Sie beginnt mit dem Kampfe der Buchstabengläubigkeit gegen die philosophische Klärung des Judentums, schreitet fort bis zur Achtung jeder Wissenschaft von seiten der gedankenlosen Rechtgläubigkeit und der kabbalistischen Geheimlehre und spitzt sich in die Ausprägung der alleinseligmachenden Unwissenheit zu. So werden schöpferische Gedanken, die sonst im Judentum ihre Geburtsstätte hatten oder aufmerksame Pflege fanden, aus diesem Kreise gebannt. Freie Denker, wie G e r s o n i d e s , N a r b o n i , C h a s d a ï C r e s c a s und E l i a d e l M e d i g o werden immer seltener und kommen in den Geruch der Ketzerei. Selbst die verflachende Richtung der A l b o s und A b r a b a n e l s , die sich dem Bestehenden in aller seiner Entartung anschließen und ihm das Wort reden, wird nicht gern gesehen. Das Bibelwort verliert seine erfrischende und hebende Kraft, weil es durch die eingewurzelte Verkehrtheit des Geistes nicht die Wahrheit, sondern den Irrtum widerspiegelt und bestätigt. Wäre nicht der Talmud für sämtliche Juden in Ost und West, in Süd und Nord das heilige Banner gewesen, um das sich alle scharten, so wären sie dem Geschicke verfallen, das ihre Feinde ihnen zugedacht hatten;

der Talmud schützte sie vor geistiger Stumpfheit und sittlicher Verkommenheit.

Diese Periode der rückläufigen Bewegung zur Unkultur und des allmählichen Verfalls in der jüdischen Geschichte zerfällt in drei Epochen:

Erste Epoche: Von Maimunis Tod bis zum Beginne der systematischen Erniedrigung der Juden in Spanien, 1205—1370.

Zweite Epoche: Von dieser Zeit bis zur Vertreibung der Juden aus der pyrenäischen Halbinsel samt ihren Nachwehen, 1370—1496.

Dritte Epoche: Von dieser Zeit bis Mendelssohn oder bis zum Beginne der Emanzipation und der Wiederverjüngung der Juden, 1496 bis 1750.

Inhalt.

Dritte Periode des dritten Zeitraumes.
Die Periode des allmählichen Verfalls.

Erstes Kapitel.

Seite

Neue Stellung der Juden in der Christenheit. Lücke nach Maimunis Tod. Abraham Maimuni und Joseph Ibn-Aknin. Das Papsttum im Kampfe gegen das Judentum, Innocenz III. und die Albigenserverfolgung. Auswanderung vieler Rabbinen nach Palästina. Das große Laterankonzil und der Judenflecken. Die Mainzer Rabbinersynode. Die Dominikaner und der Anfang der Inquisition. Der König Jayme von Aragonien und sein Leibarzt Bachiel. Die Gemeinde von Mallorka. Die Juden in Ungarn. (1205—1232) . . . . 1—27

Zweites Kapitel.

Die innere Parteiung und ihre Folgen. Die Gegnerschaft gegen Maimuni. Die Parteiung der Maimunisten und Antimaimunisten. Meïr Abulafia und sein Vater Todros. Aaron ben Meschullam aus Lünel. Scheschet Benveniste. Simson von Sens. Daniel ben Saadia. Joseph ben Aknins und Abraham Maimunis verschiedener Charakter. Die religiöse Lauheit und die Stocktalmudisten. Salomo von Montpellier und seine Jünger. Ihr Bannstrahl gegen die maimunischen Schriften. Die Parteinahme der nordfranzösischen Rabbinen. Die südfranzösischen Gemeinden für Maimuni. David Kimchis Eifer für Maimuni. Nachmani, seine Charakteristik und seine Hauptlehren. Sein Verhältnis zu Maimuni, Ibn-Esra und der Kabbala. Seine Parteinahme in dem Streite für und gegen Maimuni. Bachiel Alkonstantini und die Saragossaner Gemeinde. Toledo und Ibn-Alfachar. Die satirischen Pfeile für und gegen. Der Dichter Meschullam En-Vidas Dafiera. Samuel Saporta. Wandlung der französischen Rabbinen. Nachmanis Vermittelung in dem Streite. Salomos Verzweiflung, er verbindet sich mit den Dominikanern und der Inquisition. Die Angeber und ihre Strafe. Mose von Couch . . . . 28—58

Drittes Kapitel.

Die Geheimlehre der Kabbala. Junger Ursprung der Kabbala. Isaak der Blinde und seine Jünger Asriel, Esra und Jehuda ben Jakar. Die Vorbedingungen zur Entstehung der Kabbala. Ihr Lehrinhalt. Der En-Sof und die zehn Sefirot. Die Seele und ihre überweltliche Kraft. Die Anwendung der Kabbala auf das praktische Judentum. Die Vergeltungslehre und die Seelenwanderung. Die Messiaszeit und die künftige Welt. Jakob ben Scheschet Gerundi. Gerona, Ursitz der Kabbala. Das kabbalistische Buch Bahir. Nachmani, Parteigänger der Geheimlehre. Die deutschen Kabbalisten Eleasar von Worms und sein Jünger Menahem. Letztes Aufflackern der neuhebräischen Poesie. Der satirische Roman, Alcharisi, Joseph ben Sabara und Jehuda ben Sabbatai. Der Fabeldichter Berachja-Crispia. Das Buch Jaschar. Joseph Ezobi. Ibrahim Ibn-Sahal. Verfall der Wissenschaften . . . . 59—82

Viertes Kapitel.

Verfängliche Disputationen und Scheiterhaufen für den Talmud. Überhardnehmende Verfolgung der Juden. Papst Gregors IX. Milde gegen die Juden um Geldbestechung. Kaiser Friedrich II. und seine jüdischen Hofgelehrten, Jehuda Ibn-Matka und Jakob Anatoli. Seine Engherzigkeit gegen Juden. Das Judenstatut Friedrichs von Österreich. Die Märtyrer von Fulda und des Kaisers Dekret. Die Märtyrer von Aquitanien und der Papst Gregor IX. Judenfeindlichkeit des französischen Königs Ludwig des Heiligen. Verschwörung gegen den Talmud. Der Apostat Nikolaus Donin. Verurteilung des Talmuds. Disputation am französischen Hofe zwischen R. Jechiel von Paris und Nikolaus Donin. Der erste Scheiterhaufen für den Talmud in Paris. Die Reue des Jona Gerundi. Juden und Mongolen. Die Märtyrer von Frankfurt a. M. Die Rabbinersynode. Die Kirche gegen die Praxis der jüdischen Ärzte. Mose Ibn-Tibbon und Schem-Tob Tortosi. Die päpstliche Bulle zugunsten der Juden gegen die Blutanklagen. Neue Verurteilung des Talmuds. Vertreibung der Juden aus einem Teile Frankreichs und ihre Rückkehr. Die letzten französischen Tossafisten, Samuel von Falaise, Eliëser von Touques, Mose von Evreux, Isaak und Perez von Corbeil. Die Juden Englands. Die Großrabbinen; das jüdische Parlament. Die Juden in Spanien. Die Gemeinde von Sevilla. Meïr de Malea und seine Söhne. Alfonso der Weise. Die jüdischen Astronomen Don Juda Kohen und Don Zag Ibn-Said an seinem Hofe. Seine judenfeindlichen Gesetze. Die Juden in Aragonien. Der Dominikaner-General de Penjaforte und der Apostat Pablo Christiani. Nachmani und die Religionsdisputation in Barcelona. Pablo Christianis Missionsreisen und neue Anklagen gegen den Talmud. Die erste Talmud-Zensur. Nachmani veröffentlicht den

Vorgang bei der Disputation und wird vom Papst und König verfolgt. Seine Auswanderung nach Palästina. Die Mongolen und ihre Verheerungen im heiligen Lande. Nachmanis Trauer über die Verödung. Seine letzten Leistungen, sein Einfluß und sein Tod. Tanchum von Jerusalem. Die Karäer. Der Fürst Abulfadhel Salomo und Aaron ben Jehuda aus Konstantinopel . . . . 83—134

Fünftes Kapitel.

Das Zeitalter Ben-Adrets und Ascheris. Neue Märtyrer in Deutschland. Die letzte Judenfeindlichkeit Ludwigs des Heiligen und die erste seines Sohnes. Die Juden in Ungarn und Polen. Das Ofener Konzil. Die Juden Spaniens. Alfonso der Weise und Don Zag de Malea. Don Sancho und die Judensteuer. Seelenzahl der kastilianischen Gemeinden. Die Juden Portugals. Salomo Ben-Adret, sein Charakter und sein Ansehen. David Maimuni und die ägyptischen Gemeinden. Aaron Halevi. Raymund Martin gegen das Judentum. Ben-Adret als Apologet. Neue Bewegung gegen die maimunische Richtung. Mose Taku. Meïr von Rothenburg. Salomo Petit und seine Wühlereien gegen Maimunis Schriften. Der Exilarch Jischaï ben Chiskija. Die italienischen Juden. Die jüdischen Leibärzte Farag und Maëstro Gajo. Die rabbinischen Autoritäten Italiens, Jesaja de Trani und andere. Die gelehrte Frau Paula. Hillel aus Verona. Serachja ben Schaltiel. Neue Verketzerung der maimunischen Schriften in Akko. Heftige Reibungen in Akko durch die Exilsfürsten gedämpft. Salomo Petit gebrandmarkt . . . . 135—168

Sechstes Kapitel.

Das Zeitalter Ben-Adrets und Ascheris. (Fortsetzung.) Kaiser Rudolf von Habsburg und die Juden. Die Auswanderung der Juden aus der Rheingegend mit R' Meïr von Rothenburg. Der Großkhan Argun und sein Staatsmann Saad-Addaula. Die Haft des Meïr von Rothenburg und die Konfiszierung der Liegenschaften der ausgewanderten Juden. Leiden der Juden in England. Der Dominikaner-Proselyt Robert de Redingge und die Folgen seines Übertritts zum Judentume. Vertreibung der Juden aus England und der Gascogne. Saad Abdaulas Erhöhung und Sturz. Unglückliche Folgen seines Sturzes für die morgenländischen Juden. Der Untergang Akkos. Isaak von Akko . . . . 169—186

Siebentes Kapitel.

Fortbildung der Kabbala und Achtung der Wissenschaft. Die Kabbala und ihre Fortschritte. Todros Halevi und seine Söhne.

Seite

Abraham Bedaresi, der Dichter. Isaak Allatif und seine kabbalistische Lehre. Abraham Abulafia, seine Schwärmereien und seine Abenteuer; sein Auftreten als Messias. Ben-Adret, sein Gegner. Die Propheten von Ayllon und Avila. Ben-Adret und der Prophet von Avila. Joseph G'ikatilla und sein kabbalistischer Wirrsal. Der Betrüger Mose de Leon. Die Fälschungen der Kabbalisten. Die Entstehung des Sohar. Sein Lehrinhalt und seine Bedeutung. Die Allegoristen und Afterphilosophen, Schem-Tob Falaquera und seine Leistungen. Isaak Albalag und seine Bedeutung. Levi aus Villefranche und sein Einfluß. Samuel Sulami und Meïri. Abba Mari und sein übertriebener Eifer. Jakob ben Machir Profatius und die Streitigkeiten um die Zulässigkeit der Wissenschaften. Ascheri und seine Einwanderung in Spanien. Die Judenverfolgung in Deutschland durch Rindfleisch. Ascheris gewaltiger Einfluß. Bann und Gegenbann. Der Dichter Jedaja Bedaresi . . . 187—242

Achtes Kapitel.

Die erste Vertreibung der Juden aus Frankreich und ihre Folgen. Philipp der Schöne und sein despotischer Erlaß. Eigentümliche Vorliebe des deutschen Kaisers für die Juden. Vollständige Ausplünderung und Vertreibung. Das Leid der Ausgewiesenen. Estori Parchi; Aaron Kohen. Die Klagen des Dichters Bedaresi. Elieser aus Chinon, der Märtyrer. Die öftere Rückkehr und Ausweisung der französischen Juden. Fortsetzung des Streites für und gegen wissenschaftliche Studien nach der Verbannung. Abba-Mari wiederum im Streite mit den Gegnern. Ascheris Übergewicht. Ben-Adrets Tod. Die strengrabbinische Richtung in Spanien. Isaak Israeli II. Der Günstling Samuel und die Königin Maria de Molina. Ihr Schatzmeister Don Mose. Der Regent Don Juan Emanuel und sein Günstling Jehuda Ibn-Wakar. Zurückberufung der Juden nach Frankreich. Die Hirtenverfolgung in Frankreich und Nordspanien. Anschuldigung der Verleitung zur Brunnenvergiftung durch Aussätzige und Verfolgung in Frankreich. Ausweisungen und Verhaftungen; Meles de Marseille und Astruc de Noves. Die römischen Juden. Wohlwollen des Königs Robert von Neapel für Juden. Gehobenheit der italienischen und namentlich der römischen Juden. Die römische Gemeinde und Maimunis Mischnahkommentar. Gefahr der römischen Juden. Der Papst und seine Schwester. Rettung der Juden. Kalonymos ben Kalonymos, seine literarischen Leistungen und seine Satiren. Immanuel, der satirische Dichter, und Dante. Der Dichter Jehuda Siciliano. Leone Romano und der König Robert. Schemarja Ikriti und König Robert. Versöhnungsversuch zwischen Rabbaniten und Karäern. Stand des Karäismus. Aaron der Ältere und das karäische Gebetbuch . . . . 243—281

Neuntes Kapitel.

Zeitalter der Ascheriden und des Gersonides. Zustand Palästinas, die Pilger und die Einwanderer. Schem-Tob Ibn-Gaon, Isaak Chelo und Meïr Albabi. Günstige Lage der Juden in Kastilien unter Alfonso XI. Verfolgung in Navarra. Joseph de Ecija und Samuel Ibn-Wakar. Anstrengung der Judenfeinde. Abner-Alfonso von Burgos, Konvertit und Ankläger gegen die Juden. Der Judenfresser Gonzalo Martinez. Untergang der jüdischen Höflinge Joseph de Ecija und Ibn-Wakar. Sturz des Martinez und Rettung der Juden. Verfall der Wissenschaften und Entgeistung des Talmudstudiums. Jakob und Jehuda Ascheri, Simson von Chinon. Isaak Pulgar, David Ibn-Albilja. Die provenzalischen Philosophen Ibn-Kaspi, Leon de Bañolas und Vidal Narboni. Verfall des Talmudstudiums in Deutschland. Kaiser Ludwig der Bayer und die Juden. Die Verfolgung durch Armleder . . . . 282—330

Zehntes Kapitel.

Der schwarze Tod. Die lügenhafte Beschuldigung der Wasservergiftung. Gemetzel in Südfrankreich und Katalonien. Die judenfreundliche Bulle des Papstes Clemens VI. Geständnisse von Juden am Genfersee durch die Folter erpreßt. Gemetzel in allen deutschen Gauen. Die Geißler als Geißel für die Juden. König Kasimir von Polen. Verfolgung in Brüssel. Beratungen in Barcelona zur Verbesserung der Lage . . . . 331—353

Elftes Kapitel.

Die Macht der kastilianischen Juden unter Don Pedro. Der schwarze Tod in Toledo. Günstige Lage der Juden unter Don Pedro. Der jüdische Troubadour Santob de Carrion. Der Finanzminister Don Samuel Abulafia. Parteinahme der Juden gegen die Königin und für Maria de Padilla. Die prachtvolle Synagoge in Toledo. R' Nissim Gerundi. Don Samuels Tod unter der Folter. Der Bruderkrieg. Parteinahme der Juden für Don Pedro. Unsägliche Leiden der Juden. Aufreibung der Toledaner Gemeinde. Don Pedros Tod, ein Wendepunkt in der jüdischen Geschichte . . . . . . 354—374

Noten . . . . 375—454
Register . . . . 455—463

Dritte Periode des dritten Zeitraumes.
Die Periode des allmählichen Verfalls.

Erstes Kapitel.

Neue Stellung der Juden in der Christenheit.

Lücke nach Maimunis Tod. Abraham Maimuni und Joseph-Ibn-Aknin. Das Papsttum im Kampfe gegen das Judentum, Innocenz III. und die Albigenserverfolgung. Auswanderung vieler Rabbinen nach Palästina. Das große Lateankonzil und der Judenflecken. Die Mainzer Rabbinersynode. Die Dominikaner und der Anfang der Inquisition. Der König Jahme von Aragonien und sein Leibarzt Bachiel. Die Gemeinde von Mallorka. Die Juden in Ungarn.

(1205—1232).

Wenn Maimuni, der gedankenreichste Rabbiner und der tiefreligiöse Philosoph, die Mittagshöhe in der mittelalterlich-jüdischen Geschichte bildet, so fingen mit seinem Tode alsbald die Schatten sich zu neigen an. Allmählich nimmt der Sonnenschein in ihr ab und macht einem unheimlichen Düster Platz. Seine Hinterlassenschaft an anregenden Gedanken erzeugte eine tiefgreifende Entzweiung, welche die Judenheit oder deren Führer in zwei feindliche Lager spaltete und eine schwächende Parteiung zu Wege brachte, die den Angriffen feindlicher Mächte nach allen Seiten Blößen darbot. Die Kirche mit ihrem immer mehr überhandnehmenden Eifer mischte sich in die Parteiung des Judentums ein und wendete gegen die ihr lästige Synagoge bald verführerische Lockmittel, bald abschreckende Brandmarkung, bald geheimes Gift, bald loderndes Feuer an. Maimunis Tod und die Allgewalt des Papstes Innocenz III. waren zwei Unglücksfälle für die Judenheit, die sie nach und nach von der Höhe in die tiefste Niedrigkeit versetzten.

Maimunis Hinscheiden ließ nicht bloß eine Lücke und einen Stillstand in dem geistigen Aufstreben der Juden eintreten, sondern machte sie auch verwaist an einem würdigen und kräftigen Führer, der die überallhin Zerstreuten unter einer geistigen Fahne hätte sammeln können. Ihm hatten sich die Gemeinden in Ost und West freiwillig untergeordnet. Er hatte für alle Verlegenheit klugen Rat; nach seinem Heimgange dagegen stand die Judenheit ohne Führer und das Judentum ohne Autorität da. Wohl erbte sein Sohn **Abulmeni Abraham Maimuni** (geb. 1185, st. 1254)[1]) die tiefe Religiosität seines Vaters, dessen friedlich versöhnlichen Charakter, die hohe Würde als Oberhaupt (Nagid) der ägyptischen Judenheit und die Stellung als Hofarzt bei Saladins Nachkommen; aber sein Geist und seine Tatkraft waren nicht auf ihn übergegangen. Abraham Maimuni verstand die Arzneikunde, war Leibarzt des Sultans **Altamel**, eines Bruders Saladins, und stand mit dem berühmten arabischen Literaturgeschichtsschreiber **Ibn-Abi Osaibija** dem Hospital von Kahira vor[2]). Er war ebenfalls talmudkundig, wehrte die Angriffe auf die Gelehrsamkeit seines Vaters mit talmudischen Waffen ab und erließ rabbinische Gutachten. Er war auch philosophisch gebildet und verfaßte in diesem Sinne ein Werk zur Versöhnung der Agada mit dem philosophischen Zeitbewußtsein (**Kitab Alkafia**). In diesem Werke zeigte Abraham Maimuni bei aller Verehrung für jeden Ausspruch im Talmud auch einen freisinnigen Geist in Beurteilung agadischer Sentenzen und Erzählungen. Er gibt zu, daß sie zum Teil als phantastischer Ausschmuck, poetische Einkleidung oder gar als Übertreibungen zu betrachten seien[3]). Allein Abraham Maimunis ganzes Wissen war mehr angelerntes Geisteseigentum als ursprüngliche Gedanken. Er folgte mit sklavischer Treue den Fußstapfen seines großen Vaters und eignete sich dessen Denkweise gewissermaßen mit Aufgeben des Selbstdenkens an. Nicht weil es die Wahrheit war, sondern weil der von ihm als Erzeuger und Lehrer so hoch Verehrte es so und so angeschaut hatte, machte Abraham das maimunische Lehrsystem zu seinem eigenen. Daher erscheint, was beim Vater ergreifende Originalität ist, beim Sohn als abgeblaßte Kopie und nichtssagender Gemeinplatz. Abraham Maimuni genoß zwar Hochachtung in der Nähe und Ferne, aber Einfluß gewinnende und maßgebende Autorität war er keineswegs.

Noch weniger war Maimunis Lieblingsjünger **Joseph Ibn-Aknin**, der seinen Meister um mehr als zwei Jahrzehnte überlebte,

---

[1]) Sein Geburts- und Todesjahr gibt sein Enkel an (bei Deï Rossi, Meor Enajim c. 25 und in Goldbergs Einleitung zu Abrah. Maim. Responsen, Birchat Abraham); sein Todesjahr setzt Ibn-Abi Osaibija (bei de Sacy, Abdellatif p. 490 ins Jahr 640 Hegira, d. h. 1254.

[2]) Bei de Sach a. a. O.

[3]) Ein Fragment aus Alkafia in Kerem Chemed II, p. 8 ff.

geeignet, Mittelpunkt der Judenheit zu werden. Obwohl der große
Lehrer die Hand auf dessen Haupt gelegt, ihm seinen Geisteinge eflößt
und ihn mit seinem Gedankenreichtum erfüllt hatte, so blieb Ibn-
Aknin doch nach Maimunis Tod wie bei dessen Leben nur eine
untergeordnete Erscheinung. Er nahm am Hofe des Sultans Azzahir
Ghasi von Damaskus eine hohe Stellung ein. Reich geworden
durch eine Reise in das Morgenland bis nach Indien, hatte er ein
Gut erworben, hielt Vorlesungen über Medizin und Philosophie und
war Leibarzt bei einem von Saladins Söhnen. Mit dem Wesir und
Schriftsteller Alkifti war Ibn-Aknin so innig befreundet, daß beide
einen Pakt schlossen, daß der von ihnen zuerst Verstorbene dem Überlebenden Nachricht von der jenseitigen Welt geben sollte. Ibn-Aknin
schrieb auch viel und vielerlei über Arzneikunde, Moralphilosophie und
Talmud¹). Allein auch er hatte keinen schöpferischen Geist, besaß auch
nur angelerntes Wissen und konnte darum keinen Führer abgeben.
Ohnehin hatte ihm auch sein heftiges Temperament und sein barsches,
rechthaberisches Auftreten für seinen Lehrer viele Feinde zugezogen,
und sein Wirkungskreis reichte kaum über seinen Wohnort hinaus.
Die übrigen unmittelbaren Jünger Maimunis hatten noch weniger
Bedeutung, und ihre Namen sind daher spurlos verklungen. — Ebensowenig wie in Asien gab es nach Maimunis Tod in Europa Männer
von gewaltiger Anziehungskraft. Es traten nur örtliche, aber keine
allgemein anerkannten Autoritäten auf. Wohl zählte die jüdische
Provence und das jüdische Spanien viele gelehrte Männer, aber keine
die Zeit beherrschenden Charaktere. Es fand sich damals, als schlimme
Zeiten eintraten, kein Mann, der sich vor den Riß hätte stellen können,
um ein gewichtiges Wort zur rechten Stunde zu sprechen und den
schwankenden Gemütern den rechten Weg vorzuzeichnen. Wäre ein
Mann von Maimunis Geist und Charakter sein Nachfolger geworden,
so hätte weder die Zwiespältigkeit zwischen Denkgläubigen und Buch-
stabengläubigen so tiefe Zerstörungen anrichten, noch die verderbliche
Mystik die Gemüter in ihren Bannkreis ziehen können.

Zu dieser Verwaistheit des Judentums im Anfange des dreizehnten
Jahrhunderts trat hinzu die Feindseligkeit eines Übermächtigen gegen
dasselbe. Der Papst Innocenz III. (1198 bis 1216), von dem alle
Übel stammen, an denen die europäischen Völker bis zur lutherischen

---

¹) Vgl. über Ibn-Aknin Munk, Notice sur Joseph ben Jehouda und
Ersch und Gruber, Sektion II, T. 31, p. 50 ff. und über seine Verwechselung
mit einem namensverwandten Zeitgenossen, Neubauer in Frankel-Graetz
Monatsschr., Jahrg. 1870, S. 348 ff.

Reformation litten, die tyrannische Gewalt der römischen Kirche über Fürsten und Völker, die Knechtung und Verdummung der Geister, die Verfolgung der freien Forscher, die Einführung der Inquisition, die Scheiterhaufen für Ketzer, d. h. für solche, welche an der Unfehlbarkeit des römischen Bischofs zu zweifeln sich unterfingen; dieser Papst Innocenz III. war auch ein erbitterter Feind der Juden und des Judentums und hat ihnen tiefere Wunden geschlagen, als sämtliche vorangegangenen Widersacher. Dem allmächtigen Kirchenfürsten im Vatikan, der Könige ein- und absetzte, Kronen und Länder verteilte und durch seine Armee von päpstlichen Legaten, Spionen, Dominikaner- und Franziskaner-Mönchen mit ihrer blutdürstigen Frömmigkeit ganz Europa vom Atlantischen Meere bis Konstantinopel und vom Mittelmeere bis zur Eisregion knechtete, ihm war das Häuflein Juden ein Dorn im Auge, weil diese Handvoll Menschen mit ihrem klaren Verstande, ihrem geläuterten Glauben, ihrer sittlichen Kraft und ihrer überlegenen Bildung ein stiller Protest gegen die römische Anmaßung war. Im Anfang seiner Regierung schien Innocenz, gleich seinen Vorgängern, die Juden zwar nicht gerade begünstigen, aber doch vor Unbill beschützen zu wollen. Da Ansammlungen zu neuen Kreuzzügen gegen das seit Saladins Tod geschwächte Sultanat von Ägypten, welches im Besitz der heiligen Stadt war, an der Tagesordnung waren, und die Kreuzzügler durch erhaltenen Sündenerlaß sprechen durften: „Wir dürfen Verbrechen begehen, weil wir durch den Empfang des Kreuzes sündenfrei sind, ja noch die Seelen der Sünder aus dem Fegefeuer erlösen können," so waren Judenhetzen wiederum an der Tagesordnung, wie auch gewaltsame Taufe, Plünderung, Meuchelmorde. Die Juden bedurften eines besondern Schutzes und wandten sich daher an Innocenz, der Gewalttätigkeit der Kreuzfahrer zu steuern. Gnädig bewilligte er ihnen (Sept. 1199), was auch der Führer einer anständig organisierten Bande nicht versagen würde. Die Juden sollten nicht mit Gewalt zur Taufe geschleppt, nicht ohne richterliche Erkenntnis beraubt, verletzt oder getötet, in ihren Festzeiten nicht durch Peitschen oder Steinwürfe aufgestört werden, und endlich sollten ihre Begräbnisplätze respektiert, ihre Leichname nicht ausgegraben und geschändet werden[1]). So entartet war die Christenheit geworden, daß solche Gesetze, eine solche Konstitution für die Juden (Constitutio Judaeorum), erst erlassen werden mußten, und so verblendet waren ihre Führer, daß das Oberhaupt der Kirche diese Bestimmungen nicht

---

[1]) Epistolae Innocentii III. ed. Baluz, T. I, 540, No. 302.

aus dem einfachen Gefühl der Billigkeit und Menschlichkeit traf, sondern aus der verkehrten Anschauung heraus, die Juden dürften nicht ausgerottet, sondern müßten erhalten werden, damit sich an ihnen einst das Wunder ihrer allgemeinen Bekehrung zu Jesus erfüllen könnte.

Die Juden, welche, durch eine tausendjährige Erfahrung gewitzigt, ihre Feinde und Freunde hinter Masken zu erkennen vermochten, täuschten sich keineswegs über Innocenz' wahre Gesinnung gegen sie. Als Don Pedro II., König von Aragonien, von seiner Romfahrt heimkehrte (Dez. 1204), wo er sich vom Papste zum König salben und krönen und sein Land vom Petristuhl zu Lehen geben ließ, waren die aragonischen Gemeinden in großer Angst, was ihnen bevorstehen würde. Don Pedro hatte schwören müssen, die Ketzer in seinem Lande zu verfolgen, die Freiheiten und Rechte der Kirche zu schützen und dem Papst Gehorsam zu leisten. Wie, wenn die Freiheit der Kirche so ausgelegt würde, daß die Juden aus dem Lande gejagt oder zu Leibeignen erniedrigt werden sollten? Die aragonischen Juden befürchteten so etwas, wandten sich in inbrünstigen Gebeten zu ihrem Gotte, veranstalteten einen allgemeinen Fasttag und zogen dem heimkehrenden König mit der Thorarolle entgegen[1]). Ihre Angst war aber diesmal grundlos. Don Pedro, welcher es mit seinem Gehorsam gegen den Papst nicht so gar ernstlich nahm und nur die Befestigung seiner Macht im Auge hatte, dachte an keine Judenverfolgung. Auch konnte er die Juden in seiner regelmäßigen Geldverlegenheit nicht entbehren; er war ihr Schuldner geworden.

Innocenz überwachte aber mit eifersüchtigem Auge die Fürsten, daß sie den Juden ja nichts mehr als das nackte Leben gönnen sollten. Dem französischen König Philipp August, dem Erzfeind der Juden, der sie gequält, geplündert, aus seinem Lande gejagt, gehetzt, und nur aus Trotz und Geldverlegenheit sie wieder zurückgerufen hat (B. VI$_3$, 207 bis 211), machte der Papst (Januar 1205) Judenfreundlichkeit zum Vorwurfe! Es verletze sein Auge, schrieb er an denselben, daß manche Fürsten die Söhne der Kreuziger den Miterben des gekreuzigten Christus vorzögen, als wenn der Sohn von der Sklavin Erbe des Sohnes von der Freien sein könnte. Es sei ihm zu Ohren gekommen, daß in Frankreich die Juden durch Wucher die Güter der Kirche und die Besitzungen der Christen an sich gezogen hätten, daß sie gegen den Beschluß des Laterankonzils unter Alexander III. (B. VI$_3$, 237) christliche Diener und Ammen in ihren Häusern hielten, daß ferner Christen nicht als

---

[1]) Hebräische Chronik in Band VI$_3$, S. 337, Nr. 15.

Zeugen gegen Juden zugelassen würden, ebenfalls gegen den Beschluß desselben Konzils, daß die Gemeinde von S e n s eine neue Synagoge erbaut hätte, welche höher als die Kirche der Nachbarschaft angelegt sei, und in welcher nicht, wie vor der Vertreibung, leise, sondern so laut gebetet würde, daß dadurch der kirchliche Gottesdienst gestört sei. Innocenz tadelte endlich den König von Frankreich, daß er den Juden zu viel Freiheit lasse und daß sie sich herausnehmen dürften, in der Osterwoche auf den Straßen und in den Dörfern zu erscheinen, die Gläubigen wegen ihrer Verehrung eines gekreuzigten Gottes zu verspotten und vom Glauben abtrünnig zu machen. Er wiederholte mit Entrüstung die teuflische Verleumdung, daß die Juden heimlich Meuchelmord an Christen begingen. Gegen die öffentliche, täglich sich wiederholende Judenschlächterei hatte das Oberhaupt der Kirche kein so scharfes Wort. Er ermahnte darauf Philipp August, wahren Christeneifer zur Unterdrückung der Juden zu bewähren, und vergaß dabei nicht zu erinnern, die Ketzer in seinem Lande zu vertilgen[1]). Juden und Ketzer ließen dem geistlichen Beherrscher Europas keine Ruhe. — In demselben Jahre (Mai 1205) schrieb Innocenz auch einen scharfen Hirtenbrief an den König von Kastilien, A l f o n s o den Edlen, weil dieser, ein Gönner der Juden, nicht zugeben mochte, daß die Geistlichen mohammedanische Sklaven der Juden mit Gewalt durch die Taufe ihnen entziehen, von den Feldern der Juden und Mohammedaner den Zehnten eintreiben sollten. Er drohte dem stolzen spanischen König mit der kirchlichen Zensur, wenn er fortfahren sollte, die Synagoge gedeihen und die Kirche schmälern zu lassen[2]). Innocenz bestand darauf, daß die Juden von den Ländereien, die sie von Christen erworben, den Zehnten an die Geistlichkeit leisten sollten, damit diese, deren Macht auf Geld beruhte, keine Einbuße erleide, und schrieb darüber an den Bischof von Auxerre (Mai 1207)[3]). Sein Zwangsmittel gegen die Juden, um seinen Verfügungen Nachdruck zu geben, war der indirekte Bann. Da er über sie die Exkommunikation nicht verhängen durfte, so bedrohte er diejenigen Christen mit dem Bann, welche mit solchen Juden irgendeinen Verkehr unterhielten, die sich seiner apostolischen Willkür nicht fügen mochten.

---

[1]) Epistolae Innoc. VIII., No. 186 ed. Bréquigny in dessen Diplomata, T. II. p. 610 ff.

[2]) Das. L. VIII, No. 5 in Baluz Edition T. II, p. 696 ff.

[3]) Das. L. X., No. 61 ed. Baluz, T. II, p. 33. Es geht aus dieser Epistel hervor, daß die Juden damals noch in Frankreich Bodenbesitz haben durften: Judaei — cum villas, praedia et vineas emerint.

Ein Drohbrief, den Innocenz an den judenfreundlichen Grafen
von Nevers erließ (Januar 1208)[1]), offenbart noch mehr als seine
bisherigen Verfügungen seinen tiefen Ingrimm gegen den jüdischen
Stamm. Weil dieser Graf den Juden das Leben nicht sauer machte
und sie nicht belästigte, schrieb der Papst an ihn, die Juden sollten wie
der Brudermörder Kain flüchtig und unstät auf Erden wandeln, und
ihre Gesichter müßten mit Schmach bedeckt sein. Sie dürften von christlichen Fürsten keineswegs beschützt, sondern müßten im Gegenteil zur
Knechtschaft verurteilt werden. Es sei daher schändlich, daß christliche Fürsten Juden in ihre Städte und Dörfer aufnähmen, und sie als
Wucherer benutzten, um durch sie von den Christen Geld zu erpressen.
Sie (die Fürsten) nähmen die christlichen Schuldner der Juden in Haft,
ließen die Juden christliche Burgen und Dörfer pfänden, und — was
eben das Übel sei — die Kirche büße dadurch ihren Zehnten ein. Es
sei ein Skandal, daß Christen den Juden ihr Vieh zum Schlachten,
ihre Trauben zum Keltern gäben, damit diese vorweg davon das nach
ihren Religionsgesetzen Bereitete für sich nehmen könnten, um das
übrige den Christen zu überlassen. Eine noch größere Sünde sei es,
daß der von Juden auf diese Weise bereitete Wein zum Sakrament
des Abendmahls für die Kirche gebraucht werde. Würden die Christen
von den Geistlichen wegen ihrer Begünstigung der Juden in den Bann
getan und ihr Land mit dem Interdikt belegt, so lachten sich die Juden
ins Fäustchen, daß ihretwegen die kirchlichen Harfen an die Weiden
gehängt würden und die Geistlichen während des Bannes um ihre
Einnahmen kämen. Innocenz bedrohte in diesem Hirtenbriefe den
Grafen von Nevers und seine Gesinnungsgenossen mit den schwersten
Kirchenstrafen, falls er auf diesem Wege, die Juden zu begünstigen,
fortfahren sollte. Er war der erste Papst, der die gallige Wut und
unmenschliche Härte der verfolgungssüchtigen Kirche gegen die Juden
kehrte. Alles an ihnen erregte seinen Ingrimm gegen sie; er gönnte
ihnen kaum Luft und Licht, und nur eine trügerische Hoffnung hielt
ihn zurück, einen Kreuzzug und Vernichtungskrieg gegen sie zu predigen.

Innocenz war sich wohl bewußt, warum er Juden und Judentum
gründlich verabscheute. Er haßte in ihnen diejenigen, die indirekt
gegen die Versumpfung des Christentums wühlten, auf welche das
Papsttum seine Macht gegründet hatte. An der Feindseligkeit der
wahrhaft gottesfürchtigen und sittlichen Christen gegen die Hierarchen,
deren Anmaßung, unzüchtige Lebensweise und unersättliche Habgier,

---

[1]) Epistolae Innoc. Liber X, No. 190 bei Baluz, T. II, p. 123.

hatten nämlich auch Juden ihren Teil. Die als Ketzer gebrandmarkten
Albigenser in Südfrankreich, welche am entschiedensten gegen das
Papsttum auftraten, hatten zum Teil ihre Opposition vom Verkehr
mit gebildeten Juden oder aus jüdischen Schriften geholt. Es gab
unter den Albigensern eine Sekte, welche es geradezu aussprach: „Das
Gesetz der Juden ist vorzüglicher als das Gesetz der Christen"[1]. Innocenz'
Augenmerk war daher ebenso wie auf die Albigenser, auf die Juden
Südfrankreichs gerichtet, um ihren Einfluß auf die Gemüter der Christen
zu hemmen. Der Graf Raymund VI. von Toulouse und St. Gilles,
von den Troubadouren und Sängern der Zeit „der gute Raymund"
genannt, welcher als Begünstiger der Albigenser galt und daher unbarmherzig gequält wurde, war auch beim Papste als Freund der
Juden verrufen. Innocenz zählte daher in dem Sündenregister, das
er ihm vorhielt, auch das Verbrechen auf, daß er in seinem Staate
jüdische Beamte hielte und Juden überhaupt begünstige[2]. In dem
bluttriefenden Kreuzzug, den der Papst gegen ihn und die Albigenser
eröffnete, litten daher die südfranzösischen Gemeinden mit. Sobald
Raymund gedemütigt war und sich gefallen lassen mußte, von dem
päpstlichen Legaten Milo nackt an einem Stricke mit Geißelhieben in
die Kirche geschleppt zu werden, mußte er unter anderem bekennen,
daß er das Verbrechen begangen habe, Juden öffentliche Ämter anzuvertrauen. Darauf befahl ihm der Legat, bei Strafe des Verlustes
seiner Würde, unter anderem reumütig zu beschwören, daß er sämtliche
jüdische Beamten in seinem Lande entfernen, dieselben niemals wieder
anstellen und auch andere Juden nimmermehr zu irgendeinem öffentlichen oder auch Privatamte zulassen werde. Der unglückliche Fürst,
dem die Schwertesspitze auf die Brust gesetzt wurde, mußte diese Erklärung öfter wiederholen (Juni 1209). Dreizehn Barone, die mit
Raymund in Verbindung gestanden und als Gönner der Albigenser
galten, darunter auch die Herren von Posquières und Lünel
und die Konsuln der Stadt Argentière, wurden ebenfalls von
Milo gezwungen, durch einen Eid zu versichern, daß sie ihre jüdischen
Beamten absetzen und ferner kein Amt an solche vergeben würden[3].

Inzwischen sammelte sich ein fanatisches Kreuzheer, von dem
Papste und dem blutdürstigen Mönch Arnold von Citeaux auf-

---

[1] Vaisette, histoire de Languedoc. T. III, preuves p. 378: articuli
in quibus errant moderni Haeretici; 10, dicunt quod lex Judaeorum
melior est quam lex Christianorum.

[2] Epistolae Innocentii III., L. XII, No. 108 ed. Baluz.

[3] Mansi Concilia T, XXII, p. 770 ff., 775, 782.

gestachelt und von dem ehrgeizigen, ländersüchtigen Grafen Simon von Montfort angeführt, gegen die Albigenser und zog gegen den Vizegrafen Raymund Roger und dessen Hauptstadt Beziers. Auch Roger war als heimlicher Begünstiger der albigensischen Ketzer und als Gönner der Juden dem Papste und seinem Legaten doppelt verhaßt. Am 22. Juli (1209) wurde das schöne Beziers erstürmt und ein Blutbad unter den Bewohnern im Namen Gottes angerichtet. „Wir schonten," so berichtet der Blutmensch Arnold an den Papst, „wir schonten keinen Stand, kein Geschlecht, kein Alter; fast 20 000 Menschen sind durch die Schärfe des Schwertes umgekommen. Nach dem großen Gemetzel wurde die Stadt geplündert und verbrannt, und die göttliche Rache wütete darin auf eine wunderbare Weise"[1]. Selbst rechtgläubige Katholiken wurden nicht verschont, und auf die Frage der Kreuzfahrer, wie sie die Rechtgläubigen von den Ketzern unterscheiden sollten, antwortet Arnold: „Schlagt nur zu, Gott wird die Seinigen schon herauserkennen." Die blühende und gebildete jüdische Gemeinde von Beziers durfte unter diesen Umständen noch weniger auf Schonung hoffen. Zweihundert Juden kamen infolgedessen um, und viele von ihnen gerieten in Gefangenschaft[2]. Das Jahr des Albigenser-Kreuzzuges bezeichneten auch die Juden als „Trauerjahr"[3].

Durch den diplomatischen Sieg über Raymund von Toulouse und den militärischen Sieg über Roger Raymund von Beziers hatte die unduldsame Kirche nicht nur in Südfrankreich, sondern überall die Oberhand gewonnen. Das Unterfangen der freien Geister, sich ein eigenes Urteil über Religion, die heilige Schrift und die Stellung der Geistlichen zu bilden, war blutig bestraft worden. Der Papst durfte jetzt, wie es in der damaligen Kirchensprache hieß, das geistliche und das weltliche Schwert schwingen. Die Träger vernünftiger Gedanken wurden totgeschlagen; das Denken wurde als Frevel gestempelt. Die Jünger des Religionsphilosophen Amalarich von Bena, welche behaupteten, Rom sei das lasterhafte Babel, und der Papst sei der Antichrist, er weile auf dem „Ölberg, d. h. in der Saftigkeit der Macht", die Einsichtsvollen, welche erklärten, für die Heiligen Altäre zu bauen, die Gebeine der Märtyrer zu verehren, sei Götzendienst, wurden als Gotteslästerer in Paris verbrannt. Die Gebeine des Meisters Amalarich wurden aus dem Grabe geschleppt und unter Dünger zerstreut. Philosophische Schriften, welche von Spanien nach Frankreich

---

[1] Vgl. die Notiz Bd. VI$_3$, S. 338, Nr. 17.
[2] Das.
[3] Das. שנת תתקסט, d. h. die Zahl 69 = 1969 = 1209 Ch.

gebracht wurden und die christliche Theologie hätten befruchten können, unter andern auch die im Auftrage eines Erzbischofs übersetzte „Lebensquelle" des jüdischen Denkers Salomon Gebirol (Bd. VI₃, S. 32, 44), wurden von der Pariser Synode verpönt und zu lesen verboten 1209¹). Das unter den Völkern Europas kaum anbrechende Licht wurde von den Vertretern der Kirche ausgelöscht. Die Juden Südfrankreichs und Spaniens waren noch die einzigen Priester der höhern Wissenschaft.

Aber die Kirche gönnte ihnen diese Gehobenheit nicht; sie arbeitete mit allen Kräften daran, sie zu demütigen. Das Konzil zu Avignon (September 1209), dem der päpstliche Gesandte Milo präsidierte, auf welchem der Graf Raymund von neuem mit dem Bann belegt und die härtesten Maßregeln gegen die Ketzer beschlossen wurden, bestimmte, daß alle Barone und freien Städte einen Eid ablegen sollten, Juden keinerlei Amt anzuvertrauen und keinen christlichen Dienstboten in jüdischen Häusern zu lassen. Ein Kanon dieses Konzils verbot den Juden nicht nur am Sonntag und christlichen Feiertagen öffentlich zu arbeiten, sondern auch an christlichen Fasten Fleisch zu genießen²). — Überall fühlten die Juden die schwere Hand des Papsttums, die sich ungehindert ausstrecken konnte, sie in den Staub zu drücken. —

In England hatten die Juden zu dieser Zeit dreifache Feinde. Einerseits den lasterhaften, gewissenlosen König Johann ohne Land, welcher kein Mittel scheute, ihnen Geld abzupressen (VI₃, S. 225); anderseits die ihm feindlichen Barone, welche in ihnen den Reichtum des Königs erblickten, durch deren Beraubung zugleich ihm selbst Schaden erwachsen sollte, und endlich den Kardinal Stephan Langton, vom Papst als Erzbischof von Canterbury aufgezwungen, der den verfolgungssüchtigen Geist der Kirche nach England verpflanzte.

Im Anfang seiner Regierung war der König Johann überaus freundlich gegen die Juden; denn da er die Krone seinem Neffen geraubt und Frankreich sowie einen Teil des englischen Adels gegen sich hatte, so wollte er sich die geldspendende Bevölkerung geneigt machen. Er bestellte einen Talmudkundigen, Jakob aus London, zum Oberrabbiner sämtlicher englischen Gemeinden (presbyteratus omnium Judaeorum totius Angliae), und warnte durch ein Diplom alle seine Untertanen, sich an ihm, seinem Vermögen, seiner Würde zu vergreifen³). Der König nannte diesen Oberrabbiner Jakob „seinen

---

¹) Mansi concilia a. a. O. p. 801. Jourdain, recherches p. 200 ff.
²) Masi das. p. 785 f. Canon II et III.
³) Rymer, foedera I, p. 95. Tovey, Anglia judaica p. 55, 61.

teuren Freund"¹). Jede Kränkung, die demselben widerführe, würde der König als eine an seiner Person begangene Beleidigung ansehen. Er erneuerte und bestätigte ferner die Privilegien und Freiheiten der Juden, die sie von Heinrich I. erhalten hatten, und die auch den überraschenden Punkt enthielten, daß ein Christ seine Klagen gegen einen Juden vor jüdische Schiedsrichter zu bringen habe²). Freilich mußten die Juden für so ausgedehnte Freiheiten Geld, viel Geld, 4000 Mark Silbers, zahlen³). Aber es war doch viel, daß sie für Geld Schutz und freie Bewegung erhielten. Als der Pöbel von London die Juden beunruhigte, erließ Johann ein drohendes Handschreiben an die Vertreter der Hauptstadt, machte ihnen darin Vorwürfe, daß, während alle übrigen Juden Englands unbelästigt blieben, die von London Beschädigungen ausgesetzt seien, und machte sie für den den Juden erwachsenden Schaden an Leib und Gut verantwortlich⁴). Als sich aber Johann immer mehr mit seinen Baronen überwarf und in drückendere Geldverlegenheit geriet, hörte seine Milde gegen die Juden, die ohnehin eine unnatürliche war, auf und schlug in ihr Gegenteil um. Eines Tages ließ er sämtliche Juden Englands einkerkern, um Geld von ihnen zu erpressen (1210), wobei er von einem Juden von Bristol allein 10 000 Mark Silbers verlangte. Da dieser sie nicht zahlen konnte oder mochte, ließ er ihm einen Zahn nach dem andern ausziehen⁵).

Diese niederbeugende Gehässigkeit von allen Seiten, verbunden mit der Sehnsucht nach dem heiligen Lande, welche der Dichter Jehuda Halevi angeregt hatte, bewog mehr als dreihundert Rabbinen Frankreichs und Englands nach Jerusalem auszuwandern (1211)⁶). Die namhaftesten unter ihnen waren Jonathan Kohen aus Lünel, der mit Maimuni in Verbindung gestanden und zu seinen Verehrern gehört hatte (Bd. VI₃, S. 204, 320), und Simson ben Abraham, der tiefe Tossafist, ein Gegner der maimunischen Geistesrichtung (S. 214). Sämtliche Auswanderer berührten auf ihrem Wege Kahira, um Maimunis Sohn kennen zu lernen, der sie hochachtungsvoll aufnahm und sich an ihnen erfreute. Nur Simson ben Abraham, der Vertreter des einseitigen Talmudismus, vermied es, mit dem Sohne des Mannes zusammenzukommen, den er halb und halb als Ketzer

---

¹) Tovey a. a. O. dilectus et familiaris noster.
²) Daſ. a. a. O. p. 63 vom Jahre 1200.
³) Daſ. p. 65.
⁴) Daſ. p. 67.
⁵) Matthaeus Paris, historia major ad annum 1210, Tovey a. a. O. p. 69.
⁶) Itinerarium sive epistola Samuelis ben Simson, Carmoly, Itinéraires p. 127 ff. Vgl. Bd. VI₃, S. 338, Nr. 19.

betrachtete. Von dem Sultan Aladil, Saladins tüchtigem Bruder, ehrenvoll aufgenommen und mit Privilegien versehen, erbauten die französischen und englischen Auswanderer in Jerusalem Bet- und Lehrhäuser und verpflanzten die tossafistische Lehrweise nach dem Morgenlande.

Geistige Regsamkeit selbst auf talmudischem Gebiete gedieh aber trotzdem in der heiligen Stadt nicht. Als wenn der Fluch auf dieser einst so glanzvollen und dann so elenden Stadt ruhe, war sie, seitdem die römischen Legionen unter Titus und Hadrian ihre großen Söhne erschlagen hatten, vollständig unfruchtbar geworden. Nicht ein einziger Mann von Bedeutung ist seit dem Untergange des Synhedrins aus ihr hervorgegangen. Jerusalem wie ganz Palästina war nur merkwürdig durch seine Toten; die sehnsuchtsvollen Frommen suchten lediglich deren Gräber auf; Lebensquellen fanden sie da nicht. Jonathan Kohen und seine Genossen besuchten gewissenhaft die Stätte, worauf einst der Tempel prangte, die Gräber der Erzväter, Könige, Propheten und Mischnahlehrer, weinten und beteten auf den Trümmern der untergegangenen Herrlichkeit. Sie trafen nämlich mit dem Exilarchen David aus Moßul zusammen, der von dem Kalifen Alnasir Ledin Allah einen Geleitbrief in Händen hatte, vermöge dessen er Zutritt zu allen Sehenswürdigkeiten erhielt[1]. Im Morgenlande durften die Juden noch eine Scheinwürde behaupten; Kalif und Sultan, die Träger der geistlichen und die Träger der weltlichen Gewalt, gönnten sie ihnen — wenigstens für Geld. In Europa dagegen war selbst ihr Leben jeden Tag durch den aufgestachelten Fanatismus bedroht.

Der almohadische Fürst der Gläubigen, Mohammed Alnasir vom nordwestlichen Afrika, hatte die ganze verfügbare Mannschaft zu einem heiligen Kriege gegen die überhandnehmende Macht der Christen im mohammedanischen Spanien zu den Waffen gerufen und mindestens eine halbe Million Krieger über das Meer nach Andalusien geführt. Die feste Stadt Salvatierra fiel, trotz der tapfern Verteidigung des Ritterordens von Calatrava, in die Hand der Mohammedaner (September 1211). Die jüdische Gemeinde von Salvatierra wurde bei der langen Belagerung aufgerieben, und ein Rest derselben floh nach Toledo[2]. Die christlichen Könige Spaniens, von der nahen Gefahr aufgeschreckt, stellten die Feindseligkeit gegeneinander ein, um dem übermächtigen Feinde mit vereinten Kräften

---

[1] Itinerarium a. a. O.
[2] Hebräische Chronik, vgl. Bd. VI₃, S. 339, Nr. 20.

Widerstand zu leisten. Da sich aber die christlichen Völker Spaniens doch nicht stark genug fühlten, den Kampf mit den Mohammedanern aufzunehmen, wendete sich Alfonso der Edle, König von Kastilien, an Innocenz, einen allgemeinen Kreuzzug gegen den Halbmond zu veranlassen, und der Papst willfahrte diesem Wunsche sehr gern. So zogen denn viele europäische Krieger über die Pyrenäen, darunter auch der blutdürstige Zisterziensermönch Arnold (o. S. 8) mit seiner Schar, welche sich durch Unmenschlichkeit aller Art an Albigensern und Juden in Südfrankreich die Seligkeit gesichert hatte. Die Ultramontanen, wie sie im Gegensatz zu den spanischen Kriegern genannt wurden, deren Jngrimm gegen alles, was nicht päpstlich-katholisch war, bis zur Raserei gesteigert war, nahmen Anstoß an den verhältnismäßig glücklichen Verhältnissen der Juden in der spanischen Hauptstadt, an ihrem Reichtum, ihrer Freiheit und ihrer Bedeutung bei Hofe. Diese fremden Kreuzfahrer, von Arnolds Glaubenswut erfüllt, überfielen daher die Juden Toledos plötzlich und töteten mehrere von ihnen (Juni 1212), und es wäre allen sehr schlimm ergangen, wenn der edle Alfonso sich nicht ihrer angenommen, und wenn die christlichen Ritter und Bürger von Toledo, von Ehrgefühl geleitet, die Angriffe der Fanatiker nicht abgewehrt hätten[1]). Das was die erste Judenverfolgung in Kastilien, allerdings nur von Fremden angezettelt und von den Einheimischen gemißbilligt. Die Kirche sorgte aber dafür, daß auch die spanischen Könige und Völker zum Judenhaß erzogen wurden.

Welch ein Umschwung in der Gesinnung gegen die Juden seit Innocenz' Pontifikat eingetreten ist, beweist ein Beschluß der Pariser Synode von demselben Jahre. Der König Ludwig VII. und selbst sein Sohn Philipp August hatten sich gegen das kanonische Institut gesträubt, daß die Juden nicht von Christen bedient werden sollten[2]). Jetzt durften die französischen Konzilien unter dem Präsidium der päpstlichen Legaten und mit Einwilligung des Königs diese Engherzigkeit noch ausdehnen, daß nicht nur keine christliche Amme ein jüdisches Kind nähren, sondern auch keine Hebamme einer jüdischen Frau in ihren Wehen Beistand leisten dürfe, weil — wurde als Grund hinzugefügt — die Christen in jüdischen Häusern Vorliebe für das Judentum gewinnen[3]).

[1]) Annales Toledanos bei Florez, España sagrada T. XXII, p. 395 und sämtliche spanische Historiker.
[2]) Vgl. Bd. VI₂, S. 227.
[3]) Mansi Concilia, T. XXI, p. 850, Canon II.

Mit Recht waren daher die Juden bei der Nachricht von dem Zustandekommen eines neuen Konzils in größter Bekümmernis, daß nicht ein neues Joch auf ihren Nacken gelegt würde. Als daher der päpstliche Legat Petrus von Benevent eine Synode nach Montpellier ausgeschrieben (anfangs 1211) und Geistliche wie Weltliche dazu eingeladen hatte, um den Grafen von Toulouse vollständig seiner Herrschaft zu entkleiden, das ihm geraubte Land Simon von Montfort zu übergeben und die härtesten Maßregeln gegen den Rest der Albigenser zu beschließen, sahen die südfranzösischen Juden darin eine große Gefahr für sich und taten Schritte, um sie womöglich abzuwenden. Auf Aufforderung des angesehenen Don Isaak (Zag) Benveniste, Leibarzt des aragonischen Königs[1]), kamen aus vielen jüdischen Gemeinden je zwei Deputierte nach Montpellier, um ihren Einfluß bei Weltlichen und Geistlichen geltend zu machen, damit nicht neue Beschränkungen gegen sie zu Gesetzen erhoben würden. Und es scheint ihnen gelungen zu sein, die Gefahr zu beschwören, denn das Konzil von Montpellier befaßte sich gar nicht mit Juden[2]).

Kaum war diese örtliche Gefahr abgewendet, so war eine andere allgemeinere im Anzuge, welche diejenigen Juden, die Kunde davon hatten, in die größte Bestürzung versetzte. Innocenz III. hatte durch enzyklische Hirtenbriefe die Vertreter der ganzen Christenheit zu einem allgemeinen (ökumenischen) Konzil nach Rom zusammenberufen, auf welchem die energische Fortsetzung der Kreuzzüge gegen die Mohammedaner im heiligen Lande und auf der pyrenäischen Halbinsel, sowie gegen die südfranzösischen Ketzer festgestellt, die Entsetzung des Grafen von Toulouse und die Übertragung seiner Länder auf Simon von Montfort gebilligt und die Reformation der Kirche, d. h. die Erweiterung ihrer Gewalt gegenüber den Staaten, durchgeführt werden sollte. Die südfranzösischen Gemeinden, welche Kunde hatten, daß auf diesem Konzil auch gegen die Juden ein harter Schlag geführt werden sollte, waren aufs Tiefste davon erschüttert. Isaak Benveniste lud daher jüdische Deputierte nach der Stadt Bourg de St. Gilles ein, um einflußreiche und gewandte Männer zu erwählen, welche sich nach Rom begeben und die bösen Ratschläge gegen die Juden vereiteln sollten[3]).

Die Namen der zu diesem Zwecke Delegierten sind unbekannt, denn ihr Bemühen war fruchtlos geblieben. Das große vierte Lateran-

---

[1]) Vgl. Bd. VI₃, S. 339 f., Nr. 21.
[2]) Die 46 Kanones dieses Konzils bei Mansi, a. a. O., enthalten kein Statut gegen die Juden.
[3]) Vgl. Bd. VI₃, S. 340 f., Nr. 23.

konzil, dessen Vorsitz Innocenz führte und von mehr als 1200 geistlichen und weltlichen Abgeordneten vieler christlicher Staaten zusammengesetzt war, auf dem das Papsttum seine Machtbefugnisse zum Höhepunkte erheben durfte und den Grund zu den beiden freiheitsfeindlichen, blutsaugenden Orden der Dominikaner und Franziskaner legte, dieses Konzil, welches das christliche Europa in die schmählichen Bande geistiger Knechtschaft geschlagen und es in die Stumpfheit der Barbarei zurückgeworfen hat, schlug auch dem Judentum tiefe Wunden. An dem Makkabäerfeste, an welchem die Söhne Jakobs die Befreiung von der syrischen Tyrannei feierten, wurde das Konzil geschlossen, welches ihren Nachkommen das Joch tiefster Erniedrigung auflegte (30. November 1315). In dem Gewimmel der riesigen Welthändel vergaßen der Papst und die Väter des Konzils die Juden nicht. Von den siebzig kanonischen Beschlüssen desselben sind vier den Juden gewidmet.

Ein Kanon bestimmte, daß die christlichen Fürsten die Juden streng überwachen sollten, daß sie nicht zu hohe Zinsen von ihren christlichen Schuldnern nähmen. Indessen kann man diese Beschränkung — obwohl christliche Geistliche wie Laien den Wucher der Juden begünstigten und ausbeuteten, und obwohl auch ganze christliche Kompagnien, wie die Lombarden und Caorsini (auch Ultramontane genannt), enormen Wucher trieben — einigermaßen gerechtfertigt finden, da die Kirche den finanziellen Bedürfnissen der Zeit keine Rechnung trug und sich streng an den Buchstaben der Bibel hielt. Auch dazu hatte das Konzil zu seiner Zeit einiges Recht, den getauften Juden zu verbieten, jüdische Riten beizubehalten (weil, wie erläutert wurde, die Schrift verbietet, ein Kleid, von Wolle und Linnen gewebt, zu tragen), da die Kirche die Gewissensfreiheit nicht anerkennen durfte, ohne sich selbst aufzugeben. Wenn die Anklage richtig war, daß einige Juden damals die christlichen Prozessionen zur Osterzeit verspotteten, so waren die Vertreter der Kirche teilweise in ihrem Rechte, ihnen zu verbieten, sich an diesem Tage öffentlich zu zeigen, obwohl ein billig denkender Gesetzgeber wegen einiger ungezogenen Individuen nicht die Freiheit einer ganzen Genossenschaft beschränken würde. Schon mehr Ungerechtigkeit lag in dem kanonischen Beschluß, daß die Juden nicht nur von ihren Häusern und liegenden Gründen den Zehnten zu leisten, sondern daß auch sämtliche jüdische Familienväter sechs Groschen (Denar) jährlich zum Osterfeste zu zahlen hätten. Der katholische Klerus betrachtete sich als Herrn, dem die Juden als Untertanen Huldigungstribut darbringen müßten. Aber ganz im Geiste des Albigenser-

verfolgers Innocenz wurde das kanonische Gesetz erneuert, daß kein
christlicher Fürst irgendeinem Juden ein Amt anvertrauen dürfe. Der
Übertreter sei mit dem Bann zu belegen, und der jüdische Beamte
sollte so lange von dem Verkehr mit Christen ausgeschlossen werden,
bis er seine Funktion mit Schmach niedergelegt hätte. Das Konzil
war aber nicht imstande, einen auch nur scheinbaren Beleg für dieses
kanonische Gesetz beizubringen; weder die neutestamentlichen Schriften,
noch die Kirchenväter, so gehässig sie auch gegen die Juden waren, boten
ein Beispiel dafür. Die Lateransynode mußte daher auf das Provinzial-
konzil von Toledo unter dem ersten katholisch-westgotischen König
Reccared[1]) zurückgehen, um eine so schmachvolle Ausschließung einigermaßen zu begründen.

Den Gipfelpunkt der Erniedrigung der Juden enthielt aber der
Beschluß des Konzils, daß die Juden in allen christlichen Ländern zu
jeder Zeit eine von den Christen unterscheidende Tracht anlegen sollten.
Als Grund wurde angegeben, daß in manchen Gegenden, wo Juden
(und Mohammedaner) die Landestracht trugen, frevelhafte Mischehen
zwischen den Bekennern des Judentums und Christentums vorkämen.
Sophistisch wurde das Gesetz noch dadurch beschönigt, daß Mose den
Juden eine unterscheidende Kleidung eingeschärft habe. Darum sollten
vom zwölften Lebensjahre an jüdische Männer an ihren Hüten und
jüdische Frauen an ihren Schleiern ein durch eine besondere Farbe
kenntliches Abzeichen tragen[2]). Der Judenflecken ist eine Erfindung
des Papstes Innocenz und des vierten allgemeinen römischen Konzils.

Eine Erfindung kann man es eigentlich nicht nennen, denn der
Papst hatte dieses brandmarkende Zeichen von den fanatischen
mohammedanischen Herrschern entlehnt. Der almohadische Fürst der
Gläubigen von Afrika und Südspanien, Abu-Jussuff Jakub Almanßur,
hatte sogar den Juden seiner Lande, welche den Islam zwangsweise
angenommen hatten, (B. VI$_3$, S. 266) anbefohlen, eine entstellende
Tracht anzulegen: schwere Kleider mit langen Ärmeln, welche beinahe
bis zu den Füßen reichten, und statt der Turbane grobe Schleier von
der häßlichsten Form. „Wüßte ich," sprach dieser Fanatiker folgerichtig,
„daß die bekehrten Juden den Islam mit aufrichtigem Herzen angenommen hätten, würde ich ihnen gestatten, sich mit den Muselmännern
durch Ehebündnisse zu vermischen. Wäre ich überzeugt, daß sie Ungläubige geblieben sind, so würde ich die Männer über die Klinge

---

[1]) S. Bd. V$_3$, S. 59.
[2]) Die Paragraphen oder Kanones des Laterankonzils die Juden be-
treffend bei **Mansi** a. a. O., T. XXII, p. 1055 ff. S. Bd. VI$_3$, S. 341.

springen lassen, ihre Kinder zu Sklaven machen und ihre Güter einziehen. Aber ich schwanke in diesem Punkte; darum sollen sie durch eine häßliche Tracht abgesondert erscheinen." Sein Nachfolger Abu-Abdallah Mohammed Alnaſir ließ sich soweit erbitten, diesen häßlichen Anzug der jüdischen Schein-Mohammedaner in gelbe Kleider und Turbane zu verwandeln, und an dieser Farbe der Kleidung erkannte man in dem ersten Jahrzehnt des dreizehnten Jahrhunderts im marokkanischen Reiche der Almohaden diejenige Volksklasse, welche äußerlich Moslemin, im Innern aber Juden geblieben war[1]). Diese barbarische Behandlung der Juden hat nun der Papst Innocenz nachgeahmt. Ihre tiefste Erniedrigung in Europa während eines Zeitraumes von sechs Jahrhunderten datiert vom 30. November 1215.

Fortan beschäftigten sich Provinzialkonzilien, Ständeversammlungen und fürstliche Kabinette neben der Ausschließung der Juden von allen Ehren und Ämtern mit dem Judenzeichen, um dessen Farbe, Form, Länge und Breite mit pedantischer Gründlichkeit zu bestimmen. Viereckig oder rund, von safrangelber oder anderer Farbe (signum circulare, rota), an dem Hute oder an dem Oberkleide getragen, war das Judenzeichen eine Aufforderung für die Gassenbuben, die Träger zu verhöhnen und mit Kot zu bewerfen, war es ein Wink für den verdummten Pöbel über sie herzufallen, sie zu mißhandeln oder gar zu töten, war es selbst für die höheren Stände eine Gelegenheit, sie als Auswürflinge der Menschheit zu betrachten, sie zu brandschatzen oder des Landes zu verweisen. Noch schlimmer als diese Entehrung nach außen war die Wirkung des Abzeichens auf die Juden selbst. Sie gewöhnten sich nach und nach an ihre demütige Stellung und verloren das Selbstgefühl und die Selbstachtung. Sie vernachlässigten ihr äußeres Auftreten, da sie doch einmal eine verachtete, ehrlose Kaste sein sollten, die auch nicht im entferntesten auf Ehre Anspruch machen dürfte. Sie verwahrlosten nach und nach ihre Sprache, da sie doch zu gebildeten Kreisen keinen Zutritt erlangen und untereinander sich auch durch Kauderwelsch verständlich machen konnten. Sie büßten damit Schönheitssinn und Geschmack ein und wurden nach und nach teilweise so verächtlich, wie es ihre Feinde wünschten. Sie verloren männliche Haltung und Mut, so daß sie ein Bube in Angst setzen konnte. Die Strafandrohung des Propheten Jesaia an das Haus Jakobs: „Du wirst erniedrigt von der Erde sprechen und aus dem Staube wird dein Wort lispeln," ist ganz buchstäblich in Erfüllung gegangen.

---

[1]) Abulwahid bei Munk, Notice sur Joseph ben Jehuda p. 40 ff.

Das tiefe Weh des Mittelalters begann für die Juden recht eigentlich erst mit dem Papste Innocenz III., gegen welches alle vorangegangenen Leiden, seitdem das Christentum zur Weltmacht gelangte, nur wie unschuldige Neckereien erscheinen.

Freilich fügten sich die Juden nicht so leicht darein, den ihnen aufgezwungenen Schandflecken zu tragen; namentlich mochten die Gemeinden Spaniens und Südfrankreichs, bis dahin an eine Ehrenstellung gewöhnt, nicht ohne Kampf zur Niedrigkeit hinabsteigen. Noch hatten befähigte Juden Einfluß auf die Höfe von Toledo und Saragossa, sei es als Gesandte an fremden Höfen, sei es als Schatzmeister (Almoxarifen) für die königlichen Kassen. Sie setzten alle Mittel in Bewegung, um den Beschluß, das schändende Abzeichen zu tragen, nicht in Wirksamkeit treten zu lassen. Als Innocenz III. gestorben war (1216) und der verhältnismäßig milde Papst Honorius III. den Petri-Stuhl bestieg, gaben sich die Juden der Hoffnung hin, dieses kanonische Gesetz rückgängig machen zu können. Tätig scheint in diesem Sinne gewesen zu sein jener Isaak Benveniste, der sich auch Mühe gegeben, den Schlag gegen die Juden von vornherein abzuwenden. Es gelang ihnen auch, die Ausführung des kanonischen Beschlusses hinzuhalten. Wenigstens hatte der König Alfonso IX. von Leon die Juden seines Landes nicht dazu gezwungen. Der Papst Honorius war daher genötigt, den Bischof von Valencia und zwei andere Bischöfe zu ermahnen, die Ausführung jenes Beschlusses durchzusetzen und die Juden von Ehrenämtern auszuschließen (1217)[1].

Die südfranzösischen Gemeinden sahen daher mit Freuden den siegreichen Fortschritt der Waffen des wiederholentlich gebannten Raymund VII. von Toulouse gegen das Kreuzheer und Simon von Montfort, denn an den Sieg der Albigenser war auch ihr Heil geknüpft. Der Herzog von Toulouse und seine Barone fuhren nämlich fort, trotz ihres Eides, Juden zu Ämtern zu befördern, weil sie in deren Verwaltung ihren Nutzen erblickten. Wahrscheinlich wegen heimlicher und offener Anhänglichkeit der Juden an Raymund ließ die Gattin Simons von Montfort, die Gräfin Alice von Montmorency, sämtliche Juden von Toulouse — dessen Überwachung ihr anvertraut war — samt Weibern und Kindern verhaften und ließ ihnen nur die Wahl zwischen Tod und Taufe (1217), obwohl ihr Gatte, so wie sein Bruder, den Juden vorher Sicherheit des Lebens und Freiheit des

---

[1] Honorius' Sendschreiben in Baronius (Raynaldus) annales ecclesiastici ad annum 1217, No. 86.

Bekenntnisses zugeschworen hatte¹). Alice befahl zugleich, die jüdischen Kinder unter sechs Jahren ihren Eltern zu entreißen und Geistlichen zur Taufe und christlichen Erziehung zu übergeben. Das gefühllose Weib achtete in jüdischen Frauen nicht den Mutterschmerz. Trotzdem weigerten sich doch die meisten Glieder der Toulousaner Gemeinde, das Christentum anzunehmen und sahen dem Tode standhaft ins Auge. Nur siebenundfünfzig Personen waren schwach genug, sich die Taufe gefallen zu lassen. Als aber Simon von Montfort diese ungerechte Judenverfolgung von Seiten seiner Frau erfuhr, befahl er, die Gefangenen zu befreien und sie ihre Religion frei bekennen zu lassen. Die Freude der Unglücklichen bei der Kunde von dieser Erlösung (1. Ab = 7. Juli) war groß, aber sie war mit Wehmut gemischt, denn die einmal getauften Kinder sollten ihren Eltern nicht zurückgegeben werden; so hatte es der Kardinal-Legat Bertrand bestimmt²).

Derselbe schärfte auch das Tragen des jüdischen Abzeichens ein. Indessen kam wieder Gegenbefehl vom Papst, nicht allzu streng darauf zu halten, ohne daß man weiß, woher der für die französischen Juden günstige Wind wehte. — In Aragonien erlangten die Juden dieselbe Freiheit von der Belästigung des Judenfleckens durch den unermüdlichen Zag (Isaak) Benveniste, Leibarzt des Königs Jahme I. (Jakob). Dieser hatte nämlich dem Könige so viel Dienste geleistet, daß er mit Zustimmung der Bischöfe des Landes ihn dem Papste eindringlich empfohlen und für ihn eine Anerkennung von Seiten des päpstlichen Stuhles bewilligt wünschte. Honorius ging merkwürdigerweise darauf ein und sandte Isaak Benveniste ein Diplom zu, daß er in Anerkennung seiner Verdienste, "weil derselbe sich vom Wucher fernhalte und den Katholiken eifrig beistehe, auf keine Weise gekränkt werden" sollte. Seinetwegen sollten auch die Juden zum Tragen der Abzeichen nicht gezwungen werden (1220)³).

Indessen so freundlich sich auch Honorius in diesem Punkte stellte, war auch er weit entfernt, eine Ehrenstellung der Juden gutzuheißen. In einem Handschreiben desselben Jahres ermahnte er den König Jahme von Aragonien, daß er den Juden ja nicht einen Gesandtschaftsposten an einem mohammedanischen Hof anvertrauen möge. Denn es sei nicht wahrscheinlich, "daß diejenigen, welche den christlichen Glauben

¹) Vgl. Bd. VI₃, S. 341, Nr. 25.
²) Das.
³) Honorius' Sendschreiben in Baronius (Raynaldus) annales ecclesiastici ad annum 1220, No. 49. S. B. VI₃, S. 339, Nr. 21. Über die Befreiung der Juden in Kastilien vom Tragen des Judenzeichens (im Jahre 1219) vgl. De los Rios I, S. 554.

verabscheuten, sich den Bekennern desselben treu erweisen würden."
In diesem Sinne schrieb der Papst auch an den Erzbischof von Tarragona, an die Bischöfe von Barcelona und Jlerda, daß sie den König von Aragonien bearbeiten, und an die Kirchenfürsten von Toledo, Valencia, Burgos, Leon und Zamora, daß sie die Könige von Kastilien, Leon und Navarra beeinflussen möchten, die Juden durchaus nicht zu diplomatischen Sendungen zu verwenden und das so ärgerliche gefahrvolle Beispiel für die Christenheit abzustellen[1]). Wie wenig kannte der Papst die unerschütterliche Treue der Juden gegen ihre Landesherren und ihre Liebe zum Geburtslande! Weit entfernt, das ihnen geschenkte Vertrauen zu mißbrauchen, wandten die jüdischen Botschafter an fremden Höfen allen Eifer an, um ihren Auftrag zu einem ersprießlichen Ende zu führen. Allein es war einmal seit Innocenz III. Grundsatz der Kirche, die Juden zu entehren und zu demütigen. Obwohl Honorius das Tragen des Judenfleckens den Juden Aragoniens erlassen hatte, bestand er doch darauf, daß die von England nicht davon befreit werden sollten (1221)[2]).

Hier herrschte nach dem Tode des wahnsinnigen Tyrannen Johann ohne Land während der Minderjährigkeit seines Sohnes Heinrich III. der von Innocenz eingesetzte Erzbischof von Canterbury, S t e p h a n L a n g t o n. Dieser entfaltete seine Macht, als wenn er Träger der Krone wäre. Auf dem Konzil zu Oxford, das er zusammenberief (1222), wurden auch einige Paragraphen zur Demütigung der Juden erlassen. Sie sollten keine christliche Dienerschaft halten und keine neue Synagoge bauen dürfen. Sie sollten gehalten sein, den Zehnten von ihrer Ernte und die Geistlichensteuer, wie es das Laterankonzil bestimmt hat, zu leisten. Vor allem aber sollten sie das brandmarkende Abzeichen zu tragen gezwungen werden, einen wollenen Streifen an der Brust von anderer Farbe als das Kleid, von vier Finger Länge und zwei Breite. Die Kirchen dürften sie nicht betreten und noch weniger, wie es bis dahin Brauch war, ihre Schätze in Kirchen zur Sicherheit vor räuberischen Überfällen des Adels und des Pöbels niederlegen[3]). Diese Beschränkungen wurden den englischen Juden als Strafe auferlegt, weil sie sich Ungeheuerliches hätten zu Schulden kommen lassen und sich undankbar erwiesen hätten[4]). Worin aber ihr

---

[1]) Honorius' Sendschreiben No. 49.
[2]) Das. zum Jahre 1221, No. 48.
[3]) Concilium Oxoniense bei Marsi Concilia T. XXII, p. 1172 f.
[4]) Das. Canon 29: et quoniam supra statuta juris non habeant a nobis foveri (Judaei), utpote qui per multa enormia his diebus commissa probantur nobis ingrati.

Verbrechen bestand, wird nicht angedeutet. Ist ihnen vielleicht der Vorfall zur Last gelegt worden, daß in England in demselben Jahre ein Diakonus zum Judentume übergetreten war? Später veranlaßte ein solcher Übertritt die Vertreibung der Juden aus England. Diesmal wurde der Diakonus einfach wegen seines Abfalls auf dem Scheiterhaufen verbrannt[1]). Die Kirche kannte damals kein wirksameres Mittel, den Widerspruch gegen ihre Lehren zu widerlegen, als das lodernde Feuer.

Merkwürdig ist es, daß die feindlichen Maßregeln des Papsttums gegen die Juden damals in Deutschland am wenigsten durchschlugen, und daß sie unter dem Kaiser Friedrich II. eine verhältnismäßig günstige Stellung hatten. Kammerknechte des Reiches und des Kaisers waren sie zwar und wurden auch so genannt; allein dennoch vertrauten ihnen hin und wieder Fürsten wichtige Ämter an, namentlich die Erzherzöge von Österreich[2]). Diejenigen Juden, welche an den Höfen der Fürsten Zutritt hatten, arbeiteten dahin, sich von der kaiserlichen oder landesfürstlichen Judensteuer frei zu machen und erlangten dafür Privilegien von ihren Gönnern. Da aber in den deutschen Gemeinden der Brauch war, die Steuersumme auf sämtliche Gemeindeglieder nach Verhältnis ihres Vermögens zu verteilen, so sahen sich die Ärmeren, wenn die Reicheren und Angesehenen sich davon losmachten, benachteiligt und beklagten sich darüber bei den derzeitigen rabbinischen Autoritäten. Eine Rabbinersynode, welche sich in **Mainz** versammelte (Tammus = Juli 1223)[3]), nahm auch diesen Punkt in die Hand zur gerechten Regulierung. Es waren bei dieser mehr als zwanzig Mitglieder zählenden Synode die angesehensten Rabbiner Deutschlands vertreten: **David ben Kalonymos von Münzenburg** (in

---

[1]) Mansi concilia p. 1168.
[2]) Vgl. Kurz, Österreich unter Ottokar und Albrecht I., T. II, p. 21 ff.
[3]) Die Beschlüsse dieser Synode (ועד תקנות שו"ם) sind enthalten in Respp. Meïr von Rothenburg gegen Ende p. 112 a ff., ferner in Respp. Mose Menz No. 202, zum Teil auch No. 10, p. 18, und in Salomo Lurias Kommentar: ים של שלמה zu Jebamot IV, No. 18. An den ersten zwei Stellen lautet das Datum: תתקפ״ג = 1220, Mose Menz Nr. 10 und Luria, welche das Responsum von Meïr Rothenburg ursprünglicher zitieren, haben dagegen das Datum genauer und richtiger: בתמוז בתתקפ״ג לפרט נוצרי רבותינו; demnach drei Jahre später. Die Namen sind dieselben; nur fehlen in der letzten Stelle einige. An der ersten muß es heißen, wie in den zwei übrigen: אליעזר בן יואל ה. ד., אליעזר הקטן בן ר׳ יהודה אבי העזרי הלוי אבי עזרי.

Hessen-Darmstadt), ein deutscher Tossafist[1]); Baruch ben Samuel aus Mainz, Verfasser eines talmudischen Werkes[2]); Chiskija ben Rëuben aus Boppard, der mutige Verfechter seiner verfolgten Glaubensgenossen[3]); Simcha ben Samuel aus Speier, ebenfalls talmudischer Schriftsteller[4]); Elieser ben Joël Halevi, von seinen talmudischen Werken Abi-Esri (auch Abi Assaf genannt[5]); endlich der deutsche Kabbalist Eleasar ben Jehuda aus Worms (Rokeach genannt), ein fruchtbarer Schriftsteller, der durch seine Geheimlehre das Seinige zur Verdunkelung der lichten Gedanken in der Judenheit beigetragen hat.

Diese Mainzer Rabbiner-Synode erneuerte viele Verordnungen aus der Zeit R' Tams (VI₃, 181 f.) und stellte neue auf. Die Beschlüsse derselben kennzeichnen den Zustand der deutschen Juden im Anfang des dreizehnten Jahrhunderts. Die Synode verordnete, daß sich Juden keinerlei Unehrlichkeit gegen Christen und keine Münzfälschung zu Schulden kommen lassen sollten. Ein Angeber sollte gehalten sein, den Schaden, den er durch seine Angeberei angerichtet hatte, voll zu ersetzen. Diejenigen, welche beim König (Kaiser) aus- und eingehen, sollten nichtsdestoweniger verpflichtet sein, die Gemeindelasten zur Aufbringung der Steuern zu tragen. Wer sich ein religiöses Amt von einer christlichen Behörde übertragen ließe, solle dem Banne verfallen. In den Synagogen solle Andacht und stille Sammlung herrschen. Der Schwager solle die Leviratsehe an der verwitweten Schwägerin ohne Gelderpressung und Schikane vollziehen und sie nicht hinhalten. Wer sich den Anordnungen der Synode nicht füge oder den Bann nicht achte, solle dem weltlichen Arm überliefert werden. Die Entscheidung über streitige Fälle sollten die Rabbinate und die Gemeinden von Mainz, Worms und Speier, als die ältesten der deut-

---

[1]) David ben Kalonymos wird zitiert in Tossafot Ketubot 4 b, kommt öfter vor in Respp. Meïr von Rothenburg No. 572, 752, 872, auch im Verzeichnis bei Salomo Luria, s. Bd. VI₃, S. 332; vgl. Asulaï Schem-ha-Gedolim, p. 46, No. 47. Auch eine Korrespondenz zwischen ihm und Samuel ben Baruch in den Respp. gedruckt in der Jesnitzer Edition von Maimunis Jad II., Nr. 35.

[2]) Sefer ha-Chochma vgl. Asulaï S. 38, Nr. 45, 46.

[3]) Vgl. Bd. VI₃, S. 230, Respp. Chajim Elieser Or-Sarua Nr. 39.

[4]) Verf. des talmudischen Werkes Seder Olam, Asulaï, S. 95, Nr. 14. Dieser Simcha ist zu unterscheiden von Simcha de Vitry, dem Verf. des Machsor Vitry, einem Jünger Raschis. Über den ersteren vgl. Respp. Meïr von Rothenburg Nr. 927—932 und Respp. Chajim Or-Sarua Nr. 26, 56.|

[5]) Asulaï s. v. Er war von mütterlicher Seite Enkel des Elieser ben Nathan (ראב״ן).

schen Judenheit, treffen. Alle diese und viele andere Verordnungen führen den Namen Beschlüsse S ch u m, d. h. von Speier, Worms, Mainz, den drei Hauptgemeinden Teutschlands.

Trotz der vielfachen Anstrengung der gebildeten Juden, das Schandmal des Judenzeichens von sich abzuwenden, gewann dennoch die päpstliche Unduldsamkeit immer mehr die Oberhand und das Edikt des Laterankonzils von 1215 immer mehr Eingang. Selbst der Kaiser Friedrich II., der geistvollste und aufgeklärteste Fürst, den Teutschland je gehabt, dessen Rechtgläubigkeit mehr als verdächtig war, mußte dem Papsttum darin zu Willen sein, das Judenabzeichen in seinen Erblanden Neapel und Sizilien durch ein Gesetz einzuführen. Der König von Frankreich, Ludwig VIII., Sohn jenes tyrannischen Philipp August, hat wohl schwerlich die Juden seines Landes nach dieser Seite hin begünstigt, da er kirchlich gesinnt war und die Freundschaft des Papstes und der Geistlichkeit nicht missen konnte, um die schönen Länder des Grafen von Toulouse seinem Reiche einverleiben zu können. Er war auch ohne die päpstliche Ermahnung nicht sehr wohlwollend gegen die Juden. Seine Erlasse gegen sie tragen den Charakter der Gewalt. Im Verein mit vielen Baronen seines Landes verordnete Ludwig VIII. (November 1223), daß sämtliche Schuldforderungen der Juden, welche über fünf Jahre datierten, keine Gültigkeit mehr haben und von denen jüngeren Datums keine Zinsen gezahlt werden sollten. Künftighin mußten die Schuldscheine von den Behörden in ein Buch eingetragen werden; das Siegel der Juden habe keinen Glauben. Auch die Freizügigkeit der Juden beschränkte dieser König. Diejenigen, welche von eines Herrn Land in das eines anderen auswanderten, sollten auf Verlangen des Barons, in dessen Gebiet sie ursprünglich gewohnt, ausgeliefert werden [1]).

In Südfrankreich, wo infolge der Albigenserkriege die Geistlichkeit fast noch verfolgungssüchtiger gegen Andersgläubige geworden war als in der übrigen Christenheit, fanden die Edikte Innocenz' III. zur Entehrung und Demütigung der Juden nur allzu eifervolle Verteidiger. Auf einem Konzil zu Narbonne (1227) wurden nicht nur die kanonischen Maßregeln gegen sie eingeschärft, das Verbot der Zinsnahme und der Zulassung zu Ämtern, das Tragen der Judenzeichen (auf der Brust in Radform), die Leistung einer Steuer für die Geistlichen, sondern es wurden auch die längst vergessenen Schikanen aus der trüben Zeit der Merowinger-Könige gegen sie wieder auf-

[1]) de Laurière, Ordonnances des rois de France de la troisième race T. 1, p. 47 ff.

gefrischt: die Juden sollten sich zur Osterzeit nicht auf den Straßen blicken lassen und überhaupt in diesen Tagen ihre Häuser gar nicht verlassen[1]).

Im nächsten Jahre waren die Albigenserkriege zu Ende, und es begannen die Gräuel einer blinden, rachsüchtigen, blutdürstigen Reaktion. Der freisinnige Raymund VII. war besiegt und mußte, um in Gnaden aufgenommen zu werden, feierlich erklären und beschwören, daß er in allem dem päpstlichen Stuhle gehorsam sein und seine abscheulichen Verbrechen fahren lassen werde. Dazu gehörte auch seine Begünstigung der Juden. Raymund mußte besonders geloben, jüdische Vögte (Baillis) nicht im Amte zu lassen und künftighin auch keine solchen anzustellen (April 1228)[2]). Bald begann die blutige Arbeit der fluchwürdigen Inquisition des Dominikaner-Ordens, beides eine Schöpfung des Papstes Innocenz III., gegen die als Ketzer Erkannten, Verdächtigen, oder auch nur ohne Grund Angeklagten. Die Predigermönche, die Jünger Domingos, verherrlichten das Christentum durch Folterqualen und Scheiterhaufen. Wer auch nur im Besitze einer Bibel in romanischer (provenzalischer) Sprache war, verfiel dem Ketzergerichte der Dominikaner, welches das ausschließliche Privilegium zu blutigen Verfolgungen hatte. Ihre Genossen, die Franziskaner oder Minoriten-Mönche, ebenfalls von Innocenz ins Leben gerufen, arbeiteten ihnen in die Hand. Es dauerte nicht lange, so streckten diese Würgengel in Mönchskutten ihre Griffe auch nach den Söhnen Jakobs aus.

Vier Männer traten zu gleicher Zeit auf den Schauplatz der Geschichte, welche mit dem Christentume, und zwar mit dem verfolgungssüchtigen, lieblosen, unmenschlichen Christentume, bittern Ernst machten, und das Leben der Juden in verschiedenen Ländern zu einer unerträglichen Höllenqual gestalteten. Da war zuerst der Papst Gregor IX., jener leidenschaftliche Greis, der Todfeind des Kaisers Friedrich II., welcher kein anderes Interesse achtete, als die Erweiterung der päpstlichen Gewalt und die Niederschmetterung seiner Gegner, der die Fackel der Zwietracht in das deutsche Reich schleuderte und dessen Einheit und Größe vernichtete. Der zweite war der König Ludwig IX. von Frankreich, der sich den Namen „der Heilige" erworben hat, von Einfalt des Herzens und Beschränktheit des Kopfes, das gefügigste Werkzeug für schlaue Pfaffen, ein Verehrer von Reliquien, welcher für einen Nagel von Christi angeblichem Kreuze die beste Stadt seines Reiches geboten hat, ein blinder Verehrer der Barfüßer-Mönche, der sich mit dem Gedanken beschäftigte, selbst die Mönchskutte an-

---

[1]) Concilium Narbonense bei Mansi concilia XXIII, p. 21 f.
[2]) Das. p. 165.

zulegen, der zu den Ketzerverfolgungen bereitwilligst die Hand bot und
die Juden so gründlich haßte, daß er sie nicht ansehen mochte¹).

Ihm ebenbürtig war sein Zeitgenosse **Ferdinand III.** von
Kastilien, welcher auch die Krone von Leon erbte, ebenfalls von der
Kirche als Heiliger anerkannt, weil er die Ketzer mit eigner Hand verbrannte. Endlich der Dominikaner-General **Raymund de Penjaforte** (Peñaforte), der wütendste Ketzerverfolger, der alle Mühe
anwandte, Juden und Mohammedaner zum Christentum zu bekehren,
in diesem Sinne auf die Könige von Aragonien und Kastilien einwirkte und Seminarien anlegen ließ, worin das Hebräische und Arabische unterrichtet wurde, um gelehrte Mittel zur Bekehrung der
Juden und Sarazenen zu gewinnen²). Solchen verfolgungssüchtigen,
unbarmherzigen, mit allen Machtmitteln versehenen Feinden waren
die Juden preisgegeben.

Gregor IX. eiferte in einem Sendschreiben (1229) an den Bischof
von Valencia, den Übermut der Juden gegen die Christen zu dämpfen,
als wenn die Kirche dadurch in größter Gefahr schwebe³). Unter
Jayme I., König von Aragonien, trat daher eine Wendung in der
Stellung der Juden Aragoniens und der dazu gehörigen Gebietsteile
ein. Von kirchlichem Fanatismus und von Geldgier gestachelt, erklärte
dieser König die Juden als seine Klienten, d. h. gewissermaßen als
Kammerknechte. Als er nun die Insel Mallorka ihren mohammedanischen Bewohnern entriß, behandelte er auch die dortigen Juden
als besiegte Feinde, obwohl sie schwerlich Widerstand geleistet hatten.
In Begleitung des Königs war ein angesehener Jude von Saragossa
Bachiel (Bachja)⁴) **ben Mose Alkonstantini**, sein Leib-

---

¹) Schmidt, Geschichte Frankreichs I. S. 507.
²) Acta Sanctorum (Bollandisten) ad 27, Januar. T. 1, p. 212 b, 419 a.
¹) Baronius annales ad annum 1229, No. 60.
⁴) Dieser Bachiel kommt in allen Chroniken vor, welche über Jayme I.
oder die Belagerung Mallorkas berichten. In Bernard Gomez Miedes' vita
et res gestae Jacobi I. heißt es: Protinus nuntium cum equitibus decem
et Hebraeo quodam Caesaraugustano, nomine Bachiel, linguae Arabicae
perito, ad illum (Retaboigum regem insulae) misit Jacobus (in Schotts
Hispania illustrata III, p. 439 b). Eine alte Chronik aus dem Archiv von
Valencia: Chronica del rey Jaime (gedruckt Valencia 1557) nennt diesen
Bachiel bei derselben Gelegenheit: un jeu de Çaragoça havia nom Don
Bachiel (p. 82); ein andermal Alfaqui per nom Don Bachiel (p. 87). Dieselbe kennt auch aus einer Urkunde seinen Bruder Salomo (p. 40): al alfaqui noster de Çaragoça per nom Don Salomo germa (d. h. hermaño)
de Bachiel. Es ist nun kein Zweifel, daß diese Brüder Bachiel und Samuel
identisch sind, mit בחיי und seinem Bruder Salomo, welche in dem maimu-

arzt, welcher auch als Dolmetscher für die arabische Bevölkerung der Insel diente. Nichtsdestoweniger verfuhr Jahme feindselig gegen dessen Glaubensgenossen in der Stadt **Palma** auf der Insel Mallorka. Die zahlreiche jüdische Gemeinde dieser Stadt besaß viele Ländereien, welche der Gesamtgemeinde gehörten. Eine Straße der Stadt führte einen jüdischen Namen **Berg Zion** (Monte Zion), worin eine große Synagoge erbaut war; außerdem besaß sie noch ein kleineres Bethaus. Einzelne Juden und jüdische Gesellschaften hatten Landgüter bei Palma. Bei der Einnahme derselben nahm Jahme der Gemeinde und einzelnen manche Besitztümer und schenkte sie dem Dominikanerorden. Auch die große Synagoge wurde ihnen entrissen und in eine Kirche verwandelt, das erstemal auf spanischem Boden, daß der Staat Eingriffe in die heiligste Angelegenheit der Juden gemacht hat.

Und überall gestaltete sich der von Innocenz ausgegangene feindselige Geist, von den Dominikanern angefacht, zu harten Gesetzen gegen sie. Auf zwei Kirchenversammlungen von Frankreich, in Rouen und bei Tours (1231)[1]), wurden die judenfeindlichen Bestimmungen des Laterankonzils wiederholt, und auf der letzteren noch eine Beschränkung hinzugefügt, Juden nicht als Zeugen gegen Christen zuzulassen, „weil von den Zeugnissen der Juden viel Übel entstehe"; solches wurde als Grund angegeben. Es war ein Rückfall in die barbarische Zeit der spanischen Westgoten (Bd. V$_3$, S. 62); allein was dort zunächst für getaufte Juden galt, wurde nun auf Juden überhaupt ausgedehnt. In dieser Zeit empfanden die Juden die über sie verhängte Entwürdigung umsomehr, als sie auf einer höheren Kulturstufe standen und mehr Selbstgefühl hatten als früher.

Die engherzige Gesinnung der Kirche gegen die Juden wirkte wegen der ausgedehnten Macht des Papsttums seit Innocenz sogar auf die an den Ufern der unteren Donau und der Theiß wohnenden Juden. In Ungarn waren sie sehr früh angesiedelt (Bd. V$_3$, S. 303) und aus dem byzantinischen und chazarischen Reiche dahin eingewandert. Da es unter den herrschenden Magyaren auch viele Heiden und Mohammedaner gab, so mußten die Könige gegen dieselben duldsam sein; ohnehin war ihr christliches Bekenntnis nur oberflächlich, noch nicht in

---

nistischen Streit in Saragossa Partei für Maimuni genommen haben: החכמים הנשיאים ר' בתיי ור' שלמה הרופאים . . . ממשפחת הנשיא הרב הרופא ר' משה בן אלקונסטינו (אלקנסטנטיני). Ihr Familienname war demnach Alkonstantini. Über die Einnahme von Mallorka Mut, historia del Regno de Mallorca p. 301. Vgl. Kahserling: Juden in Navarra usw., p. 159 ff.

[1]) Mansi concilia T. XXIII, p. 229, No. 49 und p. 239, No. 31—33.

Gesinnung und Denkweise eingedrungen. In Ungarn hatten die Juden daher von jeher die Münzpacht des Landes und standen mit ihren deutschen Brüdern in Verbindung¹). Bis ins dreizehnte Jahrhundert waren die Juden, so wie die Mohammedaner auch Salz- und Steuerpächter des Staates und verwalteten überhaupt königliche Ämter²). Auch Mischehen zwischen Christen und Juden kamen häufig vor, da die Kirche noch nicht festen Fuß in diesem Lande gefaßt hatte. Diese Ehrenstellung der Juden in einem, wenn auch nur halb christlichen Lande konnte das Papsttum nicht dulden; sie war ihm ein Dorn im Auge. Als daher der König Andreas, welcher mit den Magnaten des Landes im Streit und ein Freiheitsdiplom (Charta) zu erlassen gezwungen war, sich an den Papst Gregor IX. wandte, drang dieser darauf, in einem Schreiben an Robert, Erzbischof von Gran, den König zu nötigen, Juden und Mohammedanern die öffentlichen Ämter zu entziehen³). Andreas hatte sich anfangs dem päpstlichen Willen gefügt, aber nicht Ernst damit gemacht, wohl weil er die jüdischen Beamten und Pächter nicht entbehren konnte. Dafür, sowie wegen anderer kirchlicher Beschwerden verhängte auf Befehl des Papstes der Erzbischof von Gran den Bann über den König und seine Anhänger (anfangs 1232)⁴). Durch Quälereien aller Art gezwungen, mußte endlich Andreas nachgeben, und ebenso wie Raymund von Toulouse feierlich versprechen (1233), daß er die Juden und Sarazenen nicht mehr zu Ämtern zulassen, nicht christliche Leibeigene in deren Besitz dulden, die Mischehen nicht gestatten und endlich sie zwingen würde, ein Abzeichen zu tragen. Denselben Eid, Andersgläubige zu demütigen, mußten auf Geheiß des päpstlichen Legaten der Kronprinz Bela, der König von Slavonien, sämtliche Magnaten und Würdenträger des Reiches leisten⁵).

---

¹) Respp. R. Meïr von Rothenburg Nr. 903, 904, vgl. Zunz, zur Geschichte und Literatur S. 537.
²) Sendschreiben des Königs Andreas in Baronius annales ad an. 1233. No. 52: Judaeos. Saracenos — — non proficiemus nostrae camerae monetae. salibus collectis vel publicis officiis, nec associabimus praefectis etc.
³) Baronius ad ann. 1231, No. 34, 41.
⁴) Das. ad. ann. 1232, No. 18 f.
⁵) Das. ad. ann. 1233. No. 52, 54.

Zweites Kapitel.

Die innere Parteiung und ihre Folgen.

Die Gegnerschaft gegen Maimuni. Die Parteiung der Maimunisten und Antimaimunisten. Meïr Abulafia und sein Vater Todros. Aaron ben Meschullam aus Lünel. Scheschet Benveniste. Simson von Sens. Daniel ben Saadia. Joseph ben Aknin und Abraham Maimunis verschiedener Charakter. Die religiöse Lauheit und die Stocktalmudisten. Salomo von Montpellier und seine Jünger. Ihr Bannstrahl gegen die maimunischen Schriften. Die Parteinahme der nordfranzösischen Rabbinen. Die südfranzösischen Gemeinden für Maimuni. David Kimchis Eifer für Maimuni. Nachmani, seine Charakteristik und seine Hauptlehren. Sein Verhältnis zu Maimuni, Ibn-Esra und der Kabbala. Seine Parteinahme in dem Streite für und gegen Maimuni. Bachiel Alkonstantini und die Saragossaner Gemeinde. Toledo und Ibn-Alfachar. Die satirischen Pfeile für und gegen. Der Dichter Meschullam En-Vidas Dafiera. Samuel Saporta. Wandlung der französischen Rabbinen. Nachmanis Vermittelung in dem Streite. Salomos Verzweiflung, er verbindet sich mit den Dominikanern und der Inquisition. Die Angeber und ihre Strafe. Mose von Couch.

(1232—1236.)

Wie selten ein Übel allein kommt, sondern öfter andere nach sich zieht, so trat jetzt zu der Entehrung und Demütigung der Juden von außen eine Spaltung und Schwäche im Inneren hinzu. Merkwürdigerweise knüpfte sich die innere Entzweiung an Maimuni, an den Mann, dessen Bestreben während seines ganzen Lebens dahin ging, die Einheit und Geschlossenheit der Judenheit und des Judentums anzubahnen. Allein indem er den Gedankeninhalt des Judentums philosophisch zu durchleuchten unternahm, hatte er Lehrsätze aufgestellt, welche kein jüdisches Gepräge an sich trugen und keineswegs mit der Bibel und noch viel weniger mit dem Talmud in Übereinstimmung standen. Die Stocktalmudisten mochten von der philosophischen Erforschung des Judentums gar nichts wissen, betrachteten jede Beschäftigung mit Wissensfächern, selbst zum Nutzen des Judentums angewendet, als eine Sünde, und wendeten richtig oder miß-

verständlich den talmudischen Spruch darauf an: „Haltet eure Kinder
dem Nachdenken fern"[1]). Auch denkende und philosophisch gebildete
Männer erkannten es, daß Maimuni in seinem Bestreben, die Religion
mit der Zeitphilosophie zu versöhnen, die erstere der letzteren untergeordnet und die Herrin über die Gemüter zur Sklavin gemacht habe.
Glaubenssätze und Bibelverse, die sich philosophisch nicht rechtfertigen
lassen, haben nach dem maimunischen System keinen Wert. Wollte
er ja selbst die Schöpfung aus nichts, den Grundzug des Judentums,
aufgeben, wenn der philosophische Gedanke das Gegenteil zu beweisen
imstande wäre. Solche Aussprüche mußten ihm Gegner erwecken.
Diese fanden Maimunis Schriften höchst gefährdend für den Glauben,
die, wenn sie auch einerseits dessen Grundbau zu befestigen schienen,
ihn anderseits erschütterten[2]). Wunder erkannte Maimunis Lehrsystem nicht durchweg an, suchte sie vielmehr möglichst auf natürliche
Vorgänge zurückzuführen, und die Verse, welche dafür sprechen, rationell
zu deuten. — Die Prophetie und das unmittelbare Verkehren mit
der Gottheit, wie es die heiligen Schriften aufstellen, ließ Maimuni
nicht gelten, sondern erklärte sie als seelische Vorgänge, als Wirkungen
einer erregten Phantasie oder als Traumerscheinungen[3]). Seine Unsterblichkeitslehre stand nicht minder im Widerspruche mit dem Glauben
des talmudischen Judentums. Sie leugnet das Dasein eines Paradieses und einer Hölle, läßt die geläuterten Seelen in den Urgeist
eingehen, d. h. darin aufgehen und verschwinden, und die an der
Sinnlichkeit haftenden Seelen der Sünder einfach untergehen. Seine
Auffassungsweise vieler Zeremonialgesetze erregte besonders Widerspruch, weil diese dadurch ihren dauernden Wert verlören und nur zeit-
weise Bedeutung hätten[4]). Und nun erst die Art und Weise, wie sich
Maimuni über die Agada, einen Bestandteil des Talmuds, aussprach,
daß er sie entweder umdeutete oder, wo sie ihm zu derb erschien,
wegwerfend behandelte, das war in den Augen nicht bloß der
Stocktalmudisten, sondern auch mancher Gebildeteren ein ketzerischer

---

[1]) Jakob Anatoli in Malmed Einleitung: וגם אם אחד בדורו מלאו לבו
ללמוד חכמת הנמצאות בלשון אחרת המוצילות להשליט בונת התורה יחשב
לו תלמוד מוצו בניכם מן אצל רוב בני דורו, ונותנים טעם לדבריהם ממה שאמרו
ז"ל מנעו בניכם מן ההגיון, וכן מה שהזהירנו שלא ללמוד חכמת יונית.
[2]) Jehuda Alfachar im Sendschreiben an Kimchi: ואינה כדאי חכמת יונית.
Meïr Abulafia im Sendschreiben an Nachmani: לעקור את הכל והנה דוקתו
(של מורה נבוכים) מחזיק שרשי הדת ומסטפת פארותיה.
[3]) Jehuda Alfachars zweites Sendschreiben.
[4]) Abraham Maimuni in Milchamot: p. 24 וכר מדבריו (מדברי ר' שלמה
מן ההר) שאותן הטעמים (בצמר מצות של הרמבם) אינם גבוכים בעיני.

Angriff auf das Judentum, den sie energisch zurückschlagen zu müssen glaubten.

Es bildete sich also neben schwärmerischen Verehrern Maimunis, welche seine Weisheit wie eine neue Offenbarung gläubig hinnahmen, eine Partei der Gegner, die seine Schriften anfocht, namentlich „den Führer der Schwankenden" (Moré) und den ersten Teil seines Religionskodex (Madda) bekämpfte. Die Rabbinen und überhaupt die Vertreter der jüdischen Gemeinden in Europa und Asien zerfielen daher in Maimunisten und Gegner Maimunis (Antimaimunisten). Die letzteren, als Zeitgenossen noch voll von dem imposanten Eindruck, den Maimunis Persönlichkeit und Wirksamkeit hervorgebracht hatte, ließen ihm selbst und seiner Frömmigkeit alle Gerechtigkeit widerfahren und tadelten oder verurteilten nur seine Ansichten und die sie enthaltenden Schriften.

Schon während Maimunis Leben hatte der Widerspruch gegen seine philosophischen Lehren begonnen; nur trat er leise und schüchtern auf und konnte vor dem Enthusiasmus seiner Bewunderer nicht recht zu Worte kommen. Ein junger, geistvoller, gelehrter Mann, Meïr ben Todros Halevi Abulafia (geb. um 1180, st. 1244)[1] aus Toledo, hatte frühzeitig seine religiösen Bedenken gegen dessen Theorie in einem Sendschreiben an die „Weisen Lünels" kundgegeben, das für die Öffentlichkeit bestimmt war. Die maimunische Unsterblichkeitslehre bildete darin den Kernpunkt des Angriffs. Allein er hatte damit wenig Eindruck gemacht. Denn wiewohl Meïr Abulafia, aus einer sehr angesehenen Familie stammend, ein sehr hohes Ansehen genoß, so stand er doch mit seiner wissensfeindlichen, der Verknöcherung des Juden-

---

[1] Sein Todesjahr ist angegeben auf seiner Grabschrift in Luzzattos Abne Sikkaron. Von seinem Hochmute sprechen Jehuda Alcharisi im Tachkemoni (Pforte 46) und Zacuto p. 100: ר׳ מאיר אבו אלצפירה . . . מרום שצלה לגדולה לא הלך אל אבירו; auch Aaron ben Meschullam in seinem polemischen Sendschreiben an ihn wirft ihm seine Aufgeblasenheit vor (Taam Sekenim p. 66 ff.). Merkwürdigerweise hat Ascheri diesen Meïr Abulafia mit seinem Lehrer Meïr Rothenburg verwechselt und diesem den Hochmut gegen seinen Vater zugeschrieben, was von jenem gilt (zu Kidduschin I, No. 57), wenn nicht in dem Satze: אברו עליו על רבינו באיר מרוטנבורג שמרום שצלה לגדולה, das Wort „von Rothenburg" der Zusatz eines Kopisten ist, denn Ascheri mußte besser über seinen Lehrer orientiert sein. Diesen Irrtum haben viele sich zu Schulden kommen lassen. Daß M. Abulafia noch bei Maimunis Leben sein Sendschreiben gegen diesen gerichtet, sagt er selbst in seinem Sendschreiben an Nachmani (Briefsammlung p. 34) אך כי זה ימים רבים הרבה משלשים שנה . . . ואכתב אגרת קנאות לרבני חכמי לוניל. Auch Aarons Antwortschreiben setzt Maimunis Leben voraus.

tums geneigten Richtung selbst im Kreise der Seinigen vereinzelt da. Außerdem war er, von einem maßlosen Hochmut besessen, nicht geeignet, Anhänger zu gewinnen und zu einer Partei zu organisieren. Seine Aufgeblasenheit ging so weit, daß er, seitdem er einen hohen Rang in der Toledaner Gemeinde einnahm, seinen edlen, gebildeten und hochgeehrten Vater, Todros Abulafia in Burgos, nicht besuchen mochte, um seiner Ehre nichts zu vergeben. Und dieser Vater, der ein solches Ansehen genoß, daß ein Dichter Jehuda ben Isaak Halevi, Arzt in Barcelona, ihn in einem Romane verherrlichte und zum Schiedsrichter zwischen der Weisheit und dem Reichtum machte, dieser Todros war anders geartet, er suchte seinen stolzen Sohn, der nicht zu ihm kommen mochte, auf. Statt Anhänger zu finden, wurde Meïr Abulafia von dem wissenschaftlich und talmudisch gebildeten Aaron ben Meschullam aus Lünel, einem begeisterten Anhänger Maimunis, derb abgefertigt, und wie es scheint, im Namen eines gleichgesinnten Kreises. Er legte es ihm als Keckheit aus, daß er, der Unreife an Jahren und Weisheit, es auch nur wagen konnte, über den größten Mann seiner Zeit ein Urteil zu fällen.

Indessen blieb Meïr Abulafia nichtsdestoweniger sein Leben lang ein Gegner der maimunischen Richtung und der Wissenschaft. Seine literarische Tätigkeit beschränkte sich auf den Talmund (von dem er einige Traktate erläuterte) und die pentateuchische Massora oder biblische Orthographie, die er zuerst übersichtlich sammelte und für die Abschreiber benutzbar machte[1]). Wenn er auch nicht Kabbalist war, so hatte er doch ein warmes Nest für die junge Brut der Geheimlehre bereitet. Er galt in seiner Zeit als Haupt der Finsterlinge. Der Greis Scheschet Benveniste aus Barcelona, der bis in sein Alter ein warmer Freund der freien Forschung blieb, dichtete auf ihn ein beißendes Epigramm[2]):

> Freunde, ihr fragt, warum des Dunkelmanns Name
> „Strahlend" (Meïr) klingt, da er das Licht doch haßt?
> Nennen doch auch die Weisen die Nacht „Licht";
> So will's der Sprache Doppelsinn.

Gegen das Sendschreiben Abulafias an die Gemeinde von Lünel richtete Scheschet Benveniste einen apologetischen Brief an dieselbe,

---

[1]) מסורת סיג לתורה; über dieses Werk, sowie über die talmudischen vgl. die Bibliographen. Der Lügenschmied Mose Botarel vindiziert ihm ein kabbalistisches Werk לפני ולפנים; es ist aber eben so fingiert wie die meisten kabbalistischen Schriften, welche Botarel älteren Autoritäten zuschreibt.

[2]) Taam Sekenim p. 70. Über Scheschet Benveniste vgl. Bd. VI$_3$, S. 328, Note 1, Anm. Da dieser 1203 bereits ein Greis war, so fällt seine Polemik noch vor den Ausbruch der Streitigkeiten des Salomo von Montpellier.

um einer etwa auftauchenden gehässigen Stimmung gegen Maimuni
von vornherein zu begegenen. — Auch ein anderer Dichter schnellte
die Pfeile des Witzes in einer Satire gegen Abulafia ab, deren Spitzen
aber unübersetzbar sind[1]). Überhaupt waren die Maimunisten im
Besitze von Kenntnissen und Sprachgewandtheit ihren Gegnern bei
weitem überlegen, konnten die Lichtfeinde dem Gespötte preisgeben
und die Lacher auf ihre Seite ziehen.

Im Morgenlande rüstete sich der nach Palästina ausgewanderte
französische Tossafist **Simson aus Sens**, der die wissensfeindliche
Gesinnung mit Meïr Abulafia teilte, sie in einem Sendschreiben an
denselben[2]) zu erkennen gab und auf seiner Reise nicht einmal mit
Abraham Maimuni zusammenkommen mochte, zu einem Kampfe
gegen das Haupt der Aufklärer. Allein da er so ganz und gar ohne
wissenschaftliche Mittel war, so konnte er nur talmudische Waffen
gegen ihn gebrauchen. Er verfaßte eine eigene Schrift gegen ihn, sie
blieb aber so sehr ohne alle Wirkung, daß einige an deren Existenz
zweifelten[3]). Auch im Morgenlande trat also die Feindseligkeit gegen
Maimuni schüchtern auf. Ein Jünger jenes Samuel ben Ali, welcher sich
so heimtückisch gegen den Weisen von Fostat benommen hatte (VI$_3$,
S. 304), namens **Daniel ben Saadia**, ein talmudisch gelehrter Mann, der sich in Damaskus niedergelassen hatte, war von
demselben Geiste wie sein Meister gegen die maimunische Richtung
beseelt und glaubte dessen Feindseligkeit gegen sie fortsetzen zu müssen.
Daniel machte zunächst Ausstellungen an Maimunis talmudischen
Entscheidungen, um damit gewissermaßen ihm den Boden zu entziehen, auf dem eben seine gebietende Bedeutung beruhte. Denn eben
weil Maimuni eine rabbinische Autorität war, fanden seine philosophischen (und wie die Gegner sagten) ketzerischen Lehren eine so gefähr-
liche Anerkennung und Verbreitung. Indessen hielt es Daniel für geraten, einen ehrfurchtsvollen Ton gegen den einzuhalten, den er bekämpfen wollte; er schickte sogar die polemische Schrift Abraham Maimuni
zur Prüfung zu. Dieser, welcher den höchsten Begriff von der talmudischen Gelehrsamkeit seines Vaters hatte, gab sich Mühe, Daniels
Ausstellungen zu widerlegen[4]), und seine Antworten waren nicht frei

[1]) Das. auch Graetz, Blumenlese S. 149.
[2]) Codices de Rossi No. 772, 7, und in der Bodleyana.
[3]) Abraham Maimuni. Milchamot p. 10. Vgl. über Simson aus Sens
Groß in der Revue des Études Juives Bd. VI, S. 167 f., VII, S. 40 f.
[4]) Die Responsen des Abraham Maimuni an Daniel sind jetzt ediert
von Goldberg unter dem Titel: Birkhat Abraham (Lyck 1870).

von Gereiztheit; aber er war wahrheitsliebend genug, einzugestehen, daß sein Vater nicht unfehlbar war und sich wohl hier und da geirrt haben könne. Später erlaubte sich Daniel versteckte Angriffe auf Maimunis Rechtgläubigkeit in einer exegetischen Schrift, und wunderlich genug, warf er ihm vor, daß er an das Dasein böser Geister nicht geglaubt habe. Es handelte sich aber nicht eigentlich um die Existenz oder Nichtexistenz der Dämonen, sondern lediglich darum, daß Maimuni Aussprüche, die nur einmal im Talmud vorkommen, nicht unbedingt als richtig und wahr anerkannt habe und folglich ein Ketzer sei.

Maimunis Bewunderer waren gegen diese Angriffe so empfindlich, daß sein Hauptjünger, Joseph Ibn-Aknin, den Angreifer dafür mit einer harten Strafe belegt wissen wollte. Er drängte Abraham Maimuni, über Daniel ben Saadia den Bann zu verhängen. Dieser aber, welcher seines Vaters Gerechtigkeitsliebe und Selbstlosigkeit geerbt hatte, mochte nicht darauf eingehen. Er äußerte sich darüber mit anerkennenswerter Unparteilichkeit. Er erachte es nicht für recht, Daniel zu bannen, den er für eine sittlich-religiöse Persönlichkeit von geläutertem Glauben halte, der sich nur in einem einzigen Punkte geirrt; dann sei er selbst Partei in der Streitsache, und er halte sich darum nicht für befugt, in einer gewissermaßen eigenen Angelegenheit einen Gegner in den Bann zu tun. So besonnen waren aber Maimunis Verehrer und namentlich Ibn-Aknin nicht. Sie bearbeiteten den Exilarchen **David aus Moßul**, den unbescholtenen, geachteten Gelehrten von Damaskus aus der Gemeinschaft auszuschließen, bis er reumütig seine Äußerungen gegen Maimuni widerrufe. Daniel starb aus Gram über den Bann[1]). Seitdem verstummte jeder Widerspruch gegen Maimuni eine Zeitlang. Die asiatischen Juden waren noch von dessen persönlichem Geiste so voll, daß es ihnen nicht einfiel, ihn verketzern zu wollen. Sie waren auch nicht gebildet genug, die Tragweite der maimunischen Ideen über dieses und jenes zu erfassen und deren Unverträglichkeit mit der talmudischen Anschauung einzusehen. Auch mag sein Verehrer Jonathan Kohen, der nach Palästina zugleich mit Simson von Sens ausgewandert war (o. S. 11), eine günstige Stimmung für ihn im Kreise der Frommen genährt und einen Sieg über die ihm feindliche Partei des Simson von Sens davongetragen haben.

Anders verhielt es sich indes in Europa und namentlich in Südfrankreich und Spanien. Hier hatten die maimunischen Ideen eingeschlagen und beherrschten die Männer des Wissens und die meisten in den Gemeinden tonangebenden Persönlichkeiten; sie sahen von jetzt

---
[1]) Abraham Maimuni, Milchamot p. 11, 12.

an Bibel und Talmud nur in maimunischer Beleuchtung. Die Frommen unter den spanischen und provenzalischen Juden suchten den Widerspruch zwischen dem talmudischen Judentum und dem maimunischen System, wenn sie ihn überhaupt gewahrten, so viel als möglich durch die Deutungsmethode zu lösen. Die minder Gläubigen nahmen die Lehre Maimunis gerade als Stütze für ihre Lauheit in der Beobachtung der Religionsgesetze, sprachen sich freier über Bibel und Talmud aus, setzten sich selbst praktisch über manche Vorschriften hinweg, und waren im Zuge, sich ein eigenes, vernunftgemäßes Judentum zuzustutzen[1]). Unter den jüdischen spanischen Gemeinden ging die Lauheit gegen das Gesetz so weit, daß nicht wenige Mischehen mit Christinnen und Mohammedanerinnen eingingen[2]). Die Stockfrommen, welche im Talmud lebten und webten und, Ursache mit Wirkung verwechselnd, diese für sie betrübenden Erscheinungen als eine giftige Frucht der philosophischen Aussaat betrachteten, prophezeiten den Untergang des Judentums, wenn die maimunischen Ansichten überhand nehmen sollten. Trotzdem wagte eine Zeitlang niemand entschieden dagegen aufzutreten. Die nordfranzösischen Rabbinen, die Gesinnungsgenossen des Simson von Sens, wußten wenig von Maimunis philosophischen Schriften und ihren Wirkungen, und die südfranzösischen und spanischen Stocktalmudisten mochten es für gefährlich und nutzlos halten, sich der überhandnehmenden Strömung des freien Geistes entgegenzustemmen.

Es wurde daher als ein höchst kühner Schritt angesehen, als ein Rabbiner der naiv-gläubigen Richtung den Maimunisten offen und rücksichtslos den Krieg erklärte. Es war Salomo ben Abraham aus

---

[1]) Alfachar nennt in seinem ersten Sendschreiben die Maimunisten: עוברים על דת, auch Meïr Abulafia und Meschullam ben Kalonymos; vgl. Note 1.

[2]) Mose aus Couch, Semag. Gebote Nr. 3, Ende; Verbote Nr. 112, Ende. Der im ersten Viertel des dreizehnten Jahrhunderts lebende Bischof von Paris, Wilhelm von Auvergne, spricht sich darüber aus: Hinc est quod facti sunt (Judaei) in lege erronei et in fide ipsius Abrahae haeretici, maxime postquam regnum Saracenorum diffusum est super habitationem eorum. Exinde enim aeternitatem mundi et alios Aristotelis errores secuti sunt multi eorum. Hinc est quod pauci veri Judaei, hoc est, qui non in parte aliqua eruditatis suae Saraceni sunt, aut Aristotelicis consentientes erroribus in terra Saracenorum inveniuntur, de his qui inter philosophos commorantur. Dedit enim etiam occasionem non levem apostasiae hujusmodi ea quae videtur multorum mandatorum absurditas vel inutilitas. — Non est mirum, si ab eis (praeceptionibus aut inhibitionibus) receditur, et si tanquam onera supervacua projiciuntur (mandata legis). Gulielmi Auverni opera omnia, de legibus ed. Paris 1674, T. 1, p. 246. Vgl. Guttmann, Guillaume d'Auvergne et la littérature juive in der Revue des Etudes Juives, Bd. XVIII, S. 243f.

Montpellier, ein frommer, ehrlicher, rabbinisch gelehrter Mann, aber von verkehrten Ansichten, dessen Welt einzig und allein der Talmud war, über den hinaus nichts für ihn als wahr galt. Für Salomo waren nicht bloß die religionsgesetzlichen Bestimmungen des Talmud, sondern auch die agadischen Aussprüche in ihrer nackten, anstößigen Buchstäblichkeit unumstößliche Wahrheiten, an denen zu mäkeln schon Ketzerei sei. Er und seine Genossen dachten sich die Gottheit mit Augen, Ohren und anderen menschlichen Organen versehen, sitzend im Himmel auf einem erhabenen Throne, umgeben von Dunkelheit und Wolken. Paradies und Hölle malten sie sich mit agadischen Farben aus; die Frommen würden im himmlischen Garten Eden Fleisch vom Leviathan und alten Wein, vom Urbeginn der Welt in himmlischen Behältern aufbewahrt, genießen, und die Gottlosen, die Ketzer, die Gesetzesübertreter im Gehenna gegeißelt, geplagt und im höllischen Feuer verbrannt werden. Das Vorhandensein von bösen Geistern ließen sich die Rabbinen dieses Schlages durchaus nicht nehmen; es war für sie gewissermaßen ein Glaubensartikel, da die talmudische Agada sie als existierend anerkennt[1]).

Mit einer so plumpen, anthropomorphistischen Anschauung mußte Salomo aus Montpellier fast jedes Wort in den maimunischen Schriften unjüdisch und ketzerisch finden. Er durfte nicht dazu schweigen, er sah in der Duldung der maimunischen Ideen die Auflösung des Judentums, und er begab sich in den Kampf gegen sie, gegen ihre Vertreter und Verfechter. Aber mit welchen Waffen? Das Mittelalter kannte kein wirksameres Mittel, verderblich scheinende Gedanken zu vernichten, als den Bann. Es wollte denjenigen, der um einen Kopf seine Zeit überragte und über Religion anders als der gedankenlose Troß dachte, durch Ausschließung aus dem Verkehr mit Glaubensgenossen zwingen, seine Ideen in sich zu vergraben oder gar sie als grobe Irrtümer selbst zu verabscheuen. So hatte um dieselbe Zeit der Papst Gregor IX. die Pariser Universität, die Trägerin des freien philosophischen Geistes bis zum Auftreten der Dominikaner und Franziskaner, bedeutet, sich bei den Vorlesungen streng an den Kanon des Laterankonzils zu halten und die auf demselben verpönten Schriften bei Vermeidung des Bannes

---

[1]) Seine Ansichten sind durch die Ausstellung bekannt, die er an Maimunis Schriften machte, aus Abraham Maimunis Milchamot, p. 17 ff., aus Nachmanis größerem Sendschreiben und aus dem Sendschreiben des Samuel Saporta in Ozar Nechmad II., p. 170. Prägnant bezeichnete sie Nachmani: ואמת כי שמענו את הרב (ר׳ שלמה מן ההר) מחזיק בדברי רבותינו ואגדותן רהיו כהויתן. Daß Salomo aus M. keineswegs ein Idiot, sondern eine bedeutende talmudische Autorität war, hat Luzzato gründlich nachgewiesen.

nicht zu gebrauchen. Dieser Vorgang mag neben seinem zelotisch leidenschaftlichen Gemüt Salomo von Montpellier bewogen haben, auch jüdischerseits eine Gedankenzensur einzuführen und die maimunische Ketzerei durch den Bann zu unterdrücken. Aber allein gegen die zahlreichen und die öffentliche Meinung beherrschenden Maimunisten aufzutreten, hätte die Wirkung verfehlt. Salomo suchte nach Verbündeten, fand aber in Südfrankreich keinen einzigen Rabbinen, der sich an der Brandmarkung der maimunistischen Richtung beteiligen wollte. Nur zwei seiner Jünger standen ihm zur Seite: Jona ben Abraham Gerundi (der ältere) aus Gerona, ein blinder Eiferer, wie sein Lehrer, und David ben Saul. Diese drei sprachen den Bann aus (anfangs 1232) über alle diejenigen, welche Maimunis Schriften, namentlich die philosophischen Partien (Moré und Madda) lesen, über diejenigen, welche sich mit irgendeiner Wissenschaft, außer Bibel und Talmud, befassen, über diejenigen, welche den schlichten Wortsinn der Schrift umdeuten, und überhaupt, welche die Agada anders auslegen sollten, als Raschi es getan[1]). In einem Sendschreiben setzten Salomo und seine Genossen die Gründe ihres Verdammungsurteils auseinander und betonten am meisten den Punkt, daß Maimunis Auffassungsweise das talmudische Judentum untergrabe. Sie scheuten es nicht einmal, den hochverehrten Weisen persönlich zu verunglimpfen: Wenn es wahr sei, daß er einmal streng talmudisch-religiös gelebt habe, so habe man doch ein Beispiel, daß noch Größere als er in ihrem Alter Abtrünnige vom Gesetze geworden seien[2]). Salomo dachte von Anfang an, im Notfalle den weltlichen Arm der christlichen Obrigkeit zur Unterdrückung des freien Geistes zu Hilfe zu rufen. Vorderhand suchte er aber Parteigenossen unter den nordfranzösischen Rabbinen. Diese, sämtlich der scharfsinnigen, aber einseitigen Tossafistenschule angehörig und im Talmud ergraut, die keine Ahnung von dem Bedürfnisse hatten, daß das Judentum sich vor der vernünftigen und wissenschaftlichen Einsicht rechtfertigen müsse, traten meistens dem Banne bei und nahmen Partei gegen die Maimunisten[3]). Der angesehenste unter den nordfranzösischen Rabbinen war damals Jechiel ben Joseph aus Paris, ein Jünger des überfrommen Jehuda Sir Leon (Bd. VI$_3$, S. 218), ein bedeutender Talmudist, aber ein beschränkter Kopf von Salomos Schlage. Wiewohl keine Quelle geradezu berichtet, daß dieser

---

[1]) Folgt aus dem Sendschreiben der Saragossaner Gemeinde, aus Nachmanis größerem Briefe und aus dem des Samuel Saporta; vgl. Note 1.

[2]) Abraham Maimuni, Milchamot p. 16.

[3]) Folgt aus den Streitschriften.

sich den Antimaimunisten angeschlossen hat, so ist vermöge seiner Gesinnung und Stellung nicht daran zu zweifeln.

Dieser Bann, diese Ächtung der Wissenschaft, diese Verunglimpfung Maimunis entzündete den heftigsten Zorn seiner Verehrer. Es schien ihnen ein Schlag ins Angesicht, ein unerhörter Gewaltstreich, eine Frechheit ohnegleichen. Die drei Hauptgemeinden der Provence, Lünel, Beziers und Narbonne, in denen die Maimunisten das Wort führten, erhoben sich gegen diese Anmaßung der Dunkelmänner, legten ihrerseits Salomo und seine zwei Jünger in den Bann und beeilten sich, an die übrigen Gemeinden der Provence Sendschreiben zu richten, sich ihnen zur Ehrenrettung des großen Mose anzuschließen. In Montpellier selbst spaltete sich die Gemeinde in zwei Parteien; während die unwissende Menge zu ihrem Rabbinen hielt, kündigten ihm die Gebildeten den Gehorsam auf, und es kam sogar zu Tätlichkeiten und Schlägereien untereinander[1]). Die Flamme der Zwietracht schlug immer heller auf und verbreitete sich über die Gemeinden der Provence, Kataloniens, Aragoniens und Kastiliens. Der Streit wurde auf beiden Seiten mit heftiger Leidenschaftlichkeit und nicht durchweg mit edlen Waffen geführt. Die naive Gläubigkeit und die philosophische Anschauung, welche bisher sich so ziemlich miteinander vertragen hatten, gerieten jetzt in einen Gegensatz, der zu einem völligen Bruche und zur Sektiererei zu führen drohte. Das Schlimmste war, daß beide Parteien in ihrem Rechte waren; beide konnten sich auf alte geachtete Autoritäten berufen, die eine, daß Bibel und Talmud gläubig ohne Grübelei hingenommen werden müßten, die andere, daß die Vernunft auch in religiösen Dingen ein Wort mitzusprechen habe.

Zwei Männer waren bei diesem leidenschaftlichen Streit beteiligt, deren Namen einen guten Klang in der jüdischen Literatur haben, David Kimchi und Nachmani. Der erstere, bereits ein Greis und auf der Höhe seines Ruhmes als hebräischer Sprachforscher und Bibelerklärer (Bd. VI₃, S. 200), gehörte zu den schwärmerischen Verehrern Maimunis und zu den Verteidigern der freien Forschung. Er war dadurch den Dunkelmännern verdächtig, und die nordfranzösischen Rabbinen scheinen ihn ebenfalls in den Bann getan zu haben[2]), weil er die ezechielische Vision vom Thronwagen Gottes in maimunischem Sinne sozusagen philosophisch ausgelegt, und weil er behauptet hatte, in der messianischen Zeit würden die halachischen Kontroversen keine

---

[1]) Hillel von Verona Sendschreiben in **Taam Sekenim** und **Chemda Genusa**.
[2]) Vgl. Note 1.

Bedeutung haben, d. h. daß der Talmud überhaupt keinen dauernden
Wert beanspruchen dürfe. Kimchi trat daher umso entschiedener für
Maimuni auf, als er zugleich für seine eigene Sache einzutreten hatte.
Alt und schwach, wie er war, scheute er dennoch nicht, eine Reise nach
Spanien zu unternehmen, um die dortigen Gemeinden persönlich
zum Anschluß an die Provenzalen und gegen Salomo von Montpellier
zu bewegen.

Die zweite tonangebende Persönlichkeit in diesem Streite war Mose
ben Nachman oder Nachmani (Ramban) Gerundi, ein Alters-
und Ortsgenosse und Verwandter des Jona Gerundi (geb. um 1195,
st. um 1270)[1]. Nachmani, oder wie er in der Landessprache genannt
wurde, Bonastrüc de Porta, war ein scharfgezeichneter, aus-
geprägter Charakter mit allen Vorzügen und Fehlern eines solchen.
Voll sittlich lauterer Gesinnung und gewissenhafter Religiosität, milden
Sinnes und scharfen Verstandes, war er vom Autoritätsglauben durch
und durch beherrscht. Die „Weisheit der Alten" schien ihm unüber-
troffen und unübertrefflich; an ihren Aussprüchen, wie sie unzweideutig
vorliegen, dürfe nicht gezweifelt und nicht gemäkelt werden. „Wer
sich in die Lehre der Alten vertieft, der trinkt alten Wein"[2], das war
Nachmanis feste Überzeugung. Die ganze Weisheit der jüngeren
Geschlechter bestand nach seiner Ansicht lediglich darin, den Sinn der
großen Altvordern zu ergründen, sich ihn anzueignen und ihn zur
Richtschnur zu nehmen. Nicht bloß die heilige Schrift in ihrem ganzen
Umfange und nicht bloß der Talmud in seiner ganzen Ausdehnung,
sondern auch die Gaonen und ihre unmittelbaren Jünger bis Alfaßi
waren für Nachmani mustergültige, unfehlbare Autoritäten. Innerhalb
des talmudisch-rabbinischen Kreises hatte er geistvolle Ansichten, richtige
Urteile und hellen Sinn, aber über diesen Kreis konnte er nicht hinaus
und sich überhaupt nicht auf einen freien Standpunkt erheben. —
Nachmani war Arzt, hatte also ein wenig Naturkunde getrieben, war
auch sonst gebildet und mit der philosophischen Literatur vertraut. Aber
die metaphysische Spekulation blieb ihm etwas Fremdes, in das er sich
nicht vertiefen mochte oder konnte[3]. Der Talmud war für ihn alles
in allem, in dessen Licht er die Welt, die Ereignisse der Vergangenheit

---

[1] Vgl. über ihn und seine Schriften Note 2.

[2] Nachmani, Milchamot zu Baba Batra, p. 9. Sein Glaubensbekenntnis in diesem Sinne gibt seine Einleitung zur Kritik des S. ha-Mizwot.

[3] Serachja Schaltiel-Chen. Sendschreiben an Hillel aus Verona: הראיש
משה בר נחמן ז״ל לא ידע טבע המציאות כלל כל שכן טבע דברי הפלוסופים
ולא ידע איזה הדרך ישכן אור.

und die Gestaltung der Zukunft betrachtete. Seine Erziehung und sein Umgang scheinen ihm diese Richtung beigebracht zu haben. Einer seiner Hauptlehrer war Juda ben Jakar[1]), ein namhafter Talmudist und ein Anhänger der jungen Kabbala, der seinen Jünger dafür empfänglich machte. Salomo von Montpellier war sein Jugendfreund. Sein Vorbild, dem er nacheiferte, war Alfaßi, dem alles, was nicht an den Talmud streifte, fremd war.

Schon in der Jugend war das Talmudstudium und die Ehrenrettung angegriffener Autoritäten Nachmanis Lieblingsbeschäftigung. Etwa im fünfzehnten Lebensjahre (1210) arbeitete er einige talmudische Partien von praktisch-religiöser Bedeutung aus, ganz nach Alfaßis Muster und sogar in dessen Stile. In einem vorangeschickten chaldäischen Gedichte entschuldigt Nachmani seine Kühnheit, daß er, ein Jüngling, sich an solch hohe Dinge wage: „Dem Himmel ist es leicht, auch dem Unreifen an Jahren Ernst und Würde zu verleihen"[2]).

In diesen Abhandlungen zeigt er eine so erstaunliche Vertrautheit mit dem Talmud, daß man sie, wenn es nicht bezeugt wäre, keineswegs als eine Jugendarbeit erkennen würde; sie tragen den Stempel vollendeter Reife, beherrschen den Gegenstand und offenbaren durchdringenden Verstand. Nicht weniger großartig in ihrer Art ist seine zweite Jugendarbeit, worin er Alfaßis talmudische Entscheidungen in betreff der zivil- und eherechtlichen talmudischen Traktate gegen die Angriffe des Serachja Halevi Gerundi (Bd. VI$_3$, S. 197) zu rechtfertigen suchte (Milchamot). Er scheute keine Mühe, sich dazu die besten Handschriften von Alfaßis Werk zu verschaffen, um alle Einwürfe gegen ihn entkräften zu können. In seiner Jugendhitze und in seinem Eifer für seinen Liebling, „den großen und heiligen Lehrer Alfaßi", verfuhr Nachmani schonungslos mit Serachja, obwohl dieser als eine Größe im talmudischen Fache galt. Auch dieses Werk bekundet, daß der Verfasser auf „dem Meere des Talmuds" mit sicherer Hand zu steuern vermochte und mit den Untiefen und Klippen vertraut war. Er rechtfertigte auch Alfaßis Arbeiten gegen die Aufstellungen des nicht minder bedeutenden Abraham ben David (VI$_3$, 206). Im reiferen Alter, als er diese Arbeit auch für die übrigen Traktate fortsetzte, bereute Nachmani mit liebenswürdiger Demut seinen Jugendungestüm gegen Serachja und behandelte ihn glimpflicher. Er war überhaupt eine selbstlose Persönlichkeit, fern von jeder Streitsucht und Rechthaberei.

---

[1]) Note 2.
[2]) Chaldäisches Gedicht als Einleitung zu dessen Hilchot Bechorot; Note 2.

In den zwanziger Jahren (1217—23) hatte Nachmani bereits mehrere talmudische Traktate kommentiert und setzte diese Tätigkeit unverdrossen fort, bis er den größten Teil des Talmuds mit Erläuterungen versehen hatte (Chiduschim). Indessen so bedeutend auch Nachmanis Leistungen auf diesem Gebiete sind, schöpferisch war er darin keineswegs. Er konnte nur mit den Tossafisten wetteifern, gewissermaßen spanische Tossafot schreiben, übertreffen konnte er sie nicht. Der Talmud war in den Jahrhunderten seit Raschi und Alfasi zu gründlich erforscht worden, als daß Nachmani oder irgendein anderer etwas völlig Neues hätte aufstellen können. Maimuni hatte mit dem Blicke eines umfassenden Geistes richtig erkannt, daß es an der Zeit sei, mit den Kommentarien zum Talmud endlich Abrechnung zu halten, sich für oder wider zu erklären und das Ganze zum Abschluß zu bringen. Nachmani kehrte sich aber nicht daran, für ihn war Maimunis riesiger Religionskodex nicht vorhanden, wie er auch in seinen früheren Arbeiten nur höchst selten Rücksicht darauf nimmt, als hätte er für ihn nicht Autorität genug. Er fand noch Gefallen an der Diskussion, ihn freute noch das Einzelne, weil ihm eben Maimunis Universalität und systematischer Geist abgingen. Obwohl Nachmani die volle Erkenntnis davon hatte, daß auf talmudischem Gebiete mit allem Aufwande von Scharfsinn keine unumstößliche Gewißheit wie etwa in der Mathematik zu erzielen sei, sondern immer noch Anhaltspunkte zu Einwürfen und Widerlegungen blieben[1]), so hinderte ihn diese Einsicht dennoch nicht, auf die verschlungenen Pfade der halachischen Diskussion einzugehen, um, wie er selbst eingestand, wenigstens die Wahrscheinlichkeit zu ermitteln.

Sympathisierte er mit Maimuni nicht in der Behandlung des Talmuds, so stimmte er noch viel weniger mit ihm in betreff religionsphilosophischer Ansichten überein. Maimuni ging von der Philosophie aus und legte zur Beurteilung des Judentums überall den Maßstab des Vernunftgemäßen, Einleuchtenden, Begreiflichen an; Nachmani dagegen nahm, wie Jehuda Halevi, die Tatsachen des Judentums, und selbst die als tatsächlich im Talmud vorkommenden Erzählungen zum Ausgangspunkte. Für Maimuni waren die biblischen Wunder Gegenstand des Mißbehagens, die er so viel als möglich auf natürliche Vorgänge zurückzuführen sich bemühte; auf die talmudischen Wundererzählungen ließ er sich gar nicht ein. Für Nachmani dagegen war der Wunderglaube der Urgrund des Judentums, von dem die drei Säulen seines Gebäudes getragen werden, die S c h ö p f u n g aus nichts,

---

[1]) Einleitung zu Milchamot.

die Allwissenheit Gottes und die göttliche Vorsehung¹). Mit einem Worte, für Maimuni war die Philosophie der Prüfstein der Wahrheit, für Nachmani waren Bibel und Talmud zu selbstgewiß, als daß sie sich vor dem Richterstuhle der Vernunft zu rechtfertigen brauchten. Indessen obwohl sich Nachmani von der Zeitphilosophie fern hielt, so stellte er doch neue Ideen auf, die, wenn auch nicht mit logischen Formeln bewiesen, darum nicht minder Berechtigung beanspruchen. Die ethische Philosophie, der Maimuni huldigte, wollte den Menschen im Hinweis auf seinen höheren Ursprung und seine einstige Glückseligkeit über die Zufälle des Lebens erheben und ihn mit Gleichmut waffnen, ihn ebenso gegen Freude, wie gegen Schmerz abstumpfen. Nachmani konnte, vom talmudischen Standpunkte aus, nicht genug gegen diese philosophische und stoische Gleichgültigkeit und Unempfindlichkeit ankämpfen und setzt dem die Lehre des Judentums entgegen, daß der Mensch sich „am Tage des Glückes freuen und am Tage des Unglückes weinen soll"²). Maimuni nahm mit den Philosophen an, daß der sinnliche Trieb eine Schande für den Menschen sei, der zur Geistigkeit berufen sei. Nachmani war ein entschiedener Gegner dieser Ansicht. Da Gott, der Vollkommene, diese irdische Welt geschaffen habe, so sei sie, wie sie sei, gut, und nichts an ihr dürfe als entschieden verwerflich und häßlich angesehen werden. Darum sei selbst der Fortpflanzungstrieb, trotz des ihm anhaftenden Tierischen, keine Schande, sondern eine weise Vorkehrung der vorsorglichen Gottheit. Nur die Philosophen, meinte er, konnten auf den Gedanken kommen, daß es an dem menschlichen Organismus etwas durchaus Schandbares und Unsittliches gebe, weil sie die Schöpfung der Welt durch die Gottheit leugneten und deren Ewigkeit von Urbeginn an behaupteten. Das Judentum dagegen, welches Gott als den Schöpfer und Herrn der Welt anerkenne und verkünde, müsse eine solche Meinung verwerfen; denn alles, was aus Gottes Hand hervorgegangen und gebildet sei, sei darum auch gut, auch die Zeugungsorgane und der Geschlechtstrieb. Gott könne nichts absolut Mangelhaftes und Verwerfliches geschaffen haben. Nur je nach dem Gebrauche erwiesen sich diese als sittlich oder unsittlich, als menschenwürdig oder tierisch.

Nachmani hat aus dieser Voraussetzung eine eigentümliche Theorie entwickelt in einer kleinen Schrift, die sich als ein Sendschreiben an einen Freund über die Heiligung oder über die Bedeu-

---

¹) Nachmani, Derascha ed. Jellinek p. 16. Hiobkommentar Einleitung.
²) Einleitung zu Torat ha-Adam.

tung der Ehe darstellt[1]), jedenfalls das Originellste, was er je geschrieben. Die Schrift enthält neben Unhaltbarem manches Wahre und Beherzigenswerte. Vor dem Sündenfall habe das erste Menschenpaar nicht einmal das Schamgefühl gekannt und habe sich der von der prüden Philosophie so verwerflich behandelten Organe ebenso harmlos bedient, wie der Augen, Hände und Füße. Nur infolge der Sünde habe der Mensch durch den unreinen Sinn, den er sich angeeignet, diese Organe zu etwas Häßlichem gestempelt. Würden sie aber auf die rechte Weise angewendet, so könnten sie sogar eine höhere Weihe erhalten. Da nun der Beruf der Israeliten der sei, ihrem Gotte in allen seinen Vollkommenheiten nachzustreben — wozu sie eben durch seine Gnade ausgewählt wurden — so hätten sie auch die Verpflichtung, heilig zu werden, und diese Heiligkeit könnten sie besonders in der Ehe bei der Kindererzeugung betätigen. Bei keiner Tätigkeit des Menschen zeige sich nämlich die Einwirkung der Phantasie in so hohem Grade, wie eben bei diesem scheinbar tierischen Akte. Werde dieses zugegeben, so folge unmittelbar daraus, daß, wenn die Phantasie geläutert sei, wenn sie sich mit erhabenen Ideen, mit der Hoheit Gottes und mit dem sittlich heiligen Weltzweck erfüllt habe, sie dem Keime, woraus sich der Mensch entwickele, eine Richtung nach dem Guten und Heiligen einzuprägen und dem Kinde von seinem Urbeginn an den Charakter aufzudrücken vermöge, der heilige Männer zur Welt bringe. Darum schärften die talmudischen Weisen die Vorschrift so eindringlich ein, daß sich das Ehepaar gerade bei dieser Gelegenheit weihen, d. h. die Gedanken und Phantasie mit reinen Anschauungen erfüllen und sie von niedrigen tierischen Vorstellungen fernhalten solle. Nehme man noch dazu die überlieferte (kabbalistische) Theorie, daß die Menschenseele ein Teil des Urgeistes sei, und daß es dem Menschen möglich sei, durch Konzentrierung seiner Seelenkräfte sich mit diesem Geiste zu vereinigen, so ergebe sich daraus, wie wirksam die Heiligung der Phantasie bei der Kindererzeugung werden könne. Es sei nämlich dann möglich, einen Teil des Urgeistes, d. h. eine ungetrübte, unbefleckte Seele, gewissermaßen herabzuziehen und mit dem materiellen Körperkeime zu verbinden, d. h. einen vollkommenen Menschen zu erzeugen. Und ebenso sei es einleuchtend, daß sündhafte, ins Tierische versunkene Eltern lasterhafte Kinder erzeugen müßten,

---

[1] Iggeret ha-Kodesch, zuerst ediert Rom 1556 und vielleicht noch früher Konstantin. sine anno. Ins Lateinische übersetzt wurde die Schrift von Gaffarelli. Sie soll auch den hebräischen Titel פתח הקודש führen; vgl. Wolf III, p. 796.

d. h. unreine Seelen gewissermaßen zur Belebung des Keimes heranlocken.

Nachmani, der solchergestalt von ganz anderen Gesichtspunkten ausging, hatte daher nur sehr wenig Berührungspunkte mit Maimuni. Wären sie Zeitgenossen gewesen, so hätten sie vielleicht eben wegen dieser Verschiedenheit einander angezogen. War für Maimuni das Judentum ein Kultus des Gedankens, so war es für Nachmani eine Religion des Gefühls. Für jenen gab es im Judentum kein Geheimnis, das nicht durch das Denken erschlossen werden könnte, für diesen war gerade das Mystische, die Geheimlehre das Allerheiligste des Judentums, von dem sich das profane Denken fernhalten müsse. Der Gegensatz ihrer verschiedenen Denkweise charakterisiert sich am vollsten in ihrem gegenseitigen Verhalten zum Dämonenglauben. Für Maimuni ist es nicht bloß Aberglaube, sondern geradezu Heidentum, bösen Geistern Macht zuzuschreiben. Nachmani dagegen hält fest daran und räumt den Dämonen einen weiten Platz in seiner Weltanschauung ein[1]). — Während er indes gegen Maimunis Ansichten nur hin und wieder seine Mißbilligung aussprach, ihm aber die unbedingteste Hochachtung zollte, hatte er gegen Ibn-Esra eine entschiedene Antipathie. Dieser Exeget mit seinem skeptischen Lächeln, mit seinem beißenden Witz, mit seiner ungläubigen Geheimnistuerei war Nachmani geradezu widerwärtig; er konnte sich bei seiner Bekämpfung die Milde seines Gemütes nicht bewahren und gebrauchte gegen ihn heftige Ausdrücke[2]). Ibn-Esra galt ihm als Träger des Unglaubens.

So sehr aber auch Nachmani die Zeitphilosophie als Gegensatz zu der Offenbarung des Judentums bekämpfte und Aristoteles als Oberhaupt der Irrlehrer verdammte, so war er doch dem blinden Glauben und der Absperrung gegen jede vernünftige Auffassung in religiösen Dingen abhold. Er teilte nicht die Ansicht derer, welche, auf den Talmud gestützt, behaupteten, die Vorschriften des Judentums seien wie die Dekrete eines Königs hinzunehmen, es liege ihnen kein Zweck zugrunde. Nachmani war vielmehr überzeugt, daß sämtliche pentateuchischen Gesetze einen höheren Zweck hätten, der nur dem blinden Auge der Menge verborgen sei[3]). Darin unterschied er sich wieder von den nordfranzösischen Rabbinen, deren streng talmudischer

---

[1]) Nachmani, Responsum an Jona Gerundi (echt) in der unter seinem Namen edierten Responsensammlung Nr. 283 und dessen Derascha p. 9—12.
[2]) Öfter im Pentateuch-Kommentar und andern Schriften.
[3]) Das. zum Abschnitt Kedoschim.

Richtung er sonst folgte, daß er sich nicht gegen die Philosophen abschloß und sie nicht von sich wies. Er war doch zu sehr Sohn Spaniens, gewissermaßen von philosophischer Atmosphäre umgeben, als daß er die metaphysische Forschung wie eine zudringliche geschwätzige Dirne hätte abweisen können. Vermöge seines hellen Geistes und seiner Bildung konnte Nachmani auch nicht mit den jüdischen Nordfranzosen durch Dick und Dünn gehen und die Agadas im buchstäblichen Sinn mit allen vermenschlichenden (anthropomorphistischen), herabziehenden und anstößigen Aussprüchen hinnehmen. Aber in diesem Punkte kam er mit sich selbst in Widerspruch. Die agadischen Aussprüche ganz und gar verwerfen, das konnte er nicht, dazu war er zu sehr von Autoritätsglauben und von Verehrung für die talmudischen Träger beherrscht. Wenn er auch notgedrungen hin und wieder erklärte, manche agadische Sentenzen seien nur als rednerische Metaphern, als Predigtstoff (sermones) zu betrachten, an welche zu glauben nicht Religionspflicht sei[1], so war es doch nicht sein ganzer Ernst. Aber wie denn? Wenn nicht buchstäblich zu glauben, so müssen die Agadas gedeutet werden. Das hieße aber wieder, der maimunischen Richtung Zugeständnisse machen, gegen die sich Nachmanis ganze Denkweise sträubte. Es blieb daher Nachmani nichts übrig, um aus der Klemme zu kommen, als ebenfalls zur Deutung der Agadas Zuflucht zu nehmen; nur durfte sie nicht in maimunischer Weise geschehen. Aus sich heraus konnte er aber keine neue Methode, keine neue Auffassung erzeugen; er war dazu nicht originell genug oder zu sehr vom Gegebenen befangen. Da kam ihm eine neue Geheimlehre, die sich eben als uralte göttliche Überlieferung, als Kabbala eingeschlichen hatte, so recht zustatten, seine Verlegenheit in betreff der anstößigen Agadas zu beruhigen. Jünger des Kabbalisten Jehuda ben Jakar, Landesgenosse der Hauptgeheimlehrer Asriel und Esra, ließ er sich schon in der Jugend von ihnen in diese neue Lehre einweihen und betrachtete sie als eine himmlische Weisheit[2]. Vermöge dieser mystischen Theorie hatte das, was auf den ersten Blick in der buchstäblichen Fassung lästerlich oder mindestens sinnlos und kindisch erscheint, für ihn einen tiefen, geheimnisvollen, überschwänglichen Sinn. Scheute sich doch Nachmani nicht, die Verkehrtheit zu rechtfertigen, daß der ganze Text der Thora als Buchstabenelemente zu betrachten sei, woraus mystische Gottesnamen zusammengesetzt werden könnten![3] So warf er sich

---

[1] Disputation (Wikuach) gegen Fra Pablo Christiani ed. Konst. p. 3a, 4b.
[2] Vgl. Note 2.
[3] Einleitung zum Pentateuch-Kommentar.

dieser kabbalistischen Afterlehre in die Arme und wurde nicht bloß ihr Parteigänger, sondern auch ihre Stütze. Er hat die Kabbala außerordentlich gefördert, indem er sie mit seiner Autorität deckte, und hat eben dadurch zur Verdunklung und Verkümmerung des Judentums das Seinige beigetragen.

Zur Zeit, als der Bann gegen die maimunischen philosophischen Schriften ausgesprochen wurde, war Nachmani noch kaum ein Vierziger, genoß aber schon ein so hohes Ansehen, daß selbst der stolze Meïr Abulafia (v. S. 31) ihm Anerkennung zollte. Er konnte also mit seiner Stimme als Rabbiner der Gemeinde von Gerona die eine oder die andere Partei unterstützen. Er entschied sich für seinen Freund R. Salomo und seinen Vetter Jona[1]). Sobald er erfuhr, daß dieser von den Gemeinden der Provence gebannt wurde, auch ohne daß ihm der ganze Hergang genau bekannt war, beeilte er sich, an die Gemeinden Aragoniens, Navarras und Kastiliens ein Sendschreiben zu richten des Inhalts, sich nicht von den „scheinheiligen, falschen" Maimunisten gegen Salomo hinreißen zu lassen, sondern abzuwarten, bis die Gegenpartei sich ausgesprochen haben würde. Nachmani bedauerte zwar in diesem Sendschreiben, daß die Einheit des Judentums, welche seit undenklichen Zeiten in allen Ländern der Zerstreuung bestand, durch den ausgebrochenen Streit einer tiefgehenden Spaltung zu weichen drohe, und empfahl darum Besonnenheit und ruhiges Erwägen. Aber er selbst hielt nicht den unparteiischen Standpunkt ein, sondern neigte sich mehr nach der Seite der wissensfeindlichen Partei. „Wenn die französischen Lehrer, an deren Quelle wir uns laben, das Sonnenlicht am hellen Tage verdunkeln und den Mond verdecken, so darf man ihnen nicht widersprechen[2])"; so äußerte er sich gleich im Anfang.

Aber die meisten Gemeinden Spaniens ließen sich nicht ins Dunkel führen. Die Hauptgemeinde Aragoniens mit ihrem Führer, dem Leibarzt und Günstling des Königs Jayme, Bachiel Ibn-Alkonstantini (v. S. 25) an der Spitze, sprach sich entschieden für Maimuni aus und legte Salomo und seine zwei Genossen in den Bann, bis sie von ihrer Verkehrtheit lassen würden. Bachiel, sein Bruder Salomo und noch zehn angesehene Männer und Führer, richteten (Ab = August 1232) ein Sendschreiben an die Gemeinden Aragoniens, sich ihnen anzuschließen und die Männer aus der Gemeinschaft

---

[1]) Über die Verwandtschaft Nachmanis mit Jona, dem ältern und jüngern vgl. Respp. Salomo Duran Nr. 291.
[2]) Vgl. Note 1.

auszuschließen, „welche gewagt haben, gegen die Größe aufzutreten, welche uns aus den Fluten der Unwissenheit, des Irrtums und der Torheit gerettet hat." Als Gründe machten die Saragossaner Maimunisten geltend, daß die Gegner der Wissenschaft im Widerspruch mit dem Talmud stünden. „Unsere Weisen schärfen uns ein, uns die Einheit Gottes philosophisch zu vergegenwärtigen. Profane Wissenschaften sollen wir kennen, um dem Gegner der Religion Rede stehen zu können. Astronomie, Geometrie und andere Fächer, welche für die Religion selbst so nötig sind, können wir nicht aus dem Talmud lernen. Die Mitglieder des hohen Rates, des großen Synhedrins, mußten allgemeine Kenntnisse besitzen. Der Patriarch R. Gamaliel bediente sich eines Fernrohrs, um den Festkalender astronomisch zu begründen. Der große Lehrer Samuel äußerte von sich, ihm seien die Sternenbahnen ebenso bekannt, wie die Gassen seines Geburtsortes. Aus all diesem gehe hervor, daß es eine religiöse Pflicht sei, sich allgemeine Kenntnisse anzueignen. Und nun treten drei Verderber und Volksverführer auf, schwächen den Ruf des großen Maimuni, wollen die Gemeinden ins Dunkel führen und verbieten das Lesen seiner philosophischen Schriften und das Erlernen von Wissensfächern überhaupt." Bachiel-Ibn-Alkonstantini, als der einflußreichste Mann Aragoniens, forderte seinerseits in einem Begleitschreiben die Gemeinden auf, gegen diejenigen entschieden aufzutreten, welche nicht an Gott und seinen Diener „Mose" (Maimuni) glaubten. — Infolgedessen stimmten die vier großen Gemeinden Aragoniens, H u e s c a , M o n z o n , C a l a t a j u d und L e r i d a mit der Saragossaner Gemeinde überein, Salomo und seine zwei Helfer in den Bann zu legen. Sie erklärten ausdrücklich, daß sie es infolge der eindringlichen Aufforderung der zwei großen Brüder Bachiel und Salomo täten.

Die Augen der Maimunisten und ihrer Gegner waren aber auf die Gemeinde T o l e d o gerichtet, welche die größte, reichste, angesehenste und gebildetste in Spanien war. Ihre Entscheidung war imstande, das Zünglein an der Wage nach der einen oder anderen Seite neigen zu machen. Hier führte die Hauptstimme J e h u d a b e n Joseph aus der hochangesehenen Familie I b n - A l f a c h a r , der vermutlich Leibarzt des Königs Ferdinand III. war. Dieser hatte sich bisher weder auf Nachmanis, noch auf der Provenzalen Aufforderung vernehmen lassen, sondern ein kluges Schweigen beobachtet. Dafür hatte der eifervolle Rabbiner Toledos, Meïr Abulafia Halevi, der alte Gegner der maimunischen Richtung, seine Stimme laut erhoben. Er beantwortete das Sendschreiben Nachmanis und der Gemeinde Gerona, sie möge darüber beruhigt sein, daß er und seine Freunde den „Gesetzesverächtern der Provence" etwa ihr Ohr leihen würden. Zwar gebe es in der Toledaner Gemeinde nicht wenige, welche sich in Maimuni und seine philosophische Schriften verliebt hätten. Ihren Sinn zu ändern, vermöge er keineswegs. Sollten diese sich aber gegen Salomo von Montpellier aussprechen, so werde er sich von ihnen vollständig lossagen und keine Gemeinschaft mit ihnen pflegen. Er halte Salomos Auftreten für eine verdienstvolle Tat, daß er diejenigen, welche sich unter Maimunis Fahne scharten, die Religion in die philosophische Gotteserkenntnis setzten, die religiösen Pflichten aber gering achteten, mit dem Bann belegt habe. Denn wenn auch der Verfasser des großartigen Gesetzeskodex gläubig war, so erwiesen sich doch diejenigen, welche ihn zum Führer nähmen, als Gesetzesübertreter. Er selbst habe längst die Verderblichkeit der Lehren, welche in Maimunis „Führer der Schwankenden" niedergelegt seien, erkannt, daß sie zwar den Grund der Religion befestigten, aber die Zweige erschütterten, die Risse des Baues ausbesserten, aber die Umzäunung niederrissen. „Gottes Verherrlichung sei in ihrem Munde, aber auch Gift und Tod auf ihrer Zunge". Er habe sich von jeher von dieser bodenlosen Ketzerei ferngehalten und mehr als dreißig Jahre vorher ein Sendschreiben an die Lüneler Gemeinde gerichtet, um die Begeisterung für Maimuni zu dämpfen, sei aber schnöde abgewiesen worden.

Neben diesem schwergepanzerten Kriege der zwei Parteien mit gegenseitiger Verketzerung und Bannstrahlen ging ein leichtes Plänkeln einher mit spitzigen Spottgedichten. Gegen Maimunis „Führer" und seine Anhänger drückte ein Gegner folgendes Stachellied ab:

„Schweig', verstumme, Blindenführer, unerhört sind deine Lehren!
Sündhaft ist's, die Schrift in Dichtung, Sehergab' in Traum verkehren"[1]).

Darauf entgegnete ein Maimunist:

„Schweig' und verschließe du selber den Mund, das Tor der Torheit!
Unzugänglich bleibt deinem Verständnis so Dichtung wie Wahrheit"[2]).

Ein anderes Epigramm bricht über Maimuni selbst den Stab:

„Amramssohn, o denk's nicht übel, daß wie du der Frevler heißt;
Ist's doch üblich, Geist zu nennen den heil'gen, wie den Lügen-Geist"[3]).

Zur gegenmaimunischen Partei gehörte halb und halb der Dichter Meschullam ben Salomo En-Vidas Dafiera[4]), wahr-

---

[1]) Elieser Aschkenasi, Dibre Chachamim, p. 80. Graetz, Blumenlese S. 147.
[2]) Das. [3]) Das.
[4]) Das. S. 78. Blumenlese S. 150. Aus einem Zitat in der Apologie des Jedaja Bedaresi hat S. Sachs richtig gefolgert, daß dieser Dichter auch

scheinlich aus Südfrankreich, der zwei größere Gedichte in dieser Streitsache verfaßte. Meschullam Dafiera war weit entfernt, Maimuni selbst zu verketzern, er ließ ihm vielmehr volle Gerechtigkeit widerfahren, betrachtete dessen „Gesetzeskodex" sogar mit dem philosophischen Teil als ein heiliges Buch; aber den „Führer" hielt auch er in der hebräischen Fassung für eine ketzerische Schrift und verdammte den Dichter Charisi, der sie durch Übersetzung zugänglich gemacht hatte. Auch er glaubte buchstäblich an die Wundererzählungen nicht bloß der Bibel, sondern auch des Talmuds, wollte sogar an der menschenähnlichen Bezeichnung Gottes nicht gerüttelt und das Dasein von Dämonen gerettet wissen. In einem Gedichte verspottete er in schlechten Versen die Ketzer, welche im maimunischen Sinne die Vernunft zur Richterin über die Religion setzen und dadurch viele Erzählungen des Talmuds in Zweifel ziehen. Namentlich erklärt er der Gemeinde von Beziers den Krieg und ruft das jüdische Frankreich auf, den Bann über sie zu verhängen.

Die Maimunisten waren aber viel rühriger als ihre Gegner; sie gaben sich alle Mühe, einerseits die französischen Rabbinen von Salomo abzuziehen, anderseits die Hauptgemeinde Spaniens auf ihre Seite zu bringen. Ein junger Gelehrter, Samuel ben Abraham Saporta, richtete ein entschiedenes Sendschreiben an die französischen Rabbinen und suchte sie zu überzeugen, daß sie in der Verketzerung Maimunis, seiner Schriften und Anhänger sich von Salomo aus Montpellier zu einem übereilten Schritte hätten hinreißen lassen: „Ehe ihr ein Urteil darüber gesprochen, hättet ihr den Inhalt seiner Schriften genau prüfen sollen; aber es scheint, daß ihr die Schriften gar nicht kennt, über die ihr den Stab gebrochen. Euer Fach ist die Halacha, die Bestimmungen des religiös Verbotenen und Erlaubten zu bearbeiten. Warum geht ihr über euern Kreis hinaus, eine Stimme über Fragen abzugeben, die ihr gar nicht versteht? In euerm Buchstabendienst denkt ihr euch die Gottheit wie die Heiden in menschlicher Gestalt[1]). Wie mögt ihr uns Ketzer und Gottesleugner nennen, da wir ebenso wie ihr an der Thora und Tradition festhalten? Es gibt unter uns keineswegs, wie ihr meint, Irrlehrer, falsche Propheten, verführende Ketzer, Jünger des Unglaubens. Wie konntet ihr nur von Maimuni mit solcher

den Namen דפירה בידראש אן führte. Dieser für die Aussprache noch nicht fixierte Eigenname wird verschieden orthographiert: דפיררה דאפירה, דרפיאירה, und kommt auch sonst vielfach korrumpiert vor.

[1]) Samuel Saportas erstes Sendschreiben an die französischen Rabbinen drückt diesen Tadel sehr witzig auf Hebräisch aus: הרש בחבלי הגוים בגשמים ככם. Vgl. Note 1.

Verachtung sprechen, da seit R. Aschi keiner seinesgleichen aufgetreten ist, der in der Lehre des Judentums seine Freude hatte, dessen goldene Schriften viele Schwankende zum Glauben zurückgeführt haben!"

Saportas Sendschreiben sowie noch andere Einwirkungen machten auf einige französische Rabbinen einen so tiefen Eindruck, daß sie sich von Salomo lossagten. Ihre Sinnesänderung gaben sie den provenzalischen Gemeinden zu erkennen. Sicherlich hatte viel Einfluß darauf R. Mos c aus C o u c y (geb. um 1200, st. um 1260)[1]), einer der jüngsten Tossafisten, der, obwohl Schwager des Maimuni feindlichen Simson von Sens und Jünger des überfrommen Sir Leon von Paris, dennoch eine große Verehrung für Maimuni hegte und dessen halachische Schriften zum Gegenstand seines Studiums machte. — Über diese Sinnesänderung war Nachmani sehr ungehalten, und da ihm die zunehmende Spaltung tief zu Gemüte ging, er überhaupt manches auf dem Herzen hatte, und sich mit einem Vermittlungsvorschlag herumtrug, welcher ihm den Frieden wieder herzustellen geeignet schien, so richtete er ein ausführliches, gutgemeintes, aber schwülstiges Sendschreiben an die französischen Rabbinen. Er äußerte zuerst seine Unzufriedenheit damit, daß sie die Leser der maimunischen Schriften in den Bann gelegt hätten. Sie hätten bedenken mögen, daß Maimuni mit den Waffen der Philosophie den Unglauben bekämpft und dem Judentum glänzende Dienste geleistet habe. Eine der französischen rabbinischen Autoritäten, Abraham ben David, habe wohl Ausstellungen an Maimunis Werk gemacht, aber es keineswegs verdammt. „Wenn es auch nützlich schien, gegen manche glaubensschwache Gemeinden mit Strenge zu verfahren, warum habt ihr die Gemeinden Navarras mit in den Bann eingeschlossen, uns, die wir den Talmud hochhalten, aber auch Maimuni hoch verehren? Wenn ihr an dem „Führer" Maimunis etwas auszusetzen habt, warum auch den Bann gegen dessen Buch Madda schleudern, das voll reiner Gottesfurcht ist?" Nachmani rechtfertigte ferner in diesem Sendschreiben Maimuni gegen die Angriffe, als habe er Höllenstrafen und überhaupt das Dasein einer Hölle geleugnet. Er rügte auch an den französischen Rabbinen, daß sie, sich an den Buchstaben der Agada anklammernd, sich von der Gottheit menschliche Vorstellungen machten. Gegen eine solche Erniedrigung der Gottheit hätten schon Gaonen angekämpft, und selbst der talmudisch strenge Eleasar aus Worms habe in einer seiner Schriften dagegen Verwahrung eingelegt, Gott eine Gestalt, Gliedmaßen und menschliche Organe beizulegen. „Wenn ihr

---

[1]) Vgl. über ihn Carmoly, la France israélite p. 100 ff.

aber doch einmal der Ansicht waret, die maimunischen Schriften verketzern zu müssen, warum geht jetzt ein Teil eures Kreises von diesem Beschlusse ab, als bereute er den Schritt? Ist es Recht in solchen wichtigen Dingen Willkür zu üben, heute dem einen und morgen dem anderen Beifall zu geben?"

Zuletzt rückte Nachmani mit seinem Vermittlungsvorschlag heraus. Der Bann gegen den philosophischen Teil von Maimunis Religionskodex soll aufgehoben, dagegen der gegen die Beschäftigung mit dem „Führer" und gegen die Verächter der Agada und der talmudischen Schriftauslegung verschärft werden. Dieser Bann soll aber auch nicht einseitig ausgesprochen werden; vielmehr die provenzalischen Rabbinen und sogar Maimunis Sohn, der fromme Abraham, mögen ebenfalls zugezogen werden, ihn zu bekräftigen. Auf diese Weise werde dem Unfrieden und dem Unglauben das Tor verrammelt werden. Er ermahnte noch schließlich, Salomo, „seinen Freund" mit Hochachtung zu behandeln. Denn er habe gehört, daß die Gegner ihm mit Schimpf und Verachtung begegneten, was jedenfalls unrecht sei, da derselbe eine talmudische Größe sei. Nachmani hoffte, daß auch dieser durch milde Begegnung von seiner Heftigkeit abgehen werde. Er täuschte sich in ihm, wie er auch in seiner Halbheit verkannte, daß die zwei angefeindeten Schriften Maimunis aus einem Gusse sind, daß man also nicht die eine verketzern und die andere kanonisieren könne. Endlich befand sich auch Nachmani darin im Irrtum, daß er es für möglich hielt, der freien philosophischen Forschung einen Damm zu setzen. Die zwei Richtungen, gleicherweise berechtigt, mußten einander bekämpfen, und der Streit mußte ausgetragen und konnte nicht durch einen Vergleich abgeschwächt werden. Ihre Vertreter setzten daher, ohne auf Nachmanis Vorschlag die mindeste Rücksicht zu nehmen, den Kampf fort. Je länger er dauerte, desto mehr entzündete er die Gemüter und zog immer mehr Teilnehmer hinein.

Der greise David Kimchi wollte eine Reise nach Toledo unternehmen, um diese Hauptgemeinde endlich zum Anschluß an den Bann gegen Salomo von Montpellier und seine Anhänger zu bewegen und durch ihr Gewicht die Gegner vollends zu zerschmettern. In Avila angekommen, erkrankte er so sehr, daß er die Reise aufgeben mußte, schrieb aber von seinem Siechenbette aus mit zitternder Hand durch seinen Neffen an den Hauptvertreter der Toledaner Gemeinde, an Jehuda Ibn-Alfachar, tadelte sein hartnäckiges Schweigen in einer Angelegenheit, welche die französische und spanische Gemeinde so tief aufregte, und drang in ihn, die Gemeinde zu bestimmen, gemeinschaftliche Sache

mit den Maimunisten zu machen. Da war er aber an den unrechten
Mann gekommen. Jehuda Alfachar hatte in seinem Innern entschieden
Partei gegen die Maimunisten und für Salomo genommen und dessen
Schritt eher gebilligt als getadelt. Er hatte das maimunische System
gründlich erforscht und gefunden, das es das Judentum folgerichtig
aufzuheben geeignet sei. Ibn-Alfachar war ein denkender Kopf von
durchdringenderem Scharfblick als Nachmani. Ihm lagen die Schwächen
der maimunischen Auffassungsweise offen zutage; nur war auch er
von dem Wahne befangen, daß man diesen Geist durch Bannflüche
bannen könne. Alfachar achtete so sehr den von den französischen
Rabbinen ausgesprochenen Bannspruch, daß er Kimchi anfangs gar
nichts erwidern mochte, und als er sich endlich dazu entschloß, behandelte
er ihn in seinem Antwortschreiben in so wegwerfender Weise, daß die
Maimunisten, die von Toledo aus Unterstützung erwartet hatten,
darüber ganz verblüfft waren. Weit entfernt, Salomo und seinen Anhang wegen ihres Schrittes zu verdammen, müsse er sie hochpreisen,
bemerkt Alfachar, daß sie gewagt hätten, für Gott zu eifern und gegen
die Gesetzverächter aufzutreten. Über Maimunis „Führer" wolle er
sich nicht aussprechen, Schweigen sei doppelt so viel wert als Sprechen.
Er ermahnte zuletzt Kimchi, den ausgebrochenen Zwiespalt in den
Gemeinden wieder auszugleichen.

Statt anzugreifen, mußte sich jetzt Kimchi in dem zweiten Sendschreiben an Alfachar auf eine Verteidigung beschränken, daß er und
die provenzalischen Anhänger Maimunis nicht zu den Gesetzesübertretern
gehörten, daß sie vielmehr den Talmud theoretisch und praktisch an-
erkennten. Sie könnten den Talmud für ihre religiöse Gesinnung
getrost zum Schiedsrichter anrufen und würden von ihm gerechtfertigt
werden. Dieses Schreiben ist auch mehr tränenreich als überzeugend
gehalten und gab Alfachar Veranlassung zu einem zweiten Antwortschreiben, das geharnischt auftritt und das beste ist, was jene reich-
haltige Streitschriftenliteratur, welche, für die Öffentlichkeit bestimmt,
große Verbreitung fand, zutage gefördert hat. Alfachar sprach sich darin
mit Entschiedenheit gegen das maimunische Versöhnungssystem aus.
Dasselbe wolle zwei unverträgliche Gegensätze, die griechische Philosophie und das Judentum, „wie ein Zwillingspaar" eng verbinden.
Aber sie könnten sich nicht miteinander vertragen. Die Thora könne zu
ihrer Gegnerin sprechen: „Dein Sohn ist todt, und der meine lebt."
Die Philosophie, die sich aus Folgerungssätzen aufbaue, gerate leicht in
sophistische Trugschlüsse, sei daher nicht mit der Gewißheit, welche die
Offenbarung gewähre, zusammenzubringen. Gegen Maimunis Art,

die Wunder zu natürlichen Vorgängen herabzudrücken, zeuge der unverfängliche Schriftsinn entschieden. Spreche sich doch Maimuni darüber offen aus, daß er die deutlich in der Schrift ausgesprochene Schöpfung aus nichts umdeuten wolle, wenn die Urewigkeit der Welt philosophisch erwiesen wäre, obwohl die Heiligkeit des Sabbats auf diesem religiösen Lehrsatze beruhe. Gewiß enthalte der „Führer" vortreffliche Gedanken, aber auch verderbliche, und es wäre besser, er wäre gar nicht verfaßt worden. Gegen Maimunis Frömmigkeit sei nichts einzuwenden, aber er könne doch als Mensch gefehlt haben. „Ihr aber, seine Verehrer, stellt ihn über die Propheten;" dies sei nicht recht und wäre von ihm selbst sehr mißfällig aufgenommen worden. Die Hauptschuld trage Samuel Ibn-Tibbon durch seine Übertragung des „Führers" ins Hebräische, indem er dadurch den nicht immer unverfänglichen Gedanken eine größere Verbreitung verschafft habe.

Indessen zeigte sich doch die Sympathie der angesehenen Persönlichkeiten Alfachar, Nachmani und Meïr Abulafia für Salomo von geringer Wirkung für dessen Streitsache. Die öffentliche Stimmung in seiner Heimat und in Spanien war gegen ihn eingenommen. Die französischen Rabbinen, auf deren Beistand er am meisten gerechnet hatte, zogen sich immer mehr von einer Streitfrage zurück, deren Tragweite sie erst später erkannten, und die für die Beteiligten gefährlich zu werden drohte. Einer von Salomos treuen Verbündeten, David ben Saul, sah sich sogar veranlaßt, um die öffentliche Meinung nicht gegen sich zu haben, eine anstößige Behauptung zu widerrufen oder wenigstens als Mißverständnis abzuschwächen. In einer eigenen Schrift verwahrte er sich und seinen Meister dagegen, als dächten sie sich die Gottheit mit Gestalt und Gliedern versehen, wenn auch der Wortlaut der Schrift und der Agada dafür spräche. Was er aber auf der einen Seite wieder gut machen wollte, verdarb er auf der anderen, indem er Gewicht auf die Behauptung legte, Gott sitze auf einem Thron im Himmel, und eine dunkle Scheidewand trenne ihn von den Geschöpfen[1]). Durch solche schroffe, ungeschickte Opposition gegen die Anschauung der Gebildeten entfremdete sich diese Partei selbst solche, welche die Ansicht von der Gemeinschädlichkeit der maimunischen Schriften teilten. Wenn Salomo von Montpellier klagte, daß außer seinen zwei Jüngern niemand ihm zur Seite stünde[2]), so war die Ungeschicklichkeit Schuld daran, mit der er seine Sache führte. So von allen verlassen und in seiner eigenen Gemeinde aufs

---

[1]) Abraham Maimuni, Milchamot p. 25 f.
[2]) Das.

heftigste angefeindet, entschloß er sich zu einem Schritte, der nicht bloß für seine Partei, sondern auch für die Gesamtjudenheit von traurigen Folgen war.

Der Papst Gregor IX., welcher den Rest der albigensischen Ketzer in der Provence mit Stumpf und Stiel vertilgen lassen wollte, setzte gerade in dieser Zeit die permanente Inquisition ein (April 1233) und bestimmte dazu die wütenden Dominikanermönche als Ketzerrichter, weil die Bischöfe, die bis dahin mit der Verfolgung der Albigenser betraut waren, ihm nicht streng genug zu verfahren schienen. In allen größeren Städten Südfrankreichs, wo es Dominikanerklöster gab, auch in Montpellier, entstanden Blutgerichte, welche Ketzer oder auch nur der Ketzerei Verdächtige, ja oft ganz Unschuldige zur ewigen Kerkernacht oder zum Scheiterhaufen verurteilten. Die Predigermönche Peter Cellani, Wilhelm Arnoldi und andere Blutmenschen dieses Ordens übten ihr Amt mit rücksichtsloser Strenge aus.

Mit diesen Mordgesellen setzte sich der Rabbiner Salomo, der Parteigänger des Talmuds und des nackten Buchstabens, in Verbindung; durch die Inquisition wollte er seine Sache durchsetzen. Er und sein Jünger Jona sagten zu den Dominikanern: „Ihr verbrennt eure Ketzer, verfolgt auch unsere. Die meisten Juden der Provence sind von den ketzerischen Schriften Maimunis verführt. Wenn ihr diese öffentlich und feierlich verbrennen lassen werdet, so wird dieser Akt ein Schreckmittel sein, die Juden davon fern zu halten." Sie lasen auch den Ketzerrichtern verfängliche Stellen aus Maimunis Schriften vor[1]), worüber die glaubensdummen Mönche einen heiligen Schauder empfunden haben mögen. Die Dominikaner und Franziskaner brauchten zu einer solchen Tat nicht zweimal aufgefordert zu werden. Der päpstliche Kardinallegat (vor oder nach) Dezember 1233[2]), von demselben fanatischen Eifer wie Gregor XI., ging bereitwillig darauf ein. Die Dominikaner mögen befürchtet haben, daß das Feuer der maimunischen Ketzerei auch ihr eigenes Haus in Brand stecken könnte. Denn der „Führer" war bereits in der ersten Hälfte des dreizehnten Jahrhunderts von einem Unbekannten ins Lateinische übertragen worden[3]). Diese Übersetzung wurde wahrscheinlich in Südfrankreich angefertigt, wo

---

[1]) Kimchis drittes Sendschreiben, Abraham ben Chasdaïs Sendschreiben, in der maimunistischen Briefsammlung; Hillel von Verona in Taam Sekenim p. 81.

[2]) Vgl. Note 1.

[3]) Über die ältere, schon in den ersten Jahrzehnten des XIII. Jahrhunderts entstandene und im lateinischen Abendland bekannt gewordene Über-

diese philosophische Schrift ihre zweite Heimat hatte, und wo gebildete Juden wohl auch lateinisch verstanden. Möglich, daß Jakob Anatoli, der Leibphilosoph des Kaisers Friedrich II. mit Hilfe eines christlichen Gelehrten diese Übersetzung zustande gebracht hat (s. weiter unten). Maimunis Gedanken im Gewande der Kirchen= und Gelehrtensprache hätten damals allerdings der christlichen Rechtgläubigkeit einigen Schaden zufügen können. Denn die philosophischen Ideen, von dem jüdischen Aristotelesjünger biblisch gefärbt, waren christlichen Denkern verwandter und zugänglicher, als die der arabischen Philosophen, welche dem Kirchenglauben so wenig Berührungspunkte boten. So mochte Maimuni mit seiner Religionsphilosophie den Wächtern der katholischen Rechtgläubigkeit mit Recht verdammlich erscheinen. Über Religion d e n k e n galt ja überhaupt damals in dem offiziellen Christentum ebensoviel wie eine Todsünde begehen. Hätten die Inquisitoren damals schon Gewalt über die Personen der Juden gehabt, so wären die Maimunisten schlecht gefahren; so aber erstreckte sich die Verfolgung nur über Pergamente. Die maimunischen Schriften wurden, wenigstens in Montpellier, in den jüdischen Häusern aufgesucht und öffentlich verbrannt. Auch in Paris veranlaßte Jona Gerundi das Anzünden eines Scheiterhaufens für sie, und das Feuer dazu soll von der Altarkerze einer Hauptkirche genommen worden sein[1]). Die Feinde des Judentums frohlockten, daß es, bis dahin einig und enggeschlossen, der Zerklüftung preisgegeben sei und daß es so seinem Verfall entgegenginge. Die Gegenmaimunisten blieben aber auch dabei nicht stehen. Der Unterstützung von seiten der Machthaber gewiß,

setzung des „Führers", die der im Jahre 1520 zu Paris veröffentlichten Übersetzung des Dominikaners Augustinus Justinianus zugrunde liegt, handelt Perles in Frankel-Graetz, Monatsschrift, Jahrg. XXIV. (Vgl. Steinschneider, Hebr. Bibliographie XV, S. 87, XVII, S. 64; Güdemann, Gesch. d. Erziehungswesens II, S. 228—29.) Wilhelm von Auvergne und Alexander von Hales, deren schriftstellerische Tätigkeit in die ersten Jahrzehnte des XIII. Jahrhunderts fällt, haben den „Führer" bereits auf das Ausgiebigste benutzt. (Vgl. die Abhandlungen von Guttmann in der Revue des Études Juives, Bd. XVIII und XIX.) Die Benutzung des Moré durch Albertus Magnus hat Joël (Verhältnis Albert des Großen zu Maimonides, Breslau 1863) und die durch Thomas von Aquino Guttmann (Das Verhältnis des Thomas von Aquino zum Judentum und zur jüdischen Literatur, Göttingen 1891) nachgewiesen. — Jedaja Bedaresi hebt hervor, daß Maimunis Schriften von christlichen Denkern geschätzt werden: והנה חכמי האומות אשר לא מבני ישראל חמה מגדילים כבוד הרב הגדול (רמבם) ומנשאים ספריו וכל שכן הספר ההוא (מורה) וגם מנשאים ומנצלים לכבודו היהודים. Apologetisches Sendschreiben an Ben-Adret.

[1]) Hillel von Verona a. a. O.

verleumdeten sie ihre Gegner bei den Behörden, so daß mehrere Gemeindeglieder Montpelliers in großer Gefahr schwebten[1]).

Diese Vorgänge erregten mit Recht das Entsetzen aller Juden diesseits und jenseits der Pyrenäen. Ein allgemeines Verdammungsurteil erhob sich gegen Salomo und Jona. Den weltlichen Arm und noch dazu die von Judenhaß strotzenden Kirchendiener zu einer Verfolgung zu Hilfe zu rufen, galt in jüdischen Kreisen mit Recht als der frevelhafteste Verrat. Und nun noch dazu die Dominikaner zu Richtern zu machen über das, was mit dem Judentum übereinstimmt oder ihm widerspricht, erschien den Juden damals ebensoviel, wie den heidnischen Feind in das Allerheiligste des Tempels einzuführen. Samuel Saporta schrieb voller Entrüstung darüber an die französischen Rabbinen. Abraham ben Chasdai[2]) aus Barcelona, ein schwärmerischer Verehrer Maimunis — welcher schon früher Jehuda Alsachar ob seiner schnöden Behandlung Kimchis und seiner Parteinahme für Salomo getadelt hatte — erließ zugleich mit seinem Bruder ein Sendschreiben voller Unwillen darüber an die Gemeinden Kastiliens, Navarras und Leons. Kimchi, welcher bereits auf seiner Rückreise in Burgos war, als ihm diese Nachricht zukam, fragte bei Alsachar an, ob er den Angeber und Verräter Salomo noch jetzt in Schutz zu nehmen gedenke. Die einsichtsvollen Anhänger desselben, Nachmani und Meïr Abulafia, schwiegen tiefbeschämt. Alsachar suchte Salomo in einem Antwortschreiben an Kimchi einigermaßen zu entschuldigen, daß demselben, von allen Seiten bedrängt, nichts übrig geblieben sei als dieses Mittel. Allein auch er war froh, als ihn ein angesehener Mann aus Narbonne, Meschullam ben Kolonymus, bedeutete, er möge Kimchi, der ein würdiger alter Mann sei, nicht so schonungslos behandeln. Alsachar konnte scheinbar ehrenvoll das Schwert in die Scheide stecken. In der öffentlichen Meinung waren aber jetzt Salomo und die Sache, die er vertrat, gerichtet. Ein Dichter der maimunischen Partei dichtete bei dieser Gelegenheit ein sehr schönes Epigramm:

> Sie haben die köstlichen Bücher verbrannt,
> Doch haben den Geist sie damit nicht gebannt.
> Ein reinigend Feuer sind ihre Lehren,
> Wie sollte die Flamme das Feuer verzehren!
> Sie wurden, wie Thisbi, im feurigen Wagen,
> Wie Engel in Flammen empor nur getragen[3]).

[1]) Hillel von Verona a. a. O.

[2]) Derselbe hat Maimunis ספר הֲמִצְוֹת vor Mose Jbn-Tibbon ins Hebräische übersetzt (Goldenthal, Katal. 35), und war überhaupt ein fleißiger Übersetzer philosophischer Schriften. Vgl. über seine Schriften die Bibliographen.

[3]) Dibre Chachamim p. 80. Graetz, Blumenlese p. 148.

Den Angebereien in Montpellier durch falsche Zeugen, denen die Anhänger Maimunis ausgesetzt waren, wurde durch unbekannte Vorgänge hinter den Kulissen ein Ende gemacht. Mehr denn zehn von den Parteigängern Salomos, welche der Verleumdung gegen ihre Feinde überführt worden waren, wurden aufs grausamste bestraft. Die Zunge wurde ihnen ausgeschnitten[1]). Nur dürftig aufhellen läßt sich das Dunkel, in das diese trüben Vorgänge gehüllt sind. Der König Jayme von Aragonien, an dessen Hofe Parteigänger Maimunis, die Brüder Bachiel und Salomo Ibn-Alkonstantini, beliebt waren (o. S. 45), war zugleich Besitzer der Stadt Montpellier, die er von seiner Mutter geerbt hatte. Sicherlich haben es die über Salomo empörten Brüder Alkonstantini nicht an Bemühungen fehlen lassen, ihren leidenden Gesinnungsgenossen in Montpellier Hilfe zu bringen. Im Herbste (1234) war der aragonische König Jayme in Südfrankreich, nach einigen Nachrichten selbst in Montpellier[2]). Vermutlich hat er auf eifriges Bitten seiner jüdischen Günstlinge den Prozeß in Montpellier streng untersuchen lassen, wodurch die fanatischen Verleumder entlarvt worden sein mögen. Was aus Salomo, dem Urheber aller dieser Vorgänge, geworden ist, bleibt dunkel. Mit einer gewissen Schadenfreude betrachteten die Maimunisten die harte Strafe ihrer Gegner in Montpellier. Ein Dichter, wahrscheinlich Abraham ben Chasdaï, machte ein Epigramm darauf, das bald in aller Munde war:

> Gegen den Führer zur Wahrheit
> Erhob eine Lügenrotte die Stimme.
> Die Strafe ereilte sie.
> Ihre Zunge richtete sich gegen den Himmel.
> Nun liegt sie im Staube[3]).

Mit diesem tragischen Ausgange hatte der Streit noch immer kein Ende. Die Parteien waren mehr denn je gegeneinander erbittert. Man enthüllte Familiengeheimnisse, um einander Makel anzuheften[4]). So groß war noch die Furcht vor den gegenmaimunischen Angebern in Montpellier, daß einige Männer, welche über diese Vorgänge einen

---

[1]) Abraham Maimuni, Milchamot p. 12. Hillel von Verona in Taam Sekenim und Chemda Genusa.

[2]) Vgl. Vaisette, histoire générale de Languedoc III. p. 398.

[3]) Abraham Maimuni a. a. O. Hillel von Verona; vgl. Chemda Genusa, Einleitung, p. XXIV, Note. Der letzte Vers dieses Epigramms ist eine gelungene Anwendung eines Psalmverses: שתו בשמים פיהם לשונם תהלך בארץ.

[4]) Chemda Genusa, Einl., p. XXV, Note.

Bericht an Abraham Maimuni nach Kahira erstatteten, ihn angingen, ihre Namen nicht zu verraten[1]).

Als Abraham Maimuni mit Entsetzen die Anfeindungen gegen seinen Vater und die traurigen Folgen des ausgebrochenen Streites erfuhr (Januar 1235), verfaßte er eine kleine Schrift darüber, unter dem Titel „Kampf für Gott" (Milchamot), um die Angriffe auf die Gläubigkeit seines Vaters zu entkräften und das Verfahren seiner Gegner zu brandmarken. Diese Schrift, in Form eines Sendschreibens an Salomon ben Ascher (in Lünel?) gerichtet, rechtfertigt das maimunische System mit maimunischen Gründen und hat, außer den geschichtlichen Nachrichten, keinen besonderen Wert.

Salomos Versuch, den freien Geist der Forschung auf religiösem Gebiete durch Gewaltmittel zu bannen, war gescheitert und hatte ein kläglliches Ende genommen. Da versuchte ein anderer französischer Rabbiner von mildem Charakter und sanfter Religiosität einen anderen Weg einzuschlagen, der ihm besser gelang. Jener Mose aus Coucy (v. S. 49), der, obwohl in der tossafistischen Richtung groß gezogen, Hochachtung für Maimuni hatte, unternahm es, den geschwächten Glauben in der Provence und Spanien durch Predigten und eindringliche Ermahnungen wieder zu kräftigen. Ohne Zweifel wurde Mose aus Coucy zu diesem Versuch durch das Beispiel der Predigermönche angeregt, welche den Unglauben an die römische Kirche durch Predigten von Ort zu Ort überwinden wollten und zum Teil überwanden. So machte auch der Rabbiner aus Coucy Rundreisen in den Gemeinden Südfrankreichs und Spaniens (1235) und wurde daher „der Prediger" genannt[2]). Aber welch ein Unterschied zwischen dem jüdischen Gesetzeslehrer und dem katholischen Predigerorden! Jener trat in wahrhafter Herzenseinfalt auf, ohne ehrgeizige Hintergedanken, mit Milde auf den Lippen und Milde im Herzen. Die Dominikaner dagegen stellten ihre Demut und Armut, hinter welcher der Hochmutsteufel lauerte, nur zur Schau; sie schmeichelten in ihren Predigten ihren Gönnern und demütigten ihre Gegner schonungslos, erschlichen Erbschaften und füllten ihre Klöster mit Schätzen, hegten einen blutigen Fanatismus und strebten nach Macht und Einfluß[3]).

---

[1]) Abraham Maimuni a. a. O. Ende.

[2]) In einem hebräischen Kodex der Leipziger Bibliothek, Katalog Nr. 17 wird er הדרשן genannt.

[3]) So schildert die Dominikaner der Zeitgenosse Matthäus Paris in seiner historia major ad annum 1243, p. 649, und Petrus de Vineis, Geheimsekretär Friedrichs II., in den epistolae L. I, No. 37.

Es gelang auch Mose aus Coucy, viele Tausende, welche sich über manche Ritualien (Tefillin) hinweggesetzt oder sie nie beobachtet hatten, zur Reue und Buße zu bewegen und für die Ausübung derselben zu gewinnen[1]). In Spanien setzte er es sogar durch, daß solche, welche Mischehen mit Christinnen oder Mohammedanerinnen eingegangen waren, dieselben auflösten und sich von den fremden Frauen trennten (1236)[2]). Freilich bewirkten nicht bloß seine Predigten, sondern die abergläubische Furcht vor bösen Träumen und außerordentlichen Himmelserscheinungen, von welcher damals Juden und Christen befallen waren, diese plötzliche Bekehrung[3]). Mose aus Coucy predigte indessen nicht bloß für Beobachtung der Ritualien, sondern auch für Einprägung der Redlichkeit und Wahrhaftigkeit im Verkehr mit Nichtjuden. „Wer Nichtjuden belügt oder bestiehlt, entweiht den Namen Gottes, indem dieselben dann meinen, die Juden hätten keine Religion, während doch der Rest Israels nicht unrecht tun, nicht Lügen sprechen, nicht auf Trug sinnen soll." In diesem Sinne predigte er in Spanien und anderen Ländern der Christenheit: „Die Israeliten haben den Beruf, sich von dem Vergänglichen fernzuhalten und sich des Siegels Gottes, der Wahrheit und Wahrhaftigkeit, zu bedienen." Wenn es dann Gott gefallen habe, Israel zu erlösen, so würden die Völker dem zustimmen, weil es ein Volk der Redlichkeit sei. Wenn sie aber betrügerisch mit den Christen verkehrten, so würden diese mit Recht spotten, daß Gott die Betrüger und Diebe auserwählt[4]). Mose aus Coucy schärfte in seinen Kanzelreden die Tugend der Demut ein, die den Söhnen Israels umsomehr zieme, als sie stets Gott vor Augen haben sollten, und er die Hochmütigen haßt und die Demutsvollen liebt[5]). Weit entfernt, fanatischen Eifer zu entzünden, redete er lediglich der Friedfertigkeit und Verträglichkeit das Wort. Besänftigend wirkte auch Mose aus Coucy dadurch, daß er die Größe Maimunis anerkannte und ihn den Gaonen gleichstellte[6]).

[1]) ספר מצות גדול = Semag: Gebote Nr. 3, Ende.
[2]) Das. Verbote, Note 112, Ende.
[3]) Das. Gebote Nr. 3.
[4]) Das. Verbote Nr. 2, Ende. Gebote Nr. 73.
[5]) Das. Verbote Nr. 64.
[6]) Vgl. Einl. zu Semag.

Drittes Kapitel.

Die Geheimlehre der Kabbala.

Junger Ursprung der Kabbala. Isaak der Blinde und seine Jünger: Asriel, Esra und Jehuda ben Jakar. Die Vorbedingungen zur Entstehung der Kabbala. Ihr Lehrinhalt. Der En-Sof und die zehn Sefirot. Die Seele und ihre überweltliche Kraft. Die Anwendung der Kabbala auf das praktische Judentum. Die Vergeltungslehre und die Seelenwanderung. Die Messiaszeit und die künftige Welt. Jakob ben Scheschet Gerundi. Gerona, Ursitz der Kabbala. Das kabbalistische Buch Bahir. Nachmani, Parteigänger der Geheimlehre. Die deutschen Kabbalisten Eleasar von Worms und sein Jünger Menahem. Letztes Aufflackern der neuhebräischen Poesie. Der satirische Roman, Alcharisi, Joseph ben Sabara und Jehuda ben Sabbatai. Der Fabeldichter Berachja-Crispia. Das Buch Jaschar. Joseph Ezobi. Ibrahim Ibn-Sahal. Verfall der Wissenschaften.

(1232—1236).

Maimuni wollte dem Judentum einen über allen Zweifel erhabenen, einheitlichen Charakter verleihen, und er brachte ihm die Entzweiung; er wollte ihm durchsichtige Klarheit und allgemein faßliche Einfachheit erringen und veranlaßte nur dessen Trübung und Verwickelung; er wollte Frieden stiften und entzündete Krieg. So wenig vermag auch der weiseste Sterbliche die Folgen seiner Handlungen zu berechnen. Sein System der jüdischen Religion hat die Gemüter entzweit, die Naivgläubigen von den denkenden Juden getrennt und eine Aufregung erzeugt, welche in ihrer Heftigkeit die Grenze der Besonnenheit weit überschritt. In die durch den Streit für und gegen Maimuni entstandene Spaltung teilte sich eine Afterlehre ein, welche sich, obwohl jung, für eine uralte Weisheit, obwohl unjüdisch, für die echte Lehre Israels und, obwohl auf Täuschung beruhend, für die alleinige Wahrheit ausgab. Der Ursprung der Kabbala oder Geheimlehre (Chochma Nistara)[1] — die sich so nannte, weil sie als eine uralte geheime Überlieferung gelten wollte — fällt mit dem maimunischen Streite der Zeit nach zusammen, und sie hat sich erst

---

[1] חכמה נסתרה, abbreviertes Notarikon ח״ן, zuerst von Nachmani gebraucht. Vgl. über Entstehung der Kabbala Note 3.

dadurch ins Dasein gerungen. Die Zwietracht ist die Mutter dieser unheimlichen Geburt, und sie hat daher stets trennend und entzweiend gewirkt. Die Kabbala in ihrem ersten systematischen Auftreten ist ein Kind des ersten Viertels des dreizehnten Jahrhunderts. Sie selbst vermag sich kein höheres Alter zu geben. Fragte man die älteren Anhänger dieser Geheimlehre aufs Gewissen: „Von wem habt ihr sie zuerst empfangen?" so antworteten sie unumwunden: „Von dem blinden R. Isaak oder allenfalls von seinem Vater Abraham ben David aus Posquières," dem Bekämpfer Maimunis. Sie gestanden auch offenherzig ein, daß die kabbalistische Lehre weder im Pentateuch, noch in den Propheten, noch in den Hagiographen, noch im Talmud vorkomme, sondern auf kaum bemerkbaren Andeutungen beruhe[1]). Von den kabbalistischen Äußerungen dieses Urhebers der Kabbala, Isaaks des Blinden (blühte um 1190 bis 1210), sind indes nur Splitter vorhanden, aus denen sich nur wenig entnehmen läßt. Nur soviel ist gewiß, daß er sich mit dem mystischen „Buche der Schöpfung", (Sefer Jezira), vielfach beschäftigt, den dunkeln Text ausgelegt und gedeutet hat. Was ihm sein erblindetes Auge versagte, soll ihm sein innerer Sinn vielfach ersetzt haben. Er nahm die von den jüdischen Denkern so sehr verdammte und verspottete Seelenwanderung als einen Glaubensartikel an. Seine Jünger erzählen von ihm, er habe an den Menschen zu unterscheiden vermocht, ob sie eine neue, frisch aus der himmlischen Geisteswelt entstammte Seele besäßen oder eine alte auf der Wanderung von Leib zu Leib begriffene, die ihre Läuterung noch zu erringen habe. Verdächtig genug ist der Ursprung der Kabbala, wenn dieser blinde, phantastischen Vorstellungen unter= worfene Lehrer ihr erster Urheber oder auch nur Vermittler gewesen sein soll. In ein zusammenhängendes System brachten zuerst die Kabbala zwei seiner Jünger Asriel und Esra, beide aus Gerona und beide so sehr gleichgesinnt, daß sie öfter miteinander verwechselt wurden und Schriften wie Lehrsätze bald dem einen, bald dem andern zugeschrieben werden. Dieses Zwillingspaar, vielleicht wirklich Brüder= paar, zählt daher in der Geschichte der Kabbala nur als eine einzige Person; sie ergänzen einander. Auch der Kabbalist Jehuda ben Jakar, Nachmanis Lehrer, ging wohl aus dieser Schule hervor.

Die Lebensumstände dieses Paares sind in Dunkel gehüllt und nur von einem derselben (man weiß wiederum nicht, ob von Esra oder Asriel) verlautet, daß er mindestens als Siebziger nur wenige

---

[1]) So äußert sich ein Kabbalist des vierzehnten Jahrhunderts, der Ver= fasser des מערכת אלהות; vgl. Note 3.

Jahre nach dem Ausbruch der maimunischen Spaltung gestorben sei (1238). Ehrlich waren beide nicht; denn sie haben ein oder mehrere von ihnen verfaßte Machwerke älteren Autoritäten untergeschoben, um ihrer Afterlehre den Stempel des Altertums aufzudrücken. Asriel hat etwas mehr von sich verlauten lassen. Von seiner Jugend an, erzählt er selbst, sei er von Ort zu Ort gewandert, um nach einer geheimen Weisheit zu forschen, welche über Gott und Schöpfung befriedigende Aufschlüsse gebe. Männer, welche im Besitze derselben durch Überlieferung waren, hätten sie ihn gelehrt, und er sei fest davon überzeugt worden. Darauf habe er selbst in den Gemeinden, die er auf seiner Wanderung berührte, die kabbalistische Lehre entwickelt, sei aber in Spanien (Sevilla?) von den philosophisch Gebildeten ausgelacht worden, weil diese nur das für wahr hielten, was durch streng logische Beweisführung als unumstößlich festgestellt sei, dagegen auf eine überlieferte Geheimlehre, deren Gedanken ihnen ganz neu erschienen, nichts geben mochten. Einer der ersten Mystiker gestand also ein, daß die Kabbala bei ihrem ersten Ausfluge auf Widerstand gestoßen, und daß ihr Lehrinhalt durchaus nicht als alt anerkannt worden sei. Asriel und Esra ließen sich aber von diesem Widerspruch nicht stören, sondern bemühten sich, ihre Lehre zu behaupten und zu verbreiten. In Erklärungen zu Agadastellen, zu den Gebeten und zu dem Hohenliede, das eine Fundgrube für jede Art Mystik bildet, entwickelten sie ihre eigentümliche Theorie. Asriel versuchte es, auch den philosophisch Gebildeten die Überzeugung von der Wahrheit der Kabbala beizubringen und ließ sie die Sprache der Logik reden. Allein wie die Geheimlehre aus ihrem Dunkel in die Sonnenhelle tritt, zeigt sie ihre Nacktheit und Häßlichkeit.

So viel ist gewiß, die Kabbala wollte in ihrem Ursprunge einen Gegensatz zu der verflachenden Philosophie der Maimunisten bilden. Daß das Judentum weiter nichts als die aristotelische Philosophie lehren sollte, war denen ein Greuel, welche in tiefer Frömmigkeit jedes Wort der Bibel und des Talmuds als eine göttliche Wahrheit ansahen. Nun gibt es einen Weg, sich des philosophischen Nachdenkens über Gott und das Judentum ganz zu entschlagen und alles in naiver Gläubigkeit hinzunehmen. Diesen Weg schlugen die deutschen und nordfranzösischen Rabbinen ein; es war die streng tossafistische Richtung. Aber die südfranzösischen und spanischen Frommen, welche gewissermaßen überall philosophische Luft einatmeten, konnten sich bei dieser Buchstäblichkeit nicht beruhigen. Das Judentum schien ihnen, wenn es nicht von tiefen Gedanken durchweht sein sollte, bedeutungslos.

Die religiösen Gesetzesbestimmungen, die Ritualien, müßten durchaus einen höheren idealen Sinn haben, welcher nur dem Auge der gedankenlosen Menge verborgen, dem Denker aber erkennbar sei. So viel hatten selbst die Gegenmaimunisten von Maimuni angenommen, daß die Vorschriften des Judentums keineswegs willkürliche Dekrete eines Despoten sein könnten, sondern, als göttliche Anordnungen, auch einen gedanklichen Hintergrund haben müßten. Und wie die scheinbar bedeutungslosen biblischen Bestimmungen und die dunkeln Schriftverse, ebenso müßten die agadischen Sentenzen des Talmuds einen höhern Sinn enthalten; sonst erschienen sie sinnlos. Die Frommen hatten aber noch viel mehr als die Agada zu vertreten und zu rechtfertigen. Das ältere mystische Schrifttum, die Offenbarungen des engelgewordenen Henoch-Metatoron (Bd. V$_3$, S. 194), früher nur einzelnen zugänglich, hatten in dieser Zeit einen großen Leserkreis gefunden. Nicht bloß das „Buch der Schöpfung", sondern auch jene Ausgeburt einer wüsten Phantasie, welche den Gatt Israels wie einen Fetisch mit Kopf, Händen und Beinen von riesiger Ausdehnung darstellte (Schiur Koma), galten in diesem Kreise schon als heilige Schriften. Maimuni hatte zwar in seiner geläuterten Religiosität mit Entrüstung jede Verantwortlichkeit des Judentums für diese Bastardliteratur zurückgewiesen, sie als Ausfluß einer groben Unwissenheit in religiösen Dingen und einer heidnischen Anschauungsweise gebrandmarkt und dazu bemerkt, sie verdiene verbrannt zu werden[1]). Allein das war für die Schule Isaaks des Blinden kein Grund, die Schilderung der riesigen Organe Gottes ohne weiteres zu verwerfen. Trägt die Quelle doch den Namen des R'Ismael an der Spitze, und der gefeierte R'Akiba hat sich dafür verbürgt (so ist es dargestellt). Sie galt dieser Schule vielmehr als Bestandteil der Agada, als uralte Offenbarung, als ein wesentliches Glied des Judentums. Was sollte sie aber mit der Maßengröße anfangen? Ihr religiöser Sinn war denn doch zu geläutert, als daß sie den lächerlichen Gedanken annehmen konnten, Gottes Bart z. B. habe eine Länge von 10500 Parasangen (Parsa)[2])! Anderseits konnten sich die provenzalischen und spanischen Frommen vom Schlage Isaaks, Asriels und Esras nicht mit dem Gedanken befreunden, daß alle diese anstößigen Partien des Judentums rationalistisch gedeutet oder vielmehr gedeutelt werden sollten, wie es die Maimunisten taten. Die Agada und das altmystische

---

[1]) Maimunis Responsum in Nite Naamanim p. 17; vgl. Frankel, Monatsschrift, Jahrgang 1859, S. 67 ff.

[2]) Schiur-Koma im Buch Rasiel ed. Amsterd. 1701, p. 37 b.

Schrifttum, wie überhaupt sämtliche Ritualien des Judentums mußten daher nach ihrer Überzeugung einen sehr tiefen, bedeutungsvollen, geheimen Sinn haben, sie mußten Ideen enthalten, welche Himmel und Erde, die Geister- und Körperwelt umspannen. Die Kabbala ist eine Tochter der Verlegenheit; ihr System war ein Ausweg, um aus der Klemme zwischen dem naiven, plumpen, anthropomorphistischen Buchstabenglauben und der maimunischen Verflachung herauszukommen.

Die Geheimlehre, zuerst vollständig von dem Zwillingspaar Esra und Asriel entwickelt, stellt daher eine, man kann nicht sagen neue, aber jedenfalls eigenartige Religionsphilosophie oder richtiger Theosophie auf, die, von einer Unbegreiflichkeit zur anderen fortschreitend, sich zuletzt in die Nebelregion versteigt, wo alles Denken aufhört und selbst die Phantasie ihre Flügel sinken lassen muß. Sie ging von einem Punkte aus, dem die damaligen Denker unbedingt zustimmten, zog aber daraus kühne Folgerungen, welche ihr Grundprinzip wieder umstießen. Die Einheit verwandelte sich so unter der Hand in eine Vielheit, die Geistigkeit in plumpe Handgreiflichkeit, der geläuterte Glaube in wüsten Aberglauben. Die ursprüngliche Kabbala stellte folgende Lehrsätze auf: Die Gottheit ist erhaben über alles, selbst über Sein und Denken. Man dürfe daher nicht von ihr aussagen, daß sie Sprache oder Tun, und ebensowenig, daß sie Gedanken, Willen und Absicht habe. Alle diese Eigenschaften, die den Menschen zierten, liefen auf Beschränktheit hinaus, und die Gottheit sei nach jeder Seite hin unbeschränkt, weil vollkommen. Nur dieses einzige Attribut, die Unbeschränktheit und die Unbegrenztheit, lasse sich von ihr aussagen. Die Kabbala legte daher Gott den Namen „der **Unbeschränkte oder Unendliche**" (hebräisch En-Sof)[1]) bei; das war ihre erste Neuerung. In dieser seiner unfaßbaren Allgemeinheit sei Gott oder der En-Sof unerkennbar verborgen, verhüllt und demnach gewissermaßen **nicht seiend**. Denn das, was nicht von dem denkenden Geist erkannt und begriffen werden könne, sei für ihn nicht vorhanden. Das allgemeine Sein, das En-Sof, gleiche daher dem **Nichts** (Ajin)[2]). Um also sein Dasein zu bekunden, mußte er sich oder wollte er sich offenbar und erkennbar machen; er mußte wirksam sein und schaffen, damit seine Existenz in die Erkenntnis trete.

Aber die niedere Welt in ihrer Gedrücktheit und Hinfälligkeit könne der En-Sof nicht hervorgebracht oder geschaffen haben, denn das Unbegrenzte und Vollkommene könne nicht das Begrenzte und

---

[1]) אין סוף. Schon die Wortbildung verrät die Jugend.
[2]) אין.

Unvollkommene in **direkter** Weise hervorbringen. Die Gottheit dürfe also nicht als unmittelbarer Weltschöpfer angesehen werden; man müsse sich vielmehr den Schöpfungsakt auf eine ganz andere Weise vergegenwärtigen. Der En-Sof habe vermöge seiner unendlichen Lichtfülle eine geistige S u b s t a n z, eine K r a f t, oder wie man es sonst nennen wolle, aus sich ausgestrahlt, die, als direkt von ihm stammend, an seiner Vollkommenheit und Unendlichkeit Teil habe. Anderseits könne diese Ausstrahlung oder Ausströmung dem En-Sof, ihrem Erzeuger, nicht in allen Punkten gleich sein; denn sie sei nicht mehr das Ursprüngliche, sondern ein Abgeleitetes. Die dem En-Sof entströmte Potenz sei daher ihm nicht g l e i c h, sondern nur ä h n l i c h, d. h. sie habe neben der unbeschränkten auch eine beschränkte Seite. Die Kabbala nennt dieses erste Geisteskind des En-Sof die erste S e f i r a[1]), wobei sie zugleich an Z a h l und an S p h ä r e gedacht haben mag. Dieser ersten geistigen Potenz entstrahlt wieder eine zweite Kraft, und dieser wieder eine dritte, so daß sich im ganzen z e h n g e i s t i g e S u b s t a n z e n oder K r ä f t e oder M i t t e l w e s e n oder O r g a n e (in dieser Unbestimmtheit sind sie gehalten) offenbart hätten oder in Wirksamkeit getreten seien. Diese zehn Potenzen nennt die Kabbale die z e h n S e f i r o t.

Die zehn Substanzen bilden unter einander und mit dem En-Sof eine strenge Einheit und stellen nur verschiedene Seiten (oder G e s i c h t e r) eines und desselben Wesens dar, wie etwa das Feuer zugleich Flamme und Funken erzeugt, die, obwohl dem Auge verschieden erscheinend, doch ein und dasselbe bedeuten. Die zehn Sefirot, die sich voneinander wie die verschiedenen Farben desselben Lichtes unterscheiden, sind als Ausflüsse der Gottheit an sich unselbständig und demnach beschränkt. Nur insofern der En-Sof ihnen Kraftfülle spendet, können sie unendlich wirken. Diese ihre Wirksamkeit zeigt sich zunächst darin, daß sie die Seelen- und Körperwelt schaffen und zwar in ihrem Ebenbilde. Dann erhalten sie die Welt, mit der sie in einigem Zusammenhange stehen, fortwährend und führen ihr beständig die Gnadenspende göttlichen Lebens zu.

Die Gesamtheit der zehn Sefirot läßt die Kabbala in drei Gruppen zu je drei zerfallen. Die erste höchste Gruppe hat ihre Wirkung zunächst auf die G e i s t e s w e l t; es sind: d a s u n e r f o r s c h l i c h H o h e oder die **K r o n e** (Rum-Mala, Keter), d i e s c h a f f e n d e W e i s h e i t (Chochma) und der e m p f a n g e n d e G e i s t (Binah).

---

[1]) Singular ספירה, Plural ספירות.

Von der ersten Sefira geht die Gotteskraft aus, von der zweiten die Engelwesen und auch die Offenbarung des Judentums (die Thora), von der dritten die prophetische Anregung. — Die zweite Gruppe hat ihren Einfluß auf die **Seelenwelt** und die **sittliche Weltordnung**. Die erste Sefira dieser Gruppe bildet die **unendliche göttliche Liebe** (Chesed), die zweite die strenge **göttliche Gerechtigkeit**, die richtende **zermalmende Kraft** (Geburah, Pachad), und die dritte die Vermittlung beider Gegensätze, die **Schönheit** (Tiferet). Die dritte Gruppe wirkt auf die **sichtbare Welt, auf die Natur**. Die erste Sefira dieser Gruppe bildet die **Festigkeit** (Nezach), die zweite die **Pracht** (Hod, Form?) und die dritte die Vermittlung beider Gegensätze, den Urgrund (Jesod). Neun Sefirot hätten demgemäß genügt; die Kabbala wollte aber die Zehnzahl festhalten, sie war ihr zu wichtig. Die zehn Gebote, die zehn Aussprüche, vermöge welcher die Agada die Welt erschaffen werden läßt, die Zehnzahl der Sphären, welche Tiefe ließ sich darin finden! Das alte „Buch der Schöpfung" hat schon zehn Sefirot, wenn es auch darunter zunächst Zahlen versteht, und Jbn-Esra hatte mit der Zehnzahl mathematisch-mystische Spielerei getrieben. Die Kabbala durfte sie nicht fahren lassen, konnte aber die zehnte geistige Potenz in der Gruppierung, selbst wenn sie noch so sehr auf strenge Gedankenmäßigkeit verzichten wollte, nicht passend unterbringen und zerfiel von Hause aus in eine Verschiedenheit der Auffassungsweise. Einige zählten den En-Sof mit, so daß es, genau genommen, nur neun Sefirot gäbe. Andere nahmen noch eine zehnte dazu, in welcher die Eigentümlichkeiten aller übrigen konzentriert seien. Sie nannten diese die **Herrschaft** (Malchut) und wollten damit die Vorsehung oder die versichtbarte Gottheit (Schechinah) bezeichnen, welche unter Israel weile, es auf allen seinen Wanderungen und Verbannungen begleite und es schütze. Straffes Denken ist nicht Sache der Kabbala, sie begnügt sich mit Phantasiebildern und Namen, wenn sie auch noch so begriffsleer sind.

Mit dieser Zehnzahl der Sefirot treibt sie nun eine willkürliche Spielerei. Sie teilt sie in die drei **oberen** und sieben **unteren** und unterscheidet noch drei oder vier **mittlere** (Krone, Schönheit, Grund und Herrschaft), welche sie die **mittlere Säule** (Ammud Emzaï)[1]) nennt. Die Überleitung der Gnadenspende von Gott durch die geistigen Potenzen zur sichtbaren Welt denkt sie sich vermittelst **Kanäle** (Zinorot)[2]), deren sie **zwölf** annimmt.

[1]) עמוד אמצעי.   [2]) צינורות.

Mittels der Sefirot vermöge Gott sich sichtbar zu machen oder auch sich zu verkörpern. Wenn es nun in der heiligen Schrift heiße, Gott sprach, stieg auf die Erde herab, stieg hinauf, so dürfe das nicht, wie die Buchstabenknechte, wie die Agadisten meinen, von der Gottheit selbst oder von dem hocherhabenen En-Sof, sondern von den Sefirot verstanden werden. Der Opferduft, der vom Altare aufsteige und zum angenehmen Geruch werde, sei nicht von der Gottheit selbst, sondern von den Mittelwesen eingeatmet oder aufgesogen worden. Auf diese Weise glaubte die Kabbala die Schwierigkeiten überwunden zu haben, welche der Begriff der reinen Geistigkeit Gottes und die biblische Darstellungsweise von Gott darbietet. Die Gottheit ist allerdings unkörperlich wie unendlich, tut nichts Körperliches und wird vom Körperlichen nicht berührt. Aber die Sefirot, da sie neben der unendlichen noch eine endliche, gewissermaßen körperliche Seite haben, können auch körperliche Funktionen üben und mit Körperlichem in Verbindung treten.

Die Kabbala geht in ihrer Phantasterei noch weiter. Die sieben niederen Sefirot haben sich in den biblischen Patriarchen und in besonders frommen Männern konzentriert oder verleiblicht. So habe sich die Liebe in Abraham, die Strenge in Isaak, die Schönheit in Jakob, die siebente Sefira in Mose, die achte in Aaron, die neunte in Joseph, die zehnte in David verkörpert. Die Sefirot bilden den Thronwagen Gottes (Merkaba), und davon sage die Agada aus, „die Väter bilden den Cherubthron Gottes."

Wie ihre Geisteswelt, so ist auch die Schöpfungstheorie der Kabbala phantastisch. Gott oder der En-Sof habe die sichtbare Welt nicht unmittelbar, sondern lediglich vermittelst der Sefirot geschaffen. Alle Dinge, nicht bloß die Gattungen, sondern auch die Einzelwesen in der niederen Welt hätten daher ihre Urbilder (Dugma, Dephus, Typus) in der höhern, so daß nichts hienieden gleichgültig sei, sondern alles eine höhere Bedeutung habe. Das ganze Weltall gleiche einem ast- und blattreichen Riesenbaum, dessen Wurzeln die Geisteswelt der Sefirot bilde; oder es sei eine enggeschlossene Kette, deren letzter Ring an der obern Welt hange, oder ein großes Meer, das aus einer sich ewig ergießenden Quelle sich stets fülle. Namentlich sei die menschliche Seele eine volle Bürgerin der höheren Welt und stehe mit allen Sefirot in unmittelbarer Verbindung. Sie vermöge daher auf dieselben und auf die Gottheit selbst einzuwirken. Vermöge ihres sittlichen und religiösen Verhaltens könne die Seele die Segensspende von seiten der Gottheit durch die Mittelmenschen und die Kanäle fördern oder hindern. Durch ihre guten Handlungen bewirke sie die ununterbrochene Gnadenströmung, durch ihre schlechten die Versiegung derselben.

Namentlich sei das Volk Israel dazu berufen, die Gnadenfülle und also die Erhaltung der Welt zu fördern. Dazu habe es die Offenbarung und das Gesetz mit seinen 613 religiösen Bestimmungen erhalten, um durch jede religiöse Tätigkeit auf die Sefirot einzuwirken und sie gewissermaßen zum Spenden zu nötigen. Die Ritualien hätten daher eine tiefmystische Bedeutung und einen unvergänglichen Wert; sie bildeten die magischen Mittel, das ganze Weltall zu erhalten und ihm Segen zuzuwenden. „Der Fromme bildet den Grund der Welt"[1]. Namentlich hätten der Tempel und der Opferkultus eine ganz besonders wichtige Bedeutung gehabt, die Verbindung der niederen Welt mit der höheren lebendig zu erhalten. Der irdische Tempel habe dem himmlischen Tempel (den Sefirot) entsprochen. Der Priestersegen, der mit den erhobenen z e h n Fingern ausgesprochen zu werden pflegte, habe die zehn Sefirot angeregt, ihre Segenspendung auf die niedere Welt zu ergießen. Nach dem Untergang des Tempels sei das Gebet an die Stelle der Opfer getreten, es habe daher eine besonders mystische Wichtigkeit. Die vorgeschriebenen Gebete hätten eine unfehlbare Wirkung, wenn der Betende es verstehe, sich bei dieser und jener Veranlassung an die betreffende Sefira zu wenden. Denn nur an diese sei das Gebet zu richten, nicht unmittelbar an die Gottheit. Das Geheimnis des Gebetes (Sod ha-Tefila) nimmt in der Kabbala eine wichtige Stelle ein. Jedes Wort, ja jede Silbe in den Gebetformeln, jede Bewegung beim Gebet, jedes dabei angewendete rituale Symbol deutet die Kabbala beziehungsvoll auf den Bau und einen Vorgang der höheren Welt. Da die andächtige Vertiefung in das Wesen der Sefirot beim Gebete der praktisch anwendbare Teil der Kabbala war, so sorgten die ersten Kabbalisten für einen Kommentar zu den Gebeten. Auch die mystische Erläuterung der Religionsgesetze des Judentums ließen sich die Kabbalisten angelegen sein. Es war der Schwerpunkt ihrer Theorie. Sie konnten damit den Maimunisten entgegentreten. Während diese von philosophischen Gesichtspunkten aus manche Bestimmung des Judentums für bedeutungslos und veraltet erklärten, hoben die Mystiker deren Wichtigkeit und hohe Bedeutung hervor. Sie galten daher als der Erhalter des Judentums.

Die Vergeltungslehre und die Untersuchung über den Zustand der Seele nach dem irdischen Dasein war auch durch Maimuni zu sehr als wichtiger Bestandteil des Judentums betont worden, als daß die

[1] צדיק יסוד עולם.

Kabbala sie nicht auch in den Kreis ihrer Theorie hätte ziehen sollen. Sie stellte aber eine eigne Ansicht darüber auf, die sie natürlich ebenfalls als uralt ausgab, die aber ihre Jugend und Entlehnung aus einem andern Kreise nicht verbergen kann. Von ihrer Seelenlehre ausgehend, daß die Seelen in der Geisterwelt von jeher v o r e r s c h a f f e n seien, lehrte die Kabbala, daß sämtliche Seelen dazu bestimmt seien, die irdische Laufbahn anzutreten, sich in Körper zu versenken und mit ihnen eine Zeitspanne verbunden zu bleiben. Die Aufgabe der Seele sei nun, in ihrem Erdenleben gewissermaßen eine Probe abzulegen, ob sie sich trotz der Verbindung mit dem Leibe von den irdischen Schlacken werde rein erhalten können. Vermöge sie das, so steige sie geläutert nach dem Tode zum Geisterreich auf und habe Anteil an der Welt der Sefirot. Beflecke sie sich dagegen mit dem Irdischen, so müsse sie noch einmal und wiederholentlich (höchstens aber nur dreimal) in das Leibesleben zurückwandern, bis sie durch wiederholte Prüfungen sich lauter emporschwingen könne. Auf die Seelenwanderung (Ibbur, Gilgul), einen wichtigen Punkt der Kabbala, gründete sie die Vergeltungslehre. Die Leiden, welche auch den Frommen hienieden scheinbar unverschuldet träfen, dienten lediglich dazu, die Seele zu läutern. Seths Seele sei in Mose übergegangen. Man dürfe also Gottes Gerechtigkeit nicht anklagen, wenn es dem Frommen hienieden schlecht, dem Gottlosen gut gehe. Die Kabbala fand eine Bestätigung ihrer Seelenwanderungstheorie in der Vorschrift des Judentums, daß der Bruder eines kinderlos Verstorbenen dessen Witwe heimführen müsse, damit durch diese Schwagerehe die Seele des Verstorbenen wieder geboren werden und ihre Laufbahn vollenden könne. Die Ehe überhaupt galt den Kabbalisten als ein mystisches Institut, weil sie das Eingehen der Seele in die Körperwelt bewirke. Da nun die meisten Seelen sich in ihrem irdischen Dasein ins Sinnliche verlören, ihren himmlischen Ursprung vergäßen und also öfteren Wanderungen durch neue Körper unterworfen seien, so gelangten meistens a l t e Seelen, d. h. solche, die schon früher auf die Erde hinabgestiegen waren, zur Geburt, und nur selten komme eine n e u e Seele zur Welt. Durch die Sündhaftigkeit der Menschen, welche zur Folge hat, daß dieselben Seelen immer wieder in Körper eingehen, wird die große Erlösung aufgehalten. Denn die neuen Seelen könnten nicht ins Dasein gelangen, weil die Welt fast durchgehends von alten bevölkert sei. Und die große Gnadenzeit, die geistige Vollendung der Welt, könne nicht eher eintreten, bis sämtliche v o r g e s c h a f f e n e n Seelen irdisch geboren seien. Auch die Seele des Messias, die wie andere in der Geisterwelt der Sefirot in ihrer Vorexistenz verharre, könne nicht eher erscheinen, bis sämtliche Seelen in das Körperleben eingegangen seien. Sie werde die letzte der Seelen sein, und der Messias werde also erst **a m E n d e d e r T a g e** erscheinen. Dann aber werde das große Jubiläum (**Jobel ha-Gadol**) eintreten, wenn sämtliche Seelen gereinigt und geläutert von der Erde zum Himmel zurückgekehrt sein würden. Die Förderung und Beschleunigung dieser Gnadenzeit der großen Erlösung hänge also von den Frommen ab, von ihrer Einsicht und ihrem Verhalten. Welche Wichtigkeit erhielten nun dadurch die Adepten der Kabbala! Nicht bloß für Israel, sondern für die ganze Weltordnung haben sie einzustehen, indem sie durch ihr Tun und Lassen die Geburt der Messiasseele, als letzte aus dem Seelenbehältnis, befördern können.

Die Kabbala konnte sich rühmen, viel tiefer als die Religionsphilosophie Maimunis das Geheimnis des Judentums (**Sod Torah**) erschlossen, seinen Zusammenhang mit der höhern Welt und der zukünftigen Gestaltung der Dinge nachgewiesen zu haben. Welch weiten Spielraum hatte sie nun gar für Deutungen! Sie ließ an Verdrehungen der heiligen Schrift die alexandrinischen Allegoristen, die Agadisten, die Kirchenväter und die jüdischen und christlichen Religionsphilosophen weit, weit hinter sich zurück. Asriel liebäugelte wenigstens mit der Philosophie und gab sich Mühe, die Kabbala den Denkern annehmbar zu machen. Ein anderer Kabbalist dieser Zeit aber, **J a k o b b e n S c h e s c h e t G e r u n d i** aus Gerona (schrieb um 1243 oder 1246), stellte geradezu seine Geheimlehre der Aufklärung der Philosophen entgegen. Er verschmähte jede Unterhandlung mit ihnen. Er warf ihnen vor, daß „sie mit ihren Ansichten die Wahrheit zu Boden würfen. Sie behaupteten, die Religionsgesetze hätten lediglich einen irdischen Zweck, wollten nur das leibliche Wohl fördern, das Staatsrecht begründen, Personen und Eigentum vor Schaden bewahren. Sie leugneten die jenseitige Belohnung und Bestrafung. Sie meinten sogar, das Gebet habe nur einen innern Wert, die Gedanken und Gefühle zu läutern, und brauche gar nicht mit den Lippen gesprochen zu werden." Jakob Gerundi hat nicht genug Schmähungen für diese philosophischen „Ketzer und Gesetzesverächter" und übertreibt seine Anschuldigungen gegen die Maimunisten. Um das Volk vor ihren Lehren zu warnen, setzte er seine kabbalistische Theorie in gereimter Prosa auseinander in einer Schrift[1]), welche indes nur seine Geistesarmut bekundet. — **G e r o n a**, die Vaterstadt Esras, Asriels, des Jakob ben Scheschet,

---

[1]) Vgl. über Jakob ben Scheschet Note 3.

Nachmanis und vielleicht auch des Jehuda ben Jakar, war das erste warme Nest für die Kabbala, ehe sie recht flügge wurde.

Diese so stolz auftretende geheime Weisheit beruhte auf nichts anderem als auf Täuschung, im besten Falle auf Selbsttäuschung ihrer Urheber. Ihre Theorie ist nicht alt, wofür sie sich ausgab, sondern sehr jung, oder wenn alt, so doch nicht aus dem jüdischen Altertum, sondern aus der Zeit der Abenddämmerung der griechischen Philosophie. Die Kabbala ist ein Zerrbild, welches die jüdischen und die philosophischen Ideen in gleicher Weise verunstaltet. Die Annahme von idealen Potenzen, von geistigen Mittelwesen zwischen der lichterfüllten Gottheit und der getrübten Welt, von der Voreristenz der Seele, der Seelenwanderung, der magischen Einwirkung des menschlichen Tuns auf die höhere Welt, das alles gehört der alexandrinisch-neuplatonischen Weltanschauung an. Auf welchem Wege sind die ersten Kabbalisten, sei es Isaak der Blinde oder Asriel und seine Genossen, zu der, wenn auch nur oberflächlichen Kenntnis der neuplatonischen Elemente gekommen? Die Verbindung war gewiß keine direkte und brauchte es nicht zu sein. Vieles von der neuplatonischen Theorie war in Frankreich gerade in dieser Zeit bekannt. Ein christlicher Religionsphilosoph, David de Dinanto in Paris hat ähnliche Prinzipien wie die Kabbala aufgestellt; daß Gott sich selbst gestalte und sich in drei verschiedenen Sphären offenbare, in der Welt des Geistes, der Seele und des Stoffes[1]). Der christliche Philosoph, dessen Schriften als ketzerisch verdammt und verbrannt wurden, brauchte drei Prinzipien, um damit die christliche Dreifaltigkeit zu rechtfertigen; die Kabbala dagegen ließ sich von anderen Voraussetzungen leiten und nahm zehn Potenzen an. Ibn-G'ebirols von neuplatonischen Ideen geschwängertes System hat wohl auch einen Beitrag zur Kabbala geliefert. Die Lehre von der Seelenwanderung war allerdings in der gaonäischen Zeit von einigen jüdischen Kreisen aufgenommen worden, und insofern könnte man diesen Bestandteil der Kabbala alt nennen; aber sie ist zugleich so sehr unjüdisch, daß sie der Gaon Saadia mit Entrüstung verworfen hat[2]).

Asriel bemühte sich zwar nachzuweisen, daß die Idee vom En-Sof und den Sefirot in Bibel und Talmud begründet sei, allein er hat für Verständige nur das Gegenteil bewiesen. Als wenn die Kabbala kein gutes Gewissen gehabt hätte, daß sie ihre Theorien für uralt ausgab, während sich in dem talmudischen Schrifttum keine Spur davon auf-

---
[1]) Vgl. Ritter, Geschichte der christlichen Philosophie III, S. 628 ff.
[2]) Saadia, Emunot VI, 7.

weisen läßt, setzte sie eine kabbalistische Schrift in alter Form und agadischem Gewande in die Welt, welche kabbalistische Ideen von talmudischen Autoritäten, R. Nechunja ben Ha-Kana und Andern auseinandersetzen läßt. Diese untergeschobene Schrift nannten die Kabbalisten Bahir (Glanz, oder nach dem ersten Namen: Midrasch des Nechunja ben Hakana). Wer der Verfasser derselben war, läßt sich nicht bestimmt ermitteln. Vielleicht das kabbalistische Brüderpaar Asriel und Esra. So schlau ist dieser Wechselbalg eingeschmuggelt worden, daß selbst besonnene Rabbiner ihn als einen echten, uralten Sproß des Judentums verehrten und seinen Lügenworten Glauben schenkten. Vergebens hat ein hochgeachteter Mann, Meïr ben Simon aus Narbonne, diese Fälschung entlarvt[1]), vergebens mit Zustimmung des durch Frömmigkeit und talmudisches Wissen ausgezeichneten Rabbiners Meschullam ben Mose aus Beziers[2]) die Gemeinden gewarnt, sich von diesem Lügenwerke, wie von der Schriftenflut des gerundensischen Brüderpaares täuschen zu lassen, sie vielmehr, da sie Ketzerei enthielten, zu vernichten. Die kabbalistische Lügenschrift hat sich behauptet und hat späteren kabbalistischen Taschenspielern als Zeugnis für ihre Lehren gedient. Die Mystik konnte sich nur durch Untergeschobenes (apokryphes) Schrifttum) behaupten. Denn da sie ihren Lehrinhalt nicht durch einleuchtende Gründe beweisen kann, so muß sie sich auf Autoritäten berufen, und wenn sie solche nicht vorfindet, so erfindet sie sie. Die Propaganda, welche Asriel und wohl auch Esra für die Kabbala auf ihren Wanderungen machten, wurde durch die Einschmuggelung der mystischen Schrift Bahir bedeutend unterstützt. Die Kabbalisten gaben an, die Heimat dieses ersten kabbalistisch-apokryphen Buches sei Palästina gewesen; von da sei es vor alter Zeit den Frommen Deutschlands zu Händen gekommen, und von ihnen sei es zu den rabbinischen Autoritäten der Provence gelangt[3]). Sein Lehrinhalt sei in einer langen Kette von Gaon zu Gaon überliefert worden; und diese Fabel fand Glauben. Obwohl kein einziger gaonäischer oder rabbinischer Schriftsteller vor dem dreizehnten Jahrhundert das Dasein dieser mystischen Schrift auch nur andeutet, so erkannte sie doch selbst Nachmani als eine uralte, durch talmudische Autoritäten gewährleistete Grundschrift der Geheimlehre an. Auf Grund derselben vertiefte auch er sich in die Kabbala.

---

[1]) Vgl. Renan (Neubauer) Les Rabbins français, p. 561.
[2]) Das. p. 515, 733.
[3]) Isaak Kohen aus Segovia (Ende des 13. Säculums) in Schem-Tob, Emunot, p. 94a unten, 19b.

Die Bemühungen Asriels und Esras für die Geheimlehre hätten vielleicht geringen Erfolg gehabt, wenn sich nicht Nachmani unter ihre Fahne gestellt hätte. Auf den ersten Blick ist es zwar schwer zu begreifen, wie dieser klare, haarscharfe Denker, welcher auf dem talmudischen Gebiete über jede Dunkelheit Licht zu verbreiten vermochte, der in Jbn-Esras und Maimunis religionsphilosophischen Gedanken das Unjüdische oder dem Judentum Widersprechende mit scharfem Blick erkannte, wie auch er den Verirrungen der Kabbala folgen und ihr Anhänger werden konnte. Allein bei tieferem Eingehen auf seine Denkart schwindet das Rätselhafte dieser Erscheinung. Nachmani gehörte zu den zahlreichen denkenden Menschen, welche das einzelne richtig zu beurteilen, aber ein großes Ganzes nicht zu umfassen vermögen. Maimunis philosophische Auffassungsweise stieß wegen ihrer Nüchternheit seinen Geist ab, die Kabbala dagegen sagte ihm gerade zu, weil sein Wunder- und Autoritätsglaube in ihr Nahrung fand.

Da er als frommer Rabbiner und tiefer Talmudkundiger die Wahrheit der Kabbala anerkannt hatte, so war ihr Ansehen gesichert. Wo Nachmani unbedingt glaubte, scheuten sich Minderbegabte zu zweifeln. Der Dichter Meschullam En-Vidas Dasiera (o. S. 47), der Gegner der Maimunisten, stellte daher ihn, sowie Esra und Asriel, als Gewährsmänner für die Wahrheit der Geheimlehre auf[1]).

„Uns ist Nachmans Sohn eine feste Burg —
Esra und Asriel haben uns ohne Täuschung belehrt,
Sie sind meine Priester, sie erleuchten meinen Altar,
Sie sind meine Sterne, die nicht verdunkeln. —
Sie wissen Gottes „Maßausdehnung" zu rechtfertigen,
Nur halten sie aus Furcht vor den Ketzern mit ihren Worten zurück."

So wurde Nachmani eine Hauptstütze der Kabbala, und mehr noch dadurch, daß er in hingeworfenen Bemerkungen von ihr sprach und mehr davon verhüllte als aufdeckte. Sein Lehrer in der Kabbala soll Asriel oder Esra gewesen sein; indessen kann er sie schon in der Jugend[2]) von seinem Lehrer im Talmud, Jakob ben Jakar (o. S. 60), der sich ebenfalls damit beschäftigte, empfangen haben. Hatte sie doch in Gerona, Nachmanis Heimat, ihr erstes Zelt.

Später erzählte man sich, um die siegreiche Kraft der Kabbala zu beweisen, daß Nachmani anfangs entschiedene Abneigung gegen sie gehabt habe, trotz der Mühe, die sich ein ergrauter Kabbalist gegeben habe, ihn zu bekehren. Eines Tages sei nun dieser Kabbalist

---

[1]) Dibre Chachamim, p. 77, vgl. Note 1.
[2]) Vgl. Note 2.

in einem Schandhause ertappt und zum Tode verurteilt worden.
Vor seiner Hinrichtung, an einem Sabbat, habe er Nachmani zu sich
rufen lassen, der nur widerwillig zu ihm gekommen sei und ihm Vorwürfe wegen seines unwürdigen Betragens gemacht habe. Der
Kabbalist habe seine Unschuld beteuert und Nachmani versichert, er
werde noch an demselben Tage nach der Hinrichtung zu ihm kommen
und das Sabbatmahl mit ihm verzehren. Diese Versicherung habe sich
bewährt, indem der Kabbalist durch Geheimmittel bewirkt habe, daß
ein Esel an seiner Statt hingerichtet worden, und er sei plötzlich in
Nachmanis Zimmer getreten. Von diesem Augenblicke an habe sich
Nachmani zur Kabbala bekannt und habe sich in sie einweihen lassen[1]).

Die Geheimlehre der geronensischen Schule, wie sie Asriel, sein
Zwillingsgenosse, Jakob ben Scheschet und Nachmani lehrten, hatte
doch wenigstens einen Anflug von gedanklicher Unterlage und eine
gewisse Berechtigung gegenüber der auf Kosten des Judentums bis zum
Übermaß getriebenen Verflachung einiger Maimunisten. Sie konnte
daher in mystisch gestimmten Gemütern Anklang finden, und die
Zweifel derer, welche in der Klemme zwischen Philosophie und grobem
Buchstabenglauben ängstlich geworden waren, verstummen machen.
Anders geartet war die Geheimlehre in dem deutsch-jüdischen Kreise,
dessen Hauptvertreter **Eleasar ben Jehuda** aus Worms war
(mi-Garmisa, auch Rokeach nach seinem Hauptwerk genannt, geb.
um 1160, st. um 1230)[2]). Obwohl dieser Wormser Mystiker (Schüler
des überfrommen **Jehuda Chasid** aus Regensburg) sich von der
Vorstellung der Körperlichkeit Gottes in agadischer und mystischer
Weise frei gemacht, vielmehr in Übereinstimmung mit Saadia und
anderen jüdischen Denkgläubigen die Geistigkeit Gottes scharf betonte
und der Auseinandersetzung dieses Gedankens gegenüber den Anthro-
pomorphisten eine eigene Schrift widmete[3]), so war er dennoch nicht
mit sich im reinen, was er mit den vermenschlichenden Agadas und der

---

[1]) Gedalja Ibn-Jachja in Schalschelet ha-Kabbala.

[2]) Sein Geburts- und Todesjahr ist nicht bekannt. Zacuto gibt nur im
allgemeinen an, er sei ungefähr gleichzeitig mit Esra, 1238, gestorben (in der
Filipowsskischen Edition des Jochasin fehlt sogar diese Angabe). Aus dem
Umstande, daß Eleasar von W. 1197 bereits mehrere Kinder, und darunter
eine erwachsene Tochter und auch Schüler hatte (Bd. VI₃, S. 231), folgt,
daß er damals mindestens ein Dreißiger war. 1223 war er Mitglied der
Mainzer Synode (o. S. 22). Nachmani scheint ihn in seinem größeren Sendschreiben von 1232 als Verstorbenen zu zitieren.

[3]) שערי סוד היחוד והאמונה ediert nach einem Manuskript von Jellinek
in Sterns **Kochbe Jizchak**, Heft 27, S. 7 ff. Auch in der Einleitung zu **Rokeach**

Lehre von dem Riesenmaße der göttlichen Glieder anfangen solle.
Er stellte sich die Gottheit wie einen König in der himmlischen Hofhaltung vor, umgeben von Engelscharen. Seine mystische Methode
besteht darin, die Buchstaben der Gottesnamen und der Schriftverse
zu versetzen, sie in Zahlzeichen zu übertragen oder sie als Abkürzungen
bedeutungsvoller Wörter zu behandeln (Ziruf, Gematria[1]
Notaricon). Auch der praktischen Kabbala, durch gewisse Gottes-
oder Engelnamen, auf ein Papier geschrieben, Wunder zu tun, wovon
die provenzalisch-spanische Geheimlehre nichts wußte, scheint Eleasar
von Worms zugetan gewesen zu sein (Kabbala Maassijot). Dagegen kannte die deutsche Mystik noch nicht das Sefirot-System, nicht
einmal den Ausdruck En-Sof. — Eleasar von Worms hatte vielen
Einfluß auf seine Zeitgenossen und die Nachwelt, weniger durch seine
talmudische Gelehrsamkeit und seine Gedankentiefe, als vielmehr durch
seine herzliche Sprache. Er behandelte selbst die talmudischen Partien
nicht trocken, sondern mit gemütlicher Eindringlichkeit. Er und allenfalls sein Lehrer Jehuda der Fromme aus Regensburg galten für
die deutschen Juden als „Väter der Kabbala", wie Isaak der Blinde
und sein Vater für die provenzalischen und spanischen. Als diese zwei
verschiedenen Geheimlehren, die auf Buchstaben und Zahlen begründete
und die von den Sefirot ausgehende, miteinander verschmolzen und
vermischt wurden, richteten sie eine noch heillosere Verwirrung in den
Köpfen an und töteten den gesunden Sinn. Jünger des Eleasar von
Worms, darunter ein gewisser M e n a h e m der Deutsche[2]), haben
wohl diese Verbindung zustande gebracht.

polemisiert Eleasar von W. gegen den groben agadischen Anthropomorphismus.
Über seine Schriften vgl. Jellinek, „Auswahl kabbalistischer Schriften", S. 28f.
Indessen ist die Autorschaft mancher ihm vindizierten mystischen Schriften
noch nicht gesichert. Zunz schreibt ihm die mystische Schrift ספר רזיאל הגדול
zu (Gottesdienstliche Vorträge, S. 169f., Note). Allein das ist schon deswegen nicht richtig, weil E. b. W. selbst in seinem Hauptwerke Rokeach
angibt, jeder Autor müsse seinen Namen am Anfang seines Buches durch
Akrostichen oder sonst ein Mittel verewigen, das sogenannte große Buch Rasiel
deutet aber nicht entfernt seinen Namen an. Es gehört aller Wahrscheinlichkeit nach dem Schwärmer Abraham Abulafia an, der sich bekanntlich
auch Rasiel nannte.

[1]) Das Wort גמטריא, das im Talmud und bei den Kabbalisten so häufig
vorkommt, ist wohl eine Metathesis des griechischen Wortes γράμμα, γραμματεία oder γραμματεία im Sinne von Zahlzeichen, Zahl.

[2]) Mit Recht berichtigte Jellinek die früher irrtümlich festgehaltene An-
nahme über den Ursprung dieser von ihm edierten (früher zweimal gedruckten)
Schrift כתר שם טוב dahin (Auswahl kabbalistischer Mystik, Heft 1, Hebr.
Beilage, p. 29 ff.), daß dieselbe nicht Abraham ben Alexander (Achselrad?)

So entstanden in kaum vier Jahrzehnten nach Maimunis Tod drei Parteien, und das war der Anfang der rückläufigen zur Verkümmerung führenden Bewegung.

Es trat eine Sonderung ein zwischen den **philosophisch Gebildeten**[1]), den **Stocktalmudisten**[2]) und den **Kabbalisten**[3]). Die ersteren, welche Maimuni zu ihrem Führer nahmen, legten sich das Judentum rationalistisch zurecht, blieben entweder bei seinen Annahmen stehen oder zogen kühne Folgerungen aus seinen Vordersätzen, die ihm entgangen waren, oder die er unberührt lassen wollte, und brachen halb und halb mit dem Talmud. Die strengen Talmudisten befaßten sich ausschließlich mit halachischen Kontroversen und wollten von philosophischen Erörterungen gar nichts wissen; sie waren jeder Wissenschaft und allem Forschen auf religiösem Boden abhold und legten sich die Agadas in nackter Buchstäblichkeit zurecht; auch der Kabbala gingen sie aus dem Wege. Endlich waren die Kabbalisten ebenso sehr gegen die talmudistischen Buchstäbler wie gegen die maimunistischen Rationalisten eingenommen. Doch verhielten sie sich, weil ihre Zahl anfangs klein war, und ihnen die dem Judentum widerstreitenden Folgerungen aus ihrem System noch nicht zum Bewußtsein gekommen waren, freundlich zu den Stocktalmudisten. Hatten doch beide gemeinsame Feinde zu bekämpfen. Die Kabbalisten richteten daher anfangs ihre Spitzen lediglich gegen die Maimunisten. Ehe aber das Jahrhundert abgelaufen war, waren auch die Kabbalisten und die Stockfrommen miteinander entzweit, und beide Parteien begannen einander so heftig anzufeinden, wie ihre gemeinsamen Gegner, die Philosophen.

Die Folgen, welche einerseits aus der vom Papsttum ausgegangenen Entehrung der Juden und anderseits aus der Spaltung im

---

aus Cöln angehört, sondern einem **Menahem**, Jünger des Eleasar Rokeach (Frankel, Monatsschr., Jahrg. 1853, p. 78 und Einl. zu Nachmanis Derascha, S. VIII, Note). Denn in einer Note zu dem Buche ברוך שאמר (die entweder der Verfasser Simson ben Elieser oder Lipmann [Jom-Tob] aus Mühlhausen angehört) wird ר' מנחם תלמידיו של רבינו אלעזר מגרמיזא als Verfasser desselben angegeben (p. 9b). Von demselben existieren auch פירוש עשר ספירות und כצוף מצות (de Rossi Codd. No. 1108, 4; in der Oppenheimeriana 1704Q und in den Michaelschen Nr. 615, 3). Dieser Menahem, Jünger des Eleasar von Worms, ist also der erste Deutsche, der die Sefirot mit der Zahlenkabbala kombiniert hat. Von der Beschäftigung der deutschen Mystiker mit Wundertuerei berichtet Nachmani in seiner Derascha (ed. Jellinek, p. 28) und Abraham Abulafia in ז' נתיבות bei Jellinek, Philosophie und Kabbala, p. 22.

[1]) אנשי שקול הדעת genannt. [2]) תלמודים. [3]) מקובלים.

Innern entsprangen, machten sich bald fühlbar und brachten unerfreuliche Erscheinungen zutage. Die Harmlosigkeit, der frohe Sinn, die Freudigkeit des Schaffens, welche, verbunden mit geistiger Rührigkeit so schöne Blüten getrieben hatten, waren auf lange, lange Zeit dahin. Ein trüber Ernst stellte sich dafür auch bei den spanischen und provenzalischen Juden ein und hielt jeden Aufschwung der Seele wie mit Bleigewichten nieder. Die lustigen Sänger verschwanden mit einem Male, als wenn der eisige Hauch der trüben Gegenwart ihr warmes Blut plötzlich zum Gefrieren gebracht hätte. Wie sollte der Jude mit dem Schandlappen auf der Brust fröhliche Weisen singen! Die neuhebräische Poesie, welche seit drei Jahrhunderten so holde Dichtungen zutage gefördert hatte, starb ab, oder trieb nur noch welke Blätter. Die Satiren und Epigramme, welche die Maimunisten und Antimaimunisten einander zuschleuderten, waren die letzten Erzeugnisse der neuhebräisch-spanischen Muse. Aber auch diese lachen und kichern nicht mehr, sondern räsonieren und diskutieren. Sie gleichen nicht, wie die Epigramme aus der Blütezeit, kosenden jungen Mädchen, sondern zänkischen, alten Weibern. Sie zeigen ein gefaltetes, vergrämtes, pedantisches Gesicht. Die letzten Dichter fühlten selbst, daß die Schwungkraft der neuhebräischen Poesie erschöpft war und verzehrten sich nur noch in Erinnerungen an die goldene Zeit.

Die letzten Vertreter der neuhebräischen Dichtung, welche aus der maimunischen Epoche in die gegenwärtige hinüberreichten, waren nächst Jehuda Alcharisi, dem unermüdlichen, leichtfertigen Übersetzer[1]), dem warmen Parteigänger für Maimuni, Joseph ben Sabara und Jehuda ben Sabbatai. Alle drei schufen, wie auf gemeinsame Verabredung, die satirische Romanform, in welcher Verwandlungen den Rahmen und eine überströmende Rhetorik den Inhalt bilden. In ihren Dichtungen liegt mehr gesuchter Witz als anmutende Kunst. Wie Alcharisi in seinem Roman Tachkemoni unter den Vermummungen des Keniten Heber und

---

[1]) Er übersetzte aus dem Arabischen ins Hebräische einen Teil des maimunischen Mischnah-Kommentars nebst Einleitung, den Moré, die Apophthegmen der Philosophen, einen angeblichen aristotelischen Brief über Moral, einen Dialog angeblich zwischen Galenus und seinem Schüler über die Seele, eine medizinische Abhandlung Galens gegen die schnelle Beerdigung, die maimunische Diätetik in Reimen, die medizinisch-gynäkologische Schrift des Scheschet Benveniste und eine hebräische Bearbeitung der Makamen Hariris. Selbstständige Arbeiten sind neben Tachkemoni ein Tegnis (oder ענין), eine Einleitung zur hebräischen Grammatik, ein Kommentar zu Hiob und ein Buch der Lose, wahrscheinlich astrologisch. Vgl. darüber Dukes in Ginse Oxford p. 62.

in den Wechselgesprächen mit dem Dichter (unter dem Namen H e m a n, dem Esrahiten) vielerlei, Scherzhaftes und Ernstes, in gereimter Prosa abwechselnd mit Versen, vorbringt und kleine Episoden einflicht, ganz ebenso verfuhr der Dichter J o s e p h b e n S a b a r a (wahrscheinlich Arzt in Barcelona) in seinem Roman „d i e E r g ö t z l i c h k e i t e n" (Schaaschuim)¹): Die Rolle der Vermummungen und Verwandlungen spielt in demselben ein Dämon Namens E n a n, der mit dem Dichter Wechselgespräche führt; beide schütten ein Füllhorn von kleinen Novellen, Fabeln und Sprüchen aus der talmudischen und arabischen Literatur in gereimter Prosa und in Versen aus. Ibn-Sabara war nicht bloß Zeit- und Kunstgenosse, sondern auch Leidensgenosse des Alcharisi. Wie dieser, führte auch er ein Abenteurerleben, kam aber auf seinen Reisen nicht so weit und wurde von einem reichen Gönner, S c h e s c h e t B e n v e n i s t e in Barcelona, der selbst Dichter und Anhänger Maimunis war und dem er seinen Roman widmete, unterstützt. — Der dritte Dichter dieser Gattung, J e h u d a b e n J s a a k b e n S a b b a t a i, ebenfalls aus Barcelona, wird zwar von Alcharisi selbst unter die besten Kunstgenossen gezählt²); aber seine Leistungen bestätigen das Urteil keineswegs. Sein „D i a l o g z w i s c h e n d e r W e i s h e i t u n d d e m R e i c h t u m"³), ein Kompliment f ü r T o d r o s A b u l a f i a H a l e v i (v. S. 31) ist sehr arm an poetischen Wendungen. Nicht viel besser ist sein satirischer Roman „d e r W e i b e r f e i n d"⁴); er hat keineswegs den umfassenden Plan der zeitgenössischen Dichter dieser Gattung und steht überhaupt gegen sie zurück. Die Erfindung zeugt nicht von großer Begabung. Der Held des Romans, S e r a c h, wird von seinem Vater auf dem Totenbette beschworen, das schöne Geschlecht, das voller Tücke sei, ganz und gar zu meiden. Eine Zeitlang befolgt er diese Ermahnung getreulich und prahlt noch dazu mit seinem Weiberhasse. Eine kluge Frau zettelt aber eine Verschwörung gegen ihn an. Auf ihre Veranlassung verlocken ihn holde Jungfrauen durch reizende Verse, denen er nicht

---

¹) Das Buch habe ich nicht gelesen, sondern nur nach der Beschreibung in Ersch und Gruber Enzyklop. II, T. 31, S. 39ff. charakterisiert.

²) In Tachkemoni 46: ושם (בברצלונה) הרופא ר' יהודה בן יצחק מציין חבליצות bezieht sich zweifellos auf diesen Dichter.

³) מלחמת החכמה והעשר geschrieben 1214, zuerst ediert Konstantinopel 1543.

⁴) מנחת יהודה שונא הנשים zuerst ediert Konstantinopel sine anno, zuletzt abgedruckt in Taam Sekenim, p. 1ff. Der Roman ist einem Hochgestellten gewidmet, אברהם היוצר, ohne Zweifel Abraham Alfachar (היוצר, arabisch אלפחר oder אלפצר) vgl. Bd. IV₃, S. 189.

widerstehen kann. Serach verliebt sich in eine derselben, sein Ingrimm verwandelt sich in Sehnsucht, sein Spott in girrendes Flehen. Er findet Gehör; aber statt einer Schönheit, die ihm als Ehefrau zugeführt werden sollte, erblickt er einen Ausbund von Häßlichkeit. Die schelmischen Weiber weiden sich in Schadenfreude an seiner Demütigung und Strafe. Die Satire des „Weiberfeindes." ist zu grell und plump, die Farben sind zu dick aufgetragen. So schnell entartete der gute Geschmack, daß ein unfruchtbarer Dichter, Chajim ben Samchun, an diesem satirischen Roman einen literarischen Diebstahl beging, Verse daraus entlehnte, sie für seine eigenen ausgab und Glück damit machte[1]).

Der Verfall der neuhebräischen Poesie trat rasch ein. Nach dem Heimgang dieser Dichter wurde sie immer verwaister, und es verging ein Jahrhundert, bis wieder ein würdiger Nachfolger erstand. Da die poetische Zeugungskraft erschöpft war, so verlegten sich diejenigen, welche die Sprache zu behandeln und Reime leidlich zusammenzufügen verstanden, auf Nachahmung früherer Erzeugnisse. Abraham ben Chasdaï, der Parteigänger Maimunis aus Barcelona, überarbeitete eine moralische Unterredung zwischen einem weltlich Gesinnten und einem Büßer (die Geschichte von Barlaam und Josaphat, ursprünglich griechisch) aus einer arabischen Übersetzung in hebräische Fassung unter dem Titel „der Prinz und der Nasiräer" (Ben ha-Melech W' ha-Nazir)[2]).

Ein armer Bücherabschreiber, Berachja ben Natronaï Nakdan, in der Landessprache Crispia genannt (blühte um 1230—1245)[3]) aus Südfrankreich, suchte wieder die bei den alten Hebräern beliebte Fabeldichtung hervor. Er war aber nicht imstande,

[1]) Minchat Jehuda in Taam Sekenim, p. 12.

[2]) בן המלך והנזיר, gedruckt zuerst Konstantinopel 1518; unter dem Titel: Prinz und Derwisch ins Deutsche übertragen von W. A. Meisel, Pest 1860.

[3]) Über diesen Fabeldichter ist viel Tinte verspritzt worden, um sein Zeitalter zu fixieren. Um den Leser nicht zu ermüden und ihn nicht in dem wüsten Gewirre von Notizen und Zitaten ratlos zu machen, will ich hier nur das Wahrscheinliche zusammenstellen. Der Dichter nennt sich im Vorworte: שמעו נא דברי und in der letzten Fabel (Nr. 107) בברכיה בן נטרונאי הנקדר קרשפיא הנקדר, auch gegen Ende: וזה הכותב מעשהו של קרשפיהו. Nun hat Dukes (vielleicht auch andere vor ihm) in einem Manuskript folgenden Epilog gefunden: ויחד ביום השמיני לחודש אב חורבנו שנת מנין השני לפרט אלף חששר הוא החודש החמישי התחילותי אני קרשביחו הנקדן את הספר הזה מימוני וביום החודש השני בשני לאדר השני לגמר קץ ותחלה הביאני Ozar Nechmad II., p. 102). Es folgt also daraus, daß Crispia Nakdan, d. h. Berachja ben Natronaï, 1242 gelebt hat. Für diese Zeitepoche spricht

eigene dramatische Tiergespräche zu erfinden, sondern bearbeitete meistens die Erzeugnisse älterer Fabeldichter, des indischen Bidpai, des griechischen Äsop, des arabischen Lokman und auch solche Fabeln, die im Talmud vorkommen, in neuhebräischer Form. Unter seinen hundert und sieben **Fuchsfabeln** (Mischlé Schualim) sind nur einige aus eigener Erfindung gedichtet. Berachja wollte damit seinen Zeitgenossen, „welche der Wahrheit den Rücken kehrten und der Lüge den goldenen Zepter reichten", einen Spiegel vorhalten. Pflanzen und Tiere sollten die Verkehrtheit und Verderbtheit der Menschen veranschaulichen. Der Wert der Berachjanischen Fabeln sowie des Moralbuches „der Prinz und der Derwisch" von Abraham ben Chasdai besteht einzig in der glücklichen Nachahmung des biblischen Stils und in der geschickten Anwendung von Bibelversen auf einen ihnen fremden Gedankengang. Dadurch hat ihre Sprache für den Kundigen etwas ungemein Witziges, Anziehendes und Pikantes. Berachja-Crispia wußte

auch das gewichtige Zeugnis, daß sein Enkel Elia 1333 einen Pentateuch-Kodex kopiert hat (bei Wolf I, p. 166). Daß es zwei dieses Namens: Crispia Nakdan gegeben haben soll, ist nicht wahrscheinlich. Für einen Crispia ben Isaak Nakdan (Zunz zur Geschichte, S. 86) liegen keine kritisch gesicherten Zeugnisse vor. Das Zitat in Baruchs התרומה 'ס (Nr. 201) stört dieses Datum nicht, selbst die Identität beider zugegeben, da es offenbar ein Glossem ist. Aber keineswegs ist der Dichter-Kopist und Philosoph Crispia Nakdan mit dem **Rabbinen** קרשביא מדרים (aus Drome) in Lurjas Gelehrten-Katalog (Bd. VI, S. 396, Nr. 16) als identisch anzusehen. Und nun noch ein Beweis der Wahrscheinlichkeit. Der Fabeldichter hat Phrasen von Gebirol aus dessen כבחר הפנינים nach der Tibbonschen Übersetzung benutzt. Er gehört also mit allen seinen Voraussetzungen dem dreizehnten Jahrhundert an. Die Bibliographen haben sich aber eine unnütze Schwierigkeit aufgetürmt, die jetzt leicht zu beseitigen ist. Der Hymnus שיר היחוד ist nach der Berachjanischen Bearbeitung des Saadianischen Emunot angelegt und soll Samuel und seinen Sohn Jehuda Chasid aus Regensburg zu Verfassern haben, von denen der letzte 1217 starb Also, so folgerte man, hat Berachja im 12. Jahrhundert gelebt. Dieser Umstand hat einige Bibliographen bewogen, Berachja Nakdan in dasselbe Jahrhundert zu setzen. Allein Mose Taku tradiert, daß nicht Samuel und Jehuda, die Mystiker, sondern ein gewisser Bezalel und Samuel Verfasser jenes Hymnus waren (Ozar Nechmad III., p. 61). Hiermit ist die Schwierigkeit gehoben, vgl. darüber und über die angeblich von Berachja Nakdan stammende Übersetzung von Saadias אמונות ודעות und eine Schrift מצרף angeblich von demselben, Bloch in Frankel-Graetz Monatsschrift, Jahrg. 1870, S. 402 und 451 ff. Von demselben Berachja existiert ein handschriftliches Buch unter dem Titel דודי ונכדי über physikalische Fragen, wahrscheinlich aus einer lateinischen Schrift. Bloch, das. S. 402 ff. Das משלי שועלים ist zuerst erschienen Padua 1557. Der Jesuit Melchior Hanel hat sie 1661 ins Lateinische übersetzt. Vgl. darüber die Bibliographen, besonders Carmoly, la France Israélite p. 21 ff.

damit besonders Maß zu halten, mehr als seine unmittelbaren Vorgänger der charifischen Zeit. Er ließ sich nämlich nicht zu übersprudelndem Wortschwall hinreißen und hütete sich vor dem Zuviel, dem viele seiner Kunstgenossen erlagen, weil ihnen wie ihm der ganze Sprach- und Satzstoff der Bibel stets gegenwärtig war. Der südfranzösisch-hebräische Fabeldichter verstand auch etwas von Philosophie und überarbeitete Saadias Religionssystem zu einem Auszuge.

Aus Mangel an Erfindungsgabe ahmte ein unbekannter zeitgenössischer Dichter die biblische Erzählung nach und schmückte den Inhalt mit Sagen und Zusätzen aus. Der höchst wahrscheinlich spanische Verfasser des Buches Jaschar goß die Geschichte von Adam bis zur Richterzeit in eine Art chronologisch gehaltenes Epos um und flocht in die Fugen der Geschichte vielfach heldenmäßige Züge aus der Agada, dem Koran und anderen Schriften (namentlich aus der sogenannten erdichteten Chronik des Mose) ein. Seine Schrift, das Buch Jaschar (auch **Toldot Adam**)[1]) hat weiter keinen Wert als die glückliche Nachahmung des biblischen Geschichtsstils. — Soll man auch Joseph Ezobi unter die Dichter dieser Zeit aufnehmen? Man erweist seinen Versen schon zu viel Ehre, wenn man sie auch nur ein Gedicht nennt, und man müßte sie mit Stillschweigen übergehen, wo von neuhebräischer Poesie die Rede ist, wenn sie nicht infolge zahlreicher Abschriften, Vervielfältigung durch den Druck und lateinischer und französischer Übersetzung die Aufmerksamkeit der Literaturhistoriker auf sich gezogen und eine Art Berühmtheit erlangt hätten. Joseph Ezobi (oder Esobi) ben **Chanan** aus **Orange** oder **Vaison** (bei Avignon, blühte um 1230—1250)[2]), der von seiner

---

[1]) Über das ספר הישר vgl. Zunz gottesdienstliche Vorträge, S. 158. Es gehört, nach seiner Annahme, dem dreizehnten Jahrhundert an und weist auf Spanien. Eine kritische Untersuchung über die darin benutzten Quellen wäre wünschenswert. Es scheint, daß er den Pentateuch-Kommentar des Samuel ben Meïr (Raschbam) vor sich gehabt und vielfach für seinen Zweck benutzt hat.

[2]) Sein Zeitalter läßt sich nur annähernd bestimmen. Er war nämlich Lehrer des Dichters Abraham Bedaresi (Zunz zur Geschichte, S. 465), und da dieser eine Elegie auf die Verbrennung des Talmuds 1241—1244 gedichtet hat (derselbe), so ist die Zeit seines Meisters in der ersten Hälfte des dreizehnten Jahrhunderts bestimmt. Vgl. über ihn noch Carmoly, la France Israélite p. 79 ff. Die Stadt אוב, nach der er benannt ist, wird von Carmoly für Vaison, von andern für Orange gehalten. Die erste Edition des כסף קערת, Konstantinopel 1523. Die Handschriften enthalten noch einige Gedichte des Verfassers, die sämtlich auf das Hauptlied bezug haben. Lateinische Übersetzungen davon sind von dem Humanisten Reuchlin, dem ersten hebräischen Grammatiker für Christen, und von dem französischen Hebraisten Jean Mercier und eine französische von Carmoly angefertigt worden

Heimat nach Perpignan ausgewandert war, richtete an seinen Sohn
Samuel ein Hochzeitsgedicht, „die silberne Schale" (Kaarat
Kesef), als Angebinde, worin er ihm Ermahnungen und Lebensregeln
einschärfte. Unter anderem empfahl er ihm „sich von der griechischen
Weisheit fernzuhalten, die dem Weinstock Sodoms gleiche und nur
Unheil in den Gemütern stifte". Er möge sich allenfalls mit hebräischer
Grammatik und Bibelkunde befassen, aber seine Hauptbeschäftigung
sei der Talmud. Dieses allein charakterisiert den Mann und seine
Geistesrichtung. Joseph Ezobis Verse bekunden zwar Sprachgewandt-
heit, aber keineswegs Gewähltheit im Ausdruck und noch weniger
Anmut. Er gehört zu den gewandten Reimern, welche seit dieser Zeit
namentlich in der Provence zu Dutzenden auftauchen.

Nur noch ein einziger wahrhafter Dichter trat in dieser Zeit auf,
aber seine Lieder galten nicht dem Judentum und ertönten auch nicht
in der Nationalsprache. Abu-Ischak Ibrahim Ibn-Sahal, der
Israelite (al-Israeli), in Sevilla (geb. um 1211, st. um 1250),
wird von mohammedanischen Literaturhistorikern als einer der lieb-
lichsten Sänger in ihrer Zunge gepriesen, dessen Gedichte sie mit Verehrung sammelten. Ibn-Sahal sang meistens Liebeslieder. Als ein
mohammedanischer Kunstkenner einst gefragt wurde, woher es denn
käme, daß Ibn-Sahal in so schmelzender, rührender Weise zu singen
verstände, erwiderte er, er vereinige zwei Arten von Demut in seinem
Herzen, die Demut eines Liebenden und die Demut eines Juden.
Seine Lieder waren so sehr geschätzt, daß Araber für ein Exemplar
derselben zehn Goldstücke zahlten, während eine Koranrolle um den
zehnten Teil feil war. Dazu soll der Philosoph Averroes (oder einer
seiner Jünger) die Bemerkung gemacht haben, ein Staat müsse untergehen, in dem das heilige Buch umso wohlfeileren Preis, leichtsinnige
Lieder dagegen so teuer verkauft würden

Die späteren Araber stritten hin und her, ob Ibn-Sahal bis an
sein Lebensende Jude geblieben oder zum Islam übergetreten sei.
Indessen ist beides richtig. Denn in Sevilla herrschten damals noch
die Almohaden, welche keinen Juden (und auch keinen Christen) dul-
deten. Diejenigen, welche nicht den Wanderstab ergreifen wollten,
nahmen zum Schein den Islam an, leierten dessen Bekenntnis ab,
besuchten die Moscheen, blieben aber nichtsdestoweniger in ihrem
Herzen dem Judentum treu, beobachteten in unbewachten Lagen
dessen Religionsvorschriften und verkehrten mit ihren Stammesgenossen. Ibn-Sahal war also höchst wahrscheinlich ein Mohammedaner
unter Mohammedanern, aber im jüdischen Kreise ein Jude. Dabei

war er, wie ausdrücklich bezeugt wird, Vorsteher der jüdischen Gemeinde von Sevilla. Einige fromme Glaubensgenossen sollen ihm harte Vorwürfe gemacht haben, daß er sich so weit vergäße, Liebeslieder zu dichten. Darauf soll er in schönen Versen den Tadel zurückgewiesen haben. Über seinen Tod herrschen widersprechende Nachrichten. Einige erzählen, er sei von seinen Glaubensgenossen wegen seiner leichtsinnigen Dichtung vergiftet worden; andere dagegen, er sei auf einer Seereise durch Schiffbruch umgekommen, und als die Nachricht von seinem Tode in den Fluten eingelaufen sei, habe ein anderer jüdischer Dichter dabei die Bemerkung gemacht: „Die Perle ist zu ihrer Muschel zurückgekehrt"[1]).

Mehr noch als die Dichtkunst sanken die übrigen Wissensfächer in der nachmaimunischen Zeit. Wie konnte eine gesunde Exegese blühen, wo Philosophen und Kabbalisten um die Wette es darauf anlegten, den Sinn der heiligen Schriften zu deuteln, oder geradezu zu verdrehen, um ihrer Theorie eine scheinbare biblische Stütze zu geben? Mit ihr verkümmerte auch die hebräische Grammatik. Sie floh vor der philosophischen und kabbalistischen Künstelei. Die glänzenden Leistungen der Vorzeit gerieten in Vergessenheit. David Kimchi war der letzte Exeget und Grammatiker für eine geraume Zeit. Nachmani beschäftigte sich wohl mit der Schrifterklärung, zog auch öfter die Grammatik zu Rate und zeigte richtiges Sprachgefühl, allein beides nicht als Selbstzweck, sondern im Dienste einer vorgefaßten Meinung, namentlich um gegnerische Ansichten zu widerlegen. So entblätterte sich nach und nach der schöne Kranz von jüdischen Wissenschaften, den die jüdisch-spanischen Denker und Forscher gewunden hatten.

---

[1]) Die Nachricht über Ibn-Sahal gibt Almakkari aus älteren Quellen in Gayangos' history of the Mahometan dynasties in Spain. I, p. 158 ff. und Leo Afrikanus aus arabischen Quellen in descriptio Africae, auch in Fabricius bibliotheca, T. XIII. Vgl. darüber Lebrecht im Magazin für Literatur des Auslandes, Jahrg. 1841, Nr. 36, auch Literatur-Bl. des Orient., Jahrg. 1841, Kol. 246 f. Die Nachricht, daß Ibn-Sahal Moslem geworden sei, findet Lebrecht unwahrscheinlich, sie ist aber glaubwürdig, wenn sie dahin beschränkt wird, daß er unter der Intoleranz der Almohaden Schein-Mohammedaner war.

Viertes Kapitel.

Verfängliche Disputationen und Scheiterhaufen für den Talmud.

Überhandnehmende Verfolgung der Juden. Papst Gregors IX. Milde gegen die Juden um Geldbestechung. Kaiser Friedrich II. und seine jüdischen Hofgelehrten, Jehuda Ibn-Matka und Jakob Anatoli. Seine Engherzigkeit gegen Juden. Das Judenstatut Friedrichs von Österreich. Die Märtyrer von Fulda und des Kaisers Dekret. Die Märtyrer von Aquitanien und der Papst Gregor IX. Judenfeindlichkeit des französischen Königs Ludwig des Heiligen. Verschwörung gegen den Talmud. Der Apostat Nikolaus Donin. Verurteilung des Talmuds. Disputation am französischen Hofe zwischen R. Jechiel von Paris und Nikolaus Donin. Der erste Scheiterhaufen für den Talmud in Paris. Die Reue des Jona Gerundi. Juden und Mongolen. Die Märtyrer von Frankfurt a. M. Die Rabbinersynode. Die Kirche gegen die Praxis der jüdischen Ärzte. Mose Ibn-Tibbon und Schem-Tob Tortosi. Die päpstliche Bulle zugunsten der Juden gegen die Blutanklagen. Neue Verurteilung des Talmuds. Vertreibung der Juden aus einem Teile Frankreichs und ihre Rückkehr. Die letzten französischen Tossafisten, Samuel von Falaise, Eliëzer von Touques, Mose von Evreux, Isaak und Perez von Corbeil. Die Juden Englands. Die Großrabbinen; das jüdische Parlament. Die Juden in Spanien. Die Gemeinde von Sevilla. Meïr de Malea und seine Söhne. Alfonso der Weise. Die jüdischen Astronomen Don Juda Kohen und Don Zag Ibn-Said an seinem Hofe. Seine judenfeindlichen Gesetze. Die Juden in Aragonien. Der Dominikaner-General de Penjaforte und der Apostat Pablo Christiani. Nachmani und die Religionsdisputation in Barcelona. Pablo Christianis Missionsreisen und neue Anklagen gegen den Talmud. Die erste Talmud-Zensur. Nachmani veröffentlicht den Vorgang bei der Disputation und wird vom Papst und König verfolgt. Seine Auswanderung nach Palästina. Die Mongolen und ihre Verheerungen im heiligen Lande. Nachmanis Trauer über die Veröbung. Seine letzten Leistungen, sein Einfluß und sein Tod. Tanchum von Jerusalem. Die Karäer. Der Fürst Abulsadhel Salomo und Aaron ben Jehuda aus Konstantinopel.

(1236—1270.)

Während der Spaltung im Innern ging die vom Papsttum ausgestreute Giftsaat wucherisch auf. Judenverfolgungen, welche bis zu dieser Zeit nur vereinzelt vorkamen, häuften sich von jetzt an, wälzten sich von Ort zu Ort wie eine ansteckende Seuche und wurden von Jahr zu Jahr blutiger und allgemeiner. Es ist wahr, Innocenz III. beabsichtigte keineswegs den Tod der Juden, sondern nur ihre Demütigung. Er wollte sie bloß unter die ländlichen Leibeigenen herabdrücken, so daß die ganze Wucht des Gesellschaftsgebäudes im Mittelalter, Fürsten und niederer Adel, die Geistlichkeit aller Grade, Bürger, Bauern auf ihnen laste und sie zu Jammergestalten zusammenpresse. Aber dem niederen Volke, das froh war, eine Menschenklasse noch tief unter sich zu sehen, an der es seinen plumpen Witz und seine ungeschlachten Fäuste üben könne, ihm genügte die Entwürdigung der Juden keineswegs. Die von der Kirche und der Gesellschaft Gebrandmarkten galten dem verdummten Volke als Auswürflinge, die man ohne Gewissensbisse wie räudige Hunde totschlagen dürfe. Allerlei Verbrechen wurden den Juden angedichtet und fanden Glauben. Hetzereien gegen Juden wegen Kindermordes wiederholten sich von Zeit zu Zeit, bald hier, bald dort[1]), mit einer solchen Selbstgewißheit, daß selbst gutgesinnte Christen irre wurden und dem Lügengewebe Glauben schenkten. Zwischen Lauda und Bischofsheim (im Badischen) wurde die Leiche eines Christen gefunden. Wer war der Mörder gewesen? Natürlich Juden. Auf diese durch nichts erwiesene Anschuldigung hin wurden in diesen beiden Städten jüdische Männer, Frauen und Kinder ohne Prozeß vom Pöbel und der Geistlichkeit überfallen und getötet. Dann erst machte man acht gelehrten und frommen Männern den Prozeß wegen Meuchelmordes an einem Christen (2. und 3. Januar 1235); sie wurden gefoltert und wahrscheinlich infolge ihres durch die Tortur erpreßten Geständnisses hingerichtet[2]). Die Plünderung jüdischer Häuser war die stete Begleiterin solcher Metzeleien. Die Juden der Nachbarschaft wandten sich hierauf flehend an den Papst Gregor IX. und ersuchten ihn, ihnen ein Privilegium zu erteilen, welches sie vor der Willkür des mordsüchtigen Pöbels und wahnbetörter Richter schützen sollte. Er ging auf ihr Gesuch ein und erließ eine Bulle an die Christenheit (vom 3. Mai 1235), welche Konstitution des Papstes Innocenz III. wiederholte und bestätigte (o. S. 5). Einige meinten, der Statthalter Christi habe sich durch eine bedeutende Geldsumme von seiten der Juden zur Erteilung der Bulle gewinnen lassen[3]); so wenig Rechtsgefühl war damals vorhanden. Indessen gleichviel, ob aus freien Stücken

---

[1]) Judengemetzel 1221 in Erfurt, 1225 Mecklenburg, 1226 Breslau, 1235 Lauda, 1236 Fulda, 1241 Frankfurt a. M., 1243 Velitz. Vgl. darüber die vortreffliche Schrift Stobbe, Juden in Deutschland, S. 281 ff.

[2]) Vgl. Note 4.

[3]) Baronius (Raynaldus) annales ecclesiastici ad annum 1235. No. 20.

oder aus Habgier erteilt, diese päpstliche Bulle blieb wie viele frühere zugunsten der Juden ohne Wirkung. Der Geist der Unduldsamkeit und des Judenhasses, der in den Schulen gelehrt und auf den Kanzeln von den Dominikanern gepredigt wurde, ging in das Blut über, und die edelsten Naturen konnten sich nicht frei davon halten. Was frommte es den Juden, daß sie verhältnismäßig die zahlreichsten Pfleger der Wissenschaft stellten und diese, sei es durch Übersetzungen und Erklärungen fremdsprachlicher belehrender Schriften, sei es durch Bearbeitungen — namentlich in der Arzneikunde — erst den Christen zugänglich machten, was frommte es ihnen, daß sie, wie die Handelsplätze mit Waren, so den Büchermarkt mit Geisteserzeugnissen versahen? Die Christen wußten ihnen keinen Dank dafür oder schlugen ihnen zum Lohne die Schädel ein.

Als ein lautsprechendes Zeugnis von dem Verhalten des Mittelalters in betreff der Juden kann das Benehmen des größten und gebildetsten deutschen Kaisers gegen sie angeführt werden. Friedrich II., der letzte Hohenstaufenkaiser, war der genialste und vorurteilsfreieste Monarch in der ersten Hälfte des dreizehnten Jahrhunderts. Mehr Sizilianer als Deutscher, liebte er die Wissenschaft und unterstützte die Männer des Wissens mit fürstlicher Freigebigkeit. Er ließ es sich angelegen sein, philosophische und astronomische Schriften aus dem Arabischen übersetzen zu lassen, und bediente sich auch kundiger Juden dazu. Der Kaiser stand in einem Briefwechsel mit einem jungen jüdischen Gelehrten, Jehuda ben Salomo Kohen-Ibn-Matka aus Toledo (geb. um 1215, schriftstellerte 1247)¹). Obwohl Jehuda

---

¹) Verfasser des wissenschaftlichen Werkes מדרש החכמה zuerst arabisch, dann von ihm selbst ins Hebräische übersetzt, auch eines astrologischen Werkes משפטי הכוכבים. Vgl. über ihn de Rossi, Codex No. 421: Sub initio responsi ad imperatorem Fredericum narrat Jehuda Coen (Hispanus de urbe Toleti), se ejus quaestionem accepisse in patria sua, respondisse quum esset 18 annorum, deinde vero e Toleto — in Etruriam migrasse; vgl. Ozar Nechmad II, p. 234: וכשהרצו הדברים לפני הקיסר שמח מאוד בתשובתי ועוד היו ביניגו שאלות רבות ותשובות ואחר כך כבוא עשר שנים נתגלגלו עלי דברים וירדתי לארצות של קיסר וראיתי תמונת מעשיו ועניניו וחסמיו ואני מתפלל לאל יתברך בכל יום להחבירני לארץ שלו ושמח. In der Bearbeitung des Albatrongi gibt er das Jahr 1247 an. Vgl. noch Katalog der Leydner hebräischen Ms. Warner No. 20. Das astrologische Werk משפטי הכוכבים, das sich in der Wiener Hofbibliothek befindet (Katalog Goldenthal XXXVII—93), schreibt der Katalogist Charisi zu, es gehört aber Jehuda Ibn-Matka an, wie es das. Bl. 88 lautet: אמר המחבר יהודה הכהן בר שלמה הכהן מטוליטולה. Alcharisi dagegen war nicht Kohen. Aus dieser Schrift ergibt sich, daß Jehuda Ibn-Matka von mütterlicher Seite von den Ibn-Schoschan abstammte, und daß er am Stottern litt: וזה נתקיים בי (להיות כבד לשון).

Ibn-Matka ein Schüler des dem Maimuni so feindlichen Meïr Abulafia (v. S. 30) war und eine Neigung für die damals aufgekommene Kabbala hatte, so regte ihn doch Maimunis „Führer" zu philosophischen Studien an, und sie beschäftigten seinen Geist ernstlich. Freilich brachte er es zu keiner Selbständigkeit in den Wissenschaften und hat nur Verdienst als geschickter Übersetzer. Trotzdem imponierte sein Wissen dem Kaiser Friedrich so sehr, daß er ihm wissenschaftliche Fragen vorlegte, sich an seinen Antworten erfreute und ihn wahrscheinlich bewog, nach Italien (Toskana) auszuwandern. Jehuda Ibn-Matka hatte Zutritt zum kaiserlichen Hofe, vielleicht wegen seiner Kenntnisse in der Astrologie, der der Kaiser ergeben war.

Einen anderen jüdischen Gelehrten, Jakob Anatoli (Anatolio), ließ der Kaiser aus der Provence nach Neapel kommen und setzte ihm einen Jahrgehalt aus, damit er in Muße der Verdolmetschung arabischer Werke wissenschaftlichen Inhalts obliegen sollte[1]. Dieser Mann, mit seinem vollen Namen Jakob ben Abba-Mari ben Simon oder Simson (blühte um 1200—1250), war der Schwiegersohn des fruchtbaren Übersetzers, aber unfruchtbaren Schriftstellers Samuel Ibn-Tibbon, den die Maimunisten gesegnet und die Stocktalmudisten verwünscht haben. Anatoli war ihm wie ein Sohn seinem Vater ähnlich und gewissermaßen dessen Fortsetzer. Er hatte wie dieser keinen schöpferischen Geist, sondern war sozusagen ein Handwerker der Philosophie und beschränkte sich darauf, Schriften dieses Inhaltes aus dem Arabischen ins Hebräische zu übertragen. Er hatte sich dazu unter der Leitung seines Schwiegervaters und seines christlichen Freundes Michael Scotus[2] befähigt. Für Maimuni hatte er eine so hohe Verehrung, daß er ihn den Propheten gleichstellte, war natürlich gegen dessen Verketzerer voller Entrüstung und meinte, die boshaften Frömmler würden auch David und Assaf verdammt haben, lebten sie

[1]) Am Schluß der Übersetzung eines aristotelischen Buches lautet die Nachschrift: אני יעקב בר אבא מארי בר שמשון בר אנטוליו ברוך אלהים אשר לא הסיר תפילתי וחסדו מאתי והחליף את כחי להשלים באדר שני בשנת התקצ"ב בעיר נפולי ... בעזרת הצור אשר נתן בלב אדונינו האנפרדור פרידריקו אוהב החכמה ודורשיה לזון אותי ולכלכל אותי לשבעה. Zu einem anderen Buche, bei de Rossi, Codices No. 771 in der Übersetzung, heißt es: deditque in corde domini imperatoris Frederici ... ut gratiosus esset mihi omniaque praestaret mihi et familiae meae. Jakob ben Machir erzählt von ihm היה גדול בבית המלך ושמעו בכל המדינות הולך (Minchat Kenaot, No. 39, p. 85, vgl. No. 68, p. 139).

[2]) Zitiert ihn oft in seinem Malmed und in dem Vorworte: לא היו לי רק שני מורים בחכמות, חותני ר' שמואל אבן תבון והחכם הגדול מיכאל הנוצרי.

in dieser Zeit¹). Mit den philosophischen Schlagwörtern deutete er die heilige Schrift in maimunischem Geiste, suchte die Wunder so viel wie möglich auf natürliche Vorgänge zurückzuführen, war mit einem Worte einer von denen, welche das Judentum verflachten. In diesem Sinne hielt er öffentliche Vorträge an Sabbaten und Festtagen und sammelte sie zu einem Werke (Malmed)²), das trotz seiner Mittelmäßigkeit ein Lieblingsbuch der Denkgläubigen der provenzalischen Gemeinden wurde.

Während des lebhaften Streites in der Provence um Maimuni war Anatoli indes vom Schauplatz entfernt und weilte in Neapel, wohin ihn der Kaiser Friedrich aus Marseille berufen hatte. Friedrich II. verwendete ihn, die aristotelischen Schriften mit den bis dahin in der Christenheit noch unbekannten Kommentarien des arabischen Philosophen Averroes (Jbn-Roschd) zu übertragen. Ein christlicher Gelehrter, wahrscheinlich des Kaisers Hofastrolog Michael Scotus, übersetzte diese Schriften, wahrscheinlich unter Anatolis Anleitung, ins Lateinische³).

¹) Daselbst zu Abschnitt Bo: כי הוא (הרמב״ם) דבר ברוח הקדש ובדרך חכמה כל מה שדבר בעניינים האלה, כי הוא הלך בדרך דברי הנביאים והכתובים ואלו היה דוד ואסף בדורותינו היו מדברים עליהם הדרש האלה מה שדברו על הרב רבינו ז״ל לפי שהם בני דלי לב

²) Die Schrift Malmed (gedruckt Lyck 1866) wurde später Veranlassung zu einem heftigen Streit: Minchat Kenaot No. 39 und 68.

³) Nicht nur Roger Bacon, sondern auch der Zeitgenosse Albertus Magnus behaupten, Michael Scotus habe weder von der Sprache (arabisch) noch von Philosophie viel verstanden. Der erste sagt geradezu, er habe sich von einem Juden helfen lassen: Michael Scotus ignarus quidem et verborum et rerum fere omnia quae sub nomine ejus prodierunt, ab Andrea Judaeo mutuatus est (Jebbi praefatio ad opus majus). Der letztere: Consuevi dicere, quod Nicolaus non fecit librum illum (quaestiones Nicolai peripatetici), sed Michael Scotus qui in rei veritate nescivit Mauros, nec bene intellexit libros Aristotelis (opera T. II, p. 140). Liegt es nicht auf der Hand, daß die unter Scotus' Namen kursierenden lateinischen Übersetzungen von dem mit ihm an demselben Hofe weilenden Anatoli aus dem Arabischen übersetzt wurden, und daß Andreas Judaeus nur eine Verstümmelung des Namens Anatoli sei? Dazu kommt noch, daß Roger Bacon den Anfang von Michaels Tätigkeit ins Jahr 1230 setzt: Tempore Michaelis Scoti qui annis 1230 transactis apparuit, referens librorum Aristotelis partes aliquas etc. (l. c. p. 36). Und gerade in derselben Zeit war Anatoli in Neapel mit Übersetzen beschäftigt. Man wüßte sonst nicht, welchen Dienst Anatoli dem Kaiser hätte leisten sollen, wenn seine hebräischen Übersetzungen nicht sofort ins Lateinische übersetzt worden wären. Renans Behauptung, daß Michael Scotus zwischen 1217 und 1230 seine Übersetzungen angefertigt und daß sie erst im letzten Jahre Einfluß geübt, ist gegen den Wortsinn des

Man sollte nun erwarten, daß Kaiser Friedrich eine günstige Stimmung für die Juden hätte hegen sollen. War er doch nicht allzu gläubig gegen die Glaubenslehren des Christentums. Wenn auch nur ein Teil von den Anklagen begründet war, welche die Zeitgenossen gegen seine Rechtgläubigkeit erhoben, so war er von der Wahrheit des Christentums keineswegs überzeugt. Der Papst Gregor IX., allerdings sein Todfeind, warf ihm geradezu vor, der Kaiser habe geäußert, die Welt sei von drei großen Betrügern, Mose, Jesus und Mohammed, getäuscht worden, von denen zwei rühmlich gestorben, der dritte aber am Kreuze geendet habe. Der Kaiser habe ferner gesagt, nur Dummköpfe könnten glauben, der Geist des Himmels und der Erde sei durch den Leib einer Jungfrau zur Welt gekommen[1]). An dem Unglauben der Juden konnte er also nicht allzu sehr Anstoß genommen haben. Und dennoch war der Kaiser Friedrich fast nicht minder judenfeindlich als sein Gegenfüßler, der bigotte Ludwig der Heilige von Frankreich. Ein Todfeind des Papsttums, das seinen Unternehmungen auf allen Wegen hinderlich war, führte er doch in seinen Staaten den kanonischen Beschluß durch, die Juden von öffentlichen Ämtern auszuschließen[2]), mit Ausnahme eines jüdischen Münzschreibers in Messina. In seiner Hauptstadt Palermo wies er die Juden in ein Ghetto[3]), eine Unduldsamkeit, welche sogar die der Päpste damaliger Zeit übertraf. In Österreich wurden die Juden damals unter den Babenbergischen Landesfürsten zu Ämtern zugelassen. Der Erzherzog Friedrich I., der Streitbare, welcher den Welthandel zwischen dem Morgenlande, Venedig und Europa überhaupt durch sein Land zu leiten bestrebt war, erkannte den Wert der Juden als Förderer des Reichtums, ließ seine Finanzen von jüdischen Beamten verwalten[4]) und erteilte ihnen Ehrentitel. Zwei Brüder L u b l i n und N e k e l o nannten sich

---

Referats von Roger Bacon. Daß Andreas ein getaufter Jude gewesen sei, den M. S. in Toledo kennen gelernt habe, ist ebenfalls gegen den Wortsinn, da Bacon doch sagt: fast alles, was Scotus geschrieben, sei dem Juden entlehnt (Rénan Averroes et l'Averroisme p. 163 ff.). Es scheint, daß Anatoli Maimunis Moré Nebuchim mit Hilfe seines christlichen Mitarbeiters ins Lateinische übertragen hat. Vgl. Perles Monatsschrift XXIV, S. 89 ff.

1) Gregorii IX. epistolae ad omnes principes bei Mansi, Concilia T. XXIII, p. 786 und Raumer, Geschichte der Hohenstaufen, IV, S. 36. Vgl. dagegen Reuter, Geschichte der religiösen Aufklärung im Mittelalter, Bd. II, S. 275 ff.

2) Raumer a. a. O., S. 450.
3) Jovanni, l'ebraismo in Sicilia, p. 310.
4) Gemeiner, Regensburgische Chronik 1. S. 336.

offiziell Kammergrafen des Herzogs von Österreich[1]). Der Kaiser
Friedrich II. erteilte freilich der Gemeinde von Wien eine Art Schutz-
privilegium (1238). Was enthielt dieses Privilegium, welches aussagt, daß der Kaiser die Juden in seine Gunst genommen habe? Zunächst
daß sie Kammerknechte sind, und daß sie gegen Totschlag und gewaltsame Taufe sichergestellt sein sollen. Dagegen enthält es kein Wort
von Freiheit der Juden, nicht einmal, daß sie christliche Dienstboten
und Arbeiter halten dürften[2]). Der intolerante Sinn dieses Kaisers
tritt recht grell hervor, wenn man mit seinem Privilegium das Rechtsstatut vergleicht, welches der Erzherzog Friedrich sechs Jahre später
(1244) den Juden seines Landes erteilte, das von Gerechtigkeitsliebe
und Menschlichkeit eingegeben scheint und Muster für solche Fürsten
wurde, welche ihre Juden vor Unbill und Mißhandlungen schützen
wollten. Dieses aus dreißig Paragraphen bestehende Statut[3]) sollte
zunächst die jüdischen Bewohner Österreichs vor Totschlag und Ver-
wundung sicherstellen. Der Christ, der einen Juden tötet, sollte dem
Tode, und der einen verwundet, einer hohen Geldstrafe verfallen oder
seine Hand verlieren. Wenn der Mörder eines Juden nicht durch Be-
weismittel des Verbrechens überführt werden könne, aber verdächtige Anzeichen sprächen gegen ihn, so dürften die Verwandten oder
Freunde des Juden einen Zweikämpfer gegen den Angeschuldigten
stellen. Ein Christ, der an eine Jüdin Hand anlege, sollte sie verlieren.
Schwere Anklagen gegen Personen oder Eigentum eines Juden sollten
nicht durch christliche Zeugen allein entschieden werden, wenn nicht ein
jüdischer Mitzeuge das Vergehen bestätigt. Ein Christ, der ein jüdisches
Kind entführe (zur gewaltsamen Taufe), sei wie ein Dieb zu bestrafen.
Das Statut Friedrichs des Streitbaren bewilligte den Juden auch
eigene Gerichtsbarkeit, so daß den Landesrichtern keine Gewalt über
sie zustände. Die Bethäuser und Begräbnisplätze der Juden sollten
auch von Christen geachtet werden, und schwere Strafen wurden gegen
Angriffe darauf verhängt. Das Statut gewährte ferner allen Juden
freien Durchzug und Handel durchs Land, auch das Vorrecht, Geldgeschäfte gegen Unterpfand zu betreiben. Der Wucher wurde zwar

[1]) Ego Lublinus et frater meus Nekelo, Judaei, comites Camerae
illustris ducis Austriae, Quelle bei C. A. Menzel, Geschichte der Deutschen,
III, S. 392.
[2]) Vgl. darüber Stobbe a. a. O., S. 297, wo das Statut in extenso
mitgeteilt und beleuchtet ist.
[3]) Dieses Statut vom 1. Juli 1244 in Rauch, Scriptores rerum Austriacarum I, p. 204 ff. ist besonders abgedruckt und beleuchtet in (J. Wertheimers)
Juden in Österreich I, S. 35 ff., auch bei Stobbe das. S. 297 ff.

beschränkt, aber doch hoch genug zugelassen. Das Pfandrecht jüdischer Gläubiger schützte dieses Statut mit besonderer Sorgfalt wie den Augapfel, als wenn es für die Juden und den Herzog das Allerwichtigste gewesen wäre. Selbst das Führen jüdischer Leichen von Ort zu Ort wollte dieses Gesetz gegen Gelderpressungen von seiten der Christen sicherstellen. Der Erzherzog Friedrich bemerkte dabei, daß er den Juden diese Rechte einräume, damit auch sie „seiner Gnade und seines Wohlwollens teilhaftig werden sollten"[1]. Dieses Statut kam auch den Juden anderer Länder zustatten, denn schon in zwei Jahrzehnten wurde es in Ungarn, Böhmen, Großpolen, Meißen und Thüringen und später auch in Schlesien eingeführt[2].

Ein kleiner Herzog gab das Beispiel, die Juden durch Gesetze gegen Willkür zu schützen. Der mächtige Kaiser Friedrich II. dagegen verbot Friedrich dem Streitbaren seine Judenfreundlichkeit und erließ ein Gesetz, er, der aus der Kirche ausgestoßen war, daß die Juden Österreichs von allen Ämtern ferngehalten werden sollten, damit sie, welche zur ewigen Knechtschaft verdammt seien, nicht durch ihre Amtsgewalt die Christen unterdrückten[3]. Mit besonderer Befriedigung betonte er den Satz, daß die Juden, wo sie sich immer befinden möchten, Kammerknechte des Kaisers seien[4]. Er hielt sich so streng an die kanonischen Gesetze des Laterankonzils gegen sie, daß er, eifriger als die spanischen Könige, das Tragen besonderer Abzeichen für die Juden seiner Erblande einschärfte[5]. Diese bedrückte er überhaupt durch hohe Steuern. Er erlaubte zwar denen, welche wegen des Fanatismus der Almohaden von Afrika nach Sizilien ausgewandert waren, sich daselbst niederzulassen; aber während er anderen Ansiedlern zehnjährige Steuerfreiheit bewilligte, belastete er die jüdischen Ankömmlinge sogleich mit Besteuerungen und beschränkte sie auf den Ackerbau[6].

[1]) Die Einleitung sagt: quoniam unius cujusque conditio in nostro Dominio commorantis volumus gratiae ac benevolentiae nostrae participes inveniri, Judaeis universis in districtu Austriae constitutis haec jura statuimus.

[2]) 1251 kopierte es der König Bela IV. von Ungarn fast wörtlich, 1254 König Ottokar von Böhmen, 1264 Boleslaus Pius, Herzog von Kalisch und Großpolen, 1265 Heinrich der Erlauchte für Meißen und Thüringen. Die kritische Vergleichung des Hauptstatuts mit den Kopien bei Stobbe a. a. O.

[3]) Kurz, Österreich unter Ottokar und Albrecht I., Teil II, S. 32. Das Gesetz ist datiert vom Jahre 1237.

[4]) Peter de Vineis, epistolae Frederici imperatoris IV, No. 12.

[5]) Chronik des Riccardo da St. Germano: Fredericus II. ordinavit contra Judaeos, ut in differentia vestium et gestorum a Christianis discernantur; bei Muratori, antiquitates italianae I, p. 152.

[6]) Raumer a. a. O. 497.

Er sagte zwar seinen Kammerknechten besonderen Schutz zu. Nichtsdestoweniger behandelte er die Juden wie eine verachtete Menschenklasse.

Friedrichs vorurteilsvolle Denkweise in betreff der Juden beleuchtet besonders ein trauriger Vorfall in **Fulda**. Fünf junge Söhne eines Müllers waren Weihnachten (1235) außerhalb der Stadt erschlagen worden, während die Eltern in der Stadt waren. Der Verdacht fiel auf zwei Juden, und der unglückselige Argwohn fügte gleich hinzu, sie hätten den Kindern das Blut abgezapft und es in gewichsten Säcken gesammelt, um es für das Passahfest aufzubewahren. Man weiß nicht, ob man mehr die Wahnbetörten oder die Schlachtopfer bedauern soll. Durch diesen Verdacht angetrieben, überfielen die angesammelten Kreuzfahrer und Bürger die Gemeinde von Fulda (28. Dezember)[1]), töteten vierunddreißig Männer und Frauen und darunter auch mehrere, welche aus Frankreich zur Zeit der Vertreibung unter Philipp August eingewandert waren. Hätten sich nicht einige menschlich gesinnte Bürger und der Magistrat ihrer angenommen, so wären noch mehrere Märtyrer gefallen. Die Juden beklagten sich darüber beim Kaiser, und dieser, welcher sich seiner Kammerknechte, die ihm Geld einbrachten, annehmen mußte, machte den Abt **Konrad de Mulcoz** dafür verantwortlich. Der Abt wollte die Mörder entschuldigen und ließ die Leichname der Knaben vor das Angesicht des Kaisers nach Hagenau bringen. Da nun die Juden über Gewalttätigkeit der Christen und die Christen von Fulda über Meuchelmord der Juden klagten, so sah sich der Kaiser veranlaßt, eine Untersuchungskommission von gelehrten Männern zusammentreten zu lassen, welche die Frage beantworten sollten, ob die Juden wirklich, wie das Gerücht verlautet, Christenblut zu ihrem Passahmahle gebrauchten. In diesem Falle wollte er sämtliche Juden seines Reiches vertilgen. Das Schicksal der deutschen und italienischen Gemeinden hing also von der Unparteilichkeit der Richter ab. Und sie entschieden unparteiisch. Der Spruch lautete, sie könnten nichts Gewisses darüber entscheiden, ob die Juden wirklich Christenblut tränken. So beruhigte sich der Zorn des Kaisers. Dennoch zog er von den Juden bedeutende Summen als Strafgelder[2]) dafür ein, daß das unschuldige Blut ihrer Brüder vergossen worden war. Die Totenfeier der deutschen Gemeinden hatte neue Märtyrer, die von Fulda, zu den alten nachzutragen. Lasset nur viel Raum in euren Memorpergamenten, denn ihr werdet noch viele, viele darin einzuzeichnen haben! Die blutigsten Jahrhunderte für das arme Haus

---

[1]) Note 4.   [2]) Note 5.

Jakob sind erst im Anzuge. Die drei Mächte der Christenheit, die Fürsten der Kirche und das Volk vereinigten sich fortan, das schwächste der Völker zu verderben.

Als der Papst Gregor IX. wiederum einen Kreuzzug predigen ließ, überfielen die in Aquitanien angesammelten heiligen Krieger die jüdischen Gemeinden in Anjou, Poitou, in Bordeaux, Angoulême, Saints und anderen Städten, um sie zur Annahme der Taufe zu zwingen. Da aber die Juden in ihrem Glauben standhaft blieben, so verfuhren die Kreuzfahrer mit unerhörter Grausamkeit gegen sie, zertraten viele von ihnen unter Rosses Hufen, schonten weder Kinder noch Schwangere, ließen ihre Leichen unbegraben zum Fraß für wilde Tiere und Vögel liegen, zerstörten heilige Schriften, verbrannten die Häuser der Juden und bemächtigten sich deren Habe. Mehr als dreitausend kamen bei dieser Gelegenheit um (Sommer 1236), mehr als fünfhundert gingen indes zum Christentum über. Wiederum beklagten sich die übriggebliebenen Juden über die erlittene Grausamkeit beim Papste. Dieser sah sich veranlaßt, ein Sendschreiben an die Kirchenfürsten von Bordeaux, Angoulême und anderen Bistümern und auch an den König Ludwig IX. von Frankreich darüber zu erlassen (Sept. 1236), die Vorfälle zu beklagen und sie zu bedeuten, daß die Kirche weder die Vertilgung der Juden, noch ihre gewaltsame Taufe wünsche[1]). Was vermochten aber solche gelegentliche Ermahnungsschreiben gegen den von der Kirche gehegten Abscheu wider die Juden! Der sonst edle und gutmütige König Ludwig IX. war von diesem Abscheu so sehr beherrscht, daß er keinen Juden ansehen mochte. Er begünstigte die Bekehrung der Juden auf jede Weise und ließ die Kinder der bekehrten Väter dem Herzen der dem Judentume treu gebliebenen Mütter entreißen[2]). Die Juden hatten nur ein einziges Mittel, um die gegen sie aufgestachelte Wut zu beschwichtigen — das Geld. Damit gewannen die von England den König Heinrich III., in seinen Ländern durch Herolde bekannt machen zu lassen, daß niemand den Juden etwas zuleide tun sollte. Aber dieses Mittel war ein zweischneidiges Schwert, daß sich gegen diejenigen kehrte, denen es zugute kommen sollte. Um viele Gelder zu erschwingen, waren die Juden genötigt, übermäßigen Zins zu nehmen, auch wohl zu übervorteilen. Dadurch zogen sie sich aber den Haß der Bevölkerung zu und setzten sich wiederum Mißhandlungen aus. Die öfteren Klagen über ihren Wucher veranlaßten Ludwig IX., diesen zu beschränken und öfter

---

[1]) Vgl. Bd. VI$_3$, S. 365.
[2]) Schmidt, Geschichte von Frankreich I, S. 504.

einen Teil der Schulden zu kassieren. Als aber derselbe König Ernst machte, dem Wucher zu steuern, behaupteten die zur Beratung berufenen Barone, daß die Bauern und Kaufleute das Anleihen von Juden nicht entbehren könnten, und es sei besser, jüdische Wucherer zu dulden als christliche, welche die christlichen Schuldner mit noch drückenderen Wucherzinsen quälten[1]).

Bei allen diesen vielen Quälereien, Gehässigkeiten und Verfolgungen gab es noch einen Winkel, wo die Juden in fast seliger Stimmung sich frei fühlten und der Leiden vergessen konnten. Das Lehrhaus, wo sich alt und jung zum Talmudstudium versammelte, war eine Friedensstätte für sie. In der Vertiefung in den Gedankenstoff vergaßen die Talmudbeflissenen die Außenwelt mit ihrem giftigen Hasse, mit ihren hämischen Gesetzen, mit ihren Folterqualen. Hier waren sie Königssöhne, die Majestät des Gedankens umstrahlte ihre Stirn, die Freudigkeit geistiger Tätigkeit verklärte ihre Züge. Eine Schwierigkeit im Talmud zu lösen, eine Dunkelheit aufzuhellen, etwas Neues, was den Vorgängern entgangen war, zu finden, machte ihre Seligkeit aus. Nicht Amt und Würden erwarteten sie für ihre Gedankenanstrengung, keinen greifbaren Lohn erhielten sie für ihre Nachtwachen. Sie wollten nur ihren Wissensdrang befriedigen, ihrer religiösen Pflicht genügen und allenfalls sich der himmlischen Belohnung vergewissern. Das allerwichtigste Geschäft für alle war das **Lernen**, und die Blüte der Gelehrsamkeit war der **Talmud**. Sobald das Kind nur lallen konnte, wurde es am Wochenfeste des Morgens zuerst, mit verhülltem Gesichte, damit sein Auge nicht das Unheilige treffen sollte, aus dem Hause in die Synagoge oder in die „**Schule**" geführt. Dort wurde ihm das hebräische Alphabet in gerader und umgekehrter Ordnung und passende Verse vorgesprochen. Ein Honigkuchen und ein Ei, beide mit Schriftversen beschrieben, waren seine Belohnung[2]). Der Tag, an dem das Kind der Lehre zugeführt wurde, war ein Freudentag für die Eltern und die ganze Gemeinde. War ein Kind nicht ganz stumpf, so wurde es von der Bibel zum Talmud angeleitet. Der geachtetste Stand war der der Talmudbeflissenen. Ehrlosigkeit war das Los der Unwissenden (Am ha-Arez). Der geweckte Jüngling brachte viele Jahre, ja bis zu seiner Verheiratung, im Lehrhause zu, und bis ans Lebensende war der Broterwerb Nebensache, das Talmudstudium

---

[1]) Depping, histoire des Juifs au moyen-âge p. 124 f. Über die Stellung des Thomas von Aquino zur Wucherfrage vgl. Guttmann, das Verhältnis des Thomas von Aquino usw., S. 8 ff.

[2]) Eleasar von Worms, Rokeach, No. 296.

Hauptzweck des Lebens. Diese verzehrende Beschäftigung mit dem Talmud war allerdings einseitig, aber sie hatte etwas Ideales. In dieses innere Heiligtum der Juden hatte bisher die feindliche Hand nicht eingegriffen. Die weltliche Macht kümmerte sich nicht darum, die Geistlichkeit hatte keine Gewalt über die inneren Angelegenheiten der Juden, hier prallte ihr Bannstrahl wirkungslos ab.

Dieser innere Frieden der Juden sollte aber ebenfalls gestört werden, auch aus dem Gedankenasyl sollten sie vertrieben werden. Die Anregung dazu ging von einem getauften Juden aus, der Weltliche und Geistliche gegen seine ehemaligen Glaubensgenossen aufreizte. Ein Mann namens Donin (oder Dunin), ein Talmudkundiger aus La Rochelle in Nordfrankreich, war in seinem Denken dahin gelangt, die Gültigkeit des Talmuds und der mündlichen Lehre überhaupt zu bezweifeln. Dafür wurde er von den französischen Rabbinen in den Bann getan. Ohne Anhalt in jüdischen und christlichen Kreisen entschloß sich Donin, die Taufe zu empfangen, und nahm den Namen Nikolaus an. Von Haß gegen die Rabbinen und den Talmud erfüllt, gedachte der Apostat, sich an beiden zu rächen. Wahrscheinlich von Geistlichen dazu aufgestachelt, hetzte er den großen Haufen gegen die Juden und ihre Schriften und veranlaßte die blutigen Verfolgungen in Anjou und Poitou durch die Kreuzfahrer[1]. Damit war aber sein Rachegefühl noch nicht befriedigt. Er begab sich zum Papst Gregor IX. und trat als Kläger gegen den Talmud auf, daß dieser das Wort der heiligen Schrift verdrehe, in den agadischen Partieen unwürdige Vorstellungen von Gott enthalte, nichtsdestoweniger von den Rabbinen noch höher geachtet sei, als die heilige Schrift und daß er endlich voll Schmähungen gegen den Stifter der christlichen Religion und gegen dessen Mutter sei. Nikolaus Donin bewies dem Papste, daß der Talmud allein die Juden in ihrer Halsstarrigkeit gegen die Annahme des Christentums bestärke; ohne denselben würden sie ihren Unglauben fahren lassen. Der leidenschaftliche Gregor ging bereitwillig auf die Anklage ein, ohne zu bedenken, daß Apostaten keine unparteiischen Zeugen gegen ihre ehemaligen Glaubensgenossen sein können. Er erließ sofort Handschreiben an die Kirchenfürsten von Frankreich, England, Kastilien, Aragonien und Portugal, setzte ihnen in fünfundzwanzig Artikeln die von Nikolaus erhobenen Anklagepunkte auseinander und befahl ihnen, am ersten Sonnabend der Fastenzeit des Morgens, wenn die Juden zum Frühgottesdienst in ihren Synagogen versammelt sein würden,

---

[1] Vgl. A. Lewin in der Monatschrift Jahrg. 1869, S. 101 ff.

Anklagen gegen den Talmud.

sämtliche Talmudexemplare zu konfiszieren und sie den Dominikanern und Franziskanern zu übergeben. An die Könige dieser Länder schrieb er ebenfalls und forderte sie auf, die Geistlichen mit dem weltlichen Arm zu unterstützen. Die Provinzialen der beiden Mönchsorden, welche die Inquisition über Bücher und Überzeugungen hatten, ermahnte der Papst, den Inhalt der talmudischen Schriften untersuchen zu lassen, und wenn sich Nikolaus Donins Anklagen bestätigen sollten, die Talmudexemplare öffentlich zu verbrennen (Mai bis Juni 1239)[1]. So war denn ein neuer Vernichtungsstreich gegen das Judentum im Anzuge; denn wenn dieser päpstliche Befehl konsequent durchgeführt worden wäre, so wäre das geistige Leben der Juden, damals einzig und allein auf dem Talmud beruhend, in seinem Innersten gefährdet worden. Der Papst übergab Nikolaus ein besonderes Schreiben an Wilhelm, Bischof von Paris, mit dem Bedeuten, in Frankreich, dem Hauptsitze der Talmudgelehrsamkeit, in der Urheimat der Tossafisten, mit Entschiedenheit gegen den Talmud aufzutreten.

Bei der Ausführung des päpstlichen Befehles zeigte es sich aber, daß der angebliche Stellvertreter Gottes auf Erden, selbst im Scheitelpunkt seiner Machtstellung, denn doch nicht so allmächtig war, als es den Anschein hatte. Nur da, wo Interessen und Leidenschaften im Spiele waren, gaben sich die Fürsten zu Werkzeugen päpstlicher Gewalttätigkeit her; sonst aber, wenn sie nicht besonders bigott waren, gingen sie auch im Mittelalter über päpstliche Dekrete mit Stillschweigen hinweg. In Spanien und England wurden die Befehle Gregors, den Talmud zu konfiszieren, gar nicht beachtet, wenigstens verlautet gar nichts von einem feindseligen Akt gegen denselben in diesen Ländern. Nur in Frankreich, wo der von Geistlichen beherrschte und verdummte Ludwig IX. eben scheinbar als mündiger König zu regieren anfing, wurde mit der Konfiszierung der Talmudexemplare Ernst gemacht. Ein Dominikaner Heinrich aus Cöln betrieb diese Angelegenheit mit dem seinem Orden eigenen Eifer. Die Juden wurden unter Androhung der Todesstrafe gezwungen, die Exemplare herauszugeben. Dann wurde dem Talmud der Prozeß gemacht. Ein Tribunal wurde dazu eingesetzt von Walther (Gautier), Erzbischof von Sens, dem Bischof Wilhelm von Paris, dem Dominikaner Géoffroy von Bellvello, königlichem Kaplan, und anderen weltlichen wie Klostergeistlichen. Freilich verstanden die christlichen Theologen damals vom Talmud gerade so viel, wie von dem neuen Testament in der Ursprache.

---

[1] Note 5.

Wie sollten sie sich durch selbständige Einsicht von der Verderblichkeit des Talmuds überzeugen? Sie luden also einige Rabbinen vor, legten ihnen die von Nikolaus Donin ausgezogenen und angeschuldigten Sätze vor und fragten sie, ob diese wirklich im Talmud enthalten seien. Die Rabbinen gestanden manches zu, verteidigten anderes und behaupteten namentlich, daß der Talmud ein heiliges, göttliches Buch sei, durch das das Verständnis und die Anwendbarkeit der heiligen Schrift und namentlich der Thora (des Pentateuchs) erst ermöglicht werde. Der Talmud wurde hierauf von dem Zensurtribunal zum Feuer verurteilt. Aber es fehlte noch viel, bis das Urteil vollstreckt wurde. Die Juden wußten nämlich einen Erzbischof, der dem König Ludwig nahe stand, zu erbitten — eine christliche Quelle sagt, durch eine Geldsumme zu bestechen — das Urteil zu kassieren und die Talmudexemplare ihren Besitzern wieder auszuliefern. Die französischen Juden, erfreut über den unerwartet günstigen Ausgang der ihrem Herzen so wichtigen Angelegenheit, setzten den Tag, an dem der Talmud dem Feuer entgangen war, als festlichen Gedenktag ein. Aber sie jubelten zu früh.

Der bigotte Sinn des Königs wurde nämlich durch ein zufälliges Ereignis wieder gegen den Talmud aufgestachelt. Derselbe Erzbischof, welcher sich für den Talmud verwendet hatte, starb in Gegenwart des Königs plötzlich unter den heftigsten Schmerzen. Der Beichtvater des Königs wird wohl nicht verfehlt haben, dem gedankenarmen Ludwig die Hölle heiß zu machen, daß jener Prälat für seine fluchwürdige Begünstigung der Juden seine Strafe erlitten habe. Der Dominikaner Heinrich und der Apostat Nikolaus Donin entwickelten eine unermüdliche Tätigkeit, den Befehl des Papstes zur Ausführung zu bringen. Der König ernannte darauf eine neue Kommission, in der auch der Kanzler der Pariser Universität Odo, Sitz hatte, und veranstaltete eine Disputation zwischen Nikolaus und vier französischen Rabbinen, um die Anklagepunkte noch einmal zu erhärten.

Diese vier Rabbinen, welche dazu berufen waren, als Anwälte für den Talmud zu fungieren, waren R. Jechiel aus Paris, R. Mose aus Coucy, welcher von seiner Missionsreise in Spanien zurückgekehrt war (v. S. 58), R. Jehuda ben David aus Melun und R. Samuel ben Salomo aus Château-Thierry. R. Jechiel wurde zum Sprecher erwählt, weil er redegewandter als seine Genossen war[1]). Die Disputation fand am königlichen Hofe

---

[1]) In der disputatio Jechielis cum Nicolao heißt es im Manuskript, wo R'Jechiel spricht: והנפלא ממני ידוע לאחרים כי רש גדולים ממני ואני. הצעיר מכולם אך לא נסו לצאת ולבא לפני הגלחות כמוני. In der Wagenseilschen Ausgabe dagegen falsch: כמוהם. — — אך לא נסיתי לצאת ולבא.

(Montag, 20. Tammus = 24. Juni 1240) in Gegenwart der klugen Königin-Mutter B l a n c h e statt, welche tatsächlich die Regierungsgeschäfte leitete. Anfangs wollte R. Jechiel gar nicht Rede stehen. Er berief sich auf die Konstitution der Päpste, daß den Juden in ihren inneren Angelegenheiten Unabhängigkeit zugesichert sei. Er bemerkte, daß der Talmud ihr Lebenselement sei, für den sämtliche Juden zu sterben bereit seien. Die Königin beruhigte ihn aber, daß ihrem Leben keine Gefahr drohe; sie werde sie schützen, nur möge er auf alle an ihn gerichteten Fragen antworten. Als Nikolaus verlangte, daß R. Jechiel einen Eid ablegen sollte, nach bestem Wissen und Gewissen zu antworten, sonst sei zu befürchten, daß er durch Deuteleien und Ausflüchte der Wahrheit aus dem Wege gehen würde, verweigerte R. Jechiel den Eid. Er bemerkte nämlich, daß er in seinem Leben noch nicht geschworen habe und daß er den Namen Gottes nicht unnötig anrufen wolle. Darauf befreite ihn die Königin vom Eide. Die Disputation, die nun vor sich ging, drehte sich um die beiden Punkte, ob anstößige Stellen gegen die Gottheit und das sittliche Gefühl im Talmud vorkämen, und ob der Talmud Schmähungen gegen Jesus enthalte. Die Anschuldigungen wegen angeblich gotteslästerlicher und unsittlicher Äußerungen suchte R. Jechiel zu entkräften. In betreff des letzten Punktes behauptete er, daß allerdings im Talmud Gehässiges von einem J e s u s, dem Sohne P a n t h e r a s, erzählt werde, daß dieses sich aber nicht auf Jesus von Nazareth beziehe, sondern auf einen Namensverwandten, der lange vorher gelebt habe. Er versicherte dieses ernstlich an Eidesstatt, weil ihn die Sage und die talmudische Chronologie irregeführt hatten, daß der im Talmud vorkommende Jesus nicht identisch mit dem Stifter des Christentums sei. R. Jechiel machte auch unter anderem geltend, daß der Kirchenvater Hieronymus und andere Kirchenlehrer, welche den Talmud gekannt hätten, nicht behauptet hätten, er enthalte Feindseligkeiten gegen das Christentum. Erst Nikolaus sei diese falsche Anklage vorbehalten geblieben, weil er Bosheit und Rachegefühl gegen seine ehemaligen Glaubensgenossen atme, die ihn wegen seines Unglaubens aus der jüdischen Gemeinschaft ausgeschlossen hätten.

Der Ausgang dieser Disputation ist nicht bekannt; nur so viel weiß man, daß die Zensurkommission nichtsdestoweniger den Talmud zum Scheiterhaufen verdammte. Er wurde aber auffallenderweise erst einige Jahre später angezündet. Aus allen Teilen Frankreichs wurden wiederum auf eifrigen Antrieb des Mönches Heinrich die Talmudexemplare und verwandte Schriften aufgesucht, den Besitzern mit Gewalt genommen, vierundzwanzig[1]) Wagen voll davon auf einem Platze in Paris zusammengebracht und an einem Tage (Freitag, Tammus = Juni 1242)[2]) den Flammen übergeben. Zwei junge Männer, eine Provenzale und ein Deutscher, **Abraham Bedaresi** und **Meïr** aus Rothenburg, dichteten Klagelieder[3]) auf diese Begebenheit. Ludwig erließ dabei ein Dekret, daß überall, wo noch Talmudexemplare gefunden würden, diese zu verbrennen seien, und die Juden, welche sie nicht herausgeben wollten, ausgetrieben werden sollten[4]). Der Schmerz der französischen Juden wegen dieser Vorfälle war groß. Es war, als wenn ihnen das Herz herausgerissen worden wäre. Die Frommen pflegten alljährlich den Tag des Brandes durch Fasten zu begehen.

Eine einzige gute Wirkung hatte der Scheiterhaufen für den Talmud; er entwaffnete nämlich zum Teil die Gegner der Maimunisten und beschwichtigte die heftigen Leidenschaften der feindlichen Parteien im Innern für den Augenblick. Von den Hauptgegnern der maimunistischen Richtung war nur noch Jona Gerundi am Leben, der erst jüngsthin (man sagte 40 Tage vor dem Verbrennen des Talmuds) die maimunischen Schriften durch die Hand der Dominikaner und Franziskaner in Paris hatte in Rauch aufgehen lassen. Als nun Jona die Gehässigkeit des inquisitorischen Mönchsordens gegen den von ihm hochverehrten Talmud gewahrte, bereute er es aus tiefstem Herzen, sie zu Werkzeugen seines Hasses gegen Maimuni gebraucht zu haben, und sah in dem Brande des Talmuds eine göttliche Strafe für das von ihm veranlaßte Verbrennen der maimunischen Schriften. Er war so sehr von seinem Unrechte durchdrungen, daß er seine Reue öffentlich in der Synagoge aussprach und seinen Entschluß zu erkennen gab, zu Maimunis Grab zu wallfahrten, dort sich trauerverhüllt niederzuwerfen und den Schatten des großen, frommen Mannes in Gegenwart von zehn Personen um Verzeihung zu bitten. Zu diesem Zwecke trat er sofort die Reise an, verließ Paris und berührte Montpellier wo er ebenfalls in der Synagoge seine Reue wegen seines Verfahrens

---

[1]) Diese Zahl kommt in Schibole Leket vor, bei Quetif und Ekhard dagegen nur 14 Wagen: Collectis igitur auctoritate regia de toto regno Franciae cunctis libris Talmud et Parisiis deductis una die combusti sunt ad quatuordecim quadrigatas et sex alia vice.
[2]) Siehe Note 5.
[3]) Abraham Bedaresi Diwan (Mf.) bei Zunz zur Geschichte, S. 462; von Meïr Rothenburg wurde die Zionide שאלי שרופה bei dieser Gelegenheit gedichtet. Vgl. Note 5.
[4]) Dieselbe Note.

gegen Maimuni öffentlich aussprach¹). Dieser Schritt versöhnte die Gemüter. Die Gegner ließen ihren Groll fahren und erkannten sich wieder als Brüder. Jona Gerundi konnte aber seinen Plan nicht ausführen, da er auf seiner Reise nach Palästina zuerst von der Barcelonaer Gemeinde und dann von der Toledaner inständigst angegangen wurde, in ihrer Mitte zu weilen und den so schwer bedrohten Talmud in Spanien zu lehren; er blieb. In seinen Vorträgen nannte er geflissentlich Maimunis Namen stets mit Ehrfurcht, wie den eines Heiligen. Diese Bekehrung fiel umsomehr ins Gewicht, als Jona eine rabbinische Autorität war und mehrere talmudische Schriften, die in großem Ansehen standen, verfaßte. Auch in diesen Schriften gab er seine Verehrung für Maimuni zu erkennen. Da er die Wirkung der Reue am tiefsten empfunden hatte, so verfaßte er zwei verschiedene Schriften über Reue und Buße nach talmudischer Norm²). Selbst Jonas Tod trug dazu bei, die Gemüter zu versöhnen. Er hatte nämlich seine Reise zu Maimunis Grab stets hinausgeschoben, und als er plötzlich an einer seltenen Krankheit starb, so waren selbst seine Freunde und Jünger überzeugt, daß ihn eine Strafe vom Himmel wegen seines unerfüllt gebliebenen Gelübdes getroffen habe. Infolge von Jonas reumütigem Verhalten gegen Maimuni wurde dessen Autorität immer mehr auch von französischen Rabbinen anerkannt, Maimunis Ansichten wohl noch wissenschaftlich angefochten, aber nicht mehr verdammt und verketzert.

Obwohl die Argusaugen der französischen Geistlichen darauf gerichtet waren, daß die Juden keine Talmudexemplare besitzen sollten³), so wußten diese doch sich ihrer Wachsamkeit zu entziehen, und vertieften sich nach wie vor in sie; sie konnten nicht davon lassen, es war ihr Lebensodem. Sicherlich kostete es ihnen viel Geld, im Geheimen dem Talmud obliegen zu können. Es wurde aber dem Papste Innocenz IV. verraten, daß die Juden sich heimlich der von der Kirche gebrandmarkten Schriften bedienten, und er, der mächtigste Fürst, hatte nichts Angelegentlicheres zu tun, als den König von Frankreich zu ermahnen, mit Strenge zu verfahren und die Exemplare aufsuchen zu lassen⁴). Bei Gelegenheit frischte er wieder das Haß atmende Gesetz auf, daß christliche Ammen kein jüdisches Kind nähren sollten.

¹) Hillel von Verona, Sendschreiben.
²) Iggeret ha-Teschuba und Sohaar ha-Teschuba. Vgl. über Jonas Schriften die Bibliographen.
³) Revue des Etudes Juives III, S. 214, No. 26 vom Jahre 1250. S. 216, No. 40 vom Jahre 1269.
⁴) Note 5.

Solche beschränkende Gesetze wechselten mit blutigen Verfolgungen der Juden ab und wiederholten sich von jetzt an jahraus jahrein, bald hier bald dort, meistens jedoch in Deutschland, dessen von Natur sanftes Volk die unduldsame Kirche zu Tigern gemacht hatte. Als die Mongolen und Tataren, die wilden Krieger G'enkis-Chans, unter seinen Enkeln von China aus erobernde Einfälle in Europa machten, Rußland und Polen verheerten, sich bis zu den deutschslawischen Grenzen wälzten, Breslau verbrannten und in das Herz Deutschlands einzudringen Miene machten, klagte man die Juden an, daß sie diesen Feinden der Christenheit heimlich Unterstützung gewährten. Statt Anklage gegen den Kaiser Friedrich II. und den Papst zu erheben, welche wegen ihres hartnäckigen Haders das Vordringen der wilden Eroberer mit ansahen, schleuderte der Volkswahn auf nichts gegründete Anschuldigungen gegen die Juden Deutschlands. Es waren allerdings auch jüdische Krieger unter den Mongolen, die unabhängigen Stämme vom Lande Chorasan, oder, wie die Sage ging, Reste der Zehnstämme, welche in den kaspischen Gebirgen eingeschlossen waren. Möglich auch, daß einige tatarische und kumanische Stämme sich zum Judentum bekannt hatten. Wußten die deutschen Juden von ihren Stammesgenossen unter den mongolischen Horden? Standen sie gar mit ihnen in heimlichem Einverständnis? In Deutschland hieß es, die Juden hätten den Mongolen, unter dem Vorwande ihnen vergiftete Speisen zu liefern, Waffen aller Art in verschlossenen Fässern zustellen wollen. Ein strenger Grenzwächter, der darauf bestanden, die Fässer zu öffnen, habe den Verrat entdeckt. Daraufhin sind viele Juden in Deutschland zu strenger Strafe gezogen worden[1]).

In Frankfurt am Main, das unter allen rheinischen Städten am spätesten eine jüdische Gemeinde erhielt[2]) — wohl erst gegen Ende des zwölften Jahrhunderts, als sich die von Philipp August Ausgewiesenen nach einer neuen Heimat umsahen — brach ein Streit zwischen Juden und Christen aus, weil ein unmündiger jüdischer Knabe zum Christentum übergehen und die Eltern desselben es verhindern wollten (24. Mai 1241)[3]). Es kam infolgedessen zum Handgemenge zwischen

[1]) Matthäus Paris, historia major ad annum 1241; Bd. VI$_3$, S. 252, Note.

[2]) Dr. H. B. Auerbach hat diese Tatsache von der späteren Ansiedelung der Juden in Frankfurt a. M. richtig ermittelt aus Angaben des Elieser ben Nathan in Eben ha-Eser. Nach 1152 haben noch keine Juden daselbst gewohnt. (Berit Abraham. Frankfurt a. M. 1840. S. 26.)

[3]) Von den beiden Primärquellen über diese Verfolgung, den Erfurter Annalen (in Pertz' Monumenta Germ. XVI, p. 34) und dem Mainzer Memor-

den jüdischen und christlichen Bewohnern der Stadt, wobei einige
Christen und 180 Juden ums Leben kamen. Die letzteren hatten an
ihre eigenen Häuser Feuer gelegt, wodurch fast die halbe Stadt ein
Raub der Flammen wurde. Die noch übriggebliebenen Juden sahen
sich stets vom Tode bedroht; darum ging ein Teil von ihnen (vierundzwanzig) zum Christentum über, darunter soll auch ein Rabbiner gewesen sein. Ein anderer Teil wandte sich an den deutschen König
K o n r a d, Sohn des Kaisers Friedrich II., der die Tatsache nicht
gleichgültig hinnahm, nicht weil unschuldiges Blut vergossen wurde,
sondern weil das Reich viele steuerzahlende Kammerknechte eingebüßt
hatte. Es wurde ein Prozeß eingeleitet, der damit endete, daß Konrad mehrere Jahre später den Frankfurter Bürgern für die dem kaiserlichen Hause geleisteten Dienste Amnestie erteilte und deren Bestätti-
gung von seiten des Kaisers verhieß[1]).

Die gewaltsam Getauften nahmen natürlich jede Gelegenheit
wahr, zum Judentum zurückzukehren Ein jüdisches Mädchen aus
Frankfurt, welches als Braut mit ihrer Schwester getauft wurde,
kehrte in den Schoß ihrer Religion zurück. Ihr Bräutigam hatte sich
aber inzwischen in W ü r z b u r g anderweitig verheiratet. Als die
Braut ihr Anrecht geltend machen wollte, brach ein Streit darüber
unter den deutschen Rabbinen aus. Mehrere von ihnen, D a v i d b e n
Schaltiel, M e s c h u l l a m ben David und J e h u d a ben Mose
K o h e n aus der Rheingegend sprachen sich zugunsten der Braut aus,
daß sie, als gewaltsam Getaufte, ihre Würdigkeit zu einer jüdisch-
gesetzlichen Ehe keineswegs eingebüßt habe. Ihr ehemaliger Bräutigam müsse sich daher von seiner Frau scheiden und jene ehelichen.
Die angesehenste rabbinische Autorität jener Zeit, I s a a k ben Mose
O r - S a r u a[2]) aus Böhmen (ein Jünger des Jehuda Sir Leon
von Paris), welcher die tossafistische Lehrweise nach dem deutschen
Osten verpflanzt hat, war entgegengesetzter Ansicht. Er verfocht sie
mit rabbinischen Gründen, daß eine Getaufte einer Geschändeten

---

buch, berichtet die erste: Eodem anno (1241) — altercatio inter Christianos
atque Judaeos in villa regia Frankenvort exorta est 9. Kal. Julii = d. h.
23. Juni. Die andere: הרוגי ורנקוורט שנה אחת לאלף ה' א' בסיון = d. h.
24. Mai. Emendiert man in der ersten Quelle Kal. Junii statt Julii, so
trifft es ebenfalls auf den 24. Mai. In dem genannten Memorbuche (Mj.
bei Carmoly) führen mehrere Märthrer von Frankfurt den Beinamen צרפתי,
was beweist, daß sie aus Frankreich dahin ausgewandert waren.

[1]) Böhmer, Codex Moeno-Frankfurtii I, 76.
[2]) So genannt von seinem Hauptwerk אור זרוע, welches jetzt gedruckt ist;
vgl. weiter über ihn.

gleich zu achten sei, die zu einer jüdischen Ehe nicht mehr zugelassen werden dürfe[1]). — Zwei Jahre nach der Frankfurter Metzelei wurden mehrere Juden in Kitzingen (Bayern) zuerst gefoltert und dann hingerichtet, aus unbekannter Veranlassung — wahrscheinlich wegen einer Anklage des Blutgebrauches beim Passahmahle — darunter manche vom schwachen Geschlechte (1243, 17. Tammus = 5. August)[2]). Die Leichname der Märtyrer blieben vierzehn Tage aufs Rad geflochten, und erst nach Verlauf dieser Zeit durften sie in Würzburg bestattet werden. — Ein Jahr darauf wurden mehrere Juden von Pforzheim dahin gebracht, sich selbst zu entleiben (20. Tammus 1244 = 28. Juni)[3]). Auch sie wurden nach dem Tode aufs Rad geflochten.

Trotz aller dieser grausigen Verfolgungen ließen die deutschen Rabbinen den Mut nicht sinken, ihren Pflichten obzuliegen und heilsame Verordnungen zu erlassen. Die von Speyer, Mainz und Worms, David ben Schaltiel und seine zwei Genossen, ferner Isaak ben Abraham und Joseph ben Mose Kohen, ein Vorsänger, traten zu einer Synode (in einer der drei Städte) zusammen (um 1245), erneuerten ältere Bestimmungen aus der Zeit des R'Gerschom, R'Tam und der Mainzer Synode vor zwanzig Jahren, und fügten neue hinzu, daß weder der Rabbiner ohne Zustimmung der Gemeinde, noch diese ohne jenen befugt sei, einen Bann über jemanden auszusprechen. Selbst wenn mehrere auswärtige Rabbinen einem Stadtrabbinen zu einem Banne zustimmen sollten, habe dieser keine Gültigkeit, solange die Gemeinde nicht damit einverstanden sei[4]). Welch ein tiefer Abstand zwischen der Synagoge und der Kirche! Hier galt die Gemeinde gar nichts, sie war nur gehorsame Sklavin der Geistlichen, dort war sie mit dem geistlichen Führer gleichberechtigt.

---

[1]) Respp. Chajim Elieser Or-Sarua (Sohn des Isaak) ed. Leipzig 1860. Nr. 221. Daraus ergibt sich das Zeitalter der im Texte genannten Rabbinen, die anderweitig wenig bekannt sind — es sei denn durch die weiter zu erwähnende Synode — d. h. zur Zeit der Frankfurter Verfolgung in den vierziger Jahren des dreizehnten Jahrhunderts. David ben Schaltiel kommt noch an zwei anderen Stellen vor (Luzzato, Ozar Nechmad II., p. 10. Respp. Elieser Or-Sarua, Nr. 103). Über Isaak Or-Sarua vgl. Frankel-Grätz, Monatsschrift, Jahrg. 1871, S. 249 ff.

[2]) Mainzer Memorbuch.   [3]) Das.

[4]) In Respp. R'Meïr von Rothenburg gegen Ende und Mose Menz, Nr. 102, p. 153b heißt es nach der Unterschrift der Synode von 1220 (richtiger 1223 o. S. 21): — — ואחר כך חדשנו תקנות אילו על פי החרם. שלא ינדה הרב שום אדם בלא רשות הקהל. Dann folgen die Unterschriften: רצחק בן אברהם (אב הרי״ח?) דוד בן שאלתיאל — — וכל קהל שפירא מגנצא (מענץ) ווירמשא הסכימו וחתמו.

Als hätten die Vertreter der Kirche den Juden noch nicht genug genommen, gingen sie darauf aus, ihnen noch die letzte einflußreiche Stellung in der christlichen Gesellschaft zu entreißen. Die Arzneikunde wurde meistens von Juden ausgeübt, fast jeder Fürst und Große hatte seinen jüdischen Leibarzt, der mehr oder weniger Einfluß auf das Gemüt desjenigen hatte, dessen Leib seiner Behandlung anvertraut war. Darum mochten eben die Vertreter der Kirche, welche selten sanft wie die Tauben, aber oft klug wie die Schlangen waren, diesen Einfluß der Juden auf die Machthaben nicht dulden. Die Kirchenversammlung zu Beziers faßte zuerst diesen Punkt ins Auge, die Juden von der Ausübung der Arzneikunde an Christen auszuschließen. Unter dem Vorsitz des Erzbischofs von Narbonne erneuerte dieses Konzil — das auch allerhand Plackereien über die albigensischen Ketzer verhängte — sämtliche älteren Beschränkungen, daß die Juden nicht übermäßigen Wucher treiben, nicht christliche Dienstboten und Ammen halten, daß sie nicht zu Ämtern zugelassen werden, daß sie in der Karwoche nicht ausgehen, daß sie an die Kirchen jährlich sechs Denar auf die Familie zahlen, daß sie besondere Abzeichen (das Zeichen eines Rades) auf der Brust tragen, daß sie den Fleischverkauf nicht öffentlich halten sollten, und fügte eine neue kanonische Verordnung hinzu, bei Androhung der Exkommunikation, daß Christen sich nicht von jüdischen Ärzten behandeln lassen dürften (Mai 1246)[1]). Diese Beschränkung wurde auf einem anderen südfranzösischen Konzil wiederholt. Die Juden hatten die Arzneiwissenschaft in Südfrankreich in Flor gebracht. Die Tibboniden, Großvater, Sohn und Enkel, waren Lehrer der christlichen Ärzte, und nun sollte der dritte Tibbonide, Mose (blühte um 1245 bis 1275)[2]), der Übersetzer philosophischer und medizinischer Schriften, seine Kunst für christliche Kranke einstellen! Ein anderer medizinischer Schriftsteller und praktischer Arzt, Schem-Tob ben Isaak aus Tortosa (geb. 1206, schrieb um 1261 bis 1264)[3]), war Lehrer der Arzneikunde in Marseille für christliche Zuhörer und machte diese mit den Er-

---

[1]) Mansi concilia T. XXIII, p. 701, canones 37—43.

[2]) Mose Ibn-Tibbons Übersetzungen tragen als Daten die Jahre von 1244—1274, vgl. die Bibliographen über ihn. Er hat auch einige selbständige hebräische Werke geschrieben, die von geringerer Bedeutung und wenigem Einfluß geblieben sind, unter andern ein Werk unter dem Titel פאה, worin er die von Christen verlachte Agada in maimunischer Manier zu Ehren bringen wollte; er bemerkte darin מפני כי ידעתי כי חבמי הגוים התחכמו לנו לחקור דברי קבלתנו וילעגו עלינו ועל קדמונינו הקדושים מחברי התלמוד.

[3]) Derselbe, der von manchen Bibliographen mit Schem-Tob Ibn Schaprut verwechselt wurde, gibt in seinem handschriftlichen Werke, „Praxis des Zaha-

gebnissen der arabischen Schule bekannt. Dieser Arzt bietet ein lehrreiches Beispiel von dem Lerneifer der Juden. In der Jugend lediglich zum Talmudstudium angehalten, gab er es später auf, um Handelsgeschäfte zu betreiben, machte zu diesem Zwecke weite, überseeische Reisen und gelangte bis zu dem letzten Rest des ehemals christlichen Königreiches von Jerusalem, bis nach Jean d'Acre (Akko). Hier machte ihm ein Glaubensgenosse, der sich mit Mathematik beschäftigte, Vorwürfe darüber, daß er die Wissenschaft dem Broterwerb nachsetze. Schem-Tob Tortosi, obwohl bereits ein Dreißiger, änderte infolgedessen seinen Lebensplan, eilte von Akko nach Barcelona, machte das Studium zum Hauptgeschäft und den Broterwerb zur Nebensache, erlernte die Medizin und brachte es dahin, daß er die Schriften der besten arabischen Mediziner, Razi und Zaharawi, übertragen und über Arzneikunde überhaupt Vorträge halten konnte. Diese und mehrere andere jüdische Ärzte sollten nun infolge des Konzilbeschlusses von Beziers aus dem Tempel der Heilkunde gewiesen werden, zu dem sie in der Christenheit fast allein den Schlüssel hatten!

Indessen, wenn die Kirche auch die Seelen der Gläubigen gefangen und umnebelt hielt, deren Leib blieb stets ein Rebell gegen sie und ihre Satzungen. Dieses kanonische Gesetz konnte daher lange nicht Platz greifen. In der Krankheit suchte auch der bigotteste Christ den geschickten jüdischen Arzt auf. Als der Bruder des fanatischen Königs Ludwigs IX., unter dessen Schirm die judenfeindliche Kirchenversammlung zu Beziers und Alby getagt hatte, namens Alfonso, Graf von Poitou und Toulouse, an einem Augenübel litt, mußte er die Hilfe eines geschickten jüdischen Augenarztes, Abraham von Aragonien fast erbetteln. Der Herr von Lünel mußte sich viele Mühe geben und seinen jüdischen Hofagenten ins Mittel ziehen, um nur von dem reichen und unabhängigen jüdischen Arzte das Versprechen zu er-

---

rawi" Zeitalter und einige biographische Züge von sich an. Das Werk ist verfaßt 1261. כי בקדם הייתי מרבה בסחורה הולך בים וביבשה ואחירה מעבר לים במדינת עכו ואשאל אחד מחברי נכבד מכולם על דבר הלכה ונער בי. כי היה מצין בחכמת התשבורת. ואפלא ואשבע בחי העולם לשוב ללמוד תורה, ואני בן שלשים שנה, ואשוב מעבר לים, ואני בעיר ברצלונה ואפנה מכל עסקי ואקרא לפני מורי ר' יצחק בן משלם זמן ואעש תורתי קבע ועסקי צראי יום ולילה, — כי שכחתי התלמוד אשר למדוני אבותי בנערותי בימים. Im Verlaufe sagt er: ואני הייתי בוחר העסק בסחורה על החכמה פרשתי לנוצרים הנה בעיר מרשיליאה. Die Abhandlung von Almansur übersetzte er 1264, im Alter von 58 Jahren. Vgl. über ihn Carmoly, histoire des médecins juifs p. 78ff. Sein Geburtsjahr ist aber daselbst um 10 Jahre zu früh angesetzt.

halten, daß er den französischen Prinzen behandeln werde[1]). In Montpellier, wo eine berühmte medizinische Hochschule bestand, wurden jüdische Ärzte noch lange zur Prüfung, Praxis und sogar zur Lehrkanzel zugelassen[2]).

Die seit einem Jahrzehnt so häufig vorgekommenen Judenmetzeleien in Deutschland und Frankreich, meistens unter dem nichtigen Vorwande des Christenkindermordes, bewog die deutschen und französischen Gemeinden, sich an den Papst Innocenz IV. um Schutz zu wenden und ihm auseinanderzusetzen, wie alle Anschuldigungen gegen sie, daß sie Menschenblut und Menschenherzen genössen, eine lügenhafte Erfindung sei, lediglich erdacht, um Gelegenheit zum Morden und Plündern zu haben. Innocenz lebte damals halb im Exile in Lyon, wohin ihn sein Streit mit dem Kaiser Friedrich II. gebracht hatte. Er ging auf das Gesuch der Juden ein, sei es, daß es ihm in der Spannung mit fast allen weltlichen Mächten notwendig erschien, gerecht zu scheinen, oder daß die Juden ihm die Mittel geliefert hatten, nach denen er so sehr geizte, um seine erbitterten Gegner zu besiegen. Auf seine Geldgier wurde nämlich eine beißende Satire gedichtet[3]), wie die Göttin Pecunia die Welt regiert; ihr verschließt die Kirche nie ihren Schoß, und der Papst öffnet ihr willig seine Arme. Innocenz IV. erließ nun von Lyon aus (5. Juli 1247)[4]) an die Kirchenfürsten von Frankreich und Deutschland eine Bulle, worin zuallererst

[1]) Vaisette, histoire de Languedoc T. IV. preuves p. 499, No. 302.
[2]) de Laurière, ordonnances des rois de France T. II, p. 47.
[3]) Raumer, Geschichte der Hohenstaufen IV, S. 157.
[4]) Baronius, annales ecclesiastici ad annum 1247, No. 84. Da diese lügenhaften Anschuldigungen des Kindermordes und des Genusses von Christenblut am Passah so unzähligemal und noch in unserer Zeit wiederholt wurden, so dürfte es nicht überflüssig sein, die Bulle Innocenz' IV. über diesen Punkt aus dem dreizehnten Jahrhundert in extenso mitzuteilen. Archiepiscopis et episcopis per Alemanniam constitutis. Lacrymabilem Judaeorum Alemanniae recepimus questionem, quod nonnulli tam ecclesiastici, quam saeculares principes ac alii nobiles et potentes vestrarum civitatum et dioecesum, ut eorum bona injuste diripiant et usurpent, adversus ipsos impia consilia cogitantes et fingentes accusationes varias et diversas, non considerato quod quasi ex archivis eorum christianae fidei testimonia prodierunt. Scriptura divina inter alia mandata legis dicente „non occides" ac prohibente, in solemnitate paschali quicquam morticinium non contingere, falso imponunt eisdem, quod in ipsa solemnitate (paschali) de corde pueri communicant interfecti, credentes, id ipsam legem praecipere, cum sit legi contrarium manifeste. Ac eis malitiose obiiciunt hominis cadaver mortui, si contigerit illud alicubi reperiri. Et per haec et alia quam plura figmenta sevientes in ipsos, eos super his non accusatos, non confessos, nec

offiziell die wiederholten unsinnigen und teuflischen Anschuldigungen gegen die Juden widerlegt werden. „Einige Geistliche und Fürsten, Edle und Mächtige eurer Länder erdenken, um das Vermögen der Juden ungerechterweise an sich zu reißen und sich anzueignen, gegen sie gottlose Ratschläge und erfinden Anlässe.... Sie dichten ihnen fälschlich an, als wenn sie zur Passahzeit das Herz eines ermordeten Knaben untereinander teilten. Die Christen glauben, daß das Gesetz der Juden ihnen solches vorschreibe, während im Gesetze das Gegenteil offen liege. Ja, sie werfen den Juden boshafterweise einen irgendwo gefundenen Leichnam zu. Und auf Grund solcher und anderer Erdichtungen wüten sie gegen dieselben, berauben sie ihrer Güter, ohne förmliche Anklage, ohne Geständnis, ohne Überführung. Im Widerspruch mit den ihnen vom apostolischen Stuhl gnädig gewährten Privilegien, gegen Gott und seine Gerechtigkeit, bedrücken sie durch Nahrungsentziehung, Kerkerhaft, andere Quälereien und Drangsale die Juden, legen ihnen allerhand Strafen auf und verdammen sie zuweilen sogar zum Tode, so daß die Juden, obgleich unter christlichen Fürsten lebend, noch schlimmer daran sind, als ihre Vorfahren in Ägypten unter den Pharaonen. Sie werden gezwungen, das Land im Elend zu verlassen, in welchem ihre Vorfahren seit Menschengedenken wohnten. Da wir sie nicht gequält wissen wollen, so befehlen wir, daß ihr euch ihnen freundlich und günstig zeiget. Wo ihr ungerechte Angriffe gegen sie wahrnehmet, so stellet sie ab und gebt nicht zu, daß sie in Zukunft durch solche und ähnliche Bedrückungen heimgesucht werden. Die Bedrücker der Juden sollen mit dem Kirchenbann belegt werden." Mit einer so entschiedenen Verurteilung der Blutanklage gegen die Juden, sollte man meinen, hätte der Wahnglauben ein für allemal abgetan sein sollen. Aber das Papsttum hatte bereits den Judenhaß so fest in die Herzen eingeimpft, daß ein milder

convictos, contra privilegia illis ab Apostolica sede clementer indulta spoliant contra Deum et justitiam omnibus bonis suis; et inedia, carceribus, ac tot molestiis tantisque gravaminibus premunt ipsos, diversis poenarum affligendo generibus, et morte turpissima eorum quamplurimos condemnando, quod iidem Judaei, quasi existentes sub praedictorum principum dominio deterioris conditionis, quam eorum patres sub Pharaone fuerint in Aegypto, coguntur de locis inhabitatis ab eis et suis antecessoribus a tempore, cujus non exstat memoria, miserabiliter exulare. Unde suum exterminium metuentes duxerunt ad apostolicam sedis providentiam recurrendum. Nolentes igitur praefatos Judaeos injuste vexari — — fraternitati vestrae per apostolica scripta mandamus, quatenus eis vos exhibeatis favorabiles et benignos etc. Die Bulle ist auch mitgeteilt Orient 1844, S. 319 f. von Kirchheim aus dem Kölner Stadtarchiv, aber nach einer fehlerhaften Kopie.

Ausspruch von Seiten des einen oder des andern Papstes wie ein Hauch in die Winde verflog.

Die günstige Stimmung des Papstes Innocenz gegen die Juden wollten die französischen Juden benutzen, um auch die Inquisition gegen den Talmud aufheben und die ihnen entrissenen Exemplare sich zurückerstatten zu lassen. Sie machten in einem Gesuche an den Papst wiederum dabei geltend, daß sie ohne den Talmud die Bibel nicht auslegen und ihre Religionsgesetze nicht ausüben könnten. Innocenz ging, im Widerspruch mit seinem früheren Verhalten, auch auf dieses Gesuch ein und schrieb an den Kanzler und Kardinal-Legaten O d o von Paris vorsichtig, er möge die talmudischen Schriften noch einmal prüfen lassen, und in so weit es ohne Verletzung der christlichen Religion geschehen könnte, sie dulden und den Eigentümern zurückgeben. Odo setzte infolgedessen neuerdings eine Kommission zusammen, bestehend aus mehr als vierzig Zensoren, darunter auch der Dominikaner A l b e r t u s der Große, welcher der jüdischen Wissenschaft so viel zu verdanken hatte. Nicht nur durch die Übersetzung arabisch-philosophischer Schriften, sondern auch durch eigene Arbeiten hatten ihn jüdische Denker in den Stand gesetzt, der christlich-scholastischen Philosophie eine neue Bahn zu eröffnen. Isaak Israeli, Gebirol (Avicebron) und namentlich Maimuni[1]), hatten ihm die Augen geöffnet, so weit natürlich die Binde seines blinden Kirchenglaubens sie ihm nicht beschattete. Dennoch waren dem Dominikaner Albert die Juden und der Talmud in tiefster Seele verhaßt. Es versteht sich von selbst, daß die hochwürdigen Mitglieder der Prüfungskommission, Albert der Große mit eingeschlossen, vom Talmud auch nicht ein Jota verstanden. Nichtsdestoweniger verdammten sie ihn als ein Buch, das voller Irrtümer, Unglauben, Lästerlichkeit und Albernheit sei. Der Kanzler Odo zeigte darauf Innocenz das Ergebnis der Prüfung an, erinnerte ihn an die Vorgänge unter Gregor IX., der sich so eifrig für die Verurteilung des Talmud interessiert hätte, gab ihm leise zu verstehen, daß er, der Papst, sich habe von den Juden verstricken lassen, und erließ als Kardinal-Legat ein Dekret, den Talmud keineswegs zu dulden und die konfiszierten Exemplare den Eigentümern nicht zurückzuerstatten (Mai 1248)[2]). Ohne Zweifel wurde zur selben Zeit wieder ein Scheiterhaufen für den Talmud angezündet.

[1]) Daß Albertus Magnus die Schriften jüdischer Philosophen, namentlich Maimunis unter dem Namen Rabb Moyses Aegyptius benutzt hat, ist gegenwärtig eine anerkannte Tatsache. Vgl. o. S. 53 f., Anm. 3.

[2]) Ausführlich bei Quetif und Ekhard, scriptores ordinis praedicatorum T. I, p. 122 ff. und 166 ff.

Überhaupt hatten die französischen Juden während Ludwigs IX. Regierung einen schweren Stand. Sein schwacher Geist ließ sich zu allen fanatischen Feindseligkeiten gegen Juden und Judentum gebrauchen. Er war in diesem Punkte buchstäblich noch päpstlicher als der Papst. Am meisten empört war er über den Wucherzins, den manche reiche Juden nahmen, nicht etwa weil die Bevölkerung dagegen war oder dabei Schaden erlitt, sondern weil die Kirche die Zinsnahme theoretisch verdammte, obwohl sie tatsächlich nicht selten Wucherer privilegierte. Als Ludwig den abenteuerlichen Einfall hatte, einen neuen Kreuzzug zu unternehmen, ließ er die Güter einiger Juden konfiszieren, um Geld zum Krieg zu haben. Als er zum Behufe des Kreuzzuges in Ägypten Krieg führte und in Gefangenschaft geriet (April—Mai 1250), und ihn die Mohammedaner neckten, daß er, der allerchristlichste König, die Feinde des Christentums in seinen Staaten duldete, erließ er einen Befehl, sämtliche Juden mit Ausnahme der Gewerbetreibenden, aus seinem Erblande zu verbannen[1]). Indessen hat seine kluge Mutter, die Königin Blanche, wohl schwerlich diesen unsinnigen Befehl ausgeführt. Nach dem Tode seiner Mutter und nach seiner Rückkehr (Dezember 1254) machte er aber mit der Austreibung der Juden Ernst[2]). Ihre liegenden Gründe, Synagogen und Begräbnisplätze wurden eingezogen. Was Philipp August aus scheinbarem Staatsinteresse, tat Ludwig, der kirchlich Heilige, aus Fanatismus. Aber auch damals, wie das erste Mal, war die Vertreibung der Juden weder ausgedehnt, noch von langer Dauer. Sie betraf wohl wiederum nur die in des Königs eigenem Gebiete Wohnenden, wovon noch diejenigen ausgenommen waren, welche von ihrer Hände Arbeit lebten. Wenige Jahre später ward den Ausgewiesenen gestattet, wieder zurückzukehren, und ihre Synagogen und Begräbnisplätze wurden ihnen wieder eingeräumt[3]).

Eine merkwürdige Erscheinung bleibt es, daß die innere Tätigkeit der französischen Juden, die scharfsinnige tossafistische Erläuterung des Talmuds, durch diese Plackereien keineswegs aufgehört, sondern, als ließe sie sich von nichts anfechten, noch eine Zeitlang fortgedauert hat. Der Talmud wurde verbrannt, die Lehre desselben neuerdings

---

[1]) Vgl. Bd. VI₃, Note 1, S. 378, Nr. 29.
[2]) de Laurière, Ordonnances des rois de France I, p. 75, Nr. 32; Mansi, concilia XXIII, p. 882, Nr. 23. Auch Jbn-Verga hat in seinem Schebet Jehuda eine Nachricht, daß die Juden Frankreichs 5014 = 1244 (סימן ר״ד) eine partielle Verbannung erlitten hätten (Nr. 32).
[3]) de Laurière a. a. O., p. 85. Das dort mitgeteilte Dokument soll dem Jahre 1257 oder 1258 angehören.

von Ludwig verboten, und doch verfaßte gerade in dieser Zeit der fromme Wanderprediger R' M o s e aus C o u c y sein großes G e s e tz e s w e r k (Sefer Mizwot Gadol)[1], worin er die talmudischen Elemente in klarer Übersichtlichkeit mit Anschluß an die biblischen Religionsvorschriften und mit Zugrundelegung des maimunischen Religionskodex auseinandersetzte. Ein anderer bedeutender Talmudist, S a m u e l ben Salomo S i r M o r e l aus F a l a i s e, veranstaltete in dieser Zeit der Talmudächtung (1242 bis 59)[2] eine neue Tossafot-Sammlung (die zum Teil in die gangbare Sammlung aufgenommen wurde), obwohl er kein Talmudexemplar besaß[3], weil es ihm die Häscher der Dominikaner genommen hatten, und er sich auf sein Gedächtnis verlassen mußte. Noch hatte R' J e c h i e l von P a r i s in seinem Lehrhause dreihundert Talmudjünger[4], denen er, wahrscheinlich aus dem Gedächtnisse, Vorträge hielt. — Indessen konnte diese Tätigkeit nicht allzulange fortgesetzt werden, es waren der Hindernisse zu viele. Die französischen Gemeinden waren durch die häufigen Gelderpressungen und Güterkonfiskationen verarmt. Während sonst von Frankreich aus Gelder zur Unterstützung der asiatischen Juden gespendet worden waren, sah sich R' Jechiel genötigt, einen Sendboten nach Palästina und den Nachbarländern auszusenden, um Gelder zur Unterhaltung seines Lehrhauses sammeln zu lassen[5]. R' Jechiel selbst sah sich auch gezwungen, sein Geburtsland zu verlassen und nach Palästina (Jean d'Acre) auszuwandern (nach 1259)[6]. Er war einer der letzten Vertreter der französischen Tossafisten. Diese Schule, welche so viel Scharfsinn und kritischen Geist entwickelt hatte, ging indes doch allmählich ihrem Verfalle entgegen. Es war der Kirche gelungen, den talmudischen Geist in Frankreich, wo er seine Hauptstätte hatte, zu ersticken. Die

[1]) Das Werk, abbreviert סמ״ג genannt, wurde zwischen 1245 und 1250 verfaßt.

[2]) Vgl. über denselben Zunz zur Geschichte, S. 37. Die von ihm verfaßten Tossafot zu Aboda Sara 9b sind geschrieben nach 5012 = 1252 und vor dem nächsten Erlaßjahre 1259.

[3]) Respp. Meïr von Rothenburg Nr. 250, welches die Überschrift des Samuel von Falaise trägt, sagt im Eingang: מחמת ... אזל רוחי ותשש כחי חמציק אשר גברה ידו על נו ומחמד עיניני לקח ואין בידינו ספר לחבין ולהשכיל.

[4]) Carmoly, Itinéraires p. 183. [5]) Das.

[6]) Semag Gebote Nr. 184. Daß er auch in Griechenland gewesen sei, beruht auf dem Mißverständnis einer Stelle in Ascheri Jebamot IV, Nr. 6: וכן הורה ר' יחיאל בר יוסף מפריי ז"ל מארץ היון, es muß emendiert werden: מארץ יון. Vgl. בתשובת שאלוהו Carmoly, La France Israelite 96 ff.

letzten Ausläufer der Tossafistenschule in Frankreich waren nur noch Sammler, um die Ergebnisse der vorangegangenen Leistungen unter Dach und Fach zu bringen. Von der Tatsache durchdrungen, daß das Talmudstudium abnahm, und die Rabbinen selbst nicht recht Bescheid wußten, verfaßte Isaak ben Joseph aus Corbeil, Jünger und Schwiegersohn des R' Jechiel aus Paris, ein kurzgefaßtes Handbuch für solche religiöse Pflichten, welche noch in der Zerstreuung praktische Geltung haben (**Amude Gola Semak**)[1]). Er gab sich Mühe, sein Buch so populär und bequem als möglich zu machen, weil er nicht mehr auf allgemeines, leichtes Verständnis rechnen konnte, und erließ ein Sendschreiben an die Gemeinden Frankreichs und Teutschlands, für Abschriften und Verbreitung seiner Schrift Sorge zu tragen. R' Mose aus Evreux, R' Elieser aus Touques (Normandie) R. Perez ben Elia aus Corbeil und andere legten ebenfalls Tossafot-Sammlungen an[2]), ohne wesentlich Neues hinzuzufügen. Die tossafistische Richtung in Frankreich ging durch den Fanatismus der Bettelmönche und die Bigotterie des Königs Ludwig IX. unter.

Fast noch trostloser war die Lage der Juden in England in derselben Zeitepoche unter dem lange regierenden König Heinrich III. (1216—1272). Heinrich war zwar kein Tyrann, wie sein Vater Johann ohne Land, und war auch anfangs mild und freundlich gegen die Juden. So lange er unmündig war und der Regent Graf Marescall die Zügel führte, wurden sie mit voller Schonung behandelt. Erlasse gingen an die Scherifs, sie gegen Unbill von seiten des Pöbels zu schützen; die Geistlichen wurden eindringlich bedeutet, daß ihnen keine Gewalt über die Juden zustände[3]). Den auswärtigen Juden gestattete Heinrich oder der Regent volle Freizügigkeit für das ganze englische Gebiet, und den einheimischen verwehrte er — wohl nicht aus besonderer Zärtlichkeit — nach einem anderen Lande auszuwandern[4]). Wie sein Vater, so ernannte auch Heinrich einen Oberrabbiner für sämtliche jüdische Gemeinden (**presbyter Judaeorum**), zuerst einen Joceus (Jose?), dann Aaron von York und zuletzt Elias von

---

[1]) Abgekürzt von ספר מצות קטן, verfaßt 1277, nach de Rossi, Kodex Nr. 803 und andern. Isaak aus Corbeil starb 1280 das. vgl. Carmoly, la France, S. 39 ff.

[2]) Vgl. Zunz zur Geschichte, S. 38, 39, 41. Nach Mose hieß eine Sammlung die Evreux-Tossafot: תוספות אוברא und nach Elieser die Touques-Tossafot: תוספות טוך. Perez ben Elia, gekürzt ר"פ oder מהר"פ genannt, machte Glossen zu Amude Gola, starb 1300.

[3]) Urkunde bei Tovey, Anglia judaica p. 77—79 schon vom Jahre 1217.

[4]) Das. p. 81 vom Jahre 1218.

London¹) — und zwar auf Lebensdauer. Der englische Großrabbiner hatte eine sehr bedeutende Machtbefugnis über die Gemeindeglieder. Er war zugleich königlicher Fiskal (**justitiarius**) über die Einkünfte des Königs von seiten der Juden. Er mußte mit einigen jüdischen oder christlichen Kollegen für das Eintragen der Besitztümer der englischen Juden in Rollen (**rotuli**), für die Ablieferung der Judensteuer an den Schatz (**exchequer of the Jews**) und für die Einziehung der dem königlichen Fiskus heimfallenden Güter solcher, die ohne Erben starben, Sorge tragen. Wollte sich der Oberrabbiner nicht mit Geldangelegenheiten befassen, so durfte er einen bevollmächtigten Stellvertreter ernennen²). Er hatte endlich die Befugnis, den Bann über solche Gemeindeglieder auszusprechen, welche sich seinen Anordnungen nicht fügen oder ihre Beiträge zu den Gemeindelasten nicht leisten wollten³). — Der Unduldsamkeit der Geistlichen steuerte Heinrich III. anfangs nachdrücklich. Als der Erzbischof von Canterbury einst, um den Umgang der Christen und Juden zu verhindern, ein Dekret erließ, bei Androhung des Kirchenbanns den Juden keinerlei Speise zu verkaufen, ließ der König das Interdikt aufheben⁴). Als die französischen Juden von den angesammelten Kreuzfahrern geplündert und niedergemetzelt wurden, sorgte er dafür, daß sich dieser Fanatismus nicht über sein Gebiet verbreite⁵).

Indessen dauerte diese rücksichtsvolle Behandlung der Juden nicht lange. Heinrichs III. sorgloser Leichtsinn, Verschwendung und Hingebung an Freunde, die ihn aussogen, namentlich an die zur Ausbeutung des reichen Landes vom Papste gesandten Legaten und Säckelträger wirkten auf England ebenso verderblich, wie eine anhaltende Plage und erzeugten Aufregung und Bürgerkriege. Auf einer Seite machte sich bei ihm das Bedürfnis nach Geld, nach recht viel Geld geltend, und auf der andern Seite stieg der Einfluß der Geistlichkeit auf den Staat immer mehr. Heinrich legte, um seine stets geleerte Kasse wieder zu füllen, den Juden auf, daß jeder derselben, selbst von dem neugeborenen Kinde, einen Leibzoll zu zahlen habe⁶). Von jeder Schuld, die zwischen Juden und Christen kontrahiert wurde, mußte ein Teil an den königlichen Schatz abgeliefert werden. Die Schuldverschreibungen an Juden wurden daher mit argwöhnischer

---

¹) Tovey, p. 55, 61, 137 Elia von London wird auch in rabbinischen Schriften zitiert, Zunz zur Geschichte, S. 98.
²) Das. p. 55. ³) Das. p. 117.
⁴) Das. p. 81. ⁵) S. oben S. 92.
⁶) Tovey p. 148.

Überwachung kontrolliert, damit der König nicht um Summen geprellt werde. Sie mußten von mehreren Zeugen unterschrieben sein und Abschriften davon in das städtische Archiv niedergelegt werden[1]). — Aber die regelmäßigen Judensteuern genügten dem tief verschuldeten und verschwenderischen König lange nicht. Von den Gemeinden wurden daher bald unter dieser, bald unter jener Form bedeutende Summen erpreßt. Für Gelegenheit sorgte die Geistlichkeit. Bald wurde ihnen angedichtet, daß sie getaufte Juden bei seite gebracht, bald daß sie Christenknaben beschnitten hätten. Auf solche Anklagen hin wurden einzelne oder ganze Gemeinden eingekerkert und erst um hohes Lösegeld losgelassen[2]). Das alles war nicht neu. Originell ist aber, daß dieser König ein jüdisches Parlament zusammen berief. Er erließ nämlich an sämtliche englische Gemeinden einen Befehl, daß von jeder größeren je sechs angesehene Gemeindeglieder und von jeder kleineren je zwei sich Sonntag vor den Fasten in Worcester vor dem Könige einzufinden hätten. Das jüdische Parlament von Worcester zählte über hundert Deputierte. Der König hatte in seiner Botschaft an dasselbe angegeben, daß sie zu ihrem und seinem Nutzen Beratungen pflegen sollten. Aber die Juden haben sich wohl schwerlich der Täuschung überlassen, daß er ihnen Freiheiten einräumen werde. Heinrich pflegte sein Landesparlament nur zusammenzuberufen, wenn er in gar zu arger Geldverlegenheit war. Auch dem jüdischen Parlamente ließ er eröffnen, daß sie große Summen für ihn aufbringen sollten. Was sollten die Juden dagegen einwenden? Das Parlament wählte schließlich Vertrauensmänner, welche die Summen auf die Gemeinden verteilen und sie einziehen sollten. Die Sammler wurden verantwortlich gemacht und mit Kerkerstrafe für ihre Person, für ihre Weiber und Kinder bedroht, die aufgelegte Summe einzutreiben[3]). Als Heinrich die Juden genug ausgesogen hatte, und sein Schamgefühl ihn hinderte, von ihnen wieder Gelder zu erpressen, so verpfändete er sie seinem Bruder Richard, der noch weniger Rücksicht kannte[4]).

Dazu kam noch die Geistlichkeit mit ihren kanonischen Schindereien. Sie setzte es beim König, der ihr Spielball war, durch, daß die Juden kein neues Bethaus erbauen, in ihren Synagogen nicht laut beten, ganz besonders das Judenzeichen an ihren Kleidern tragen sollten[5]) und anderes mehr. Das Leben wurde ihnen durch diese

---

1) Viele Urkunden bei Rymer, foedera unter Heinrich III. und bei Tovey.
2) Tovey p. 98, 108, 127 ff.
3) Das. p. 110 f. Urkunde vom Jahre 1241.
4) Das. p. 137, 145, 157.   5) Das. p. 148 vom Jahre 1253.

doppelte weltliche und geistliche Tyrannei so unerträglich, daß ihr Oberrabbiner mit andern Kollegen im Namen der Gemeinden zweimal erklärte, sie könnten den ihnen stets zugemuteten Leistungen nicht genügen, der König möge daher ihnen gestatten auszuwandern[1]). Wie traurig auch für sie die Auswanderung aus ihrem Geburtslande, von Haus und Hof sei, so zögen sie dies doch dem elenden Zustande vor, in dem sie sich befänden. Es half ihnen nichts. Die Juden mußten wider ihren Willen in England bleiben, mußten den letzten Pfennig hergeben und mußten wuchern, um den stets ausgepreßten Schwamm wieder zu füllen. Eine erhaltene Urkunde gibt eine Vorstellung von den Gelderpressungen, welchen Heinrich III. die Juden unterwarf. In sieben Jahren hatten sie 422 000 Pfund Sterling, (beinahe neun Millionen Mark) aufbringen müssen[2]). Ein einziger Jude, Aaron von York, hatte dem König in sieben Jahren 30 000 Mark Silbers und außerdem der Königin 200 Mark Goldes leisten müssen[3]). Weil der Oberrabbiner Elia von London die Gemeindeglieder nicht genug im Interesse des Königs schinden mochte, entsetzte ihn Heinrich seines Amtes und stellte es den Juden frei — für eine Summe — sich ihren Geistlichen selbst zu wählen[4]).

Inzwischen wurden in England wie überall Anschuldigungen wegen Christenkindermordes gegen die Juden erhoben. Die Dominikaner eiferten mit ihrer giftigen Beredsamkeit für Bestrafung derselben. Mehrere Juden wurden in den Kerker geworfen; aber die Franziskaner befreiten sie daraus. Der boshafte, zeitgenössische Mönch Matthäus Paris bemerkt dabei, die böse Welt meinte, die Minoritenmönche hätten sich ihre Freundlichkeit gegen die Juden bezahlen lassen[5]). Allein dieses beweist nicht die Schuld der Juden an Kindermord, sondern nur, daß die Franziskaner sich auch einmal für eine gerechte Sache gewinnen ließen. Die Wühlereien der fanatischen Dominikaner gegen die Juden hatten dem Volke einen so tiefen Haß gegen den jüdischen Stamm beigebracht, daß, als es in England zuerst gesetzlich als dritte Macht im Staate auftrat und sich gegen die königlichen Anmaßungen erhob, es zugleich über die Juden in London herfiel, ihre

---

[1]) Matthäus Paris, historia major ad anum 1254, p. 887 und ad annum 1255, p. 902.

[2]) Lord Kofe bei Tovey, p. 237 f. Tovey bemerkt zwar, er habe in der Urkunde nur die Zahl quadringenti viginti duo libri gelesen, aber die Tausend müssen ergänzt werden, denn die Zahl 422 ist gar zu gering.

[3]) Tovey p. 108.

[4]) Tovey p. 58.

[5]) Matthäus Paris a. a. O. ad annum 1257, p. 922.

Schätze raubte und 1500 derselben totschlug (Osterwoche 1264)[1]). Die übrigen Juden retteten sich nach dem Tower, wo sie der König schützen ließ; aber ihre Häuser fielen den räuberischen Baronen zu. Die Juden verarmten dadurch so sehr, daß sie ihre regelmäßigen Steuern nicht leisten konnten, und Heinrich mußte ihnen, um sie nicht ganz verarmen zu lassen, eine dreijährige Nachsicht gewähren (1268)[2]). König und Parlament verboten ihnen noch dazu, Lehnsgüter und überhaupt Häuser von christlichen Besitzern zu kaufen (1270)[3]). Unter solchen Umständen ist es nicht zu verwundern, daß die englischen Juden es zu keinerlei literarischer Tätigkeit gebracht haben. Ein Schriftsteller, **Mose, Sohn Isaaks** (Sohn des Fürsten?) aus England oder London, welcher um diese Zeit eine hebräische Grammatik geschrieben und ein hebräisches Lexikon hinterlassen hat (**Sepher ha-Schoham**)[4]), war ohne Zweifel aus Frankreich, da er die Wörter der Bibel in französischer Sprache erklärt hat.

Oberflächlich betrachtet und verglichen mit der Lage ihrer Brüder in England, Frankreich und Deutschland, lebten die Juden in Spanien in dieser Zeit wie in einem Paradiese. In Kastilien regierte damals ein König, den schon seine Zeitgenossen den **Weisen** nannten, **Alfonso X.** (1252—1284), der in der Tat die Wissenschaft liebte und förderte und nach dem Ruhme seiner mohammedanischen Vorgänger Abderrahman III. und Alhakem geizte. Wiewohl sein Vater, **Ferdinand** der Heilige — was immer so viel sagen will als der Unduldsame — den Juden nicht besonders hold war, so schien sein Sohn, der überhaupt mit ihm nicht stimmte, doch eine andere Richtung einschlagen zu wollen. Bei dem Kriegszuge gegen Sevilla, den er noch als Kronprinz leitete, waren auch jüdische Krieger unter seinem Heere. Bei der Einnahme dieser Stadt und bei der Verteilung der Ländereien an die Kämpfer bedachte der Infant Alfonso auch die Juden. Er wies ihnen Acker zu, die ihnen in einem eigenen jüdischen Dorfe (**Aldea de los Judios**) ganz allein gehören sollten. Den Juden von Sevilla, die seiner Eroberung wahrscheinlich Vorschub leisteten, weil sie unter den Almohaden als Scheinmohammedaner

---

[1]) Quellen bei Pauli, Geschichte Englands III, S. 764. Diese sprechen zwar nur von 500 getöteten Juden, das Mainzer Memor-Buch hat aber die Zahl 1500: חרוגי איר היס הרוגי לונדרריס ט״ו מאות נפשות כ״ד לאלף חששי.

[2]) Tovey p. 167.

[3]) Das. p. 188 f.

[4]) Dukes, jewish Chronicle 1849, p. 296 ff. Renan, Les Rabbins français du commencement du XIV. siècle p. 484 ff. Ein Stück der Einleitung aus dem ספר חשהם Orient, Jahrg. 1844, p. 518.

ein trübseliges Dasein führten, räumte er drei Moscheen ein, die sie in Synagogen verwandelten. Ein großer Stadtteil, durch eine Mauer von der übrigen Stadt getrennt, gehörte ihnen (unter dem Namen **parternilla de los Judios**)[1]. Aus Dankbarkeit überreichte die Gemeinde von Sevilla dem Sieger einen kostbaren, künstlich gearbeiteten Schlüssel mit einer hebräischen und spanischen Inschrift: „Der König der Könige öffnet, der König des Landes wird einziehen"[2]. Als Alfonso zur Regierung gelangte, vertraute er Juden wichtige Ämter an. Ein gebildeter und talmudkundiger Mann, Don Me**ï**r de Malea, wurde Schatzmeister dieses Königs und führte den Titel Almoxarif[3]. Er muß dieses Amt so gewissenhaft verwaltet haben, daß es auf seinen Sohn Don Zag (Isaak) überging. Es blieb eine ganz geraume Zeit stehende Sitte in Kastilien, Juden das Schatzmeisteramt anzuvertrauen, nicht bloß weil sie das Finanzwesen gut und besser als die Haudegen von spanischen Rittern verstanden, sondern auch weil sie es treuer und gewissenhafter verwalteten. Auch andere Juden hatten Zutritt zu Alfonsos Hofe. Er hatte einen jüdischen Leibarzt, Don Juda ben Mose (nicht Mosca) Kohen, der zugleich sein Astronom und Astrolog war. Der König, welcher auf Astrologie und Goldmacherkunst sehr viel gab, ließ von kundigen Juden astronomische Werke und eine Schrift über die Eigenschaften mancher Steine aus dem Arabischen ins Kastilianische übersetzen[4]. Christliche, des Arabischen kundige Gelehrte, obwohl von Arabern umgeben, gab es damals so wenig, wie in früherer Zeit, und Juden mußten auch hier wie überall die Vermittler machen. Kleriker, wenn sie ihr Latein nicht vergessen hatten, übersetzten dann die kastilianische Übersetzung der Juden in die Kirchensprache. — Der König nannte sogar einen Synagogen-

[1]) Zu Zuñiga, annales de la ciudad de Sevilla T. 1, p. 136.

[2]) Dieser Schlüssel, der noch in der Kathedrale von Sevilla aufbewahrt wird, hat die hebräische Inschrift: מלך מלכים יפתח מלך כל הארץ יבוא, und die spanische: Dios abrira, Rey enterara. Abbildung bei Zuñiga, p. 47 und bei Papenbroch, vita St. Ferdinandi; vgl. Amador de los Rios estudios de los Judios en España, p. 33. Die Einnahme von Sevilla fiel 1248.

[3]) Arrendaron Don Çag (Zag) y su hermano Don Jucef hijos del Almojarif Don Mair — — los tercios de la rentas reales, Landazuri y Romarate historia de la ciudad de Victoria; Kayserling, Geschichte der Juden in Navarra, S. 117. Nachmani nennt ihn: החשר הגדול החכם ר'מאיר אלמשריץ (.אלמושריף) ירום הודו in den pseudonachmanischen Respp. Nr. 284. Da dieses Gutachten (welches echt nachmanisch ist) an R. Jona I. gerichtet ist, und dieser 1263 starb, so ergibt sich daraus, daß D. Meïr schon in den ersten Regierungsjahren Alfonsos das Amt bekleidete.

[4]) Vgl. über die jüdischen Naturkundigen unter Alfonso Note 6.

vorbeter von Toledo „seinen Weisen". Es war dies Don Zag
(Isaak) Jbn-Sid, einer der bedeutendsten Astronomen seiner
Zeit. Alfonso beauftragte diesen Vorbeter Don Zag, astronomische
Tafeln anzulegen, welche des Königs Namen berühmter machten als
seine Kriegstaten und seine staatsmännische Weisheit. Bis zu den
astronomischen Entdeckungen der neuen Zeit bedienten sich die Fachmänner der „Alfonsinischen Tafeln", welche gebührend die Zagschen
oder Sidischen heißen sollten. Es gab auch einen dritten jüdischen
Naturforscher an Alfonsos Hofe, Samuel Halevi (Abulafia
Alawi?), dessen Name sich an eine kunstreiche Wasseruhr knüpft, die
er im Auftrage des Königs anfertigen ließ. Die Vorliebe Alfonsos für
Sternkunde und für die Männer, welche im Besitze solcher Kenntnisse
waren, schmückte die Sage so einleuchtend aus, daß sie in der Geschichte als eine unbestreitbare Tatsache auftrat. Es wurde erzählt[1]),
der König habe einen astronomischen Kongreß zusammenberufen, der
fünf Jahre hintereinander getagt habe. Mehr als fünfzig Astronomen,
Christen, Juden und Mohammedaner, wären Mitglieder desselben gewesen, wobei auch Jehuda Kohen und Samuel Halevi namhaft gemacht werden. Unter dem Vorsitz des Königs oder eines Stellver-
treters in seiner Abwesenheit wären auf diesem Kongresse die
schwierigsten astronomischen Probleme verhandelt und zum Abschlusse
gebracht worden. Der König sei mit den Arbeiten seiner Astronomen
so sehr zufrieden gewesen, daß er sie und ihre Nachkommen von allen
Staatsabgaben befreit hätte. Diese ganze Erzählung beruht auf einer
Erfindung, die ein Unwissender, der etwas von arabischen und jüdischen
Astronomen und von der Vorliebe Alfonsos für diese Wissenschaft
verlauten gehört, sich zurecht gelegt hat. Alfonso soll auch in dem
Bestreben, die spanische Sprache, welche durch ihr Gemisch von
romanischen und arabischen Elementen einen kauderwelschen Charakter
hatte, zu reinigen und zu veredeln, unter anderen Übersetzungen auch
das alte Testament von Juden aus der Ursprache ins Kastilianische
haben übertragen lassen. Indessen entbehrt diese Nachricht jeder
tatsächlichen Begründung[2]). Die Anstellung von Juden bei Hof-

[1]) Higueras hat diese Nachricht zuerst mitgeteilt und will sie im Prologe zu
den alfonsinischen Tafeln gefunden haben. Sie ist in verschiedenen Schriften
in extenso mitgeteilt. Auch Alexander von Humboldt hat diesen astronomischen
Kongreß als ein Faktum behandelt. Die Ungeschichtlichkeit desselben ist gründlich, wenn auch verworren, nachgewiesen in Lehmanns Literatur des Auslandes, Jahrg. 1848, S. 226f. und 230f.
[2]) Ibañes de Segovia, Marquis de Mondejar, memorias historicas del
rey Don Alfonso el sabio, p. 451, vgl. dagegen Tiknor, History of the
spanish Literature, Neuyorker erste Ausgabe I, p. 45, Note.

ämtern unter Alfonso war natürlich den Vertretern der Kirche in der Seele zuwider, und der Papst Nikolaus III. stellte ihn in einem langen, von Selbstsucht und Anmaßung zeugenden Sündenregister darüber zu Rede, daß viele Übel dadurch erwachsen, wenn Juden vielfach Christen vorgezogen werden[1]).

Indessen so sehr auch Alfonso gebildete und tüchtige Juden an seinen Hof zog und ihre Talente sozusagen ausbeutete, so war die Lage der Juden Kastiliens unter seiner Regierung keineswegs so günstig, als man auf den ersten Blick erwarten sollte. Denn auch er war nicht von Vorurteilen der Zeit gegen sie frei; der Geist des Judenhasses, von Innocenz III. angeregt, hatte auch ihn befangen gemacht, wie den Kaiser Friedrich II., zu dessen Nachfolger ihn eine Partei in Deutschland erwählt hatte. Alfonso hat auch den Ehrentitel „der Weise" nur in eingeschränktem Sinne verdient, denn er handelte in politischen Geschäften sehr unweise und war in kirchlicher Beziehung lange nicht so aufgeklärt wie Friedrich II. Alfonso war vielmehr ein Romantiker, der sich in den Tatsachen seiner Zeit nicht zurecht finden konnte, chimärischen Phantasien nachjagte und sich eine eigene Welt in Gedanken aufbaute, die zu verwirklichen ihm die Kraft fehlte. Der weise Alfonso war eigentlich ein Träumer und ein Schwächling, der nebelhafte Bestrebungen hatte, aber keinen festen Willen. Als ihn eine herrschsüchtige Partei unter den deutschen Fürsten zum deutschen Kaiser erwählt hatte, vernachlässigte er die heimischen Angelegenheiten, ohne jedoch die Tatkraft zu besitzen, von Deutschland Besitz zu nehmen. Er begnügte sich, kleine Intrigen mit den Geistlichen und den Päpsten spielen zu lassen, um zum Ziele zu gelangen, und wurde natürlich von diesen Klügeren überlistet und am Gängelbande geführt. Dem Klerus zu Liebe oder auch aus bigottem Sinn beschränkte er die Juden auf dem Wege der Gesetzgebung vielfach und wies sie in eine niedrige Stellung, wenn es auch zweifelhaft ist, ob die westgotische Gesetzsammlung (**Forum Judicum, fuero juzgo**) von ihm oder seinem Vater ins Kastilianische übersetzt wurde — eine Sammlung, in welche die zwei Titel der gegen die Juden gehässigsten Gesetze, welche die Könige von Reccared bis Egica erlassen hatten, mit aufgenommen wurden und aus der die Spanier ihren unvertilgbaren Judenhaß gesogen haben — wenn seine Schuld daran auch zweifelhaft ist, so ist es doch gewiß, daß Alfonso in einer von ihm selbst ausgegangenen Gesetzgebung die Juden zu erniedrigen trachtete.

[1]) Baronius (Raynaldus), Annales eccles. ad an. 1279, No. 26: Item Judaeos Christianos praeponit (Alfonsus rex) multipliciter, unde multa mala proveniunt.

Er hat nämlich einen weitläufigen Kodex für sämtliche Völker seines Reiches in sieben großen Gruppen in kastilianischer Sprache angelegt (1257—1266)[1]), worin auch von den Juden gehandelt wird, ja, ein ganzer Titel in dieser Gesetzgebung beschäftigt sich mit ihnen[2]). Es heißt darin: „Obwohl die Juden Christus verleugnen, werden sie in allen christlichen Ländern nur deswegen geduldet, damit sie allen in Erinnerung rufen, daß sie von demjenigen Stamm sind, der Jesus gekreuzigt hat. Da sie nur geduldet sind, so sollen sie sich still und geräuschlos verhalten, sollen das Judentum nicht öffentlich predigen und keine Bekehrungen zu ihrer Religion versuchen." Das alfonsische Gesetz verhängte sogar Todesstrafe wegen Bekehrung der Christen zum Judentum. Früher war der jüdische Stamm geehrt und das Volk Gottes genannt, heißt es darin weiter, aber seit ihrer Untat gegen Jesus habe es diesen Vorzug verwirkt, und kein Jude solle irgendeine Ehre oder ein öffentliches Amt in Spanien haben[3]). Alle Beschränkungen, welche der menschenfeindliche Fanatismus gegen die Juden ausgeklügelt hatte, nahm Alfonso in seine Gesetzsammlung auf. Sie sollten keine neue Synagoge bauen, keine christlichen Dienstboten halten und noch weniger sich mit Christen vermischen. Juden und Jüdinnen sollten besondere Abzeichen an der Kopfbedeckung tragen; wer ohne ein solches betroffen würde, sollte zehn Gold-Maravedis (Dukaten) zahlen oder, wenn er arm wäre, zehn Geißelhiebe öffentlich empfangen[4]). Juden und Christen sollten weder zusammen speisen, noch zusammen baden[5]). Alfonso nahm auch die Beschränkung auf, daß die Juden am Charfreitag sich nicht öffentlich zeigen dürften[6]). Der weise Alfonso schenkte der lügenhaften Fabel Glauben, daß die Juden alljährlich am Charfreitag ein Christenkind kreuzigten, und bestimmte durch ein Gesetz, wer sich solches zu Schulden kommen ließe oder eine Wachsfigur an diesem Tage kreuzige, sollte dem Tode verfallen[7]). Vergebens hat der Papst Innocenz IV. die Lügenhaftigkeit dieser Beschuldigung anerkannt und für die Unschuld der Juden gezeugt (o. S. 105f.). Wo die päpstliche Stimme zugunsten der Juden sprach, glaubte man ihrer Unfehlbarkeit nicht, nicht einmal ein ziemlich unterrichteter König, der mit Juden verkehrte. Kaum sollte man es glauben, daß der König, welcher einen jüdischen Leibarzt hatte, ein Gesetz erlassen haben sollte, daß ein Christ kein Heilmittel, das von

---

1) El Setenario oder las siete partidas.
2) Im siebenten Teil, Titel 24: de los Judios.
3) Siehe partida VII, Titel 24, § 3.
4) Das. § 11.   5) Das. § 8.   6) Das. § 2.   7) Das.

der Hand eines Juden bereitet wurde, einnehmen dürfte[1]). Es war noch viel, daß Alfonsos Gesetzgebung den Juden so viel einräumte, daß ihre Synagogen nicht geschändet, daß sie selbst nicht mit Gewalt zur Taufe geschleppt, nicht an ihren Feiertagen vor Gericht gezogen werden dürften, und daß sie nur einen einfachen Eid auf die Thora ohne jene erniedrigende Zeremonie, zu leisten haben sollten[2]).

Alfonsos Judengesetze hatten zwar für den Augenblick keine praktische Bedeutung; denn sein Kodex erlangte erst viel später Gesetzeskraft, indem die Städte und Cortes an ihren Lokalgewohnheiten mit vieler Zähigkeit festhielten. Alfonso selbst übertrat die von ihm aufgestellten Judengesetze, indem er Juden Ämter anvertraute. Allein nichtsdestoweniger war seine siebenteilige Gesetzsammlung von der traurigsten Wirkung für die spanischen Juden, indem sie diese mit dem kirchlich-kanonischen Maßstabe maß und dazu beitrug, deren Paradies in eine Hölle zu verwandeln. Die alfonsischen Gesetze waren bis in die neueste Zeit in dem spanischen Amerika zu Recht bestehend, während seine astronomischen Tafeln vergessen sind.

Das Königreich Aragonien behandelte seine Juden noch viel schlimmer. Zwei Einflüsse machten sich hier geltend, um ihre Stellung zu verschlimmern. Der lange regierende König Jayme (Jakob I.) hatte Besitzungen in Südfrankreich und kam mit dem bigotten König Ludwig dem Heiligen und dessen Räten öfter zusammen. Von diesen entlehnte er die Theorie der Behandlung der Juden. Auch er erklärte sie mit allen ihren Gütern als Eigentum des Königs, gewissermaßen als seine Kammerknechte. Es sei daher keinem Juden gestattet, sich in den Schutz eines Edelmanns zu begeben. Diese Anschauung hatte zwar auch ihre gute Seite, indem die Juden dadurch der Gerichtsbarkeit der Geistlichen entzogen wurden. Auch bemerkte ein von Jayme erlassenes Gesetz ausdrücklich, daß die Juden keineswegs als Gefangene oder Knechte zu behandeln seien[3]). Allein sie waren darum nicht minder der Willkür des jedesmaligen Herrschers preisgegeben, die von keinem Gesetz oder Herkommen beschränkt war. Der andere nachteilige Einfluß kam von seiten der Kirche und von ihren blinden Eiferern. Der Dominikanergeneral Raymund von Penjaforte, der Sammler der päpstlichen Dekretalen, dessen ganzes

---

1) Das. und § 8. Ende. Defendemos, que ningun Christiano non reciba medizinamiento, que sea feeho por mano de Judio.
2) Das. und § 4—6; Partida III, Titel 11, § 20.
3) Vgl. die Quellen darüber in Ersch und Grubers Enzyklopädie, T. 27, S. 211, Note 95 ff.

Denken dahin ging, die Macht des Papsttums und der unfehlbaren
Kirche über die der weltlichen Herrscher zu erheben, der Vorläufer der
Vicente Ferrer, der Capistrano und der Torquemada, dieser finstere
Mönch war Beichtvater des Königs Jayme. Der König von Aragonien
hatte viel geliebt und viel gesündigt, brauchte daher stets seinen Beichtvater und war von ihm abhängig, und wenn er ihm auch nicht immer
zu Willen handelte, in Betreff der Juden und Mohammedaner machte
er ihm gern Zugeständnisse. Penjafortes Augenmerk war stets dahin
gerichtet, Juden und Mohammedaner zu bekehren. In den von
Dominikanern geleiteten höheren Schulen ließ Penjaforte auch Hebräisch
und Arabisch lehren, damit die Predigermönche in diesen Sprachen
ein Mittel haben möchten, Bekehrungen wirksam zu unternehmen.

Ein Jünger dieses Ordens, **Pablo Christiani** aus Montpellier, ein getaufter Jude[1]), war der erste Missionsprediger zur Bekehrung der Juden. In Südfrankreich und anderwärts reiste er umher,
forderte Juden zur Disputation auf und wollte ihnen beweisen, daß
Jesu Messianität und Göttlichkeit in Bibel und Talmud bestätigt sei.
Da seine Mission aber von geringem oder gar keinem Erfolge gekrönt
war, so fiel de Penjaforte auf den Gedanken, ein öffentliches Religionsgespräch am königlichen Hofe über Judentum und Christentum
zwischen Pablo Christiani und dem berühmtesten Rabbinen Spaniens,
Mose Nachmani, zu veranstalten, in dem Wahne, wenn dieser bekehrt
würde, so könne es nicht fehlen, daß sämtliche Gemeinden zum
Christentum übertreten würden. Nachmani erhielt darauf vom König
Jayme ein Einladungsschreiben, sich in Barcelona zu einer feierlichen
Disputation einzufinden (1263).

---

[1]) Die Hauptquelle für diese Fakta ist das von Nachmani selbst verfaßte
ויכוח הרמב"ן עם פראי פולו (disputatio Nachmanidis cum Paulo Christiani)
nach der ersten und besten Ausgabe Konstantinopel 1710 (in der Sammelschrift מלחמת חובה), die von den Handschriften nur wenig divergiert. Daß
diese Schrift echt nachmanisch ist, woran nur die schlechte Wagenseilsche Ausgabe zweifeln machen konnte, ist aus dem ganzen Tenor zu entnehmen. Die
Echtheit wird übrigens durch die päpstliche Bulle (Note 2) bestätigt. — Daß
Fray Pablo ein Konvertit war, sagt ein Schreiben des Papstes Clemens IV.
ausdrücklich: Ad haec autem dilectus filius noster Paulus, dictus
Christianus — creditur non modicum profuturus, quia ex Judaeis
trahens originem, et inter eos literis Hebraïcis instructus, linguam
novit ... et legem et errores illorum, bei Carpzov Einleitung zu pugio
fidei. — Nachmani referiert im Eingange, daß Pablo vor der Disputation
Bekehrungsreisen in der Provence und anderswo gemacht: בפרובינצה ובכ"מ
(פראי פולו) רבים כי מאז שהלך. E. C. Girbal, Los Judios de Gerona 1870.
Historisches Jahrbuch der Görres-Gesellschaft 1887.

Nachmani erschien und mußte sich widerwillig zur Disputation bereit erklären. Er tat es aber mit Würde und vertrat das Judentum vor einem christlichen König ebenso ehrenhaft, wie zwölf Jahrhunderte vorher Philo aus Alexandrien vor einem heidnischen Kaiser. Nachmani erklärte von vorn herein vor Jayme und dem Beichtvater de Penjaforte, daß er sich nur unter der Bedingung vollständiger Redefreiheit zum Disput herbeilassen werde, um vor seinem Gegner nicht zurückzustehen. Der König bewilligte diese Bedingung. Als de Penjaforte dabei bemerkte, er möge nur diese Freiheit nicht zu Lästerungen auf das Christentum mißbrauchen, erwiderte er mit Würde, auch er kenne die Regeln des Anstandes. Die Disputation zwischen Nachmani und Pablo Christiani veranschaulicht, wenn man sie mit der zwischen R. Jechiel und Nikolaus Donin (o. S. 96) vergleicht, den bedeutenden Vorsprung, den die spanischen Juden vor ihren nordfranzösischen Brüdern hatten. Der Rabbiner von Paris und der Dominikaner Donin kämpften wie zwei rohe Boxer, die mit derben von Schimpfworten begleiteten Faustschlägen aufeinander losgehen; der Rabbiner von Gerona und der Dominikaner Pablo dagegen traten wie zwei feingebildete Edelleute auf, welche ihre Hiebe mit Höflichkeit unter der Beobachtung der feinen Sitte austeilten.

Vier Tage dauerte diese Disputation von Barcelona (vom 20. Juli an)[1]) im Palaste des Königs und im Beisein des ganzen Hofes, vieler hoher Geistlichen, Ritter und Männer des Volkes. Auch viele Juden mußten als Zuhörer erscheinen. Nachmani steckte gleich von vorn herein das Feld des Streites genau ab. Die Differenzpunkte zwischen Judentum und Christentum seien so zahlreich, meinte er, daß es geraten sei, lediglich die wesentlichsten ins Auge zu fassen. Es sei nun zuerst zu erörtern, ob der Messias bereits erschienen sei oder nicht; dann ob der Messias nach der biblischen Prophezeiung als Gott oder als ein von Eltern geborener Mensch zu betrachten sei, und endlich,

---

[1]) Das Jahresdatum gibt Nachmani in der Schrift genau an: 1195 seit der Tempelzerstörung = 1263 (p. 8a). Das Tagesdatum gibt eine Quelle in Quetifs und Ekhards scriptores ordinis Praedicatorum I, p. 246: Laudatur solemnis, quam praesente rege, astantibus viris omnium ordinum sapientissimus habuit (Paulus Christianus) cum Moyse Gerundensi Barcione disputatio XX. Julii 1263. Freilich bleibt es unbestimmt, ob hier vom ersten oder letzten Tage der Disputation die Rede ist. Vgl. Denifle, Quellen zur Disputation Pablo Christianis mit Moses Nachmani zu Barcelona 1263, im historischen Jahrbuch der Görresgesellschaft 1887 und dazu Loeb in der Revue d. E. J. XV, S. 1 ff.

ob die Juden oder die Christen den rechten Glauben hätten. Mit diesem Vorschlag zeigten sich der König und sämtliche Beteiligten einverstanden. Eigentümlich ist es, daß, während Nikolaus Donin den Talmud anklagte, er enthalte Schmähungen auf Jesus und die Christen, Pablo Christiani das Entgegengesetzte behauptete, der Talmud erkenne Jesu Messianität an, was für Nachmani sehr leicht zu widerlegen war. Pablos Hauptbeweis beruhte auf agadischen (allegorisch-homiletischen) Stellen, die Nachmani von vorn herein dadurch erschütterte, daß er geradezu erklärte, er glaube an diese und andere Agadas nicht. Der Dominikaner legte nun dem Rabbiner ein solches Geständnis als Ketzerei aus, als wollte er besser zu beurteilen wissen, was im Judentum Rechtgläubigkeit und was Unglaube sei. Sein jüdischer Gegner ließ sich aber dadurch nicht irre machen und rechtfertigte seinen Ausspruch, daß der Jude nur an die Wahrheit der Bibel und an die talmudische Auslegung, so weit sie die religiöse Praxis betrifft, zu glauben habe, die agadische Deutung dagegen dürfte er getrost, wie Predigten (sermones), ebenso gut verwerflich wie annehmbar finden, jenachdem sie seinem Geiste widersteht oder zusagt. Einen andern kühn hingeworfenen Ausspruch, daß der christliche König ihm werter sei als der Messias, rechtfertigte Nachmani durch folgende Bemerkung, es sei für ihn, wie für die Juden überhaupt, mehr Verdienst, wenn sie unter einem christlichen Herrscher, im Exile, unter Demütigungen und Schmähungen das Gesetz des Judentums erfüllten, als wenn sie es unter einem mächtigen jüdischen Könige in Wohlstand und in Freiheit täten. Denn der Messias sei nur als König von Fleisch und Blut zu betrachten. — Einen schlagenden Einwurf gegen Jesu Messianität, der schon von älteren Polemikern geltend gemacht wurde, ließ Nachmani nicht unberücksichtigt. Sämtliche Propheten verkündeten, daß zur Messiaszeit eine sittliche Gehobenheit unter den Menschen allgemein herrschen, und daß namentlich Krieg und Blutvergießen aufhören würden. Aber seit Jesu Erscheinen sei die Welt erst recht von Gewalttätigkeit und Ungerechtigkeit voll geworden. Die Christen seien unter allen Völkern am kriegerischsten gesinnt, d. h. Blutvergießer. Und sich an den König wendend, bemerkte Nachmani: „Es dürfte dir, o König, und deinen Rittern schwer fallen, das Kriegshandwerk aufzugeben, wie es das Eintreten der messianischen Zeit erfordert!"

Da sich Nachmani in den ersten drei Tagen mit Freimut, wenn auch würdevoll, über das Christentum geäußert hatte, so bat ihn die Barcelonaer Judenschaft, das Disputieren einzustellen, weil sie verfolgung von seiten der Dominikaner fürchtete. Auch Ritter und Geistliche warnten ihn, sich nicht von seinem Freimut hinreißen zu lassen. Ein angesehener Franziskanermönch, Fray de Genova, neidisch auf den Einfluß der Dominikaner auf den König, redete ihm ebenfalls zu, die Disputation abzubrechen. Auch die christliche Bürgerschaft von Barcelona interessierte sich für die Juden und wollte die Aufreizung gemieden wissen. Nachmani teilte diese Tatsache dem Könige mit, und da dieser auf die Fortsetzung der Disputation bestand, so wurde das geistige Turnier fortgesetzt. Nachmani ging zuletzt siegreich hervor, denn Pablo war dessen schlagfertiger Widerlegung nicht gewachsen. Der König bemerkte am Ende in einer Privataudienz gegen Nachmani, er habe noch nie eine so ungerechte Sache so geistvoll verteidigen gehört. Die Dominikaner suchten aber zu verbreiten, Pablo Christiani habe seinen Gegner so sehr in die Enge getrieben, daß er, tief beschämt, heimlich entflohen sei. Nachmani hatte sich aber so wenig entfernt, daß er sich vielmehr noch acht Tage in Barcelona aufhielt, weil er hier und da davon sprechen hörte, der König und die Dominikaner wollten am darauffolgenden Sonnabend die Synagoge besuchen. In der Tat erschienen sie auch, und de Penjaforte nahm in der Synagoge das Disputieren wieder auf. Er verdeutlichte die Dreieinigkeit durch den Wein, welcher Farbe, Geschmack und Geruch habe und doch eine Einheit bilde. Solche und andere hinkende Gleichnisse konnte Nachmani leicht widerlegen und zwang den Beichtvater des Königs zu dem verfänglichen Geständnis, die Dreieinigkeit sei ein so tiefes Mysterium, daß selbst die Engel es nicht begriffen. Dazu bemerkte Nachmani zum Schluß, wenn dem so sei, so dürfe die Menschen kein Vorwurf treffen, wenn sie sich nicht über die Engel erheben könnten. — Vor seiner Abreise wurde Nachmani noch einmal vom König zu einer Audienz zugelassen und freundlich verabschiedet. Er erhielt von ihm ein Ehrengeschenk von dreihundert Maravedis[1]).

So harmlos waren aber die Folgen dieser Barcelonaer Disputation keineswegs. De Penjaforte war auf Judenbekehrungen versessen und ließ sich durch nichts davon abbringen. Er erwirkte gleich darauf für seinen Schützling Pablo Christiani einen Schutzbrief für weitere Missionsreisen (vom 29. August 1263) vom König Jayme, wodurch die

---

[1]) Nachmani erzählt es selbst in der Disputation, und wenn er, der Mann der strengen Wahrhaftigkeit, behauptet, er habe wissentlich an dem Hergang nichts geändert, so dürfen wir es ihm glauben und den ruhmredigen Bericht der Dominikaner danach beurteilen. Diese erzählten nämlich: **Paulus ita clare demonstravit, ut Rabbinus (Moyses Gerundensis) qui ceu oraculum apud suos habebatur, ad infitias redactus ac mutus redditus, clam se subduxerit et aufugerit,** bei Quetif a. a. O.

Juden der Willkür des jüdischen Dominikaners preisgegeben waren. Was in Barcelona mit einem Gegner wie Nachmani mißlang, das könnte vielleicht anderswo mit minder fähigen Gegnern gelingen. Die Gemeinden Aragoniens und der dazu gehörigen Striche in Südfrankreich wurden aufs Strengste angewiesen, auf die Aufforderung des Pablo Christiani mit ihm zu disputieren, sei es in den Synagogen oder sonstwo sich einzufinden, ihn ruhig anzuhören, ihm demütig auf seine Fragen zu antworten und ihm die Bücher zu liefern, deren er für seine Beweisführung bedürfe. Die Missionskosten desselben sollten die Juden bestreiten, sie allenfalls von ihren Abgaben an den König abziehen. Sämtliche Beamte wurden angewiesen, dem Dominikaner-Missionar beizustehen und die widersetzlichen Juden zu bestrafen[1]). Man kann sich die Verzweiflung der Juden gegenüber solchen Zumutungen denken. Siegend oder besiegt waren sie Plackereien ausgesetzt.

Da nun Pablo Christiani trotz des königlichen Schutzes wohl keine gute Aufnahme bei seinen ehemaligen Glaubensgenossen fand, trat er in die Fußstapfen des Nikolaus Donin, den Talmud zu denunzieren, daß er feindselige Stellen gegen Jesus und Maria enthalte. Er begab sich zum Papste Clemens IV., wiederholte dort die Anschuldigungen gegen den Talmud und veranlaßte diesen, eine Bulle (vom Jahre 1264)[2]) an den Bischof von Tarragona zu erlassen, daß die Talmudexemplare konfisziert, von den Dominikanern und Franziskanern untersucht und, wenn lästerlich befunden, verbrannt werden sollten. Der Überbringer der talmudfeindlichen Bulle war der Apostat Pablo Christiani selbst. Darauf erließ der König Jayme einen Befehl (1264), daß der Talmud untersucht und die schmähenden Aussprüche darin gestrichen werden sollten. Die Zensurkommission war zusammengesetzt aus dem Bischof von Barcelona, de Penjaforte und noch drei anderen Dominikanern, Arnoldus de Sigarra, Petrus de Janua und Raymund Martin, der als Christ in der Dominikanerschule Hebräisch, Chaldäisch und Arabisch ziemlich gründlich erlernt hatte und seine Gelehrsamkeit zur Anfeindung des Judentums und des Islams verwertete. Pablo Christiani wurde auch noch zugezogen. Die Kommission bezeichnete die Stellen, welche im Talmud gestrichen werden sollten. Das war die erste Zensur der Dominikaner gegen den Talmud in Spanien.

---

[1]) Wagenseil, Einleitung zu Nachmanis Disputation aus Lindenbergs Codex legum antiquarum.
[2]) Carpzovs Einleitung zu Martins pugio fidei. p. 92, 105 f. Das Datum ist nicht ganz sicher. Carpzov setzt es 1265, allein die Bulle trägt das Datum: anno pontificatus nostri tertio, sub anno domini 1267.

Sie fiel jedenfalls in Aragonien milder aus als in Frankreich, wo der ganze Talmud zum Scheiterhaufen verdammt worden war. Der Grund dieser verhältnismäßigen Milde war, daß selbst der gelehrte Dominikaner Raymund Martin, welcher später zwei judenfeindliche Schriften verfaßte, überzeugt war, manche Stellen im Talmud legten Zeugnis von der Wahrheit des Christentums ab und seien wohl wirklich von Mose überliefert worden; darum dürfe der Talmud nicht ganz und gar vernichtet werden.[1])

Damit waren aber die nachteiligen Wirkungen der Nachmanischen Disputation nicht zu Ende. Sie trafen den Mann selbst, welcher gewissermaßen den Mittelpunkt der spanischen Judenheit in der nachmanischen Zeit bildete. Nachmani sah sich nämlich veranlaßt, gegenüber den missionarischen Machinationen des Pablo Christiani und der entstellenden Ruhmredigkeit der Dominikaner von dem Siege, den sie bei der am Hofe gehaltenen Disputation errungen hätten, seinerseits für seine Glaubensgenossen eine treue, wahrheitsgemäße Darstellung der Vorgänge in Barcelona zu veröffentlichen.

Er tat nicht heimlich damit, sondern übergab dem Bischof von Gerona auf dessen Verlangen eine Abschrift davon. Abschriften dieser Disputation wurden in verschiedene Länder, wo Juden wohnten, versendet (um 1264). Selbstverständlich hat er dadurch den Haß der Sanftmütigen nur noch mehr auf sich geladen. Pablo Christiani, dem das Disputationssendschreiben in die Hände gekommen war, und der Hebräisch verstand, las daraus die gröblichsten Lästerungen gegen das Christentum heraus, machte seinem Vorgesetzten, dem ehemaligen Dominikanergeneral de Penjaforte[2]), Anzeige davon, und dieser im Vereine mit einem Ordensgenossen machte ein Kapitalverbrechen daraus und erhob beim Könige eine förmliche Anklage gegen Verfasser und Schrift. Don Jayme mußte auf die Klage eingehen; allein als traute er einem aus Dominikanern zusammengesetzten Gericht nicht, berief er eine außerordentliche Kommission, bestehend aus dem Bischof von Barcelona und noch anderen Geistlichen und auch Juristen, lud Nachmani oder Bonastrüc de Porta[3]) ein, sich zu verteidigen und ließ die Verhandlung in seiner Gegenwart

---

[1]) Raymundi Martini pugio fidei adversus Mauros et Judaeos, zuerst ediert Paris 1651, zweite Edition Leipzig und Frankfurt 1668 mit einer großen judenfeindlichen Einleitung von Carpzov. Vgl. Einleitung zu pugio und II, 14, 8.

[2]) Penjaforte war seit 1240 nicht mehr Ordensgeneral; vgl. Denifle a. a. O., S. 239.

[3]) S. Note 2.

aufnehmen. Nachmani war in einer sehr unangenehmen Lage, aber seine Wahrhaftigkeit verleugnete er nicht. Er gestand zu, daß er in seiner Disputationsschrift manches gegen das Christentum vorgebracht habe, aber nicht mehr und nichts anderes, als er in der Disputation in Gegenwart des Königs geltend gemacht habe, und dazu habe er sich von diesem und von de Penjaforte die Freiheit ausgebeten und auch ausdrücklich erhalten. Er dürfe also nicht für schriftliche Äußerungen verantwortlich gemacht und angeschuldigt werden, die in seiner mündlichen Verteidigung unbeanstandet geblieben wären.

Der König und die Kommission erkannten die Richtigkeit seiner Rechtfertigung an; indes um den Dominikanerorden oder de Penjaforte nicht zu reizen, wurde Nachmani doch zu zweijährigem Exile aus seinem Geburtslande und seine Schrift zum Scheiterhaufen verurteilt. Die Inquisition war noch nicht allmächtig. Die Dominikaner aber waren mit diesem verhältnismäßig milden Urteilsspruche keineswegs einverstanden, sie hatten eine härtere Strafe erwartet. Wie es scheint, beabsichtigten sie Nachmani vor ihr eigenes Tribunal vorzuladen und ohne Zweifel den Stab über ihn zu brechen. Diesem Ansinnen widersetzte sich der König Jayme mit Energie. Er übergab ihm eine Art Freibrief des Inhalts, daß Nachmani in dieser Angelegenheit lediglich in Gegenwart des Königs angeklagt werden dürfe (April 1265). Die Dominikaner waren selbstverständlich wütend über die Milde des Königs und den scheinbaren Eingriff in ihre Gerechtsame, über Leben und Tod zu entscheiden. Sie appellierten an den Papst Clemens IV., daß der König den Verfasser einer das Christentum schmähenden Schrift ungeahndet gelassen habe. Der Papst, welcher zur selben Zeit andere Beschwerden gegen den König von Aragonien auf dem Herzen hatte, sandte ihm ein sehr strenges Breve zu, hielt ihm ein Sündenregister vor, worin auch die Punkte vorkamen, daß er jüdische Beamte ihrer Würde entkleiden und jenen argen Bösewicht streng bestrafen solle, welcher, nachdem er ein Religionsgespräch gehalten, eine Schrift veröffentlicht habe, gewissermaßen um dem Irrtum eine Trophäe zu weihen (1266). Ob sich der König den Zumutungen des Papstes in bezug auf Nachmani gefügt hat, und wie weit dieser bestraft wurde, ist unbekannt geblieben. Eine Strafe ist jedenfalls über ihn verhängt worden, nur wie es scheint, Verbannung aus seinem Lande. Nachmani verließ nämlich als Siebziger Vaterland, zwei Söhne, Lehrhaus, Freunde und Verehrer und ging in die Verbannung. Er wandte sich nach dem heiligen Lande, nach dem er dieselbe glühende Sehnsucht hatte, wie sein Gesinnungsgenosse Jehuda Halevi. Er ging freilich noch weiter darin und behauptete, es sei jedes Juden religiöse Pflicht, in Judäa zu wohnen¹). So hatte ihm das Geschick den Gefallen getan, ihm zur Erfüllung eines Gebotes und zur Stillung seiner Sehnsucht behilflich zu sein. Auf einem Schiffe wanderte er aus und landete in Jean d'Acre (1267), das damals noch in den Händen der Christen war. Von da beeilte er sich nach Jerusalem zu gehen (9. Ellul = 12. August)²).

Tief schmerzlich waren Nachmanis Empfindungen über den Zustand des heiligen Landes und der heiligen Stadt. Er fand seine Hoffnungen noch mehr getäuscht als Jehuda Halevi. Die Mongolen oder Tataren hatten daselbst unter dem Sultan H u l a g u einige Jahre vorher (1260) grausige Verwüstungen angerichtet. — Die erstaunlich raschen Eroberungen der Mongolen hatten die Völker Asiens und Europas förmlich betäubt. Während diese ihre Kräfte in kleinen Kriegen und arglistigen Verhandlungen lähmten, hatten jene ein Reich gegründet, das an Ausdehnung seines Gleichen noch nicht hatte, und sie drangen immer weiter vor. Fromme Christen, welche die Spaltung der Christenheit infolge der Fehden zwischen Kaiser und Papst tief beklagten, sahen die Mongolen als Zuchtmeister für ihre schweren Sünden an. Einige erblickten in ihnen den Antichrist mit den Völkern Gog und Magog, welche dem Wiedererscheinen Jesu vorangehen sollten. Der Großkhan Hulagu hatte Bagdad eingenommen, dem abassidischen Kalifat ein Ende gemacht und ein neues Reich, das persische oder iranische Khanat gegründet. Er richtete sein Augenmerk auf das ägyptische Sultanat, eroberte die Euphratfestungen Damaskus, Haleb, Baalbek, drang nach Palästina vor, nahm Nablus (Sichem) mit Sturm und kam über Hebron und Beit-Gebrin (Bet-Gabrin) bis Gaza. Jerusalem wurde in einen Trümmerhaufen verwandelt, sämtliche Bewohner hatten es verlassen (1260). Die Juden hatten ebenfalls an diese außerordentlichen Ereignisse messianische Hoffnungen geknüpft. Die „häßlichen Männer von Osten", welche zugleich die beiden Bedrücker Israels, die Anhänger Jesu und Mahommeds, demütigten, könnten für Israel die Stunde der Erlösung bringen. Ein Schwärmer ließ den von der Geheimlehre so oft heraufbeschworenen Simon ben Jochaï von neuem eine Offenbarung verkünden, daß die Verwüstungen der Mongolen die Leiden seien, welche dem Messias vorangehen müßten³). Indessen ist diese Hoffnung, wie viele andere, nicht in

---

¹) Zusätze zu Maimunis Sefer ha-Mizwot ed. Berlin, p. 80 a f. Pentateuchkommentar zu Numeri 33, 53 und Deuteronomium 1.

²) Sendschreiben zum Schluß des Pentateuchkommentares und das Sendschreiben an seinen Sohn Nachman, vgl. Note 7.

³) Dieselbe Note.

Erfüllung gegangen. Obwohl die morgenländischen Juden meistens auf seiten der Mongolen standen oder mindestens ihnen keinen Widerstand geleistet hatten, so wurden sie doch von dem schonungslosen Verfahren der Sieger hart betroffen.

Nachmani, der einige Jahre später in Palästina eintraf, als die Mongolen bereits von dem ägyptischen Sultan aus Palästina vertrieben worden waren, fand noch viel Ruinen daselbst und beschreibt sie mit beredten Worten: „Je geheiligter eine Stätte ist, desto größer ist ihre Verödung; Jerusalem mehr als das übrige Juda, und dieses mehr als Galiläa." Die Gemeindeglieder der heiligen Stadt waren teils getötet, teils zersprengt worden, und die Thorarollen hatten Flüchtlinge nach Sichem gerettet. Es hatten sich zwar wieder 2000 Mohammedaner und 300 Christen in Jerusalem eingefunden, aber von Juden wohnten, als Nachmani es besuchte, nur eine oder zwei Familien darin, welche noch immer die Färberei pachtweise inne hatten. Marmorwölbungen und Baumaterialien aus der Zeit der Kreuzzüge waren herrenlos geworden. Die jüdischen Pilger, welche aus Syrien dahin gekommen waren, erbauten auf Nachmanis Anregung daraus eine Synagoge. Auf dem Ölberge, gegenüber den Ruinen des einstigen Tempels, hauchte Nachmani sein tiefes Weh über die Verödung der heiligen Stadt aus; aber es war keine Zionide, die seinem bewegten Gemüt entströmte. Die Poesie, welche Einöden zu bevölkern, zerstörte Reiche wieder aufzubauen, die Trauer zu mildern und den Schmerz zu verklären vermag, dieses Gnadengeschenk Gottes, die Poesie Jehuda Halevis, war Nachmani nicht zu Teil geworden. Er klagte in Versen von anderen Dichtern[1]).

Wie der Verbannte aus Spanien in dem Lande, das längst seine ideale Heimat war, Synagogen baute und Gemeinden organisierte, so gründete er in ihr auch eine Stätte für die jüdische Wissenschaft, welche seit der Eroberung Jerusalems durch die Kreuzfahrer von dort entwichen war. Ein Kreis von Jüngern sammelte sich um ihn, und selbst aus der Euphratgegend strömten ihm Zuhörer zu[2]). Sogar Karäer sollen zu seinen Füßen gesessen haben, so der später berühmt gewordene Aaron ben Joseph der Ältere[3]). Wiewohl er kein Freund der freien Wissenschaft war und vollständig im talmudischen Judentum steckte, so hatte doch Nachmani, als Sohn Spaniens, so viel allgemein Wissenschaftliches aufgenommen, daß er damit die Öde der morgenländischen Juden be-

---

[1]) Sendschreiben an seinen Sohn Nachman.
[2]) Pentateuchkommentar zur Genesis 11, 28.
[3]) Elia Baschjazi, Einleitung zu seinem Werke אדרת אליהו. Vgl. Perles in Frankels Monatsschrift, Jahrgang 1858, S. 89, Note 2.

fruchten konnte. Selbst seine kabbalistische Theorie, die er zuerst nach
Palästina verpflanzte, wo sie dann fortwucherte, stellte wenigstens ge-
dankliche Gesichtspunkte auf, von denen seine dortigen, in Unwissenheit
oder talmudischer Einseitigkeit befangenen Glaubensgenossen keine
Ahnung hatten. Strebte er doch auch, das Unvernünftige vernünftig zu
erklären, und damit arbeitete er der Gedankenlosigkeit und dem Stumpf-
sinn entgegen. Namentlich weckte er den Sinn für biblische Exegese,
wofür die orientalischen Juden ganz abgestumpft waren. Zu diesem
Zwecke arbeitete Nachmani seine Kommentarien zur Bibel und namentlich sein Hauptwerk, die Erklärung zum Pentateuch, aus[1]). In diese
Arbeit legte er seinen eigentümlichen Geist, sein warmes und weiches
Gemüt, seine hellen Gedanken und seine mystischen Träume nieder.
Wie Unzählige vor ihm und nach ihm fand er nämlich seine Weltanschauung in diesem Buche der Bücher wieder und erläuterte es von diesem
Gesichtspunkte aus. Nachmanis Pentateuch-Kommentar unterscheidet
sich aber wesentlich von allen vorangegangenen Arbeiten derselben Gattung. Ihm war es nicht um einzelnes, um Wort- und Sacherklärung zu
tun; Grammatik und schlichte Erklärung, für andere ein Hauptzweck,
waren für ihn nur Nebendinge, nur Mittel für eine höhere Auffassungsweise. Ihm kam es lediglich auf das große Ganze, auf einheitlichen Zusammenhang an. Jedem Buche des Pentateuchs schickte er eine kurze,
zusammenfassende Inhaltsangabe voraus, damit der Leser seine Aufmerksamkeit stets auf das Ganze richten und sich nicht in Einzelheiten
verlieren sollte. Er setzte sich in seinem Kommentar zur Aufgabe, die
überschwängliche Weisheit des Judentums, wie er sie sich dachte, in jedem
Satze und Worte, ja in jeder Silbe nachzuweisen. Nachmani wollte dem
schlichten Wortsinn einer nüchternen Exegese keinen Abbruch tun und
doch damit die talmudische Gesetzauslegung, seine eigene und eigentümliche Offenbarungstheorie und noch dazu kabbalistische Wunderlichkeiten
in Einklang bringen. Seine Überzeugung war, daß der heilige Text
zugleich Äußerliches und Innerliches, Einfaches und Höheres, allgemein
Verständliches und Mystisches widerspiegele. Beides sei wahr, und
man dürfe nicht das eine vor dem andern verdrängen wollen. Nachmani wollte Unmögliches leisten.

Das Kapitel von der Schöpfungsgeschichte war namentlich für ihn
eine Fundgrube alles menschlichen und göttlichen Wissens, oberflächlich
ein schöner Wasserspiegel, auf dessen Grunde das Kerngold einer un-
erforschlichen Weisheit ruhe, wogegen die stolze Philosophie wie ein

---

[1]) Pentateuchkommentar Einleitung und zur Genesis 35, 16. Vgl.
Perles a. a. O.

nichtssagender Gemeinplatz erscheine. „In der Genesis habe Gott seinem Propheten Mose die neunundvierzig Pforten des Wissens erschlossen, von der Natur der Metalle und der Pflanzenwelt an bis zur Sphäre des Seelenlebens, der Dämonen und Engel, und nur die Pforte der Erkenntnis von der Gotteswesenheit selbst bliebe ihm verschlossen." Alle diese Kenntnisse von der Mannigfaltigkeit des Weltalls seien in der Thora enthalten, entweder deutlich oder angedeutet in Worten, Zahlen, Figuren und Krönchen der Buchstaben[1]). Die Thora verkünde eindringlicher die Größe, Macht und Majestät Gottes als die Himmel. Seien doch die Religionen und die Gesittung der gebildeten Völker nur eine Frucht der Thora, deren die barbarischen Völkerschaften, Türken, Tataren und Zabier, beraubt seien, weil der offenbarte Lichtstrahl ihnen noch nicht zugekommen sei; darum glichen sie den Tieren und hätten sich noch nicht vermenschlicht[2]). Die sechs Schöpfungstage bedeuteten die geschichtliche Entfaltung der Menschheit in sechs Jahrtausenden, gefördert durch die Offenbarung der Thora, welche ihre treibende Sonne sei. Im Anfang des sechsten Jahrtausends (vom Jahre 1358 ab gezählt) beginne die höhere Entwickelung der Menschheit durch die größere Beteiligung der Völker an der göttlichen Offenbarung und damit zugleich die messianische Zeit[3]). Die Thora gebe aber nicht allein Aufschlüsse über diese Punkte, sondern auch über unbekannte naturwissenschaftliche Fragen, z. B. über das Wesen des tierischen Lebens, worauf sich die Speiseverbote gründeten[4]). Sie deute ferner das Vorhandensein eines Paradieses für die lauteren Seelen und einer Hölle mit einem feinen, selbst den ätherischen Stoff der Seele verzehrenden Feuer an, in welchem die Ungerechten und Gesetzesübertreter ihre Strafe erlitten und Strafengel ihre Wirksamkeit ausübten[5]). Endlich lehre die Thora eine geheime Weisheit die auf den Buchstaben des heiligen Textes beruhe. Die Buchstaben hätten nämlich nicht bloß in ihrer schlichten Wortfügung einen einfachen Sinn, sondern auch, wenn in anderer Reihenfolge gelesen, eine höhere kabbalistische Bedeutung. Darum werde auf die Buchstaben soviel Gewicht gelegt, so daß ein geringer Fehler eine Thorarolle unbrauchbar für die öffentliche Vorlesung mache. Selbst die Krönchen der Buchstaben, ihre Figuren und ihre jeweilige unregelmäßige

---

[1]) Das. Einleitung zur Genesis.
[2]) Abhandlung über die Bedeutung der Thora, die sogenannte Derascha, angeblich vor dem König von Aragonien gehalten, p. 1—5.
[3]) Pentateuchkommentar, zu 2, 3 und Derascha, p. 31 f.
[4]) Das. zu Abschnitt Schemini und Achre; Derascha, p. 29 f.
[5]) Schaar ha-Gemul ed. Vened., p. 87 ff., Derascha, p. 26 ff.

Bildung hätten ihre tiefe Bedeutung¹). Nachmani kam durch seine Überschwänglichkeit zu Alfanzereien, die einen trüben Schein auf seine Größe werfen. Auf die Kabbala ging er zwar in seinen Kommentarien nicht tief ein, sondern streifte sie lediglich leise. Allein eben dadurch hat er sie noch mehr gehoben. Beschränkte schwärmerische Köpfe suchten um so mehr etwas hinter diesen Andeutungen und beuteten diese kabbalistischen Winke mehr aus, als die hellen Gedanken, die er darin niedergelegt hat. Nachmanis Erklärungsweise entging allerdings dem Tadel seiner Zeitgenossen nicht, zumal er im Kommentar Ausfälle auf Maimuni und noch heftigere auf Ibn-Esra gemacht hatte. Ein Verehrer der Philosophie und ihrer zwei schwärmerischen Jünger schrieb eine Widerlegung gegen ihn und schickte ihr eine Satire voraus, in der er namentlich Nachmanis Mystik lächerlich machte²). Die Frommen verehrten ihn dagegen als den ganz besonders gläubigen Rabbinen, und wie seine talmudischen Arbeiten fleißig gelesen und benutzt wurden, ebenso wurde sein Kommentar ein Lieblingsstudium der Mystiker³).

Nachmani, der noch über drei Jahre in Palästina lebte, unterhielt Verbindungen mit seinem Geburtslande, wodurch Judäa und Spanien einander näher rückten. Er schickte seinen Söhnen und Freunden seine Werke ein und gab ihnen in Briefen Aufschluß über die Lage des stets vom Elend verfolgten Stammlandes⁴). Er erweckte dadurch wieder die Sehnsucht nach dem heiligen Lande, welche einige Männer von schwärmerischer Gemütsart dahin zog. Nachmani starb als ein Siebziger (um 1270), und seine Gebeine wurden in Chaifa beigesetzt neben seinem Schicksalsgenossen R' Jechiel aus Paris, der vor ihm ausgewandert war. Es wäre ein Wunder, wenn sich nicht an den wundergläubigen Nachmani eine wunderbare Sage geknüpft hätte. Sie erzählt, seine Jünger, die

---

¹) Einleitung zum Pentateuchkommentar, Derascha, p. 30 f.
²) Zeitschrift Chaluz II., Ende. Auch Hillel aus Verona, ein jüngerer Zeitgenosse, urteilte von Nachmani, daß seine Widerlegungen maimunischer Lehrsätze geschmacklos seien (Chemda Genusa, p. 20).
³) Todros Levi verfaßte einen Kommentar zu Nachmanis Mysterien um 1300 (vgl. de Rossi. codices. No. 68 und über denselben Note 12), ferner Schem-Tob Ibn-Gaon 1315, Isaak aus Akko um 1330, und noch andere.
⁴) Außer den zwei bekannten Sendschreiben zum Schluß des Pentateuchkommentars (von denen das letztere auch unter dem Titel אגרת המוסר ediert ist), sind noch zwei handschriftlich vorhanden, von denen das eine angeblich an einen seiner Söhne in Barcelona gerichtet, aber wohl apokryph ist. Das andere, angeblich an seinen Sohn am kastilischen Hofe, ist in der Leydener Bibliothek (Warner 59, 3) mit der Überschrift: וזאת האגרת ששלח הרמב״ן בהיותו בארץ ישראל לקשתיליירא בהיות בנו עובד לפני המלך, dessen Echtheit erst kritisch zu untersuchen ist.

ihm bei seiner Auswanderung das Ehrengeleite gegeben, hätten von ihm ein Zeichen verlangt, wodurch ihnen sein Todestag kund würde. Darauf habe er ihnen folgendes gegeben, der Leichenstein seiner Mutter werde sich an seinem Todestage spalten. Drei Jahre nach seiner Auswanderung hätten seine Jünger das Denkmal gespalten gefunden[1]). Nachmani hat noch mehr durch seine Persönlichkeit, als durch seine Schriften auf seine Zeitgenossen und die Folgezeit eingewirkt. Seine zahlreichen Jünger, darunter der bedeutendste Salomo Ben-Adret, haben die nachmanische Geistesrichtung innerhalb der spanischen Judenheit maßgebend gemacht. Begeisterte und unerschütterliche Anhänglichkeit an das Judentum, Hochachtung vor dem Talmud und völlige Hingebung an denselben, dilettantenhafte Kunde von der Zeitbildung und der Philosophie, Anerkennung der Geheimlehre als einer uralten, mit Scheu zu behandelnden Überlieferung, ohne sich darin zu vertiefen, diese Merkmale finden sich durchschnittlich an den spanischen Rabbinen und Vertretern des Judentums in der Folgezeit. Fortan beschäftigte sich selten ein spanischer Rabbiner eingehend mit Philosophie oder mit irgendeinem Fache der Wissenschaft, nicht einmal mit Bibelexegese. Dem Talmud war ihr Denken ausschließlich zugewendet, die Wissenschaften fanden nur noch in außerrabbinischen Kreisen Pflege. Die einfache Bibelerklärung in der Art, wie sie Ibn-Esra und Kimchi betrieben, wurde überhaupt vernachlässigt.

Die Literaturgeschichte kennt nur einen einzigen Bibelexegeten dieser Zeit, einen Jerusalemer Tanchum[2]), Sohn eines gelehrten

[1]) Die Sage hat Ibn-Jachja in Schalschelet aufbewahrt. Hält man die drei Jahre fest, so fiele Nachmanis Tod 1270. Von dieser Zahl läßt sich nicht viel abmarkten, da seit 1267 wohl einige Jahre verstrichen sein müssen, bis sich Jünger aus weiter Ferne um ihn gesammelt, und er seine Kommentarien ausgearbeitet hat. Edelmann hat ein Schreiben von R. gesehen, datiert von 1268 (Chemda Genusa XXV, Note). Die Zahl ה״כ bei Zacuto = 1260 für Nachmanis Todesjahr ist jedenfalls ein Korruptel. — Isaak Chelo referiert, daß Nachmani und Jechiel aus Paris mit vielen andern, die in Akko starben, in Chaifa beerdigt wurden (Carmoly, Itinéraires, p. 245).

[2]) Tanchums Name tauchte erst am Ende des vorigen Jahrhunderts auf, auferweckt durch den Orientalisten Schnurrer, der zuerst etwas von dessen Kommentarien mitgeteilt hat. Seitdem sind seine exegetischen Arbeiten mehr ans Licht gezogen worden, ohne daß man Näheres von seiner Biographie wüßte. Munk setzt Tanchum vor David Kimchi, weil er dessen exegetische Schriften nicht zitiert (Einleitung zu Habakuk, p. 3); allein es ist noch zu beweisen, daß Kimchis Arbeiten im Orient schon so bekannt waren, daß ein später Lebender darauf hätte Rücksicht nehmen müssen. Es folgt im Gegenteil aus einem Passus, den Munk selbst aus Tanchums Morschid zitiert, daß er nach der Invasion der Mongolen in Palästina, also nach Kimchi,

Vaters Joseph Joschua, der wohl durch Nachmani zur Bibelforschung angeregt wurde (um 1265 bis 1280). Tanchum aus Jerusalem erklärte die ganze heilige Schrift in arabischer Sprache für seine arabisch redenden Stammesgenossen des Morgenlandes in schlichter ungekünstelter Weise. Seine wortgetreuen Kommentarien beruhen auf strenger Grammatik und haben im Anfange kurzgefaßte Einleitungen in derselben Art wie Nachmanis Kommentar zum Pentateuch. Tanchum berücksichtigte auch, wie wenige seiner Vorgänger, die biblische Zeitrechnung; er hatte also eine Ahnung von einer wissenschaftlichen und gründlichen Behandlung der Bibelexegese. Auch sonst war er schriftstellerisch tätig, hat aber so wenig Einfluß geübt, daß sein Name mehrere Jahrhunderte hindurch verschollen war.

Die Karäer, die pflichtschuldigst die Schrifterklärung zum Mittelpunkt ihrer geistigen Tätigkeit nehmen sollten, haben in diesem Jahrhunderte so gut wie gar nichts darin geleistet. Ihre Verknöcherung nahm überhaupt immer mehr zu. Seit Jehuda Hadassi und Jephet ben Saïd (VI₃, 159, 257) ist keine Persönlichkeit von irgendeiner Bedeutung unter ihnen aufgetreten. Die Ehrgeizigen unter ihnen ließen sich um weltlicher Vorteile willen vom Islam anlocken, und die Denker gingen zu den Rabbaniten über[1]), da ihre Lehre längst allen Boden verloren hatte und keinen Aufschwung der Geister mehr erregen konnte.

Trotz der Schreibseligkeit in der Zeit seiner Blüte hat das Karäertum kein Lehrbuch der religiösen Pflichten erzeugt, das den Gelehrten geschrieb. Der Passus lautet: La décadence des études, causée par les troubles et les malheurs qui affligeaient cette époque, et qui permettaient à peine — qu'on s'occupât de la lecture du texte biblique, et à plus forte raison, d'autres études. Unter diesem Unglücke kann nur die Verheerung Palästinas durch die Mongolen 1260 verstanden werden. Tanchum hat also später geschrieben, aber nicht lange darauf. — Von seinen Kommentarien כתאב אלביאן, mit einer längeren Einleitung dazu: אלכליאת, sind bis jetzt ediert: 1. zu Josua, von Haarbrücker, Berlin 1862 (in den wissenschaftl. Bl. aus der Veitel-Heine-Ephraimschen Lehranstalt); 2. zu Richter, cap. 1—12 von Schnurrer, Tübingen 1791, cap. 13 bis Ende von Haarbrücker, Halle 1847; 3. und 4. zu Samuel und Könige von demselben, Leipzig 1844; 5. Habakuk von Munk, Paris 1843; 6. zu Klagelieder von Cureton, London 1843. Das Übrige noch Ms. — Tanchum übersetzte außerdem die Haftarot arabisch und arbeitete ein Glossarium zu Maimunis Mischne Thora aus mit einer Einleitung unter dem Titel אלמרשור אלכאפי, ebenfalls arabisch. (Vgl. Munk, Einleitung zu dessen Habakuk.) — Ein anonymer Kommentator der Bibel, vermutlich ein Karäer, soll (nach Pinsker) Tanchum zitieren. (Likute, Einleitung, p. 226 f.)

[1]) Über den Übertritt der Karäer zum Islam vgl. Munk in Josts Annalen, Jahrg. 1841, S. 84, über den Übertritt zu den Rabbaniten vgl. weiter.

nügen und auch den Ungelehrten zugänglich sein könnte. Die Streitpunkte, welche die Karäer spalteten, über den Umfang der Verwandtschaftsgrade für die Ehe, über den Anfang des Monats und der Feste und andere, waren noch immer nicht geschlichtet. Zwei karäische Lehrer, der eine Vorsteher der Gemeinden in Ägypten und der andere derer in Konstantinopel, beide von geringem Rufe, gerieten in dieser Zeitepoche wieder in Streit über gewisse Verwandtschaftsgrade. Abulfadhel Salomo (ben David), der den Titel „Fürst" (Nazi al Raïs) führte (blühte um 1250 bis 1270)[1]) und in Kahira lebte, verhandelte zum hundertsten Male mit einem noch weniger bekannten karäischen Lehrer Aaron ben Jehuda in Konstantinopel über diesen Punkt. Der erstere verfaßte ein Werk über verbotene Ehen und über das Schlachtritual und der letztere Predigten. Beider Schriften müssen aber von so geringem Werte gewesen sein, daß sie sich nicht einmal unter den Bekenntnisgenossen erhalten haben.

[1]) Pinsker in Likute Kadmonijot, Einleitung, S. 233 und Noten S. 178 hat richtig nachgewiesen, daß שלמה הנשיא mit אלרייס אבואלפצאל identisch ist. Sein Zeitalter folgt daraus, daß ihn zuerst nennen Aaron der Ältere (schrieb 1294) und Israel Dajan Maghrebi (schrieb 1306—1324). Salomo Naßi gehörte also der ersten Hälfte des dreizehnten Jahrhunderts an, und ebenso sein Korrespondent אהרון בן יהודה קוסדיני, der von Mardochai Luzki (in Dod Mardochai, p. 22b) בעל הדרשות genannt wird. Vgl. über beide Pinsker a. a. O. und Katalog der hebräischen Bibliothek von Leyden, p. 234 ff.

Fünftes Kapitel.

Das Zeitalter Ben-Adrets und Ascheris.

Neue Märtyrer in Deutschland. Die letzte Judenfeindlichkeit Ludwig des Heiligen und die erste seines Sohnes. Die Juden in Ungarn und Polen. Das Ofener Konzil. Die Juden Spaniens. Alfonso der Weise und Don Zag de Malea. Don Sancho und die Judensteuer. Seelenzahl der kastilianischen Gemeinden. Die Juden Portugals. Salomo Ben-Adret, sein Charakter und sein Ansehen. David Maimuni und die ägyptischen Gemeinden. Aaron Halevi. Raymund Martin gegen das Judentum. Ben-Adret als Apologet. Neue Bewegung gegen die maimunische Richtung. Mose Taku. Meïr von Rothenburg. Salomo Petit und seine Wühlereien gegen Maimunis Schriften. Der Exilarch Jischai ben Chiskija. Die italienischen Juden. Die jüdischen Leibärzte Farag und Maestro Gajo. Die rabbinischen Autoritäten Italiens Jesaja de Trani und andere. Die gelehrte Frau Paula. Hillel aus Verona. Serachja ben Schaltiel. Neue Verketzerung der maimunischen Schriften in Akko. Heftige Reibungen in Akko durch die Exilsfürsten gedämpft. Salomo Petit gebrandmarkt.

(1270—1327.)

Wollte die jüdische Geschichte den Chroniken, Memorbüchern und Martyrologien folgen, so müßte sie ihre Blätter mit Schilderungen von Blutströmen füllen und als Anklägerin gegen eine Lehre auftreten, welche Fürsten und Völker zu Henkersknechten und Blutschergen förmlich erzogen hat. Denn vom dreizehnten bis zum sechzehnten Jahrhundert nahmen die Judenverfolgungen und Judengemetzel in erschrecklicher Steigerung zu und wechselten nur mit unmenschlichen geistlichen und weltlichen Gesetzgebungen ab, die alle darauf hinausliefen, die Juden zu demütigen, zu brandmarken und sie zum Selbstmorde zu treiben. Die Schilderung des Propheten von dem Märtyrertume des Gottesknechtes, des messianischen Volkes, erfüllte oder wiederholte sich in grausiger Buchstäblichkeit: „Es ward gedrückt und gepeinigt und öffnete seinen Mund nicht. Wie ein Lamm ward's zur Schlachtbank geführt, und wie ein Schaf vor den Scherern verstummt, öffnete es den Mund nicht. Der Herrschaft und des Rechts ward es beraubt — — von den Sünden der Völker kamen ihm Plagen zu"[1]). Die europäischen

---
[1]) Jesaias 53, 7—8.

Völker stellten einen förmlichen Wetteifer an, Grausamkeiten an den Juden zu üben, und immer waren es die Geistlichen, welche im Namen einer Religion der Liebe diesen bodenlosen Haß anschürten. Straffe Regierung oder Anarchie, die Juden litten unter der einen nicht weniger als unter der anderen.

In Deutschland wurden sie durch die Wirren, welche nach dem Tode Kaiser Friedrichs II. bis zur Kaiserkrönung Rudolfs von Habsburg zwischen den Waiblingern und Welfen entstanden, zu Tausenden hingeschlachtet. Es fielen alljährlich Märtyrer bald in Weißenburg, Magdeburg, Arnstadt, bald in Koblenz, in Sinzig, Erfurt und anderen Orten. In Sinzig wurde die ganze Gemeinde am Sabbat in der Synagoge verbrannt[1]). Es gab christlich=deutsche Familien, die ihren Ruhm darein setzten, Juden zu verbrennen und sich mit Stolz Judenbreter (Judenbrater) nannten[2]). Die Vertreter der Kirche sorgten ihrerseits dafür, daß ihre Beichtkinder nicht etwa durch näheren Umgang mit den Juden in ihnen Menschen erkennen und ihr Herz dem Mitleid zugänglich machen sollten. In Wien kam während der deutschen Kaiserwirren eine große Kirchenversammlung zusammen (12. Mai 1267) unter dem Vorsitz des päpstlichen Legaten Gudeo. Die meisten deutschen Kirchenfürsten beteiligten sich daran und wendeten auch den Juden ihre Sorge zu. Sie bestätigten feierlichst jene Gesetze, welche Innocenz III. und seine Nachfolger zur Brandmarkung der Juden eingeführt hatten[3]). Juden dürften keine christlichen Dienstboten halten, zu keinem Amte zugelassen werden, nicht mit Christen in den Schänken und Bädern zusammenkommen, und Christen sollten keine Einladung von Juden annehmen, nicht mit ihnen disputieren. Als wollten die Deutschen beweisen, daß sie in Verachtung der Juden die übrigen Nationen noch übertreffen könnten, begnügten sich die Mitglieder des Wiener Konzils nicht mit der Bestimmung, daß die deutschen Juden einen Flecken an dem Oberkleid tragen sollten, sondern sie zwangen ihnen eine entstellende, den Spott der Gassenbuben herausfordernde Kopfbedeckung auf, spitze, gehörnte Hüte oder Kappen (Pileum cornutum), damit sie dadurch unter Christen leichter erkennbar seien. Blutige Verfolgungen waren die natürlichen Folgen solcher Ausschließung. In Weißenburg wurden von neuem sieben

---

[1]) Mainzer Memorbuch, in Arnstadt 1264, in Koblenz 1265, in Sinzig 1266, s. Stobbe a. a. O. S. 282.

[2]) Herzog, Elsässische Chronik VI, S. 180.

[3]) Mansi, concilia XXIII, p. 1174 ff. (Joseph Wertheimer) Juden in Österreich 1. S. 84.

fromme Männer ohne die geringste Schuld gefoltert und getötet (13. Tammus = 23. Juni 1270)¹). Der Poet an Joez ben Malkiel setzte den Märtyrern in einem Klageliede ein Denkmal.

In Frankreich brauchte die Geistlichkeit nicht erst durch Drohungen die Fürsten zur Demütigung der Juden aufzustacheln. Der heilige Ludwig sorgte selbst dafür. Ein Jahr vor seinem abenteuerlichen Zug nach Tunis, wo er seinen Tod fand, schärfte er auf Anraten seines vielgeliebten Pablo Christiani, des jüdischen Dominikaners, das kanonische Edikt vom Tragen der Abzeichen ein und bestimmte, daß sie von rotem Filz oder safrangelbem Tuch in Form eines Rades an dem Oberkleide auf Brust und Rücken getragen werden sollten, „damit die Gebrandmarkten von allen Seiten erkannt werden sollten." Jeder Jude, der ohne dieses Zeichen betroffen würde, sollte beim ersten Male sein Oberkleid verwirken und beim zweitmaligen Vergehen zehn Livres Silber Strafgeld an den Fiskus zahlen (März 1169)²). Die nordfranzösischen Juden, an Mißhandlung gewöhnt und gewissermaßen abgestumpft,

¹) Über dieses Martyrium berichtet das Mainzer Memorbuch הרוגי וירמשבורק בל׳ לאלה חששר י״ג בתמוז יום י׳ (ג?) אלו שבעה צדיקים נתי די ביסורין קשין ובמיתה מרה ר׳ משה בר שמשון הר׳ שמשון בר שלמה וכו. Mit diesem korrespondiert die Kinah des Joez ben Malkiel, welche Landshut in Amude Aboda p. 100 aus einem Kodex der Maria-Magdalenen-Bibliothek zu Breslau mitgeteilt hat: בשנת אייב ה׳ א׳ (אלפים) נתחייבו הריגה נצרפים ואלופים — — בחודש הרביעי שבעה רוצים נהרגו ונדונו ביד רוצים (רעים) בשלשה עשר יום בו — — זדי רשעה עליהם חברו. ואיכריהם באופנים עברו — .נקום ארון נקמת עבך מעיר ווישברורק אשר גרפו לעמיך. Zunz, Synagogale Poesie, S. 32 referiert unbestimmt darüber: „Im Sommer 1270 wurden in Augsburg oder Weißenburg Juden verfolgt." Auch was Zunz unmittelbar darauf berichtet, ist weit entfernt, genau zu sein. „Ein Jahr darauf waren in Pforzheim Blutszenen", d. h. also 1271. Nun hat auch das Mainzer Memorbuch das Martyrium von Pforzheim aufbewahrt — wie es denn überhaupt ziemlich vollständig in betreff der deutschen Märtyrer ist — aber es setzt es weit früher. Das Datum ist zwar ausgefallen, fällt aber zwischen הרוגי קופלינץ טו׳ לאלה חששר ה׳ ד׳ לפרט. und הרוגי אורנבנבורק. Der Passus lautet: הרוגי פורצהאים ב׳ בתמוז הר׳ שמאל בן הר׳ יקר הלוי ור׳ יצחק בר אליעזר ור׳ אברהם בר גרשום שנשבחו עצמן ואחר טביהחתן נכחתו באופנים. Nach diesem Bericht wäre also das Martyrium von Pforzheim zwischen 1244—1255 anzusetzen. Davon hängt auch das Zeitalter des Poetan, des ר׳ יקר בר שמואל הלוי ab (bei Landshut a. a. O., p. 132). Dieser Jakar ist offenbar ein Sohn des Märtyrers Samuel ben Jakar (nicht ben Abraham), und dieser hat einen Piut auf die Verfolgung in Pforzheim gedichtet (das.).

²) de Laurière, Ordonnances des rois I, 294. Daselbst ist genau angegeben, daß Paulus Christiani das Gesetz angeregt hat: ad requisitionem dilecti nobis in Christo fratris Pauli Christini (l. Christiani). Die Beschreibung des Abzeichens das. rota de feutro (feltro) seu de panno croceo

ließen es sich gefallen; aber nicht so die provenzalischen Juden, welche, gebildet und im innigen Verkehr mit gebildeten Christen, diese Schmach nicht ertragen konnten. Sie hatten sich bis dahin des Abzeichens erwehrt und glaubten es auch dieses Mal hintertreiben zu können. Die südfranzösischen Gemeinden schickten daher Deputierte zu gemeinsamer Beratung, und diese wählten zwei angesehene Männer, Mardochaï ben Joseph aus Avignon und Salomo aus Tarascon, welche sich an den Hof begeben und die Rücknahme des Gesetzes erwirken sollten. Anfangs waren die jüdischen Delegierten glücklich, sie kehrten mit der freudigen Nachricht zurück, daß das Edikt vom Tragen der Abzeichen aufgehoben sei. Aber der Nachfolger Ludwigs, der ebenso bigotte und beschränkte Philipp III., führte es ein Jahr nach der Thronbesteigung wieder ein (1271). Die Dominikaner hatten ihr Augenmerk darauf gerichtet, daß es nicht übertreten werde. Einige angesehene Juden, Mardochaï aus Avignon und andere, die sich der Schande nicht fügen mochten, wurden verhaftet. Das Judenabzeichen blieb seitdem auch in Frankreich in Kraft, bis die Juden aus diesem Lande ausgewiesen wurden.

Bis an die Grenzscheide von Europa und Asien verfolgte die Kirche die Söhne Jakobs mit ihrem Hasse. Die Ungarn und Polen, welche ihre naturwüchsige Wildheit und ihr kriegerisches Ungestüm noch nicht abgelegt hatten, brauchten die Juden noch viel mehr, als die mittel- und westeuropäischen Völker und Staaten. Mit ihrem industriellen Sinn und ihrer praktischen Geschicklichkeit haben die Juden den Produktenreichtum der Länder an der niederen Donau, an der Weichsel und an beiden Seiten der Karpathen ausgebeutet, nutzbar gemacht und ihm erst Wert verliehen. Trotz des Eifers, mit dem das Papsttum die Verwendung der Juden zu Ämtern, zur Salz-, Münz- und Steuerpacht in Ungarn zu hintertreiben suchte (v. S. 27), konnte es sie aus dieser Stellung nicht verdrängen, weil sie unersetzlich waren, sollte der Reichtum des Landes nicht brach liegen. Der ungarische König Bela IV., Andreas' II. Nachfolger, zog wieder jüdische Pächter heran, wozu ihn die Notwendigkeit trieb, da das Land durch die Verheerungen der Mongolen verarmt war. Bela führte auch für die Juden seiner Länder jenes Gesetz Friedrichs des Streitbaren von Österreich ein,

---

stimmt mit der Angabe in der hebräischen Chronik in **Schebet Jehuda** (Bd. VI₃, p. 342, Nr. 27) überein: ותאר הציון היה רחבו זרת מן פלצרי כרבימר. Es ist also kein Zweifel, daß dieser Passus in das letzte Jahr Ludwigs XI. und in das erste Philipps III. gehört. Von dem Edikt des letzteren berichtet Laurière a. a. O., p. 312, Observation.

Die Juden in Ungarn.

welches sie vor Willkür des Pöbels und der Geistlichkeit schützen und ihnen eigene Gerichtsbarkeit und eigene innere Verwaltung einräumen wollte[1]). Das Papsttum richtete aber sein Augenmerk auf die Karpathenländer, teils um einen Kreuzzug gegen die Mongolen zu entzünden und teils um die schismatischen Anhänger der griechischen Kirche durch List und Gewalt zum römischen Stuhle herüberzuziehen. Es sandte seine geistlichen Heerscharen dahin, die Dominikaner und Franziskaner, welche ihre fanatische Unduldsamkeit den bis dahin glaubenslauen Magyaren mitteilten. So kam denn auch eine große Kirchenversammlung in Ofen zusammen (September 1279)[2]), zusammengesetzt aus ungarischen und südpolnischen Kirchenfürsten, und diese verhängte unter dem Vorsitz des Legaten Philipp für Ungarn, Polen, Dalmatien, Kroatien, Slavonien, Lodomerien und Galizien über die Juden dieser Länder die Ächtung, welche die Kirche mit eisernem Willen durchzusetzen so sehr bemüht war. Juden und andere Bewohner des Landes, welche sich nicht zur römisch-katholischen Kirche bekannten, sollten von jeder Steuerpacht und jedem Amte entfernt werden. Bischöfe und andere höhere oder niedere Geistliche, welche die Einkünfte von ihren Ländereien an Nichtkatholiken verpachteten, sollten von ihrer geistlichen Würde suspendiert und Weltliche, welches Standes auch immer, so lange im Kirchenbanne bleiben, bis sie die jüdischen Pächter und Angestellten entfernt und Bürgschaft geleistet hätten, daß sie fernerhin solche nicht mehr annehmen wollten, „weil es sehr gefährdend ist, daß Juden mit christlichen Familien zusammen wohnen, an den Höfen und in den Häusern mit ihnen verkehren". Auch bestimmte die Ofener Synode, daß die Juden beiderlei Geschlechts in dem ungarischen Gebiete (Ungarn und den südpolnischen Provinzen) ein Rad von rotem Tuche auf dem Oberkleide an der linken Seite der Brust tragen und sich nie ohne dieses Abzeichen blicken lassen sollten. Denjenigen, welche nach einer bestimmten Frist ohne diesen

---

[1]) S. o. S. 88 f. Die Einführung der jura Frederici in Ungarn datiert vom 5. Dezember 1251.

[2]) In Baronius (Raynaldus) annales eccles. zu Ende des T. XXII sind die Beschlüsse des Ofener Konzils zum Schlusse defekt. Ein junger Historiker Dr Caro (jetzt Professor in Breslau), hatte die Freundlichkeit, für mich jene die Juden betreffenden Artikel 113 und 114 dieses Konzils aus einem Petersburger Kodex vollständig zu kopieren. Mit Recht bemerkt Professor Caro, daß die Worte der Einleitung zu Artikel 113: praesente constitutione statuimus, quod omnes Judaei — in terris nostrae legationis portent unum circulum de panno rubeo, darauf deuten, daß die Brandmarkung der Juden hier zum ersten Mal legalisiert wurde und daß sie nicht bloß für Ungarn, sondern auch für Polen und die Nebenländer Geltung haben sollte, so weit die Legation des Legaten Philipp reichte.

Flecken betroffen würden, sollten Christen, bei Vermeidung schwerer
Kirchenstrafe, kein Feuer und Wasser reichen und überhaupt jeden Verkehr mit ihnen abbrechen. — Für den Augenblick war die Ausschließung
der Juden in Ungarn und Polen aus der christlichen Gesellschaft von
keiner Bedeutung, da sie diese Ausschließung nicht bloß mit den Mohammedanern, sondern auch mit den schismatischen Griechisch-Katholischen
teilten. Auch diese durften zu keinem Amte zugelassen werden[1]). Mohammedaner sollten ebenfalls ein Abzeichen tragen, aber nicht von roter,
sondern von gelber Farbe. Die Magharen und Polen waren aber damals noch nicht verkirchlicht genug, um auf die gehässigen Spitzfindigkeiten
der Welt- und Klostergeistlichkeit einzugehen, denen Feuer und Wasser
zu versagen, welche keinen roten oder gelben Flecken trugen. Erst über
ein halbes Jahrhundert später trug die böse Aussaat giftige Früchte.
Der letzte König aus Arpads Geschlechte, Ladislaus IV., bestätigte diese
absondernden Synodalstatuten für Ungarn.

Dasselbe Verhältnis fand auch im äußersten Westen Europas, auf
der pyrenäischen Halbinsel statt. Weil hier ebenfalls neben Christen und
Juden auch Mohammedaner wohnten, konnte die Kirche mit ihrer Unduldsamkeit nicht durchdringen, und sie war nicht imstande, die Juden
so leicht zu demütigen. Hier kam noch hinzu, daß die Juden vermöge
ihrer höheren Bildung und ihrer Teilnahme an allen inneren und äußeren
Vorgängen den Feindseligkeiten ihrer Gegner entgegenwirken konnten.
Alfonso der Weise, König von Kastilien, hatte zwar selbst in sein Gesetzbuch den Ausschluß der Juden von Staatsämtern aufgenommen. Nichtsdestoweniger fuhr er fort, Juden wichtige Funktionen zu erteilen. Don
Zag (Isaak) de Malea, Sohn Don Meïrs (v. S. 115), ernannte er zum
königlichen Schatzmeister. Er wurde zwar von dem Papste Nikolaus III.
hart getadelt (1279), enthob sie aber darum doch nicht ihrer Ämter.
Wenn er auch einst gegen Don Zag erbittert wurde und seinen Unmut
die Juden überhaupt empfinden ließ, so geschah dies nicht aus Rücksicht
auf die Kirche, sondern es entsprang aus unglücklichen Familienverhält-
nissen. Don Zag hatte nämlich bedeutende Geldsummen des Staates
in Verwahrung, welche der König zu einem Feldzug gegen die Mauren
in Andalusien bestimmt hatte. Der Infant Don Sancho, welcher gegen
einen Vater feindselig gestimmt war und für seine mit ihrem Gatten
zerfallene Mutter Partei genommen hatte, zwang den jüdischen Schatz-

---

[1]) Baronius, annales No. 114: Praeterea statuimus, quod tributa,
vectigalia, telonea seu pedagia vel quaevis alia officia Judaeis, Sara-
cenis, Ismaelitis, Schismaticis seu quibuscunque aliis ab unione
fidei catholicae alienis nullatenus committantur.

meister, ihm die öffentlichen Gelder auszuhändigen; er wollte sie zugunsten seiner Mutter verwenden. Der König Alfonso, aufs äußerste erzürnt darüber, ließ, um dem Sohne einen Denkzettel zu geben, Don Zag plötzlich verhaften, in Ketten legen und gefesselt grade durch die Stadt führen, in welcher sich der Infant damals befand. Vergebens bemühte sich Don Sancho, den jüdischen Almoxarifen, der seinetwegen unschuldig litt, zu befreien; Alfonso ließ ihn gerade deswegen hinrichten (1280)[1]. Er ließ sogar sämtliche Juden Kastiliens seinen Unmut über diese Tat eines ihrer Stammesgenossen büßen, die kaum als ein Vergehen betrachtet werden kann. Der „weise" König Alfonso erteilte Befehl, sie sämtlich an einem Sabbat einzukerkern, und legte ihnen auf, bis zu einer bestimmten Frist 12 000 Maravedis jeden Tag als Strafgelder zu zahlen[2]. Die Gemeinden mußten also den geleerten Staatsschatz füllen. Indessen bekam die Gewalttat an Don Zag dem König sehr übel. Sein Sohn war darüber so sehr erbittert gegen ihn und fühlte sich über Don Zags Mißhandlung und Hinrichtung persönlich so sehr verletzt, daß er sich offen gegen ihn empörte und den größten Teil des Adels, des Volkes und der Geistlichkeit auf seine Seite zog. Der unglückliche König, der bei seiner Thronbesteigung so hochfliegende Träume hegte und als erwählter deutscher Kaiser eine Weltmonarchie zu gründen hoffte, fühlte sich in seinen alten Tagen so verlassen, daß er sich weinend an einen mohammedanischen Fürsten wandte, ihm hilfreich beizustehen, „da er im eigenen Lande keinen Schutz und keinen Verteidiger finde".

Die Lage der Juden unter Don Sancho, welcher nach seines Vaters vor Harm erfolgtem Tode den Thron bestieg, war eine leidliche, aber von Launen abhängige. Er scheint einen Sohn des hingerichteten Don Zag mit dem Amte des Almoxarifen betraut zu haben[3]. Dieser König ließ zuerst die Judensteuer (**Juderia**) für die Gemeinden Neukastiliens, Leons, Murcias und der neuerworbenen Provinzen in Andalusien (**la Frontera**) regulieren. Bis dahin hatte jeder Jude für sich und seine Familie eine Kopfsteuer (**Encabezamiento**), drei Maravedis (30 Dineros, ungefähr $^1/_2$ Taler) — zur Erinnerung an die Verschuldung an Jesu

---

[1]) de Mondejar, memorias del rey Don **Alfonso** el sabio, p. 366. Zuñiga, annales de Sevilla I, p. 297.

[2]) de Mondejar a. a. O., p. 367. In der dort zitierten Chronik heißt es, die Juden hätten die Summe bezahlen müssen „cadia dia" „jeden Tag" ohne daß eine Frist angegeben ist.

[3]) Respp. Ben-Adret I, No. 1159 scheint sich auf die Hinrichtung des Don Zag zu beziehen: ראובן היה גזבר המלך ולבסוף תפסו המלך והרגו ותפס כל אשר לו ולאחר שהמית אותו קם מלך הדש ושמעון בן ראובן נכנס בעבודת המלך וכך

Tod durch dreißig Silberlinge — auf den Kopf zu zahlen. Don Sancho ließ Gemeindedeputierte in Huete zusammentreten, bestimmte die Durchschnittssumme, welche jeder Landstrich an die königliche Kasse zu zahlen hatte, und überließ es den Deputierten, die Verteilung auf die Gemeinden und Familien selbst zu regeln (Sept. 1290)[1]. Für die neuerworbenen Teile in Andalusien bestand die Kommission aus vier

[1] Die Urkunde des repartimiento de Huete, die höchst interessante Aufschlüsse über die Steuerfähigkeit und Seelenzahl der Juden im Jahre 1290 gibt, haben zuerst mitgeteilt Dr. Ignacio Jordan de Asso y del Rio und Don Miguel de Manuel y Rodriguez in einer Abhandlung: discurso sobre el estado y condicion de los Judios en España, gedruckt zu Ende des Werkes: El fuero viejo de Castilla und el ordenamiento de leyes que Don Alonso XI. hizo (Madrid 1771). Das Aktenstück auf S. 150, Note 153 ist aber sehr verstümmelt in Namen und Zahlen. Daraus haben nun geschöpft Jost in seiner Geschichte (T. VI, Ende), der Verfasser des Artikels Juden (Geschichte) in Ersch- und Grubers Enzyklopädie (II. Bd. 27, S. 214, Note) und Lindo. the history of the Jews of Spain and Portugal (London 1848, S. 109). Sie haben sämtlich falsche Posten, weil ihre Quelle korrumpiert ist. Eine bessere Kopie davon gibt Dr. José Amador de los Rios in Estudios sobre los Judios de España p. 40 ff. (Vgl. Fidel Fita, Revue des Etudes IX, 136). Nach dieser Quelle, die weit beträchtlichere Zahlen hat, zahlten an encabezamiento die Gemeinden von:

1. Arzobispado do Toledo tra-Sierra (korrumpiert terra rasa) 1 062 902 Maravedis.
2. Obispado de Cuenca . . . . . . 146 069 „
3. Obispado de Palencia . . . . . . 245 938 „
4. Obispado de Burgos . . . . . . 168 580 „
5. Obispado de Calahorra . . . . . 99 609 „
6. Obispado de Osma . . . . 74 486 „
7. Obispado de Plasencia . . . . . 26 791 „
8. Obispado de Siguenza . . . . . 107 303 „
9. Obispado de Segovia . . . . . . 40 747 „
10. Obispado de Avila . . . . 158 718 „
11. Reino de Murcia . . . . 22 414 „
12. Reino de Leon . . . . 218 400 „
13. Fronteras de Andalucia . . . . . 191 898 „

Die ganze Summe beträgt, wie de los Rios angibt, 2 564 855 Maravedis (427 476 Taler). Ein Maravedi betrug damals 10 Dineros. Da nun jeder Kopf 30 Dineros = 3 Maravedis zu zahlen hatte, so betrug die jüdische Bevölkerung von Alt- und Neu-Kastilien, Leon, Murcia und dem Grenzgebiete (mit der Hauptstadt Sevilla) 854 851 Seelen. De los Rios irrte nur in dem Punkte, daß er annimmt, diese Summen seien an das Kapitel und die Prälaten gezahlt worden (daselbst S. 42, Note). Außerdem zahlten noch die Gemeinden der Bistümer Cuenca, Burgos, Calahorra, Osma, Siguenza, Segovia und Avila eine besondere Abgabe unter dem Titel servicio, von der die neuen Provinzen und auch Leon frei waren.

Männern, Don Jakob Jahion (wahrscheinlich aus Sevilla), Don Zag Abenazot aus Xeres, Don Abraham Abenfar aus Cordova (der Name des vierten ist ausgefallen). Sollten diese sich über die Verteilung nicht einigen können, so seien der Gemeindevorstand (Aljama) von Toledo und namentlich der alte David Abudarham, gewiß eine damals geachtete Person, zu Rate zu ziehen. — Die Juden des Königreichs Kastilien, deren Seelenzahl sich damals auf ungefähr 850 000 belief, zahlten 2 780 000 Maravedis (ungefähr 460 000 Taler) Steuern, teils Kopfsteuer und teils Dienststeuer (Servicio?). Es bestanden damals in diesen Ländern über achtzig jüdische Gemeinden, von denen die bedeutendste in der Hauptstadt Toledo war, welche mit einigen nahe liegenden kleinen Städten 72 000 Juden zählte und jährlich 216 500 Maravedis (36 000 Taler) aufbringen mußte. Größere Gemeinden waren noch in Burgos, ungefähr 29 000 Seelen (mit 87 760 Maravedis Kopfsteuer), Carrion 24 000 Seelen, ferner Cuenca, Valladolid, Avila. In Madrid, das damals noch keine Bedeutung hatte, wohnten auch schon über 3000 Juden. — Besonders begünstigte Juden pflegte der König von der Steuer zu befreien, was aber zu Streitigkeiten Anlaß gab, indem der Ausfall von solchen, gewöhnlich wohlhabenden, Personen der Gesamtgemeinde und den minder Begüterten zur Last fiel.

Im Mittelalter war trotz der derben Gläubigkeit das Geld nicht minder der Nerv aller Verhältnisse; da das Finanzwesen der Staaten nicht geordnet war, so nahm der König das Geld da, wo er es vorfand. Die Cortes von Valladolid (1293) hatten sich beklagt, daß die Juden viel Landbesitz an sich brächten, und daß der Fiskus darunter litte. Darauf erließ Sancho ein Dekret, daß sie keine Grundstücke von Christen erwerben und sogar die bereits durch Schuldverfall ihnen überlassenen Güter innerhalb eines Jahres verkaufen sollten[1]. Auf Antrag derselben Cortes und der Prokuratoren von Leon verfügte Don Sancho auch, daß die Gemeinden dieses Königreiches nicht mehr eigene Richter (Alcaldes) haben, sondern den Landestribunalen unterworfen sein sollten[2]. Beide Verfügungen waren aber nicht von langer Dauer. Noch waren die spanischen Juden einflußreich genug, um solche schikanierende Gesetze rückgängig machen zu können.

Günstig gestellt waren die Juden in dieser Zeit in dem jungen Königreich Portugal unter den Königen Alfonso III. (1248—1279) und Diniz (1279—1325). Nicht nur wurden sie von den kanonischen Ge-

---

[1] de Asso y del Rio a. a. O. discurso p. 154, Lindo a. a. O. S. 114.
[2] de Asso das.

setzen, den Zehnten an die Geistlichen zu zahlen und ein Abzeichen zu tragen, befreit, sondern hervorragende Personen unter ihnen wurden sogar zu höheren Ämtern befördert. Der König Diniz hatte einen jüdischen Schatzmeister, namens J u d a, Großrabbiner von Portugal (**Arraby moor**), der so reich war, daß er eine bedeutende Summe zum Ankauf einer Stadt vorschießen konnte. An aufrührerischen Geistlichen, welche vom Papsttume aufgestachelt wurden, die Landesgesetze nach den kanonischen Beschlüssen abzuändern, fehlte es zwar auch hier nicht, was einen harten Kampf zwischen dem Königtum und dem Klerus entzündete — Juden und Mohammedaner wurden beauftragt, die Strafen zu vollstrecken[1]). Um indessen Frieden mit der zänkischen Kirche zu haben, fügte sich der König Diniz und führte die kanonischen Gesetze ein, aber es war ihm nicht Ernst damit.

So hatten die Juden auf der pyrenäischen Halbinsel trotz der überhandnehmenden Eingriffe der Kirche, trotz ihres bösen Willens, sie zu erniedrigen, und trotz der fanatischen Predigten und Disputationen der Bettelmönche noch immer einen bedeutenden Vorsprung vor denen der übrigen europäischen Länder. Hier pulsierte das geistige Leben noch immer am kräftigsten, die Gestaltung des Judentums ging endgültig von hier aus, Fragen von Bedeutung wurden hier aufgeworfen, verhandelt, mit Leidenschaftlichkeit erörtert und entschieden. Um den Lehrinhalt des Judentums wurde hier gekämpft, und die Errungenschaften der spanischen Juden gingen erst allmählich an die der übrigen Länder und Erdteile über. Durch einen Rabbiner von bedeutender Geisteskraft wurde Spanien wieder, wie in der vormaimunischen Zeit, für zwei Jahrhunderte zum Mittelpunkt der Judenheit erhoben. Dieser Rabbiner war S a l o m o ben A b r a h a m B e n = A d r e t aus Barcelona (abgekürzt Raschba, geb. um 1245, st. 1310)[2]). Er war ein Mann von

---

[1]) Baronius (Raynaldus) ad annum 1289, No. 17, 23 und 29. Unter den Vergehen, welches der Papst dem König Diniz zum Vorwurf machte, war auch das: quintus decimus, quod praeficit Judaeos (rex Dionysius) indifferenter contra generalia statuta concilii legemque paternam in officia publica, quos ad deferendum signum .... compellere deberet, nec ipsos Judaeos debitas decimas persolvendas compelli permittit. Vgl. Gordo, memorias sobre as Judeos em l'ortugal in den memorias da Academia real das seciencias de Lisboa. T. 8, parte 2. Cap. 4, 5 und Schäfer, Geschichte von Portugal I, S. 322, 388, II, S. 63 ff. Vgl. Kayserling, Geschichte der Juden in Portugal I, S. 322, II, S. 63 ff. und Geschichte der Juden in Portugal S. 19 f.

[2]) Seine Geburtszeit folgt daraus, daß er reifer Jünger des 1263 gestorbenen R'Jona Gerundi und des 1267 ausgewanderten Nachmani war. Sein Todesjahr gibt Zacuto. Über die Aussprache des Namens vgl. Revue des Etudes Juives IV, 67.

scharfem und hellem Verstande, von sittlichem Ernst, inniger und unerschütterlicher Gläubigkeit, von milder Gemütsart und dabei von energischem Charakter, vermöge dessen er das für recht Befundene mit Beharrlichkeit ausführte. Er vereinigte in sich die Sanftheit Nachmanis mit der Festigkeit des R' Jona Gerundi, seiner beiden Hauptlehrer[1]. Der Talmud mit seinen labyrinthischen Gängen und versteckten Winkeln, mit allen Erläuterungen und Zusätzen der spanischen und französisch-tossafistischen Schule lag für Ben-Adret wie eine Kinderfibel offen, und er beherrschte diesen spröden Stoff mit einer Leichtigkeit, welche die Bewunderung seiner Zeitgenossen erregte. Sein gerader Sinn schützte ihn aber vor jener sophistischen Klügelei, welche bereits anfing, in der Behandlung des Talmuds Mode zu werden. Ben-Adret drang bei talmudischen Erörterungen stets in den Kern der Frage ein, ohne sich auf Plänkeleien und Abschweifungen einzulassen. Als geborener Spanier war er von allgemeinem Wissen nicht ganz entblößt und versagte der Philosophie seine Achtung nicht, freilich nur, so lange sie bescheiden auftritt, den Lehrinhalt der Religion anerkennt und sich nicht zur Meisterin aufwirft. Es war auch ihm ein inneres Bedürfnis, die anstößigen Agadas ihrer plumpen Redeweise zu entkleiden und sie vernünftig zu erklären; seine Erklärungen[2] haben teilweise einen philosophischen Anstrich. Wenn er aber die Philosophie nur geduldet wissen wollte, so hatte er vor der Kabbala tiefen Respekt, schon darum, weil sein Lehrer Nachmani ihr so sehr gehuldigt hatte, er gestand aber, wenig

---

[1] Ben-Adret spricht öfter in seinen Werken und gutachtlichen Bescheiden von diesen als seinen Lehrern. — Es existieren gedruckt sechs Sammlungen Ben-Adretscher Responsen. I. Die umfangreichste Sammlung, oft ediert, aber darunter viele von R. Meïr von Rothenburg; II. unter dem Titel תולדות אדם öfter ediert; III. zuerst Livorno 1778, alle drei zusammen Lemberg 1831; IV. Salonichi 1803; V. Livorno 1825; VI. die pseudonachmanischen Responsen, die größtenteils Ben-Adret angehören, sind öfter ediert. Eine Sammlung sine anno et loco in einer Inkunabel-Edition enthält ein einziges, sonst unbekanntes Responsum und ist nur ein Auszug aus längeren Bescheiden. Die Zahl der gedruckten Responsen übersteigt 3000, viele sind noch handschriftlich vorhanden.

[2] פרושי אגדות, die Jakob Ben-Chabib in sein Werk עין יעקב fragmentarisch aufgenommen hat, vgl. Einleitung zu diesem Werke. In einem Responsum über die sinaitische Offenbarung bemerkt Ben-Adret, daß sie nur teilweise eine sinnlich wahrgenommene und zum Teil prophetischer, d. h. psychologischer Natur gewesen sei. Es ist an Samuel Sulami gerichtet, abgedruckt als Seltenheit in Edelmanns Dibre Chefez p. 8 ff., ist aber schon früher ediert in der Sammlung IV, No. 234, was den Bibliographen entgangen ist. Beide Texte sind korrumpiert und können durch Vergleichung einander korrigieren.

davon zu verstehen, und behauptete, seine Zeitgenossen, die sich damit
befaßten, seien ebensowenig darin eingeweiht, und ihre angebliche Überlieferung sei eitel Aufschneiderei. Er wollte die Kabbala nur geheim
(esoterisch) gehalten und nicht öffentlich gelehrt wissen[1]. Ben-Adrets
starke Seite war indes der Talmud; dieser war ihm, wie seinen Lehrern,
der Anfang und das Ende aller Weisheit. In ihm lebte er mit seiner
ganzen Seele. Jeder talmudische Ausspruch schien ihm ein unergründ-
licher Born tiefster Kunde; um ihn zu erforschen, müsse man sich vollständig in ihn versenken. Vom Talmud war ihm wieder der halachische
Teil viel wichtiger als der agadische; er schrieb Kommentarien zu den
meisten talmudischen Traktaten (Chiduschim)[2], die sich durch Tiefe und
Klarheit auszeichnen. Im vorgerückten Alter legte er ein umfassendes
Werk an, um ein praktisches Bedürfnis zu befriedigen. In dem Jahrhundert, seitdem Maimuni seinen Religionskodex zusammengestellt hatte,
war das halachische Material durch die Forschungen der Tossafistenschule
und zuletzt durch Nachmani und R' Jona abermals so sehr angewachsen,
erweitert, berichtigt und geläutert worden, daß Alfaßis Halachasammlung
und selbst Maimunis umfassenderes Werk als ungenügend erkannt
wurden. Freilich hielten sich die Rabbinen mittleren Schlages, welche
kein eigenes Urteil hatten, noch immer an die gangbaren Gesetzbücher[3].
Die urteilsfähigen Talmudisten dagegen erkannten wohl, daß die bisherigen Hilfsmittel nicht ausreichten und daß namentlich die Ergebnisse
der tossafistischen Leistungen hinzugezogen werden müßten. Das Bedürfnis nach einem neuen Gesetzeskodex war fühlbar. Diesem Mangel
wollte nun Salomo Ben-Adret abhelfen. Er stellte die Halachas über
Speise-, Ehe- und Sabbatgesetze übersichtlich mit gründlicher Berücksichtigung des Talmuds und der rabbinischen Vorgänger und mit
kritischer Abwägung des Für und Wider zusammen[4].

[1]) Vgl. Respp. I, 94, 220, 423; III, 12, 40; das letztere an den damals
noch jungen Kabbalisten Schem-Tob Jbn-Gaon gerichtet, spricht sich über die
kabbalistische Metempsychose aus: בונה אינן בהשחתת זרעו דברים אלו אינן
נאמרין אלא בן הפה לאזן . ובשם שקבלנו אותה בלחישה לא נאמר אלא
בלחישה וזה סוד מסודות הצבור והכתוב אובר יולך רכיל בן לנעמר. Schem-Tob
J. G. und Jsaak von Akko tradieren manche kabbalistische Aussprüche von
Ben-Adret, vgl. Note 3.

[2]) Vgl. darüber die Bibliographen und die eingehende Biographie des
S. Ben-Adret von Dr. Perles, Breslau 1863.

[3]) Vgl. Ascheri, Respp. Abschnitt XXI, No. 9, XLIII, No. 8, Falaquera
מבקש zweite Hälfte p. 72.

[4]) תורת הבית in ausführlicher und kürzerer Form und dazu בית הנשים
und עבודת הקדש (vielfach ediert). In der Einleitung zu dem letzten Werke
gibt der Verfasser an, er beabsichtige seine Arbeiten auch über die übrigen
praktisch-halachischen Partien auszudehnen.

So war der Mann beschaffen, welchem die Aufgabe zufiel, in einer
tiefbewegten Zeit das Panier des Judentums emporzutragen und den
Ausschreitungen nach beiden Seiten hin, nach der philosophischen und
kabbalistischen, entgegenzutreten. Vierzig Jahre[1]) galt der Rabbiner
von Barcelona als höchste Autorität in religiösen Angelegenheiten inner-
halb der Judenheit[2]), nicht bloß in Spanien, sondern auch im übrigen
Europa und bis nach Asien und Afrika hin. Aus Frankreich, Deutschland,
Böhmen, Italien, selbst aus dem palästinensischen St. Jean d'Acre
(Akko) und aus Nordafrika ergingen Anfragen an ihn[3]). Jünger aus
Deutschland saßen zu seinen Füßen[4]), um von ihm die Auslegung des
Talmuds zu hören, was um so merkwürdiger ist, als die deutschen
Rabbinen stolz auf ihre Erbweisheit waren und keinem anderen Lande den
Vorzug vor ihren Lehrhäusern einräumen wollten. Als Maimunis
Enkel, David, in Not geriet, wendete er sich an Ben-Adret, ihm Bei-
stand zu leisten. Der ägyptische Sultan Kilawun war nämlich von
der seit der Zeit Saladins eingeführten Regel, Juden und Christen zu
Ämtern zuzulassen, abgewichen. Er erließ eine Verordnung, daß dieselben nunmehr in keinerlei Verwaltungszweig angestellt und die Angestellten aus demselben entfernt werden sollten[5]). Seine Unduldsamkeit wurde nur von seiner Habgier übertroffen. David Maimuni
(geb. 1223, st. 1300)[6]), welcher, wie sein Vater und Großvater, Vorsteher
sämtlicher ägyptischer Gemeinden war (Nagid), wurde von boshaften
Feinden beim Sultan verleumdet und eines unbekannten Vergehens
angeschuldigt. Er tat zwar die Verleumder in den Bann, scheint aber
damit keinen Erfolg erzielt zu haben. Jedenfalls versprach sich David

[1]) Folgt daraus, daß eine Verordnung von ihm existiert, ausgestellt vom
Jahre 1272, Respp. V, No. 150, daß er mithin mindestens bereits 1270
Rabbiner war.

[2]) In einem Sendschreiben an Jakob ben Machir erzählt er von sich ohne
Ruhmredigkeit: וראיתי באמת רבים ונכבדים אשר בנינים עד צרפת אשכנז. ובבה הקרמו
לרידתם ומצפון וכים לבבב וריעיונידהם נשאני על כפים. ועוד כל העיר הגדולה כתבו עלי ראש ישיבת הגולה וגדיל המדינה
בכבוד ובתהבונה — לא התפארתי בהב בשוקים (Minchat Kenaot, Sammel-
werk der Streitschriften gegen und für das Studium der Wissenschaften, ediert
von Bisleches, Preßburg 1838) No. 40, S. 88.

[3]) Vgl. darüber die Zusammenstellung bei Perles a. a. O., S. 9 ff.

[4]) Respp. I. No. 295.

[5]) Quellen bei Weil, Kalifengeschichte XI, S. 173.

[6]) Aus einer Nachschrift bei Deï Rossi, Meor Enajim C. 25; Asulaï s. v.;
Carmoly in Josts Annalen I, 55. Daß David Maimuni nicht der Verfasser
der in Ägypten populären Deraschot ist, hat Munk nachgewiesen in Josts
Annalen III, S. 94.

mehr davon, wenn der Sultan durch Geldsummen beschwichtigt werden könnte. Er wendete sich daher an Ben-Adret und klagte ihm sein Leid, und dieser war gleich bereit, ihm zu dienen. Er sendete einen Sammler, Simson ben Meïr aus Toledo, mit einem Schreiben an die spanischen Gemeinden, und diese schossen freudig bedeutende Summen für den Enkel des so hochverehrten Maimuni zusammen[1]). Wo irgendein Ereignis von Wichtigkeit innerhalb der Judenheit vorfiel, wendete man sich an Ben-Adret, um sich bei ihm Rates zu holen oder seine Mitwirkung zu beanspruchen.

Das ungeteilte Ansehen, das der Rabbiner von Barcelona genoß, kann seinen Grund nicht bloß in dessen umfassendem rabbinischen Wissen gehabt haben; denn es gab zu seiner Zeit sehr viel selbständige gelehrte Rabbinen, und auch in Spanien hatte er seinesgleichen. Sein Studiengenosse und Landsmann, Aaron Halevi, war ein ebenso gründlicher Talmudist, verfaßte ebenfalls talmudische Werke und stand ihm an anderweitigem Wissen nicht nach. Aaron ben Joseph aus Barcelona, aus einer angesehenen Familie, ein Nachkomme des Serachja Halevi aus Lünel und Jünger Nachmanis (geb. um 1235, st. nach 1300)[2]), schrieb Kommentarien zum Talmud und zu Alfassi und kritisierte Ben-Adrets praktisch-halachische Werke (**Bedek ha-Bajit**) mit

---

[1]) Die Nachricht in Minchat Kenaot No. 67: הייתי שליח מצוה בשהלכתי לקשטיליא ולנבארה ולייתר הקהלות על ענין השר הנגיד בן בנו מחשר הגדול ר' משה וקבצתי לו עם הרב רבינו (רשב"א) כה' אלפים נורינסי (l. נובינסי) כסף hängt wohl mit der Nachricht bei Zakuto von der Verleumdung David Maimunis zusammen (Jochasin ed. Filipowski. p. 219, ed. Amsterdam, p. 99b).

[2]) Sein Todesjahr wird gewöhnlich 1293 angesetzt. Das beruht aber auf einem Mißverständnis; denn Zakuto, dem dieses Datum entnommen ist, referiert an einer Stelle nur dasselbe, was Isaak Israeli in Jesod Olam (IV, 18, Ende) berichtet und dort heißt es: אחריהם (אחר ר' יונה בגירונא ור' מאיר הכהן) בא לטוליטולה ר' אהרון הלוי בזרע נשיאים שבא מעיר ברצלונה לטוליטולה בשנת ה' אלפים ימו' ועמד בה ימים מועטים ושב לארצו. Wenn Z. nun an einer anderen Stelle angibt: רשב ר' אהרון הלוי בטוליטולה שנת כ"א (ed Filipp. p. 222 b), so hat er eben nur dasselbe wiedergeben wollen; nur ist diese Zahl entschieden korrumpiert. Die älteren Ausgaben des Jochasin haben aus רשב gemacht: ר' אהרון הלוי נפטר בטוליטולה שנת נ"ג. Mag nun die Zahl 5046 = 1286, oder 5053 = 1293 die unverdorbene sein, so bezieht sie sich jedenfalls nicht auf sein Todesjahr. Aus Meïrs Angabe in der Einleitung zu Abot folgt, daß Aaron im Abfassungsjahre 1300 noch am Leben war: ומתלמידיהם (מתלמידי ר' יונה ורמ"בן) הר' שלמה ברצלוני — אדרת — והרב ר' אהרן הלוי גם בן ואחרים זמכח והוא היום בגבולותינו מרביץ תורה במונטשפליירר ויתר סביבותיה. Der letzte Passus gilt von Aaron Halevi, der also damals ebenso wie Ben-Adret noch am Leben war und in Montpellier fungierte. — Daß A. von Serachja Halevi aus Lünel abstammte,

der Schonung des höheren Alters. Nichtsdestoweniger war dieser so empfindlich darüber, daß er in einer Rechtfertigungsschrift (**Mischméret ha-Bajit**) seinen literarischen Gegner nicht sehr glimpflich behandelte. Aaron Halevi war ebenfalls bemüht, in seinen Talmudkommentarien die Agadas annehmbar und vernünftig zu erklären. Den Auferstehungsglauben legte er auf eine eigentümliche, der damaligen Zeit wenig zusagende Weise zurecht. Da der Mensch nun einmal aus Leib und Seele bestehe und ohne Körper gar nicht gedacht werden könne, so müsse man annehmen, daß zur Auferstehungszeit die Verstorbenen wieder einen Leib annehmen und überhaupt menschlich, mit Sinneswerkzeugen versehen, leben würden. Der Leib werde aber nach Erreichung einer hohen Geistesstufe sich wandeln und häuten, werde eine ätherische Natur annehmen, so daß der seelisch und körperlich geläuterte Mensch imstande sein werde, wie Elia, in die Gottesnähe zu kommen und die himmlische Herrlichkeit zu schauen[1]). Auch Aaron Halevi genoß zu seiner Zeit hohes Ansehen, wurde zum Rabbiner der größten Gemeinde Spaniens ernannt, weilte aber nur kurze Zeit in Toledo und wurde im höheren Alter berufen, das Rabbinat von Montpellier und der Umgegend zu bekleiden. Auch er hatte einen Kreis von begabten Jüngern um sich. Und dennoch behielt Ben-Adret die ausschließliche Führerschaft über die nahen und fernen Gemeinden. Dieser Vorzug ist ihm aber wegen seines unermüdlichen Eifers eingeräumt worden, mit dem er das Judentum gegen Angriffe, mochten sie von innen oder von außen gekommen sein, zu verteidigen bestrebt war.

Die verderbenschwangere Wolke, welche sich über die Juden der pyrenäischen Halbinsel zwei Jahrhunderte später ergießen sollte, fing schon in Ben-Adrets Zeit an, sich in dunkeln Streifen zu sammeln. Die Mittel, welche der fanatische Dominikanergeneral Raymund de Penjaforte zur Bekehrung der Juden geschaffen hatte, begannen ins Leben zu treten. Die Versuche der westgotisch-spanischen Zeit, einerseits durch judenfeindliche Schriften auf die Fürsten und Gesetzgeber einzuwirken und anderseits die Juden von ihrem Glauben abtrünnig zu machen, sollten sich im großen wiederholen. Aus der Anstalt, welche Raymund de Penjaforte gegründet hatte, um die Dominikanermönche mit der

hat Asulaï s. v. bewiesen. Über seine Schriften vgl. Asulaï und andere Bibliographen. Ediert sind von ihm die Novellen zu Jom Tob und Ketubot. Das ספר החינוך stammt keineswegs von ihm, sondern von einem untergeordneten Zeitgenossen; es ist eine Art Religionsbuch. Vgl. darüber Dr. Rosin, ein Kompendium der jüdischen Gesetzeskunde im Jahresbericht des jüd. theol. Seminars 1871.

[1]) Zitat aus seiner Agadaerklärung in Albos Ikkarim IV, 30.

jüdischen und arabischen Literatur als Mittel zur Bekehrung vertraut zu machen, ging ein Mönch hervor, welcher zu allererst in Europa Waffen der Gelehrsamkeit zur Bekämpfung des Judentums geschliffen hat. Raymund Martin, der lange in einem Kloster zu Barcelona gelebt hatte, schrieb zwei Bücher voller Feindseligkeit gegen das Judentum, welche schon durch ihre Titel andeuten, daß gegen dessen Bekenner Pritsche und Schwert angewendet werden sollten: Kappzaum für die Juden und Glaubensdolch (capistrum Judaeorum und pugio fidei)[1]. Martin war in der biblischen und rabbinischen Literatur, die er sicherlich von einem getauften Juden, vielleicht von Pablo Christiani, erlernt hatte, gründlich unterrichtet und war überhaupt der erste Christ, der noch gründlicher als der Kirchenvater Hieronymus das Hebräische verstand. Die Schriften der Agada, Raschis, Jbn-Esras, Maimunis und Kimchis las er geläufig und benutzte daraus, was ihm zweckdienlich schien, um nachzuweisen, daß Jesus nicht nur in der Bibel, sondern auch in den rabbinischen Schriften als Messias und Gottessohn angekündigt sei. Natürlich betonte Raymund Martin die Behauptung, daß die jüdischen Gesetze, wenngleich von Gott geoffenbart, nicht für die Ewigkeit gegeben seien und zur Zeit des Messias überhaupt ihre Geltung einbüßen würden, und zog dafür Scheinbeweise aus der talmudisch-agadischen Literatur heran[2]. Er behauptete auch, die Talmudisten hätten den Text der Bibel gefälscht[3], und begründete diese schon früher geltend gemachte Anschuldigung durch einen lächerlichen Beweis, weil der Talmud zu mehreren Schriftversen einfach bemerkt, ihr Sinn sei anders zu fassen, als der Text aussage, dieser sei von den Soferim, Esras Mitarbeitern, um nicht lästerliche und unanständige Ausdrücke von Gott zu gebrauchen, geflissentlich geändert worden (Tikkun Soferim).

Obwohl Raymund Martins „Glaubensdolch" nicht gar fein und spitz geschliffen war, die Schrift vielmehr so geistlos gehalten ist, daß sie gar nicht verführerisch wirken konnte, so machte sie doch durch die darin entfaltete Gelehrsamkeit einen großen Eindruck. Durch die beigefügte lateinische Übersetzung der hebräischen Texte wurden Christen zum ersten Male in das Innere der jüdischen Gedankenwelt eingeführt, die für sie bis dahin ein undurchdringliches Geheimnis war. Kampflustige Dominikaner holten sich aus dieser vollgespickten Rüstkammer die Waffen und

---

[1] Pugio fidei verf. im Jahre 1278 vgl. pars II, cap. 10, No. 2; über die Edition oben S. 124. Die Biographie des Raymund Martin in Carpzovs Einleitung und in Quetifs historia ordinis Praedicatorum T. I.

[2] Pugio III, 3, 11.

[3] Das. III, 3, 9.

führten damit Hiebe, die dem oberflächlich Blickenden als Streiche in die Luft vorkommen mochten, von Salomo Ben-Adret aber als nicht ungefährlich betrachtet wurden. Er hatte öfter Unterredungen mit theologisch gebildeten Christen und, wie es scheint, mit Raymund Martin selbst, hörte diese und jene Behauptung, diesen und jenen Beweis für die Göttlichkeit des Christentums, daß dieses das Judentum vollständig überwunden und aufgehoben habe, und fürchtete, die Schwachmütigen und Urteilslosen könnten sich dadurch zum Austritt aus dem Judentume verleiten lassen. Um dem entgegenzuwirken, verfaßte er eine **kleine Schrift**[1]), worin in kurzen Sätzen alles dasjenige widerlegt wird, was christlicherseits damals gegen das Judentum geltend gemacht wurde[2]). Ben-Adret rechtfertigte zuerst den Satz, daß die Christen kein

---

[1]) Respp. IV, No. 187: על כן ראיתי לכתוב בספר את אשר נתוכח צבי אחד בחכמיה באיזן הדברים. Merkwürdig ist in dieser Kontroverse Ben-Adrets mit einem christlichen Theologen, daß er in dem Verse: לא יסור שבט מיהודה — עד כי יבא שילה das Wörtchen עד, entschieden gegen die massoretische Akzentuation, zum vorhergehenden Satz zieht: פירוש הכתוב כך הוא לא יסור שבט מיהודה לעד — ומצינו עד כמו לעד — וכן תרגם המתרגם. In einem älteren Texte bei Pinsker, Likute Kadmonijot hat das Wörtchen עד in der Tat einen Disjunctivus. Über Ben-Adrets Kontroversen vgl. die folgende Anmerkung.

[2]) Es existiert eine apologetische Schrift, die Ben-Adret beigelegt wird und sämtlichen Bibliographen, selbst de Rossi unbekannt blieb. Sie befindet sich, vielleicht als Unikum, in der Breslauer Seminarbibliothek (aus dem Saravalschen Nachlaß) und ist jetzt ediert von Dr. Perles a. a. O. Dieser Gelehrte hat auch aus Parallelstellen die Echtheit bewiesen. Die Schrift besteht aus drei Partieen, die erste gegen einen mohammedanischen Polemiker und die zweite und dritte gegen christliche Angriffe. Die letzteren (das. Beilage von p. 24 an) bilden ein **eigenes Opus** und sind nicht, wie Dr. Perles annimmt, den חדושי אגדות des B. A. entlehnt. Denn sie haben eine Einleitung und diese gibt an, der Verfasser wolle ein Werkchen zur Widerlegung der christlichen Polemiker zusammenstellen: נחרתי אל לבי לאסוף אל ספר קצת דברים וכו' (bei Perles, Beilage, p. 25). In einem Resp. IV, No. 31, bemerkt B. A. ausdrücklich, er habe eine apologetische Schrift verfaßt: כבר בארתי אי זה יפה יפה בקצת דברים מחברתי לתשובת הגרים הטוענים על תורתינו מצד זה. Meistens ist diese Apologetik gegen Punkte gerichtet, welche Raymund Martin geltend gemacht hat. Da nun die Hauptpartie der apologetischen Schrift in der Form eines Dialogs mit einem Christen gehalten ist, bald in der zweiten, bald in der dritten Person referierend: ומי שכנגדו טוען ובא עלינו בשתי טענות — — מצד ההגדות שהשבוצות כתידות לתחבטל — והטענה שאתה טוען ממה שאמרו מצות בטלות לעתיד לבא — חזר בעל הדין וטען, וזאת היתה תשובתי: אמור לי — והשיב — אמרתי — עוד אמרתי לו, so folgt aus dieser Form, daß Ben-Adret mit Raymund Martin kontroversiert hat. Die Apologetik gegen christliche Polemiker ist defekt und scheint viel ausgedehnter gewesen zu sein.

Recht hätten, die Riten des Judentums — wenn sie die sinaitische Offenbarung als eine geschichtliche Wahrheit anerkennen und nicht, wie die Philosophen, verwerfen — teils als nur auf eine bestimmte Zeit gegeben (bis zu Jesu Ankunft) zu beschränken, teils sie ihres natürlichen Sinnes zu entkleiden und in Allegorien (Typen) umzudeuten. Er löste die Scheinbeweise auf, welche Raymund Martin und andere aus der talmudischen Literatur dafür geführt haben, daß die Religionsgesetze des Judentums einst außer Kraft gesetzt werden würden, und betonte wiederholentlich den Umstand, daß an vielen Stellen der Bibel ihre ewige Gültigkeit besonders hervorgehoben wird. — Die lange Dauer der Leiden Israels in der Zerstreuung seit der Zerstörung des zweiten Tempels sei durchaus nicht als Strafe wegen Jesu Verwerfung anzusehen[1]). Treffender als die Verteidigung sind Ben-Adrets Angriffe auf die Manier des Raymund Martin, christliche Dogmen aus der Bibel und Talmud zu beweisen. Wenn dieser behauptete, in den Worten: „Höre, Israel, Jahwe unser Gott, Jahwe ist einzig" liege die Dreieinigkeit ausgesprochen, und wenn er noch eine Agadastelle als Stütze dazu heranzog[2]), so war es für Ben-Adret nicht schwer, die Sinnlosigkeit solcher Beweisführung aufzudecken. In dieser Widerlegung und Rechtfertigung zeigte Ben-Adret eine bewunderungswürdige Milde und Ruhe; es entfuhr ihm keine scharfe und leidenschaftliche Äußerung.

Herber ist indes seine Polemik gegen einen mohammedanischen Schriftsteller, der mit rücksichtsloser Kritik gegen alle drei geoffenbarten Religionen zugleich, Judentum, Christentum und Islam, zu Felde zog, und dessen Kampfesart sich recht geschickt gegen schwache Punkte richtete. Dieser unbekannte Kritiker hatte unter anderem behauptet, die Thora sei während eines mehr als tausendjährigen Zeitraums gar nicht in den

---

[1]) Dieser Einwurf ist besonders gegen Raymund Martin gerichtet, pugio III, 3, 21 und andere Stellen.

[2]) Pugio II, 1, 3. Attende quoniam in ... ter dicendo Deus (audi Israel Dominus Deus noster Deus unus) docet te mysterium Trinitatis etc. weiterhin zitiert Martin (gegen Ende des Kapitels) eine Agadastelle als Beweis für die Trinität: hoc est quod in Midrasch Tillim taliter scriptum est: תקון סופרים. אל אלהים ה' דבר ויקרא ארץ. Den Beweis von den תקון סופרים, den Raymund Martin aufgestellt, widerlegte Ben-Adret schlagend; durch die Parallelisierung ergibt sich, daß diesem die Pugio vorgelegen hat. Dort heißt es: (I, 3, 11): Per ista — תקון סופרים — quidem satis patet, Judaeos esse falsigraphos, fures atque mendaces. In Ben-Adrets Schrift heißt es: בפני שבעל הדין תופש עלינו באותן ר"ח מלות — שהם תקון סופרים וחושבים (יחושב l.) כי חבֵרי ישראל החליפום מעצמם בתרמית להחליק כונות נגד הדת על כן אני צריך לכתוב בכאן מה שכבר השבתי אליהם כי אין הענין על הצד אשר לקחוהו

Händen des Gesamtvolkes, sondern lediglich in denen der Hohenpriester
gewesen. Die israelitischen Könige hätten nun in dieser Zeit nicht nur
die Propheten verfolgt, sondern auch die Thora verstümmelt und entstellt; ja, sie sei ganz vergessen gewesen, bis sie erst durch Esra dem Volke
zugänglich gemacht worden sei. Die Grundwahrheit des Judentums
beruhe daher nur auf einzelnen Zeugen und sei überhaupt zweifelhafter
Natur. Ferner machte er geltend, daß das gegenwärtige Judentum eine
ganz andere Gestalt habe, als zur Zeit der Könige und des Tempel-
bestandes; das gäben sogar die Juden zu, wie ja bekanntlich das Gebet
gar nicht in der Thora vorgeschrieben, sondern erst in späterer Zeit zur
Pflicht gemacht worden sei. — Ben-Adret gehörte nicht zu den selbst-
genügsamen Rabbinen, welche Angriffe auf ihre Religion mit verächt-
lichem Stillschweigen übergehen. Er trat auch dieser Herausforderung
mit Mut entgegen und verfaßte eine eigene Schrift dagegen (**Maamar
al Ismael**)[1]. Seine Widerlegung geht von dem Gesichtspunkte aus,
welcher in der Nachmanischen Schule am schärfsten betont wurde, daß
die erste Kundgebung des Judentums, die sinaitische Offenbarung, nicht
auf einem einzigen Zeugen, auf der Verkündigung eines Propheten
beruhe, sondern auf mehr denn 600 000 Zeugen, dem ganzen Volke,
welches mit sinnlichen Organen und geistigem Verständnis die Zehnworte
am Sinai vernommen und sich zugleich von der Glaubwürdigkeit der
Sendung Moses überzeugt hätte. Das sei aber der Grundzug des Judentums, daß es neben dem Glauben auch die Prüfung und Bewährung
heische, daß es einem einzigen Zeugen, und wäre dieser auch der be-
währteste Prophet, nicht unbedingten Glauben einräume, wenn sich
dessen Verkündigung nicht anderweitig auf überzeugende Weise dar-
getan habe. Ben-Adrets Verteidigung ist aber schwach; sie beweist die
Richtigkeit der Bibel aus der Bibel und bekämpft den kritischen Gegner
mit talmudischen Waffen. Er bewegte sich darin stets im Kreise; er hat
nach dieser Seite keinen glänzenden Sieg gefeiert.

Bedeutender als nach außen war Ben-Adrets Wirksamkeit innerhalb der Judenheit. Denn seine Zeit war eine tiefbewegte, in welcher
der Scheidungsprozeß zwischen Wissenschaft und Glauben merklicher vor
sich ging, die Frömmigkeit sich immer mehr von dem Denken, das Denken
immer mehr von der Religion trennte. In den heißen Kampf der
Meinungen und Glaubensansichten mischte sich auch die immer kühner
auftretende Kabbala und warf ihre Schlagschatten auf den nur noch
halberhellten Grund des Judentums. Die Streitfrage, ob Maimuni

[1] Auch diese apologetische Schrift ist von Perles ediert, p. 1—24, aus
derselben Handschrift.

Ketzereien geschrieben oder nicht, ob seine philosophischen Schriften zu meiden oder gar zum Scheiterhaufen zu verdammen seien, oder ob sie als eine ganz vorzügliche Norm des jüdisch-religiösen Bewußtseins Beherzigung verdienten, diese Frage entbrannte von neuem und entzweite die Gemüter. In Spanien und Südfrankreich war zwar mit der feierlichen Reue des ehemaligen Gegners R' Jona I. der Streit erloschen. Die Rabbinen dieser Gemeinden waren seit der Zeit voll Verehrung für Maimuni und gebrauchten mit mehr oder weniger Geschicklichkeit und Gedankenklarheit seine Ideen als unbestreitbar zur Kräftigung der Religion. Selbst die strenggläubigsten Talmudisten in Spanien und der Provence redeten Maimunis Sprache, so oft sie die Glaubensansichten auseinanderzusetzen hatten. Aber auf einem anderen Schauplatze tauchte der Streit für und gegen Maimuni wieder auf. In den deutschen und italienischen Gemeinden erhitzte er von neuem die Gemüter, wälzte sich wieder bis nach Palästina und zog gewissermaßen die Gesamtjudenheit in seinen Kreis. Die deutschen Juden, welche bisher gar keinen Sinn für Wissenschaft zeigten[1]), ihr Denken in den engen Kreis des Talmuds einspannen und von der Bewegung der Geister in Montpellier, Saragossa und Toledo keine Kunde hatten, auch nicht einmal ahnten, daß Maimuni neben seinem Religionskodex (den sie anerkannten) auch Schriften zweideutigen Inhaltes hinterlassen habe, die deutschen Juden wurden aus ihrem glaubensseligen Schlummer geweckt und über die Tragweite der maimunischen Religionsphilosophie bedenklich gemacht.

Der Urheber neuer Erbitterung war ein gelehrter Talmudist, Mose ben Chasdaï Taku[2]), (blühte 1250—90); er lebte in Regensburg und Wiener Neustadt, wo er starb. Ein Buchstabengläubiger

---

[1]) Charakteristisch für die deutschen Juden ist, was Serachja ben Schaltiel (vgl. weiter) über sie bemerkt: וּבְרְאוֹתִי כִּי טֶבַע זֶה הָאִישׁ לֹא הָיָה סוֹבֵל אֵלּוּ הָעִנְיָנִים (פֵּרוּשׁ הַמִּקְרָא עַל דֶּרֶךְ פִילוֹסוֹפִיאָ) שֶׁפֵּרַשְׁתִּי לוֹ הִתְבּוֹנַנְתִּי כִּי הוּא מִתַּלְמִידֵי הָאַשְׁכְּנַזִּים. (Philosophischer Kommentar zu den Sprüchen zu 6, 1.) Vgl. damit Ascheris Stabbrechen über die Wissenschaft in Minchat Kenaot, No. 99.

[2]) Diese bis in die neueste Zeit unbekannt gebliebene Persönlichkeit ist durch Carmoly und Kirchheim aus dem Dunkel gezogen worden; C., Itinéraires, p. 288, Note 65, 315, Note 269 und K. Einleitung zu Takus כְּתַב תָּמִים in Ozar Nechmad III, p. 54 ff. aus dem Zitat bei Israel Bruna (Respp. No. 24): וְרָאִיתִי בִּתְשׁוּבַת הָרַב ר' מֹשֶׁה תְּקוּ ז"ל שֶׁיִּסֵּד כְּתַב תָּמִים וּקְבוּרָתוֹ בְּעִיר נְיְאוּשְׁטֶט סָמוּךְ לְוִוִינָא, folgt, wo er gelebt, oder wenigstens, wo er gestorben. Er wird ferner zitiert in Respp. Or-Sarua und seines Sohnes Chajim Or-Sarua, No. 8, 54, 193, 199, 204, als einer, der noch am Leben war (die Responsen umfassen die Zeit zwischen der Judenverfolgung in Frankfurt a. M. 1240, und der Vertreibung der Juden aus Frankreich 1306,

der wunderlichsten Art, war ihm die philosophische und gedankenmäßige
Auffassung des Judentums gleichbedeutend mit Leugnung der Thora
und des Talmuds. Taku bemerkte, das Bibelwort und die Agada
sprächen von der Gottheit wie von einem Wesen mit bestimmter Ge=
stalt. Darum dürfe man daran nicht mäkeln, sondern müsse annehmen,
daß von ihr wohl ausgesagt werden dürfe, sie habe Bewegung, Gehen,
Stehen, Zorn und Wohlwollen. Wer solches leugne, sei ein Ketzer[1]).
Taku war sehr folgerichtig in seiner Gegnerschaft. Er verketzerte nicht
bloß Maimuni (dessen philosophische Ansichten er nicht einmal aus dem
„Führer" kannte, sondern lediglich aus Partien im Religionskodex) und
nicht bloß Ibn-Esra, sondern auch den Gaon Saadia, weil dieser durch
seine philosophischen Schriften zuerst dieser Richtung Bahn ge=
brochen habe. Von ihm sei diese neue Lehre ausgegangen, welche in
jüdischen Kreisen bis zu seiner Zeit unerhört gewesen[2]). Aus Saadias
philosophischen Schriften hätten erst die Späteren den Unglauben ein=
gesogen[3]). Er nennt Saadia unehrerbietig, einen Armen an Geist, der
die Worte der Schrift und des Talmuds geleugnet[4]). Taku stellte daher
Saadia und Maimuni mit Ibn-Esra auf eine Linie und sagte von ihnen,
daß sie die Leute irregeführt und selbst fromme Männer verleitet
hätten[5]). Ja, von einem richtigen Instinkt geleitet, behauptete er, daß
diese Männer den Weg der Karäer eingeschlagen hätten[6]). Jeder
fromme Jude, der an die schriftliche und mündliche Lehre glaube, müsse

das. No. 111), ferner in Respp. Meir von Rothenburg (große Sammlung,
Folio) Nr. 613 und der jüngsten Sammlung (1860 ed. Lemberg) Nr. 111, 114.
Vgl. Groß in Frankel-Graetz Monatsschrift, Jahrgang 1871, S. 253. [Da=
gegen ist der תקו דמתקרי משה aus Goslar, das. Nr. 476, p. 50 a nicht
derselbe. Aus dem Umstande, daß Taku in seiner Hauptschrift Nachmanis
Hiobkommentar kannte, und diesen sogar mit Maimuni verwechselte (כתב תמים,
Ozar Nechmad p. 66) ergibt sich, daß er viel jünger als dieser war. Dann
kann aber der von Nachmani zitierte: מפולוניא משה בר חסדאי ר׳ והחכם
שרחיה ויאריך ימים (Novellen zu Gittin I) nicht mit Taku identisch sein,
wie es denn überhaupt höchst unwahrscheinlich ist, daß Nachmani mit deutschen
Gelehrten in einem vertrauten Verhältnisse gestanden haben sollte. Für
פולוניא muß man vielleicht lesen מפלנסיא = Palencia oder gar מבלנסיא.

[1]) Ketab Tamim in Ozar Nechmad III, p. 59, 63, 68, 73, 79.
[2]) Das. p. 75, 77, 83.   [3]) Das. p. 65, 68.
[4]) Das. p. 68, 69, 70.   [5]) Das. p. 82.
[6]) Das. p. 80—81. Der karäische Pentateuchkommentar, von dem Taku
an dieser Stelle mitteilt, er sei von Babel (Bagdad) nach Reußen und von
da nach Regensburg gebracht worden, scheint von dem Touristen Petachja
eingeführt worden zu sein, dessen Reisebericht ebenfalls nach Regensburg
gelangte und von dem frommen Jehuda aus Regensburg gekürzt wurde, wie
der Eingang angibt.

sich daher von deren Torheit fernhalten¹). Dagegen verwarf Tatu die mystischen Schriften und das die Gottheit plump verkörpernde Buch von dem Maße Gottes (Schiur-Koma), betrachtete es als untergeschoben, da im Talmud keine Rücksicht darauf genommen werde, und meinte, die Karäer hätten es aus Bosheit eingeschwärzt²). Mose Taku stand gewiß mit seiner wunderlichen Ansicht nicht vereinzelt unter den deutschen Rabbinen.

Sie, die an derselben Brust genährt waren, stimmten ohne Zweifel mit ihm vollständig überein; nur hatten nicht alle den Mut oder die Gewandtheit, den Kampf mit den geharnischten Vertretern der philosophischen Richtung aufzunehmen. Der angesehenste unter ihnen war R' Meïr ben Baruch aus Rothenburg an der Tauber³), der noch die letzten Strahlen der untergehenden Tossafistenschule aufgefangen hat. Er war Jünger des Samuel Sir Morel aus Falaise (v. S. 109) und des Jsaak Or-Sarua aus Wien und stand mit den Jüngern des Sir Leon von Paris in Verbindung. Er war wohl der erste offizielle Großrabbiner des deutschen Reiches, vielleicht gar vom Kaiser Rudolf, dem ersten Habsburger, dazu ernannt⁴). R. Meïr (geb. um 1230, st. 1293) hatte seinen Rabbinatssitz in Rothenburg, Kostnitz, Worms und zuletzt in Mainz⁵). Er verfaßte mehrere talmudische

¹) Ketab Tamim in Ozar Nechmad III, p. 75.
²) Daf. p. 61 f.
³) Aus Respp. Israel Isserlein No. 142: טופס אחד מועתק מטופס גט טופס טופס אחד מועתק מטופס גט רייען שנכתב על שם רוטנבורק וכתוב על חטופס ההוא שהוא מסודר מפי מו' ר' מאיר מרי דאתרא הדין — — ותו כיון דעיר הזאת רוטנבורק נקרא בפי רובא דעלמא — רוטנבורק מנחד טובר כדי להפרידו מעיר רוטנבורק מן נעקר: aus diesem Passus geht unzweifelhaft hervor, daß R'Meïr aus Rothenburg an der Tauber war.

⁴) Chajim Or-Sarua Respp. No. 191: היה ר' ברוטנבורק (ר' באיר) והוא. Meïr, Einleitung zu Abot Ende: ראש המלכות ומנהיגו עד אשר הגיע הזמן לר' באיר ברוטינבורק (l. מרוטנבורק) ראש ישיבת כל ארץ צרפת והרביץ תורה והגדיל עד למעלה Anna'es Co:marienses ed. Böhmer, fontes p. 25: Rudolfus (rex) cepit de Rotwilre Judaeum, qui a Judaeis magnus in scientiis dicebatur et apud eos magnus habebatur in scientia et honore. Das geht lediglich auf R'Meïr von Rothenburg, den Kaiser Rudolf in Haft brachte (wovon weiter unten). Rotwilre steht hier für Rothenburg. Aus einem seiner Gutachten geht hervor, daß er bereits 1271 in hohem Ansehen stand. Respp. in der Jeßnitzer Edition zu Maimunis Jad, zu Hilchad Ischot No. 25. Respp. ed. Lemberg No. 310. Daß er bereits 1244 mindestens ein reifer Jüngling war, folgt daraus, daß er auf das erste Verbrennen des Talmuds eine Elegie gedichtet hat (o. S. 98).

⁵) Vgl. Respp. Meïr von Rothenburg ed. Lemberg Nr. 368. Respp. Ascheri XCVIII. Respp. Chajim Or-Sarua No. 163.

Schriften und beschäftigte sich ausnahmsweise auch mit Massora[1]). Obwohl er halb und halb noch zu den Tossafisten gezählt wird, so zeugen seine Arbeiten doch mehr von umfassender Gelehrsamkeit, als von durchdringendem Scharfsinn. Mit Ben-Adret hält er keinen Vergleich aus. Dennoch galt er in Deutschland und Nordfrankreich als Autorität. Von vielen Seiten ergingen daher Anfragen an Meïr von Rothenburg. Seine Frömmigkeit war übertriebener Art. Die französischen Rabbinen hatten gestattet, im Winter am Sabbat die Zimmer durch Christen erwärmen zu lassen. Meïr von Rothenburg mochte den Sabbat auch auf indirekte Weise nicht entweihen lassen. Er verrammelte sogar die Ofentüre in seinem Hause, um der zuvorkommenden Dienerin, welche ihm mehrere Male ungeheißen den Ofen geheizt hatte, zu wehren[2]). Überhaupt waren die deutschen Juden viel skrupulöser als die anderer Länder und fasteten noch immer den Versöhnungstag zwei Tage hintereinander[3]). Eine rabbinische Berühmtheit war zu seiner Zeit für Ostdeutschland A b g e d o r b e n Elia Kohen in Wien, Schwager des Mose von Coucy (v. S. 57), der, ebenfalls ein Jünger französischer Rabbinen, Tossafot verfaßte oder sammelte und, eine geachtete Autorität, gutachtliche Bescheide erteilte. Ehrend äußerte sich Meïr von Rothenburg über ihn in einer Erwiderung auf eine Anfrage der Wiener Gemeinde an ihn: „Ihr habt in dem Kohen die Bundeslade und den Brustschild in eurer Mitte, wozu fragt ihr bei mir an?"[4]).

Wie sich die deutschen Rabbinen zu der von Mose Taku neu angeregten Verketzerung der Wissenschaft und Maimunis verhielten, ist zwar nicht beurkundet, läßt sich aber ohne weiteres aus einem Vorgange folgern, der auf einem andern Schauplatze viel Ärgernis hervorrief. — Ein französischer oder rheinländischer Kabbalist, der nach Jean d'Acre (Akko) ausgewandert war, namens S a l o m o P e t i t[5]), war von fast noch größerem Eifer als Mose Taku beseelt. Er machte sich zur Lebensaufgabe, den Brand zu einem neuen Scheiterhaufen für die maimunischen Schriften anzuschüren und auf dem Grabe der Philosophie die Fahne der

---

[1]) Über seine Schriften vgl. die Bibliographen und L. Lewysohn, Epitaphien des Wormser Friedhofes S. 28 f. Über ihn als Massoreten und sein Verhältnis zur Ochlah w'Ochlah vgl. Frankel-Graetz Monatsschrift 1887, S. 1—38.

[2]) Respp. Meïr von Rothenburg (Folio) No. 94. Respp. Chajim Or-Sarua No. 199. Hagahot Maimuni zu Sabbat c. VI.

[3]) Respp. M. v. Rothenburg No. 76.

[4]) Das. No. 102. Vgl. darüber Zunz zur Geschichte S. 38. Schorr in Zion II, p. 112 f. Ben-Jakob Additamenta zu Asulaï Bibliographie p. 170, No. 72.

[5]) Vgl. über ihn und das Folgende Note 8.

Kabbala aufzupflanzen. In Akko hatte er einen Kreis von Jüngern um sich, die er in die Geheimlehre einweihte und denen er wunderliche Geschichtchen erzählte, um die Philosophie zu verdächtigen. Als einst jemand die Geistestiefe des Begründers der Philosophie (Aristoteles) bewunderte und meinte, daß er fast ein Gottesmann gewesen sei, teilte Salomo Petit eine Fabel, die er als wahr bezeugte, von ihm mit. Derselbe sei so wenig einem Gottesmanne ähnlich gewesen, daß er sich vielmehr durch seine Unsittlichkeit fast zum Tier erniedrigt habe. Aristoteles sei nämlich in die Frau seines Zöglings, des Königs Alexander von Mazedonien, verliebt gewesen und habe ihr unziemliche Anträge gemacht. Um ihn zu beschämen, habe sie ihm Befriedigung seiner Brunst unter der Bedingung versprochen, daß er auf allen Vieren auf der Erde herumkröche. Aristoteles sei darauf eingegangen und sei nun plötzlich in dieser beschämenden Haltung von Alexander überrascht worden, der von seiner Frau zu diesem Schauspiele bestellt worden sei. Ob Salomo Petit dieses Märchen erfunden oder nacherzählt hat, ist gleichgültig; es war darauf angelegt, seinen Zuhörern einen Abscheu vor der Philosophie beizubringen, deren Hauptvertreter unkeusche Gefühle, unwürdig eines Weisen, gehegt hätte. Akko war damals ein Nest von Kabbalisten und Finsterlingen, unter denen die Jünger Nachmanis die Oberhand hatten. Obwohl die Tage dieser Stadt — der letzte Rest des zusammengeschmolzenen christlichen Königreichs von Jerusalem — gezählt waren, geberdeten sich doch dort die Mystiker, als wenn ihnen die Ewigkeit zugeteilt gewesen wäre. Salomo Petit glaubte, so festen Boden gefunden zu haben, daß er sich mit dem Plane hervorwagen durfte, neuerdings das Verdammungsurteil über die maimunischen Schriften zu verkünden; das wissenschaftliche Studium zu verpönen und die Männer der freien Forschung in den Bann zu tun. Besonders gegen Maimunis „Führer" (Moré) war sein Fanatismus gerichtet; er verdiente nach seiner Meinung, wie ketzerische Schriften dem Gebrauche entzogen zu werden. Für diese Verketzerung warb er in Palästina Anhänger. Wer würde sich nicht fügen, wenn die Stimme des heiligen Landes sich hätte vernehmen lassen? Wer wollte rechtfertigen, was dieses verdammt habe? Allein der Eiferer Salomo Petit fand unerwarteten Widerstand.

Es stand damals an der Spitze der morgenländischen Gemeinden ein tatkräftiger Mann, Jischaï ben Chiskija, der sich von den Machthabern den Titel Fürst und Exilarch (Resch-Galuta) zu verschaffen gewußt hatte. Die Gemeinden Palästinas, soweit dieses im Besitze der Mohammedaner und des ägyptischen Sultans Kilavun war, gehörten natürlich zu seinem Sprengel und er beanspruchte auch

Gehorsam von der Gemeinde Akko, obwohl dieses den Kreuzfahrern gehörte. Der Exilfürst Jischaï war voll Verehrung für Maimuni und befreundet mit dessen Enkel, dem ägyptischen Nagid David (v. S. 147). Sobald er Kunde von dem Treiben des Salomo Petit, des Mystikers von Akko, erhielt, richtete er ein drohendes Sendschreiben an ihn und bedeutete ihm, er würde ihn in den Bann tun, falls er ferner nur ein Wort des Tadels gegen Maimuni und seine Schriften laut werden lassen sollte. Mehrere Rabbinen, welche Jischaï zum Beitritt aufgefordert hatte, sprachen sich in demselben Sinne aus. Allein Salomo Petit war nicht der Mann, sich von Hindernissen bewältigen zu lassen. Er unternahm eine weite Reise nach Europa, hielt sich in den größeren Gemeinden auf, entwickelte vor den Rabbinen und angesehenen Männern die Gefährlichkeit der maimunischen Schriften, imponierte ihnen durch seine kabbalistische Geheimlehre und wußte manche zu überreden, sich ihm anzuschließen und in eigenhändig beglaubigten Urkunden auszusprechen, daß die philosophischen Schriften Maimunis Ketzereien enthielten, beseitigt oder gar verbrannt zu werden verdienten und von keinem Juden gelesen werden dürften. Nirgends fand Salomo Petit mehr Anklang, als unter den deutschen Rabbinen, welche durch Mose Takus wissensfeindliche Schrift gegen Maimuni und die freie Forschung eingenommen waren. Sie unterstützten ihn mit Handschreiben, selbst solche, welche früher dem Exilarchen Jischaï zugestimmt hatten[1].

Des Beistandes der deutschen und einiger französischen Rabbinen versichert, trat Salomo Petit seine Rückreise über Italien an und suchte auch da Parteigänger zu werben; allein hier fand er am wenigsten Anklang, denn wie Maimuni neue Gegner in Deutschland fand, so fand er neue und warme Verehrer in Italien. Die italienischen Gemeinden, welche bis dahin mit den deutschen an Unkunde jeder Art gewetteifert hatten, erwachten gerade damals aus ihrer Unwissenheit, und ihr eben geöffneter Blick wendete sich dem Lichte zu, das von Maimuni ausgegangen war. Ihre politische Lage war nicht ungünstig, ja sie waren im Weichbilde des Petristuhles damals günstiger gestellt, als die Juden in Mitteleuropa. Wie die deutschen Kaiser aus dem Hause der Hohenstaufen durch ihren steten Blick auf Italien in Deutschland wenig heimisch waren und wenig galten, so hatten auch die Päpste durch ihre ewige Einmischung in die Welthändel Einbuße an Ansehen auf ihrem eigenen Gebiete erlitten. Die kanonischen Gesetze gegen die Juden sind nirgends so ohne weiteres unbeachtet geblieben, wie in Italien. Die kleinen

---

[1] Bannschreiben des Exilarchen Jischaï und der Gemeinde von Safet in **Kerem Chemed** III, p. 170 ff.

Staaten und Staatengebiete, in welche damals das Land zerfiel, waren zu eifersüchtig auf ihre Freiheiten, als daß sie der Geistlichkeit Einfluß auf die inneren Angelegenheiten gestattet hätten. So hat die Stadt Ferrara ein Statut für die Juden erlassen, das ihnen viele Freiheiten einräumte und einen Zusatz enthielt, daß der Magistrat (**podestà**) weder durch den Papst noch sonst jemanden losgesprochen werden dürfe, diese Freiheiten aufzuheben[1]). Die kanonischen Gesetze gegen die Juden wurden wenig beachtet, niemand zwang sie, ein Abzeichen zu tragen. Nicht nur der König von Sizilien, Karl von Anjou, hielt sich einen jüdischen Leibarzt, F a r a g I b n = S a l o m o, dessen Name als Gelehrter (unter dem Namen F a r r a g u t) auch in christlichen Kreisen einen guten Klang hatte[2]), sondern selbst der Papst übertrat die kanonische Satzung, sich von Juden keine Medikamente reichen zu lassen. Einer der vier Päpste, welche in dem kurzen Zeitraum von dreizehn Jahren (1279 bis 1291) regierten, vertraute seinen heiligen Leib der Behandlung eines jüdischen Leibarztes I s a a k b e n M a r d o c h a i an, der M a e s t r o G a j o betitelt wurde[3]).

Der Wohlstand, welcher in Italien infolge der weitausgedehnten Handelsbeziehungen herrschte, und der Sinn für Kunst und Poesie, der sich damals in der Jugendzeit des Dichters Dante zu regen begann, wirkten auch auf die italienischen Juden ein und weckten sie aus dem bisherigen schlafähnlichen Zustande.

Auch in Italien entwickelten sich die Anfänge einer höheren jüdischen Kultur aus der Vertiefung in den Talmud. Erst in diesem Jahrhundert begannen die italienischen Juden, sich eifrig auf den Talmud zu verlegen, und es trat infolgedessen eine Reihe bedeutender Talmudisten auf. Der Hauptanreger des tieferen Talmudstudiums in Italien war

---

[1]) Muratori, Antiquitates italianae, dissertatio 16 p. 827.

[2]) Amari. La guerra del vespero Siciliano (Florenz 1851) I, 65. Karl von Anjou ließ vom König von Tunis durch eine feierliche Gesandtschaft ein medizinisches Buch des Alrazi kommen und von dem jüdischen Gelehrten Farag aus dem Arabischen ins Lateinische übersetzen im Jahre 1279. Er hat auch ein anderes arabisch-medizinisches Werk ins Lateinische übersetzt und es Carlo regi ejus nominis primo, d. h. Karl von Anjou gewidmet, ediert 1543 vgl. Carmoly, histoire des médecins juifs p. 82. Steinschneider, die hebräischen Übersetzungen des Mittelalters (Berlin 1893) S. 974.

[3]) In dem zweiten Sendschreiben des Hillel von Verona lautet die Überschrift: יצחק הלל למאירשרו גאיו כתב ששלח ר׳ und dieser heißt im Text ר׳ יצחק — רופא האפיפיור בר מרדכי. Ein Pariser Kodex hat die Lesart: (Carmoly in Ozar Nechmad III, p. 110). Dieser Isaak (Gajo) ist nicht identisch mit dem Poeten Isaak ben Mardochai aus der Familie Kimchi (vgl. Ozar Nechmad II, p. 236).

Jesaja da Trani der Ältere (blühte um 1232 bis 1270)¹), der tossafistische Kommentarien zum Talmud schrieb und sich auch mit Bibelauslegung befaßte. Er galt bei den Späteren als eine hochverehrte Autorität für rabbinische Entscheidungen. Sein gelehrter Sohn David und sein Tochtersohn Jesaja der Jüngere, von dem er prophetisch verkündigt haben soll, er werde sein Erbe in der Talmudkunde sein²), setzten seine Wirksamkeit als bedeutende Talmudlehrer fort, und seine Nachkommen blieben bis ins siebzehnte Jahrhundert diesem Studium treu. Meïr ben Mose in Rom und Abraham ben Joseph in Pesaro hatten zahlreiche Talmudjünger in ihren Lehrhäusern³). In Rom lehrten den Talmud Nachkommen des berühmten Nathan Romi, Verfassers des talmudischen Lexikons Aruch (B. VI₃, S. 70), Abraham und Jechiel dei Mansi, beide zugleich Ärzte. Ein Sohn des ersteren, namens Zidkija ben Abraham verfaßte ein Sammelwerk für Ritualien (Schibole ha-Leket)⁴), das in den Kreis der Studien aufgenommen wurde und als geachtete Quelle gilt. Zidkija ben Abraham stand mit den deutschen Rabbinen, mit Meïr von Rothenburg und Abigedor Kohen in Wien in lebhaftem Verkehr⁵). Selbst eine Frau aus dieser gelehrten Familie dei Mansi, Paula, Tochter Abrahams und Gattin eines Jechiel, hatte biblische und talmudische Kenntnisse und kopierte Kommentarien zur heiligen Schrift (1288) in sauberen und feinen Zügen, die noch heute bewundert werden⁶).

Für die Förderung des höheren Wissens wirkten Maimunis philosophische Schriften auf den Sinn der italienischen Juden ein. Sie fingen in dieser Zeit an, sich ernstlich mit dem „Führer" zu beschäftigen; kundige

---

¹) Vgl. über ihn und seine edierten und handschriftlichen Werke die Bibliographen und Güdemanns Geschichte des Erziehungswesens und der Kultur der abendländischen Juden II, S. 185 ff., daf. Note XI. Er korrespondierte mit Abigedor Kohen, der in Wien war. Aus dem Zitat bei Asulai p. 56 ergibt sich, daß er bereits 1271 gestorben war.

²) Gedalja Ibn-Jachja in Scha'schelet.

³) Vgl. Schorr in Zion II, p. 112, Note 26, 30.

⁴) Vgl. darüber die eingehende Monographie von Schorr in Zion a. a. O., p. 44 ff. Schorr hat auch gründlich nachgewiesen, daß das ספר תניא nur ein Auszug aus dem שבלי הלקט ist. Es ist beendet worden 1314, wie der Epilog in der editio princeps (Mantua 1524) lautet.

⁵) אני צדקיה בן משנה הגאונים Ms. der Bodlejana hat eine Stelle: אברהם כהן צדק שלחתי אליך שאלות עם שאלות אחרות בעניך דינין לחרב אביגדור כהן צדק.

⁶) Ms. der Breslauer Seminarbibliothek No. 27. Der Epilog lautet: ותכל עבודה זה הפירוש על ידי פולה בת ר' אברהם הסופר בר יואב לבני בניו של רב נתן בעל הערוך ואשתו של ר' יחיאל.

Männer hielten Vorträge über dieses tiefe Buch[1]). Wenn auch die Anregung dazu schon von Anatoli ausgegangen sein mag (v. S. 86), so war H i l l e l aus V e r o n a doch jedenfalls der Begründer und Verbreiter einer wissenschaftlichen Denkweise unter den italienischen Juden. Maimuni hatte keinen wärmeren Verehrer als diesen treuherzigen, tatkräftigen, etwas beschränkten, aber um so liebenswürdigeren Mann. — H i l l e l ben Samuel aus V e r o n a (geb. um 1220, starb um 1295)[2]), eifriger Talmudjünger des R' Jona Gerundi (v. S. 36) war weit entfernt, die Unduldsamkeit und Verketzerungssucht seines Lehrers zu teilen. Er war Zeuge von dessen aufrichtiger Zerknirschung wegen der fanatischen Schritte bei den Dominikanern gegen die maimunischen Schriften und faßte seitdem für Maimuni eine fast vergötternde Verehrung. Hillel überwand die talmudische Einseitigkeit und verlegte sich auch auf allgemeine Wissenschaften. Die lateinische Sprache eignete er sich — eine seltene Ausnahme in damaliger Zeit unter den Juden — so vollkommen an, daß er sie zu schriftstellerischen Zwecken zu gebrauchen verstand: er

---

[1]) Vgl. Abraham Abulafias Mitteilung in אוצר עדן גנוז bei Jellinek, Bet ha-Midrasch III, Einleitung XLI.

[2]) Hillel aus Verona ist erst in neuester Zeit bekannt geworden durch die Veröffentlichung seiner zwei Sendschreiben an Isaak Maestro Gajo (in **Taam Sekenim** p. 70 ff. und in **Chemda Genusa** p. 17 ff. in den Jahren 1854—1856), ferner durch die Mitteilung der Sendschreiben Serachjas ben Schaltiel (von Kirchheim in Ozer Nechmad II, p. 124 ff.) im Jahre 1857 und durch die Veröffentlichung der philosophischen Schrift תגמולי הנפש durch Halberstamm, Lyck 1874. Seine Lebenszeit ergibt sich aus folgenden Daten. Er war drei Jahre Jünger des R'Jona Gerundi, als dieser nach der Verbrennung des Talmuds in Barcelona lehrte, d. h. nach 1242, also um 1250. Er mag also damals schon ein reifer Jüngling gewesen sein. Sein **Tagmule ha-Nefesch** schrieb Hillel 1291 (Note 8), und später noch seine Erklärung zu Maimunis philosophischen Schriften. Im Jahre 1290, als er das erste Sendschreiben gegen Salomo Petit erließ, fühlte er sich bereits alt, und sein תגמולי nannte er ein Kind des Alters. Zwischen 1260 und 1271 wohnte er in Capua, wo der Mystiker Abraham Abulafia bei ihm philosophische Vorlesungen hörte: ואני בעיר קפואה קרוב לרומי מהלך חמשה ימים מצאתי שם איש נכבד חכם ונבון פילוסוף ורופא כיומתא ושמו ר' הלל ואתחברה אתו ואלמוד לפניו מעט מחכמת הפילוסופיא Quelle bei Jellinek, Bet ha-Midrasch III, Einl., p. XLI. Seine Korrespondenz mit Serachja fällt ohne Zweifel noch vor seine Bearbeitung einiger Punkte aus dem Moré und noch vor die Bewegung gegen die maimunischen Schriften durch Salomo Petit, wohl noch in sein angehendes Mannesalter; damals lebte er in Ferrara. Außer den genannten Schriften verfaßte Hillel: Chirurgia B uni ex Latina lingua in Hebraeam trans'ata (de Rossi, Codex 1281); eine philosophische Auslegung des Hohen Liedes und ספר הדרבן über Agada (beide zitiert in seinem (תגמולי הנפש.

übertrug eine chirurgische Schrift aus dieser Sprache ins Hebräische. Selbst Hillels hebräischer Stil wurde von dem lateinischen Satzbau beherrscht und gefärbt. Er schrieb eine schöne, durchsichtige, gedrungene hebräische Prosa, die er von der nichtssagenden Phrasenhaftigkeit und den überladenen Floskeln der damaligen Schreibweise frei machte. Seine Briefe und Abhandlungen sind Muster eines klaren, fließenden, die Gedanken rein widerspiegelnden Stiles. Er betrieb die praktische Arzneikunde zuerst in Rom, dann in Capua, Ferrara und im Alter in Forli.

Mit seinem ganzen Geiste vertiefte sich Hillel in Maimunis religionsphilosophische Schriften, ohne jedoch den Standpunkt der Gläubigkeit zu verlassen, den er vielmehr mit Zähigkeit festhielt. Ihm lösten sich die Wundererzählungen in Bibel und Talmud nicht in luftige Allegorien auf, sie sollten im Gegenteil ihren Charakter als Tatsachen behalten. Hillel betrachtete sogar diejenigen, welche die im Talmud erzählten Wunder leugneten, als Ketzer. Die agadischen Wunderlichkeiten bemühte er sich denkgläubig zu vermitteln[1]), und traf darin mit Abraham Maimuni in vielen Punkten zusammen. Freilich entging Hillels vermittelnder Standpunkt, hier das freie Denken und dort den Wunderglauben walten zu lassen, der Rüge nicht von denjenigen, welche, gleich ihm an Maimunis Philosophie geschult, nach Folgerichtigkeit strebten und an jedem Wunder, selbst in der Bibel, Anstoß nahmen. Solche konsequente Denker gab es damals in Italien zwei, einen geborenen Italiener Sabbatai ben Salomo aus Rom[2]) — ein zu seiner Zeit sehr angesehener Mann — und einen nach Rom eingewanderten Spanier Serachja ben Jsaak aus der in Barcelona angesessenen berühmten Familie Ben-Schaltiel-Chen[3]) (Gracian?). Namentlich war der letztere, als Arzt und Kenner der aristotelischen Philosophie, ein leidenschaftlicher Gegner des Wunderglaubens. Serachja-Chen scheute sich nicht, es auszusprechen, was selbst Maimuni sich nicht ganz klar gemacht hatte, daß man das religionsphilosophische Denken und die Gottheit der Offenbarung (und der talmudischen Agada) streng scheiden müsse, weil sie sich miteinander nicht vertrügen. Die Vermischung dieser zwei grundverschiedenen Auffassungsweisen führe zu groben Irrtümern[4]). Ein nüchterner, wenn auch nicht origineller Denker, wollte

---

[1]) Jn seinem Werke תגמולי, auch mitgeteilt in Chemda Genusa, p. 41 f.
[2]) Zitiert von Serachja Ben-Schaltiel in einem Sendschreiben an Hillel, Ozar Nechmad II, p. 141 f. Zunz zu Aschers Benjamin von Tudela II, p. 20.
[3]) Vgl. über ihn Ozar Nechmad das. p. 120 f., p. 229 ff. und III, 110.
[4]) Ozar Nechmad II, p. 125, 129.

Serachja die als Tatsachen in der Bibel auftretenden Wunder rationalistisch auf natürliche Vorgänge zurückgeführt wissen. Darüber geriet er in eine heftige Fehde mit Hillel von Verona, welcher im Gegenteil an der Tatsächlichkeit der Wundererzählung festhielt. „Wenn du," bemerkt er spöttisch gegen Hillel, „wenn du der freien Forschung den Buchstaben entgegensetzen willst, so wende dich von den Schriften über die Natur und Philosophie ab, hülle dich in den Gebetmantel, studiere mystische Schriften, vertiefe dich in die Geheimnisse des Buches der Schöpfung und in die Ungeheuerlichkeiten des Buches über Gottes körperliche Maße" (Schiur-Koma)[1]). In diesem Geiste erläuterte Serachja ben Schaltiel die heilige Schrift[2]); er ließ sie durchweg die Sprache der Zeitphilosophie reden. So verkehrt auch seine Schriftauslegung ist, so fand sie doch zu seiner Zeit in Italien vielen Beifall. Angesehene Männer der römischen Gemeinde ließen es sich angelegen sein, sich Abschriften davon zu machen[3]). Wie eifrig die italienischen Juden waren, sich in den Wissenschaften zu belehren, veranschaulicht eine Anekdote, welche ein italienisch-jüdischer Dichter mit vielem Witz erzählt. Ein jüdischer Gelehrter aus Toledo war mit achtzig Büchern wissenschaftlichen Inhalts, eine ansehnliche Bibliothek für jene Zeit, nach Perugia gekommen und übergab sie, um leichter seine Reise fortsetzen zu können, versiegelt zum Aufbewahren. Kaum war er fort, so konnte sich die Wißbegierde nicht enthalten, den Ballen zu erbrechen und sich an den Geistesschätzen zu vergreifen[4]). Der junge Dichter Immanuel Romi, der vielleicht dabei beteiligt war, sog mit aller Glut seines frischen Geistes die Säfte ein, welche Hillel von Verona und Serachja-Chen aus den maimunischen Schriften für die italienischen Juden flüssig machten.

Bei dieser Richtung des Geistes in den italienischen Gemeinden ist es erklärlich, daß der Kabbalist Salomo Petit auf seiner Missionsreise, um Anhänger zur Verketzerung Maimunis zu werben, in Italien keine Zustimmung fand. Der Fanatiker war auch klug genug, dort von seinem

---

[1]) Ozar Nechmad, p. 142. Im Original lautet die Ironie höchst drastisch: שוב אל ארץ אבותיך וקרא תשכליך הצריכים מבלה ועטוף בלית וחפלין וקרא כפר יצירה יס׳ בן סירא ועיין בשיעור קומה וספר הרזים ועוז ספרי הנבצרים וחבמת הלמורים וכו.

[2]) Er kommentierte den Pentateuch (oder einen Teil desselben), die Salomonischen Sprüche (beendet 1289) und Hiob (1290). Der Kommentar zu den Sprüchen und der zu Hiob sind von J. Schwarz veröffentlicht worden.

[3]) Ende des Mischle-Kommentars: כתבתיהו לכבוד עם הקודש קהל רומא החסמים והאדירים אשר קבלוהו במני והתיקו.

[4]) Imanuel Romi in seinem Machberet No. 8

Vorhaben nichts verlauten zu lassen¹), hielt sich überhaupt nicht lange daselbst auf. — Als Salomo Petit mit dem maimunifeindlichen Schreiben deutscher Rabbinen in Jean d'Acre (Akko) angekommen war, beeilte er sich, seine Gesinnungsgenossen, welche durch die Drohung des fürstlichen Rabbiners von Damaskus eingeschüchtert waren, wieder zu ermutigen, zu neuem Kampfe aufzufordern und sie zu bestimmen, den Bann über die maimunisch-philosophischen Schriften auszusprechen. Die Kabbalisten dieser Gemeinde gingen bereitwillig darauf ein, verurteilten Maimunis „Führer" zum Scheiterhaufen und verhängten den Bann über alle diejenigen, welche sich fortan damit beschäftigen sollten. Die junge Kabbala fühlte sich bereits so kräftig, daß sie wähnte, sie werde den so fest wurzelnden Forschergeist innerhalb des Judentums bannen können. Von diesen Kabbalisten scheint die Schändung des maimunischen Grabmals in Tiberias ausgegangen zu sein. Statt der verherrlichenden Inschrift wurde eine andere gesetzt: „Mose Maimuni, ein Ketzer und Gebannter"²). Indessen war nicht die ganze Gemeinde von Akko mit dieser ruchlosen Verketzerung einverstanden; es gab auch dort warme Verehrer Maimunis und entschiedene Gegner unberufener Verdammungssucht. Es brach infolgedessen ein heftiger Streit im Schoße der Gemeinde aus, der zu Tätlichkeiten führte³). Die Nachricht davon verbreitete sich schnell über die Länder, welche mit Palästina in Verbindung standen, und rief allgemeine Entrüstung hervor. Hillel von Verona, welcher Zeuge der verderblichen Folgen war, die der Streit für und gegen Maimuni in Frankreich herbeigeführt hatte, entwickelte eine geschäftige Tätigkeit, einer Wiederholung derselben zu begegnen. Zunächst richtete er ein Sendschreiben an den Leibarzt des Papstes, Maestro Isaak Gajo, von dem er voraussetzte, daß er selbst ein Gegner der maimunischen Richtung wäre und daß er auf die römische Gemeinde Einfluß üben könnte, sich den verketzernden Kabbalisten in Akko anzuschließen. Er führte ihm in lebhafter Schilderung die bösen Folgen

¹) Folgt aus Hillels erstem Sendschreiben an Maestro Gajo.

²) Gedalja Jbn-Jachja in Schalschelet: המסיתים החם תקני המצבה שהיה כתוב עליו: מבחר האנושי, וכתבו: ר' משה מימון מוחרם ומין. Gedalja irrt aber wohl darin, wenn er diese Umänderung in die Zeit des ersten Streites bei Kimchis und Nachmanis Lebenszeit verlegt. Wäre es damals, d. h. zur Lebenszeit Abraham Maimunis geschehen, so hätte dieser es erwähnen müssen. Es scheint vielmehr während der Wirren in Akko geschehen zu sein.

³) Hillels Sendschreiben das. ואגרת מדון (שלמה פטיט) בקהל צבי ושם חרב איש באחיו Bannformular der Rabbinen von Safet (Kerem Chemed III, p. 172): כיון שחזר לארץ הצבי (שלמה פטיט) התחיל להרבות מחלוקת.

vor die Seele, welche die Verdammung der maimunischen Schriften sechs Jahrzehnte vorher in der Provence gehabt hatte. Hillel setzte ihm auseinander, welche tiefe Reue der eifrigste Parteigänger gegen Maimuni, R' Jona Gerundi, empfunden habe. Er beschwor ihn, für die Ehrenrettung Maimunis einzutreten, und machte sich anheischig, diejenigen Stellen im „Führer", welche Anstoß erregten und scheinbar Bibel und Talmud widersprächen, auf eine befriedigende Weise zu erklären. Hillel richtete auch an David Maimuni und an die Gemeinden von Ägypten und Babylonien (Irak) Sendschreiben und machte ihnen einen Vorschlag, um die Flamme der Zwietracht, welche sich an Maimunis Schriften entzündete und so oft wieder auflöderte, ein für allemal zu ersticken. Sein Plan ging dahin, die angesehensten Rabbinen der morgenländischen Juden sollten sich zu einer Synode in Alexandrien versammeln und die deutschen Rabbinen, welche Salomo Petit unterstützt hatten, zu einer Rechtfertigung vorladen. Sollten ihre Gründe stichhaltig befunden werden, daß Maimunis philosophische Schriften wirklich Ketzereien und Widersprüche gegen Bibel und Talmud enthielten (was ihm unbeweisbar schien), nun gut, dann sollen diese Schriften verurteilt und dem Gebrauche entzogen werden. Könnten die deutschen Rabbinen ihre Verketzerung nicht beweisen, dann sollten sie gezwungen werden, bei Strafe des Bannes sich dem allgemeinen Urteil von der Vortrefflichkeit des maimunischen „Führers" zu unterwerfen und nicht mehr mit ihrer Verdammung Streit und Spaltung erwecken. Die babylonischen Rabbinen, welche seit uralten Zeiten Autorität hatten, sollten das Urteil fällen. Hillel gedachte, sich selbst an dieser von ihm angeregten Synode aufs lebhafteste zu beteiligen[1]). An einen seiner Verwandten in Akko, welcher ein Parteigänger des Salomo Petit geworden war, richtete er eindringliche Ermahnungsschreiben, die schlechte Sache nicht zu unterstützen[2]).

Indessen bedurfte es nicht der Anregung von Europa aus und überhaupt nicht einer so krampfhaften Anstrengung, um das Werk der Finsterlinge in Akko zu stören. Salomo Petit und sein kabbalistischer Anhang standen gerade im Morgenlande vereinzelt. Sobald David Maimuni von der Brandmarkung seines Großvaters Kunde erhalten hatte, reiste er nach Akko[3]) und fand Unterstützung in dem Teil seiner Gemeinde, der der fanatischen Verketzerungssucht abhold war. Er richtete auch Sendschreiben überall hin, sich der Ehre seines Großvaters

---

[1]) Sein erstes Sendschreiben an Maestro Gajo.
[2]) Sein zweites Sendschreiben, Anfang.
[3]) Folgt aus desselben zweitem Sendschreiben, Chemda Genusa p. 21.

gegen die jüdischen Dominikaner, die verketzernden, lichtfeindlichen Kabbalisten, namentlich gegen Salomo Petit anzunehmen. Und er fand überall Anklang. Der Exilsfürst von Mosul, namens David ben Daniel, der seinen Ursprung bis auf den König David zurückführte, das Oberhaupt jenseits des Tigris, bedrohte Petit mit dem schwersten Banne, falls er seine Wühlereien nicht einstellen sollte (Fjar 1289). Er warf ihm Ehrgeiz und Herrschsucht vor. Elf Mitglieder des Kollegiums unterzeichneten diese Bannandrohung gegen den Ketzerriecher von Akko. Auch der Exilsfürst von Damaskus, Jischai ben Hiskija (o. S. 158), welcher schon früher die Wühler gegen Maimuni verwarnt hatte, trat tatkräftig gegen Salomo Petit auf. Mit seinem Kollegium von zwölf Mitgliedern sprach er den Bann aus (Tammus = Juni 1289)[1]), nicht gerade direkt über Salomo Petit und seine Parteigänger, sondern über alle diejenigen, welche unglimpflich von Maimuni sprechen oder seine Schriften verketzern sollten. Wer im Besitze von Maimuni feindlichen Schriftstücken wäre, sei gehalten, dieselben David Maimuni oder dessen Söhnen in der kürzesten Zeit auszuliefern, damit kein Mißbrauch damit getrieben werde. Wenn die zurzeit in Akko sich befindenden oder spätere Einwanderer sich dem Beschlusse des Exilsfürsten und seines Kollegiums nicht fügen sollten, so sei es jedem Juden gestattet, alle Mittel anzuwenden, um dieselben unschädlich zu machen und sogar sich des Armes der weltlichen Behörden dazu zu bedienen.

Diesem Banne zugunsten Maimunis schloß sich die schon damals bedeutende Gemeinde von Safet an. Ihr Rabbiner, Mose ben Jehuda Kohen, mit seinem Kollegium und einem Teile der Gemeinde von Akko wiederholten an Maimunis Grabe in Tiberias die Bannformel über diejenigen, welche in ihrer halsstarrigen Feindseligkeit gegen Maimuni verharren, die verketzernden Schriften nicht ausliefern und sich überhaupt dem Beschlusse des Exilsfürsten nicht fügen sollten. „Denn diejenigen, welche Zwiespalt in den Gemeinden erregen, leugnen die Thora, welche Frieden predigt, und höhnen Gott, welcher der Friede ist"[2]). Sämtliche Gemeinden und Rabbinen Palästinas nahmen für Maimuni Partei[3]). Auch die Vertreter der Gemeinde von Bagdad, welche sich damals in dem Glanze eines hochgestellten jüdischen Staatsmannes sonnte, und an ihrer Spitze das Oberhaupt des Lehrhauses, Samuel Kohen ben Daniel, sprachen sich in demselben Sinne aus (Tischri = Sept. 1289). Die Kabbalisten von Akko

---

[1]) Das Datum ist bewiesen Note 8.
[2]) Kerem Chemed III, p. 172.
[3]) Schem-Tob Falaquera, Apologie, Note 8.

waren in der öffentlichen Meinung verurteilt. Der Exilsfürst von Damaskus sorgte nämlich dafür, daß auch die europäischen Gemeinden Kunde davon erhielten. Die Urkunden zugunsten Maimunis wurden nach Barcelona, wahrscheinlich an Salomo Ben-Adret, befördert[1]). Der schreibselige Philosoph und Dichter Schem-Tob Falaquera nahm die günstige Gelegenheit wahr, um eine Schutzschrift[2]) für Maimunis „Führer" vom Stapel zu lassen, und gab anzuhören, daß nur wenige, sehr wenige, vielleicht nur ein einziger — der das religionsphilosophische Werk im Original zu lesen verstand — es zu würdigen wüßte. Aber in Spanien brauchte Maimuni keinen Anwalt mehr; dort wagte es damals selten einer, seine Bedeutung zu schmälern. Wenn die Frommen auch hin und wieder etwas an seinen Ansichten auszusetzen hatten, so zollten sie doch seinem Namen hohe Verehrung[3]).

1) Note 8.
2) Falaqueras Apologie.
3) A. a. O.

Sechstes Kapitel.

Das Zeitalter Ben-Adrets und Ascheris.
(Fortsetzung.)

Kaiser Rudolf von Habsburg und die Juden. Die Auswanderung der Juden aus der Rheingegend mit R' Meïr von Rothenburg. Der Großkhan Argun und sein Staatsmann Saad-Abdaula. Die Haft des Meïr von Rothenburg und die Konfiszierung der Liegenschaften der ausgewanderten Juden. Leiden der Juden in England. Der Dominikaner-Proselyt Robert de Redingge und die Folgen seines Übertritts zum Judentume. Vertreibung der Juden aus England und der Gascogne. Saad Abdaulas Erhöhung und Sturz. Unglückliche Folgen seines Sturzes für die morgenländischen Juden. Der Untergang Akkos. Isaak von Akko.

(1270—1327.)

Die deutschen Rabbinen, von denen Salomo Petit unterstützt worden war, hatten keine Muße, sich um den Ausgang des Streites wegen Maimuni zu bekümmern. Sie waren mit den eigenen Angelegenheiten allzusehr beschäftigt. Es brachen nämlich während der Regierung des Kaisers Rudolf von Habsburg so schwere Leiden über die deutschen Gemeinden herein, daß mehrere derselben sich zu massenhafter Auswanderung entschlossen. Dieser Kaiser, der aus einem armen Ritter Herrscher des deutschen Reiches geworden war, trachtete zwar nicht nach ihrem Leben, aber desto mehr nach ihrem Gelde, da seine Kasse von Hause aus leer war, und er Mittel brauchte, die stolzen Fürsten zu beugen und die Hausmacht der Habsburger zu gründen. Juden haben zwar dem armen Grafen, dem eine Kaiserkrone unerwartet zugefallen war, bedeutende Summen vorgeschossen, unter anderen war **Amschel Oppenheimer** sein Gläubiger[1]:

[1] Vgl. den Auszug aus einer Wetzlarer Urkunde bei Böhmer, Regesta imperii vom Jahre 1246—1313, p. 127 mit der Datumbezeichnung Juli 00. Darauf hat wohl das Responsum in Chajim Or-Saruas Respp. No. 229 Bezug: כל ראובן שדר בעיר ימים ושנים ובני עירו צרי מרדי במלך רידאלש כי רצה להטיל עליהם מס ולא הורגלו ויצ' עליהם עד שבאים — יהמלך היה חריב לשמעון ד' מאית זקוקים ודחק העירונים של צד ראובן שהצדיקו לדור (ל. לתת) לשמעון אותם ד' מאות זקוקין ולא היו לחם בסף בטיל יששו חוב עם שמעון לתת לו ט' מאית זקוקין לד' שנים יבי׳

aber dieses freiwillige Entgegenkommen genügte ihm nicht und hinderte ihn auch nicht, ihnen größere Summen abzuzwingen. Jeder Begünstigung, die er ihnen einräumte, und jedem Schutz, den er ihnen zukommen ließ, ging stets ein namhaftes Geldgeschenk voraus. Da Rudolf immer nur seinen Vorteil im Auge hatte, so folgte stets auf eine Gunstbezeugung gegen die Juden eine Beschränkung, um sie immer in der Hand zu haben.

Er bestätigte der alten Regensburger Gemeinde ihre Privilegien, die sie aus alter Zeit besaß, daß sie unter anderem eine eigene Gerichtsbarkeit in Zivilangelegenheiten haben und keines ihrer Mitglieder ohne Zuziehung eines jüdischen Zeugen eines Verbrechens angeklagt werden durfte[1]). Aber er erließ auch auf Veranlassung des Bischofs einen Befehl, daß die Regensburger Juden während der Osterzeit in ihren Häusern bleiben, sich nicht zur „Schmach des christlichen Glaubens" auf Wegen und Straßen blicken lassen und Türen und Fenster verschlossen halten sollten[2]). Kaiser Rudolf bestätigte für die österreichischen Gemeinden das Judenstatut[3]) des Erzherzogs Friedrich des Streitbaren, welches die Juden vor Quälerei und Totschlägerei schützen sollte (v. S. 89). Dagegen stellte er ein Jahr später den Wiener Bürgern ein Privilegium aus, welches die Unfähigkeit der Juden zu öffentlichen Ämtern feierlich erklärte[4]). Der Papst Innocenz IV. hatte die Juden von der Beschuldigung des Kindermordes zur Zeit des Passahfestes freigesprochen (v. S. 105). Der Papst Gregor X. (1271—78) hatte auf das Gesuch der Juden eine Bulle erlassen, daß sie nicht mit brutalem Zwange zur Taufe geschleppt und nicht an Leib und Gut geschädigt werden sollten. Der Kaiser Rudolf bestätigte den Inhalt der einen und der andern Bulle, „daß es nicht wahr ist, daß die Juden von dem Herzen eines toten Kindes zehren auf dem Passah-Tage." Damit sie unter dem Schutze seiner kaiserlichen Gnade gesichert leben könnten, bestätigte und wiederholte er alle von den Päpsten zu ihren Gunsten gewährten Erlasse, daß namentlich die Juden lediglich durch rechtskräftiges Zeugnis von Juden und Christen verurteilt werden sollten[5]). Er beschützte sie auch hin und

---

[1]) Böhmer a. a. O. p. 66, No. 123 vom 16. Oktober 1874.
[2]) Gemeiner, Regensburgische Chronik I, S. 417. Pertz, Monumenta Germaniae, leges II, p. 426; Orient, Jahrgang 1843, S. 71 vom 4. Juli 1281.
[3]) Kurz, Österreich unter Ottokar und Albrecht I., Band II, S. 185, Beilage No. 11 vom 4. März 1277.
[4]) Rauch, Scriptores rerum austriacarum III, p. f.
[5]) Lacomlet, Urkundenbuch für die Geschichte des Niederrheins II, No. 305. Orient, Jahrg. 1844, S. 320.

wieder und belegte einige Mörder unschuldiger Juden in Lorch mit Strafe[1]). Nichtsdestoweniger kamen unter seiner Regierung, da die Deutschen von früherhin an Anarchie gewöhnt waren, eine große Menge Blutanklagen und Judengemetzel vor, welche der Kaiser teils unbestraft ließ, teils noch gut hieß.

Zur Osterzeit war ein totes Christenkind bei Mainz gefunden worden, und abermals entstand das lügenhafte Gerücht, die Mainzer Juden hätten es erschlagen. Es wurde zur Beglaubigung hinzugefügt, eine christliche Amme hätte es ihnen verkauft. Mit der Leiche des Kindes auf der Schulter fand sich ein Verwandter desselben, ein Ritter Gerbaldus Ring, mit einigen Genossen vor Mainz ein, Rache gegen die Juden, die Kindesmörder, schnaubend. Vergebens gab sich der Erzbischof Werner von Mainz, Erzkanzler des Reiches, die größte Mühe, die aufgeregte Menge zu beschwichtigen, einen regelmäßigen Prozeß gegen die Angeklagten einzuleiten und die Schuldigen zu ermitteln. Die vom Anblick der Leiche bis zur Raserei erhitzten Christen fielen ihre jüdischen Nachbarn am zweiten Ostertag (am vorletzten Passahtage, 19. April 1283)[2]) an, töteten zehn Personen und plünderten die jüdischen Häuser. Die Verfolgung wäre noch blutiger ausgefallen, wenn nicht der Erzbischof Werner tatkräftig zur Verteidigung seiner Juden aufgetreten wäre. Der Kaiser Rudolf soll später die Sache untersucht, das Urteil bestätigt und die Mainzer Bürger freigesprochen haben. Die den Juden geraubten Güter soll er haben einziehen lassen, aber nicht für seine eigene Kasse, sondern um sie unter die Armen zu verteilen. Er habe nämlich von dem durch Wucher erworbenen Gelde keinen Gebrauch machen und es auch nicht zu Kirchenzwecken verwenden lassen wollen[3]). Sonst war Kaiser Rudolf keineswegs so gewissenhaft. — An demselben Tage wie in

---

[1]) Böhmer a. a. O. p. 77, No. 261 vom 6. Juli 1276.

[2]) Die erste Veranlassung zu diesem Gemetzel berichtet die Urkunde bei Schaab, Diplomatische Geschichte der Juden, S. 32 ff. Das Gemetzel: die Annales Colmarienses (bei Urstisius, Scriptores II, Böhmer, Fontes II, 19), Pertz, Mon. Germ. XVII. p. 210 und das Mainzer Memorbuch (im Verzeichnis zu Anfang): בפסח במגנצא בשביעי של פסח מ"ג לאלף הששי und weiterhin: בד' של פסח נהרגו ר' נפשות במגנצא — ר' יצחק בן משה הזקן. Im Datum stimmen die beiden letztgenannten Quellen überein, falsch in den Annales Hirsaugenses II, 44 ein Jahr vorher. Überhaupt ist die Schilderung dieses Annalisten übertrieben: plures (Judaeos) occidunt, reliquos omnibus bonis spoliatos de Civitate (Moguntina) expellunt. Hinc generalis persecutio Judaeorum quasi per totam Germaniam secuta est.

[3]) Annales Hirsaugenses das. p. 45, auch bei Schaab a. a. O., S. 56. Diese Angabe ist nichts weniger als kritisch ermittelt.

Mainz wurden sechsundzwanzig Juden in Bacharach erschlagen, darunter ein Jüngling Hiskija, dessen Vater einige Jahre vorher als Märtyrer in Lorch gefallen war[1]). Einige Tage später wurden in Brückenhausen sechzehn Juden erschlagen[2]) und drei Wochen vorher wurde ein Teil der Gemeinde von Mulrichstadt (Franken) verbrannt[3]). Zwei Jahre später (11. Oktober 1285) traf die Gemeinde von München[4]) herzzerreißendes Leid. Auch hier lautete die lügenhafte Anklage, die Juden hätten einem alten Weibe ein Christenkind abgetauft und es umgebracht. Ohne einen Urteilsspruch über den Täter abzuwarten, fiel die wütende Menge über die Juden her und erschlug alle, welche in ihre Hände gefallen waren. Die übrigen hatten sich in die Synagoge geflüchtet. Da schleppten die Bekenner der Religion der Liebe Brennstoff herbei, legten Feuer an das Bethaus und verbrannten darin hundertundachtzig Personen, Klein und Groß. — Nicht lange darauf wurden mehr als vierzig Juden von Oberwesel bei Bacharach und andere wieder in Boppard trotz ihrer Unschuld erschlagen (1286). Die Anklage gegen sie lautete, sie hätten einem frommen Manne, den das Volk „den guten Werner" nannte, heimlich das Blut abgezapft[5]). Die Leichtgläubigen behaupteten gar, seine Leiche habe einen Lichtschein von sich ausgestrahlt, wie denn dieser sogenannte Heilige Gegenstand der Wallfahrt in jener Gegend geworden ist. Der Kaiser Rudolph hat aber später die Heiligkeit des Mannes und die Beschuldigung der Juden an dessen Tode zunichte gemacht.

---

[1]) Mainzer Memorbuch: ובו ביום (ז' של פסח מ"ג) נהרגו בבבראכא כ"ו נפשות — חנער חזקיה בן ר' יעקב הנהרג בלורכא.

[2]) Das. 25. Nissan. [3]) Das. 2. Nissan.

[4]) Eberhard Altahensis bei Böhmer, Fontes a. a. O., S. 639. Das Mainzer Memorbuch gibt das Datum genau: שרופי בונכן ר"ב מרחשון רום ו' מ"ר לאלף הו. Vgl. Aretin, Geschichte der Juden in Bayern, S. 18 f.

[5]) Eberhard bei Böhmer a. a. O., S. 538. Chronicon Osterhoviense das. S. 554. Annal. brev. Wormat. (Mon. Germ. das. p. 210) annales Colmarienses das. S. 23. In letzter Quelle lautet das Datum: 1287 a Judaeis interfectus est „der guote Wernher" in Wesile prope Bacracum. Die zweite Quelle zu 1285: eodem anno Judaei in Bachrach bonum hominem — Wernherum — occiderunt. Eberhard gar 1288. Da aber auch der letztere hinzufügt: praeterito anno Judaei in Monaco civitate combusti, so muß das Faktum 1289 stattgefunden haben. Im Jahre 1288 beschwerten sich die Juden darüber beim Kaiser Rudolf (vgl. Note 9), woraus sich ergibt, daß damals auch die Juden des nahen Boppard gelitten haben. Das Mainzer Memorbuch hat etwas über die Verfolgung von Boppard, aber ist gerade hier ohne Datum: חרוגי בובערט ראשונה — גזירת שנייה מבובערט ר' יהודה — בן מ:חם ר' יצחק הסופר הנסקל והנטבע במיתה משונה vgl. Stobbe a. a. O., S. 282.

Sicherlich war es die alljährlich sich wiederholende Verfolgung, die Unsicherheit ihrer Existenz, die Trostlosigkeit ihrer Lage, welche die Juden mehrerer Gemeinden bestimmte, den Staub Deutschlands abzuschütteln und mit Weib und Kind auszuwandern. Aus den Städten Mainz, Worms, Speyer, Oppenheim und anderen in der Wetterau verließen viele Familien ihre festen Besitztümer, um übers Meer zu gehen. Und an ihrer Spitze stand der angesehenste Rabbiner Deutschlands, R' Meïr von Rothenburg, welcher wie ein Heiliger verehrt wurde. Auch er wanderte mit seiner ganzen Familie aus[1]), um nach Syrien (Palästina) zu gehen (Frühjahr 1286). Es hieß, ein Messias sei dort aufgetreten, welcher das unglückliche Israel erlösen wolle. Haben die Juden dieses geltend gemacht? Sollte der kabbalistische Schwärmer Abraham Abulafia, welcher in dieser Zeit in Sizilien als Prophet und Messias auftrat, einen messianischen Widerhall in den Herzen der deutschen Juden erweckt haben? Oder hatten sie von dem Glücke vernommen, in dem ihre Brüder unter einem mongolischen Herrscher lebten, der sie höher als die Mohammedaner stellte und die Befähigten unter ihnen zu Staatsstellen beförderte?

Der Orient sah damals nämlich mit Erstaunen einen jüdischen Staatsmann als die angesehenste Persönlichkeit am Hofe eines mongolischen Großkhans, dessen Gebiet sich vom unteren Euphrat und der Grenze von Syrien bis zum Kaspisee erstreckte. Die Mongolen oder Tataren hatten ein großes Reich in Persien gegründet, das nur dem Namen nach von dem Khanat der Mongolei und China abhängig war. Auf Hulagu, den Gründer dieses Reiches, und Abaka (Abagha), seinen Sohn, war sein zweiter Sohn gefolgt, welcher sich zum Islam bekannte und den Namen Ahmed annahm. Damit waren aber die persischen Mongolen unzufrieden; Ahmed wurde entthront und hingerichtet, und sein Nachfolger im persisch-mongolischen Reiche wurde Argun, Abakas Sohn (1284 bis 1291). Argun hatte eine entschiedene Abneigung gegen den Islam und eine besondere Vorliebe für Juden und Christen. Dieser Großkhan oder Il-Chan hatte einen jüdischen Leibarzt, Saad-Addaula (vielleicht Mardochaï Jbn-Alcharbija)[2]), einen Mann von reichen Kenntnissen, durchdringendem Verstande, politischer Einsicht und uneigennützigem Charakter[3]). Da er viel mit Mongolen

---

[1]) Vgl. darüber Note 9.
[2]) Vgl. Note 10.
[3]) So schildern ihn arabische und mongolische Quellen bei d' Ohsson. histoire des Mongoles III, chapt. II p. 31ff. und Weil, Geschichte der Kalifen IV, S. 148f.

verkehrte, so verstand er ihre Sprache neben dem Arabischen. Er hatte eine schöne Gestalt, einnehmende Manieren und die Biegsamkeit eines Diplomaten. Er hatte auch Sinn für Poesie und Wissenschaft und wurde später ihr Beförderer. Als Arzt wohnte Saad-Addaula in Bagdad, wo Argun öfter seinen Hof hielt. Seine Kunstgenossen beklagten sich einst über ihn bei dem Großkhan, daß Saad-Addaula ein ruhiges Leben führe, während sie den Herrscher überall, wohin die Staatsgeschäfte ihn riefen, begleiten müßten. Darauf rief ihn Argun in sein Zelt, und das war die erste Staffel zu seinem Glücke und seiner Rangerhöhung. Als der Großkhan einst erkrankt und dann genesen war, unterhielt er sich mit dem Leibarzte, dem er seine Gesundheit verdankte, von Staatsgeschäften und erfuhr von ihm Dinge über den Stand der Einnahmen, welche die Statthalter und Höflinge aus Habsucht dem Großkhan geflissentlich verborgen hielten. Seit der Zeit wurde Saad-Addaula Günstling und Ratgeber und stieg von Stufe zu Stufe bis zum Range des höchsten Staatsbeamten.

Viele begüterte Juden der Rhein- und Maingegend waren bereits ausgewandert, R' Meïr von Rothenburg war mit seiner ganzen Familie bereits in der Lombardei angekommen. Er erwartete nur noch viele Gemeindeglieder, um mit ihnen und anderen Auswanderern in Italien ein Schiff zu besteigen, das sie nach dem Morgenlande in den Hafen der Sicherheit führen sollte. Unglücklicherweise wurde R' Meïr von einem getauften Juden (K n i p p e ?) erkannt, welcher im Gefolge des Bischofs von Basel durch dieselbe Stadt zog. Auf Veranlassung des Bischofs nahm ihn der Hauptmann M e i n h a r d von Görz gefangen, lieferte ihn aus, und der Kaiser Rudolf ließ ihn in den Turm von E n s i s h e i m (im Elsaß) in Haft bringen (4. Tammus = 19. Juni 1286)[1]). Dem Kaiser war es nicht darum zu tun, den flüchtigen Rabbiner zu bestrafen, sondern ihn in Sicherheit zu bringen und seine Auswanderung zu verhindern, denn er fürchtete, durch die massenhafte Auswanderung der Juden würden die kaiserlichen Einnahmen von den Kammerknechten bedeutende Einbuße erleiden. R' Meïrs Haft war daher milde. Er durfte Besuch empfangen, Jünger unterrichten und sämtlichen rabbinischen Funktionen obliegen, nur durfte er den Ort nicht verlassen. — Die Häuser und Gründe der ausgewanderten Juden von Mainz und anderen Städten hatten sich die Bürger inzwischen als ein ihnen anheimgefallenes Erbe angeeignet. Der Kaiser betrachtete sie aber als sein Eigentum, als sein Erbe von den ihm zugehörigen Kammerknechten.

---

[1]) **Note** 9

Er schrieb daher (6. Dezember 1286) an die Schultheißen von Mainz, Worms, Speyer, Oppenheim und der Wetterau, die Güter der übers Meer entflohenen Juden für ihn in die Hände des Erzbischofs **Heinrich** von Mainz und des Grafen Eberhard von Katzenellenbogen auszuliefern. Die Mainzer Bürger weigerten sich aber dessen und behaupteten ihr Recht auf das „Judenerbe", das aus vierundfünfzig Häusern bestand.

Die deutschen Juden konnten sich aber nicht darüber beruhigen, daß ihr hochverehrtes Oberhaupt in Haft sein sollte, und schickten Deputierte an Kaiser Rudolf, als er sich (im Jahre 1288) in der Rheingegend befand. Da er damals, wie gewöhnlich, in Geldverlegenheit war, ließ er sich mit ihnen in Unterhandlungen ein. Die Juden boten ihm 20000 Mark Silbers, wenn er die Mörder der Juden von Oberwesel und Boppard (v. S. 172) zur Strafe ziehen, R' Meïr aus der Haft entlassen und ihnen Sicherheit gegen Metzeleien von seiten des Pöbels gewähren wollte. Der Kaiser ging darauf ein, belegte die Bürger von Oberwesel und Boppard mit einer Geldstrafe von 2000 Mark und trug dem Erzbischof von Mainz auf, zu predigen, daß der Leichnam des in Oberwesel erschlagenen Werner verbrannt und dessen Asche zerstreut werden sollte. Da dieser Mann aber schon von vielen Christen als Märtyrer und Wundertäter verehrt wurde, so fürchtete der Erzbischof einen Auflauf des Volkes und soll sich von 500 jüdischen Bewaffneten haben beschützen lassen. R' Meïr wurde dennoch nicht aus der Haft entlassen, sei es, daß der Kaiser aus der Verehrung der Juden für ihren Rabbiner Kapital schlagen und sie durch bedeutende Gelderpressungen ausbeuten wollte, oder, wie erzählt wird, daß R' Meïr nicht auf diese Weise befreit sein mochte. Er fürchtete nämlich, daß dieser Fall, durch Verhaftung von Rabbinen Geld zu erpressen, Nachahmung finden könnte; er blieb daher noch fünf Jahre in Haft. Hier beantwortete er die an ihn gerichteten Anfragen und verfaßte mehrere Schriften; unter seinen Augen arbeitete einer seiner zahlreichen Jünger, **Simson ben Zadok**, ein Ritualwerk aus. R' Meïr starb in der Haft, und seine Leiche ließen Rudolfs Nachfolger noch vierzehn Jahre unbeerdigt, um dadurch den Gemeinden Gelder abzuzwingen, bis es einem kinderlosen Mann aus **Frankfurt, Süßkind Alexander Wimpfen**, gelang, sie durch eine hohe Summe loszukaufen und in Worms zu bestatten. Der einzige Lohn, den der edle Wimpfen sich bedingte, war, daß seine Gebeine neben denen des frommen Rabbi liegen sollten. Wo nicht die Habsucht der Fürsten die Juden bis aufs Blut quälte, da tat es der Fanatismus. In der Champagne, die damals mit Frankreich vereinigt wurde, in der Stadt

Troyes, wo von Raschis Lehrhaus so viel Geistesgewecktheit ausgegangen war, fiel eine grausige Szene vor, welche selbst bei dem König von Frankreich Mißfallen erregte. Am vorletzten Tage vor Ostern (26. März 1288) überfielen mehrere Christen das Haus eines reichen, angesehenen und talmudisch gelehrten Mannes, Isaak Hütelein, und schleppten ihn mit seiner ganzen Familie vor das Tribunal der Dominikaner, wahrscheinlich wegen der falschen Anklage eines Christenkindermordes. Die Christen sagten geradezu, sie wollten an den Juden den Tod ihres Herrn rächen. Die Inquisition der Predigermönche verurteilte hierauf dreizehn Juden von Troyes, Männer, Frauen und Kinder, zum Feuertode. Vier Wochen später (24. April) bestiegen sie sämtlich mit dem jüdischen Bekenntnis im Munde den Scheiterhaufen, ohne auf das Zureden der Mönche zu hören, durch die Taufe ihr Leben zu retten. Mehrere Poetanen dichteten hebräische Elegien auf den Märtyrertod dieser dreizehn „Heiligen", und einer derselben, Jakob ben Jehuda aus Lothringen besang sie in 16 Strophen in französischer Sprache mit gefühlvollen gut gesetzten Versen[1]). Daraufhin erließ der König Philipp der Schöne eine besondere Verordnung (17. Mai 1288), welche den Mönchen verbot, französische Juden wegen einer Klage, ohne vorhergegangene Untersuchung durch einen königlichen Beamten, zu verfolgen[2]).

Nicht lange darauf erfüllte sich das herbste Geschick an den Juden Englands. Sie waren womöglich noch unglücklicher als die deutschen Juden. Ehe sie verbannt wurden, mußten sie alle Stufen des Elends durchmachen. Bei der Thronbesteigung des neuen Königs Edward I. hatten sie alle Aussicht auf Sicherheit der Existenz, weil dieser, das Gegenteil seines Vaters, streng, aber auch gerecht war, ihnen nichts schenkte, aber sie auch nicht auszusaugen gedachte, und sie jedenfalls vor Anfällen von seiten des verblendeten Pöbels schützen konnte. Edward gab zwar nicht zu, daß sie sich in einer Stadt niederließen, wo früher keine Juden gewohnt hatten, und vertrieb diejenigen, welche vor seiner Krönung sich in Winchelsea niedergelassen hatten; aber er schärfte den Beamten dabei ein, daß ihnen an Leib und Vermögen kein Schaden zugefügt werden sollte[3]). Er ließ zwar die Judensteuer aufs strengste eintreiben und ermächtigte die Exekutoren, die Schuldner und Säumigen

---

[1]) Arsène Darmstetter, extrait de la Roumania 1874, III. p. 443 f Renan, les Rabbins français p. 475 f.

[2]) Ordonnances des rois de France, T. I, p. 317.

[3]) Rymer, foedera (ed. London 1861). T. II, pars II. p. 516 vom 18. Juni 1273.

mit Weib und Kind unbarmherzig aus dem Lande zu weisen¹); aber er ließ auch Milde walten, wo er kein böswilliges Auflehnen argwöhnte. Er ließ wenigstens verarmten Familien, welche ihm die Abgaben nicht zahlen konnten, so viel, um notdürftig leben zu können. Als die Gemeinden der Gascogne, die noch zu England gehörten, wegen übermäßiger Teuerung ihre Leistungen nicht erschwingen konnten, bedeutete er seinen Connetable, sie bis auf weiteres zu schonen²). Edward sah streng darauf, daß die Juden seines Landes nicht willkürlich gequält und geschändet werden sollten. Es sollte weder ihnen, noch ihrem Vermögen irgend etwas zu Leid getan werden³). So hätten sie noch eine Zeitlang in gebeugter Haltung fortbestehen können, keuchend unter der Last der Abgaben, die unersättlichen Ansprüche des königlichen Schatzes durch Wuchertreiben zu befriedigen bemüht, wenn nicht ein geringfügiger Vorfall sie zum Gegenstand bitteren Hasses bei der Mönchswelt gemacht hätte.

In London lebte ein Dominikaner, Robert de Redingge⁴), welcher durch seine Kanzelberedsamkeit die Gemüter hinriß. Er hatte sich auch auf die hebräische Sprachkunde verlegt, deren Pflege von dem dritten Ordensgeneral, Raymund de Penjaforte (v. S. 120), so sehr eingeschärft worden war, um die Juden aus ihren Schriften bekehren zu können. Aber anstatt zu bekehren, wurde der Predigermönch Robert de Reddinge selbst bekehrt. Er empfand eine solche Liebe zum Judentum, daß er sich beschneiden ließ, den Namen Haggaï annahm und eine schöne Jüdin heiratete (Sommer 1275)⁵). Als er wegen seines Abfalles zur Rede gestellt wurde, verteidigte er seinen neuen Glauben mit warmen Worten. Der König Edward überließ seine Bestrafung dem Erzbischof von Canterbury. Wie es ihm erging, ist nicht bekannt, doch scheint es, daß er mit seiner Frau glücklich entkam. Die Dominikaner waren aber wütend darüber, da sie den Übertritt eines ihrer Glieder als Schandfleck an ihrem Orden betrachteten. Vom Volke und noch mehr von ihren sie tief hassenden Nebenbuhlern, den Franziskanern, aufs empfindlichste verspottet, suchten die Predigermönche Rache an den Juden zu nehmen. Da sie dem König nicht unmittelbar beikommen konnten, wirkten sie auf die bigotte, habsüchtige Königin-Mutter Eleonore, und es gelang ihnen. Sie machte den Haß der Dominikaner gegen die Juden zu einer persönlichen Angelegenheit und ruhte

---

¹) Rymer, Foedera, p. 518 vom 20. Okt. 1274; r. 560 25. Juli 1278.
²) Das. p. 523, 23. Mai 1275, Tovey, Anglia judaica p. 207.
³) Das. p. 598, und statute of Judaism bei Tovey a. a. O., p. 202.
⁴) Vgl. Note 11. ⁵) Das.

nicht eher, bis die englischen Juden den Leidenskelch bis auf die Hefe geleert hatten. Zunächst vertrieb sie noch in demselben Jahre die Juden aus der ihr gehörigen Stadt C a m b r i d g e¹) und nährte persönlich im ganzen Lande, besonders unter der christlichen Kaufmannschaft, den feindlichsten Geist gegen sie.

Nun begann fast gegen den Willen des Königs eine Reihe von Plackereien, welche unglaublich klingen würden, wenn sie nicht durch echte Urkunden bewahrheitet wären. Bis dahin hatte sich das Parlament gar nicht mit den Juden befaßt; sie galten als Leute des Königs, über die dem Volke und dem Adel keinerlei Befugnisse zustanden. Seit der Zeit, aufgestachelt von den Dominikanern und der Königin=Mutter, setzte das Haus der Gemeinen ein Statut durch (**statute of judaism**)²), welches den feindseligsten kirchlichen Geist atmet. Der Wucher wurde den Juden vollends untersagt. Wohnen durften sie nur in königlichen Städten und Burgen. Wenn sie Schulden exekutorisch einzuziehen hatten, durften sie nie mehr als die Hälfte des Vermögens dem Schuldner entziehen. Jeder Jude vom zwölften Lebensjahre an sollte dem König zu Ostern drei Pence zahlen. Wer dem zuwider handle, sollte bis zum nächsten Ostern aus dem Lande gewiesen werden. Das Haus der Gemeinen schärfte ferner das Tragen von Judenabzeichen ein, bestimmte Größe und Farbe desselben (gelb statt weiß) und untersagte ihnen jeden Verkehr mit Christen. Der König behielt sich indessen vor, daß sie, als nur ihm untertänig, Häuser und Höfe kaufen, Ländereien in Pacht nehmen und Handel treiben dürften. Wenn ein englischer Schriftsteller mit Recht bemerkt, daß die Juden in England ebenso wie ihre Vorfahren in Ägypten behandelt wurden, nur daß sie statt Ziegelsteinen Gold zu liefern hatten³), so trifft dieser Vergleich auch in dem Punkte zu, daß man ihnen nichts ohne Opfer bewilligte und doch von ihnen das Maß der Leistungen vollzählig verlangte. Denn selbst das Privilegium, Handel zu treiben, mußten sie sich vom Könige bewilligen lassen und dafür Geld geben⁴).

Bald bot sich den Feinden der Juden eine günstige Gelegenheit, mit schwerer Anklage gegen sie aufzutreten. Es zirkulierten in England falsche Münzen, die aus dem Auslande eingeführt worden waren; auch inländische Münzen wurden öfter beschnitten. Der Verdacht

---

¹) Note 11.
²) Mitgeteilt bei Tovey p. 200 ff.; Fortsetzung der Chronik von Florenz of Worcester (ed. London 1849) p. 214 f.
³) Tovey das. p. 199.
⁴) Das. 207.

fiel auf die Juden, daß sie die alleinigen Urheber und Verbreiter der Falschmünzerei wären. Infolgedessen wurden an einem Tage (Freitag, 17. Nov. 1278) sämtliche Juden Englands mit Frauen und Kindern verhaftet, in den Kerker geworfen und bei ihnen Haussuchung gehalten. Es zeigte sich zwar hinterher, daß auch viele Christen und sogar edle Männer Londons sich der Falschmünzerei schuldig gemacht hatten, und daß im ganzen Lande doch nur 293 Juden des angeschuldigten Verbrechens überführt wurden. Nichtsdestoweniger mußten über 10 000 Juden darunter leiden, und während die angeschuldigten Christen bis auf drei für Lösegeld freigesprochen wurden, wurden die 293 Juden gehängt, andere zu ewiger Kerkerstrafe verurteilt und noch andere des Landes verwiesen und ihre Güter konfisziert[1]). Der Haß ruhte aber nicht; noch immer wurden die Juden angeklagt, falsche Münzen zu besitzen. Man bemühte sich, ihnen solche unterzuschieben. Gewissenlose Christen benutzten deren Schrecken, um mit der Drohung, sie anzugeben, ihnen Geld abzupressen. Edward, der diese Intrigen erkannte, erließ ein Gesetz (Mai 1279), daß Anklagen wegen Falschmünzerei nur bis Mai des nächsten Jahres erhoben werden könnten, und setzte so der Angeberei eine Schranke[2]).

Die Feinde der Juden ermüdeten aber nicht, neue Anklagen gegen sie zu schmieden. Bald hieß es, daß die Juden in N o t h a m p t o n ein Christenkind gekreuzigt hätten. Dafür wurden viele Juden in London von Pferden auseinandergerissen und die Leichen an den Galgen gehängt (2. April 1279)[3]). Bald hieß es, daß die Juden das Kreuz, die katholische Religion, die Gottesmutter gelästert hätten. Der König erließ darauf ein Gesetz (1279), daß die Lästerer mit dem Tode bestraft werden sollten. Da Edward aber seine Leute kannte, so fügte er hinzu, daß die Strafe nur dann erfolgen sollte, wenn die Angeklagten durch unparteiische, ernste Männer des Vergehens überführt worden wären[4]). Um die Juden zu Lästerungen gewissermaßen zu reizen, ersannen die Dominikaner eine teuflische List. Sie gingen den König an, ihnen die Erlaubnis zu erteilen, Bekehrungspredigten für die Juden zu halten, überzeugt, daß der eine oder der andere unter ihnen vom Eifer für seine Religion hingerissen werden würde, ein verletzendes Wort zu gebrauchen.

---

[1]) Fortsetzung des Florenz of Worcester a. a. O., p. 220 f. Mattheu of Westminster. Flores historiarum (ed. Frankf.) p. 409; vgl. Pauly, Geschichte Englands IV, S. 32.
[2]) Rymer, Foedera a. a. O., p. 570.
[3]) Fortsetzung des Florenz of Worcester a. a. O., p. 222.
[4]) Bei Tovey p. 208.

Edward erteilte auf Antrag des Priors diese Bewilligung (1280) und bedeutete die Juden, die Predigten der Dominikaner ruhig, ohne Geräusch, Widerrede und Lästerung anzuhören[1]). Um die Bekehrung zu fördern, brachte der König sogar Geldopfer. Das wunderliche Gesetz, daß Juden, die zum Christentume überträten, ihr Vermögen an den Fiskus verlieren sollten, hob Edward zum Teil auf und bestimmte, daß sie die Hälfte behalten dürften. Er ließ ferner ein Haus zur Aufnahme armer Täuflinge aus jüdischem Stamm erbauen (**house of converts**) und wies Einkünfte dazu an, die aber größtenteils in die Taschen des Oberaufsehers flossen[2]). Ein scholastischer Philosoph jener Zeit schlug noch ein anderes Mittel zur Bekehrung der Juden vor. Der berühmte Franziskanermönch Duns Scotus (Professor in Oxford, später in Paris und Cöln), der seinen Geist mit den Gedanken des jüdischen Philosophen G'ebirol genährt hatte, meinte, es sei Pflicht des Königs, wenn er seinen christlichen Eifer betätigen wolle, jüdischen Eltern ihre Kinder gewaltsam zu nehmen und sie im christlichen Glauben erziehen zu lassen. Ja, noch mehr; es sei ganz in der Ordnung, die Eltern selbst durch Drohungen und Schrecken zum Empfang der Taufe zu zwingen[3]). Welche Achtung aber die Juden vor dem Christentum der weltlich gesinnten und herrschsüchtigen Päpste, der gewalttätigen Fürsten, der wollüstigen Mönche hatten, beweist ein eigentümlicher Fall. Eine Jüdin beklagte sich einst beim König, daß ihre und ihres Mannes Feinde sie ehrenrührig eine Getaufte genannt hätten, und sie bat, ihr Hilfe gegen diese Schmähung zu gewähren[4]).

Während die Königin-Mutter Eleonore bemüht war, im Auftrage der Dominikaner den König und das Volk gegen die Juden zu erbittern, wendete ihnen die Königin, ebenfalls Eleonore genannt, ihre Gunst zu. Sie bat den König, das erledigte Oberrabbinat der englischen Gemeinden ihrem Günstling Hagin (Chajim) Deulacres zu übertragen. Der König ging darauf ein und bestallte denselben als Oberrabbiner mit allen Befugnissen und Rechten, welche seine Vorgänger in England genossen hatten (15. Mai 1281)[5]).

---

[1]) Tovey p. 215. Rymer 576. [2]) Das. 216 f., 218 f.
[3]) Duns Scoti quaestiones in libros IV. Sententiarum, L IV quaestio, 9, § 1. Guttmann in der Monatsschrift, Jahrg. 1893/94 (Neue Folge), S. 26 f.
[4]) Tovey p. 231.
[5]) Das. p. 59. Rymer, p. 591: Rex Justiciariis, vicecomitibus — salutem. Sciatis quod ad instantiam Carissimae consortis nostrae Alienorae Reginae Angliae et per assensum communitatis Judaeorum — — volumus et concedimus pro nobis et haeredibus nostris, quod **Haginus filius Denlacres (Deulacres) Judaeus Londonensis, habeat**

Als der König diesen Oberrabbiner von England für sich und seine Erben bestätigte, dachte er noch nicht daran, die Juden zu vertreiben. Allmählich gewannen aber die bigotte Partei und seine Mutter mehr Einfluß auf ihn und trübten seinen gesunden Sinn. Diese Partei in England, vermutlich die Dominikaner, traten mit schweren Anschuldigungen gegen die Juden vor dem neuerwählten Papst Honorius VI. auf, daß sie mit Christen nicht nur freundlichen Umgang pflegten, sondern die Rückkehr getaufter Juden zum Judentum beförderten, Christen an Sabbat und Feiertagen in die Synagoge einlüden, sie vor der Thora das Knie beugen ließen und sie überhaupt zu ihren Gebräuchen verlockten. Der Papst erließ darauf ein Sendschreiben an den Erzbischof von York und seinen Legaten, daß sie mit allen Mitteln diesem Unfuge steuern möchten (November 1286)[1].

Am 16. April 1287 tagte eine Kirchenversammlung in Exeter, und diese wiederholte alle gehässigen kanonischen Bestimmungen gegen die Juden[2]. Vierzehn Tage später (2. Mai) ließ der König sämt-

et teneat tota vita sua officium Presbyteratus Judaeorum eorundem liberis consuetudinibus ad ipsum presbyteratum, sicut Haginus filius Mosei, quondam Judaeus London defunctus, vel alius ante ipsum officium illud prius tenuit. Volumus etiam quod ipsum Haginum filium Denlacres manuteneatis, protegatis et defendatis in officio praedicto. Et si quis ei super hoc foris facere praesumserit, id ei sine dilatione, salva nobis emenda de foris factura nostra, faciatis emendari tanquam Dominico Judaeo nostro quem specialiter retinemus in officio. Der hebräische Name Chajim, Hajim wurde in England damals orthographiert: Hagyn, Hagym, Hagm, bei Tovey a. a. O., p. 34, 36. Der seltene Familienname Deulacres ist wohl identisch mit דילקארץ und mit אבוגרדן דלברי in Schebet Jehuda No. 23. In den Tossaphot des R' Perez aus Corbeil findet sich eine Frage von einem Rabbi דלקריישר. Alle diese Namensformen stammen wohl aus dem Lateinischen Deus-le-crescat (für גדליהו). — Dieser Hajim Deulacres ist wahrscheinlich der Übersetzer der Geographie livre de Clergie ou image du monde, unter dem Titel (צל העולם 'ס (oder צלמות עולם). Ob dieser auch identisch ist mit dem חיים, welcher 1273 Jbn Esras chronologisches Werk ins Französische übersetzt hat, ist zweifelhaft. Vgl. Renan, les Rabbins etc. p. 502 f.

[1]) Die Bulle Honorius' IV. ist mitgeteilt Baronius (Raynaldus) annales eccles. anno 1286. No. 28, 29. Ein Passus darin ist merkwürdig: Nec omittit Judaeorum nequitia, quin orthodoxae fidei cultores quolibet die Sabbato ac aliis solemnitatibus eorundem invitet, ac instanter inducat, ut in synagogis ipsorum officium audiant, illudque juxta ritus sui consuetudinem solemnizent. rotulo involuto membranis seu libro, in quibus lex eorum conscripta consistit. reverentiam exhibentes; quam ob rem plerique Christicolae cum Judaeis pariter judaizant.

[2]) Mansi. Concilia. T. XXIV. p. 830, canon 49.

liche Juden Englands wiederum mit Frauen und Kindern verhaften, ohne daß man die Veranlassung dazu wüßte. Erst gegen eine bedeutende Summe Lösegeldes gab er ihnen die Freiheit wieder. Drei Jahre später (1290) erließ Edward aus eigner Machtvollkommenheit, **ohne Zustimmung des Parlaments**, von seiner Mutter dazu aufgefordert, ein Edikt, daß sämtliche Juden aus England verbannt werden sollten. Bis zum ersten November dürften sie ihre Habe zu Gelde machen; wer aber später noch auf englischem Boden betroffen würde, sollte gehängt werden. Doch vorher mußten sie alle Pfänder von christlichen Schuldnern ihren Eigentümern zurückerstatten. Ob sich die englischen Juden wegen der Verbannung allzu unglücklich gefühlt haben? Es war ihnen so zugesetzt worden, daß die Vertreibung ihnen vielleicht erwünscht war. Edward war noch milde genug, seinen Beamten aufs strengste einzuschärfen, sie bei ihrer Auswanderung nicht zu belästigen, und die Schiffer der fünf Hafenplätze zu bedeuten, sie nicht zu schrauben[1]). Obwohl die Frist erst am 1. November abgelaufen war, verließen die 16 511 Juden[2]) Englands schon am 9. Oktober das Land, das ihre Vorfahren seit mehr als vier Jahrhunderten bewohnt hatten. Die liegenden Gründe, die sie nicht veräußern konnten, verfielen dem Könige. Trotz des Königs Warnung waren die ausgewiesenen Juden doch Mißhandlungen aller Art ausgesetzt. Ein Schiffskapitän, der mehrere Familien auf der Themse nach dem Meere bringen sollte, führte das Schiff auf eine Sandbank und ließ sie aussteigen, bis die Flut steigen würde. Als diese sich einstellte, bestieg er mit den Matrosen das Schiff, fuhr ab und rief den Verzweifelten höhnisch zu, sie sollten Mose anrufen, der ihre Vorfahren trocken durch das rote Meer geführt, sie aus trockne Land zu bringen. Die Unglücklichen kamen in den Wellen um[3]). Dieser Fall kam zur Kenntnis des Richters, und die Urheber wurden als Mörder gehängt. Wie viele ähnliche Fälle mögen vorgekommen und ungestraft geblieben sein? — Auch die Juden der Gascogne, die zu England gehörte, wurden zur selben Zeit ausgewiesen. Die Verbannten begaben sich nach dem zunächst gelegenen Frankreich. Hier wurden sie von Philipp IV. (dem Schönen) anfangs aufgenommen. Bald aber erging ein Befehl vom König und Parlament gemeinschaftlich, daß die aus England und der Gascogne vertriebenen Juden bis zur Mitte der Fasten (1291) das französische Gebiet verlassen sollten[4]). So mußten

1) Rymer a. a. O. p. 736. Tovey p. 242 ff.
2) Note 11.   3) Tovey p. 247 f.
4) de Laurière. Ordonnances des rois de France de la troisième race I. p. 317.

sie wieder zum Wanderstab greifen: ein Teil von ihnen begab sich nach
Teutschland und ein anderer nach Nordspanien.

Als wenn das Mißgeschick sich wie ein Schatten an die Ferse der
Söhne Jakobs geheftet hätte, um sie nicht einen Augenblick zu verlassen, schlug der kurze Sonnenblick des Glücks, den die Juden Asiens
durch Saad-Abdaula (v. S. 173) genossen, um dieselbe Zeit zu ihrem
Verderben um. Dieser Leibarzt des Großkhans von Persien wurde
nämlich, weil er auf die Betrügerei der Finanzbeamten aufmerksam
gemacht, zuerst zum Kommissar ernannt und nach Bagdad gesandt,
um den Stand der Einnahmen zu untersuchen und die betrügerischen
Verwalter zur Rechenschaft zu ziehen (Ende 1288)[1]. Es gelang Saad-
Abdaula in kurzer Zeit die Einnahmen so zu ordnen, daß er dem
Großkhan Argun bedeutende Summen, auf welche er nicht gerechnet
hatte, abliefern konnte. Argun, der das Geld liebte, war mit dem
jüdischen Kommissar höchst zufrieden und zeichnete ihn durch Ehren-
bezeugungen aller Art aus. Er reichte ihm selbst den Weinbecher —
eine außerordentliche Gunst bei den Mongolen — schenkte ihm ein
Ehrenkleid und ernannte ihn zum Obereinnehmer des Bezirkes von
Bagdad. Da Saad-Abdaula uneigennützig handelte und nur auf
das Interesse seines Herrn bedacht war, so konnte er ihm immer größere
Summen zustellen und erwarb sich dadurch immer mehr dessen Gunst.
So ernannte ihn Argun endlich zum Finanzminister für das ganze
iranische (persische) Reich und erteilte ihm den Ehrentitel Saad-
Abdaula, Stütze des Reiches (Sommer 1288). Er erhielt die
Weisung, nur Juden und Christen zu Ämtern zu verwenden, da die
mohammedanische Bevölkerung dem Großkhan wegen ihres rebellischen
Sinnes verhaßt war. Es war natürlich, daß Saad-Abdaula seine
Verwandten besonders dabei berücksichtigte, weil er von ihrem Eifer
am besten in seinem schweren Amte unterstützt wurde. So ernannte
er zum Einnehmer von Irak einen seiner Brüder Fakhr-Abdaula,
ferner über Tiarbekir und Umgegend einen andern Bruder, Amb-
Abdaula, und über Fars (Provinz Persien), Tebris und
Adherbaig'na seine Verwandten Schems-Abdaula, Abu-
Manßur und Lebid. Auch andere Juden beförderte er zu Ämtern,
verwendete aber auch Christen dazu. Durch die Treue, mit der Saad-
Abdaula seinem Herrn diente, erlangte er so viel Vertrauen, daß fast
alle Staatsangelegenheiten durch seine Hände gingen, und er auch
ohne mit dem Großkhan Rücksprache zu nehmen, über sie entscheiden

---

[1] Quellen in Note 10.

durfte. Wahrscheinlich durch seine Vermittelung und auf seinen Rat knüpfte Argun diplomatische Verbindungen mit Europa an, sogar mit dem Papste. Durch die Hilfe der Europäer sollten die Mohammedaner aus Vorderasien und namentlich aus Palästina geworfen werden. Der Papst aber schmeichelte sich, daß Argun sich in den Schoß der katholischen Kirche werde aufnehmen lassen.

Der jüdische Minister verdiente auch die hohe Gunst, welche ihm Argun zugewendet hatte. Er führte in dem Reiche, in dem bis dahin Willkür und Mißbrauch der Gewalt geherrscht hatten, Gesetz und Ordnung ein. Die Bevölkerung des persischen Khanats bestand aus der Minderzahl der siegenden Mongolen und der Mehrzahl der besiegten Mohammedaner, und dadurch herrschte ein fortdauernder stiller Kriegszustand. Die mongolischen Krieger verhöhnten die Gerichtstribunale mit ihrem Schwerte. Die Richter selbst konnten nicht unparteiisch Recht sprechen, weil sie in steter Furcht vor den großen und kleinen Thrannen lebten. Saad-Addaula bemühte sich, diesem Zustand ein Ende zu machen, und es gelang ihm, eine gewisse Ordnung in dem seit langer Zeit zerrütteten Reiche wiederherzustellen. Den militärischen Kommandanten wurde untersagt, sich in die Rechtspflege einzumischen, den Gerichtstribunalen wurde eingeschärft, die Schwachen und Unschuldigen zu schützen. Da die Mongolen noch keinen Rechtskodex aufgestellt hatten, so setzte Saad-Addaula die mohammedanischen Gesetze, so weit sie sich auf die zivile und peinliche Rechtspflege erstreckten, in Kraft. Das ruhige Volk segnete ihn wegen der Sicherheit des Lebens und des Eigentums, die es ihm zu verdanken hatte. Saad-Addaula beschützte auch die Wissenschaft, setzte den Gelehrten und Dichtern reiche Gehälter aus und ermutigte sie zu literarischen Leistungen. Er wurde daher von den Männern der Feder in Prosa und Versen besungen und gepriesen[1]).

Die morgenländischen Juden fühlten sich durch die Erhebung ihres Stammesgenossen zu der höchsten Staffel der Herrschaft gehoben und glücklich. Aus den entferntesten Ländern strömten Juden nach dem persischen Khanat, um sich in der Gunst des jüdischen Ministers zu sonnen. Sie sprachen wie aus einem Munde: „In Wahrheit zum Herrn der Erlösung und zur Hoffnung hat Gott für die Juden diesen Mann in den letzten Tagen erhöht"[2]). Die neuhebräische Poesie, welche im Morgenlande entstanden, aber aus Mangel an würdigen Stoffen zu einem unschönen Gelalle herabgesunken oder ganz verstummt

---

[1]) d'Ohsson, Histoire des Mongoles III. Chapt. II.
[2]) Vgl. Note 10.

war, scheint sich zu seiner Zeit wieder aufgerafft zu haben, um seinen
Ruhm zu verkünden. Ein unbekannter Dichter ist des Lobes voll von
Mardochaï Jbn=al=Alcharbija, der in hohen Würden
stand. Er singt von ihm, als dieser zurückkehrte, den Münzpalast (in
Bagdad) in Augenschein zu nehmen:

> „Ein glänzender Fürst ist Mardochaï,
> Mächtig im Herrschen, beliebt bei König und Großen,
> Zieht er im fürstlichen Glanze aus,
> Sänger empfangen ihn mit Liedern.
> Er schützt mit seinem Fittiche das Volk Gottes
> Und breitet seine Wolken darüber aus —
> Sein Name ist im Munde der Großen und Kleinen.
> Gott verlieh in seinen Tagen dem heiligen Volke die Herrschaft."

Saad=Abdaula hatte sich aber durch seine strenge Staatsverwaltung
und seine Gerechtigkeits= und Ordnungsliebe viele und mächtige Feinde
zugezogen. Die Mohammedaner, welche von jedem Amte ausge=
schlossen waren, sahen mit verbissenem Jmgrimm Juden und Christen,
die sie als ungläubige Hunde zu verachten gewöhnt waren, im Besitze
der Herrschaft. Sie wurden noch dazu von ihren Geistlichen und Ge=
lehrten zum tiefsten Hasse gegen den jüdischen Staatsmann aufge=
stachelt, dem sie ihre Demütigung Schuld gaben. Diese verbreiteten
nämlich, daß Saad=Abdaula damit umginge, eine neue Religion zu
stiften und den Großkhan Argun zum religiösen Gesetzgeber und
Propheten zu verkünden. Um sie noch mehr zu fanatisieren, hieß es,
Saad=Abdaula träfe Vorbereitungen zu einem Zuge nach Mekka, um
die geheiligte Stätte der Kaaba in einen Götzentempel zu verwandeln
und die Mohammedaner zu zwingen, wieder Heiden zu werden. Der
Orden der ismaelitischen Meuchelmörder, die Assassinen, welcher dazu
organisiert war, die wirklichen oder vermeintlichen Feinde des Jslams
aus dem Leben zu schaffen, rüstete sich schon, Saad=Abdaula und seine
Verwandten heimlich aus dem Wege zu räumen. Indessen wurde ihm
der Anschlag verraten und von ihm vereitelt. Auch unter den Mongolen
hatte der jüdische Minister viele Gegner. Die militärischen Komman=
danten waren gegen ihn aufgebracht, weil er ihrer Willkür gesteuert
und sie gezwungen hatte, sich der Ordnung und dem Gesetze zu fügen.
Auch in mongolischen Kreisen verschwor man sich gegen den jüdischen
Minister. Es hieß, er habe einen Juden Neglib=Eddin nach
Chorassan abgeordnet, um zweihundert der angesehensten Mongolen
zu töten, und sein Verwandter Schems=Abdaula, Verwalter in Schiras,

habe den Auftrag erhalten, viele Geistliche und Herren dieser Stadt aus dem Wege zu räumen.

Unglücklicherweise erkrankte Argun (November 1290) schwer, und seine Krankheit war ein Signal für die Unzufriedenen, sich gegen Saad-Abdaula und seine Schützlinge zu verschwören. Vergebens bot der Minister alle Mittel auf, die Genesung des Khans herbeizuführen, denn er sah ein, daß dessen Tod auch den seinigen nach sich ziehen würde. Er schickte auch heimlich einen Boten an Arguns Sohn, daß er an den Hof eile, um sofort nach dem Ableben des Vaters das Zepter zu ergreifen. Bei diesen Vorkehrungen beschleunigten die mongolischen Großen, welche merkten, daß es mit Argun zu Ende ging, die Ausführung ihrer Verschwörung. Sie hieben Saad-Abdaula den Kopf ab (März 1291) und töteten überhaupt sämtliche Günstlinge Arguns. Sieben Tage später starb Argun. Die Verschworenen sandten hierauf Boten in alle Provinzen aus, ließen die Verwandten Saad-Abdaulas in Fesseln werfen, ihr Vermögen einziehen und ihre Frauen und Kinder zu Sklaven machen. Auch die mohammedanische Bevölkerung fiel über die Juden in allen Städten des Reiches her, um an ihnen Rache zu nehmen für die Demütigung, die sie von den Mongolen erfahren hatte. In Bagdad kam es zwischen den Mohammedanern und Juden zum Kampfe mit bewaffneter Hand, und es fielen auf beiden Seiten Tote und Verwundete.

Zwei Monate später wurde die große jüdische Gemeinde von St. Jean d'Acre (Akko), welche kurz vorher durch Salomo Petit in Aufregung geraten war (o. S. 165), vollständig aufgerieben. Der ägyptische Sultan Almalek Alaschraf unternahm einen Kriegszug, um die letzten Kreuzfahrer aus Palästina und Syrien zu vertreiben. Länger als einen Monat belagerte er die befestigte Stadt und eroberte sie auch mit Sturm (18. Mai 1291). Nicht bloß sämtliche Christen, sondern auch viele Juden, welche sich darin befanden, wurden hingerichtet. Andere gerieten in Gefangenschaft und darunter auch Isaak von Akko (demin Akko), ein eifriger, aber geistloser Kabbalist, welcher durch seine Offenherzigkeit wider seinen Willen die Strahlenkrone der Göttlichkeit, welche sich die Kabbala aufsetzte, als Mummenschanz erkennen ließ. Er hat in aller Naivetät die Blöße seiner Mutter aufgedeckt.

Siebentes Kapitel.

Fortbildung der Kabbala und Ächtung der Wissenschaft.

Die Kabbala und ihre Fortschritte. Todros Halevi und seine Söhne. Abraham Bedaresi, der Dichter. Isaak Allatif und seine kabbalistische Lehre. Abraham Abulafia, seine Schwärmereien und seine Abenteuer; sein Auftreten als Messias. Ben-Adret, sein Gegner. Die Propheten von Ayllon und Avila. Ben-Adret und der Prophet von Avila. Joseph G'ikatilla und sein kabbalistischer Wirrsal. Der Betrüger Mose de Leon. Die Fälschungen der Kabbalisten. Die Entstehung des Sohar. Sein Lehrinhalt und seine Bedeutung. Die Allegoristen und Afterphilosophen, Schem-Tob Falaquera und seine Leistungen. Isaak Albalag und seine Bedeutung. Levi aus Villefranche und sein Einfluß. Samuel Sulami und Meïri. Abba Mari und sein übertriebener Eifer. Jakob ben Machir Profatius und die Streitigkeiten um die Zulässigkeit der Wissenschaften. Ascheri und seine Einwanderung in Spanien. Die Judenverfolgung in Deutschland durch Rindfleisch. Ascheris gewaltiger Einfluß. Bann und Gegenbann. Der Dichter Jedaja Bedaresi.

(1270—1338.)

Die Geheimlehre der Kabbala, welche bisher bescheiden auftrat und einen harmlosen Charakter hatte, fing in Ben-Adrets Zeitalter an, die Köpfe zu erhitzen, den gesunden Sinn zu berücken und die Schwachen irre zu führen. Was ihr an innerer Wahrheit und Überzeugungskraft gebrach, wollte sie durch lautes, anmaßendes Auftreten und Blendwerk ersetzen. Sie hatte sich bereits von ihrem Ursitze Gerona und von Nordspanien über Segovia nach Südspanien bis nach der kastilischen Hauptstadt Toledo ausgebreitet, in einer Gemeinde, die früher gegen die Verdunkelung des Geistes standhaft angekämpft hatte. Sie genoß schon so viel Berücksichtigung, daß ein Schriftsteller, **Bachja ben Ascher**[1]) (aus Saragossa?), der ein exegetisches Sammelwerk anlegte (1291), auch die kabbalistische Auslegung aufnehmen mußte und, wunderlich genug, Mystisches und Rationelles unvermittelt nebeneinander stellte. Die Kabbala hatte in Toledo warme Anhänger gefunden und unter anderen einen Mann, der durch

---

[1]) Vgl. über ihn die Bibliographen.

seine edle Abstammung, sein fürstliches Ansehen, seine hohe Stellung, seinen Reichtum und seine Gelehrsamkeit ihr eine feste Stütze lieh. Dieser Mann, dessen Einfluß noch gar nicht gewürdigt ist, war Todros ben Joseph Halevi aus der edlen Toledaner Familie der Abulafia (geb. 1234, starb nach 1304)[1]. Er war ein Neffe jenes Mëir Abulafia, welcher sich als ein so hartnäckiger Gegner Maimunis und des vernunftmäßigen Denkens überhaupt gebärdete (v. S. 30). Todros Abulafia nahm sich seinen Oheim zum Muster, der ihm in hohem Alter die Hände segnend auf das Haupt gelegt hatte. Herangewachsen, verlegte er sich auf Talmud und Geheimlehre, war aber auch in weltlichen Angelegenheiten heimisch; denn er erlangte eine angesehene Stellung am Hofe Sanchos IV. und war bei der klugen Königin Maria de Molina besonders beliebt als Arzt oder Finanzmann. Von seiten der Juden wurde er als Fürst (**Nassi**) angesehen und geachtet. Als das Königspaar von Spanien eine Zusammenkunft mit dem König von Frankreich, Philipp dem Schönen, in Bayonne hatte, um die gegenseitige Feindseligkeit zu schlichten (1290), war Todros Abulafia in dessen Gefolge[2] und empfing bei dieser Gelegenheit die schmeichelhafteste Huldigung von seiten der südfranzösischen Juden. Der wortschwallreiche Dichter Abraham Bedaresi aus Beziers richtete ein lobhudelndes Gedicht an Todros, worin die Wendung vorkam:

> „Die Dichtkunst verstummt in deiner Gegenwart
> Und hängt ihre Harfe an die Weide des Baches."

Todros Halevi machte aber auch die trübe Erfahrung von der wetterwendischen Laune der Hofgunst. Sein königlicher Gönner warf ihn eines Tages in den Kerker und verurteilte ihn zum Tode; die Veranlassung ist unbekannt. Im Traum soll Todros ein Gedicht eingefallen sein, das ihm seine baldige Befreiung verkündete:

> „Warum ist dein Herz betrübt,
> Weil Könige dich dem Tode weihen?
> Der Himmel steht den Schuldlosen bei,
> Wenn Erdenkönige ungerecht verdammen"[3].

Todros war wie sein Oheim ein entschiedener Gegner der Philosophie und ihrer Jünger. Er hatte nicht bittere Worte genug gegen die Klügler, welche alles, was nicht von der Logik gerechtfertigt erscheint,

---

[1]) Vgl. Note 12.   [2]) Dieselbe Note.
[3]) Gavison Omer ha-Schickcha p. 125 b. Das Gedicht ist wegen des Wortspieles unübersetzbar und überhaupt dunkel:

מלכים עת לבהית וישפטיך עלי מה כסיפיך נבוכים?

עלי מה זה זה? ירט אחר (?) שמיאל יהיוש״ע בעת שופטים מלכים.

für unglaublich und unmöglich halten. „Sie wandeln im Dunkeln und können das Dasein der überirdischen Geister nicht begreifen und noch viel weniger den höchsten Geist, der dem menschlichen Verstande vollständig unzugänglich ist"[1]. Er war voller Entrüstung gegen diejenigen, welche den Gesetzen der Thora handgreifliche Zwecke unterlegten und dem Opferkultus eine so niedrige Bedeutung beimaßen. Selbst an Maimuni, den er sonst doch verehrte, rügte er, daß er das Opferwesen so sehr herabgezogen, es lediglich als Anbequemung an den heidnischen Sinn des Volkes und das Räucherwerk im Tempel als Mittel zur Luftreinigung erklärt habe[2]. Er kämpfte leidenschaftlich gegen die Philosophie, welche das Dasein von bösen Geistern leugne; das hieß nach ihm auch das Dasein der Engel bezweifeln[3]. Von einem der älteren Kabbalisten, vielleicht von Jakob aus Segovia, der eine eigene Schule bildete, in die Geheimlehre eingeweiht, betrachtete er sie als eine göttliche Weisheit, deren Schleier zu lüften für Laien mit Gefahr verbunden sei[4]. Neues hat Todros Abulafia für die Kabbala nicht aufgestellt; er verhielt sich nur empfangend zu ihr, und seine Bemühung ging nur dahin, die kabbalistischen Gemeinplätze von den zehn geistigen Substanzen (Sefirot), ihrem Einfluß nach oben und unten und der Seelenwanderung zur Läuterung der Geschlechter, die für ihn unbestreitbare Lehren des Judentums waren, in den Worten der talmudischen Agada nachzuweisen. Freilich mußte er, wie alle Kabbalisten vor und nach ihm, zur Umdeutung und Verrenkung des einfachen Sinnes Zuflucht nehmen. Er verfaßte im hohen Alter zu diesem Zwecke ein eigenes Werk (**Ozar ha-Kabod**). Todros war auch talmudisch gelehrt und hat eine rein talmudische Schrift hinterlassen[5], was seinem Eintreten für die Kabbala um so größeres Gewicht verlieh.

Die Anerkennung der Geheimlehre durch eine so hochgestellte und gefeierte Persönlichkeit konnte nicht ohne Anregung bleiben. Seine Söhne L e v i und J o s e p h vertieften sich ebenfalls in sie. Zwei von den vier Kabbalisten seiner Zeit, welche die Kabbala weiter führten und ihr die Gemüter unterwarfen, scharten sich um Todros Abulafia und widmeten ihm ihre Schriften. — Diese vier Kabbalisten ersten Ranges, welche mit mehr oder weniger Glück neue Theorien geltend machten, waren J s a a k I b n = L a t i f, A b r a h a m A b u l a f i a,

---

[1]) In seinem kabbalistischen Werke Ozar ha-Kabod p. 2b. Er verfaßte auch ein anderes kabbalistisches Werk, vgl. oben S. 131, Anm. 3.
[2]) Das. p. 16b.   [3]) Das. p. 39.
[4]) Öfter in genanntem Werke.
[5]) כלית רבתי, vgl. Asulai und andere Bibliographen.

Joseph G'ikatilla und Mose de Leon, sämtlich Spanier. Sie haben das Geisteslicht, das die Kraftmänner von Saadia bis Maimuni innerhalb des Judentums hellleuchtend gemacht, mit dem Düster eines wüsten Wirrwarrs verdunkelt und an die Stelle eines geläuterten Gottesglaubens phantastische, ja gotteslästerliche Wahngebilde gesetzt. Die Verfinsterung der folgenden Jahrhunderte in der Judenheit ist zum großen Teil ihr Werk. Sie haben ihre Zeit und die Nachwelt durch geflissentliches oder unabsichtliches Gaukelwerk in die Irre geführt, und die Schäden, die sie dem Judentume beigebracht, sind noch bis auf den heutigen Tag fühlbar.

Der Unschuldigste von diesen vier war noch Isaak ben Abraham Ibn-Latif oder Allatif (geb. um 1220, starb um 1290)[1]. Er stammte wohl aus Südspanien, da er noch des Arabischen kundig war. Von seinen Lebensumständen ist gar nichts bekannt, nur das eine, daß er mit Todros Abulafia in Verbindung stand und ihm eins seiner Werke widmete. Seine Schriften nehmen sich aus, als wenn er, wie ein Späterer von ihm urteilte, „mit einem Fuße in der Philosophie und mit dem anderen in der Kabbala gestanden hätte". Allein Allatif spielte nur mit philosophischen Formeln, ihren Inhalt scheint er gar nicht erfaßt zu haben. Er war überhaupt gedankenleer und hat auch die Kabbala nicht bereichert, wenn er sich auch den Schein zu geben suchte, einen eigenen Weg zu gehen, und die gangbare kabbalistische Sprache geflissentlich vermied[2]. Ganz frei von Verstellung war auch er nicht. Auch Allatif ging von dem Gedanken aus, die philosophische Betrachtung des Judentums sei nicht „der rechte Weg zum Heiligtume"[3], darum müsse eine höhere Auffassungsweise angestrebt werden; aber anstatt diesen Weg

[1] Über das Bibliographische vgl. außer den Bibliographen: Carmoly. Revue orientale I, p. 61 p. Von Latifs Werken sind gegenwärtig vollständig gedruckt: Kommentar zu Kohelet s. a. et l. (Wolf III. p. 585); צרור המור (in Kerem Chemed IX, p. 154f.) und צורת העולם (Wien 1862 ed. S. Stern), beide später verfaßt, da er die früheren Schriften darin zitiert. Über sein Werk שער השמים vgl. S. Sachs, Kerem Chemed VIII. p. 88 ff. Das unter demselben Titel Ibn-Esra zugeschriebene gehört nicht diesem, sondern Allatif an. Sein Zeitalter ist durch seine Beziehung zu Todros Abulafia gegeben (vgl. Note 12). In seinem גנזי המלך soll Allatif im Vorworte angeben, er habe das Schaar ha-Schamajim vollendet ד' ה' שנת, 1244. Diese Zahl fehlt aber in der Ausgabe in Kochbe Jizchak von Stern 1862, p. 7, wohl aber sagt er daselbst, er habe dieses in der Jugend verfaßt, גנזי im Alter und noch später צרור המור.

[2] Vgl. das ziemlich richtige Urteil über ihn in Isaak ben Scheschet Respp. No. 157 gegen Ende.

[3] Zurat ha-Olam.

klar zu machen, verhüllte er ihn mit leeren Andeutungen und nichtssagenden Phrasen. Allatif betonte noch mehr als seine Vorgänger den engen Zusammenhang und die innige Verknüpfung zwischen der Geistes- und Leibeswelt, zwischen Gott und seiner Schöpfung: Die Gottheit ist in allem und das All ist in ihr[1]. Im seelenvollen Gebet erhebe sich der menschliche Geist zum Weltgeiste (**Sechel ha-Pöel**), vereinige sich mit ihm „in einem Kusse", wirke hiermit auf die Gottheit und vermöge den Segen auf die niedere Welt herabzuziehen. Nur sei nicht jeder Sterbliche zu einem so seelenvollen, wirkungsreichen Gebet befähigt; daher hätten sich die vollkommensten Menschen, die Propheten, für das Volk im Gebet verwenden müssen[2]; denn sie allein kannten die Kraft des Gebetes. Die Entfaltung und Selbstoffenbarung der Gottheit in der Welt der Geister, Sphären und Körper veranschaulichte Isaak Allatif durch mathematische Formeln. Es verhalte sich damit, wie sich der Punkt zur Linie, diese zur Fläche und diese sich zum ausgedehnten Körper erweitere und verdichte[3]. Diese Vorstellung gab wieder eine Handhabe zu neuen Spielereien, da die Kabbalisten immer das Bild mit dem Begriffe und der Sache verwechselten und identifizierten. Fortan operierten sie ebenso mit Punkten und Strichen wie früher schon mit Zahlen und Buchstaben[4]. — Isaak Ibn-Latif kann aber noch als nüchterner Denker gelten neben seinem schwärmerischen Zeitgenossen Abraham Abulafia, welcher vermöge kabbalistischen Kinderspiels eine neue Weltordnung zu schaffen trachtete.

A b r a h a m ben Samuel A b u l a f i a (geb. 1240 in Saragossa, starb nach 1291)[5] war ein exzentrischer Kopf, voll fixer Ideen, und liebte das Abenteuerliche. Mit einem lebhaften Geist ausgestattet und mit mehr als mittelmäßigen Kenntnissen erfüllt, entsagte er dem gesunden

---

[1] Ginse p. 13. Zeror ha-Mor c. 6: (דרכת הש״ת כחיבת) הריתו בבל יהבל בו.

[2] Zeror das.

[3] Ginse ha-Melech vgl. Kerem Chemed VIII, p. 89.

[4] Vgl. das Bruchstück in Schem-Tobs Emunot IV, c. 14, p. 48b, angeblich von dem Fürsten Chasdai.

[5] Über Abr. Abulafia vgl. Orient. Literaturbl. 1845, No. 24 ff. von dem jung verstorbenen Gelehrten Landauer, welcher zuerst auf ihn aufmerksam machte; ferner Jellinek: Auswahl kabbalistischer Mystik 1. Heft, Seite 16 ff., dessen Philosophie und Kabbala 1. Heft und zu den Biographica Bet ha-Midrasch III, Einl., S. XI ff. — In seiner Selbstbiographie, zitiert an der letztgenannten Stelle, bemerkt Abulafia, er sei in Saragossa geboren und als Säugling mit seinen Eltern nach Tudela in Navarra gekommen. Seine schriftstellerischen Leistungen sind von Jellinek zusammengestellt in „Philosophie und Kabbala"

Menschenverstande, um sich der Schwärmerei in die Arme zu werfen. Sein ganzes Leben war, seitdem er in das Mannesalter trat, eine Kette von Abenteuern. Seinen Vater, der ihn in Bibel und Talmud unterrichtet hatte, verlor Abraham Abulafia als achtzehnjähriger Jüngling, und zwei Jahre später unternahm er eine abenteuerliche Reise, um, wie er selbst erzählt[1]), den sagenhaften Fluß Sabbation oder Sambation aufzusuchen und die an dessen Ufern angeblich angesiedelten altisraelitischen Stämme kennen zu lernen, ohne Zweifel in messianischer Absicht. Er steuerte zunächst auf Palästina zu, war aber leichtsinnig genug, sich inzwischen in Griechenland zu verheiraten, verließ, wie ein rechter Abenteurer, seine junge Frau und gelangte nach Akko. Da nun damals die Mongolen Syrien und Palästina verwüstet hatten, so mußte Abraham Abulafia dem Plane entsagen, weiter nach Asien vorzudringen, um den Sabbationfluß zu erreichen. Er kehrte vielmehr um, suchte seine Frau wieder auf, reiste mit ihr nach Italien und setzte sich wieder auf die Schulbank. Von Hillel von Verona (v. S. 162), den er in Capua antraf, erlernte er das Verständnis der maimunischen Religionsphilosophie und vertiefte sich so eifrig in sie, daß er bald imstande war, Vorlesungen darüber zu halten.

Nachdem er mehrere Jahre in Italien geweilt hate, kehrte er wieder nach Spanien zurück. Erst im dreiunddreißigsten Lebensjahre verlegte er sich ernstlich auf die Kabbala (in Barcelona), begann mit dem rätselhaften „Buche der Schöpfung", verglich zwölf verschiedene Kommentarien dazu, welche zu dessen Erklärung teils philosophische und teils mystische Gemeinplätze heranbrachten, und wurde, wie er selbst gesteht, von wirren Gedanken belagert. Er sah phantastische Bilder und wunderbare Erscheinungen; sein Geist war in einem beständigen Taumel. Er rang nach Klarheit, geriet aber immer tiefer in Wirrnisse und Phantasmagorien. Das eine war ihm indessen klar geworden, daß die Philosophie, mit welcher er sich vielfach beschäftigt hatte, keine Gewißheit und darum für das nach Wahrheit dürstende religiöse Gemüt keine Befriedigung gewähre. Selbst die alltägliche Kabbala mit ihrer Sefirotlehre befriedigte seinen Geist nicht, weil beide nur den Hochmut des Wissens nährten. Er, ein Kabbalist, kritisierte die Haltlosigkeit dieser mystischen Theorie so scharf und richtig[2]), daß es in Erstaunen setzen muß, wie er auf noch tollere Einfälle kommen konnte. Abraham Abulafia suchte nach etwas Höherem, nach prophetischer Offenbarung, die allein,

---

[1]) Einen Teil seiner Selbstbiographie gibt er in אוצר עדן גנוז bei Jellinek, Bet ha-Midrasch l. c.

[2]) Vgl. seine vernichtende Kritik aus seinem Imre Schefer, Note 3.

ohne den mühsamen Weg des stufengängigen Erlernens, den Spring=
quell der Wahrheit öffne.

Endlich glaubte Abulafia das, wonach seine Seele rang, gefunden
zu haben. Durch göttliche Eingebung glaubte er auf eine **höhere
Kabbala** gekommen zu sein, gegen welche die niedere Geheimlehre und
die Philosophie nur Dienerinnen seien. Diese allein biete das Mittel
dar, mit dem Weltgeist in innigen Verkehr zu treten und prophetische
Fernsicht zu erlangen. Dieses Mittel war keineswegs neu, aber der feste
Glaube an dessen Wirksamkeit und die Anwendung desselben sind ihm
eigen. Die Wörter der heiligen Schrift und namentlich des allerheiligsten
Gottesnamens in Buchstaben zerlegen, diese als selbständige Begriffe
festhalten (**Notaricon**), oder die Bestandteile des Wortes in alle möglichen
Wandlungen umsetzen, um eigene Wörter daraus zu schaffen (**Ziruf**),
oder endlich die Buchstaben als Zahlen behandeln (**Gematria**), das sei
zunächst der Weg, in Wechselverkehr mit der Geisterwelt zu kommen.
Jedoch dieses allein genüge nicht. Wer einer prophetischen Offenbarung
gewürdigt sein wolle, müsse asketische Vorkehrungen treffen, müsse sich
vom Weltgewühl fernhalten, sich in ein stilles Kämmerlein einschließen,
seinen Geist von niederen Sorgen befreien, sich in weiße Gewänder
hüllen, mit Gebetmantel und Gebetriemen umgeben, die Seele an=
dächtig sammeln, als wenn sie zu einer Unterredung mit der Gottheit
erscheinen solle. Dabei müsse man die Buchstaben der Gottesnamen
in längeren oder kürzeren Pausen mit Modulationen der Stimme aus=
sprechen oder sie in einer gewissen Reihenfolge niederschreiben, an=
strengende Bewegungen, Windungen und Verbeugungen dabei machen,
bis die Sinne wirr und das Herz mit einer Glut erfüllt werde. Dann
werde der Körper vom Schlafe überfallen und es trete ein Gefühl ein,
als wenn die Seele sich vom Leibe löse. In diesem Zustande, wenn er
durch Übungen dauernd werde, ergieße sich die göttliche Fülle in die
menschliche Seele, sie vereinige sich mit ihr „in einem Kusse", und die
prophetische Offenbarung sei eine ganz natürliche Folge davon[1]). Dieses
Mittel, sich in den Zustand der Verzückung zu setzen, hat Abulafia wohl
an sich selbst angewendet und dadurch seinen schwärmerischen Sinn bis

---

[1]) Diese Alfanzereien entwickelt er in: ספר חיי עולם הבא und in: אור
השכל bei Jellinek, Philosophie und Kabbala, p. 40, 41, 43 f. Entweder
Abulafia oder ein ähnlicher Schwärmer legte solchen Unsinn sogar Maimuni
in den Mund. Die pseudepigraphische Schrift מגילת סתרים (in **Chemda
Genusa** p. 42 ff.), worin Maimuni angeblich seine Philosophie dementiert
und den Standpunkt der Kabbala einnimmt, gibt ähnliche Mittel an, den
prophetischen Geist zu erwerben.

zur Überspanntheit gesteigert. Er hielt nun seine Kabbala für prophetische Eingebung, vermöge welcher er allein in die Geheimnisse der Thora eindringen könne. Denn der einfache Wortsinn und die bloße Übung der Religionsvorschriften seien lediglich für Unreife, wie Milch für Kinder. Reifere dagegen fänden in der Zahlenbedeutung der Buchstaben und in den mannigfaltigen Wandlungen der Wörter die höhere Weisheit.

In diesem Sinne lehrte er seine Kabbala — im Gegensatz zur oberflächlichen und niederen, die sich mit den Sefirot abquält und, wie er spöttelte, eine Art **Zehneinigkeit**[1]), statt der christlichen **Dreieinigkeit**, aufstellt. Er trat damit in Barcelona, Burgos und Medina-Celi auf. So sehr war bereits der Sinn getrübt, daß dieser halbverrückte Schwärmer ältere und jüngere Zuhörer fand. Zwei seiner Jünger, **Joseph Gikatilla** und **Samuel**, angeblich ein Prophet, beide aus Medina-Celi, gaben sich später als Propheten und Wundertäter aus[2]). Er scheint aber doch in Spanien Anstoß erregt oder wenigstens keinen rechten Anklang gefunden zu haben, verließ zum zweiten Male sein Vaterland und begab sich wiederum nach Italien, wo er auf einen größeren Anhang rechnete. In **Urbino** trat er zuerst (1279) mit einer prophetischen Schrift auf, in der er vorgab, Gott habe mit ihm gesprochen. In seinen Schriften aus der Zeit seiner Überspanntheit nannte er sich **Rasiel**, weil der Zahlenwert seines Namens (Abraham, 248) dem des Namens Rasiel gleichkommt. Aus demselben Grunde nannte er sich ein andermal **Zacharia**. Zwei Jahre trieb er sich in Italien umher, lehrend und schriftstellernd. Endlich kam er auf den tollen Einfall, den damaligen Papst, Martin IV., zum Judentume bekehren zu wollen (am Rüsttag 1281). Der Versuch kam ihm aber teuer zu stehen. Er wurde zwei Tage später in Rom verhaftet, schmachtete achtundzwanzig Tage im Kerker und entging dem Feuertode nur dadurch, daß, wie er sich ausdrückte, Gott ihm einen Doppelmund (eine Doppelzunge?) habe wachsen lassen[3]). Möglich, daß er

---

[1]) Sendschreiben an Jehuda Salmon (Jellinek, Auswahl I. Heft, p. 20) ולפירוך אודיעך שבעלי הקבלה הספירות חשבו ליחד את השם וישרוחו וכמו שהגוים אומרים שהם שלשה והשלשה אחד, כן מקצת בעלי הקבלה באבינים ואומרים כי האלהות עשר ספירות והעשרה הם אחד. Daraus ergibt sich, daß Abulafias Sätze, welche der Trinität günstig klingen (zusammengestellt Orient a. a. O., col. 473), nicht sein Ernst waren.

[2]) In Ozar Eden Ganus (bei Jellinek, Bet ha-Midrasch III, Einl., p. XLI): ובמדינת שלום (לבדתי) שנים האחד מהם ר' שמואל הנביא שקבל ממני קצת קבלות והשני ר' יוסף גקטילא — והוא בלי ספק הצליח הצלחה מופלאה במה שלמד לפני והוסיף מכוחו ומדעתו הרבה וה' עמו היה!

[3]) Landauer in Orient a. a. O., col. 382.

dem Papste gegenüber vorgab, daß auch er die Dreieinigkeit lehre. Er
durfte ferner frei in Rom umhergehen. Von da begab sich Abulafia
nach der Insel Sizilien in Begleitung eines treuen Jüngers, Natronai
aus Frankreich[1]). In Messina fand er eine günstige Aufnahme, warb
dort sechs Jünger, unter denen er Saadia aus Segelmesi
(Afrika) am meisten auszeichnete. Hier trat er endlich mit dem Gedanken hervor, er sei nicht bloß Prophet, sondern der Messias, und setzte
in einer Schrift auseinander (November 1284), Gott habe ihm seine
Geheimnisse offenbart und ihm auch das Ende des Exils und den Anfang der messianischen Erlösung verkündigt. Im Jahre 1290 solle die
Gnadenzeit anbrechen[2]). Die Mystik war von jeher der Boden, auf dem
messianische Schwärmereien gediehen.

Durch seine streng sittliche Haltung, seine asketische Lebensweise
und seine in dunkle Formeln gehüllten Offenbarungen, vielleicht auch
durch seine gewinnende Persönlichkeit und Kühnheit fand Abraham
Abulafia in Sizilien Gläubige[3]), die sich bereits auf die Rückkehr ins
heilige Land vorbereiteten. Besonnene Männer der sizilianischen Gemeinde hatten aber Bedenken, sich ihm ohne weiteres anzuschließen.
Sie wendeten sich daher an Salomo Ben-Adret, um von ihm Auskunft
über Abraham Abulafia zu erhalten. Der Rabbiner von Barcelona,
welcher sein Treiben aus früherer Zeit kannte, richtete ein ernstes
Schreiben an die Gemeinde von Palermo und an den dortigen Rabbinen
Achitub, worin er den angeblichen Messias als Halbwisser und ge-
fährlichen Menschen streng verurteilte[4]). Abulafia nahm natürlich den
Angriff nicht ruhig hin, sondern wehrte sich gegen dieses Verdammungsurteil. In einem Sendschreiben an seinen ehemaligen Jünger
Jehuda Salmon in Barcelona rechtfertigte er seine prophetische
Kabbala und wies die Schmähungen Ben-Adrets gegen seine Person
zurück, „die so unwürdig gehalten seien, daß manche dessen Schreiben
für unecht hielten". Es half ihm aber nichts. Auch andere Gemeinden
und Rabbinen, welche durch seine Schwärmerei eine Verfolgung befürchtet haben mochten, sprachen sich gegen Abulafia aus[5]). Er wurde
auf Sizilien so sehr verfolgt, daß er die Insel verlassen und sich auf der
Zwerginsel Comino bei Malta niederlassen mußte (um 1288). Hier
setzte er seine mystische Schriftstellerei fort und behauptete noch immer,

[1]) Ozar Eden a. a. O.
[2]) Landauer a. a. O., col. 384.
[3]) Folgt aus Ben-Adrets Respp. No. 548.
[4]) Das. und Abr. Abulafias Sendschreiben an Jehuda Salmon in Barcelona.
[5]) Ben-Adret, Responsum a. a. O.

daß er Israel die Erlösung bringen wolle. Die Verfolgung hatte ihn indes verbittert. Er erhob Anklagen gegen seine Glaubensbrüder, die in ihrer Taubheit nicht auf ihn hören wollten: „Während die Christen an meine Worte glauben, bleiben die Juden ungläubig, wollen von der Berechnung des Gottesnamens nichts wissen, sondern ziehen die Berechnung ihrer Gelder vor"[1]). Von denen, welche sich ausschließlich mit dem Talmud beschäftigten, sagte Abulafia, sie wären von einer unheilbaren Krankheit befallen, und sie stünden sehr tief unter den Kundigen der höheren Kabbala[2]). Abraham Abulafia hat mindestens zweiundzwanzig sogenannte prophetische Schriften neben anderen sechsundzwanzig verfaßt[3]), die, obwohl Erzeugnisse eines hirnverbrannten Kopfes, doch von den späteren Kabbalisten benutzt worden sind. Was aus dem prophetischen und messianischen Schwärmer und Abenteurer später geworden ist, ist nicht bekannt geworden.

Seine Überspanntheit blieb aber auch in seiner Zeit nicht ohne traurige Folgen und wirkte, wie eine verpestete Luft, ansteckend. Es traten zu gleicher Zeit in Spanien zwei Schwärmer auf, von denen einer wahrscheinlich Abraham Abulafias Jünger war — jener Prophet Samuel (v. S. 194) — der eine in dem Städtchen Ayllon (im Segovianischen), der andere in der großen Gemeinde von Avila[4]). Beide gaben sich als Propheten aus und verkündeten in mystischer Redeweise die Nähe des Messiasreiches. Beide fanden Anhänger. Die Verehrer des Propheten von Avila erzählten von ihm, er sei von Jugend auf unwissend gewesen und habe weder lesen noch schreiben können. Ein Engel, der ihm im Schlafe, zuweilen auch im wachen Zustande erschienen sei, habe ihm aber durch höhere Eingebung mit einem Male die Fähigkeit verliehen, eine umfangreiche Schrift voll mystischen Inhalts niederzuschreiben, unter dem Titel „Wunder der Weisheit" und dazu noch einen weitläufigen Kommentar (ohne den man sich da-

---

[1]) יציאה ה' לדבר לגוים (Ms. geschrieben 1288): ס' האות oder ספר זכריה
ערלי לב וערלי בשר בשמו וירש בן וידבר להם ויאבינו בבשורות ה' רם לא
שבי אל ה' כי בטחו בחרבם ובקשתם — — חכמי ישראל המתפארים
באשר לא הפציר האומרים בדוי נחשוב שם ה' — ומה רוצלנו חשבונו כי
נחשבתו הלא טוב לנו מספרי בפקדי כסף ומגיני זהב כי בם נוכל להוחיל לנו
ולכל אוהבינו.

[2]) אברי שפר (verfaßt 1391, bei Jellinek, Philosophie und Kabbala, S. 34 f.):
זאת הבת אשר אין רפואה למכתה כוללת רוב חכמי התלמוד היום אשר
תכמתם אצלם — היא תכלית כל החכמות — — ההפרש בין התלמודי ובין
היודע השם הנפורש כהפרש שבין התלמודי היהודי ובין הגוי הגוי התלמוד.

[3]) שבע נתיבות (bei Jellinek a. a. L., p. 23).

[4]) Vgl. Note 12.

mals ein einigermaßen respektables Buch nicht denken konnte). Darüber waren nun die Avilenser und entfernte Gemeinden, die davon hörten, außerordentlich verwundert. Ein deutscher talmudkundiger Wanderer, namens R. Dan, der sich damals in Avila aufhielt, bestätigte mit seinem Zeugnisse das Wunder des unwissenden Propheten von Avila. Der Vorfall zog die Aufmerksamkeit in außerordentlicher Weise auf sich, und die Gemeindevertreter von Avila wandten sich an die letztentscheidende Autorität jener Zeit, an Salomo Ben-Adret, sie zu belehren, ob sie an diese neue Prophetie glauben sollten.

Der Rabbiner von Barcelona, der, wiewohl halb un halb ein Anhänger der Geheimlehre, doch nur den biblischen und talmudischen Wundern Glauben schenkte, erwiderte darauf, er würde den Vorgang des Propheten von Avila für einen argen Betrug halten, wenn er ihm nicht durch glaubwürdige Männer bezeugt und bestätigt worden wäre. Nichtsdestoweniger könne er den Mann nicht als einen Propheten anerkennen, denn es fehlten ihm die Grundbedingungen, unter denen der Talmud die Prophetie für möglich ausgebe. Außerhalb Palästinas sei die Prophezeiung überhaupt unmöglich. Auch sei das Zeitalter nicht würdig für prophetische Offenbarung, und endlich könne der prophetische Geist nicht auf einem ganz Unwissenden ruhen. Es sei unglaublich, daß jemand als Idiot zu Bette gehe und als Prophet aufstehe. Die Geschichte bedürfe der sorgfältigsten unparteiischen Untersuchung. Haben es doch die Israeliten bei Moses Auftreten in Ägypten, in jener gnaden- und wunderreichen Zeit, an Prüfung und Zweifel an seiner Sendung nicht fehlen lassen, und er mußte seine Verkündigung durch Wunder bewähren; um wie viel mehr sei man genötigt, in dieser „verwaisten" Zeit einen solchen Vorfall zu prüfen, zumal in der letzten Zeit auch Betrüger und Abenteurer mit Wunderthuerei aufgetreten seien.

Doch trotz dieser Warnung von seiten des angesehensten Rabbinen setzte der Prophet von Avila sein Treiben fort und bestimmte den letzten Tag des vierten Monats (Tebet oder Tammus? 1295) als Beginn der messianischen Erlösung. Die leichtgläubige und unwissende Menge bereitete sich darauf vor, fastete und spendete reichlich Almosen, um im eintretenden Messiasreiche würdig befunden und dessen teilhaftig zu werden. Am bestimmten Tage eilten die Betörten, wie am Versöhnungstage gekleidet, in die Synagoge und erwarteten dort die Posaunen der messianischen Erfüllung zu vernehmen. Aber es zeigte sich weder der erwartete Messias, noch ein Zeichen von ihm. Statt dessen sollen sie an ihren Gewändern kleine Kreuze bemerkt haben, auf die sie nicht gefaßt waren, und die sie teils erschreckt, teils ernüchtert hätten. Möglich, daß die Ungläubigen in der Gemeinde ihnen Kreuze an die Gewänder heimlich angeheftet hatten, um entweder einen Spaß mit den Leichtgläubigen zu treiben oder sie aufmerksam zu machen, wohin die messianische Gaukelei am Ende führen würde, und sie solchergestalt von ihrem Wahne zu heilen. Einige seiner Gläubigen sollen infolge dieses Vorgangs zum Christentum übergetreten, andere in Schwermut verfallen sein, weil sie sich die Erscheinung der Kreuze nicht hätten erklären können. Was aus den Propheten oder betrogenen Betrügern von Ayllon und Avila geworden ist, wird nicht erzählt. Sie sind, wie Abraham Abulafia, verschollen und haben auch nur als Auswüchse eines krankhaften Zustandes einige Bedeutung.

Es ist möglich, daß auch ein anderer Jünger Abulafias, Joseph Gikatilla, der ebenfalls als Wundertäter[1]) galt und nicht weit von Ayllon seinen Wohnsitz hatte, bei dem wahnsinnigen oder betrügerischen Spiel der Propheten von Ayllon und Avila eine Rolle spielte. Joseph ben Abraham Gikatilla (geb. in Medina-Celi, starb in Peñafiel nach 1305)[2]) hörte als Zwanzigjähriger die sinnverwirrende Geheimlehre Abulafias und verfaßte, während dieser noch in Spanien weilte, seinerseits eine kabbalistische Schrift „Der Nußgarten", in welcher er dieselbe Verschrobenheit wie sein Meister an den Tag legte. Auch er beschäftigte sich mit der Buchstaben- und Zahlenmystik, mit Buchstabenversetzung, und führte eine Spielerei, die schon Abulafia angestellt hat, den hebräischen Vokalzeichen eine mystische Bedeutung zu geben, noch weiter. Joseph Gikatilla zerarbeitete sich, die verschiedenen Gottesnamen in der Bibel mit den zehn Ursubstanzen (Sefirot) in Verbindung zu bringen, und setzte zur Begründung seiner Kabbala eine Menge Schriften in die Welt. Er genügt eigentlich,

---

[1]) Chajim Ibn-Musa (bl. um 1450) berichtet in seinem antichristianischen Werke בגן ורומה (Ms.) von den Wundertätern, die es mit denen in den Evangelien aufnehmen könnten: ובומנינו משה פלאים (בדרך קבלה) ר' יעקב אלקורסתו ור' משה בוצריל ובשכבר הרמב"ן ור' אשר ור' יוסף גיקאטיליריא (Ms. der Breslauer Seminarbibliothek, Kodex XXIV, T. II, Bl. 135). Auch Zakuto bezeichnet ihn als: ר' יוסף גיקיטלא בעל הנסים; die editio Filipowski des Jochasin hat noch den Zusatz: הקבור בפיניאפיריל (p. 224a). Joseph G.'s Geburtsjahr hat Jellinek richtig bestimmt nach einem Ms. des אגוז בינה, das der Verfasser 5034 = 1274 im sechsundzwanzigsten Jahre geschrieben hat (Bet ha-Midrasch III, Einl. S. XL, Note). Über J. G.'s Schriften vgl. die Bibliographen, Zunz, Additamenta zum Katalog der Leipziger hebräischen Bibliothek und Jellinek, Beiträge zur Kabbala II, S. 57 ff.

[2]) Da Isaak von Akko die Manier G.'s tadelt, die Gottesnamen ohne Scheu hinzuschreiben (Meirat Enajim gegen Ende), so muß er ihn bei seiner Anwesenheit in Spanien noch gesprochen haben.

um ihn zu charakterisieren, daß der halb wahnsinnige, von Ben-Adret und einigen Gemeinden verdammte Abulafia ihm nachrühmt, er habe seine Lehre gefördert und aus eigenem Antriebe viel hinzugefügt (o. S. 194, Anmerk. 2). In der Tat sind Joseph Gikatillas Schriften nur ein Widerhall von Abraham Abulafias Phantasien; es ist derselbe Wahnwitz.

Aber bei weitem einflußreicher und verderblicher als diese drei Kabbalisten Allatif, Abulafia und Gikatilla, wirkte auf die Zeitgenossen und die Nachwelt Mose de Leon, dem es gelungen ist, obwohl ein Zeit- und Fachgenosse sein Treiben entlarvt hat, in die jüdische Literatur und Denkkreise ein Buch einzuführen, welches der Kabbala eine feste Grundlage und eine weite Verbreitung gab und ihr mit einem Worte die Krone aufsetzte. Mose ben Schem=Tob de Leon (geb. in Leon um 1250, starb in Arevalo 1305)[1]) war ein Mann, bei dem man nur in Zweifel sein kann, ob er ein eigennütziger oder ein frommer Betrüger war; aber täuschen und irreführen wollte er sicher. Er steht darum viel niedriger als Abulafia, der in seinem Wahne jedenfalls ehrlich und naiv war. Ein Halbwisser, der weder Talmud, noch Wissenschaften gründlich getrieben hatte, besaß er nur e i n e Fertigkeit, nämlich die, das Wenige, was er wußte, geschickt zu benutzen, leicht und fließend zu schreiben, die entferntesten Dinge und Schriftverse, wie sie in der Kammer seines Gedächtnisses aufgeschichtet lagen, in Verbindung zu setzen und sie mit spielendem Witze zusammenzukoppeln. Selbst die Kabbala war ihm nicht als ein System gegenwärtig; er kannte lediglich ihre Formeln und Schlagwörter und verarbeitete diese in geschickter Weise.

Ein sorgloser Verschwender, der alles, was er hatte, ausgab, ohne zu bedenken, was ihm für den andern Tag bleiben würde, benutzte Mose ben Leon die in Mode gekommene Kabbala, um auf diesem Gebiete schriftstellerisch aufzutreten und sich dadurch eine reiche Einnahmequelle zu verschaffen. Er führte ein Wanderleben, wohnte lange Zeit in G u a d a l a x a r a, dann in V i b e r r o, in V a l l a d o l i d und zuletzt in A v i l a. Zuerst ließ er Geisteserzeugnisse unter eigenem Namen erscheinen (um 1285)[2]). In einem umfangreichen Werke entwickelte Mose de Leon die Zwecke und Gründe der Religionsgesetze des Judentums[3]), allerdings in einem andern Geist als Maimuni

---

[1]) Note 12.
[2]) Als sein frühestes Werk zitiert er ein: ספר שושן העדות.
[3]) ספר הרמון eingeteilt in zwei Bücher מצות עשה und מצות לא תעשה, verfaßt 1267, noch Ms.

und auch bereits mit einem mystischen Anfluge, aber noch immer frei von kabbalistischem Wuste. Dieses Werk widmete er Levi Abulafia einem Sohne des Todros Abulafia (v. S. 188). Drei Jahre später (1290) übergab er wieder ein Werk der Öffentlichkeit, das schon mehr kabbalistischen Inhalt hatte[1]). Er polemisierte darin gegen die Religionsphilosophen, welche „vorgaben, der Inhalt des Judentums decke sich mit der Philosophie. Wenn dem so wäre, wozu brauchte die sinaitische Offenbarung unter Naturaufruhr, Donner und Blitz bekannt gemacht zu werden, wenn sie nichts anderes lehre, als was Aristoteles ohne solches Geräusch zu Tage gefördert hat!" Mose de Leon behauptete, es sei den jüdischen Religionsphilosophen gar nicht Ernst mit ihrem Einklang von Judentum und Philosophie; sie wollten lediglich die Menge täuschen und sie glauben machen, daß die Thora nicht im Widerspruche stehe mit der Philosophie, um die letztere einzuschmuggeln. Er aber stellte auf, die Thora habe einen ganz anderen Inhalt, sie sei der Gedanke Gottes; an jedem Worte, jeder Erzählung, jeder Vorschrift der Thora hänge der Bestand der Welt[2]). Wie Mose de Leon aber daran ging, diesen höheren Inhalt auseinanderzusetzen, verriet er dieselbe Gedankenarmut, welche die Kabbalisten auch sonst charakterisiert; nur wußte er sie hinter Wortschwall zu verdecken und mit einem Geheimniskram zu verhüllen. Seine Gemeinplätze von der Seele „als einem Abbilde des himmlischen Urbildes", ihrer Abstammung aus dem Urquell des Heiligen, ihrem Vermögen, den Segen vom Himmel auf die Erde zu ziehen, und ihrem Zustand nach dem Tod, seine Lehre von der zukünftigen Welt, der Seelenwanderung und den Geheimnissen dieses und jenes Gebotes bieten nach keiner Seite hin etwas Neues oder Originelles. — Von derselben Art ist sein Buch, das er zwei Jahre später verfaßte und demselben Kabbalisten Todros Halevi widmete. Es sind nur Wiederholungen eigner und fremder Schlagwörter, man kann nicht sagen Gedanken[3]). Wiederum ein Jahr später (1293) verfaßte er „Das Buch der Geheimnisse" oder die „Wohnung des Zeugnisses"[4]), worin er sich und andere wiederum kopierte und wiederholte. Neu ist darin die Beschreibung des Paradieses, die er einem apokryphen Henochbuche entlehnte, welches er entweder in hebräischer Sprache oder in einer Übersetzung aus dem Arabischen (einem Buche des Idris-Henoch) vorgefunden hat.

[1]) ספר המשקל oder ספר הנפש החכמה, Basel 1608.
[2]) In dem eben genannten Werke Nr. 2.
[3]) שקל הקודש Jellinek, Beiträge II, S. 73.
[4]) ספר הסודות oder משכן העדות, vgl. Note 12.

Seine bisherige Schriftstellerei war aber nicht genug beachtet worden und hatte ihm wenig Ruhm und Geld eingebracht. Mose de Leon verfiel daher auf ein wirksameres Mittel, sich die Herzen und Säckel weit zu öffnen. Er verlegte sich auf Schriftstellerei unter fremdem, geachtetem Namen. Wie, wenn er die allerdings schon breit getretenen Lehren der Kabbala einer älteren, hochverehrten Autorität, einem gefeierten Namen aus der glänzenden Vergangenheit in den Mund legen würde — versteht sich in der rechten Beleuchtung und Färbung mit den Kennzeichen des Altertums — würde man sich nicht um eine solche Schrift reißen? Würde man ihn nicht reichlich belohnen, wenn er nachwiese, daß er im Besitz eines so kostbaren Schatzes sei? Mose de Leon kannte die Leichtgläubigkeit derer, welche sich tiefer oder oberflächlicher mit der Kabbala befaßten, wie sie jedem Worte lauschten, das ihnen, als aus alter Zeit stammend, zugeführt wurde. Denn seitdem die Geheimlehre öffentlich geworden war und nach Anerkennung rang, wurden kabbalistisch klingende Lehren alten und klangvollen Namen untergeschoben und fanden dadurch Aufnahme. Obwohl der letzte Gaon H a ï eine entschiedene Abneigung gegen jedes mystische Unwesen bekundet hatte (VI₃, S. 3), und er von der jungen Kabbala keine Ahnung haben konnte, hatte ihm doch ein Fälscher mehrere kabbalistische Äußerungen — in Form von Gutachten — in den Mund gelegt, namentlich eine angebliche Ausgleichung zwischen den z e h n Ursubstanzen (Sefirot) und den d r e i z e h n Eigenschaften Gottes, welche die talmudische Agada betont[1]). Andere erfanden unbekannte, alt und mystisch klingende Namen als Träger kabbalistischer Lehren, einen Rabbi C h a m a ï, Rabbi K a s ch i s ch a, Rabbi N e h o r a ï, natürlich Jerusalemer oder Babylonier, und schoben ihnen mystische Sätze oder Gebete unter[2]). Die Fälschungssucht der Kabbalisten ging so weit, selbst Maimuni, den nach Klarheit und Licht ringenden Geist, den unerbittlichen Gegner aller Mystik, zum Kabbalisten zu stempeln

---

[1]) Das angebliche kabbalistische Responsum R' Haïs über das Verhältnis der ר׳ ספירות zu den י״ג מדות, vollständig mitgeteilt in Schem-Tobs Emunot (p. 28b und bei Spätern), wird schon zu Ende des dreizehnten und Anfang des vierzehnten Jahrhunderts zitiert von Bachja ben Ascher (Kommentar zu כי תשא) und von Todros Abulafia (Ozar ha-Kabod p. 35). Die Unechtheit braucht wohl nicht erst erwiesen zu werden. Wie aus Todros' Worten hervorgeht, war dieses Responsum dem Kabbalisten Ascher, dem Enkel des Abraham ben David nicht bekannt: ואשתמיטתיה (תשובת ר׳ האי) לר׳ אשר בן הראב״ד בספרו הגדול בארוכים על דרך הקבלה. Über andere pseudonyme Schriften R' Haïs vgl. B. VI₃, Note 2, Ende.

[2]) Über Nehoraï vgl. Todros a. a. O.; über Kaschischa, Schem-Tob a. a. O. IV, 14, über Chamai, Jellinek, Auswahl III, S. 8 ff.

und seine philosophischen Ansichten widerrufen zu lassen, „weil sie den Geist nur verwirrten, während die Geheimlehre die höchste Erkenntnis auf geebneterem Wege biete"[1]). Warum hätte ein Mystiker nicht auch eine Art kabbalistischen Talmud oder Mischnah[2]) fälschen sollen, da er bei seinen leichtgläubigen Gesinnungsgenossen nicht Widerspruch oder Entlarvung zu befürchten hatte? Und in der Tat ist auch eine kabbalistische Schrift mit mischnaitisch-agadischem Gepräge verfaßt worden und hat Eingang gefunden.

Aber viel geschickter als alle diese Fälscher machte es Moje de Leon. Er hatte die passendste Persönlichkeit als Träger für die Geheimlehre gefunden, gegen die sich wenig oder nichts einwenden ließ. Der Tannaite Simon ben Jochaï, der dreizehn Jahre in einer Höhle — wohl einsam und in tiefe Betrachtung versunken — zugebracht, dem schon die alte Mystik Offenbarungen durch den Engel Metatoron erteilen läßt, ja, Simon ben Jochaï schien die rechte Autorität für die Kabbala zu sein. Nur durfte er nicht hebräisch sprechen oder schreiben, denn in dieser Sprache würden die Kabbalisten das Echo ihres eigenen Schalls wieder erkannt haben. Nein, Chaldäisch mußte er sich ausdrücken, in dieser an sich halb dunkeln, für Geheimnisse geeigneten, wie aus einer andern Welt klingenden Sprache. Und so trat ein kabbalistisches Buch, das Buch Sohar (Glanz)[3]), in die Welt, das in jüdischen Kreisen Jahrhundertelang als eine himmlische Offenbarung förmlich vergöttert und auch von Christen als alte Überlieferung angesehen wurde und zum Teil noch heute angesehen wird. Gewiß ist noch selten eine so offenkundige Fälschung so gut gelungen. Moje de Leon verstand es aber auch, vollen Effekt bei leichtgläubigen Lesern hervorzubringen. Er ließ Simon ben Jochaï in dem Buche Sohar in strahlendem Glanz und mit einem Glorienschein auftreten, und seine Offenbarungen einem Kreise von auserwählten Jüngern (bald zwölf,

---

[1]) Es ist bekannt, daß der Kabbalist Schem-Tob Ibn-Gaon zu seiner Zeit ein altes Pergament gesehen haben will, worin die Kabbalisten spricht (Migdal Oz zu M.'s Jad, Anfang): כתוב — אנו מצד שראיתי כספר במגלה של קלף ישן ומעושן בלשון זה: אני משה בר שימון כשירדתי לחדרי המרכבה בינותי בעיני הקץ וכו' וקרובים דיו דבריו לדברי המקובלים האמיתיים. Das muß man sich vergegenwärtigen, um zu erkennen, wie weit die Mystifikation der Kabbalisten ging. Noch unverschämter ist der angebliche Brief M.'s an seine Jünger (unter dem Titel Megillat Sedarim o. S. 193, Anmerk. 1), worin er die philosophische Spekulation förmlich desavouiert und hinzufügt: אבל אצל חכמת הקבלה האמיתית הדברים מסוקלים וכו'.

[2]) מסכת אצילות, dessen Alter hoch hinauf reicht, zuerst ediert 1802 vgl. Jellinek a. a. O.

[3]) Vgl. über alles Folgende Note 12.

bald sechs) erteilen, „den Kundigen, die da leuchten wie Himmelsglanz". „Als sie sich versammelten, um den Sohar zu verfassen, wurde dem Propheten Elia, allen Mitgliedern der himmlischen Lehrhalle (**Metibta**), allen Engeln, Geistern und höheren Seelen die Erlaubnis erteilt, ihnen zuzustimmen, und den zehn geistigen Substanzen (**Sefirot**) wurde der Auftrag, ihnen tiefverborgene Geheimnisse zu offenbaren, welche für die Zeit des Messias vorbehalten waren." Oder in einer andern Wendung: Simon ben Jochaï ruft seinen Kreis zu einer großen Versammlung zusammen (**Idra rabba**) und hört den Flügelschlag der Himmelscharen, die sich ebenfalls versammelten, um der Verkündigung von Geheimnissen zu lauschen, welche bis dahin selbst den Engeln unbekannt geblieben waren[1]). Der Sohar verherrlicht den eigenen Verfasser in übertriebenem Maße. Er nennt ihn „das heilige Licht" (**Bozina Kadischa**)[2]), der noch höher stehe als selbst der größte Prophet Mose, „der treue Hirte" (**Raaja Mehemna**). „Ich bezeuge bei den heiligen Himmeln und der heiligen Erde", läßt der Sohar Simon ben Jochaï ausrufen, „daß ich jetzt schaue, was noch kein Sterblicher, seitdem Mose zum zweiten Male den Sinai bestiegen, geschaut hat, ja, noch mehr als dieser. Mose wußte nicht, daß sein Antlitz erglänzte, ich aber weiß es, daß mein Antlitz glänzt"[3]). Wegen der Liebe Gottes zu ihm, dem Verfasser des Sohar, habe Gott sein Zeitalter gewürdigt, die bis dahin geheimen Wahrheiten zu offenbaren. So lange er, der allen leuchtet, lebt, sind die Quellen der Welt geöffnet und alle Geheimnisse sind offenbar. „Wehe dem Geschlechte, wenn Simon ben Jochaï ihm entschwinden wird"[4]). Er wird im Sohar nahezu vergöttert. Seine Jünger brechen einmal in ein schwungvolles Lob aus, daß er die Stufen zur himmlischen Weisheit betreten, wie noch keiner vor ihm, und von ihm heiße es in der Schrift: „Alle Männer sollen erscheinen vor dem Herrn, nämlich vor Simon ben Jochaï"[5]). Diese übertriebene Verherrlichung, diese Selbstvergötterung (die selbst einen Fälscher verrät), ist nicht ohne Absicht eingestreut. Es sollte damit dem Einwurf begegnet werden, wie so denn die Kabbala, so lange unbekannt, und von den vorsichtigen Kabbalisten geheim gehalten, da sie Scheu hatten, etwas davon mitzuteilen, wie diese g e h e i m e Weisheit nun

---

[1]) Sohar III, 127b ff.
[2]) An unzähligen Stellen des Sohar; vgl. I, 159b ff.
[3]) Das. III, 132b, 144a.
[4]) Das. II, 86b, 149a, 154; vgl. auch I, 96b, III, 79 und viele andere Stellen.
[5]) Das. II, 38.

mit einem Male an das Sonnenlicht treten und zu jedermanns Kunde veröffentlicht werden durfte? Der Sohar entschuldigt sich selbst öfter damit, weil die Zeit, in der Simon ben Jochaï lebe, eine besonders würdige und gnadenreiche sei, und weil die **Messiaszeit nahe sei,** darum dürfe der so lang verhüllende Schleier hinweggezogen werden. — Sehr geschickt ist auch angegeben, wie das Buch zustande gekommen ist. Simon ben Jochaï lehrte, ein R. Abba (der viel später gelebt hat) schrieb nieder, und die anderen Zuhörer dachten darüber nach[1]).

Es gibt wohl schwerlich ein Schriftdenkmal, das so viel Einfluß ausgeübt hätte, wie der Sohar, und das ihm an Wunderlichkeit des Inhalts und der Form gleichkäme. Ein Buch ohne Anfang und Ende, von dem man nicht weiß, ob es je ein Ganzes ausgemacht hat, und ob die jetzt vorhandenen Bestandteile ursprünglich dazu gehört haben oder später hinzugefügt sind, oder ob früher deren noch mehr vorhanden waren. Es besteht aus drei Hauptteilen, dem eigentlichen „**Sohar**", **dem treuen Hirten (Raaja Mehemna) und dem geheimen Midrasch (Midrasch Neëlam)**, die aber in ihrer jetzigen Gestalt öfter ineinanderfließen und mehrere Anhängsel haben, **das Buch der Geheimnisse, Geheimnisse der Lehre, Zusätze, Erläuterungen** (siebzig und noch mehr an der Zahl)[2]), von denen es ungewiß ist und sich schwerlich wird ermitteln lassen, wie sie sich zu den Hauptbestandteilen verhalten. Diese Formlosigkeit, dieser Wirrwarr haben es möglich gemacht, daß gewisse Partien von späterer Hand nachgeahmt wurden[3]). Es ist so leicht und so verlockend, diesen wüsten und doch tönenden Stil nachzubilden. So wurde die Fälschung überfälscht. Man weiß auch nicht recht, ob man den Sohar als einen fortlaufenden Kommentar zum Pentateuch, oder als ein theosophisches Lehrbuch, oder endlich als eine kabbalistische Predigtsammlung ansehen soll. Und ebenso wunderlich, wirr und wüst wie die Form und die äußere Einkleidung

---

[1]) Sohar III, 287.

[2]) שבעים תקוני זהר, תוספתא, סתרי תורה, ספרא דצניעותא.

[3]) Einer der Annotatoren bemerkt zu Sohar I, p. 22: מכאן עד דף פ״ז. אינו מהזהר והלשון יוכיח לרגיל בו. Indes ist dieses noch nicht so ausgemacht. Richtig ist, was die Editoren zu Anfang ויהי bemerken, daß mehrere Seiten (I, 212—216a) nicht zum Sohar gehören; in der Tat fehlen sie in der Cremonenser Edition. Der Kabbalist Abraham Levi (Anfang des XVI. Jahrh.) bemerkt in seinem Werke משרא קטרין, daß zu seiner Zeit ein Stück Sohar zu Numeri 10, 35 fabriziert worden sei, um aus dem הפוכות (der Klammer ähnlichen Nun-Figuren) die Messiaszeit zu berechnen, dessen Verfasser er kenne (wahrscheinlich der messianische Schwärmer Salomon Molcho).

ist auch sein Inhalt. Der Sohar mit seinen Nebenpartien und Anhängseln entwickelt keineswegs ein kabbalistisches System wie etwa Asriel (o. S. 63), spinnt auch keinen Gedanken aus, wie Abraham A b u l a f i a, sondern spielt gewissermaßen mit den kabbalistischen Formeln wie mit Rechenpfennigen, mit dem En-Sof, mit der Zahl der Sefirot, mit Punkten und Strichen, mit Vokal- und Akzentzeichen, mit den Gottesnamen und Versetzung ihrer Buchstaben, sowie mit Bibelversen und agadischen Sentenzen, würfelt sie durcheinander in ewigen Wiederholungen und bringt solchergestalt das Ungereimteste zutage. Hin und wieder macht der Sohar einen Ansatz zu einem Gedanken, aber ehe man sich's versieht, verläuft er sich in fieberhitzige Phantasien oder löst sich in kindische Spielereien auf.

Der Grundgedanke des Sohar (wenn man überhaupt dabei von einem Gedanken sprechen darf) beruht darauf, daß die Thora mit ihrer Geschichte und religionsgesetzlichen Vorschriften keineswegs den einfachen Sinn bezweckt habe, sondern etwas Höheres, Geheimes, Übersinnliches. „Ist es denkbar", läßt der Sohar einen aus dem Kreise des Simon ben Jochaï ausrufen, „ist es denkbar, daß Gott keine heiligeren Dinge mitzuteilen gehabt hätte, als alle diese gemeinen Dinge von Esau und Hagar, von Laban und Jakob, von Bileams Esel, von Balaks Eifersucht auf Israel und von Simris Unzucht? Verdient eine Sammlung solcher Erzählungen, in ihrer Einfachheit aufgefaßt, den Namen Thora? Und kann man von einer solchen Offenbarung aussagen, sie sei die lautere Wahrheit? Wenn die Thora nur solches enthalten solle, bemerkt Simon ben Jochaï (oder Mose de Leon), dann könnten wir auch in dieser Zeit ein solches Buch zustande bringen, ja vielleicht noch ein besseres. Nein, nein, der höhere mystische Sinn der Thora sei ihre Wahrheit; jedes Wort weise auf etwas Höheres, Allgemeines. Die biblischen Erzählungen glichen vielmehr einem schönen Kleide, welches Toren so sehr entzückt, daß sie weiter nichts dahinter suchten. Dieses Gewand decke aber einen Leib zu, nämlich die Gesetzesvorschriften, und dieser wieder eine Seele, die höhere Seele. Wehe den Schuldigen, welche behaupten, die Thora enthalte nur einfache Geschichten und also nur auf das Kleid sähen. Selig sind die Frommen, welche den rechten Sinn der Lehre suchen. Der Wein ist nicht der Krug, und so ist auch die Thora nicht in den Geschichtchen"[1]. Damit hat natürlich die Geheimlehre Moses de Leon freien Spielraum, alles und jedes zu deuteln und als höheren Sinn zu stempeln und so eine Afterlehre zutage zu fördern,

---

[1] Sohar III, p. 148, 152a. Tikune Sohar, No. XIV, p. 37 aus einem andern Kodex.

die nicht bloß unsinnig, sondern manchmal geradezu lästerlich und unsittlich erscheint. Alle Gesetze der Thora seien als Teile und Glieder einer höheren Welt zu betrachten; sie zerfielen in die Geheimnisse von männlichem und weiblichem Prinzip (Positiv und Negativ); erst wenn beide Teile sich zusammenschlössen, entstehe die höhere Einheit. Wer daher eines der Gesetze übertrete, verdunkele das Glanzbild der höheren Welt[1]).

Man kann kaum eine Vorstellung davon geben, welchen Mißbrauch Mose de Leon mit der Schrifterklärung treibt und wie er den Wortsinn verdreht. In dem Verse: „Hebet eure Augen zum Himmel und sehet, wer hat dieses erschaffen", soll ein tiefes Geheimnis liegen, das der Prophet Elia in dem himmlischen Lehrkollegium vernommen und Simon ben Jochaï geoffenbart hat. Gott sei nämlich vor der Weltschöpfung unbekannt und dunkel gewesen, gewissermaßen bestehend und doch nicht bestehend; er war das Wer (das unbekannte Subjekt). Zu seiner Selbstoffenbarung gehört die Schöpfung. Erst mit der Schöpfung beurkundete er sich als Gott[2]).

In zwei feierlichen Versammlungen (Idra)[3]) teilt Simon ben Jochaï einmal, in der Vorahnung seines Todes, seinem Jüngerkreise das letzte Wort und den Kern der Geheimnisse in scheinbar erhabenen Lehren mit. Es sind aber weiter nichts als abenteuerlich-mystische Erklärungen jenes lästerlichen Buches, welches die riesigen Glieder Gottes (Schiur Koma) beschreibt, mit einem Pomp von tönenden Worten, einem Gemisch von Erhabenem und Albernem. „Der heilige Uralte (Gott) ist das Allerunbekannteste, getrennt von der sichtbaren Welt und doch nicht getrennt, denn alles hängt an ihm und er hängt an allem. Er ist gestaltet und nicht gestaltet, gestaltet ist er insofern, weil er das All erhält, und nicht gestaltet, weil er nicht wahrnehmbar ist. Als er sich gestaltete, brachte er n e u n Lichter hervor, die von seinem Glanze leuchten und sich nach allen Seiten verbreiten. Er ist eins mit ihnen, es sind erschaffene Stufen, in denen sich der heilige Uralte offenbart, es sind seine Formen. Sein Haupt — oder vielmehr seine drei Häupter — ist die höchste Weisheit, die selbst wieder im Anfang verborgen ist, so daß man von ihr sagen kann, sie weiß nichts und wird nicht gewußt, sie hat Teil weder am Wissen, noch am Nichtwissen. Darum

---

[1]) Sohar II, p. 162b.
[2]) Das. I, 2a. Tikunim No. XX und XLIV, Anfang: מי, das Wer und Unbekannte, ברא nach dem Erschaffen; אלה in Verbindung mit מי gibt אלהים.
[3]) אדרא רבא קדישא Sohar III, 127ff. und אדרא זוטא קדישא das. 287b ff.

wird der Alte der Tage das **Nichts** genannt[1]). Haare gehen von diesem Haupte aus, das sind die verschiedenen Wege der Weisheit. — Die Stirn Gottes ist seine Gnade. Wenn diese sich offenbart, stellt sich in allem Güte und Wohlwollen ein, alle Gebete in der niederen Welt werden dann erhört, das strenge Gericht schweigt und verbirgt sich; dieses geschieht namentlich am Sabbat und besonders beim Nachmittagsgebet. Daher soll der Mensch drei Mahlzeiten am Sabbat genießen"[2]). Und so werden in breiter Auseinandersetzung die Augen, die Nase, der Bart, die Ohren Gottes mystisch gedeutet, vom Erhabenen zum Kindischen fortgeschritten, was öfter ebenso lästerlich, wie lächerlich klingt.

Am liebsten beschäftigt der Sohar die Phantasie mit jener Seite des Menschen, die dem Menschen selbst ein ewiges Rätsel bleibt, mit der Seele, ihrem Ursprunge und ihrem Ausgange. Mit den älteren Kabbalisten nimmt natürlich auch der Sohar die Vorexistenz der Seelen in der lichten Welt der Sefirot an. Sie sind dort mit einem geistigen Gewande umhüllt und entzückt in Betrachtung des göttlichen Glanzes. Wenn die Seelen in diese Welt eingehen wollen, so nehmen sie ein diesseitiges irdisches Gewand, den Leib, an. Sobald sie aber die Erde verlassen sollen, so entkleidet sie der Würgengel des irdischen Gewandes. Hat eine Seele hienieden fromm und sittlich gelebt, so erhält sie ihr früheres Himmelsgewand und kann wieder die Seligkeit der Entzückung im Gottesglanze genießen, wo nicht, namentlich wenn sie unbußfertig aus der Welt geschieden, irrt sie nackt und schambedeckt umher, bis sie in der Hölle geläutert wird[3]). Die Nacktheit der Seele, Paradies und Hölle — in phantastischen, barocken und ungeheuerlichen Bildern ausgemalt — zu schildern, ist ein Thema, wobei der Sohar öfter und gern verweilt. Er gefällt sich auch darin, zu beschreiben, was mit der Seele während des Schlafes vor sich geht. Sie entwinde sich dem Körper, schwebe in dem unermeßlichen Raum umher und gelange nach oben. Je nach ihrer Lebensgewohnheit erfahre sie während ihrer Losgelöstheit vom Körper und ihrer Nachtwanderung Wahres oder Falsches aus der Geisterwelt. Die sündenbelastete und befleckte Seele werde von den bösen Geistern, die in der Welt umherflattern, in Besitz genommen; sie verbinde sich mit ihnen und erfahre allerdings auch zukünftige Ereignisse, aber in getrübter Form. Die Dämonen trieben Spott mit ihr und teilten ihr ein Lügengewebe mit. Die lautere Seele aber fliege ungefährdet durch die Schar der Dämonen hindurch, die ihr Platz machen

---

[1]) Sohar 288b: ובגין כך עתיקא קדישא אקרי אין דביה הליא אין.
[2]) Das. 129a, 189b.
[3]) Das. II, 150 und a. St.

müßten, gelange bis zu den reinen Geistern und erfahre dort die Zukunft in aller Wahrheit und Untrüglichkeit. Das seien eben die Träume, welche je nach dem Verhalten der Seele, sich zur Stufe der Prophezeiung erheben könnten[1]).

Die Nachtseite des Lebens, die Sünde, die Unreinheit im kleinen und großen, ist ebenfalls ein Lieblingsthema des Sohar, zu dem er sehr oft und in den verschiedensten Wendungen und Wiederholungen zurückkehrt. Einer der älteren Kabbalisten kam nämlich auf den Einfall, daß es zur höheren Welt, der Welt des Lichtes, der Heiligkeit und der Engel einen schroffen Gegensatz gebe, eine Welt der Finsternis, der Unheiligkeit, des Satans, mit einem Wort das Prinzip des Urbösen. Dieses Urböse habe sich bei der Weltschöpfung ebenfalls in zehn Stufen (Sefirot) entfaltet. Die beiden Welten seien trotz ihrer Verschiedenheiten eines Ursprungs, bildeten nur Gegenpole und verhielten sich zueinander wie die rechte Seite zur linken. Das Böse wird daher in der Sprache der Kabbalisten die Linke genannt oder auch die andere Seite (**Sitra Achara**). Auch eine andere Vorstellung geben die Kabbalisten von dem satanischen Reiche. An der Grenze der Lichtwelt bilde sich die Welt der Finsternis und umgebe sie wie die Schale den Kern einer Frucht. Das Urböse mit seinen zehn Abstufungen (**Sefirot**) bezeichnet daher die Kabbala metaphorisch als Schale (**Kelifa**). Diese Seite ist nun das Lieblingsthema des Sohar; denn hier kann er bequem seine abenteuerliche Schriftauslegung anbringen. „Wie eine Welt der Heiligkeit, so gibt es auch eine Welt der Sündhaftigkeit, wie die Beschneidung im Gegensatz zur Vorhaut." Die zehn Sefirot der linken Seite oder des satanischen Reiches werden aufgezählt und mit Namen von barbarischem Klang bezeichnet Die Namen klingen wie die der Dämonenfürsten in dem Henochbuche und sind wohl daraus entlehnt: Samael oder Samiel, Asael, Angiel, Sariel, Kartiel (Katriel)[2]) und andere. „Das sind die zehn Schalen zu dem Kern der zehn (Licht=) Sefirot." Alle Frevler und Bösewichter in der Bibel identifiziert der Sohar mit dem bösen Prinzip der „Schalen" (**Kelifot**): Die Urschlange, Kain, Esau, Pharao, dann auch Esaus Reich, Rom und die auf Gewalt und Unrecht beruhende staatliche und kirchliche Macht der Christenheit im Mittelalter. Israel und die Frommen dagegen gehören der Lichtwelt der rechten Sefirot an. „Wer nach der linken Seite (der Sünde) geht und seinen Wandel verunreinigt, zieht die unreinen Geister auf sich herab; sie

---

[1]) Das. I, 130, 183 und a. St.
[2]) Note 12.

hängen sich an ihn und weichen nicht von ihm"¹). Die Gesetze der Thora und die Übungen haben nach dem Sohar keinen anderen Zweck als eben die Verbindung der Seele mit der Lichtwelt zu erzielen und zu pflegen. Jede Übertretung derselben führe sie der Welt der Finsternis, der bösen Geister und der Unreinheit zu. Die innige Verbindung der Seele, sei es mit dem Lichte oder der Finsternis, stellt der Sohar grobsinnlich unter dem Bilde der ehelichen Begattung dar, wie er denn überhaupt auch in der höheren Welt, selbst in der Gottheit, das männliche und weibliche Prinzip vorhanden sein läßt²). Segen ist nur vorhanden, wo es Männliches und Weibliches gibt³), und nur wo eine innige Verbindung beider stattfindet, gibt es eine Einheit; denn Männliches ohne Weibliches ist nur ein halbes Wesen, und das Halbe ist nicht eins. Wenn sich aber beide Hälften verbinden, so bilden sie eine geschlossene Einheit. Auch das Verhältnis der Seele zum Weltgeiste oder zu Gott veranschaulicht der Sohar nicht, wie Isaak Allatif und Abulasia, keusch durch einen Kuß, sondern unflätig durch das Bild der Begattung. Erst durch diese Verbindung gehe die wahre Einheit Gottes hervor. So lange Israel im Exile lebe, sei die göttliche Einheit mangelhaft und gebrochen; erst in jenen Tagen werde Gott einig werden, wenn sich die Herrin (**Matronita**) mit dem König paaren werde⁴).

Mose de Leon hätte eine Lücke gelassen, wenn er nicht auch von der messianischen Zeit, dem Schlußstein der Kabbala, gesprochen und sie voraus verkündet hätte. Beruhte doch die plötzliche Offenbarung der so lang geheimgehaltenen Lehre auf der Voraussetzung, daß die Messiaszeit n a h e sei. Aber hier verrät sich der Fälscher. Anstatt eine Zeit oder ein Jahr für das Erscheinen des Messias anzudeuten, welches dem Zeitalter Simon ben Jochaïs entspräche (im zweiten Jahrhundert), klügelte der Sohar vermittelst einer Buchstaben- und Zahlenspielerei heraus, daß es in den Anfang des vierzehnten Jahrhunderts, also noch in seine Gegenwart fallen würde. „Wenn das sechzigste oder sechsundsechzigste Jahr die Schwelle des sechsten Jahrtausends der Welt überschreiten wird (5060 bis 66 d. h. 1300 bis 1306)⁵), wird sich der Messias zeigen;" aber einige Zeit werde noch verstreichen, bis Israel gesammelt und alle Völker besiegt sein würden⁶). Der Messias werde zuerst aus seiner geheimen Stätte im Paradiese, dem

---

¹) Sohar I, S. 55a.
²) Das. III, S. 290 und a. St.
³) Das. I, S. 182.   ⁴) Das. III, S. 7b.
⁵) S. Note 12.
⁶) Sohar II, S. 7ff., III, 196b.

Vogelneste, wo er seit Urbeginn in Seligkeit weile, erweckt werden, um auf Erden zu erscheinen[1]). Ein blutiger Kampf werde dann in der Welt ausbrechen. Edom und Ismael (christliche und mohammedanische Völker) würden einander grausig bekämpfen und endlich beide von einem dritten mächtigeren, erobernden Volke vernichtet werden. Zeichen und Wunder würden dabei vorangehen und die Auferstehung der Toten, so wie die allgemeine Verbreitung der kabbalistischen Gotteserkenntnis würden das Ende ausmachen. Mose de Leon hat in seinen Zeitgenossen die Hoffnung rege machen wollen, daß sie noch die Messiaszeit mit leiblichen Augen sehen würden. Er war vielleicht eben so in messianischer Schwärmerei befangen[2]) wie Abraham Abulafia.

So sehr auch der Sohar bemüht ist, das bestehende rabbinische Judentum mit seiner Satzung zu heben und jedem noch so geringfügigen, unerheblichen Brauche durch mystische Begründung eine besondere Weihe, eine höhere Bedeutung zu geben, so bemängelt und bekrittelt er doch den Talmud und seine Lehrweise, allerdings verhüllt, zweideutig und mit der unschuldigsten Miene von der Welt[3]). Zunächst stellt er die Beschäftigung mit der Kabbala um vieles höher als die mit dem Talmud, ja selbst mit der Bibel. Die Kabbala habe Schwungkraft und vermöge der Gottheit in ihrem geheimen Schaffen und Walten nachzufliegen, der Talmud dagegen und seine Pfleger hätten gestutzte Flügel und könnten sich zur höheren Erkenntnis nicht erheben. Der Sohar vergleicht die Mischnah (Talmud) mit einer niedrigen Sklavin, die Kabbala dagegen mit einer gebietenden Herrin. Die erstere habe es mit untergeordneten Dingen zu tun, mit „Rein und Unrein, mit Erlaubt und Verboten, mit Tauglich und Untauglich." Sie herrsche während Israels Zerstreuung, „und die Erde erzittert darob, daß die Sklavin statt der Gebieterin waltet." So lange dieses Weib mit seinem „einmal reinen und das andere Mal unreinen Geblüte" herrsche, könne die Vereinigung des Vaters mit der Matrona (Gott mit Israel) nicht vor sich gehen. In der messianischen Zeit dagegen, wenn die höhere Erkenntnis erwachen und Platz greifen werde, dann werde die Kabbala ihre Herrschaft über die Sklavin (Talmud) wieder antreten, wie zur Zeit des Gesetzgebers Mose. — Der Sohar vergleicht endlich das Talmudstudium mit einem harten, unfruchtbaren Felsen, der, wenn man ihn schlage, spärlich Wassertropfen spende, um die dann noch Streitigkeiten und Diskussionen entständen. Die Kabbala dagegen gleiche einer reichfließenden Quelle, zu der nur ein Wort

---

[1]) Vgl. Note 12.   [2]) Dieselbe Note.
[3]) Dieselbe Note.

gesprochen zu werden brauche, damit sie ihren erfrischenden und belebenden Inhalt ergieße.

Als der Sohar oder der Midrasch des Simon ben Jochaï veröffentlicht wurde, erregte er das größte Erstaunen unter den Kabbalisten. Mit Gier griffen sie nach ihm. Mose de Leon erhielt Aufträge in großer Menge, Kopien davon zu liefern. Die Frage, woher mit einem Male eine so umfangreiche Schrift eines alten Tannaiten komme, von der bisher auch nicht eine Spur bekannt war, wurde dahin beantwortet, Nachmani habe sie in Palästina aufgestöbert und an seinen Sohn nach Katalonien gesendet, durch einen Sturmwind sei sie nach Aragonien oder Alicante (Valencia) verschlagen worden und in die Hände des Mose de Leon geraten; er allein besäße die Urschrift. In ganz Spanien verbreitete sich der Ruf von dem aufgefundenen kabbalistischen Schatze. Der Kreis des Todros Abulafia (o. S. 188) zollte dem Sohar allsogleich Anerkennung und betrachtete ihn als unzweifelhaft echt. Mose de Leons Wünsche wurden noch übertroffen. Es gab allerdings auch Kabbalisten, welche den Ursprung des Sohar von Simon ben Jochaï und seinem Kreise bezweifelten, aber dennoch huldigten sie dem Buche als einer reinen Quelle für die Kabbala. Diese meinten, Mose de Leon habe ihn allerdings verfaßt, allein doch nicht aus **eigener Erfindung**, sondern durch höhere **Eingebung** vermittelst der Kunde des mystischen Gottesnamens, welcher gottbegeisterte Schriftsteller erwecke[1]). Der Kabbalist Joseph Abulafia, Todros' Sohn, stellte Mose de Leon auf die Probe. Vorgebend, es sei ihm ein Heft des Sohar abhanden gekommen, ließ er sich von ihm ein anderes kopieren, um es zu vergleichen und ihn bei etwaiger Verschiedenheit auf Betrügerei ertappen zu können. Allein Mose de Leon war auf seiner Hut. — Als nun der Kabbalist Isaak von Akko, der bei der Eroberung dieser Stadt dem Gemetzel entkommen war (o. S. 186), in Spanien eintraf und den Sohar zu Gesicht bekam, war er betroffen und um so mehr begierig auf den Grund zu kommen, ob dieses angeblich alte, aus Palästina stammende Werk echt sei, als er im heiligen Lande geboren und erzogen war und mit den Jüngern Nachmanis verkehrt hatte, ohne eine Silbe darüber vernommen zu haben. Als er in Valladolid mit Mose de Leon zusammengetroffen war, schwur dieser ihm hoch und teuer, daß er allerdings in seinem Hause in Avila ein altes Exemplar aus der Hand des Simon ben Jochaï besitze, und machte sich anheischig, es Isaak von

---

[1]) שם הכותב, vgl. Note 12.

Akko zur Prüfung vorzulegen. Indessen erkrankte Mose de Leon auf
der Reise nach seiner Heimat und starb in Arevalo (1315). Damit war
der Schleier über das Geheimnis der Entstehung des Sohar noch dichter
gehüllt. Zwei angesehene Männer von Avila, David Rafan und
Joseph de Avila, hatten allerdings von Frau und Tochter des
Mose de Leon die nackte Wahrheit vernommen. Da Joseph de Avila,
ein reicher Mann, erfahren hatte, daß Mose de Leon seine Familie ohne
Mittel hinterlassen habe, so versprach er, um hinter das Geheimnis
zu kommen, der Frau die Hand seines Sohnes für ihre Tochter nebst
Reichtümern, wenn sie ihm die Urschrift des Sohar, aus der ihr Gatte
Kopien angefertigt haben sollte, übergeben wolle. Da beteuerten Frau
und Tochter, sie seien nicht im Besitze eines solchen Exemplars; Mose
de Leon habe ein solches gar nicht besessen, sondern den Sohar
selbst verfaßt und mit eigner Hand geschrieben. Die Frau erzählte aufrichtig, sie hätte ihren Gatten öfter gefragt, warum er sein
eigenes Geisteserzeugnis unter einem fremden Namen ausgebe.
Darauf habe er ihr entgegnet, daß der Sohar unter eigenem Namen
ihm nichts eingebracht hätte, unter Simon ben Jochaï's Titel dagegen
für ihn eine reiche Einnahmequelle geworden sei.

Frau und Tochter haben also, ohne die Tragweite ihres gewiß
unanfechtbaren Zeugnisses zu kennen, Mose de Leon als Fälscher entlarvt. Und dennoch fand der Sohar den unbedingten Beifall der
Kabbalisten, weil er einem Bedürfnisse entsprach; denn wäre er nicht
erfunden worden, hätte er erfunden werden müssen. Die kabbalistische
Lehre, die schon so viel Geltung hatte, war bis dahin ohne festen Halt;
sie hatte keine andere Autorität als die sehr zweifelhafte Isaaks des
Blinden (o. S. 60). Die Kabbalisten waren noch dazu uneins untereinander geworden, weil sie keinen Grundtext für ihre Theorien hatten.
Sie waren auch schon mit ihrer Lehre auf den Sand geraten und konnten
sie nicht ergiebig machen. Nun bestätigte ihnen die ehrwürdige Gestalt
eines Mischnalehrers im Wechselgespräche mit den abgeschiedenen
Geistern und Himmelsscharen, Engeln und Sefirot Wahrheiten, die
von vielen damals nicht nur bezweifelt, sondern geradezu verlacht
wurden. Sollten sie sich nicht daran klammern und dafür einstehen?
Was Mose de Leon Simon ben Jochaï in den Mund legte, „daß viele
ich um das Buch Sohar, wenn es bekannt werden wird, scharen und
ihren Geist am Ende der Tage damit nähren werden", traf bald nach
seinem Tode in der Tat ein. Brachte auch der Sohar den Kabbalisten
nichts wesentlich Neues, so stellte er doch das ihnen Bekannte in einer
so eigentümlichen Form und Sprache dar, daß sie davon betroffen

waren. Es ist nämlich alles darin auf Effekt, auf Illusion, auf Gefangennehmung der Phantasie angelegt. Die langen Unterredungen, welche Simon ben Jochaï mit seinem Kreise oder mit „dem treuen Hirten" hält, sind von dramatischer Kraft, namentlich die Szene, wo er in der Vorahnung seiner baldigen irdischen Auflösung das oft Verkündete noch einmal mitteilt[1]). Effektvoll und für gläubige Gemüter von ergreifender und erschütternder Wirkung sind die öfter angebrachten Ausrufungen im Sohar: „Wehe, wehe denen, welche das und das glauben, oder nicht glauben, oder nicht beachten!" Zuweilen sind kurze Gebete eingestreut, die, erhaben und schwungvoll gehalten, geeignet sind, die Seele mit geheimnisvollem Schauer zu erfüllen[2]). Er enthält kürzere oder längere Erzählungen und Geschichtchen in einer so eigentümlichen Einkleidung, daß sie die Menschen jener Zeit ansprechen und anmuten mußten. Sehr geschickt schildert der Sohar öfter die Vergangenheit in einer so eignen Beleuchtung, daß die Zustände der damaligen Gegenwart durchschimmerten: „Kein Volk verachtet Israel so sehr und speit ihm so frech ins Gesicht wie die Söhne Edoms" (die Christen)[3]). — „Es gibt eine Klasse Menschen, die nur aus Eitelkeit Gutes tun, die da Synagogen und Lehrhäuser bauen, die Thora-Rolle schmücken, ihr kostbare Kronen aufsetzen, nicht aus frommem Sinne, sondern um sich einen Namen zu machen. Es gibt andere, welche ihre Glaubensbrüder in der Not verlassen; obwohl sie in der Lage sind, ihnen beistehen zu können, unterlassen sie es und zeigen sich nur Andersgläubigen großmütig"[4]). Selbst die eigenartigen Bezeichnungen, welche der Sohar für die gangbaren kabbalistischen Formeln eingeführt hat, sind darauf berechnet, durch ihren Doppelsinn das Interesse zu erregen. Er bezeichnet Gott und die höheren geistigen Substanzen (Sefirot) in ihrer Gesamtheit oder in einzelnen Partien und Wirkungen als **Vater, Mutter, Urmensch, Braut, Matrone, das weiße Haupt, das große und das kleine Gesicht, der Spiegel, der höhere Himmel, die höhere Erde, Lilie, Apfelgarten** und ähnliches mehr. Die Frommen waren für den Sohar gewonnen, weil er jedem religiösen Brauche, jeder Übung eine höhere Beziehung, eine höhere Weihe, eine geheimnisvolle Wirkung beilegt.

So schlich sich ein neues Grundbuch für die Religion in den Schoß des Judentums ein, welches die Kabbala, die ein Jahr-

---

[1]) Die Idra Suttra Sohar III, p. 287 ff.
[2]) Namentlich das auch in das Synagogenritual übergegangene Gebet בריך שמיה Sohar II, p. 206a.
[3]) Das. II, p. 188b. [4]) Das. II, p. 25b.

hundert vorher noch unbekannt war, neben Bibel und Talmud — und gewissermaßen noch höher stellte. Der Sohar hatte zwar nach der einen Seite das Gute, daß er der juristischen Trockenheit des Talmudstudiums einen gewissen Schwung entgegensetzte, die Phantasie und das Gemüt anregte und eine Stimmung erzeugte, welche der Verstandestätigkeit das Gegengewicht hielt. Allein der Schaden, den er dem Judentum gebracht, überwiegt diesen Gewinn bei weitem. Der Sohar verstärkte und verbreitete einen wüsten Aberglauben, befestigte in den Gemütern das Reich des Satans, der bösen Geister und Gespenster, die, früher im jüdischen Kreise gewissermaßen nur geduldet, durch ihn eine höhere Bestätigung erhielten. Aus Aberglauben verbietet der Sohar z. B. eine Witwe zu heiraten[1]). Er erfand oder heiligte einen Wahn, der ängstlichen Menschen vor Gram das Leben geraubt hat, daß nämlich derjenige, welcher in der Nacht vor dem großen Hosianna-Tag, beim Mondenschein, seinen Schatten nicht bemerkt, in demselben Jahre sterben müsse[2]). Durch seine hin und wieder gebrauchte sinnliche, ja ans Unzüchtige anstreifende Ausdrucksweise[3]) hat er, im Gegensatz zu dem keuschen, schamhaften jüdischen Schrifttum, unkeusche Regungen veranlaßt und dadurch später eine Sekte erzeugt, die sich über die Züchtigkeit hinwegsetzte. Der Sohar hat endlich den Sinn für das Einfache und Wahre[4]) förmlich abgestumpft und eine Traumwelt geschaffen, in welcher die Seelen derer, welche sich mit ihm ernstlich beschäftigten, wie in einen Halbschlaf eingelullt wurden und die Fähigkeit verloren, das Rechte vom Unrechten zu unterscheiden. Seine maßlosen Deuteleien der Schrift haben die Kabbalisten und andere, die von dieser Manier angesteckt wurden, angeleitet, die Verse und Wörter des heiligen Buches zu verdrehen und die Bibel zum Tummelplatz der wunderlichsten, tollsten Einfälle zu machen. Enthält der Sohar doch sogar Äußerungen, welche dem christlichen Dogma von der Dreieinigkeit der Gottheit günstig klingen![5])

[1]) Sohar II, p. 162b.
[2]) Das. II, 12b und additamenta zu Sohar I, p. 13b.
[3]) Vgl. besonders I, 44a. [4]) Vgl. besonders I, 44a.
[5]) Vgl. Sohar II, 43b: — ואינון בחיזו דעינא סתימא דתלתא אינון אחד אוף הוא ה' אלהינו ה' אינון חד. תלתן גוונין ואינון חד. Es ist dieselbe verbohrende Deutung gerade des Verses, welcher die Einheit Gottes so scharf betont, wie sie der Dominikaner Raymund Martin geltend machte (vgl. o. S. 152), III, p. 188b: ובגין דעתיקא קדישא אתרשים בתלת אוף הכא כל ;שאר בוצינין דנהרין מניה כלילן בתלת endlich Tikune Sohar No. 21, Anfang: נחתין תרין סבין — סבא צלאה נחית ביניהו אמר הא אנן חד ותלה חורין וכען אנן חד. In einem Soharkodex sollen die Worte vorgekommen sein: קדיש אבא קדיש ברא קדיש רוחא קדישא Wolf I, p. 1136 aus Galatinus' Schrift.

Wenn die Mystiker dem schönen Gebilde der heiligen Schrift Glied für Glied verrenkten, mit ihr ein tolles Spiel trieben und den Sinn für die Wahrheit abstumpften, so gaben ihnen in dieser Zeit die sogenannten Philosophen darin nichts nach. Maimunis Verfahren, das Judentum und seine religiöse Literatur der Vernunft anzupassen, allzugrellen Bibelversen einen philosophischen oder mindestens erträglichen Sinn zu geben und den Religionsvorschriften einen annehmbaren begreiflichen Zweck unterzulegen, ermutigte Halbgebildete, alles und jedes auf demselben Wege zu erklären. Die Manier, die Schrift, die Agada und die Riten zu allegorisieren, ging daher in dieser Zeit ins Maßlose und Unglaubliche. Die Afterphilosophen entkleideten die Schöpfungs- und die Patriarchengeschichte ihres geschichtlichen Charakters und deuteten sie als philosophische Gemeinplätze, wobei sie mit aristotelisch-maimunischen Formeln ebenso spielten, wie der Sohar mit den kabbalistischen. Abraham und Sara z. B. bedeuteten diesen Allegoristen Stoff und Form der Dinge, Pharao das böse Gelüste, Ägypten den Körper, das Land Gosen das Herz, Mose den göttlichen Geist, und die Urim und Tumim, welche der Hohepriester im Tempel auf der Brust zu tragen pflegte, sollen weiter nichts als das Astrolab der Astronomen gewesen sein, um Tag und Stunde, Länge und Breite damit zu berechnen[1]). Hätte es damals jüdische Denker ersten Ranges wie in der Blütezeit gegeben, so würden sie diesem kindischen, sei es kabbalistischen oder afterphilosophischen, Treiben durch ein ernstes Wort gesteuert haben. Allein das Zeitalter Ben-Adrets war gerade sehr arm an tiefen Geistern. Selbst die zwei Hauptvertreter der Philosophie jener Zeit, Schem-Tob Falaquera und Isaak Albalag, reichten nicht über die Mittelmäßigkeit hinaus und waren selbst in den Irrtümern ihrer Zeit befangen.

Schem-Tob ben Joseph Falaquera, ein Südspanier (geb. um 1225, starb nach 1290)[2]), von dessen Lebensgeschichte weiter nichts bekannt ist, als daß er in Dürftigkeit lebte, war noch des Arabischen

---

[1]) Die Deuteleien dieser Allegoristen finden sich zerstreut in der Briefsammlung Minchat Kenaot, namentlich p. 153 Respp. Ben-Adret, No. 417. Zu dieser Literatur gehört auch der pseudomaimunische Brief No. 1 in Iggeret Rambam und die ebenfalls pseudomaimunischen פרקי ההצלחה (in der maimunischen Responsensammlung).

[2]) Sein Geburtsjahr gibt er im Anfange des Buches מבקש an, verfaßt im Herbst 1263 nach den Vierzigern; er war nach der Verdammung des Salomo Petit 1290 noch am Leben o. S. 168. Über seine Schriftstellerei vgl. Munk, Mélanges, p. 494f. Zwei seiner Werke אגרת הוכוח und ראשית חכמה sind auch ins Lateinische übersetzt worden.

kundig und kannte die Systeme der mohammedanischen Philosophen und aus ihnen die griechische Philosophie sehr gründlich. Die jüdisch-philosophischen Werke Gebirols, Maimunis und anderer waren ihm in ihrem ganzen Umfange gegenwärtig wie keinem anderen seiner Zeit. Allein die Metaphysik war ihm mehr Sache der Gelehrsamkeit und des Gedächtnisses als des selbständigen Denkens. Sein Geist ordnete sich den philosophischen Autoritäten unter und erlag förmlich der Last fremder Gedanken. Falaquera war eigentlich nur eine lebendige Enzyklopädie der damaligen Wissensfächer und zwar eine sehr treue, die, über welchen Punkt man sie auch zu Rate zog, gründliche Auskunft gab. Aber er hatte nicht einmal Unterscheidungsvermögen genug, die verschiedenen Elemente seines enzyklopädischen Wissens nach Zeiten und Systemen auseinander zu halten. Für Falaquera lehrten Plato, Aristoteles, Avicenna, Averroes, die übrigen arabischen Philosophen, die Thora und die talmudische Agada dasselbe oder beinahe dasselbe und redeten alle dieselbe Sprache. Er bemerkte nur die Ähnlichkeit und hatte keinen Blick für die Verschiedenheit. Falaquera war tief überzeugt, daß die Ansicht der wahren Philosophen mit den Lehren des Judentums und natürlich auch des Talmuds übereinstimmten. Diese Übereinstimmung sei eigentlich gar nicht auffallend, da die älteren Philosophen ihre Lehren von Sem, Eber, Abraham und Salomo empfangen hätten[1]). Falaquera stellte natürlich die philosophische Forschung sehr hoch; durch sie allein vermöge der Mensch die wahre Glückseligkeit zu erlangen. Er bekämpfte mit scharfen Worten die Ängstlichen, welche in der wissenschaftlichen Forschung eine Schmälerung des Judentums erblickten. Noch in jugendlichem Alter hat er die Unschädlichkeit und die Notwendigkeit der Philosophie für den Glauben in einem Dialog zwischen einem Talmudisten und einem Anhänger der Philosophie[2]) auseinandergesetzt, die Einwürfe des ersteren widerlegt und den letzteren den Sieg erringen lassen. Auch eine Art Roman verfaßte Falaquera, „Der Suchende" (ha-Mebackesch), um den Gedanken durchzuführen, daß das metaphysische Wissen höher als alles stehe, als Reichtum und Tapferkeit, und daß die Wissensfächer Mathematik, Naturwissenschaften, selbst die Kenntnis der Thora und der trockenen talmudischen Tradition lediglich Vorstufen zu einem höheren Wissen seien. Schem-Tob Falaquera, der ein Vielschreiber war, hat natürlich auch die heilige Schrift erklärt, ohne Zweifel in der damals beliebten Manier philosophisch sein sollender Erläuterung. Von einer einfachen, Wort und Sinn gemäßen Aus-

---

[1]) Einleitung zu ספר המעלות Ms.
[2]) Das schon genannte ס' הוכוח, öfter ediert.

legung kann weder bei ihm, noch bei seinen Zeitgenossen überhaupt die Rede sein. Alle Welt sah damals den Bibeltext durch die gefärbte Brille einer Lieblingstheorie. — Falaquera tat sich auch viel auf seine dichterische Begabung zugute. Von seiner Jugend an bis in sein spätestes Alter hat er viel Reime geschmiedet; aber die von ihm bekannt gewordenen Verse legen ein schlechtes Zeugnis für seine dichterische Fähigkeit ab; seine Prosa ist jedenfalls besser. Von seinen zahlreichen philosophischen und stilistischen Leistungen haben nur zwei einen Wert, seine Erklärungen zu Maimunis „Führer" (Moré ha-Moré)[1]) und seine Überarbeitung der G'ebirolschen Philosophie. Von seinen untergegangenen Schriften ist nur der Verlust einer zu bedauern, welche geschichtliche Nachrichten enthielt[2]).

Der zweite Vertreter der Philosophie, **Isaak Albalag**, wohl ebenfalls ein Südspanier und wie sein Zeitgenosse Falaquera des Arabischen kundig (schrieb 1292 oder 1294)[3]), war zwar geistvoller und gedankenreicher als dieser, aber auch nicht selbständig. Er steckte noch ganz und gar in der aristotelischen Philosophie in ihrer arabischen Ausprägung, deren Ergebnisse für ihn so überzeugend waren, daß er ihr zuliebe die Urewigkeit des Weltalls als wahr annahm und die Schöpfungsgeschichte damit in Einklang zu bringen suchte. Indessen hatte Albalag doch das Bewußtsein, daß die Lehre des Judentums und die Theorie der Philosophie in wesentlichen Punkten zueinander im Gegensatze stehen, gestand aber selbst ein, die Kluft nicht ausfüllen zu können. Er war auch einsichtsvoll genug zu erkennen, daß eine waghalsige Deutung der Bibel und Schriftverdrehung dazu gehörten, um das Unvereinbare zusammenzuschmieden. Da es ihm nun nicht gelang, Judentum und Philosophie zu einer Einheit zu verschmelzen, so spaltete er sein Bewußtsein in Wissen und Glauben. Als Philosoph war er von etwas **überzeugt**, als Jude **glaubte** er das **Gegenteil**[4]).

---

[1]) Ist verfaßt 1280, wie der Verfasser zu Ende des ersten Appendix angibt.

[2]) Mebackesch Anfang: מגלת הזכרון זכרתי בה חטאים שעברו עלינו.

[3]) In seiner Überarbeitung von Alghazalis Makasid Alphilsapha unter dem Titel תקון הדעות mit einer Einleitung und Anwendung auf das Judentum (die Schorr zum Teil veröffentlicht hat in Chaluz IV. Jahrg. 1856 und VI. Jahrg. 1861 zum Schlusse) gibt Albalag das Jahr an, in dem er das Werk schrieb ה' נ"ב oder nach der Lesart eines andern Kodex ה' נ"ד (Chaluz VI, p. 91). Da er das Werk unvollendet gelassen hat, wie Isaak Pulgar bemerkt (Cha!uz IV, 83), so ist er wahrscheinlich gleich darauf gestorben.

[4]) Cha!uz IV, 93: תקון הדעות ועל דרך זו תמצא דעתי בדברים רבים הפך אמונתי כי אני יודע מצד המופת כי זה אמת על דרך טבע. ואני מאמין מדברי הנביאים כי הפכו אמת על דרך נס.

So wenig Folgerichtigkeit und Klarheit war in Albalags Geiste, daß er auch die Alfanzereien der Kabbala für wahre und uralte Überlieferung hielt, die sich nur wegen der Ungunst der Zeiten zum Teil verloren hätte und nur im Besitze weniger Auserwählten sei, namentlich des T o d r o s A b u l a f i a (o. S. 183), des J s a a k von S e g o v i a und besonders ihres Jüngers M o s e b e n S i m o n aus B u r g o s[1]). Er hatte an der Kabbala nichts auszusetzen, er tadelte lediglich die Manier einiger Kabbalisten, welche zugunsten ihrer Theorie die Schrift verdrehen, Zahlenspielereien treiben, Buchstaben versetzen, wunderliche Gottesnamen zusammenstellen und Amulette fabrizieren[2]). Albalag bekämpfte mehr den Mißbrauch der Kabbala, als diese selbst. Mit Unrecht haben ihn Spätere zum Ketzer gestempelt[3]), wegen einiger dem Judentum widerstreitender Äußerungen. Albalag war kein Ketzer, nur ein wirrer Kopf, in dem die einander noch sehr widerstreitenden Ansichten Raum fanden. Er war auch schwerlich ein Gesetzesübertreter, sondern beobachtete wohl praktisch das Judentum mit aller Strenge. Er war nicht tiefer Denker genug, um den Mut zu haben, sich darüber hinwegzusetzen.

Es gab aber in dieser Zeit kühnere Männer, welche aus philosophischen Vordersätzen nachteilige Folgerungen für den Bestand des Judentums zogen. Wie ihre Vorläufer, die alexandrinischen Allegoristen (III$_2$, S. 38 ff.), aus falscher Zweckdeutung der Religionsvorschriften sich über die Riten des Judentums hinwegsetzten, ebenso verfuhr mancher konsequente Aufgeklärte in dieser Zeit. Da die Ritualien lediglich gewisse religiöse, philosophische oder sittliche Vorstellungen erwecken sollten, so genüge es, diese Gedanken in sich ausgebildet zu haben, von ihnen durchdrungen zu sein, sich im Geiste stets damit zu beschäftigen; die Übung der Religionsvorschriften dagegen sei in diesem Falle überflüssig. Wozu ist es nötig, so fragten diese Allegoristen, die Gebet-

---

[1]) Chaluz IV, p. 88. Das Zitat teilte auch Carmoly, Itinéraires, p. 281 mit und dazu eine Parallelstelle aus der kabbalistischen Schrift Badde Aron des Schem-Tob Jbn-Gaon p. 280. Dort ist in der Ortsbestimmung ein Fehler; es heißt dort: החכמים החסידירים ר' יצחק ור' יעקב אחים בני הר' שוריא. Statt שוריא muß es aber heißen: שגובירא יעקב הכהן שמולדתם עיר שוריא ober שקובירא. Denn dieses kabbalistische Brüderpaar stammte aus der genannten Stadt. Vgl. auch Jsaak von Akko, Meirat (Abs̆ch.) (וישב): ובדבר ר' יצחק הכהן אחיו של הר' יעקב משגובירא.

[2]) Chaluz das.

[3]) Schem-Tob Jbn-Schem-Tob in dessen Apologie für die Kabbala (Emunot) und Jsaak Abrabanel. Die seiner Zeit näher stehenden Schriftsteller Jsaak Pulgar und Samuel Çarça dagegen haben kein Wort des Tadels gegen seine Rechtgläubigkeit.

riemen (Phylakterien, Tefillin) umzubinden, wenn sie weiter keinen
Zweck haben, als Kopf und Herz für gewisse Wahrheiten empfänglich
zu machen, sobald man diese bereits ins Bewußtsein aufgenommen
hat? Einige dieser Richtung sprachen Mose den prophetischen Charakter
ab und ließen ihm nur den eines gewöhnlichen Gesetzgebers, wie ihn
auch andere Völker hatten, und hoben damit die Göttlichkeit der Thora
auf. Einer dieser Allegoristen predigte in der Synagoge vor einer
zahlreichen Gemeinde, das Genußverbot des Schweinefleisches habe
keinen Sinn. Es sei nur in der Voraussetzung erlassen, daß dessen Genuß
der Gesundheit nachteilig sei; gründliche medizinische Erfahrungen bestätigten aber diese Voraussetzung nicht[1]). So haben die Afterphilosophen das ganze Judentum in Frage gestellt und dadurch die Gegen-
wirkung hervorgerufen, daß vielen die freie Forschung verleidet wurde.

Der Tonangeber dieser Allegoristen-Schule war ein kenntnisreicher
Mann, der aber voll Schrullen war und, ohne es zu wollen, heftige
Reibungen veranlaßt hat. Es war L e v i b e n C h a j i m aus V i l l e-
f r a n c h e bei Toulouse (geb. 1258?, starb 1306)[2]). Aus einer angesehenen Gelehrtenfamilie stammend, war er in den Talmud eingelesen;
aber mehr noch zog ihn die maimunische Philosophie und Ibn-Esras
Astrologie an, dessen Glauben an den Einfluß der Gestirne auf das
menschliche Geschick er besonders zugetan war. Mehr aufgeschwommenen,
als gediegenen Geistes hatte Levi ben Chajim kein volles Verständnis
von Maimunis Streben. Ihm löste sich das Judentum in lauter philosophische Gemeinplätze auf, die, so abgeschmackt und kindisch sie auch
für uns klingen, merkwürdig genug, von den Zeitgenossen als tiefe
Weisheit angestaunt wurden. Infolge eines Liebesabenteuers zur
Auswanderung genötigt und in dürftige Verhältnisse eingeengt, fristete
er sein Leben in Montpellier durch Unterricht und Vorlesung, wurde
mit Mose Ibn-Tibbon (v. S. 103) bekannt und durch ihn in seiner
allegoristischen Manier bestärkt. Er war der Verbreiter jener seichten
Denkweise, die sich mit Formeln statt Gedanken begnügt. Er verfaßte
zwei Hauptwerke[3]), das eine in Reimen, das andere in Prosa, in denen
er die von Maimuni entlehnte Theorie in eine Art Enzyklopädie über
alle Zweige des Wissens brachte. In denselben deutete er die geschichtlichen Erzählungen der Bibel in philosophische Floskeln um, erklärte
den Stillstand der Sonne bei Josuas Sieg als einen natürlichen Vor-

---

[1]) Vgl. darüber Minchat Kenaot No. 81, p. 153.
[2]) Vgl. über denselben Carmoly, La France israélite, p. 46ff. S. Sachs,
Kerem Chemed VIII, p. 198f. Chaluz II, p. 17f. Ozar Nechmad II, 94f.
[3]) בתי הנפש verfaßt 1276 und לוית חן in späterer Zeit.

gang und redete überhaupt jener biblischen und agadischen Auslegung das Wort, welche ihre Stärke in sophistische Wortverdrehung setzte. Levi aus Villefranche verwahrte sich zwar gegen die Absicht, die Gesetze in Allegorien zu verwandeln, stempelte selbst die Allegoristen als Ketzer und wollte die Geschichtlichkeit der biblischen Erzählungen soviel als möglich aufrecht erhalten wissen[1]). Allein so ganz ernst war es ihm damit keineswegs; denn er pflegte wie sein Vorbild Ibn-Esra seine letzten Überzeugungen geheimzuhalten, so daß selbst seine Bekannten nicht auf den Grund seiner Gesinnung kommen konnten[2]). Dieses von philosophischen Deuteleien strotzende Judentum wurde nicht bloß privatim gelehrt, sondern in den Synagogen gepredigt.

Der Herd dieser afterphilosophischen Auswüchse war die nicht unbedeutende Gemeinde **Perpignan**, die Hauptstadt des Gebiets Roussillon, das zum Königreich Aragonien gehörte. Obwohl die Juden dieser Stadt kein beneidenswertes Los hatten und gezwungen waren, in dem elendesten Teile der Stadt, auf dem Platze für Aussätzige, zu wohnen[3]), so behielten sie doch Sinn für Wissenschaft und Forschung und lauschten gierig den Neuerungen, welche die Ausleger und Fortsetzer Maimunis lehrten. Hier hatte der arme Levi aus Villefranche eine Zufluchtsstätte gefunden bei einem reichen und angesehenen Manne, Don **Samuel Sulami** oder **Sen Escalita**[4]), dessen Frömmigkeit, Gelehrsamkeit und Freigebigkeit von den Zeitgenossen über die Maßen gepriesen wurden. „Von Perpignan bis Marseille findet sich keiner, der an Gesetzeskunde, Wohltätigkeit, Religiosität und Demut Samuel Sulami gleichkäme. Er spendet im Geheimen seine Wohltaten; sein Haus ist für jeden Wanderer geöffnet; er ist unermüdlich, Schriften für seine Sammlung zu erwerben"[5]). Er stand mit Ben-Adret in gelehrter Korrespondenz[6]) und hatte Interesse an der philosophischen Deutung von Bibel und Agada. — Selbst der Rabbiner von Perpignan war ein Freund des Denkens und ein abgesagter Feind der sich hinter den Buchstaben versteckenden gedankenlosen Gläubigkeit und ver-

---

[1]) Fragment in Chaluz a. a. O., p. 18f.
[2]) Minchat Kenaot, No. 17, p. 47.
[3]) Quelle bei Kayserling, Geschichte der Juden Navarras, S. 137.
[4]) In Ben-Adrets Responsum an denselben (o. S. 145) wird er auch אסקלפיטא genannt. Das ס muß aber von dem Worte getrennt und als Abkürzung des Titels von סן sen, senior, seigneur angesehen werden. Sein Beiname lautete also אסקליטא, Escalita von Escala, romanisch für scala, Leiter, Treppe.
[5]) So schildert ihn Crescas Vidal in Minchat Kenaot. No. 12.
[6]) S. oben S. 145, Anmerk. 2.

knöcherten Orthodoxie. Es war der zu seiner Zeit wenig berühmte, aber trotzdem sehr bedeutende **Don Vidal Menahem ben Salomo Meïri** (geb. Elul 1243, starb zwischen 1317 und 1320)[1]. Er war keine bahnbrechende Persönlichkeit, aber eine anmutende Erscheinung. Er besaß das, was fast allen seinen jüdischen Zeitgenossen so sehr abging, Maß und Takt. Dieses zeigt sich zunächst an Meïris Stil. Sämtliche jüdische Schriftsteller Spaniens und der Provence schrieben ihre Prosa oder Verse mit einer Überladung und einem Bombaste, als wollten sie den ganzen Sprachschatz der Bibel erschöpfen, um auch nur einen dürren Gedanken auszudrücken. Das bewunderte Muster dieser Zeit, der Moraldichter **Jedaja Bedaresi**, schrieb so redselig, um das Gewöhnlichste und Ärmseligste zu sagen, daß man ganze Seiten seiner Schutzrede, Betrachtungen und überhaupt seiner schriftstellerischen Erzeugnisse durchlaufen muß, um auf einen erträglichen Gedanken zu stoßen. Der beliebte Mufivstil begünstigte diese nichtssagende Beredsamkeit. Ganz anders Meïri. Er sagt nicht mehr, als was er sagen will, knapp und deutlich.

Ebenso maßvoll war er in seiner Auslegung des Talmuds. Fast alle diejenigen, welche den Talmud theoretisch oder für die Praxis bearbeiteten, Kommentarien dazu schrieben oder selbständige Werke verfaßten, schienen es darauf anzulegen, den verworrenen Knäuel noch mehr zu verwirren. Sie verloren sich so sehr in die Einzelheiten, daß sie darüber den Ausgangspunkt und den Kern der Sache vernachlässigten. Selbst die tiefdenkenden Talmudisten verfielen in diesen Fehler, das Ganze über dem Einzelnen zu übersehen. Don Vidal Meïri bildet eine rühmliche Ausnahme in seiner Zeit und noch viel mehr in der nachfolgenden. In seinen Kommentarien zu den Talmudtraktaten für die Praxis[2]) verfährt er durchweg methodisch, geht vom Allgemeinen zum Besonderen über, ordnet alles lichtvoll und sucht den Leser zu orientieren, statt ihn zu verwirren. Im Eingang gibt er einen leitenden Überblick über den ganzen Inhalt, wie einer, der das ganze Gebiet beherrscht. Meïri hatte sich in diesem Punkte Maimuni zum Muster genommen. Wäre seine Methode, den Talmud auszulegen, durchgedrungen, so hätte das Talmudstudium nicht jenen sophistischen Charakter angenommen, mittels dessen man für das Ja und das Nein

---

[1]) Geburtsjahr von ihm selbst angegeben in seinem Bet ha-Bechira zu Abot (ed. Stern, Wien 1854) Anfang und Ende. Seine Schrift משיבת נפש vollendete Meïri Marcheswan 5077 = 1316, bei Stern, Einleitung zu Bet ha-Bechira, wo auch das Biographische und Bibliographische zu vergleichen ist.

[2]) בית הבחירה vollendet 1300.

Scheingründe aufführen konnte und für die einfachste Frage sich durch ein Dorngestrüpp einander widersprechender Meinungen hindurchwinden mußte. Mit Recht lobte ein Dichter, Juda Jbn-Sabura, zwar mit schlechten Versen, aber mit richtigem Verständnis Meïris Art in folgenden Worten:

> Schriften ohne Zahl sind verfaßt zur Erläuterung des Talmuds;
> Der eine ist zu weitschweifig, der andere zu kurz,
> Alle ohne Maß. Bis Menahem Meïri
> Auftrat und den rechten Weg zeigte[1]).

Ebenso besonnen war Meïri in der Auslegung der heiligen Schrift. Die Philosophen und die Mystiker wollten immer Höheres in ihr finden, das Einfache war ihrem Sinn zu nüchtern, darum legten sie überschwänglichen Unsinn hinein. Nicht so Meïri. Er nahm zwar auch an, daß es manche Gebote und manche Erzählungen in der heiligen Schrift gebe, die auf ein Höheres hinwiesen, aber die meisten müßten ganz buchstäblich genommen werden[2]). Dem wüsten Aberglauben der Zeit war Meïri abgeneigt, wenn er auch durch die Autorität des Talmuds bestätigt war[3]). Es ist als kein geringes Verdienst anzuschlagen, wenn ein Mann inmitten der bodenlosen Schwärmerei nüchtern geblieben ist. Meïri war natürlich mit der ausschweifenden Manier der Allegoristen unzufrieden; aber deswegen das Kind mit dem Bade auszuschütten, die Wissenschaft wegen des Mißbrauches zu verpönen, lag seinem Sinne fern[4]).

Nicht so ruhig betrachteten diese Vorgänge einige Eiferer, die in jener Stadt heimisch waren, welche den Finsterling Salomo aus Montpellier erzeugt hatte, jenen Verketzerer Maimunis und seiner Schriften (o. S. 34), welcher soviel Spaltung und Unheil veranlaßt hat. Obwohl die afterphilosophischen Auswüchse keineswegs schädlicher waren, als die kabbalistischen Alfanzereien, so ließen die Zionswächter doch diese ruhig gewähren und eröffneten gegen jene einen heftigen Krieg, wodurch sie ihnen mehr Gewicht gaben, als sie an sich hatten. Sie hätten um ein Haar das Feuer der Zwietracht im Judentum entzündet. Der erste Anreger dieses unzeitigen Eifers und Streites gehörte jener Menschenklasse an, welche das Glaubensgebiet nach einer schnurgeraden Linie, und zwar nach ihrer eigenen Norm abgrenzen und jede Regung und Meinung, die darüber hinausragt, als Ketzerei verdammen, mit Bann-

---

[1]) Stern, Einl. a. a. O. p. XIV.
[2]) Kommentar zu Abot III, 11, p. 18b.
[3]) Chaluz II, p. 15f.
[4]) Vgl. Minchat Kenaot, No. 93, p. 172, Anfang.

fluch), womöglich mit Feuer und Schwert vertilgt wissen möchten, bei der man den fanatischen Eifer nicht von einer Art Egoismus trennen kann. Dieser Mann war Abba-Mari ben Mose aus Montpellier, mit seinem vornehmen Namen Don Astrüc En-Duran de Lünel[1]), aus einer angesehenen Familie und von großem Gewichte in der Hauptstadt Languedocs. Abba-Mari Don Astrüc war zwar nicht ohne Bildung, hatte auch große Verehrung für Maimuni und dessen Schriften; aber er hatte sich ein für allemal den Lehrinhalt des Judentums nach Nachmanischem Zuschnitt zurechtgelegt, und war empört, wenn jemand es wagte, einen anderen Maßstab daran anzulegen. In den biblischen und talmudischen Wundern fand Abba-Mari die Bestätigung des Glaubens von der besonderen Vorsehung Gottes für das israelitische Volk. Er nahm daher keinen Anstoß an der Menge der Wundererzählungen, im Gegenteil, je mehr, desto besser. Die Ergebnisse der Philosophie und der Naturforschung, welche die Wunder unglaublich erscheinen ließen, störten ihn nicht. In der Wahl zwischen Mose und Aristoteles oder zwischen den Autoritäten des Talmuds und den Trägern der Philosophie war er keinen Augenblick zweifelhaft, wem er den Vorzug geben sollte. Allerdings ist dieser Gesichtspunkt vollkommen berechtigt; allein Abba-Mari wollte ihn allen anderen aufzwingen und diejenigen verfolgt wissen, welche anders darüber dachten. Ihm war nicht bloß die allegorische Auslegungsweise, welche öffentlich gepredigt wurde, ein Gräuel, sondern die Beschäftigung mit profanen Schriften überhaupt, als Ursache dieser Ausschreitungen. Er bedauerte sehr, daß man nicht mehr über Stab und Geißel verfügen könne, um denen, welche ihren Geist mit der religionsgefährdenden Wissenschaft füllten, das Handwerk zu legen[2]).

Abba-Mari besaß aber nicht genug Autorität, um gegen Levi aus Villefranche und seine Gesinnungsgenossen vorzugehen; er wandte sich daher (1304)[3]) an den angesehensten Rabbinen jener Zeit, an Ben-Adret von Barcelona und formulierte eine Anklage gegen sie, daß sie durch ihre Verkehrtheiten den Untergang des Judentums herbeiführen würden, wenn ihnen nicht eine Schranke gesetzt würde. Er legte ihm ans Herz, seine gewichtige Stimme dagegen zu erheben. Ben-Adret fand natür-

[1]) Alle diese Namen führt er in seiner Brief- und Streitschriftensammlung Minchat Kenaot. Vgl. Revue IV, 192 f.

[2]) Das. No. 80, p. 106.

[3]) Das Datum für den Anfang der Streitigkeiten ergibt sich aus den Worten des Ben-Adret Respp. I, No. 416, daß die Verhandlungen beinahe drei Jahre dauerten: וזה כמשלש שנים חתרנו, und zwar vom Ab 1306 ab zurückzurechnen.

lich ebenfalls die Erscheinung beklagenswert, daß „Fremde in die Tore Zions eingedrungen seien". Er ermahnte Abba-Mari, sich mit Gesinnungsgenossen zu vereinigen, um diesem Schwindel zu steuern, lehnte aber seine Beteiligung entschieden ab, weil er sich nicht in die Angelegenheiten fremder Gemeinden einmischen möchte. Andere Eiferer nahmen aber die Sache auf und drängten zu einem Entschlusse, darunter Don Bonafour Vidal (Schaltiel)[1]) aus Barcelona und sein Bruder Don Crescas Vidal, der nach Perpignan übergesiedelt war, beide hochangesehen und gelehrt, aber ebenso unduldsam wie Abba-Mari. Don Crescas machte einen Vorschlag, der viel Beifall fand. Die Beschäftigung mit den Wissenschaften und überhaupt das Lesen von profanen Schriften sollte der jüdischen Jugend bis zum dreißigsten Lebensjahre untersagt werden. Nur reife Männer, „die ihren Geist bereits mit Bibel und Talmud gefüllt, mögen sich auch an dem fremden Feuer der Philosophie und Naturwissenschaften wärmen." Von solchen sei keine Ausschreitung zu befürchten[2]). Obwohl Ben-Adret nicht geneigt war, Maßregeln gegen das Studium der Wissenschaften zu treffen, so hielt er es doch für seine Pflicht, den Urheber so vieler Ärgernisse, Levi aus Villefranche, zu verfolgen. Er nahm es dem frommen Samuel Sulami übel, daß er diesem Ketzer in seinem Hause Obdach einräumte und dadurch Gelegenheit gab, seine schädlichen Ansichten zu verbreiten. Vergebens rechtfertigte der Eiferer Don Crescas Vidal nicht bloß den Beschützer, sondern auch den Schützling und versicherte, daß Levi sich praktisch streng an die talmudische Satzung hielte und bisher sich keine Übertretung habe zu schulden kommen lassen. Vergebens verteidigte sich Levi selbst in einem Schreiben an Ben-Adret[3]). Dieser setzte nichtsdestoweniger Samuel Sulami so viel zu und machte ihm so viel Gewissenspein, daß der nicht gerade charakterfeste Mann an seinen bisherigen Überzeugungen irre wurde. Als ihm daher eine Tochter gestorben war, glaubte er, es sei eine Folge seiner Versündigung und kündigte Levi die Gastfreundschaft auf[4]). Viele Mitglieder der Gemeinde von Perpignan waren aber erbittert über diese Ketzerriecherei, und da sie Ben-Adret als einen makellosen Mann kannten, so richtete sich ihre Unzufriedenheit gegen den Anreger Abba-Mari, dem sie unlautere Hintergedanken und persönliche Beweggründe zutrauten[5]).

[1]) Ob dieser Bonafour Vidal (Minchat Kenaot No. 10, 11 f.) identisch ist mit dem von Kalonymos in Eben Bochan zum Schlusse genannten Don Bonafour Schaltiel?
[2]) Das. No. 12, p. 48.
[3]) Siehe Zeitschrift Chaluz II, p. 26.
[4]) Das. No. 12—17.   [5]) Das. No. 18—19.

Abba-Mari und seine Genossen, die sich ohne kräftige Unterstützung ohnmächtig fühlten, arbeiteten ohne Unterlaß dahin, den Eifer des Barcelonaer Rabbinats zu entzünden, damit dieses die freie Forschung und das Studium der Wissenschaften verbiete. Sie sagten leichtfertig dabei die Zustimmung der ganzen Gemeinde von Montpellier zu, welche tonangebend in Südfrankreich, andere Gemeinden nach sich ziehen würde. Ben-Adret und sein Kollegium, nach der übertriebenen Schilderung Abba-Maris das Judentum in größter Gefahr wähnend, fühlten sich endlich bewogen, darauf einzugehen, wollten aber vorher die Gemeinde von Montpellier ausgeforscht wissen, ob sie tatsächlich dazu geneigt sein würde, sich dem Bannspruche gegen das Studium der Wissenschaften anzuschließen. Ben-Adret, die Mitglieder des Rabbinats und andere Männer sandten hierauf zwei gleichlautende Schreiben an Abba-Mari und an **Todros von Beaucaire**, sie den Gemeindegliedern vorzulesen, wenn sie dieselben zum Anschluß geneigt finden sollten[1]). Allein es erfolgte das Gegenteil. Sobald der Plan zur Ächtung der Wissenschaft bekannt wurde, erhob sich bei dem angesehensten Teil der Gemeinde entschiedener Widerspruch dagegen.

Es gab nämlich damals in Montpellier einen durch Familie, Stellung, Reichtum und Kenntnisse vielgeltenden Mann, der gewissermaßen mit der Muttermilch Liebe zu den Wissenschaften eingesogen hatte. **Jakob ben Machir Tibbon**, in christlichen Kreisen als **Don Profiat** und **Profatius** bekannt (geboren um 1245, starb zwischen 1312 und 1322)[2]), stammte einerseits von dem gefeierten

---

[1]) Minchat Kenaot No. 20—21.

[2]) Seine Lebenszeit ergibt sich aus folgenden Momenten. Im Jahre 1304 während der Parteikämpfe war er bereits vorgerückt an Jahren; Abba-Mari redet ihn an: כן ראוי לחכם זקן כמוך (Minchat Kenaot, No. 21, p. 62), und als Estori Parchi sein Werk Kaftor verfaßte, 1322, war er bereits verstorben (Kaftor p. 56a, 113b), lebte aber noch tätig 1312 (s. weiter). — Er führte auch den Namen דון פרפיריח תבון (Minchat Kenaot, No. 26, p. 70), und in seinem „Almanach" führt er in der lateinischen Version den Autornamen Profatius. Die Identität desselben mit dem von Astruc (histoire de la faculté de Montpellier, Livre III) geschilderten Profatius ist daher unzweifelhaft. Folglich gehört, was von Profatius bekannt geworden, auch Jakob ben Machir an. Daß er Arzt war, stellt Astruc als Gewißheit auf: On ne connait aucun ouvrage de médecine de Profatius, mais il ne reste pas d'être apparent qu'il était médecin. Il ne fait pas de difficulté de mettre Profatius, quoique juif au rang des médecins et peut-être même des régents de la faculté de Montpellier. (Das. p. 168.) Die astronomische Beobachtung, von welcher der Freund Keplers diesem mitteilt, daß drei sie angestellt haben, und darunter: puto Prophatius Judaeus und zwar im Jahre 1312 (Epistolae ad Keplerum ed. Hansch p. 542), gilt

Meschullam de Lünel[1]), welcher der erste Beförderer eines frischeren Geistes in Südfrankreich war (VI₃ 203), und anderseits war er mit den Tibboniden verwandt und lernte von Hause aus, Judentum und Wissenschaft als zwei Zwillingsschwestern kennen, die sich aufs beste miteinander vertragen. Wie alle gebildeten Juden in jener Zeit kannte er das jüdische Schrifttum, Bibel und Talmud gründlich; er betrieb die Arzneikunde als Fachwissenschaft, verlegte sich aber mit besonderem Eifer auf Mathematik und Sternkunde. Seine genauen Beobachtungen über die Abweichung der Erdachse haben später tonangebende Astronomen ihren Forschungen zugrunde gelegt. Da er sich auch die Kenntnis der arabischen Sprache angeeignet hatte, so war er imstande,

also ebenfalls von Jakob ben Machir Tibbon. Seine Schriften, die noch nicht übersichtlich und chronologisch zusammengestellt wurden, sind:

1. Übersetzung der Abhandlung des Abu Jöhak Ibn al-Zarkala über den Gebrauch der Scheibe, auch das Astrolab Zarkalas genannt, 1263. Vgl. Steinschneider, die hebräischen Übersetzungen des Mittelalters, S. 590, 976.

2. Übersetzung des astronomischen Werkes des Ali Ibn-Alheitam, 1271. Vgl. Steinschneider a. a. O., S. 560.

3. Übersetzung der Schrift des Autolykos von der Sphäre in Bewegung 24 Tammuz 1273. Vgl. Steinschneider a. a. O., S. 503.

4. Übersetzung der Logik des Averroes, Ende 1289. Vgl. Steinschneider a. a. O., S. 54.

5. Übersetzung der Schrift des Costa ben Luca, über den Gebrauch des Globus, einige der Handschriften datieren diese Übersetzung ה"ר, dafür ist zu lesen: ה' נ"ו 5056 = 1296. Vgl. Steinschneider a. a. O., S. 552.

6. אלמנך, astronomische und chronologische Tafeln, datiert vom Jahre 1300. Eine Partie dieser Schrift ist das von Parchi edierte עקר הדרויות. Vgl. Steinschneider, Prophatii Prooemium in Almanach etc. Romae 1876.

7. Übersetzung von Averroes' Bearbeitung der Tiergeschichte (XI—XIX) 1302. Vgl. Steinschneider, Übersetzungen, S. 144.

Ohne Datum sind:

8. Übersetzung von Euklids Elementen. Vgl. Steinschneider a. a. O., S. 504 f.

9. Die Schrift über den (von Jakob ben Machir erfundenen) Quadranten רבע ישראל. Nach Steinschneider a. a. O., S. 607, im Jahre 1288 verfaßt.

10. Übersetzung der Sphaerica des Menelaos. Vgl. Steinschneider a. a. O., S. 516.

11. Die Übersetzung einer Schrift des Gazzali unter dem Titel: מאזני העיונים. Vgl. Steinschneider a. a. O., S. 340.

12. Übersetzung der Schrift des Ibn Al-Saffar, über den Gebrauch des Astrolabs. Vgl. Steinschneider a. a. O., S. 581.

Wenn die Angabe in Keplers Briefsammlung richtig ist, so hat Jakob Profatius eines der genannten astronomischen Werke im Alter, 1312, verfaßt. Vgl. noch über das Leben und die Schriften des Jakob ben Machir: **Renan Rabbins** S. 599 f.

[1]) Minchat Kenaot No. 39, p. 85; No. 21, p. 62.

nützliche wissenschaftliche Werke aus dieser Sprache ins Hebräische zu
übertragen. Jakob Tibbon war als Mann der Wissenschaften so sehr
geachtet, daß er, obwohl Jude, von der medizinischen Fakultät in Montpellier zum Regenten (Dekan) ernannt wurde. Die reichen Kenntnisse
waren ihm nicht ein Mittel zur Befriedigung der Eitelkeit oder des
Ehrgeizes, sondern er betrachtete sie, in richtiger Würdigung, als eine
Zierde des Menschen, durch welche er erst zu seiner wahren Bedeutung
gelange. Er meinte, in der glücklichen Zeit des jüdischen Volkes seien
die Wissenschaften in seiner Mitte heimisch gewesen; Verbannung und
Leiden hätten es aber zur Unwissenheit herunter gebracht, und die ehemaligen Meister in der Wissenschaft müßten nun Schüler werden, um
sich die Ergebnisse fremder Völker anzueignen. Bei seinen wissenschaftlichen Arbeiten hatte Jakob ben Machir ein sehr edles Ziel im Auge.
Er wollte seine Glaubensgenossen in den Augen der christlichen Welt
heben und die Schmähung ihrer Feinde verstummen machen, welche
höhnisch ihnen zuriefen, sie seien aller Kenntnisse bar[1]).

Diesem Manne wurde nun zugemutet, die Hand dazu zu bieten,
die Wissenschaft aus den jüdischen Kreisen zu bannen! Wollte nämlich
Abba-Mari den Plan in Montpellier durchführen, auch nur die Jugend
vom Studium der Wissenschaften fernzuhalten, so durfte er Jakob
ben Machir am allerwenigsten übergehen. Denn er stand in seiner
Gemeinde wegen so vieler Vorzüge und Verdienste in hohem Ansehen
und hatte den größten Einfluß auf die stimmfähigen Gemeindeglieder.
In der Tat eröffnete Abba-Mari ihm zuerst das vom Barcelonaer
Rabbinat unterstützte Vorhaben gegen das Studium der profanen
Wissenschaften und rechnete auf seine Mitwirkung. Mit der aller-
ernstesten Entschiedenheit lehnte Profiat aber nicht bloß die Beteiligung
ab, sondern machte den Eiferer auf die traurigen Folgen eines so
tief eingreifenden Schrittes aufmerksam und drang in ihn, das öffentliche Verlesen des Schreibens von Ben-Adret zu unterlassen. Nichtsdestoweniger beharrten Abba-Mari und Todros von Beaucaire auf
ihrem Entschlusse und bestellten die Gemeindeglieder zu einer wichtigen
Besprechung in die Synagoge auf einen Sabbat (Elul = August
1304)[2]). Es zeigte sich aber sogleich, daß die Eiferer sich getäuscht

---

[1]) Einleitung zu Euklids Elementen: ומאשר חכמת השעור הוא יסוד לכל
חכמות הלמודיות וזה הספר הוא יסוד ושרש והתחלה לכל שאר הספרים
מזאת החכמה, נשאני לבר אני יעקב בן מכיר להעתיקו אל לשוננו, ולהחדיר
אבדה לבעלים, ולעשות לנו שם כשם הגדולים להסיר מעלינו חרפת הצרלים,
האומרים כי מכל חכמה אנו משוללים. ואם ידעתי בנפשר כי לא לבדתי
חכמה. — וידיעתי בלשון הצרב היא מעט מזער.

[2]) Minchat Kenaot No. 21.

oder übertrieben hatten in der Angabe, sämtliche Juden von Montpellier würden wie ein Mann der Ächtung der Wissenschaft zustimmen. Ein Teil der Gemeindeglieder fand sich nämlich gar nicht zur Beratung ein, und Jakob ben Machir erhob entschiedenen Protest gegen diese zugemutete Geistesknechtung. Es kam zu heftigen Erörterungen, und die Versammlung ging ohne Beschluß auseinander. Bald scharte sich eine Partei um den würdigsten Vertreter der Wissenschaft, Jakob Tibbon, teils aus Verehrern der Wissenschaft bestehend, teils aus Freunden, Anhängern und aus Schmarotzern des hochgeachteten Führers. Die Finsterlinge und Einfältigen schlossen sich Abba-Mari an, so daß die Gemeinde in Parteiung verfiel[1]). Beide Parteien warben um Anhänger innerhalb der Gemeinde und auswärts.

Für Abba-Mari war es nämlich ein Ehrenpunkt geworden, die Angelegenheit in seinem Sinn zu Ende zu führen; denn er war vor Ben-Adret und der Barcelonaer Gemeinde durch die Niederlage bloßgestellt. Er wagte auch kaum nach dem für ihn ungünstigen Ausfall der ersten Beratung in der Synagoge dem zu antworten, dem er eine allgemein beifällige Aufnahme seines Vorschlages zugesichert hatte. Er war daher äußerst rührig, wenigstens fünfundzwanzig Unterschriften von Gemeindegliedern zusammenzubringen, um Ben-Adret den Beweis zu liefern, daß er mit seinem Eifer nicht ganz allein stehe. Aber auch für Jakob Tibbon war es eine Ehrensache, die Verpönung der Wissenschaft nicht durchgehen zu lassen. Er und die Tibboniden glaubten nämlich, daß die Angriffe direkt gegen ihre hochverehrten Ahnen, gegen Samuel Ibn-Tibbon und Jakob Anatoli, gerichtet seien, weil des letzteren Predigtbuch Malmed (o. S. 87) zuerst die Manier, biblische Erzählungen und Religionsgesetze zu verflüchtigen, angeregt hatte und damals in gewissen Kreisen zu sabbatlichen Erbauungen benutzt wurde[2]). Allerdings behandelte Ben-Adret auf Abba-Maris Anregung den Liebling der Tibboniden, Anatoli, mit Geringschätzung[3]). Auch auf Samuel Ibn-Tibbon, den Übersetzer und Verbreiter maimunischer Ideen, waren die Stockfrommen nicht gut zu sprechen. Sein Urenkel Juda ben Mose bildete daher die Seele der Partei[4]) — die man die tibbonidische nennen kann — welche Abba-Maris Plan entgegenarbeitete. Um auch ihrerseits fernstehende Anhänger heranzuziehen, sprengten die Tibboniden aus, die Gegner

---

[1]) Minchat Kenaot.
[2]) Das. No. 26, p. 70, No. 39, p. 85. No. 68, p. 139.
[3]) Vgl. das. No. 9 mit No. 68, p. 149 unten.
[4]) Das. No. 21, p. 62.

der Wissenschaft hätten es wieder auf die Verketzerung Maimunis und seiner Schriften abgesehen, Abba-Mari wolle Salomo von Montpellier (v. S. 34) wiederholen. Es war das ein sehr glückliches Parteimanöver; es gewann auch solche, die sich sonst gleichgültig zu der Tagesfrage verhielten, weil auch diese sich verpflichtet glaubten, für die Ehrenrettung Maimunis einzutreten. An Jakob ben Machir und seine Partei schloß sich ein Mann von großem Gewichte an, Salomo de Lünel, ein sehr beliebter Arzt, der einen Anhang mitbrachte. Salomo de Lünel scheint aber kein warmes Interesse an der Streitfrage gehabt, sondern es lediglich aus Feindschaft gegen Abba-Mari mit dessen Gegnern gehalten zu haben[1]).

Die solchergestalt verstärkte tibbonidische Partei richtete zunächst ein entschiedenes, geharnischtes Sendschreiben an Ben-Adret und die Barcelonaer, um sie zur Sinnesänderung zu bewegen. Sie konnte zwar keine schlagenden Gründe für die Zulässigkeit der Wissenschaft innerhalb des Judentums geltend machen; aber die Beweise, die sie dafür aufstellte, waren für die damalige oberflächliche Anschauungsweise ausreichend. Sie berief sich auf des Königs Salomo Weisheit „von der Zeder des Libanon bis zum Hysop an der Mauer", was wohl nichts anderes als Naturkunde gewesen sei. Im Talmud seien ebenfalls Anknüpfungspunkte für Wissenschaften gegeben. Sie konnte den Einwand nicht gelten lassen, daß nicht die Forschung überhaupt, sondern nur für die unreife Jugend untersagt werden sollte. Das sei lediglich ein Umgehen der Hauptsache. Denn wer sich bis zum dreißigsten Jahre nicht mit der Wissenschaft vertraut gemacht habe, sei nicht mehr dafür empfänglich und könne das Versäumte im vorgerückten Alter nicht mehr nachholen. Die Tibboniden protestierten überhaupt dagegen, daß man sie zu Ketzern stempelte, weil sie neben der Thora auch profanen Wissenschaften huldigten. Sie könnten an Frömmigkeit und Rechtgläubigkeit keinen über sich anerkennen. Die allegorische Auslegungsweise, über welche so viel Lärm geschlagen werde, stünde so vereinzelt, daß sie keinen Grund abgeben könne, ihretwegen jede Wissenschaft zu ächten. — Die Tibboniden ermahnten zum Schluß Ben-Adret und sein Kollegium, das Schwert der Verketzerung und der Zwietracht wieder in die Scheide zu stecken.[2])

[1]) Minchat Kenaot No. 30, p. 75, No. 36, p. 80, No. 69, p. 139. Die Worte an der letzten Stelle: ומפני שהוא רופא ורבים צריכין לו אולי רבים בחתומרים וברכן לו, beziehen sich offenbar auf den, an den No. 30 gerichtet ist, d. h. auf ר' שלמה דלוניל.

[2]) Das. No. 24.

Dieser mutige und herausfordernde Ton von seiten des Jakob ben Machir und seines Anhangs reizte die Barcelonaer empfindlicher, als vermutet werden konnte. Die Spannung wurde dadurch noch mehr gesteigert. Verbitterte und verbissene Sendschreiben flogen hin und her. Von beiden Seiten bemühte man sich, in den übrigen Gemeinden neue Anhänger zu gewinnen und schwankende herüberzuziehen. Die Gemeinden von A r g e n t i è r e, A i x, A b i g n o n und L ü n e l gaben durch die Stimme ihrer Vertreter Abba-Mari und seiner Partei ihre Zustimmung zu erkennen[1]). In P e r p i g n a n, dem Hauptsitze der so angefeindeten Aufklärung, wühlte ein Verwandter Abba-Maris, namens M o s e b e n S a m u e l, zu dessen Gunsten. Es lag jenem nämlich besonders am Herzen, den Beitritt eines Mannes zu erhalten, der vermöge seines Adels und seiner geachteten Stellung in Perpignan und auswärts eine gewichtige Stimme hatte, des K a l o n y m o s b e n T o d r o s aus Narbonne, welcher als Abkömmling vom Hause des Königs David galt. Kalonymos schien anfangs nicht geneigt, sich an der Verketzerung der Wissenschaft zu beteiligen; aber Abba-Mari von der einen und Ben-Adret von der andern Seite bestürmten ihn so sehr, daß er endlich seine Zustimmung und Mitwirkung zusagte[2]). Da indessen auch die tibbonidische Partei neue Anhänger fand, so wurde selbst Ben-Adret bedenklich, das letzte Wort in dieser Streitsache zu sprechen, und wollte nicht eher mit der Verhängung des Bannes vorgehen, bis sich nicht mindestens z w a n z i g Gemeinden entschieden dafür erklären würden[3]).

Während noch in dem Streite für und wider die Zulässigkeit des wissenschaftlichen Studiums unter den Juden in Südfrankreich und Spanien das Züngleinhin und her schwankte, traten für die deutschen Gemeinden die allertrübseligsten Ereignisse ein, welche eine Persönlichkeit nach Spanien verschlugen, die den Ausschlag zur Verketzerung und Ächtung jeder freien Forschung gegeben hat. Es war ein Mann von hoher Sittlichkeit und seltener Selbstlosigkeit, von reinem Streben, inniger Religiosität und der allergründlichsten talmudischen Gelehrsamkeit, aber von dem fanatischen Hasse seiner Landsleute gegen das profane Wissen erfüllt und ihn fast noch überbietend. Mit der Einwanderung A s c h e r i s oder R. A s c h e r s aus Deutschland nach Spanien beginnt

---

[1]) Minchat Kenaot No. 44, 45, 47, 54.
[2]) Vgl. daſ. No. 56, 57, 63.
[3]) Daſ. No. 63, p. 135, No. 68, p. 139: auch in No. 67 muß es heißen: שרחתמו עשרים קהלות או יותר. Die Zahl חמשים ist sicher eine Korruptel, entstanden aus dem Zahlzeichen כ׳ statt כ.

ein ungünstiger Wendepunkt für die Kulturbestrebungen der spanischen und provenzalischen Juden.

Ascher ben Jechiel (geb. um 1250, st. 1327)[1]) aus der Rheingegend, stammte von Ahnen, die im Talmud ihre ganze Welt hatten. Sein Vater war ein bedeutender Talmudist und von so außergewöhnlicher Religiosität, daß die Sage Wunder von ihm erzählte[2]). Zuhörer des gefeierten Meïr von Rothenburg, eignete sich Ascheri die scharfsinnige tossafistische Lehrweise an, verfaßte tossafistische Arbeiten, hatte aber mehr Sinn für Methode und Ordnung als diese Schule. Nach dem Tode seines Lehrers, dessen Leiche nicht einmal der gewissenlose Kaiser Adolf von Nassau ohne Entgelt zur Bestattung ausliefern mochte, wurde Ascheri zu den bedeutendsten rabbinischen Autoritäten Deutschlands gezählt[3]). — Zu seiner Zeit brach wieder ein Paroxismus der Judenhetzen in Deutschland[4]) aus, welche die zu den Zeiten der Kreuzzüge weit, weit übertrafen; sie raubten Tausenden von unschuldigen Menschen das Leben oder überlieferten sie

[1]) Sein Todesjahr gibt Zacuto und die Grabschrift. Da er nun in seinen Responsen sich selbst als einen Greis schildert, so muß er um die Mitte des 13. Jahrhunderts geboren sein.

[2]) Zacuto.

[3]) Dessen Respp. IV, No. 6, LII. No. Respp. Jehuda Ascheri (Sichron Jehuda ed. Berlin 1846) No. 82, p. 50a ff.

[4]) Die ersten und glaubwürdigen Quellen über die Judenverfolgung durch Rindfleisch sind: a) gesta Rudolphi et Alberti des Gottfried von Ensmingen in Pelzels Magni Ellenhardi Chronicon und Böhmer, Fontes II, p. 144. Diese Gesta sind beendet 1299, also nur ein Jahr nach der Verfolgung. b) Eberhard von Altaich (Altahensis) annales, vielfach ediert auch in Böhmer, Fontes l. c., p. 546. Mon. Germ. VI, p. 751. c) das Chronicon Florianense in Rauchs rerum Austriacarum scriptores l. 225, das aber erst 1310 beendet wurde. Das Chronicon Osterhoviense, das ebenfalls darüber referiert, ist von Eberhard abhängig und kopiert ihn lediglich. d) Hegel, Städtechronik III, S. 118. e) das oft genannte Mainzer Memorbuch und f) Respp. Jehuda Ascheri No. 92. Die älteste Quelle, die Chronik des Gottfried von Ensmingen, nennt Rindfleisch einen Edelmann: persecutio Judaeorum facta est per quendam nobilem de Francia; vgl. Würfel, Nachrichten von der Judengemeinde in der Reichsstadt Nürnberg (1755), S. 90. Wenn das Chronicon Florianense und Spätere ihn einen Metzger, carnifex oder venditor carnium nennen, so haben sie lediglich den Eigennamen gedeutet. Dagegen gibt das genannte Chronikon richtig an, daß der Ausgangspunkt der Verfolgung das Städtchen Röttingen war: Judaei cum corpore Domini in quodam oppido Roeting — — maleficium commiserunt. Unde quidam civis. venditor carnium, de dicto oppido — primum adjutus vulgo dicti oppidi punivit Judaeos. Das Mainzer Memorbuch gibt an: הרוגי רוטינגן ד' באייר יום א נ"ח דאלף ה'. Dadurch sind Ausgangspunkt und Datum gesichert.

einem Elend, weit schlimmer als der Tod. Der Bürgerkrieg, welcher
damals in Deutschland infolge der Thronstreitigkeiten um den inhalts-
leeren Glanz des deutschen Kaisertums zwischen Adolf von Nassau
und Albrecht von Österreich wütete, verhieß Straflosigkeit für verwegene
Angriffe auf die von der Kirche und der Gesellschaft geächteten Juden.
Eine Gelegenheit war leicht gefunden. Es hieß, die Juden des Städt-
chens Röttingen (in Franken) hätten eine Hostie geschändet und sie
in einem Mörser zerstoßen; daraus sei nun Blut geflossen. Ein Edelmann dieses Ortes, namens Rindfleisch, nahm sich der angeblich
geschändeten Hostie an, gab vor, er sei vom Himmel berufen worden,
das verfluchte Geschlecht der Juden vom Erdboden zu vertilgen und
sammelte den leichtgläubigen, verdummten Pöbel um sich, als Helfer
zu seinem blutigen Beginnen. Er und seine Schar überlieferten zuerst
die Mitglieder der Gemeinde Röttingen dem Feuertode (Sonntag,
7. Ijar = 20. April 1298). Von hier aus zog die Rotte der Juden-
schlächter unter Rindfleischs Anführung von Stadt zu Stadt, nahm Gesinnungsgenossen in ihren Reihen auf und machte alle Juden nieder, die
ihr in die Hände fielen, es sei denn, daß sie sich zum Christentume bekehrten. Rindfleisch, von verwegenem Mute und falscher Begeisterung
getrieben, zwang förmlich die Bürger der Städte, gegen ihre jüdischen
Mitbewohner zu wüten. Die große Gemeinde Würzburg wurde
vollständig aufgerieben (12. Ab = 24. Juli). In Nürnberg hatten sich
die Juden zuerst in die Burg geflüchtet, aber auch da angegriffen, setzten
sie sich mit Hilfe menschlich gesinnter Christen zur Wehr, unterlagen
natürlich zuletzt und wurden sämtlich ermordet (22. Ab = 1. Aug.).
Ascheris Verwandter und Studiengenosse Mardochai ben Hillel,
der ein sehr geschätztes rabbinisches Sammelwerk angelegt hatte, fiel
in derselben Zeit[1]) mit seiner Frau und fünf Kindern als Märtyrer.
Viele Eltern, welche fürchteten, daß ihre Kinder aus Todesfurcht nicht
standhaft im Glauben bleiben würden, warfen sie mit eigenen Händen
in die Flammen und stürzten sich nach. In Bayern entgingen einzig
die Gemeinden von Regensburg und Augsburg dem Ge-
metzel. In der ersten Stadt, wo sie von altersher Bürgerrecht hatten
schützte sie der Rat[2]) mit vieler Ausdauer. Auch in Augsburg verteidigten
sie der Rat und die Bürgerschaft gegen den Würger Rindfleisch und
seine Horde. Aus Dankbarkeit verpflichteten sich die Augsburger Juden,
auf eigene Kosten vor ihrem Kirchhofe eine Mauer zum Schutze der

---

[1]) Vgl. darüber B. H. Auerbach, Berit Abraham, p. 15.
[2]) Vgl. Gemeiner, Regensburgische Chronik I, 449.

Stadt aufzuführen und stellten darüber eine Urkunde aus, mit ihrem Insiegel versehen, welches eine hebräische und lateinische Inschrift und als Emblem einen Doppeladler mit einem Hute darüber hatte[1]).

Diese blutige Verfolgung wälzte sich von Franken und Bayern nach Österreich, raffte über 140 Gemeinden und über 100000 Juden hin und dauerte beinahe ein halbes Jahr[2]). Sämtliche Juden Teutschlands zitterten und waren auf den sichern Untergang vorbereitet[3]). Es wäre in der Tat dahin gekommen, wenn der Bürgerkrieg in Teutschland nicht durch den Tod des Kaisers Adolf und die Wahl Albrechts zu Ende gegangen wäre[4]). Der zweite Habsburger, welcher den gestörten Landfrieden kräftig wieder herstellte, zog diejenigen, welche sich an den Juden vergangen hatten, zur Rechenschaft und legte den dabei beteiligten Städten Strafgelder auf[5]), schon aus dem Grunde, weil er durch den Verlust seiner Kammerknechte und ihrer Habe an seinem Fiskus Einbuße erlitten hatte. Den Juden sagte er wieder den Reichsschutz zu[6]), wie sie ihn vorher von Königen und Kaisern versichert und verbrieft erhalten hatten. Die Schuldforderungen der getöteten Juden, von denen auch selten ein Erbe übrig geblieben war, eignete er sich zu

---

[1]) Sigillum Judaeorum Augustae, [וסטא] אוג [רים] יהוד חותם, abgedruckt in Stetten, Geschichte von Augsburg, auch mitgeteilt in Literaturbl. des Orient. Jahrg. 1849, col. 73.

[2]) Abraham Abersüß, ein Kopist, bemerkt in der Nachschrift zu einem Bibelkodex vom Jahre 1299: נהרסו קהלות קדש ונהרגו כם קדוש וגם בטהר הפרושים הרבה מאור מאה וארבעים ועשרה ישובים — ולא נשארו צוללות mitgeteilt in Kraft und Deutsch, Katalog der Wiener hebr. Bibliothek Nr. 4, S. 12. Gottfried von Ensmingen, der in demselben Jahre geschrieben hat, bemerkt: occidit Rintfleisch — ut dicitur — centum millia Judaeorum, videlicet in Erbipoli, Nyinberg et ingentes villas et castra. — Resp. Jehuda Ascheri I, c. p. 51 b: גלוי ומבואר שלא נותרה פליטה ביום הרג רב מכל הממירין — אותם שהיו במקום הגזירית זולתם. Die Dauer ergibt sich daraus, daß das Gemetzel in Röttingen im Ijar begann und noch bis Marcheschwan dauerte, wie das gut unterrichtete Mainzer Memorbuch angibt: הרוגי הריילברונא ר״ב במרחשון נ״ט לפ״ק. Nicht so richtig Gottfried von Ensmingen: a festo Jacobi apostoli usque ad festum St. Mattaei, d. h. vom 25. Juli bis 21. Sept. Er rechnet nämlich vom Gemetzel in Rothenburg an, 25. Juli, das von Röttingen und andern Städten ging aber voran.

[3]) Respp., Jehuda Ascheri l. c., p. 50 a.: חרב ה׳ שוטטה יטמאה ולהשמ׳ אש ה׳ סביבותיהם (האנוסים) ואמרו בגוים לא יוסיף עוד לתת פליטה לארץ אשכנז לשונאנו לכן לאירוש (האנוסים) אנה ואנה כד אשר שמעו פקד ה׳ את עמו לתת להם שאר כמעט אז חשו ומהרו ליראת ה׳.

[4]) Gottfried von Ensmingen a. a. O.

[5]) Chronicon Florianense u. a.

[6]) Würfel a. a. O., S. 4. „Daß sie (die Juden) bei ihnen Schutz, so sie von König und Kaisern verlanget, haben sollen."

oder überließ sie dem Erzkanzler des Reiches, dem Erzbischof von Mainz, von dem ihm zugehörigen Gebiete[1]). — Von den unter den Schrecken getauften Juden kehrten die meisten zum Judentum zurück; wie es scheint, haben der Kaiser und auch die Vertreter der Kirche dabei ein Auge zugedrückt. — Die Nachwehen dieses Gemetzels waren auch trübe genug. Die Frauen derer, welche umgekommen waren, konnten nicht die Gewißheit vom Tode ihrer Gatten durch jüdische Zeugen nachweisen, weil keine Männer übrig geblieben waren, welche dieses Zeugnis hätten ablegen können. Sie konnten sich lediglich auf die Aussage der getauften Juden berufen, und diese mochten manche Rabbinen — nach talmudischen Ehegesetzen — nicht als vollgültige Zeugen gelten lassen, weil sie ihre Religion verleugnet hatten. Ascheri aber war einsichtsvoll genug, die Strenge des Buchstabens hierbei nicht walten zu lassen, berief sich auf ältere Autoritäten und gestattete den unglücklichen Witwen die Wiederverheiratung auf das Zeugnis der früher getauften, dann aber zurückgekehrten Juden[2]).

Ascheri fühlte sich aber nach diesem blutigen Gemetzel in Deutschland nicht behaglich, oder es drohte ihm gar eine Gefahr von seiten des Kaisers Albrecht. Es heißt, der Kaiser habe von ihm die Summe gefordert, welche die Juden als Lösegeld für den verhafteten Meïr von Rothenburg hatten zahlen sollen, und deren Bürgschaft Ascheri übernommen hätte[3]). Er verließ hierauf Deutschland (Sommer 1303)[4]) und wanderte mit seiner Frau, seinen acht Söhnen und Enkeln von Land zu Land. Anfangs wollte er sich in Savoyen niederlassen, wo ihm die Gemeinden mit vieler Ehrerbietung entgegengekommen waren. Als er aber erfuhr, daß der damalige Herzog von Savoyen von dem deutschen Kaiser abhängig sei und er von ihm ausgeliefert werden könnte, begab er sich nach Südfrankreich, wurde überall und namentlich in Montpellier, noch vor dem Ausbruche des Streites, wegen des ihm vorangegangenen Rufes aufs ehrenvollste behandelt und ließ sich endlich zu Toledo, der größten Stadt Spaniens, nieder (Januar 1305)[5]). Mit Freuden wurde er, der bereits hochberühmte deutsche Rabbiner, von der Toledaner Gemeinde in das erledigte Rabbinat eingesetzt. Mit

---

[1]) Pertz, Monumenta Germaniae IV, p. 471.
[2]) Die Responsen in No. 92, Sichron Jehuda handeln davon.
[3]) Gedalja Ibn-Jachja in Schalschelet.
[4]) Vgl. die richtige Kombination Luzzattos zu der Toledaner Grabschrift (Abne Sikaron) No. 5, p. 9, Anmerkung 1.
[5]) Minchat Kenaot Nr. 52. Grabschrift a. a. O. nach Luzzattos richtiger Vermutung zu lesen ברח אדר statt ברח אייר. Vgl. Respp. Ascheri IV, No. 6.

Ascheri war aber der Geist der trüben und wissensfeindlichen Überfrömmigkeit in die spanische Hauptstadt eingezogen.

Ascheri machte aus seiner Abneigung gegen jedes profane Wissen kein Hehl. Er konnte nicht begreifen, wie sich selbst fromme Juden in Südfrankreich und Spanien mit etwas anderem als dem Talmud beschäftigen konnten. Mit entschiedener Verachtung sah er auf das Streben der spanischen und provenzalischen Juden herab, gerade auf das, worauf diese so stolz waren. Er dankte seinem Schöpfer, daß er ihn vor der Verderbnis der Wissenschaft bewahrt habe[1]). Selbst in der Talmudkunde traute er den Südfranzosen und Spaniern keine Meisterschaft zu und behauptete, die deutschen und nordfranzösischen Juden allein besäßen durch Überlieferung eine Erbweisheit von der Zeit der Tempelzerstörung her, welche den Gemeinden anderer Länder abginge[2]). Ein solcher Mann ohne Verständnis für Wissenschaften und von Widerwillen erfüllt gegen alles, was nicht Talmud heißt, mußte einen wissensfeindlichen Einfluß üben. Ihm gegenüber erschien Salomo Ben-Adret selbst halb und halb als Freigeist.

Abba-Mari benutzte sogleich den Mann, von dem er sich die wirksamste Unterstützung für seine Sache versprach. Er ging ihn an, sich in der schwebenden Frage auszusprechen. Natürlich billigte Ascheri diesen Eifer ungemein, meinte aber, daß er noch nicht weit genug gegangen sei, daß mit dem Vorschlage, Wissenschaften nur im reifen Alter treiben zu dürfen, das Übel nicht getilgt werden könne. Das Gift der Ketzerei sei zu sehr verbreitet, alle seien davon angesteckt, und die Frommen träfe der Vorwurf, daß sie dabei die Augen zudrückten. Seiner Ansicht nach sollte eine Synode zusammenberufen und auf derselben der Beschluß gefaßt werden, sich einzig und allein mit dem Talmud zu beschäftigen, die Wissenschaften aber nur in der Zeit, wo es weder Tag noch Nacht ist, das heißt soviel wie gar nicht zu treiben[3]). Diese ausschließliche Talmudgläubigkeit, welche gar keine Zugeständnisse irgendwelcher Art zuließ, getragen von einer tatkräftigen, sittlich lauteren Persönlichkeit, machte einen überwältigenden Eindruck auf die ein wenig zerfahrenen

---

[1]) Außer seinen wissensfeindlichen Äußerungen in Minchat Kenaot (wovon weiter) ist die Bemerkung Ascheris charakteristisch, die er dem spanischen Gelehrten Jsrael von Toledo entgegnete, als dieser sich auf die Vernunft und die Logik berief (Respp. Ascheri 55, Nr. 10 b): שלא זכיתי מחכמת החיצונים שלכם ברוך רחמנא די שזבן מינה כי בא האות והמופת להדיח האדם מיראת שמים ותורתו. Diese Verachtung gegen die Wissenschaft wiederholt er im ganzen Responsum.

[2]) Respp. Ascheri XX, Nr. 20.

[3]) Minchat Kenaot Nr. 52 und Nr. 66.

Gemüter der spanischen Juden. Ben-Adret selbst, der bis dahin noch immer gezögert hatte, sich an die Spitze zu stellen, erklärte mit einem Male, er sei bereit, mit dem Banne vorzugehen; nur sollten Abba-Mari und der Fürst Kalonymos aus Narbonne die Formel dazu aufsetzen[1]). Ein Eiferer und Dienstbeflissener, Simson ben Meïr, Jünger des Ben-Adret, erbot sich, von zwanzig Gemeinden zustimmende Unterschriften zusammenzubringen. Dabei wurde namentlich auf Toledo gerechnet, das von Ascheris Geist bereits beeinflußt war, und dann auf Kastilien überhaupt, das in der Regel von der Hauptgemeinde Anregung empfing und sich nach ihr richtete[2]).

Wie sehr aber dieser Eifer erkünstelt und wie wenig er im Sinne der Mehrheit war, zeigte sich namentlich in der Gemeinde Montpellier, welche die Abba-Maristen als Zionsburg ausgaben. In dieser Gemeinde wagten die Eiferer nicht einmal Unterschriften für den Bannfluch zu sammeln. Wie zum Hohn kündigte einer der Tibboniden an, er werde an einem Sabbat eine Vorlesung aus Anatolis Predigtbuch halten, und sofort fanden sich zahlreiche Zuhörer ein[3]). Abba-Mari, der sich Ben-Adret gegenüber stets als eine kräftige Stütze geltend gemacht und ihm vorgespiegelt hatte, er habe die ganze Gemeinde, bis auf wenige Verblendete und durch den Tibboniden Juda Verführte, hinter sich, mußte ihm jetzt halb und halb eingestehen, auf Montpellier sei in dieser Angelegenheit nicht viel zu rechnen. In dem Bewußtsein, daß ihre Partei in Südfrankreich in der Minderzahl sei, faßten die beiden Hauptführer, Abba-Mari und Kalonymos aus Narbonne, die Bannformel in Form wie Inhalt unerwartet milde. Sie sollte erstens nur das Lesen naturwissenschaftlicher wie metaphysischer Schriften verbieten, jedes andere Wissensfach aber ausdrücklich gestatten. — Zweitens sollten überhaupt Schriften von jüdischen Verfassern, wenn sie auch Naturwissenschaften oder Metaphysik behandelten, vom Verbote ausgeschlossen werden[4]). Schon früher hatte Abba-Mari auch aus Rücksichtnahme auf die Gegner den Vorschlag gemacht, die Zeit zu beschränken und nicht erst vom dreißigsten, sondern schon vom fünfundzwanzigsten Lebensjahre an das Studium jedes Wissensfaches zu gestatten[5]).

Ben-Adret aber, der keine Halbheit und keinen Rückzug dulden

---

[1]) Minchat Kenaot Nr. 65.
[2]) Das. Nr. 67, 69.
[3]) Das. Nr. 68.
[4]) Das. Nr. 70, 71 verglichen mit der strengen Bannformel in Resp. Ben-Adret Nr. 415.
[5]) Das. Nr. 62.

mochte, war nun viel strenger geworden. Er, der früher getrieben und gedrängt werden mußte, wurde jetzt der Treibende. Der Einfluß Ascheris ist hierbei nicht zu verkennen. An dem Trauersabbat zur Erinnerung an die Zerstörung Jerusalems ließ er mit seinem Beirat den Fluch gegen das Studium der Wissenschaften unter feierlichen Zeremonien mit der Thorarolle im Arme verlesen (4. Ab = 26. Juli 1305). Wer unter dem fünfundzwanzigsten Lebensjahre irgendeine wissenschaftliche Schrift läse, sei es in der Ursprache oder in hebräischer Übersetzung, sollte dem allerstrengsten Banne verfallen. Dieser Bann sollte ein halbes Jahrhundert in Kraft bleiben. Die philosophischen Ausleger der heiligen Schrift wurden jenseits zur Hölle verdammt und diesseits mit dem Banne belegt und ihre Schriften zum Scheiterhaufen verurteilt[1]). Da mit den hebräisch verfaßten wissenschaftlichen Schriften keine Ausnahme gemacht wurde, so unterlagen nach Fassung der Bannformel nicht bloß Anatolis Predigtbuch, sondern auch Maimunis philosophische Schriften der Achtung. Ben-Adret und sein Kollegium gestatteten lediglich das Studium der Arzneiwissenschaft aus dem Grunde, weil die Pflege derselben im Talmud zugelassen werde. — Das war das erste Ketzergericht im jüdischen Kreise, und Ben-Adret stand an seiner Spitze. Die Dominikaner hatten in der Judenheit gelehrige Nacheiferer gefunden. — Nach der Gemeindeordnung im Mittelalter war aber jede Gemeinde selbständig, und die Beschlüsse der einen hatten keine Verbindlichkeit für eine andere. Der ausgesprochene Bann hatte daher, so lange nicht andere Gemeinden ihm beitraten, lediglich für Barcelona Gültigkeit. Ben-Adret sorgte aber dafür, ihn auch von andern Gemeinden annehmen zu lassen. Die Bannformel, unterzeichnet von Ben-Adret, seinen zwei Söhnen, Isaak und Juda, und mehr als dreißig der angesehensten Gemeindeglieder von Barcelona, wurde den Gemeinden Spaniens, Languedocs, Nordfrankreichs und Deutschlands zugeschickt[2]).

Indessen ging es mit der Annahme des Bannes nicht so leicht, als die Barcelonaer sich geschmeichelt hatten. Jakob ben Machir und sein Anhang hatten vorher davon Wind bekommen, daß in Barcelona ein Schlag vorbereitet werde, und veranstalteten ihrerseits einen Gegenschlag. Der Streich sollte von vornherein die Wirkung des Bannes gegen das Studium der Wissenschaft vereiteln. Sie faßten in Mont-

---

[1]) Respp. Ben-Adret Nr. 415, 417, Minchat Kenaot Nr. 71, 81. Beide Texte sind hin und wieder korrumpiert.

[2]) Folgt aus Jedaja Bedaresis apologetischem Sendschreiben.

pellier einen Beschluß, welcher drei wichtige Punkte enthielt. Der Bann sollte diejenigen treffen, welche aus religiösem Skrupel ihre Söhne, in welchem Alter auch immer, am Studium irgendeiner Wissenschaft, in welcher Sprache auch immer, hinderten oder davon zurückhielten, dann auch diejenigen, welche ein unehrerbietiges verketzerndes Wort gegen den großen Maimuni aussprechen, und endlich auch diejenigen, welche einen religiösen Schriftsteller wegen seines philosophischen Gedankenganges verlästern würden[1]). Der letzte Punkt war zugunsten von Anatolis Andenken, das die Gegner geschmäht hatten, angebracht worden. Da war also Bann gegen Bann. Jakob Tibbon und seine Freunde ließen den Beschluß zugunsten der Wissenschaft und ihrer Träger in der besten Form in der Synagoge bekannt machen und der größte Teil der Gemeinde von Montpellier trat ihm bei[2]). Der Parteieifer trieb aber die Tibboniden, einen unbesonnenen Schritt zu tun, der dieselben unangenehmen Folgen hätte herbeiführen können, wie zur Zeit des ersten Streites in Montpellier von seiten der Finsterlinge. Da Jakob ben Machir Profatius und andere aus seiner Partei bei dem Gouverneur dieser Stadt in Ansehen standen, so wollten sie sich dessen Beistand für den Fall versichern, wenn ihre Gegner den Barcelonaer Bann gewaltsam einzuführen versuchen sollten. Der Gouverneur erklärte ihnen aber, ihn interessiere nur der einzige Punkt, daß die jüdische Jugend nicht gehindert werden sollte, andere als talmudische Schriften zu lesen. Darauf werde er auch streng halten, daß ihr die Beschäftigung mit außertalmudischer Literatur nicht verkümmert werden sollte, weil — wie er sich freimütig äußerte — er nicht zugeben werde, daß ihr die Mittel zu ihrer etwaigen Bekehrung zum Christentum durch den Bann entzogen würden. Die andern Punkte dagegen seien ihm gleichgültig[3]).

Abba-Mari und sein kleiner Anhang waren nun in Verzweiflung wegen der Rührigkeit der Gegenpartei. Da der Bannspruch zugunsten des unbeschränkten Studiums der Wissenschaft von der Mehrheit der Gemeinde angenommen war, so war er, nach rabbinischem Gesetze, auch für die Minderheit und also auch für deren Führer bindend, und sie durften gesetzlich dem Bann von Barcelona nicht beitreten. Gerade ihnen, den Eiferern, den Anregern des Streites, waren die Hände gebunden, sie waren im eigenen Netz verstrickt. Sie taten, was sie tun

1) Minchat Kenaot No. 76, p. 150, No. 94; in No. 73 ist von den drei Punkten nur einer namhaft gemacht.
2) Das. No. 73.
3) Das.

konnten; sie protestierten zunächst gegen den Bannspruch der Tibboniden und brachten ihren Protest zu jedermanns Kunde. Aber sie konnten sich nicht verhehlen, daß sie eine Niederlage erlitten hatten und mußten bei Autoritäten herumfragen, ob der Beschluß der Tibboniden auch für sie bindend sei oder nicht. Ben-Adret kam dadurch ebenfalls in Verlegenheit. Die Partei des Jakob ben Machir glaubte oder wollte glauben machen, daß das Verbot der Barcelonaer, die Jugend von wissenschaftlichen Schriften fernzuhalten, auch die maimunischen Werke treffen sollte. Sie gab sich dadurch das Ansehen, sowohl für die Ehrenrettung Maimunis eingetreten zu sein, als überhaupt für die Verherrlichung des Judentums zu kämpfen, während ihre Gegner, Ben-Adret mit eingeschlossen, es durch ihre Einseitigkeit und Starrheit der Geringschätzung und Verhöhnung in den Augen gebildeter Christen aussetzten. Die wissensfreundliche Partei schien die öffentliche Meinung immer mehr für sich zu gewinnen.

Es trat auch für sie ein junger Dichter auf, dessen beredtes, schwungvoll gehaltenes Verteidigungsschreiben zu jener Zeit viel Aufsehen machte und ein treues Bild von den Stimmungen und Regungen gibt, welche den Anhängern der Wissenschaft damals durch die Seele zogen, und das darum noch heute Interesse erweckt. In demutvoller Haltung, aber mit männlichem Mut sagte der Dichter Ben-Adret Wahrheiten, welche er in seiner Umgebung nicht zu hören bekam. Dieser junge Dichter, der sich durch sein Sendschreiben mehr berühmt gemacht hat, als durch alle seine Verse, war Jedaja En-Bonet ben Abraham, mehr bekannt unter dem Namen Bedaresi (aus Beziers) und unter dem Dichterbeinamen Penini (geb. um 1280, st. um 1340)[1]. Jedaja Penini, Sohn des bombastischen Dichters Abraham Bedaresi (o. S. 188), hatte günstigere Anlagen zu einem Dichter als sein Vater; er besaß eine lebhafte Phantasie und einen übersprudelnden Wortreichtum, ihm fehlte nur maßhaltender Takt und ein würdiges, allgemein zusagendes oder die Herzen ergreifendes Ziel für die Poesie. Aber gerade dieser Mangel stempelte seine Dichtungen zu einer hohlen Schönrednerei und zu nichtssagender Künstelei. Er hatte den Erbfehler seines Vaters, die Fülle der Sprache nicht durch die Regel der

---

[1] In seinem apologetischen Sendschreiben gibt er sich als Jugendlichen; er war aber nicht gar zu jung, da er es wagen durfte, zu ben ersten Männern zu sprechen, mit 18 Jahren schrieb er p. אוהב נשים oder צלצל כנפים. Sein Schachbuch מעדני מלך verfaßte er 30 Jahre später als sein בחינת עולם, und dieses erst nach Vertreibung der Juden aus Frankreich 1306; vgl. Steinschneider Bodlej. col. 239 weiter S. 269.

Schönheit beherrschen zu können. Auch künstelte und moralisierte er zu viel, statt zu erheben und fortzureißen. Im siebzehnten Lebensjahre verfaßte Jedaja Bedareji ein Sittenbuch (Pardes) und dichtete, auch noch in frühester Jugend, beim Leben seines Vaters, ein Gebet von etwa hundert Versen, in dem jedes Wort mit einem und demselben Buchstaben anfängt (Bekaschot ha-Memim)), das sein Erzeuger sehr bewunderte, vielleicht auch die Zeitgenossen, das aber nichtsdestoweniger geschmacklos ist. Ein Bewunderer Maimunis und Ibn-Esras schätzte Bedareji der Jüngere die Wissenschaft und die Philosophie ebenso hoch wie das Judentum, oder sie gingen ihm, wie den meisten Denkgläubigen jener Zeit, ineinander auf. Er hat Ibn-Esras Kommentarien zur heiligen Schrift überkommentiert, und Maimuni stellte er noch über die Gaonen.

Bedareji fühlte sich ebenfalls in seinen Überzeugungen durch Ben-Adrets Bannspruch aufs tiefste angegriffen. Er glaubte ebenfalls, daß der Bann eigentlich gegen Maimunis Namen gerichtet sei. Darum ließ es ihn nicht ruhen, ein scharfes Wort zu den Verketzerern zu sprechen. Da er in Montpellier lebte[2]) und sicherlich zu der Partei des Jakob ben Machir gehörte, so mag er wohl sein Verteidigungsschreiben an Ben-Adret, zugunsten Maimunis und der Wissenschaft, auf deren Antrieb verfaßt haben (Dezember 1305 oder Januar 1306)[3]). Dieses Sendschreiben, sowie die meisten in dieser Streitsache geschriebenen, waren nicht bloß für die Person, an die sie gerichtet waren, sondern für das lesende jüdische Publikum überhaupt berechnet. Es waren Pamphlete, die vervielfältigt und verbreitet wurden. Nachdem Bedareji in diesem Sendschreiben seine Verehrung für den charaktervollen und gelehrten Rabbiner von Barcelona an den Tag gelegt, bemerkte er, daß er und seine Freunde nicht wegen des Bannes empört seien. Denn die Wissenschaft sei unverletzlich und könne von dem Bannstrahl nicht getroffen werden. Sie fühlten sich nur dadurch verletzt, daß Ben-Adret die jüdischen Gemeinden Südfrankreichs in Bausch und Bogen als halbe Ketzer und Abtrünnige gebrandmarkt und sie in seinem Sendschreiben an viele Gemeinden und Länder der Verachtung ausgesetzt habe. Ben-Adret

---

[1]) Vgl. über ihn Zunz zur Geschichte 467 f. Weiß Einleitung zu בחירת עולם.

[2]) Folgt aus dem Schlusse seines apologetischen Sendschreibens.

[3]) Das Bannformular der Barcelonaer traf 12. Kislew = 1. Dezember 1305 in Montpellier ein, Minchat Kenaot No. 81 und es läßt sich denken, daß Bedareji mit der Abfassung und Absendung seines Schreibens nicht lange gesäumt hat.

habe sich von Abba-Mari ins Schlepptau nehmen lassen und eine Mücke für einen Elefanten angesehen. Es gäbe in den südfranzösischen Gemeinden nur sehr wenige, welche an der allegorischen Auslegungsweise der Schrift und Agada Gefallen fänden, und die Urheber selbst hätten es gar nicht so arg gemeint, um den Bann zu verdienen. Von jeher von Saadias Zeit an, sei die Wissenschaft im Judentum nicht bloß geduldet, sondern gehegt und gepflegt worden, weil ihr Nutzen für eine religiöse Erkenntnis unbestreitbar sei. Auch wären die Verketzerer nicht folgerichtig verfahren; sie hätten die Arzneiwissenschaft vom Banne ausgeschlossen, während diese ganz ebenso gut wie alle andern Wissensfächer eine Seite habe, welche gegen die Religion ankämpfe. Wie könnten sie nur wagen, Maimunis Schriften anzutasten, dessen glanzvolle Persönlichkeit alle vorangegangenen Größen überstrahle! Zum Schluß bemerkte Jedaja Bedaresi, daß bereits heftige Feindseligkeiten der Parteien in Montpellier ausgebrochen seien. Ob sie es denn noch weiter treiben wollten, daß die Christen Schadenfreude an der Uneinigkeit der Juden haben sollten? „Wir können die Wissenschaft nicht aufgeben, sie ist unser Lebensodem. Selbst wenn Josua aufträte und sie uns verböte, könnten wir ihm nicht Folge leisten. Denn wir haben einen Gewährsmann, der euch alle überwiegt, Maimuni, der sie uns empfohlen und eingeschärft hat. Wir sind bereit, Vermögen, Kinder und unser Leben selbst dafür einzusetzen." Er forderte zuletzt Ben-Adret auf, seine Freunde in Montpellier zu ermahnen, von ihrer Verketzerungssucht abzustehen und die Flamme des Streites nicht weiter zu schüren[1]).

In derselben Zeit waren auch in der Kirche glühende Streitigkeiten ausgebrochen zwischen dem König Philipp IV. von Frankreich und dem Papst Bonifacius VIII.; aber hier handelte es sich nicht um ideale Güter, nicht um Wissenschaft und freie Forschung, sondern lediglich um Herrschaft, Macht und Mammon. Die beiden Parteihäupter befehdeten einander auf Tod und Leben. Der König klagte den Papst der Ketzerei, der Simonie, der Habsucht, des Meineides und der Unzucht an. Und der Papst entband die Untertanen ihres Eides gegen den angestammten König und verschenkte dessen Reich. Die jüdischen Streitigkeiten hatten nicht diese Tragweite, gingen aber auch nicht aus einer so bodenlosen Verderbtheit hervor.

Ben-Adret und einige andere, welche den Bannfluch unterschrieben hatten, Mose Jskafat Meles und Salomon Gracian, waren

---

[1]) Bedaresis apologetisches Sendschreiben in Respp. Ben-Adret No. 418.

von Bedaresis Sendschreiben so unangenehm berührt und fürchteten dessen Wirkung so sehr, daß sie sich beeilten, die Erklärung abzugeben, sie hätten es keineswegs auf die Schriften Maimunis gemünzt, den auch sie aufs höchste verehrten. Sie ermahnten sogar Abba=Maris Partei, um der Judenfeinde willen Frieden mit ihren Gegnern zu machen[1]). Allein die Streitsache stand nicht mehr so harmlos, um friedlich beigelegt werden zu können. Die gegenseitige Erbitterung war zu heftig und zu sehr auf das Gebiet des Persönlichen geraten. Auch wollte jede der beiden Parteien auf ihrem Standpunkte Recht behalten und konnte auf keine Vermittlung eingehen und keine Zugeständnisse machen. Beide beharrten daher auf ihrem Prinzip; die eine Partei wollte ihren Beschluß durchsetzen, die Wissenschaft müsse freigegeben werden, die andere machte ihren Protest geltend, die Jugend müsse vor der Reife von dem schädlichen Gifte der Erkentnis ferngehalten werden. Während die Abba=Maristen noch nach gutachtlichen Zustimmungen jagten, um den Bann der Gegner als unberechtigt erklären zu lassen[2]), trat ein trübes Ereignis ein, welches wie ein Wirbelwind die Freunde auseinander trieb und die Feinde gegeneinander schleuderte.

[1]) In diesem Sinne sind die Nummern 82—89 in Minchat Kenaot aufzufassen.
[2]) Minchat Kenaot No. 81—89.

Achtes Kapitel.

Die erste Vertreibung der Juden aus Frankreich und ihre Folgen.

Philipp der Schöne und sein despotischer Erlaß. Eigentümliche Vorliebe des deutschen Kaisers für die Juden. Vollständige Ausplünderung und Vertreibung. Das Leid der Ausgewiesenen. Estori Parchi; Aaron Kohen. Die Klagen des Dichters Bedaresi. Elieser aus Chinon, der Märtyrer. Die öftere Rückkehr und Ausweisung der französischen Juden. Fortsetzung des Streites für und gegen wissenschaftliche Studien nach der Verbannung. Abba-Mari wiederum im Streite mit den Gegnern. Ascheris Übergewicht. Ben-Adrets Tod. Die streng-rabbinische Richtung in Spanien. Isaak Israeli II. Der Günstling Samuel und die Königin Maria de Molina. Ihr Schatzmeister Don Mose. Der Regent Don Juan Emanuel und sein Günstling Jehuda Ibn-Wakar. Zurückberufung der Juden nach Frankreich. Die Hirtenverfolgung in Frankreich und Nordspanien. Anschuldigung der Verleitung zur Brunnenvergiftung durch Aussätzige und Verfolgung in Frankreich. Ausweisungen und Verhaftungen; Meles de Marseille und Astruc de Neves. Die römischen Juden. Wohlwollen des Königs Robert von Neapel für Juden. Gehobenheit der italienischen und namentlich der römischen Juden. Die römische Gemeinde und Maimunis Mischnahkommentar. Gefahr der römischen Juden. Der Papst und seine Schwester. Rettung der Juden. Kalonymos ben Kalonymos, seine literarischen Leistungen und seine Satiren. Immanuel, der satirische Dichter und Dante. Der Dichter Jehuda Siciliano. Leone Romano und der König Robert. Schemarja Ikriti und König Robert. Versöhnungsversuch zwischen Rabbaniten und Karäern. Stand des Karäismus. Aaron der Ältere und das karäische Gebetbuch.

(1306—1328.)

Philipp IV., der Schöne, der damalige König von Frankreich, einer jener Fürsten, welche den hochmütigen, eigensinnigen, gewissenlosen Despotismus in Europa heimisch gemacht haben, erließ mit einem Male einen geheimen Befehl (21. Juni 1306) an seine höheren und niederen Beamten im ganzen Reiche, unter Einschärfung der strengsten Verschwiegenheit, sämtliche Juden Frankreichs an einem und demselben Tage ungewarnt und unvorbereitet in Haft zu bringen. Als die Juden sich noch kaum erholt hatten von dem Fasten an dem Trauertage zur Erinnerung an den Untergang Jerusalems und eben an ihre Tagesgeschäfte gehen wollten, erschienen die Schergen und Büttel, legten Hand an sie und schleppten jung und alt, Frauen und Kinder in die Kerker (10. Ab = 22. Juli)[1]. Dort wurde ihnen verkündet, daß sie mit Zurücklassung ihres Vermögens und ihrer Schuldforderungen binnen Monatsfrist das Land zu verlassen hätten. Wer von ihnen später noch in Frankreich angetroffen würde, sollte dem Tode verfallen. Was mag diesen mehr klugen, als kirchlich gesinnten Fürsten bewogen haben, seine Gesinnung gegen die Juden so plötzlich zu ändern, ihn, der sie früher gegen die Geistlichen geschützt hatte?[2] Es war keineswegs kirchliche Unduldsamkeit und auch nicht Nachgiebigkeit gegen den Volkswillen. Denn die Franzosen waren auch im Mittelalter nicht so fanatisch, und die Entfernung der Juden, etwa um Wucherer los zu werden, lag nicht in ihrem Wunsche[3]. Zunächst war Geldgier der Beweggrund jenes so grausamen Befehls. Denn Philipps Fehde mit dem Papste und seine Kriege mit den aufständischen Flamländern hatten seine Kasse so sehr erschöpft und eine so schonungslose Gelderpressung nötig gemacht, daß, wie die Volkslieder damals spotteten, „das Huhn im Topfe vor des Königs Griffen nicht sicher war". Durch das Vermögen der Juden

[1] Die zeitgenössischen Quellen über diese Vertreibung sind a) jüdischerseits: Minchat Kenaot No. 100; Parchi, Kaftor c. 52 p. 113 und wohl auch Schebet Jehuda No. 21. b) christlicherseits: Johannes Canonicus de St. Victor, vita Papae Clementis V. (in Baluz, vitae Paparum Avenionensium I, 5); Bernard Guidonis (das. p. 51); continuatio Guilelmi de Nangis (in Achéry, Spicilegium veterum scriptorum Galliae III, p. 59); Ottokar von Horneck, Reimchronik (in Petz, rerum Austriacarum scriptores III, p. 782ff.); die Archivstücke in Vaisette, histoire générale de Languedoc IV, p. 135. — Das Datum 10. Ab entsprechend Maria-Magdalenen-Tag, Monat August, das bei diesen Schriftstellern vorkommt, wurde fälschlich von Späteren für den Tag der Austreibung genommen, während es lediglich der Tag der Einkerkerung war.
[2] de Laurière, Ordonnances des rois de France I, p. 317.
[3] Das folgt aus der Ordonnanz Ludwig X. vom Jahre 1315: Nous faisons scavoir, que comme nostre seigneur et père — — eust au temps qu'il vivoit par le conseil — — mis hors et chaciés (chassé) les Juifs de son royaume, et dès lors mesmes qu'il li (lui) eust esté signifié et monstré, en complaignant, et après à nous et à nostre conseil de par les dits Juifs plusieures raisons, et de commune clamour du peuple aussient, pourquoy il devoit (ils devaient) estre souffers — — Eue plenière délibération encore sur ceu (cela) avecq nos prélats et barons et nostre grand conseil, désirant ensuivre les œuvres et les faits du saint Louis en ceu — oye adcertes la clamour du peuple — — avons ordonné — — que les Juifs pourront retourner et demeurer en nostre royaume. de Laurière a. a. O. p. 395f.

wollte Philipp seinen Schatz wieder füllen. Noch ein anderer Umstand soll ihn aber zu diesem hartherzigen Entschlusse gebracht haben.

Der deutsche Kaiser Albrecht, welcher damals nicht im besten Einvernehmen mit ihm stand, hatte an ihn die Forderung gestellt, ihm das Königreich Arles zu übergeben, ferner Jesu angebliche Dornenkrone, welche als Reliquie in einem französischen Kloster aufbewahrt wurde, auszuliefern und endlich sein Hoheitsrecht über die französischen Juden, als Nachfolger der Kaiser Vespasian, Titus und Karls des Großen, anzuerkennen, d. h. ihm einen Teil der Einnahmen von dem sauren Schweiße der Juden abzugeben. Philipp soll hierauf seine Rechtsgelehrten befragt haben, wem das Hoheitsrecht über die Juden zustünde, und als diese sie dem deutschen Kaiser zuerkannten, soll ihm der Gedanke gekommen sein, den Juden Hab und Gut abzunehmen und die Kammerknechte nackt und bloß Albrecht nach Wunsch zuzuschicken[1].) Der Welt gegenüber beschönigte der französische König seinen ebenso unmenschlichen wie unstaatsmännischen Gewaltstreich mit der Anschuldigung, unerhörte Frevel der Juden hätten ihre Austreibung gebieterisch gefordert. Allein, daß er es auf die Besitztümer der Juden abgesehen hatte, bewies er durch seine schonungslose Ausplünderung. Die Beamten ließen den Unglücklichen nichts als die Kleider, die sie am Leibe trugen, und jedem, mochte er früher noch so reich gewesen sein, nicht mehr, als für eines Tages Zehrung nötig schien (12 **gros Tournois**). Ganze Wagen voll von der Habe der Juden: Gold, Silber, Edelsteine, wurden dem Könige zugeführt; das minder Wertvolle wurde um einen Spottpreis verkauft. Der zeitgenössische Reimchronist Ottokar von Horneck erzählt davon in schlechten Versen:

„Und was Mann oder Weib
Gewandes hatten an ihrem Leib,
Das ließ man ihnen an.

An andern Dingen,
Gold, Silbervaß', Fingerlein,
Fürspann und was mochte sein,
Daran echtes Silber war,
Zusammen das man las,
Und führte das spät und früh
Dem Könige auf Wagen zu.
Kleider und Perlengewand,
Hausgerät und was man fand,
Das ward um Pfennig' verkauft.

[1]) Ottokar Horneck a. a. O.

Und wie viel Gut auch einer mochte haben,
Nicht mehr man ihm gab
Von aller seiner Hab
Als zwölf Tournays
Zu seiner Ausreis'"¹).

So wurden sie zur bestimmten Frist (September 1306), wohl an 100 000 Seelen²), aus dem Lande gewiesen, das ihre Vorfahren zum Teil noch zur Zeit der römischen Republik, lange vor dem Eindringen des Christentums in Frankreich, bewohnt hatten. Manche, die sich von ihren Gütern und dem Lande, das sie liebten, nicht trennen mochten, gingen zum Christentum über. Die ganze Gemeinde von Toulouse soll sich diese Feigheit haben zuschulden kommen lassen³), was kaum glaublich klingt. Die berühmten Stätten, in denen einst so viel Geist entwickelt wurde, die Lehrhäuser Raschis, R'Tams, der Tossafisten in Troyes, Paris, Sens, Chinon, Orleans, auch diejenigen, in welchen eine höhere Kultur ihre Tempel hatte, die in Beziers, Lünel, Montpellier (wo die Kämpfer für und gegen die Wissenschaft zugleich ins Elend gestoßen wurden), alle diese Stätten und Synagogen des Landes wurden an die Meistbietenden verkauft oder verschenkt. Ein deutscher oder englischer König hätte allenfalls die heiligen Stätten der Juden zerstört. Ein Franzose, wie der König Philipp der Schöne, schenkte eine Synagoge von Paris — seinem Kutscher. Von den Summen, welche die Ausweisung und Beraubung der Juden dem Könige einbrachten, kann man sich eine annähernde Vorstellung machen, wenn man bedenkt, daß allein der Verkauf der jüdischen Güter in der Vogtei von Orleans 337 000 Franken abgeworfen hat⁴).

Wie viele Vertriebene mögen den Mühseligkeiten der Auswanderung am Bettelstabe erlegen sein! Noch heute klingen die Klagen derer, welche von dem schweren Leid betroffen wurden, wehmütig und rührend wieder. Estori Parchi⁵), damals ein Jüngling von vielen Kenntnissen und einem edlen Herzen, ein Verwandter des Jakob ben Machir, dessen Eltern von Spanien nach Südfrankreich übergesiedelt

---

¹) Ottokar Horneck a. a. O.
²) Gersonides hat wohl übertrieben, wenn er die Zahl der Ausgetriebenen auf das Doppelte anschlägt, als Israeliten aus Ägypten zogen = 1 200 000; Pentateuchkommentar zu Levit. c. 26.
³) Schebet Jehuda p. 21. Dagegen scheint die Urkunde bei Vaisette a. a. O. zu sprechen: que les surintendants dans les affaires du Juifs vendirent entr' autres au mois de Mars 1307 une maison à Toulouse située auprès de l'école des Juifs.
⁴) Vgl. Depping, histoire des Juifs au moyen-âge p. 147.
⁵) Verfasser des nach so vielen Seiten interessanten Werkes כפתור ופרח.

waren, schildert sein Leid: „Aus dem Lehrhause haben sie mich gerissen; nackt mußte ich als Jüngling mein väterliches Haus verlassen und wandern von Land zu Land, von Volk zu Volk, deren Sprachen mir fremd waren"[1]). Parchi fand erst in Palästina eine Ruhestätte. — Ein anderer Flüchtling, der gelehrte Aaron Kohen aus Narbonne[2]), klagte darüber: „Ich Unglücklicher sah das Elend der Verbannung der Söhne Jakobs, die wie eine Herde auseinandergetrieben wurden. Aus einer Ehrenstellung wurde ich in ein dunkles Land verschlagen"[3]). Der plötzliche Wechsel des Geschicks, welcher Reiche zu Bettlern gemacht und die an Lebensbequemlichkeiten Gewöhnten und Weichlichen in harte Entbehrungen versetzt hatte, gab dem überschwänglichen Dichter Jedaja Bedaresi (o. S. 239) düstere Nachtgedanken ein. Seine „Prüfung der Welt" (**Bechinat Olam**), aus eigener Anschauung und bitterer Erfahrung eingegeben, schildert des Lebens Mühe und Qual, des Menschen Ratlosigkeit und Nichtigkeit in grellen Farben; das Buch macht einen niederbeugenden, trüben Eindruck, gibt aber die traurige Stimmung der Hartbetroffenen treu wieder.

„Rühm' dich nicht des Mammons,
Ein wenig, — und ein böser Geist zerstreut dein Gut,
Und es verliert sich in nichts,
Um dessen Preis du deine Seele hingegeben.
Die wechselvolle Zeit nimmt die Ehre von deinem Hause,
Feuer des Himmels fährt herab
Und verzehrt dich mit deinen Tausenden"[4]).

In einem außerordentlich künstlichen Gedicht, von dem jedes Wort mit einem und demselben Buchstaben (**Alef**) beginnt, hauchte Jedaja Bedaresi bittere Klagen über die Hilflosigkeit und das Elend seiner Stammesgenossen aus: „Der Feind spricht: ‚Ich will dir nehmen, was deine Vorfahren gesammelt und will dich in alle Ecken zerstreuen. O Gott! wohin soll ich fliehen? Stiege ich in die Höhe, fände ich auch da bittere Feinde"[5]).

[1]) Einleitung zu diesem Werke.
[2]) Verfasser des talmudischen Werkes אורחות חיים; über diesen vgl. Groß in Frankel-Graetz, Monatsschr. Jahrg. 1879, S. 436 f.
[3]) Einleitung zu diesem Werke.
[4]) Bechinat Olam c. 11. Es ist nicht zu verkennen, daß das Unglück infolge der Vertreibung die Grundstimmung zu diesen Meditationen gegeben hat.
[5]) Auch das ist unzweifelhaft, daß das Gedicht: אלף אלפין (mitgeteilt in Kerem Chemed IV, p. 57 f.) das Elend infolge der Vertreibung widerspiegelt. Es gehört mithin Bedaresi, dem Sohne, und nicht dem Vater an, wie Asulai ausdrücklich bezeugt und auch einige Handschriften in der Überschrift angeben. Ihm und nicht dem Vater war diese künstliche Manier eigen,

Die grausame Austreibung der Juden aus Frankreich durch den hartherzigen Philipp den Schönen lief auch nicht ohne blutiges Märtyrertum ab. Diejenigen, welche die Frist der Auswanderung nicht eingehalten und die Zumutung der Bekehrung zurückgewiesen hatten, wurden mit dem Tode bestraft. Als Märtyrer aus dieser Zeit wird **Elieser ben Joseph aus Chinon** namhaft gemacht, ein gelehrter und edler Mann, ein Korrespondent des Ben-Adret, Lehrer vieler ausgezeichneter Jünger und auch des jungen Parchi, einer der letzten Ausläufer der Tossafistenschule. Er wurde, ohne daß ihm ein anderes Verbrechen zur Last gelegt werden konnte, als daß er Jude war, zum Scheiterhaufen verurteilt, und mit ihm starben zwei Brüder[1]). Die Vertriebenen zerstreuten sich in alle Welt; manche wanderten bis nach Palästina, die meisten aber hielten sich so viel wie möglich in der Nähe der französischen Grenze, in der eigentlichen Provence, die damals zum Teil unter deutscher Oberhoheit stand, und in der Provinz Roussillon, die dem aragonischen König von Mallorka gehörte und auch auf dieser Insel. Sie wollten nämlich eine günstige Wendung abwarten, welche ihrer Verbannung ein Ende machen und ihnen wieder die Rückkehr in ihre Heimat gestatten würde. Sie hatten in der Tat nicht falsch spekuliert. Der König Philipp selbst war aus Habgier genötigt, von seiner Strenge nachzulassen.

Nach dem Abzug der Juden befahl er nämlich, ihre Liegenschaften zu verkaufen und ihm den Kaufpreis abzuliefern. Da ihm aber zu Ohren gekommen war, die Juden hätten in der Hoffnung auf Rückkehr ihre Schätze in ihren Häusern vergraben, erließ er einen Befehl unter Androhung schwerer Strafen, daß jeder Käufer jüdischer Grundstücke gehalten sei, die etwa gefundenen Wertsachen den königlichen Beamten anzuzeigen[2]). Er erteilte sogar einigen Juden die Erlaubnis, in Frankreich zu bleiben, weil sie sich anheischig gemacht hatten, verborgene Schätze ans Licht zu ziehen[3]). Philipp ließ sich ferner angelegen sein, die Geldforderungen der Juden von den christlichen Schuldnern, gewissermaßen als sein Erbe oder Heimfall, für seinen Schatz einziehen zu lassen. Da diese Forderungen aber ohne Beihilfe von Juden nicht so leicht zu ermitteln waren, ließ er ehemals reiche Juden wieder nach

---

die sogar der Vater an ihm bewundert hat. Es ist auch noch nicht ausgemacht, ob das ebenfalls künstliche Gedicht בקשת הלמדין oder בית אל nicht auch Jedaja Bedaresi angehört. Vgl. Theod. Kroner, de Abrahami Bedaresii vita et operibus (dissertatio inauguralis) p. 47f.

1) Parchi, Kaftor c. 10. p. 36a. Zeitschrift Libanon III, p. 330.
2) Urkunde bei de Laurière, Ordonnances l. 443.
3) Ottokar Horneď a. a. O.

Frankreich zurückkehren und räumte ihnen Rechte und Privilegien ein, um sich ihrer bei der Ermittlung der Schuldner zu bedienen[1]). Aber diese neue Ansiedlung solcher, welche ihr Geschick auf die Laune und Willkür eines herzlosen Despoten stellten, war nicht von langer Dauer. Sie wurden abermals vertrieben, wieder zugelassen und zum dritten Male verbannt. Für die jüdische Geschichte haben die Juden Frankreichs mit dem Gewaltstreich Philipps des Schönen ihre Bedeutung verloren; sie bilden nur noch, fast ein Jahrhundert, ein absterbendes Glied an dem Leibe der Judenheit.

Der lebhafte Streit, der in Montpellier um die Zulassung der Jugend zu den Wissenschaften ausgebrochen war, spielte merkwürdigerweise nach der Verbannung aus Frankreich (September 1306) auf einem andern Schauplatze noch immer fort, und die gegenseitige Gehässigkeit der beiden Parteien war durch die Leiden nicht geschwächt. Ein Teil der tibbonidischen Partei, vielleicht auch Jakob ben Machir, hatte sich in Perpignan niedergelassen[2]), das dem Könige von Mallorka gehörte, der, obwohl kein Gönner der Juden — auf sein Geheiß waren wieder Talmudexemplare dem Scheiterhaufen überliefert worden[3]) — sich doch von der Niederlassung geschickter, gewerbstätiger Juden Nutzen versprach und sie daher duldete. Abba-Mari und ein anderer Teil der Gemeinde von Montpellier ließen sich anfangs in der Stadt Arles nieder. Da aber dort keines Bleibens für ihn war, siedelte er ebenfalls nach Perpignan über (Januar 1307). Allein die Gegenpartei, welche Einfluß auf den König oder Statthalter hatte, bemühte sich, seine Niederlassung an diesem Orte zu hintertreiben[4]). Indessen gelang es Abba-Maris Parteigängern, dessen Duldung in Perpignan durch Einwirkung auf den König von Mallorka durchzusetzen. Hier entbrannte der Streit von neuem. Salomo ben Adret und Ascheri mischten sich wieder ein, oder eigentlich mehr der letztere, der nun durch seine Entschiedenheit die Hauptstimme hatte. Ascheri erklärte, seine Unterschrift zum Bannspruche gegen die Zulassung der Jugend zu profanen Studien habe er nur mit halbem Herzen gegeben. Denn nach seiner Meinung sei das eine zu weitgehende Duldung, sie vom fünfundzwanzigsten Lebensjahre an zu gestatten. Die Wissenschaft müsse vielmehr fürs ganze Leben verboten werden, weil sie unfehlbar zum Unglauben führe.

[1]) de Laurière a. a. O. p. 488.
[2]) Minchat Kenaot No. 100 vgl. Respp. Ben-Adret No. 634, 887.
[3]) Elegie des Abba-Mari auf den Tod des Meïri, in Einleitung zu des letzteren Bet-ha Bechira p. X, Ibn-Jachja Schalschelet.
[4]) Minchat Kenaot No. 99 und 101.

Die Verteidiger der Wissenschaft seien nunmehr ohne Schonung zu verdammen, da die Leiden des Exils keinen Eindruck auf sie gemacht, ihren Trotz nicht gebrochen und sie ungebessert gelassen hätten.

Diese Ansicht von der Allgemeinschädlichkeit der Wissenschaft für das Judentum gewann nach Ben-Adrets Tode (1310)[1]) immer mehr die Oberhand, da Ascheri nunmehr als einzige maßgebende Autorität in religiösen Angelegenheiten in Spanien und den Nachbarländern anerkannt wurde. Ascheri, seine Söhne und Gefährten, die mit ihm aus Deutschland ausgewandert waren, verpflanzten jenen Geist biederer, aber peinlicher, engherziger, unduldsamer Überfrömmigkeit, jene düstere Stimmung, welche auch die harmlose Freude als Sünde ansieht, jene Gedrücktheit, welche die deutschen Juden des Mittelalters charakterisiert, von der Rheingegend nach dem lebensfrohen Toledo und impften sie den spanischen Juden insgesamt ein. Jeder Aufschwung des Geistes wurde gehemmt. Ascheri konzentrierte die ganze Geistestätigkeit auf den Talmud und seine Auslegung. Sein Hauptwerk war eine Bearbeitung des Talmud für praktisch-religiöse Zwecke (1307—1314)[2]). Er legte dabei trotz seiner Vorliebe für die Leistungen deutscher und nordfranzösischer Rabbinen Alfaßis Entscheidungen zugrunde, berichtigte sie aber teils durch die Erörterungen anderer (namentlich tossafistischer) Autoritäten und teils durch eigene, sehr scharfsinnige Einwürfe. Ascheri zeigte in seinen dem Talmud sich eng anschließenden Auseinandersetzungen so viel Ordnungssinn und Klarheit, daß er von den Zeitgenossen und der Nachwelt bewundert wurde. Er nährte aber auch den Hang, stets die erschwerende, peinliche und strengste Ansicht zur Geltung zu bringen. Wollte irgendein Wissensfach sich vernehmen lassen, so mußte es sich in das Gewand zerknirschter Frömmigkeit hüllen. Als der kenntnisreiche **Isaak ben Joseph Israeli** II. aus Toledo (blühte um 1300—1340) ein astronomisches Werk (**Jesod Olam**) veröffentlichte (1310), mußte er es rechtgläubig-talmudisch zustutzen und ihm ein Glaubensbekenntnis voranschicken; nur in dieser Gestalt konnte es Gnade vor Ascheri finden[3]).

---

[1]) Zacuto in Jochasin. Don Joseph Ibn-Jachja dichtete eine Elegie auf dessen Tod, fragmentarisch in Schalschelet.

[2]) Die Abfassungszeit der הלכות אשרי ergibt sich aus Aboda Sara I, No. 7. Über Ascheri vgl. die Bibliographen und Zunz zur Geschichte S. 43.

[3]) Vgl. über Isaak Israeli (zu unterscheiden von dem ältern aus Kairuan B. V₃, S. 236 f.) Einleitung zu dessen יסוד עולם (Berlin 1849 ed. Dr. Kassel), die Bibliographen und Carmoly, Itinéraires p. 224, wo auch von seinen literarischen Leistungen die Rede ist. Er lebte noch nach 1333, da er Isaak Chelbos Epistel von diesem Jahre zitiert.

Gerade in dieser Zeit, während Ascheris Rabbinat in Toledo, gewannen hervorragende Juden wieder Einfluß bei Hofe. König **Ferdinand IV.** (1295—1312) hatte einen jüdischen Schatzmeister namens **Samuel**, dessen Ratschlägen er auch in politischen Angelegenheiten folgte. Die Königin-Mutter aber, **Maria de Molina**, welche die Zügel der Regierung, die sie während der Unmündigkeit ihres Sohnes geführt hatte, nicht fahren lassen mochte, haßte den Günstling Samuel, der die Feindseligkeit zwischen Mutter und Sohn genährt haben soll, mit weiblicher Leidenschaftlichkeit. Eines Tages, als Samuel in Badajoz war und sich rüstete, dem König nach Sevilla zu folgen, wurde er von einem Meuchelmörder überfallen und so schwer verwundet, daß er für tot gehalten wurde. Man weiß nicht recht, wer diesen Dolch gedungen hatte. Der König ließ Samuel aber so viel Sorgfalt und Pflege zuwenden, daß er von den Wunden wieder genas[1].

Nach Don Ferdinands Tod begann für Spanien eine Zeit voll Unruhe und eine Auflösung aller gesellschaftlichen Bande, weil der Infant Alfonso noch ein Kind in der Wiege war und mehrere Personen, die kluge Königin-Großmutter Maria de Molina, die junge Königin-Mutter Constantia und die Oheime des jungen Königs sich die Vormundschaft und die Regentschaft streitig machten und Parteispaltungen im Lande hervorriefen (1312—1326). Donna Maria de Molina, welche die Regierung leitete, übertrug ihren Haß gegen den jüdischen Ratgeber ihres Sohnes keineswegs auf seine sämtlichen Glaubensgenossen. Wie sie früher beim Leben ihres Gatten einen jüdischen Günstling, Todros Abulasia, hatte (v. S. 188), so hatte sie auch während ihrer Regentschaft einen jüdischen Schatzmeister, **Don Mose**. Als das Konzil von Zamora (1313) judenfeindliche kanonische Gesetze wieder auffrischte, die Cortes von Burgos die Ausschließung der Juden von allen Ehren und Ämtern forderten und der Papst Clemens V. eine Bulle erließ, daß die Schuldforderungen von jüdischen Gläubigern an Christen wegen Wuchers gelöscht werden sollten[2], ging die kluge Regentin nur zum Teil darauf ein. Sie verfügte zwar, daß Juden nicht mehr die stolz klingenden christlichen Namen führen und nicht mit Christen in näherem Umgange verkehren sollten; aber sie erklärte sich ausdrücklich gegen die ungerechte Schuldentilgung und erließ ein Gesetz, daß sich kein Schuldner durch Berufung auf eine päpstliche Bulle von seiner Obliegenheit gegen jüdische Gläubiger frei machen dürfte. Den Zinsfuß beschränkte sie

---

[1] Chronica de Don Fernando IV. c. 18, 19.
[2] Auszug aus einer Petition bei Lindo, history of the Jews in Spain p. 128.

zwar, ließ ihn aber noch immer hoch genug (33%)¹). Einen bedeutenden, verwickelten Prozeß zwischen zwei Juden infolge der einige Zeit verbotenen und später wieder gestatteten Einziehung der Schulden von Christen überwies die Regentin dem Rabbiner von Toledo, und Ascheri erklärte, daß er sich lediglich aus Rücksicht für die Majestät dem schwierigen Geschäft unterzöge²). — Mit der Regentschaft des Infanten Don Juan Emanuel, Großneffen des jungen Königs Alfonso XI., trat eine Besserung in der Lage der kastilianischen Juden ein (1319 bis 1325). Der Regent war ein Freund der Wissenschaft und selbst Schriftsteller und Dichter und hatte deswegen einige Achtung vor gebildeten Juden. In hohem Ansehen stand bei ihm ein Jude aus Cordova, Jehuda ben Isaak Ibn-Wakar, vermutlich als sein Schatzmeister³). Auf dessen Ansuchen räumte Juan Emanuel den Rabbinaten wieder die peinliche Gerichtsbarkeit ein, die sie während der Regentschaft der Maria de Molina halb und halb eingebüßt und nur heimlich ausgeübt hatten⁴).

Jehuda Ibn-Wakar war aber ein Verehrer Ascheris und ein Überfrommer gleich diesem, der jedes Vergehen aufs allerstrengste geahndet wissen wollte. Als ein Mann in Cordova im Unmute eine Art Gotteslästerung in arabischer Sprache ausgestoßen, fragte Ibn-Wakar bei Ascheri an, was demselben geschehen sollte, und dieser entschied, die Zunge solle ihm ausgeschnitten werden. — Als eine schöne Jüdin fleischlichen Umgang mit einem Christen gepflogen und Don Juan Manuel ihre Bestrafung dem jüdischen Gerichte überließ, verurteilte sie Juda Ibn-Wakar zur Entstellung ihres Gesichtes durch Entfernung der Nase, und Ascheri bestätigte dieses Urteil⁵).

Während in früherer Zeit die bevorzugten Juden, die Chasdaï Ibn-Schaprut, die Ibn-G'au, Ibn-Nagrela und Ibn-Esra, sich ihre hohe Stellung durch Freigebigkeit und Unterstützung der Literatur und Poesie gewissermaßen verzeihen ließen und sich selbst an der Literatur beteiligten, bekümmerten die in hohem Ansehen stehenden Juden sich jetzt wenig um Hebung des jüdischen Schrifttums und beuteten ihre hohe Stellung nur zu selbstischen Zwecken aus. Die jüdischen Günstlinge, denen Befugnisse über Gemeinden eingeräumt waren, beanspruchten z. B. gewisse Vorrechte, welche das talmudische Gesetz den Exilsfürsten in der Euphratgegend zusprach⁶). Stolz auf ihren Rang, auf ihren

---

1) Lindo p. 125ff. de los Rios p. 49.
2) Ascheri Respp. CVII, No. 6.   3) Das. XVIII, No. 13.
4) Das. XVII, No. 8, verglichen mit XVII, No. 1.
5) Das.   6) Das. XVIII, 17.

Reichtum oder auf ihre Abstammung, waren die Angesehenen von Engherzigkeit und Lieblosigkeit erfüllt, die sich mit bigotter Frömmigkeit sehr wohl vertrugen oder sich dieser als Deckmantel bedienten. Ein Satiriker dieser Zeit, Kalonymos ben Kalonymos, entwirft ein schattenreiches Bild von ihnen, das, wenn es auch nur zum Teil der Wirklichkeit entsprach, den Abstand zwischen der frühern Zeit und der damaligen lebhaft veranschaulicht[1]). „Mancher rühmt sich seines Einflusses bei Hofe und benutzt ihn, seinen Feinden Schaden zuzufügen und seine Rache zu kühlen."

Die südspanischen oder kastilianischen Gemeinden lebten vorläufig noch in Ruhe und Ungestörtheit ihrer Besitztümer, die nordspanischen und noch mehr die südfranzösischen dagegen unterlagen blutigen Anfällen von seiten fanatischer Horden, welche die Kirche zuerst entfesselt hatte und dann nicht mehr zu zähmen vermochte. In Frankreich wohnten nämlich wieder Juden. Ludwig X. hatte sie neun Jahre nach ihrer Verbannung (1315) zurückgerufen. Dieser König, welchen die Laune anwandelte, die Anordnungen seines Vaters aufzuheben und dessen Räte auf die Anklagebank zu setzen, der auch von dem Volke und den Edelleuten, welche die Juden nicht entbehren konnten, darum angegangen war, sie wieder in Frankreich zuzulassen, knüpfte mit ihnen Unterhandlungen wegen ihrer Rückkehr an. So ohne weiteres gingen aber die Juden nicht darauf ein, denn sie kannten die Unbeständigkeit der französischen Könige und den fanatischen Haß der Geistlichkeit gegen sie. Sie zauderten daher anfangs und stellten dann ihre Bedingungen[2]). Diese Bedingungen waren, daß sie sich da wieder niederlassen dürften, wo sie früher gewohnt; daß sie wegen früherer Vergehen nicht angeklagt werden dürften; daß ihre Synagogen, Kirchhöfe und Bücher ihnen zurückerstattet oder Plätze zum Anlegen neuer heiliger Stätten eingeräumt werden sollten. Sie sollten auch das Recht haben, ihre ehemaligen Schuldforderungen einzuziehen; indessen sollten zwei Drittel derselben dem Könige gehören. Ihre ehemaligen Privilegien, soweit sie noch vorhanden waren, sollten ihnen wieder zugestellt oder neue verliehen werden. Der König Ludwig nahm alle diese Bedingungen an und bewilligte ihnen auch Freizügigkeit unter gewissen Beschränkungen. Um jedoch die Geistlichkeit nicht zu reizen, legte ihnen Ludwig seinerseits folgende Bedingungen auf, sie müßten Judenabzeichen von einer gewissen Größe und Farbe tragen; sie sollten weder öffentlich noch heim-

---

[1]) Kalonymos אבן בחן (editio princeps, Neapel 1489), p. 29 ff.
[2]) Folgt aus Schebet Jehuda Nr. 24 und dem Eingang der Ordonnanz v. S. 244.

lich über Religion disputieren; sie sollten sich der Darlehen auf Zins enthalten und von Handwerk oder Handel leben. Indessen wurde doch gestattet, daß sie vom Franken wöchentlich zwei Deniers Zinsen nehmen durften, nur sollten die Zinsen nicht durch königliche Beamte eingezogen werden. Zwei hohe Beamte (prud'hommes, auditeurs des Juifs) sollten die Angelegenheiten der zurückkehrenden Juden in Ordnung bringen. Ihr Aufenthalt in Frankreich wurde indes vor der Hand nur auf zwölf Jahre festgestellt; sollte der König sie nach Ablauf dieser Zeit wieder ausweisen wollen, so machte er sich verbindlich, ihnen ein Jahr vorher zu kündigen, damit sie Zeit haben sollten, Vorkehrungen zu treffen. Darauf machte der König dieses Dekret bekannt und erklärte darin, sein Vater habe, durch schlechte Ratgeber veranlaßt, die Juden verbannt. Da aber die allgemeine Stimme des Volkes ihre Rückkehr wünsche, die Kirche sie geduldet wissen wolle und Ludwig der Heilige, sein Ahn, ihm mit dem Beispiel vorangegangen sei, daß er sie zuerst vertrieben und dann wieder zugelassen, habe er nach vorangegangener Beratung mit den Kirchenfürsten, den Baronen und seinem ganzen hohen Rat die Rückkehr der Juden gestattet[1]). Massenhaft strömten die französischen Juden wieder in ihre frühere Heimat, sie betrachteten diese Gelegenheit als eine Art wunderbarer Erlösung. Als ein Jahr darauf Ludwig X. gestorben war und sein Bruder Philipp V., der Lange, als König anerkannt, zur Regierung gelangte, erweiterte dieser die Privilegien der Juden noch mehr und schützte sie besonders vor den Eingriffen der Geistlichkeit, daß sie und ihre Bücher nur von königlichen Beamten eingezogen werden dürften[2]). Aber die Plackereien von seiten der entarteten Geistlichen waren sie nicht los. Diese drangen darauf, daß die Juden von Montpellier, welche sich etwas herausnehmen zu dürfen glaubten, den Judenflecken wieder anheften sollten[3]). Bald klagten sie die Juden von Lünel an, daß sie das Christusbild am Purimfest öffentlich geschmäht hätten[4]), bald ließen sie wieder in Toulose zwei Wagen voll mit Talmudexemplaren öffentlich verbrennen[5]). Doch waren solche Vorgänge nur Kindernecereien gegen das, was sie von der fanatisierten Volksmasse zu erdulden hatten.

Philipp V. hatte den unzeitgemäßen Einfall, von neuem einen Kreuzzug zu unternehmen, um das heilige Land nach so vielen eitlen

---

[1]) Ordonnanz vom 28. Juli 1315 bei de Laurière a. a. O., p. 595 ff.
[2]) April 1317, das. 646 ff.
[3]) Vaisette, histoire générale de Languedoc IV, p. 167.
[4]) Das. preuves, p. 161.
[5]) Das. p. 181.

Versuchen den Ungläubigen zu entreißen. Diese Unternehmung erschien aber den Einsichtigen so verkehrt, daß selbst der Papst Johann XXII. — der zweite der Päpste, welcher statt in Rom in Avignon residierte — ihm davon abriet. Nichtsdestoweniger warf dieser Gedanke, wie er bekannt wurde, Zündstoff unter das rohe Volk. Ein junger Mensch, ein Hirt von aufgeregter Phantasie, wollte eine Taube bemerkt haben, die sich bald auf seinen Kopf, bald auf seine Schultern niedergelassen habe; wie er sie fangen wollte, habe sie sich in eine schöne Jungfrau verwandelt und ihn aufgefordert, eine Schar von Kreuzkämpfern um sich zu sammeln und habe ihm auch Sieg verheißen. Seine Aussagen fanden leichtgläubige Zuhörer, und niedriges Volk, Kinder und Schweinehirten schlossen sich ihm an. Ein lasterhafter Geistlicher und ein ausgewiesener Benediktinermönch benutzten die Gelegenheit, um obenauf zu kommen, und so entstand in Nordfrankreich (1320) eine zahlreiche Horte von vierzigtausend Hirten (**Pastoureaux, Pastorelli, Roïm**), welche in Prozession mit Fahnen von Stadt zu Stadt zogen und ihre Absicht zu erkennen gaben, übers Meer zur Befreiung des sogenannten heiligen Grabes zu ziehen. Das Volk versetzten sie damit in Begeisterung. Anfangs fand ihre Unternehmung Unterstützung; selbst der König sah es gern. Aber es schlossen sich ihnen auch Landstreicher, Taugenichtse, Verbrecher jeder Art an, die auf Raub und Plünderung ausgingen und die Hirten zu Gewalttätigkeiten reizten. Bald wurde ihre Aufmerksamkeit auf die Juden gelenkt, sei es, daß sie sich von den geraubten Gütern der Juden Waffen verschaffen wollten, oder daß ein Jude, wie erzählt wird, sich über ihr kindisches Heldentum lustig gemacht hatte. Die Metzeleien der Hirten unter den Juden (**Geserat ha-Roïm**) sind ein neues blutiges Blatt in der jüdischen Geschichte[1]).

Wie fast alle Kreuzzugsunternehmungen mit Niedermetzelung der Juden begannen, so auch dieses Mal. Die Hirtenscharen, welche

---

[1]) Die Nachrichten über diese Verfolgungen stammen zumeist von christlichen Schriftstellern: Johannes Canonicus de St. Victor, Bernard Guidonis bei Baluz, historia Paparum Avenionensium I, p. 128 f. 161, Fortsetzung der Chronik des Wilhelm de Nangis (in d'Achéry, spicilegium, T. III. vom Jahre 1320), Vaisette, histoire générale de Languedoc IV zum selben Jahre p. 185 und du Cange du-Frêsne, Glossarium latinitatis med. aevi s. v. pastorelli. Selbst der hebräische Bericht in Schebet Jehuda Nr. 6 ist einer spanischen Chronik entnommen, wie daselbst angegeben ist. Samuel Usque hat seine lyrisch-epische Umarbeitung der Hirtenverfolgung aus einer gemeinsamen Quelle mit Schebet J. entlehnt, nämlich aus dem זכרון השמדות von Profiat Duran (Ephodi). Der Bericht des Kalonymos ben Kalonymos in

sich bei der Stadt A g e n (an der Garonne) gesammelt hatten, machten hier und auf ihrem ganzen Zuge nach Toulouse alle Juden, auf die sie stießen, nieder, sobald diese sich gegen den Empfang der Taufe sträubten. Vergebens erteilte der König von Frankreich den Beamten den ernstlichen Befehl, die Juden überall gegen diese frechen Anfälle zu schützen. Sie vermochten es nicht, weil das Volk die Hirten als heilige Streiter verehrte, ihnen Vorschub leistete, und die militärischen Befehlshaber selbst anfangs Scheu trugen, sich an ihnen zu vergreifen. Etwa 500 Juden hatten in der Festung V e r d u n (an der Garonne)[1]) Zuflucht gefunden, indem ihnen der Kommandant einen festen Turm eingeräumt hatte. Die Hirten griffen ihn aber mit Sturm an, und es entstand ein verzweifelter Kampf. Die Juden warfen Steine und Balken auf die Belagerer, und diese legten Feuer an den Turm. Da die Juden keine Rettung für möglich hielten, so schritten sie in der Verzweiflung zur Selbstentleibung. Die Unglücklichen wählten den Angesehensten und Ältesten in ihrer Mitte, sie nacheinander zu töten. Der alte Mann wählte sich zu diesem schaurigen Geschäft einen kräftigen, jungen Genossen, und beide gingen ans Werk, ihre Leidensgenossen aus dem mühseligen Leben zu schaffen. Als zuletzt der Greis durch die Hand des Jüngern gefallen war, wandelte diesen die Lust zu leben an; er erklärte den belagernden Hirten, zu ihnen übergehen zu wollen, und bat um die Taufe. Diese waren aber gerecht oder grausam genug, ihm die Bitte abzuschlagen, und zerrissen den Überläufer in Stücke. Die jüdischen Kinder, die sie im Turm fanden, tauften sie mit Gewalt.

Der Gouverneur von T o u l o u s e nahm sich der Juden eifrig an und entbot die Ritter, die heranziehenden Hirten einzufangen. So wurden viele von ihnen in Fesseln nach der Hauptstadt gebracht und in den Kerker geworfen. Allein die mit ihnen sympathisierende Menge rottete sich zusammen, setzte ihre Befreiung durch, und dabei wurde der größte Teil der Gemeinde von Toulouse niedergemacht; einige gingen zum Christentum über. — Bei der Gefangennahme der Hirten vor Toulouse glaubten die Juden, welche in der Nähe, in C a s t e l = N o r -

Eben Bochan ist ohne Detailangabe. In der Quelle des Jbn-Verga wird die Stadt A g e n als Ausgangspunkt dieser Verfolgung angegeben. Die übrigen Quellen lassen diesen Punkt unbestimmt. Falsch ist die Angabe bei Usque, daß sie in Toulouse begonnen habe.

[1]) Der Fortsetzer des Wilhelm de Nangis hat (a. a. O.) Castellum Verduni und noch deutlicher Bernhard Guidonis (a. a. O.) Castrum Virdunum in dioecesi Tolosana. Ebenso muß in Schebet Jehuda (p. 5 Zeile 5 von unten) gelesen werden: קשטיל ורדון, statt קשטיר שרדון, von dem schon früher die Rede war.

bonnais, untergebracht waren, der Gefahr entronnen zu sein und verließen ihre Zufluchtstätte. Sie wurden aber von dem Gesindel überfallen und niedergemacht. So kamen fast sämtliche Juden in der Gegend von Bordeaux, Gascogne, Toulouse, Albi und in anderen Städten Südfrankreichs um[1]).

Nach und nach vergriffen sich aber die kreuzzüglerischen Hirten nicht bloß an den Juden, sondern auch an den Geistlichen und nannten diese „falsche Hirten, welche ihre Herde, statt zu weiden, aussogen". Der Papst und die Kardinäle in Avignon gerieten in Angst und machten Anstalt, der Zügellosigkeit zu steuern. Der Papst Johann **XXII.** erließ in diesem Sinne ein kräftiges Handschreiben an den Seneschall von Beaucaire (29. Juli 1320). Infolgedessen verlegten die Befehlshaber den Hirten, welche auf Narbonne loszogen, den Weg, griffen sie mit Waffengewalt an und verboten bei schwerer Strafe den Bewohnern des Landes, ihnen Lebensmittel zu verabreichen. So waren die Hirten genötigt, sich in kleine Banden aufzulösen und auf die eigene Sicherheit bedacht zu sein. Einige Rotten warfen sich nach Aragonien und versetzten die Juden dieses Landes in Schrecken. In Jaca wurden vierhundert erschlagen und nur zehn blieben von der Gemeinde übrig[2]). Hier machte aber der Prinz Alfonso von Aragonien Jagd auf die Hirten und hinderte ihre kannibalischen Angriffe auf die Juden. — Andere Schwärme zogen im Königreich Navarra umher und bedrohten auch hier die Juden. Diese suchten in der Festung Montreal bei Pampeluna Schutz und blieben unangegriffen. Denn die Behörden, von der Geistlichkeit ermahnt, boten die geeigneten Mittel auf, die Hirten zu zerstreuen und niederzumachen. Im ganzen wurden mehr als 120 jüdische Gemeinden in Frankreich und Nordspanien durch die Hirtenverfolgung aufgerieben; die übrigen aber waren durch Plünderung so sehr verarmt, daß sie auf Unterstützung ihrer Glaubensbrüder von auswärts angewiesen waren, die ihnen aber auch reichlich, selbst von Deutschland aus, zufloß[3]).

---

[1]) Guidonis gibt (a. a. O.) die Lokalität näher an: facta est strages Judaeorum grandis ab pastorellis — specialiter in provincia Burdegalensi et in partibus Vasconiae et in provincia Tolosana et in dioecesibus Caturcensi et Albensi. Baisette macht aus Urkunden folgende südfranzösische Städte namhaft: Auch, Gimont, Verdun, Castel-Sarasin, Toulouse, Rabastens et Gaillac. Danach sind die Städtenamen in Schebet Jehuda und bei Usque zu emendieren. Vgl. noch Archives Israélites (herausgegeben von Cahen) Jahrg. 1843, p. 44 ff.

[2]) Usque a. a. O.

[3]) Ibn-Verga, Schebet Jehuda a. a. O.

Auch das folgende Jahr war sehr trübselig für die Juden, zuerst wieder in Frankreich. Die Veranlassung zu ihrer Verfolgung gaben Aussätzige, wovon diese auch den Namen hat (Geserat Mezoraim)¹) Die Unglücklichen, welche mit dem Aussatze behaftet waren, wurden im Mittelalter aus der Gesellschaft ausgewiesen, bürgerlich für tot erklärt, in eigne, ungesunde Quartiere gebracht und sozusagen verpflegt. Als nun einst Aussätzige in der Landschaft Guienne schlecht beköstigt worden waren, faßten sie den Plan, Brunnen und Flüsse zu vergiften, und führten ihn auch aus, wodurch viele Menschen umkamen (1321). Als die Sache ruchbar ward und die Aussätzigen unter Tortur ausgefragt wurden, erfand einer derselben, man weiß nicht ob aus eigener oder fremder Eingebung, die lügenhafte Anschuldigung, die Juden hätten ihnen den Vergiftungsplan eingegeben. Ein Herr de Peyerac teilte dem König mit einigen Zusätzen das Geständnis der Aussätzigen mit. Ein reicher Jude hätte ihm 10 Lire und das Rezept der Giftbereitung gegeben, Menschenblut, Urin, drei unbekannte Pflanzen und dazu eine Hostie, alles getrocknet und pulverisiert in einem Beutelchen in die Brunnen und Quellen zu werfen. Der Jude hätte ihm auch viel Geld versprochen, wenn er andere Leidensgefährten für Vergiftung des Trinkwassers gewönne. So unglaublich diese Anklage auch klang, so wurde sie doch allgemein geglaubt, und selbst der König Philipp V. setzte keinen Zweifel in sie. Bald hieß es, die Juden wollten dadurch Rache nehmen für die Leiden, die sie ein Jahr vorher von den Hirtenschwärmen erduldet hätten; bald, sie wären von dem mohammedanischen König von Granada gewonnen worden, die Christen vergiften zu lassen; dann wieder, sie hätten es im Einverständnis mit dem mohammedanischen Beherrscher von Palästina getan, um den beabsichtigten Kreuzzug des Königs Philipp zu vereiteln. Der französische Dichter Kalonymos ben Kalonymos beteuerte, daß die Anklage der Vergiftung gegen die Juden rein erfunden wäre aus Haß der Bevölkerung gegen sie. „Es ist ihnen auch nicht in den Sinn gekommen, ein solches

---

¹) Quellen darüber: Johannes de St. Victor (a. a. O., p. 130 ff.), Fortsetzer des Wilhelm von Nangis (a. a. O., p. 78); Baisette a. a. O., p. 188; Usque No. 18; Schebet Jehuda No. 43 und auch Nr. 25 (nämlich 7 Jahre nach der Rückkehr der Juden nach Frankreich unter Ludwig X.) und Kalonymos ben Kalonymos a. a. O. Ein Gedicht über die beiden aufeinander folgenden Gemetzel aus einem handschriftlichen Katalog der Bodleiana S. 2522.

גזרת המצורעים הבאה אחר יללת הרועים
ולפני האפיפיור מלך הגוים עלו מושיעים
גם מלך רומה ברוגז וחמה קם לשומטנו.

Verbrechen zu begehen"[1]). An verschiedenen Orten wurden nun Juden auf Grund dieser Anschuldigung verhaftet, unbarmherzig gefoltert und zum Teil verbrannt (Tammus = Juli 1321). In Chinon wurde eine tiefe Grube gegraben, Feuer darin angezündet und hundertsechzig jüdische Männer und Frauen wurden hineingeworfen, die singend den Feuertod starben[2]). Die Mütter hatten vorher ihre Kinder hineingeschleudert, um sie nicht der gewaltsamen Taufe preiszugeben. Fünftausend sollen im ganzen damals den Feuertod erlitten haben. Viele wurden aus Frankreich verbannt und von der herzlosen Bevölkerung ausgeplündert. Philipp wurde zwar später von der Falschheit der Anschuldigung überzeugt; aber da die Juden einmal angeklagt waren, sollten sie auch dem Fiskus Nutzen bringen. Die Gemeinden wurden daher durch das Parlament zu einer Geldstrafe von 150 000 Pfund (Parisisch) verurteilt; sie sollten die Leistungen untereinander verteilen. Deputierte (Procureurs) von Nordfrankreich (de la langue française) und von Languedoc kamen zusammen und ordneten an, daß die südfranzösischen Gemeinden, welche durch das vorjährige Gemetzel dezimiert und verarmt waren, 47 000 Pfund, und das übrige die nordfranzösischen zu tragen hätten. Die reichsten Juden wurden zur Bürgschaft für die richtige Zahlung in Haft genommen und ihre Güter, sowie ihre Schuldforderungen mit Beschlag belegt[3]). Unter den Eingekerkerten befand sich ein junger Gelehrter, der Philosoph und Astronom Meles aus Marseille, mit seinem jüdischen Namen Samuel ben Jehuda ben Meschullam in Salon, ein Abkömmling des Jakob Perpigniano (VI.$_3$ S. 207), und ein anderer, Abba-Mari Abigedor, auch Sen Astruc de Noves genannt; er wurde mit Meles in Beaucaire verhaftet[4]).

In demselben Jahre drohte der alterältesten europäischen Gemeinde eine große Gefahr, die ihr um so unerwarteter kam, als sie bis dahin von dem Leidenskelch, den die Juden Englands, Frankreichs und selbst Spaniens so oft leeren mußten, nur wenig gekostet hatte. Gerade weil Rom dem Papst am wenigsten gehörte, sondern den Familien Colonna und Orsini, den Ghibellinen und Guelfen, den großen und kleinen Herren, welche darin ihre Parteifehden auskämpften, blieben die Juden von der kanonischen Tyrannei verschont. Es war gut für sie, daß sie

---

[1]) Kalonymos, Eben Bochan, Ende.
[2]) Revue des Études Juives VI, 314.
[3]) Vaisette, Histoire générale de Languedoc IV, p. 190, preuves p. 164 ff.
[4]) Munk, Mélanges, p. 489 Note, aus einer Handschrift.

wenig beachtet waren. Gerade damals hatten die römischen Juden einen Aufschwung in äußerem Wohlstand und innerer Bildung genommen. Es gab unter ihnen einige, welche palastähnliche Häuser besaßen, die mit allen Bequemlichkeiten des Lebens ausgestattet waren[1]. Wissenschaft und Dichtkunst waren, seitdem auch sie durch das Zusammentreffen günstiger Umstände vom Baume der Erkenntnis gekostet (o. S. 161 f.), bei den italienischen Juden beliebt. Der Samen, welchen Hillel von Verona, Serachja ben Schaltiel und andere (o. S. 162 f.) ausgestreut hatten, fing an Früchte zu tragen. Als die Geistesblüten in Südfrankreich durch die Strenge der stocktalmudischen Richtung und die blutigen Verfolgungen welkten, entfalteten sie sich in Italien und namentlich in Rom.

Damals gingen gerade die ersten Strahlen einer neuen Kulturentfaltung, welche das mittelalterliche Dunkel des Pfaffentums und der rohen Gewalt durchbrachen, in Italien auf. Es wehte damals, im Anfange des vierzehnten Jahrhunderts, in der D a n t e s c h e n Zeit, ein frischer Luftzug in Italien, welcher den Eispanzer der Kirche und des Rittertums, der beiden Säulen des Mittelalters, zu schmelzen anfing. Bürgersinn, Freiheitsdrang, schwärmerische Liebe für Kunst und Wissenschaft waren die in die Augen fallenden Zeichen eines neuen Geistes, welche nur der Kaiser, als Inbegriff des rohen und unbeholfenen Rittertums, und der Papst, als Verkörperung der starrgewordenen Kirche, nicht gewahrten. Jeder größere oder kleinere italienische Fürst machte es sich zur Ehre, Kunst und Wissenschaft zu fördern, Dichter, Künstler und Gelehrte an seinen Hof zu ziehen. Am glücklichsten fühlte sich ein Herrscher, wenn es ihm gelungen war, eine neue Universität in seinem Gebiete zu gründen. Die Juden gingen dabei nicht leer aus. Einer der mächtigsten italienischen Fürsten, König von Neapel, Graf von Provence (Arelat), Generalvikar des Kirchenstaates und dem Namen nach eine Zeitlang Verweser des deutsch-römischen Reiches, R o b e r t v o n A n j o u, war ein Freund der Wissenschaft, auch ein warmer Verehrer der jüdischen Literatur und dadurch auch ein Beschützer der Juden. Mehrere jüdische Literaten[2] waren seine Lehrer oder arbeiteten in seinem Auftrage wissenschaftliche und theologische Schriften aus.

Sei es aus Nachahmungssucht oder aus aufrichtiger Teilnahme an der jüdischen Literatur, zogen reiche Juden, welche kleine Fürsten spielten, ebenfalls jüdische Schriftsteller in ihren Kreis, erleichterten deren täg-

[1] Vgl. Immanuels Beschreibung eines jüdischen Reichen in dem letzten Kapitel von der Hölle und dem Paradiese.
[2] Vgl. weiter unten.

liche Sorgen durch freigebige Unterstützung und regten durch Aufmunterung ihre Tätigkeit an[1]). So kam es, daß drei jüdisch-italienische Literaten den Mut hatten, mit Spaniern und Provenzalen zu wetteifern, Leone Romano, Juda Siciliano und vor allen der Dichter Immanuel Romi, welcher die neuhebräische Dichtkunst wieder zu Ehren brachte und sie um eine Stufe höher führte. — Die jüdische Gemeinde bekundete damals besonders hohes Interesse an dem römischen Schrifttum. Sie besaß von Maimuni, der für sie wie für die damalige jüdische Welt überhaupt die Wissenschaft in sich verkörperte, den ausführlichen Religionskodex und die Übersetzung seines „Führers", aber von seinem lichtvollen, ursprünglich in arabischer Sprache verfaßten Mischnahkommentar nur jene Partieen, welche Charisi und Samuel Jbn-Tibbon übersetzt hatten. Die Vertreter der römischen Gemeinde, zu denen damals vielleicht auch der Dichter Immanuel gehörte, wünschten aber das Werk vollständig zu besitzen und schickten zu dem Zwecke eigens einen Sendboten nach Barcelona an Ben-Adret, ihnen den Besitz der fehlenden Teile zu vermitteln. Die Sache war aber nicht so leicht, als sich die römischen Juden gedacht hatten. Der größte Teil des so sehr gewünschten maimunischen Kommentars zur Mischnah war wegen eigentümlicher Schwierigkeiten noch gar nicht ins Hebräische übertragen worden. Die größte Schwierigkeit bestand darin, daß das Verständnis des Arabischen den meisten spanischen Juden, bis auf diejenigen, welche in Toledo und in der Nähe des Königreichs Granada wohnten, abhanden gekommen war. Ben-Adret, welcher sich der römischen Gemeinde zuvorkommend zeigen wollte, gab sich Mühe, die von ihr gewünschten Teile ins Hebräische übertragen zu lassen. Er ermutigte zu diesem schwierigen Geschäfte einige des Arabischen und Talmudischen kundige Männer, und diese teilten die Arbeit unter sich: Joseph Jbn-al-Fawwal und Jakob Abbaßi[2]) aus Huesca, Salomo ben Jakob und Nathanael Jbn-Almali, beide Ärzte aus Saragossa

---

[1]) Folgt aus den Beispielen in Immanuels Machberet.
[2]) Die Übersetzung des größten Teils des maimunischen Mischnahkommentars auf Anregung der römischen Gemeinde und Ben-Adrets war vollendet 1298; vgl. darüber Einleitung zu diesem Kommentar zu den Traktaten Teruma, Sabbat, Jebamot, Baba-Kama, auch Frankel, Monatsschrift Jahrgang 1860, S. 386. Der Name des Übersetzers der Ordnung נשים lautet יעקב עבסאר, ist aber entschieden korrumpiert für עבאסי. Jakob Abbaßi aus Huesca korrespondierte mit Ben-Adret (Respp. III, Nr. 134). Vgl. Steinschneider die hebr. Übersetzungen, S. 923 f.

und noch andere. Dem Eifer der römischen Gemeinde, Ben-Adrets und dieser vier Männer, hat die jüdische Literatur den Besitz des so wertvollen maimunischen Werkes zu verdanken.

Aus ihrer friedlichen Beschäftigung und ihrer ruhigen Existenz wurde die römische Gemeinde mit roher Hand geweckt und ihr in Erinnerung gebracht, daß sie unter der Zuchtrute des Pfaffenregiments und der Willkür stand. Genau sind die für die römischen Juden so unangenehmen Vorgänge nicht bekannt. Es wird erzählt, eine Schwester des Papstes (Johanns XXII.), namens Sangifa, habe ihrem Bruder in den Ohren gelegen, das verfluchte Geschlecht der Juden aus der heiligen Stadt der Christenheit zu verjagen. Ihr Gesuch sei aber oft von ihm zurückgewiesen worden. Da habe sie einige Geistliche aufgestachelt, Zeugnis abzulegen, die Juden hätten sich über ein Kruzifix, das in Prozession durch die Straßen getragen worden, mit Worten und Geberden lustig gemacht. Darauf habe der Papst den Befehl erlassen, sämtliche Juden aus dem römischen Gebiete zu verweisen. Sicher ist nur, daß die Juden Roms in diesem Jahre in einer großen Gefahr schwebten. Denn sie veranstalteten ein außerordentliches Fasten, richteten inbrünstige Gebete an den Himmel (21. Sivan = 18. Juni 1321)[1]), vernachlässigten aber dabei nicht weltliche Mittel. Sie schickten

---

[1]) Die Quellen dafür sind Usque, Dialogo III, Nr. 17, Schebet Jehuda No. 14 (beide aus der gemeinsamen älteren Quelle des Profiat Duran) und aus beiden Joseph Kohen in Emek ha-Bacha, p. 62. Der Zug von der Judenfeindlichkeit der Schwester des Papstes klingt ein wenig ungeschichtlich. Usque gibt das Datum 5081 = 1321 an. Mit Recht kombinierte Luzzatto (Anmerkung zu Emek ha-Bacha) damit die Nachricht, daß nach einer Angabe in zwei römischen Machsorexemplaren (Ms.) die römischen Juden in demselben Jahre, 21. Sivan, einen außerordentlichen Fasttag mit öffentlichen Gebeten veranstaltet haben, als ihre "Abgeordneten" an den "Hof" gingen. Diese Nachricht findet sich auch in einem handschriftlichen italienischen Machsor der Breslauer Seminarbibliothek vom Jahre 1391: זה סדר תפלת תענית צבור נעשה ברומי ביום ה' כ"א בסיון שנת פ"א לפרט כשנסעו שלוחי הקהל ללכת בחצר. Unter diesem "Hof" ist aber lediglich die päpstliche Residenz in Avignon zu verstehen, nicht die des Königs Robert in Neapel. Denn dieser war von 1318 bis 1324 von Neapel abwesend und brachte diese Zeit zumeist in Avignon zu. Auch Immanuel läßt den hochgepriesenen anonymen Deputierten zur Verwendung wegen verhängter Leiden nach der Provence, d. h. an den päpstlichen Hof gehen: קנא — — פלוני ר' לשר החמישית החופה לארצו וירחמול על עמו כנגד בוגדיו וישלך את נפשו מנגד, הוא חלך בפרובינצא אל אלוף מגדיאל, ודבר טוב על ישראל (Nr. 28). Der Ausdruck מגדיאל bedeutet bei mittelalterlich-jüdischen Schriftstellern sonst Rom, hier aber in Verbindung mit אלוף und der "Provence" entschieden den "Papst" in Avignon. Vom Jahre 1322 wird eine Vertreibung der Juden aus dem

einen gewandten Sendboten an den päpstlichen Hof nach Avignon und an den König Robert von Neapel, den Gönner der Juden, der sich damals daselbst in Staatsangelegenheiten aufhielt. Der Dichter Immanuel schildert diesen jüdischen Abgeordneten als einen hochbegabten Dichter, beliebt bei Fürsten, kundig der arabischen, hebräischen und lateinischen Sprache, „der sich großen Gefahren aussetzte, um seinen leidenden Brüdern Rettung zu verschaffen". Es gelang diesem Sendboten durch Vermittlung des Königs Robert, die Unschuld der römischen Juden an der ihnen angedichteten Verhöhnung des Kreuzes oder an einem andern ihnen zur Last gelegten Vergehen zu beweisen. Die letzten Bedenken hoben noch 20 000 Dukaten, welche die römische Gemeinde der judenfeindlichen Schwester des Papstes geschenkt haben soll. — Die Juden Roms haben ihre Leidensschule später als die der übrigen Länder angetreten. Dafür dauerte sie um so länger!

Während der König Robert sich in Südfrankreich aufhielt, scheint er einen kenntnisreichen, herzgewinnenden jüdischen Satiriker Kalonymos ben Kalonymos kennen gelernt und in seinen Dienst genommen zu haben. Dieser begabte Mann (geb. 1287, st. vor 1337)[1]

Komitat Venaissin durch Johann XXII. berichtet. Vgl. J. Loeb in der Revue des Études Juives VI. 270, XII. 46. — Zunz, der zuerst Kalonymos' Bedeutung in der Geschichte nachgewiesen hat (Geigers Zeitschrift II, S. 313 ff. IV. 200 ff und a. a. St.) vermutet, Kalonymos, der Protégé des Königs Robert von Neapel, sei unter jenem Anonymen zu verstehen, der die Rettung herbeigeführt. Dagegen sprechen aber folgende Umstände: 1. Kalonymos, der in אבן בחן über die Leiden der Juden in Frankreich infolge der Hirten und Aussätzigen gerade in derselben Zeit klagt, erwähnt mit keiner Silbe die Gefahr, welche die römischen Juden damals bedrohte. 2. Immanuel läßt Kalonymos auf Einladung seines Verwandten von Rom nach der Provence, aber nicht in einem gesandtschaftlichen Auftrage abreisen. 3. Den anonymen Abgeordneten rühmt Immanuel als Verskünstler, dessen Gedichte er gelesen und bewundert habe: עם כסאו אשר — — וממעל למשוררי הזמן und weiter השביח ממשוררי הזמן בשיריו אשר הראנו ולו השיר הנמרץ והנצרב בלשון עברי ובלשון נוצרי ובלשון ערב, während er von Kalonymos, so hoch er ihn auch sonst stellt, ausdrücklich bezeugt, er habe kein Gedicht je von ihm gesehen: (קלונימוס) אמנם שיר שקול לא הראני מבלאכתו (No. 22). Kalonymos war sicher nicht der Abgeordnete der römischen Gemeinde, um die ihr drohende Verfolgung abzuwenden. Kalonymos war 1321 noch gar nicht in Rom anwesend.

[1]) Immanuel Romi, Machberet No. 23: החכם הנשיא ר' קלונימוס עומד על משמרת מלאכת עבודת אדונינו המלך רובירטו. Vgl. über ihn Zunz in Geigers Zeitschrift II. S. 313 ff., IV. S. 200 f., wo sein Zeitalter ermittelt ist. Unbegründet ist aber Zunz' Annahme, daß K. b. K. zwischen 1317—22 in Rom beschäftigt war. In seinem Eben Bochan, verfaßt 1322, deutet er mit keiner Silbe an, daß er damals bereits eine Ehrenstellung eingenommen

besaß gediegene Kenntnisse, war, was an einem Provenzalen sehr merkwürdig ist, sogar in der arabischen Sprache und Literatur heimisch und übersetzte schon in der Jugend (1307 bis 1317)[1]) medizinische, astronomische und philosophische Schriften aus dieser Sprache ins Hebräische. Kalonymos ben Kalonymos war aber nicht bloß Handlanger und Dolmetsch auf dem Gebiete der Wissenschaft, sondern er hatte Geist genug, selbständige Betrachtungen anzustellen. Das Gebiet metaphysischer Spekulationen beiseite lassend, beschäftigte er sich mehr mit der reinen Moral, die er namentlich seinen Glaubensgenossen einprägen wollte, „weil deren Verkennung und Vernachlässigung die Menschen zu allerlei Verkehrtheiten und zu gegenseitigem Schaden führe". Er behandelte die Moral aber nicht auf trockene Weise, sondern suchte sie in ein anziehendes Gewand zu kleiden. Zu diesem Zwecke überarbeitete Kalonymos einen Teil der arabischen Enzyklopädie der Wissenschaft (die unter dem Namen **Abhandlungen der aufrichtigen Brüder im Umlauf war**)[2]), in ein Wechselgespräch zwischen Menschen und Tieren und gab diesem Thema eine jüdische Färbung.

In einem andern Werk „Stein der Prüfung" (verfaßt Ende 1322)[3]) hielt Kalonymos ben Kalonymos seinen jüdischen Zeitgenossen

---

hätte. Sein Verhältnis zu Robert von Neapel kann daher erst nach diesem Jahre eingetreten sein. Von welcher Art dieses Verhältnis war, ist noch nicht ermittelt. Seine Aufgabe kann nicht gewesen sein, arabische Schriften ins Hebräische zu übersetzen, denn er hatte bereits bis 1317 seine Übersetzungen mit Ausnahme einer winzigen Schrift vollendet, ehe er noch mit Robert von Neapel in Berührung kam. Möglich, daß ihn dieser engagiert hatte, Übersetzungen medizinischer und philosophischer Schriften ins Lateinische zu veranstalten.

[1]) Zunz a. a. O. II, S. 317.
[2]) Vgl. über diese Enzyklopädie Flügel in der Zeitschrift der deutschen morgenl. Gesellschaft, Jahrg. 1859 Anfang. Haneberg hat in den Sitzungsberichten der Münchener Akademie der Wissenschaften (1866, S. 89 ff.), nachgewiesen, daß Gebirols Philosophie von den Lehren dieser arabischen Enzyklopädie beeinflußt sei (vgl. Guttmann, die Philosophie des Salomon Ibn-Gebirol 1889, S. 35 ff.). Kalonymos' אגרת בעלי חיים bildet den einen Teil des 5. Abschnittes des צפה רסלה אכואן אל (Abhandlungen der aufrichtigen Brüder), in der hebräischen Ausgabe korrumpiert אבואל צפה. Eine deutsche Bearbeitung dieser Schrift hat J. Landsberger, Darmstadt 1882 veröffentlicht. Über ein hervorragendes Werk des Kalonymos, in dem eine Zahlentheorie auseinandergesetzt wird und das vermutlich einen Teil eines größeren Werkes unter dem Titel ספר המלבים bildete, vgl. Steinschneider in Geigers Jüd. Zeitschrift VIII, S. 118 ff., über Kalonymos' Übersetzertätigkeit, Steinschneider, die hebr. Übersetzungen.
[3]) אבן בחן erste Edition, Neapel 1489.

einen Spiegel vor, in dem sie ihre Verkehrtheiten, Torheiten und Sünden erkennen konnten. Um sich nicht den Schein des lauteren Sittenrichters zu geben, zählte er sein eignes Sündenregister auf, das aber mehr Satire als Bekenntnis ist. In einem Anflug von Laune ironisierte Kalonymos sogar das Judentum. Er wünschte, er wäre als Mädchen geboren, so trüge er nicht die Last von 613 Religionsgesetzen und noch dazu so vieler talmudischen Umzäunungen und strengen Satzungen, die man bei aller Gewissenhaftigkeit unmöglich erfüllen könne. Als Frauenzimmer brauche er sich auch nicht mit so viel Gelehrsamkeit zu plagen, Bibel, Talmud und die vielen dazu gehörigen Fächer zu studieren, sich auch nicht mit Logik, Mathematik, Physik, Astronomie und Weltweisheit abzuquälen. Im weiteren Verlaufe verfällt aber Kalonymos Satire in bitteren Ernst. Die Gesunkenheit seiner jüdischen Zeitgenossen und die blutigen Verfolgungen, von den Hirten und Aussätzigen hervorgerufen, verscheuchten seine spöttelnde Laune, und seine Satire wurde zum Klageliede. — In Rom, das ihm der König Robert zum Aufenthalt anwies, und wohin er ihn mit Empfehlungsschreiben versah, geriet Kalonymos in einen fröhlichen, lebenslustigen, schöpferischen Kreis, und er wurde von ihm angeregt, eine eigene Parodie zu schreiben. Er verfaßte einen Traktat für den jüdischen Faschingstag (Purim), worin er den Gedankengang des Talmuds, seine Methode, seine Kontroversen und Abschweifungen mit vielem Witz kopierte. Es ist eine feine Parodie, welche die Lachmuskeln immerfort in Spannung erhält, und von der man nicht weiß, ob es bloß ein harmloser Faschingsscherz oder eine Satire auf den Talmud sein sollte[1]). Nebenher wirft er Streiflichter auf einige römische Persönlichkeiten, auf einen jüdischen Vorsteher, dessen Frau einen Kardinal zum Vater hatte und „die Kardinalin" genannt wurde[2]); auf eine Stadt im Römischen, deren Gemeindeglieder auf Schachspiel erpicht waren. — Kalonymos nahm in der römischen Gemeinde eine geachtete Stellung ein. Schön von Gestalt, von reichem Wissen, gediegenem Charakter und gehoben durch die Gunst des Königs Robert von Neapel, war er aller Liebling. Die

---

[1]) מסכת פורים und מגלת סתרים genannt, zuerst ediert Venedig 1552. Daß es in Rom verfaßt wurde, ergibt sich aus den vielfachen Anspielungen auf Rom und Ankona im zweiten und letzten Abschnitt, worauf auch Zunz a. a. O. aufmerksam gemacht hat. Unter dem einige Mal genannten ר' טבאל scheint Immanuel gemeint zu sein.

[2]) Im letzten Abschnitt ist wohl der Satz: תא (איתתא) דידן ברתיה דבר נשיאה חוות וקורין אותה קרדילנית, so zu verstehen, wenn man statt קרדילנית liest קרדינלית vielleicht geflissentlich versetzt.

italienischen Juden waren stolz auf ihn[1]). Aber ein Dichter war Kalonymos nicht, noch weniger ein Künstler. Verse konnte er nicht zustande bringen, und auch seine Prosa ist weder gewählt noch schön. Selbst seine Satire erscheint schwerfällig; sie kann sich nur auf Stelzen der Gelehrsamkeit bewegen.

Viel begabter, reicheren und beflügelteren Geistes war sein älterer Freund und Bewunderer **Immanuel ben Salomo Romi** (geb. um 1265, st. um 1330)[2]). Er war im Mittelalter eine in jüdischen

[1]) Immanuel, Machberet No. 23.

[2]) Seine Lebenszeit genau zu bestimmen ist nicht leicht, und die Untersuchungen von Zunz a. a. O. sowie die im Orient. Literaturbl. Jahrg. 1843 Nr. 1 ff. lassen noch manches zu wünschen übrig. Man muß dabei von festen Daten ausgehen. Zweimal bezeichnet Jm. in Machberet das Jahr 1328 (in No. 25 und 27). Wollte man sich vom Wortlaut leiten lassen, so hätte er damals in den Jugendjahren בימי הנעורים gestanden. Der Eingang an der letztgenannten Stelle lautet nämlich: הייתי כמ השר בימי הנעורים. Allein dagegen sprechen mehrere Momente. Einmal ist jetzt bekannt geworden, daß Immanuel mit Dante bekannt war. Prof. Mercuri hat nämlich in einer Dissertation: Lezione — — nella quale e trattato, se Dante veramente fosse morto nel 1321 (Neapel 1853) Gedichte mitgeteilt von Bosone, einem Freunde Dantes, und Manoello Giudeo über Dantes Tod, und von Bosone und Cino über denselben Manoello. Luzzatto hat in einer kleinen Schrift (Appendice) die richtige Kombination aufgestellt, daß Manoello, der Jude, identisch ist mit dem Dichter Immanuel (vgl. auch Ozar Nechmad III, p. 125 ff.). Dante starb nach der bisherigen Annahme 1321, nach Mercuris Untersuchung frühestens 1328. Wie konnte nun zwischen dem Jüngling Immanuel und dem bereits betagten gefeierten Staatsmann und Dichter Dante ein Verhältnis bestanden haben, wenn der erstere 1328 noch jung gewesen sein soll? Ferner geben die Gedichte von Bosone und Manoello (Immanuel) an, des letztern Frau sei gleichzeitig mit Dante gestorben, worüber er untröstlich ist, also 1321 oder 1328. In No. 1 seines Machberet, worin er seine Auswanderung von Rom nach Fermo beschreibt, war er bereits alt oder dem Alter nahe: ואני והצוני והחקנה רובבים צמדים und weiter זקנתי ושבתי und doch lebte damals seine Frau noch, die er gerade in dieser Machberet sehr preist. Folglich stand er bereits vor 1321 oder 1328 in vorgerücktem Alter. Dieser Schluß wird noch durch einen dritten Umstand bestätigt. Immanuel war zur Zeit, als Kalonymos in Rom lebte, bereits eine Respektsperson und erließ im Namen der Gemeinde ein Schreiben an dessen Verwandten Samuel (No. 23). Kalonymos war in Rom nach Zunz 1317—22, nach meinem Kalkül nach 1322, aber nicht viel später. Immanuel muß also damals schon in den besten Jahren oder gar dem Alter nah gestanden haben. Der Ausdruck בימי הנעורים (in No. 25) bezieht sich also nicht auf seine Jugendzeit, sondern auf die Jugendzeit der Natur, auf den Frühling, so wie die Bezeichnung: בימי הזקנים (No. 26) als Gegensatz den Herbst bedeutet. Wenn er demnach 1328 jedenfalls ein Sechziger war, so läßt sich das Übrige leicht fixieren. Immanuel war also um mehr als ein Jahrzehnt

Kreisen fast regelwidrige Erscheinung. Er gehörte zu der Klasse von Schriftstellern, die zwar nicht sehr tugendhaft, aber desto anziehender schrieben. Voll sprudelnden Witzes, übermütiger Laune und beißender Satire weiß er seine Leser stets zu fesseln und ihre Lachlust von neuem anzuregen. Man kann Immanuel den jüdischen Heine des Mittelalters nennen. Von der Begabung, geistreiche Einfälle immer bei der Hand zu haben — einer Begabung, die nur zwei Volksstämmen eigen ist, dem jüdischen und französischen — hatte Immanuel eine überströmende Fülle. Und dies alles in der heiligen Sprache der Propheten und Psalmisten! Freilich hatten die neuhebräischen Dichter und Denker, die Grammatiker und Talmudisten sie bereits geschmeidig gemacht. Aber keiner von Immanuels Vorgängern wußte so wie er, aus ihr ganze Funkenbündel sprühenden Witzes zu schlagen. Allein wenn er auf der einen Seite die hebräische Sprache fast zu einem Mittel für den geflügelten Gedankenaustausch einer geistreichen Unterhaltung gemacht hat, so hat er auf der andern Seite ihr den heiligen Charakter geraubt. Immanuel verwandelte die keusche, tiefverhüllte Jungfrau der hebräischen Muse in eine leichtgeschürzte Tänzerin, welche die Blicke der Vorübergehenden auf sich lockt. Die frivolsten, unflätigsten Dinge läßt er sie mit einer natürlichen Nacktheit ohne die geringste Scham benennen. Seine Lieder- und Novellensammlung kann auf die heißblütige Jugend sehr verderblich und vergiftend wirken. Darum war aber Immanuel doch nicht der hart gesottene Sünder, als den er sich selbst schildert, der an weiter nichts gedacht hätte, als Liebeleien anzuknüpfen, die Schönen zu verführen und die Häßlichen zu verspotten. Er sündigte nur mit der Zunge und mit der Feder, aber schwerlich mit dem Herzen und den Sinnen.

„Meine Freunde fragten mich, wodurch
Mein Geist sich so emporgeschwungen?
Ich antwortete, weil mit der Welt ich gerungen.
Ich unterjochte die Welt meiner Seele
Und ließ mich nie von ihr beherrschen"[1]).

Wenn er sich auch oft in übertriebenem Selbstlob ergeht, so darf man doch der einfachen Schilderung seines sittlichen Verhaltens Glauben schenken, „daß er seinen Feinden nichts Böses nachtrug, seinen Freunden

älter als Kalonymos ben Kalonymos. Beim Falle Akkos (1291), dem er in No. 6 in einem Frage- und Antwortspiel zwei Verse widmet, kann er bereits ein Zwanzigjähriger gewesen sein. — Über Immanuels Verhältnis zu Dante, entnommen aus zeitgenössischen Gedichten, vgl. Pauer im Dante-Jahrbuch 1870 mit der Überschrift Immanuel und Dante.

[1]) Machberet Immanuel No. 1.

beharrlich treu blieb, für seine Wohltäter Dankgefühl hegte, ein mitleidiges Gemüt hatte, mit seinem Wissen nicht geizte und sich in Wissenschaft und Poesie vertiefte, während seine Genossen in sinnlichen Freuden schwelgten"[1]). Immanuel gehörte zu denen, welche vom Witze beherrscht werden, die einen treffenden Einfall nicht zurückhalten können, wenn auch die ihrem Herzen am Teuersten davon verletzt werden oder das Heiligste dadurch in den Staub gezogen wird. Er ließ sich allzusehr von der Lebhaftigkeit des Italieners und des europäisierten Juden übermannen und legte seiner Zunge keine Fessel an.

Das Merkwürdigste an diesem Satiriker ist, daß sein Leben, seine Stellung und seine Beschäftigung mit seiner Dichtungsart im Widerspruch zu sein scheinen. Immanuel stammte nämlich aus einer geachteten jüdisch-römischen Familie Zifroni. Er hatte eine fromme Mutter (Justa) und eine sehr züchtige Frau aus einem frommen Hause, deren Tugend er hochpreist[2]). Unter bedeutenden Rabbinen studierte er Bibel und Talmud und war in ihre tiefsten Falten eingeweiht. Philosophische Studien zogen ihn an und beschäftigten seinen Geist. Selbst mit der Kabbala oder doch wenigstens mit der Lehre von der überschwänglichen Bedeutung der hebräischen Buchstaben befreundete er sich und verfaßte eine eigene Schrift darüber[3]). Bibelexegese betrieb er ernstlich und hat die meisten Bücher der heiligen Schrift ausgelegt, allerdings im Geschmacke jener Zeit bestrebt, breitgetretene, philosophisch klingende Gemeinplätze in der heiligen Literatur wiederzufinden. Er tat sich viel darauf zugute, daß er tiefer in den Sinn der Schriftverse eingedrungen sei, als seine Vorgänger[4]). In der römischen Gemeinde nahm er eine geachtete Stellung ein, war so etwas wie Vorsteher, jedenfalls eine Respektsperson[5]). Er scheint dem ärztlichen Stande angehört zu haben, wenn er sich auch über die Quacksalbereien der Heilkünstler lustig machte. Kurz, er führte das umfriedete, von Sittlichkeit und Religion durchwehte häusliche Leben seiner Zeit, welches eine Ausschreitung gar nicht zuließ. Immanuel

---

[1]) Machberet Immanuel No. 28.
[2]) Das. No. 1 und öfter.
[3]) Er erwähnt seine Kunde von ס׳ יצירה und ס׳ הבחיר ס׳ (No. 1) und noch deutlicher in seinem Kommentar zu Sprüchen (Neapel 1487): כי לא כאותיות המצריות העבריות כי בצורת אותיותינו נרמזים סודות גדולים וכבר בארנו זה בספר חברנוהו מדבר על באור סודות צורות האותיות. Daß er aber den Sohar nicht zitiert, wie Zunz irrtümlich behauptet, vgl. Note 12. Abulafias Schriften scheint er gelesen zu haben.
[4]) Machberet No. 1, 18, 28 und öfter.
[5]) Das. No. 1, 23.

war auch nicht wie Ibn-Esra oder Alcharisi, denen er ähnelt, ein fahrender Literat, ein wandernder Abenteurer, der von seiner Irrfahrt moralisches Ungeziefer in die Heimat mitgebracht hätte. Er hat wohl nie die italienischen Grenzen oder gar die römische Mark überschritten. Seine Angabe, er habe viel Land und Leute auf seinen Reisen in Spanien, der Berberei und Palästina gesehen[1]), gehört zur poetischen Ausschmückung. Seine ehrbare Lebenslage hinderte ihn indessen nicht, ausgelassene Lieder zu singen und sich in seinen Dichtungen zu gebärden, als wenn er den Ernst der Religion, des Standes oder der Gelehrsamkeit gar nicht gekannt hätte.

Immanuel war mit dem größten Dichter des Mittelalters, mit Dante, der die Pforten einer neuen Zeit zuerst geöffnet und die Einheit Italiens in poetischer Verklärung gezeigt hat, bekannt, wo nicht befreundet. Wahrscheinlich wurden sie bei Dantes öfterem Aufenthalt in Rom, als Gesandter oder Verbannter, miteinander bekannt. Obwohl ihre Dichtungsweise himmelweit verschieden ist, Dantes ätherisch, ernst, erhaben, Immanuels derb, lustig, leicht, so haben beide doch einige Berührungspunkte. Beide hatten den ganzen Bildungsstoff der Vergangenheit in sich aufgenommen: Dante die kirchlichen, scholastischen und romantischen Elemente, Immanuel die biblisch-talmudischen, maimunisch-philosophischen und neuhebräischen Erzeugnisse. Beide haben diesen mannigfaltigen Stoff zu einem organischen Ganzen verarbeitet und zu einer neuen Dichtungsart gestaltet. Die Italiener waren damals voll von Lebensdrang, und Immanuels Muse ist wohl von diesem poetischen Frühlingshauch geweckt worden. Er verstand sich auch auf italienische Dichtung; ein schönes Gedicht in dieser Sprache, das von ihm noch übrig ist[2]), legt Zeugnis davon ab. Die italienische Kunstform übertrug Immanuel zuerst auf die neuhebräische Poesie. Seine Vorgänger, selbst die großen Dichter Ibn-G'ebirol und Jehuda Halevi, gebrauchen einen eintönigen Reim, und ihre Verse lassen größtenteils denselben Reimklang widerhallen. Immanuel hingegen führte den Wechselreim ein (**Terza rima in Sonettform**), wodurch er einen melodischen Tonfall erzielte. Indessen sind nur die wenigsten seiner Gedichte in dieser neuen Kunstform gehalten; die meisten behalten die von den jüdisch-spanischen Dichtungen ausgeprägte Reimweise bei. Seine Verse sind auch nicht durchweg gelungen. Es fehlt ihnen gerade nicht an Phantasie; aber sie entbehren Schmelz und Anmut. Seine Be-

---

[1]) Machberet No. 9, 18, 21.
[2]) Vgl. o. S. 266, Anmerkung 2.

deutung besteht lediglich in der poetischen Prosa (Meliza), da wo er sich in ungebundenen und witzigen Anspielungen gehen lassen kann. Er dichtete in dieser Form eine Menge **kleiner Novellen**, Frage- und Antwortspiele, Briefe, Lob- und Trauerreden, die durch komische Wendungen und Situationen auch den Ernstesten zum Lachen bringen.

Er führt in einer dieser Novellen einen streitlustigen Grammatiker der hebräischen Sprache vor, einen Silbenstecher, der auf grammatische Fehden auszieht und eine wunderschöne Frau mit sich führt. Immanuel läßt sich mit ihm in eine wortdreschende Disputation ein, um mit der schönen Frau liebäugeln zu können. Er erleidet Niederlagen in der Grammatik, feiert aber Siege in der Liebe[1]. — Voller Humor ist auch die Novelle von einem Familienvater, der in der Fremde starb und den Gemeindevorstehern des Ortes seine bedeutende Hinterlassenschaft einhändigte, um sie seinem Sohne Daniel zu übergeben, wenn sie die Überzeugung von seiner rechtmäßigen Sohnschaft haben würden. Ein Betrüger spielt den trauernden Sohn mit vieler Scheinheiligkeit und erhält die Erbschaft; der rechtmäßige Sohn erscheint später, fragt vor allem nach der Hinterlassenschaft seines Vaters, zeigt kein Zeichen von Trauer, wird also nicht anerkannt und um seine Erbschaft durch das Scheinwesen eines Betrügers und das oberflächliche Urteil der Bevollmächtigten geprellt[2]. — Drollig ist der Dialog zwischen Immanuel und einem Freunde, der sich seines außerordentlichen Gedächtnisses rühmt und ihm Vergeßlichkeit und Zerstreutheit vorwirft. Der Dichter gesteht ihm zu, daß er allerdings kein Gedächtnis habe für Klatschgeschichten, für die Namen der Großen und ihrer Konkubinen, daß er die Ritter nicht voneinander zu unterscheiden wisse, ihren Anzug sich nicht gemerkt habe und auch nicht von welcher Art Ungeziefer deren Kleider bevölkert seien — dafür aber viel gelehrten Wust im Kopfe habe[3]. — Von außerordentlich komischer Wirkung ist die Gedächtnisrede, die er auf sich selbst ausgearbeitet hat. Das Selbstlob, das er sich darin spendet, ist eine launige Satire auf die übertreibende Manier der Leichenredner. Er läßt die Hinterbliebenen trauern, daß sie durch seinen Tod das Lachen verlernen würden; sie trösten sich aber damit, daß des Verblichenen Schriften einigermaßen seine Gegenwart ersetzen würden. — Mitten im Ernste läßt er Spaße einfließen. „Hat ja Noah seinen Weinberg, Salomo seine Weiber und Daniel seine Träume zurücklassen müssen"[4]. — Wer schwermütig ist, der lese, wenn er hebräisch versteht,

---

[1] Machberet No. 7.
[2] Das. No. 14. [3] Das. No. 18. [4] Das. No. 21.

Immanuels exegetischen Dialog[1]) und das Lachen wird sein Gemüt
unfehlbar erheitern. Er läßt Halbwisser auftreten, welche das Hebräische
mißverstehen und Widersprüche zwischen einem und dem andern Verse
finden. Immanuel geht darauf ein und löst die Schwierigkeit auf eine
höchst drollige Weise. Der Dichter verspottet darinnen nicht bloß die
Halbwisser, die das große Wort zu führen pflegen, sondern führt auch
Seitenhiebe auf die kabbalistische und selbst auf die talmudische Auslegungsweise. In einer Novelle führt Immanuel einen Leidenden vor,
der sich von ihm ein Mittel gegen gestörte Verdauung geben läßt. Er
verschreibt ihm das allerkräftigste Mittel, und es bleibt doch ohne Wirkung.
Wie der Dichter-Arzt seinen Kranken besucht, liest dieser ihm ein
mißlungenes, holperiges, ohrenzerreißendes Gedicht vor, das er eben
verfertigt hatte. „Nun," bemerkt ihm Immanuel, „mein Mittel hat
doch gewirkt, der Unrat ist weg, er hat nur einen andern Ausweg gefunden"[2]).

Voll seiner Satire ist Immanuels Beschreibung der Hölle und
des Paradieses[3]), worin er seinen Freund Dante nachahmte. Aber
während der christlich-romantische Dichter Ernst und Erhabenheit in
seiner poetischen Schöpfung zeigt, Sünder und Verbrecher, politische
Gegner und Feinde Italiens, Kardinäle und Päpste in der Hölle gepeinigt werden läßt, seine politischen Freunde und Gesinnungsgenossen
in das Paradies versetzt und gewissermaßen strenges Weltgericht hält,
bedient sich sein jüdischer Freund Immanuel der höllischen und himmlischen Szenen lediglich zu dem Zweck, um seine launige Phantasie
sprudeln zu lassen. Dante dichtete eine „göttliche Komödie",
Immanuel eine menschliche. Er leitet seine Höllen- und Himmel-
fahrt durch die Erzählung ein, daß er einmal sich allzusehr von seiner
Sündenlast gedrückt gefühlt und den Schmerz der Zerknirschung empfunden habe. Da sei ihm sein junger Freund Daniel erschienen, den
der grausame Tod jüngst seinem Herzen entrissen, und habe sich ihn als
Führer durch die Marterkammern der Höllenbewohner und die blühen-
den Gefilde der Seligen angeboten. Den Weg zur Hölle führt er ihn
über eine Brücke von „Haaresbreite" über tosende Fluten und schwindel-
erregende Abgründe. In den Räumen der Hölle erblickt Immanul
sämtliche Bösewichter und Gottvergessene der Bibel, aber auch Aristoteles, „weil er die Ewigkeit der Welt gelehrt", Plato, „weil er

---

[1]) Machberet No. 22.
[2]) Das. No. 23.
[3]) Das. No. 28, die letzte.

die Wirklichkeit der Gattungsbegriffe" (Realismus)[1]) behauptet, den arabischen Philosophen Abunazar Alfarabi, „weil er die Vereinigung der menschlichen Seele mit dem Weltgeiste für ein Kindermärchen erklärt", Ibn-Sina (Avicenna), „weil er die Schöpfung als einen natürlichen Vorgang darstellt", die medizinischen Koryphäen der alten Welt, Hippokrates, „weil er aus Neid seine Heilmittel der Menschheit vorenthalten", und Galenus, „weil er den Propheten Mose geschmäht habe". Am meisten geißelt Immanuel in diesem Gedichte seine Zeitgenossen. Er versetzt in die Hölle einen Mann, der sein großes Vermögen auf Prachtbauten verwendet und gegen Arme hartherzig war. Der verstorbene Gatte muß mit ansehen, wie seine Witwe einen andern liebkost, der über sie und das hinterlassene Vermögen schaltet. — Er läßt Höllenpein erleiden die Verächter der Wissenschaft, einen Talmudisten, der heimlich die gröbsten Ausschweifungen getrieben, Männer, welche geistigen Diebstahl begangen, solche, welche in der Synagoge alle Ehren an sich reißen wollten, diesen, weil er seinen

---

[1]) Immanuels Tadel gegen Plato offenbart eine Bekanntschaft der Juden mit dem Streit zwischen Nominalismus und Realismus während der Blütezeit der scholastischen Philosophie, was anderweitig nicht bekannt ist. Er setzt nur das eine an Plato aus, was auf den ersten Blick nicht verständlich ist. Er singt:

שם (בגיהנם) אפלטון ראש למבינים,
יען כי אמר כי ליחשים ולמינים
יש חוץ לשכל מציאות,
וחשב דבריו דברי נבואות.

d. h. Plato habe die Realität der Gattungs- und Artbegriffe und demnach den Realismus gelehrt. Aber inwiefern liegt darin Ketzerei? Das ist lediglich aus dem tieferen Wesen des lebhaften scholastischen Streites zu ermitteln. Bekanntlich haben die Realisten ihre Prinzipien auf Plato, als den Schöpfer der Ideenlehre, zurückgeführt, weil er die Arten und Gattungen, die Universalia, als Gedanken Gottes und als Musterbilder dargestellt hat, nach denen die Dinge und die Fülle der Weltwesenheiten geformt sind, und in denen sie ihren ewigen Grund haben. Die Hauptnominalisten Wilhelm Occam, Immanuels Zeitgenosse, und sein Jünger Johannes Buridan haben nun in der Annahme des Realismus, daß die Urbilder und Gattungsbegriffe der Dinge eine selbständige Existenz haben sollen, Ketzerei gefunden. Einmal weil dann die Universalia gleich Gott allgemein und zugleich individuell sein müßten und hauptsächlich darum, weil der Realismus die Urewigkeit der Welt, als in den Ideen in potentia vorhanden, voraussetzt. (Vgl. Ritter, Geschichte der Philosophie B. 8, S. 580 und 611). Diese Ketzerei des Realismus, den Plato gelehrt, hatte offenbar Immanuel im Sinne, als er Plato zur Hölle verdammte, d. h. nicht gerade aus sich heraus, sondern nach der Anschauung seiner Leser. Jüdische Denker haben sich also auch an diesem scholastischen Streite beteiligt.

Sitz an der Bundeslade haben, j e n e n, weil er am Versöhnungstage vorbeten wollte. Quacksalbernde Ärzte versetzt er ebenfalls in die Hölle, weil sie auf die Dummheit und Leichtgläubigkeit der Menge spekulieren und vertrauensvolle Kranke unter die Erde bringen.

Sein junger seliger Führer geht mit ihm auch durch die Pforten des Paradieses. Wie jauchzen da dem Dichter die seligen Geister entgegen! Sie rufen aus: „Jetzt ist es Zeit zum Lachen, denn Immanuel ist hergekommen!" In der Beschreibung des Paradieses und seiner Bewohner tut Immanuels Muse sehr ernst, kichert aber verstohlen desto schalkhafter. Er erblickt darin natürlich die heiligen Männer, die Patriarchen, die frommen Könige und Helden der jüdischen Vorzeit, die Propheten und großen Lehrer, die Dichter Jehuda Halevi und Charisi, den jüdischen Philosophen Maimuni. Er sieht aber neben dem Könige David, der die Zither schlägt und Psalmen singt, neben Jonathan, dem kühnen Helden, die Buhlerin Rahab, welche in Jericho die Auskundschafter beherbergt, und Tamar, welche am Scheidewege in Erwartung saß. Dante selbst schließt die ganze Heidenwelt vom Paradiese aus, weil sie Christus nicht erkannt und der Gnade der Seligkeit nicht teilhaftig geworden. Immanuel sieht eine Schar Seliger, die er nicht erkennt und fragt seinen Führer, wer diese seien? „Das sind," antwortet dieser, „die frommen und sittlichen Heiden, welche durch ihren Geist die Höhe der Weisheit erklommen, die den einzigen Gott als Weltschöpfer und Segensspender erkannt." — Die frommen Schriftsteller David, Salomo, Jesaia, Ezechiel, wie sie Immanuel erblicken, reißen sich förmlich um ihn; jeder dankt ihm dafür, daß er seine heiligen Schriften am besten ausgelegt; dabei läßt Immanuel Seitenhiebe auf ältere und zeitgenössische schlechte Ausleger fallen.

Die neuhebräische Poesie, welche mit José ben José begann und in Ibn-Gebirol und Jehuda Halevi ihren Höhepunkt erreichte, erhielt in Immanuel den Abschluß ihres Entwicklungsganges. Alle Tonarten waren nun erschöpft. Hervorgegangen aus einem liturgischen Bedürfnis und bekleidet mit einem religiösen Charakter, verweltlichte sich die hebräische Poesie immer mehr und wurde zuletzt ausgelassene Parodie. Immanuel machte zwar auch einige religiöse Verse, aber sie kamen ihm nicht aus dem Herzensgrunde; der Schalk ist durch die fromme Maske zu erkennen. Er übertraf an Schalkhaftigkeit bei weitem seine Vorgänger Salomo Ibn-Sakleb und Charisi. Nach Immanuel verstummte die hebräische Muse wieder auf lange Zeit, und es bedurfte einer neuen, kräftigen Anregung, um sie aus dem Schlummer zu neuer Schöpfung zu erwecken. Es wurden zwar nach ihm noch immer Verse gemacht und Reime geschmiedet, aber sie sind von Poesie ebenso weit entfernt, wie ein Gassenhauer von einem seelenvollen Liede. In Immanuels Lebensgang ist das Schicksal der hebräischen Poesie typisch gezeichnet. Eine Zeitlang war er gefeiert, jedermann suchte seine Freundschaft. Im Alter aber verfiel er der Verlassenheit und Armut. Er selbst gibt an, seine Großmut habe ihn um sein Vermögen gebracht. Er wurde dann ebenso verspottet, wie er früher gepriesen war. Mit seiner Familie verließ er Rom, wanderte umher und fand erst Ruhe bei einem reichen, angesehenen Kunstfreunde (Benjamin?) in Fermo, der sich seiner annahm und ihn ermutigte, seine Verse und Dichtungen aus den verschiedenen Altersstufen zu einem Ganzen abzurunden[1]. Aus dieser Überarbeitung entstand seine Novellensammlung (Machberet)[2]. Sein Beschützer und viele seiner Zeitgenossen erheiterten sich an seinem Witze und seiner ausgelassenen Laune. Den Frommen aber galt er als Sittenverderber, und das Lesen seiner Novellensammlung wurde gar verboten[3]. — Über sein Lebensende ist wenig bekannt geworden. Er verlor zu gleicher Zeit seine Frau und seinen Freund Dante. Ein Freund aus Dantes Kreise richtete an ihn elegische Verse und deutete dabei einen Bekehrungsversuch an. Immanuel erwiderte die dichterische Zuschrift in italienischen Versen, „daß der reiche Tränenstrom die Glut seines Innern ob so schmerzlichem Verlust lösche. Er sei untröstlich, aber nicht schwankend und werde auf seinem Pfade verharren"[4].

Unangenehm berührt zwar in Immanuels Dichtungen das Selbstlob, das er seinen Erzeugnissen erteilt, und seine Ruhmredigkeit, daß er die alten Dichter verdunkele. Dennoch war er wie jeder, der Tüchtiges leistet, weit entfernt von jener anwidernden Eitelkeit, welche in der Anerkennung eines andern die eigene Verkleinerung sieht. Dem wahren Verdienste zollt Immanuel vielmehr das wärmste Lob und räumte ihm bescheiden den Vorrang ein. Nicht bloß den hochgestellten Kalonymos, der sich in des Königs Gunst sonnte, rühmte er mit vielem Farbenaufwande, sondern fast noch mehr den in ärmlichen Verhältnissen lebenden

---

[1] Machberet No. 1.
[2] Zuerst gedruckt Brescia 1491.
[3] Vgl. Rieti Mikdosch Meat (ed. Goldenthal Wien 1851), p. 106, Note. אמר הרריאיטי ולא הבאתי במליצתי את ר' עמנואל ממשפחת הציפרוני No. 307, § 16. ארח חיים Joseph Karo in על לשונותיו ועל דבריו במחברות מליצות ודברי חשק כגון ספר — עמנואל אסור לקרות בהן בשבת ואף בחול אסור.
[4] Quelle o. S. 281, Anm. 1.

Dichter Jehuda Siciliano. Er reichte ihm die Palme der Poesie in der gebundenen Rede und behielt sich nur den Vorzug in der poetischen Prosa vor. Ohne Immanuel wäre von diesem Dichter gar nichts bekannt geworden. Der arme Siciliano mußte um Brot seine Kraft an Gelegenheitsgedichte verschwenden[1]) und hat darum nicht für die Nachwelt schaffen können. — Einen andern zeitgenössischen jüngern Dichter Jechiel ben Mose stellte Immanuel ebenfalls sehr hoch[2]). Aber mit glutvoller Schwärmerei feierte er seinen Vetter, den jungen Gelehrten Leone Romano, Jehuda ben Mose ben Daniel (geb. um 1292?), den er „die Krone des Gedankens" nennt. Immanuel gesteht ein, daß er ihm viel zu verdanken, daß er mit dessen Ideen seine Schriften befruchtet habe. Im Paradies weist er ihm den würdigsten Ehrenplatz an[3]). Leone Romano war der Lehrer des Königs Robert von Neapel und erteilte ihm Unterricht in der Ursprache der Bibel[4]). Er verstand auch die Gelehrtensprache der Christenheit und war wohl der erste Jude, der seine Aufmerksamkeit auf die scholastische Philosophie der Dominikaner gerichtet hat. Er übersetzte für jüdische Leser philosophische Schriften von Albertus dem Großen, Thomas von Aquino und anderen. Leone Romano verfaßte auch selbständige Werke exegetischen Inhalts in philosophischer Auslegungsweise. Indessen so sehr seine Zeitgenossen seine Gelehrsamkeit und seinen Geist bewunderten, der in kaum erreichtem Mannesalter schon so viel geleistet habe, auf die Folgezeit hat er keine Einwirkung geübt.

Zu den römischen Kreisen, welche Wissenschaft und Poesie pflegten, gehörte gewissermaßen auch der Enkel eines römischen Auswanderers, der in Griechenland weilte, Schemarja Ikriti (Kretenser) aus Negroponte (blühte 1290—1340)[5]). Er stand mit der römischen Ge-

---

[1]) Machberet No. 13.
[2]) Das. No. 10 Ende.
[3]) Das. No. 12, 28. Vgl. über Leone Romano Zunz a. a. O.
[4]) Mose Rieti a. a. O. Note: — יהודה גור אריה והוא הנקרא ליאירי חכם גדול מאוד בפילוסופיה באר והעתיק וחבר וקבל מאלבירטו מאנגירי בר בקר היה בלשון נוצרי והוא היה רבו של מלך לוברטו (ל. רוברטו) וספרו לי שקרא עמו עשרים וארבע בלשון הקדש.
[5]) Ergibt sich aus folgenden Daten. Seine Übersetzung der Genesis widmete Schemarja dem König Robert 1328 (weiter unten). Das Sendschreiben an die Römer (Ozar Nechmad II, 90 ff.) besorgte er nach Bearbeitung der Genesis und bemerkt darin, er habe sich 25 Jahre damit beschäftigt. Wenn in einer unleserlichen Handschrift seines Kommentars zum Hohenliede das Datum vorkommt: קו' ה' = 1346 (Chaluz II, p. 25), so ist diese Zahl ohne Zweifel korrumpiert, da er auch diesen Kommentar dem König Robert widmete, und dieser 1343 starb. Ferner zitiert der Karäer Aaron Nikomedi

meinde und dem König Robert in enger Verbindung. Einer seiner Vorfahren stammte aus Rom und führte nach seiner Auswanderung den Beinamen R o m a n u s. Sein Vater Elia war Gemeindevorsteher und wohl auch Rabbiner auf der Insel Kreta, und davon hat er den Familiennamen Ikriti. Schemarja Ikriti war mit David Maimuni (o. S. 147) befreundet und richtete an ihn vier Gedichte, ohne daß von deren Inhalt und seinen poetischen Leistungen etwas bekannt geworden wäre. Mit der talmudischen Literatur vertraut, da er wahrscheinlich Rabbiner in Negroponte war, verlegte er sich auch auf philosophische Untersuchungen, und er war vielleicht in die griechisch-philosophische Literatur in der Ursprache eingelesen. In der Jugend beschäftigte sich Ikriti, wie viele seiner Zeitgenossen, mit Übersetzungen philosophischer Schriften. Später faßte er einen Plan von praktischer Bedeutung, wobei er auch seine Kenntnisse verwerten zu können vermeinte. Er wollte nämlich die Spaltung zwischen Rabbaniten und Karäern ausgleichen und die seit Jahrhunderten einander feindlichen Sekten dauernd versöhnen[1]), „damit ganz Israel wiederum zu einem einzigen Bruderbunde vereinigt werde". Schemarja aus Negroponte war der erste, vielleicht der einzige Rabbanite, der dem Karäertum, wenn auch nicht die Hand voll zur Versöhnung bot, so doch eine freundliche Miene zeigte. Er erkannte, daß beide Teile im Unrechte seien. Das Karäertum habe unrecht, die talmudischen Überlieferungen ganz und gar zu verwerfen; aber auch die Rabbaniten fehlten gegen die Wahrheit, indem sie den Talmud in den Vordergrund stellten und die Bibel außer acht ließen[2]). In Griechenland mag es damals Karäer gegeben haben, die sich von Konstantinopel aus dort niedergelassen hatten. An diese wandte sich Schemarja Ikriti, um sie von der Wahrheit des talmudischen Judentums zu überzeugen und sie für die Wiedervereinigung mit dem Hauptstamme der Judenheit geneigt zu machen.

Zu einem so schwierigen Werke, wie die Versöhnung zweier feindlicher Bekenntnisse, gehörte viel Geist und Tatkraft; Schemarja hatte

in seinem Werk עין חיים (S. 90), das 1346 vollendet wurde, bereits Schemarja aus Negroponte als Verstorbenen. Schemarja hat vier Gedichte an David Maimuni gerichtet (Chaluz a. a. O.) Darunter kann nur Maimunis Enkel und nicht Urenkel verstanden werden. Da dieser nun um 1300 starb (o. S. 147), so blühte Schemarja Ikriti noch vor dem Ende des dreizehnten Jahrhunderts. Die chronologische Auseinandersetzung in Chaluz das. ist jedenfalls falsch.

[1]) Vgl. Vorrede zu seiner exegetischen Arbeit, mitgeteilt von Luzzatto in Ozar Nechmad II, p. 94 ff.

[2]) Ozar Nechmad II, p. 93.

aber nur den guten Willen dazu. An Kenntnissen mag es ihm nicht gefehlt haben, aber sein Geist war nicht tief genug. Er glaubte das richtige Mittel zur Versöhnung gefunden zu haben, wenn er Bibel und Talmud auf philosophischem Wege erläutern und dadurch beweisen würde, daß beide in gleicher Weise die höchsten Wahrheiten lehrten und daß auch die talmudische Agada einen tiefen, dem oberflächlichen Blicke verborgenen Sinn enthalte. Würden sich die Karäer erst davon überzeugt haben, so könnte es nicht fehlen, daß sie sich mit dem Talmud aussöhnen und sich zu ihm bekennen würden. Schemarja teilte nämlich die Verkehrtheit seiner Zeit, das jüdische Schrifttum der Vorzeit die Sprache der Philosophie reden zu lassen. Zu diesem Zwecke verfaßte er eine Schrift zur Rechtfertigung der Agada und eine andere gegen die ungläubige Philosophie.[1]) Er war naiv genug, auch die talmudischen Wundererzählungen in strenger Buchstäblichkeit aufrecht zu erhalten, und vermeinte dadurch die Karäer zu gewinnen. Die heilige Schrift legte er auf Anregung des für jüdische Literatur sich so sehr interessierenden Königs Robert in demselben Sinne aus und schickte ihm die zuerst vollendeten Bücher mit einer Widmung zu (1328). Sie lautete: „Unserem erhabenen König Robert, geschmückt, wie König Salomo, mit der Krone der Weisheit und dem Diadem des Königtums, sende ich die Erläuterung zur Schöpfungsgeschichte und zum Hohenliede"[2]). Seine biblischen Kommentarien waren aber weitläufig angelegt, nahmen einen großen Umfang ein und waren nicht geeignet, die Karäer zu begeistern und zum rabbinischen Judentum hinüberzuziehen. Schemarja aus Negroponte verfaßte noch, um das Verständnis seiner Auseinandersetzungen zu erleichtern, eine Art Logik, vielleicht nach einem griechischen Muster, und auch eine hebräische Grammatik[3]). Beide haben aber seinen Plan nicht

---

[1]) Die eine אלך המגן, die andere אמצרה genannt; vgl. das. p. 13, 91 und Chaluz II, 25.

[2]) Dukes Schire Schlomo II, Vorwort p. IV, Note: לאדוננו המלך הנצלח והמרומם מלך רוביריטו חמוכתר בכתר החכמים על כתר מלוכה כמלך שלמה שמריה חישראלי ספר מפורש ומעיין . . . שכל ספרי הקדש מפורשים מאתו . . . במצות המלך ומדינו. וחנו שולח לאדוננו פירוש פרשת בראשית יחדיו עם פירוש שיר השירים. Die Zeit ergibt sich aus einem Kodex von Schorr, Chaluz II, p. 159, Note: שלח החסיד החכם חר' שמריה מניגרופונטו אל המלך רוביררתו בשנת (ח') ח"ף היה כתוב עליו: אל ראש מצוטר בעצרה החכמת והמזחיר מלך רוביריטו אשר האירו ברקיו תבל — — ואחר שפרשתי פסוק בראשית וחנמשכים אחריו עד יום אחד. Das Datum 5088 = 1328 ist auch durch eine andere Quelle bestätigt. (Das. 160).

[3]) Katalog der Leydener hebräischen Bibliothek, p. 211 und Beilage, p. 397 ff.

gefördert; sein Versöhnungsversuch scheiterte, oder ist vielleicht gar nicht mit dem rechten Ernste ins Werk gesetzt worden, denn an einer gewissen Geneigtheit von seiten einiger Karäer hätte es nicht gefehlt, wenn der Plan nur mit größerer Geschicklichkeit in Angriff genommen worden wäre. Indessen galt Ifriti doch zu seiner Zeit so viel, daß die römische Gemeinde an seinen Arbeiten Anteil nahm, mit ihm in briefliche Verbindung trat[1]) und die Karäer seine Schriften eifrig lasen, ja, später ihn sogar für einen Bekenntnisgenossen hielten[2]).

Das Karäertum schleppte sich in seiner verkommenen, verknöcherten Gestalt nur noch träge fort. Die Uneinigkeit in seinem Schoße war noch immer nicht ausgeglichen. Verschiedene karäische Gemeinden feierten die Feste zu verschiedenen Zeiten: die Palästinenser nach Beobachtung des Neumondes und die auswärtigen Gemeinden mit den Rabbaniten gemeinschaftlich[3]). Ihre so sehr erschwerenden Ehegesetze waren bis zu dieser Zeitepoche noch nicht zum Abschlusse gekommen. — Drei Mittelpunkte hatte das Karäertum damals, Kahira in Ägypten, Konstantinopel im byzantinischen Reiche und Sulchat (Esli-Krim) auf der Krimhalbinsel. In Sulchat bestand neben der Urgemeinde, welche sich die chazarische nannte, eine später eingewanderte griechische. Die erstere scheint in dieser Zeit so arm gewesen zu sein, daß sie es der Mühe wert hielt, auf einer erworbenen Gesetzrolle zu bemerken, sie habe dieselbe durch Ersparnisse erworben. Auch weihte sie — ein sonderbarer Brauch — einen großen Kessel für die Gemeindeglieder, sich desselben bei Hochzeiten und Beschneidungsfeierlichkeiten für Gäste zu bedienen[4]). Männer von Geist und Einfluß hatte das Karäer-

---

[1]) Vgl. Ozar Nechmad a. a. O.

[2]) Aaron Nikomedi zitiert ihn in seinem philosophischen Werke, und weil dieser und vielleicht noch irgendein anderer karäischer Schriftsteller ihn erwähnt hat, zählt ihn Luzki im Kataloge als Karäer auf, in Orach Zadikim, p. 21 b.

[3]) Aaron I. Pentateuchkommentar zu Exodus 12, 2.

[4]) Prospektus der hebr. Mss. der Odessaer Gesellschaft, beschrieben von Pinner (Odessa 1835) No. 2, S. 7. Das Datum dieses Kodex zu ermitteln, ist nicht ganz gleichgültig, da sich daraus ergibt, daß Pinner sich geirrt und eine Pentateuchrolle um 500 Jahre älter gemacht hat, als sie ist. Kodex No. 3 das. ist verkauft worden 1331; als Zeuge fungiert dabei: יוסף בן אליה (S. 28). Derselbe Joseph steht auch als Zeuge auf einem andern Kodex (No. 10, S. 12) zusammen mit הושענה בן שמואל, und beide kommen zusammen vor mit שבתי בן שמואל (No. 14, S. 14). Diese drei lebten also 1331. Die zwei letzteren fungieren aber auch als Zeugen bei der Weihe eines Pentateuchs (No. 11), der nach Pinner noch vor 881 geschrieben sein soll, obwohl die Form der Buchstaben jüngeren Ursprungs ist. Dieser Pen-

tum auch in dieser Zeit nicht erzeugt, und von den mittelmäßigen sind nur Namen und dürftige Leistungen von zweien bekannt, von Israel, dem Westländer, und Aaron, dem Älteren.

Israel ben Samuel Maghrebi (blühte 1300—1324)[1]), der in Kahira als geistlicher Vorsteher der Gemeinde (Dajan) fungierte, hat zu der geistlosen, hochangeschwollenen karäischen Literatur neuen Stoff hinzugefügt. Er verfaßte nämlich Werke über Gebote und Schlachtritualien. Er behauptete noch die alte Lehre der Karäer, daß das Tier, wenn es gesetzmäßig geschlachtet und nach Vorschrift verzehrt wird, im Menschen zu einer höheren Daseinssphäre veredelt werde. Derjenige, welcher beim Schlachten fungiere, müsse daher an die Seelenwanderung der Tierseele in die Menschenseele glauben, sonst habe es keine Bedeutung und mache das Fleisch zum Genusse untauglich[2]). Bei den Karäern stand Israel, der Westländer in gutem Andenken; denn er und sein Jünger Jephet ben Zaghir trugen zur Entfesselung der so drückenden Ehegesetze bei. Die von ihnen eingeführten Erleichterungen sind nach jahrhundertelangem Kampfe endlich von den meisten Karäern angenommen worden[3]).

Etwas bedeutender als Israel Maghrebi war sein älterer Zeitgenosse Aaron ben Joseph der Ältere, Arzt in Konstantinopel (blühte um 1270—1300)[4]). Er stammte aus der Krim,

tateuchkodex hat nämlich das Datum der Weihe, wie Pinner gelesen hat: א׳ מד ל׳ו לשברות ein ganz unmögliches Zahlzeichen. Es lautet offenbar: א׳ תר ל׳ו, 1636 Seleucidarum = 1326. In dieser Zeit lebten die auf demselben als Zeugen fungierenden הושיענה und שבתי. Der Kodex ist also jung. Von dem Schreiber ist noch eine Spur geblieben. Er heißt אליה הלוי המלמד Ein Sohn dieses Elia steht als Zeuge beim Verkauf eines andern Kodex vom Jahre 1360 und 1378 (daf. S. 28) und bei einem dritten von 1380 (S. 38). Folglich kann der Vater אליה המלמד 1325 jenen Kodex geschrieben haben, der sofort zum öffentlichen Gebrauch geweiht wurde. Die Genealogie der Familie des Elia Levi ist vollständig aufgestellt in einem Epigraph zu Kodex No. 6, S. 10, daf. vom Jahre 1360. Joseph ben Elia und seine Mitzeugen gehören also dem Anfang des vierzehnten Jahrhunderts an. Folglich gehört das Epigraph zu Kodex No. 21, welches die Weihe des Pentateuchs und des Kessels für die untere chazarische Gemeinde von Sulchat angibt (סולכאט קהל כזרים קהל מטה) derselben Zeit an. Die Identität der chazarischen unteren Gemeinde von Sulchat mit der karäischen beweist das Epigraph zu Kodex No. 9, S. 11, welches lautet: בעיר סולכאט בקהלת הקראים לעדת כזריים.

[1]) Vgl. Pinsker, Likute Kadmonijot, Noten S. 148, 176 f.
[2]) In seinem הלכות שחיטה (gekürzt in Dod Mordochai, verfaßt 1306).
[3]) Pinsker a. a. O.
[4]) Seinen Pentateuchkommentar verfaßte er 1289, wie das Eingangsgedicht zu demselben ספר המבחר gedruckt Goslow = Eupatoria 1835) angibt.

machte weite Reisen und eignete sich medizinische und philosophische Kenntnisse an. Aaron I. machte sich auch mit der rabbanitischen Literatur in einem so hohen Grade vertraut wie wenige seiner Bekenntnisgenossen. Auch Nachmanis Pentateuchkommentar benutzte er, und daher entstand der Irrtum der späteren Karäer, Aaron habe zu Nachmanis Füßen gesessen. Seine Vertrautheit mit der rabbanitischen Literatur hat auch auf seinen Stil günstig eingewirkt; er schrieb viel klarer und verständlicher als die meisten karäischen Schriftsteller. Er neigte sich sogar zur Annahme der talmudischen Tradition und formulierte sein Glaubensbekenntnis dahin: nur in den Fällen, wo der Widerspruch zwischen dem Schriftworte und der Überlieferung zu grell hervortrete, müsse man die letztere verwerfen, sonst aber ihr folgen[1]). Um aber nicht in den Verdacht zu kommen, er sei rabbanitisch gesinnt, schwächte Aaron sein Zugeständnis ab, indem er die Behauptung wiederholte, die Überlieferung sei nicht gerade Eigentum der Rabbaniten, sondern sei uralt und gehöre Gesamtisrael an. Er berief sich dafür auf ältere karäische Autoritäten, welche den Talmud zum Teil anerkannt hätten[2]). In diesem Sinne legte Aaron aus Konstantinopel den Pentateuch aus, nahm stets auf den Talmud Rücksicht und befreundete sich sogar mit der sonst von den Karäern verspotteten talmudischen Agada. Er erläuterte fast die ganze Bibel, aber sein Hauptwerk ist sein Pentateuchkommentar. Im Gegensatz zu der weitschweifigen, zerfahrenen Schreibweise der karäischen Schriftsteller ist Aaron knapp und haushälterisch im Stile. Er bestrebte sich, Ibn-Esra nachzuahmen, nur fehlte ihm dessen Witz und Tiefe.

Aaron, den die Seinigen den „Heiligen" und den „Lehrer" (ha-Rab) nennen, war auch in einem anderen Punkte duldsam gegen die Rabbaniten und nahm noch andere Elemente von ihnen auf. Er hat nämlich die karäische Gebetordnung (Siddur Tefila)[3]), die bis dahin noch schwankend war, vollständig abgeschlossen. In diese nahm er nun auch religiöse Hymnen von G'ebirol, Jehuda Halevi, Ibn-Esra und anderen rabbanitischen liturgischen Dichtern auf. Obwohl Aaron ein schlechter Dichter war und seine versifizierten Gebetstücke, mit welchen er das karäische Gebetbuch bereichert hat, nichts weniger als poetisch klingen, so bekundete er doch durch die Aufnahme der Hymnen aus dem rabbanitischen

---

Seinen Hiobkommentar hat er noch früher verfaßt. Zu Exodus 12, 3 (S. 14 b) gibt er an, daß er 1279 in Sulchat eine Kontroverse mit Rabbaniten in betreff der Fixierung des Neumondes hatte.
[1]) Einleitung zum Pentateuchkommentar.
[2]) Das.
[3]) Zuerst gedruckt Venedig 1582.

Kreise, daß er Sinn für die andachtsvolle Erhabenheit der jüdisch-spanischen Gebete hatte und nicht ganz ohne Geschmack war. — Wenn Schemarja aus Negroponte mit mehr Einsicht und Tatkraft die Versöhnung der Rabbaniten und Karäer unternommen hätte, so würde ihm gewiß Aaron die Hand dazu geboten haben, vorausgesetzt, daß er Kunde davon gehabt hätte. Es fehlte überhaupt in dieser Zeit von seiten der Karäer nicht an Neigung zur Wiedervereinigung. Durch die Bemühung des Abraham Maimuni II., eines Urenkels des großen Maimuni, welcher in Ägypten nach dem Tode seines Vaters David Vorsteher (Nagid) der rabbanitischen Gemeinden von Ägypten war, hatte sich eines Tages eine bedeutende ägyptisch-karäische Gemeinde zur rabbanitischen Lehre bekannt[1]). Auch in Palästina kamen hin und wieder Bekehrungen von Karäern zum talmudischen Judentum vor. Die Rabbinen waren daher in dieser Zeit milder gegen sie gestimmt. Während der Stocktalmudist Simson aus Sens (o. S. 11) die Karäer als Heiden erklärt hatte, deren Wein nicht genossen werden dürfe[2]), erkannte der aus der Provence verbannte und nach Palästina eingewanderte Estori Parchi (o. S. 246), welcher sich in Betsan niedergelassen hatte[3]), sie als Glaubensgenossen an, die nur in Irrtümern befangen seien, und die man nicht abstoßen sollte[4]).

[1]) Parchi, Kaftor, c. 5, p. 13. Das Ereignis fällt ums Jahr 1313.
[2]) Respp. David Ibn-Abi-Simra (רדבז) No. 796.
[3]) Kaftor, Einleitung.
[4]) Kaftor, c. 5.

Neuntes Kapitel.

Zeitalter der Ascheriden und des Gersonides.

Zustand Palästinas, die Pilger und die Einwanderer. Schem-Tob Ibn-Gaon, Isaak Chelo und Meïr Aldabi. Günstige Lage der Juden in Kastilien unter Alfonso XI. Verfolgung in Navarra. Joseph de Ecija und Samuel Ibn-Wakar. Anstrengung der Judenfeinde. Abner-Alfonso von Burgos, Konvertit und Ankläger gegen die Juden. Der Judenfresser Gonzalo Martinez. Untergang der jüdischen Höflinge Joseph de Ecija und Ibn-Wakar. Sturz des Martinez und Rettung der Juden. Verfall der Wissenschaften und Entgeistigung des Talmudstudiums. Jakob und Jehuda Ascheri, Simson von Chinon. Isaak Pulgar, David Ibn-Albilja. Die provenzalischen Philosophen Ibn-Kaspi, Leon de Bañolas und Vidal Nardoni. Verfall des Talmudstudiums in Deutschland. Kaiser Ludwig der Bayer und die Juden. Die Verfolgung durch Armleder.

(1328—1348.)

Das heilige Land war wieder seinen Söhnen zugänglich. Die ägyptischen Sultane, denen es nach dem Falle Akkos (o. S. 186) und nach Verdrängung der Christen wieder vollständig zugefallen war, waren duldsamer als die ehemaligen christlich-byzantinischen Kaiser und die fränkischen Kreuzfahrerkönige. Sie hatten nichts dagegen, daß jüdische Pilger auf den erinnerungsreichen Trümmern der Vorzeit oder an den Gräbern ihrer hingeschiedenen Größen beteten und weinten, um ihr beklommenes Herz zu erleichtern, oder daß europäische Ausgetriebene sich dort ansiedelten und das Land ihrer Väter wieder urbar machten. Die lange, feste und zugleich milde Regierung des mameluckischen Sultans Naßir Mohammed (1299—1341) war für die jüdischen Besucher Palästinas günstig. Während unter den christlichen Herrschern dieses Landes kein Jude seiner ehemaligen Hauptstadt nahekommen durfte, pflegten in dieser Zeit jüdische Pilger aus Ägypten und Syrien regelmäßig zu den Festzeiten nach Jerusalem zu wallfahrten, wie zur Zeit, als noch der Tempel in seiner Herrlichkeit prangte[1]). Die

---

[1]) Parchi, Kaftor, c. 6, p. 19.

Karäer hatten eigene Gebetformeln für Jerusalemwallfahrer[1]), bei deren Abreise die Gemeinde sich zu versammeln pflegte, um im gemeinsamen Gebet die wehmütig-süße Erinnerung an Zion zu feiern. Die Einwanderer, welche sich dauernd in Palästina niederließen, betrieben Ackerbau und richteten sich dort so heimisch ein, daß die Frage auftauchte, ob nicht die Gesetze vom Zehnten, vom Erlaßjahre und andere wieder in Kraft treten müßten[2]). Infolge der Duldung, welche die Juden dort genossen, wurden schwärmerisch gestimmte Gemüter wieder von Sehnsucht ergriffen, den Staub des heiligen Landes zu küssen[3]). Auswanderungen, meistens vom äußersten Westen, nach Palästina, kamen gerade in dieser Zeit vielfach vor.

Ein Jünger des Meïr von Rothenburg, A b r a h a m, ein sorgfältiger Kopist heiliger Schriften, betrachtete es als eine Gnade Gottes, daß er im heiligen Lande leben konnte[4]). Zwei junge Kabbalisten, C h a n a n e l   J b n - A s k a r a und S c h e m - T o b   J b n - G a o n aus Spanien, pilgerten ebenfalls dahin, vermutlich um der Quelle der Geheimlehre, welche die Phantasie dorthin verlegte, näher zu sein; sie ließen sich in Safet nieder. Aber anstatt zu empfangen, hatte der eine von ihnen — Jbn-Askara starb in seiner Jugend[5]) — kabbalistische Elemente dort abgesetzt. S c h e m - T o b ben Abraham J b n - G a o n aus Segovia (geb. 1283, st. nach 1330)[6]), der im Talmud Ben-Adret und in der Kabbala J s a a k ben T o d r o s zu Hauptlehrern hatte[7]), war ein eifriger Parteigänger der Geheimlehre, verfaßte viele Werke darüber und stempelte sogar Maimuni zum Kabbalisten[8]), wurde aber nichtsdestoweniger von seinen Fachgenossen getadelt. Es wurde ihm zum Vorwurfe gemacht, daß er manche kabbalistische Erklärungen und Lehren

---

[1]) Zum Schlusse des karäischen Gebetbuches.

[2]) Parchi a. a. O., c. 10 und an vielen anderen Stellen.

[3]) Vgl. Ascheri. Respp. VIII. 13.

[4]) Einleitung zu dem Werke ברוך שאמר über die Rituallen der Phylakterien.

[5]) Vgl. Carmoly, Itinéraires, p. 284, Note 32.

[6]) Sein כתר שם טוב verfaßte er 1315 im achtundzwanzigsten Lebensjahre. In einem Ms. (dessen Benutzung ich der Freundlichkeit des Herrn S Sachs in Paris verdanke) befindet sich zum Schlusse folgendes Epigraph: נשלמו רמזי הרמב״ן והעתקתיהו מכתיבת ידי המחבר והציר שחברו בן כ״ח וכתב בן ל' ר' שם טוב בן אברהם נר״ו בן גאון ז״ל. Er war demnach 1315 28 Jahre alt.

[7]) Er zitiert beide öfter in seinen talmudischen und kabbalistischen Werken als seine Lehrer.

[8]) Vgl. o. S. 201. Über seine kabbalistischen Schriften Carmoly a. a. O., p. 312 f.

ohne Angabe ihrer Gewährsmänner aus eigener Eingebung niedergeschrieben habe[1]).

Ein anderer Kabbalist Isaak ben Joseph Chelo (oder Cholo) wanderte aus Laresa in Aragonien nach Palästina (1328—1333) und schickte von dort Sendschreiben über den Zustand Palästinas[2]) nach Europa. Obwohl Isaak Chelo sich im heiligen Lande mehr für die großen Toten, ihre Gräber und ihre Wundertaten interessierte, so läßt er doch in seiner Beschreibung hin und wieder auch etwas von den Lebendigen jener Zeit einfließen. Die Jerusalemer Gemeinde war damals sehr zahlreich. Ein großer Teil der rabbanitischen Gemeinde führte zwar ein beschauliches Leben, studierte Tag und Nacht den Talmud und vertiefte sich in die Geheimnisse der Kabbala. Aber es gab auch unter ihnen Handwerker, Kaufleute und einige, welche Arzneikunde, Mathematik und Astronomie verstanden[3]). Die kunstfertigen Kalligraphen Jerusalems waren weit und breit gesucht. Da die jüdischen Bewohner Jerusalems aus verschiedenen Ländern zusammengelaufen waren, so fehlte es nicht an Reibungen untereinander[4]). Hebron hatte damals ebenfalls eine starke Gemeinde, deren Mitglieder sich meistens mit Weberei und Färberei von Baumwollenstoffen und mit Fabrikation von Glaswaren beschäftigten, welche weithin ausgeführt wurden[5]). Im Süden von Palästina weideten wieder jüdische Hirten neben mohammedanischen auf patriarchalische Weise ihre Herden. Auch ihr Rabbiner war ein Hirte und hielt auf dem Weideplatz Vorträge über Talmud für diejenigen, welche sich unterrichten wollten[6]). — Die erst von den Arabern erbaute Stadt Ramla hatte eine Gemeinde, deren Mitglieder meistens Handwerker waren. Zwei begüterte Juden, die aus Spanien dahin eingewandert waren, unterhielten dort Baumwollenfabriken[7]). — Die ebenfalls junge Stadt Safet hatte damals

---

[1]) Isaak aus Akko Ende seines Meïrat Enajim. Es scheint, daß Ibn-Gaon aus Palästina nach Spanien zurückgekehrt ist. In seiner Apologetik für Maimunis Jad: מגדל עוז kommt der Satz vor: — ואחר בואר מארץ הצבי (zu Hilchot Lulab, c. 7). Auch in seinem כתר ש״ט kommt ein ähnlicher Passus vor: כך אמר לי מורי — ואני לא כן היה דעתי — והרבה דנתי לפניו. — ואחר שובי שאלתי לו בכתב. Aber gerade dieses Werk hat er doch in Safet verfaßt?

[2]) שבילי דרושלים, ins Französische übersetzt von Carmoly a. a. O., p. 235 ff., vgl. dessen Einleitung das.

[3]) Das. p. 240.

[4]) Vgl. Parchi, Kaftor, Einleitung und Schluß.

[5]) Isaak Chelo a. a. O., p. 243.

[6]) Das. p. 244 f.

[7]) Das. p. 247.

bereits eine große Gemeinde[1]). Sie wurde später der Stammsitz für die Kabbala. Auch ein Enkel Ascheris wanderte damals von Toledo nach Jerusalem aus, Meïr ben Isaak Ibn-Albabi, welcher Kabbalist und auch ein wenig Naturkundiger war. Eine Schrift, die er hinterlassen hat, ist ein buntes Gemisch von naturwissenschaftlichen, talmudischen und kabbalistischen Lehren, und obwohl sonst ohne Bedeutung, charakterisiert sie die Richtung des Geistes, die in der nachascherischen Zeit im jüdischen Spanien vorwaltete[2]).

Indessen, wenn auch der Zug der sehnsuchtsvollen Gemüter sich nach dem heiligen Lande wendete, Mittelpunkt für die Zerstreuten des jüdischen Stammes war es damals ebenso wenig, wie eine geraume Zeit vorher. Es konnte nicht einmal einen geistigen Führer irgendwelcher Art aufstellen und lebte nur von den Brosamen der jüdisch-europäischen Kultur. Die Kabbala, welche seit Nachmani in Palästina Pflege fand, war dort eine fremde Anpflanzung, die nicht einmal gut fortkommen konnte und sich in diesem Kreise zu wüstem Aberglauben verdichtete. Nicht einmal eine talmudische Autorität von weitreichendem Rufe erzeugte das heilige Land; es war auch in streng rabbinischen Studien von Europa abhängig geworden. Die Führerschaft für die Gesamtjudenheit verblieb auch in der Zeit nach dem Tode Ben-Adrets und Ascheris Spanien, aber nicht Aragonien, sondern abermals Kastilien, wo die Ascheriden und ihre Richtung tonangebend wurden. Hier gab es endgültig entscheidende talmudische Autoritäten. Hier war noch immer, wenn auch nicht die Blüte der Wissenschaft, so doch Verständnis für dieselbe und jene Reife des Urteils vorhanden, welche einen schroffen Gegensatz bildete gegen das halb kindische Gebahren der jüdischen Gelehrten anderer Länder, mit einziger Ausnahme der Provence. In Kastilien hatten die Juden unter dem starken und einsichtsvollen König Alfonso XI. eine so günstige Stellung, daß man diese Zeit im Vergleich mit anderen Ländern Europas ein goldenes Zeitalter nennen könnte. Mehrere begabte Juden nacheinander hatten unter dem bescheidenen Titel von Schatzmeistern (Almozarifen) Einfluß auf den Gang der Politik, wie leitende Staatsmänner. Nicht bloß der Hof, sondern auch der hohe Adel umgab sich mit jüdischen Räten und Beamten. Statt der demütigen knechtischen Haltung und des schändenden Abzeichens, welche die Kirche den Juden vorzeichnete, trugen die jüdischen Spanier noch

---

[1]) Isaak Chelo, p. 261. Vgl. o. S. 167.

[2]) Sein Werk שבילי אמונה, verfaßt 1360, erste Edition Riva di Trenta 1568, Kap. III gibt der Verf. an, daß er ein Enkel Ascheris war.

immer den Kopf hoch und kleideten sich in Gold und Seide. Von dem Scheine dieser günstigen Stellung geblendet, erblickten einige darin die Erfüllung jener alten, vom Christentum so oft zur Bekämpfung des Judentums hervorgehobenen Prophezeiung, „das Zepter werde nie von Juda weichen"[1]).

Man darf sich nicht wundern, daß die spanischen Juden aus der Verwendung einiger aus ihrer Mitte zu Staatsämtern so viel Wesens gemacht haben. Solche hochgestellte Männer waren für die Gemeinden größtenteils ein deckender Schild gegen den habsüchtigen und rohen niederen Adel, gegen des Pöbels Dummgläubigkeit und Neid, gegen die Schlangengiftigkeit der Geistlichen, welche die Juden mit Angriffen umlauerten. Jüdische Minister und Räte im Dienste und in der Umgebung des Königs, in höfische Tracht gekleidet und mit dem Ritterschwerte umgürtet, entwaffneten von selbst, auch ohne besondere Verwendung für ihre Glaubens- und Stammgenossen, deren bittere Feinde. Der arme Adel, der weiter nichts als sein Schwert hatte, war von Mißgunst gegen die reichen und klugen Juden erfüllt, aber er mußte damit an sich halten. Die Massen, vom Scheine beherrscht, wagten nicht, wie in Deutschland, den ersten besten Juden wie einen Geächteten und Vogelfreien zu mißhandeln oder zu töten, da sie wußten, daß die Juden im Hofkreise Annahme finden würden. Oft überschätzten sie auch deren Einfluß und glaubten, die Juden bei Hofe hätten zu jeder Zeit das Ohr des Königs. Selbst die hochfahrende Geistlichkeit mußte geräuschlos auftreten, solange Joseph von Ecija, Samuel Ibn-Wakar und andere imstande waren, ihrem Einflusse entgegenzuarbeiten.

Wenn die kastilischen Juden die Lage ihrer Brüder in den Nachbarländern mit der ihrigen verglichen, mußten sie sich allerdings gehoben

---

[1]) Paulus de Santa Maria, ein Konvertit und Erzkanzler von Kastilien, berichtet (Scrutinium scripturarum, Prinzepsedition ohne Seitenzahl auf dem letzten Blatte): — — super quo scire debes, quod in Hispania, specialiter in regnis et dominiis — — regis Castellae et Legionis a magnis temporibus — — suadente antiquo hoste (Satana) — — Judaei habebant magnos status — — quod fidelibus in multis supererant et officia magna et publica exercebant inter Christianos. Obtinebant enim in domibus regum et etiam magnatum officia magna, per quae omnes subditi etiam fideles eos in magna habebant reverentia et timore. Infideles enim Judaei hac occasione persistendi in suis erroribus dicentes et in suis codicibus nonnulli eorum scribentes, quod prophetia Jacob Patriarchae, in qua dictum: „Non auferetur sceptrum de Juda" verificabatur in hoc, quod Judaei in Hispania sceptrum dominii seu regiminis obtinebant modo supradicto.

und zum Stolze berechtigt fühlen. In Aragonien, damals mit Mallorka
und Sizilien zu einem Königreiche vereint, war jener verfolgungs-
süchtige kirchliche Geist heimisch, den Raymund von Penjaforte dort
eingehaucht und Jayme I. in drückende Gesetze kristallisiert hatte. Die
Ausschließung der Juden von Ämtern, ihre Absonderung in Juden-
quartiere (Juderias) und allerhand Plackereien, denen sie täglich ausgesetzt waren, behaupteten sich auch unter Jaymes Nachfolgern. Es
bedurfte nur eines Funkens, um gegen sie die Flammen des Scheiterhaufens züngeln zu lassen. — In Navarra, das seit einem halben Jahrhundert zur französischen Krone gehörte, wütete der Judenhaß mit
einer Raserei, wie er bis dahin nur in Deutschland vorgekommen war.
Der letzte Capetinger, Karl IV., war gestorben, und in Frankreich kam
mit Philipp IV. die Seitenlinie der Valois auf den Thron. Es ist
merkwürdig, daß selbst Christen damals glaubten, Philipp der Schöne
habe das Aussterben seiner Nachkommen deshalb verschuldet, weil er
die Juden so unbarmherzig aus Frankreich vertrieben habe[1]). Die
Navarresen arbeiteten dahin, sich von Frankreich loszumachen und
einen eigenen Staat zu bilden. Man weiß nicht recht, inwiefern die
Juden ihrem Vorhaben im Wege standen. Genug, es zeigte sich mit
einem Male im ganzen Lande eine blutdürstige Erbitterung gegen sie,
genährt vom Neid auf deren Reichtümer und angeschürt von Mönchen.
Ein Franziskaner, Pedro Olligohen, tat sich am meisten darin
hervor, die verblendete Menge zur Wut gegen die unschuldigen Juden
aufzustacheln. In der großen Gemeinde in Estalla begann ein schauder-
erregendes Gemetzel an einem Sabbat (23. Adar = 5. März 1328)[2]).
Die Wüteriche erhoben das Geschrei „Tod den Juden oder ihre Bekehrung!"

Vergebens setzten sich die Juden in ihren Straßen zur Wehr; die
städtischen Bewohner, verstärkt durch Banden von auswärts, belagerten
sie und erstürmten die um das Judenviertel gezogenen Mauern, durchbrachen sie und töteten fast sämtliche Juden dieser Stadt. Auch legten

---

[1]) Chronica del Re Alfonso el onceno (ediert von Cerdo y Rico, Madrid
1783) p. 326: Et algunos dixieron que porque est Rey Felipe (el Bel)
eche los Judios de todo su regno, que por esto le venieron todas estas
cosas.

[2]) Quellen über diese Verfolgung: Menachem ben Zerach, Einleitung
zu dessen צידה לדרך; Yanguas y Miranda, diccionario de Antiguidades
de Navarra (Artikel Judios T. II, p. 114); Zurita, Annales de Aragon
(II, p. 94) und andere. Das Datum gibt die jüdische Quelle: 23. Adar und
Zurita a. a. O. Sabbato primero de Março deste año (1328).

sie Feuer an die jüdischen Häuser an und äscherten sie vollständig ein. — Die Schilderung eines Augenzeugen von dem, was er selbst dabei gelitten, gibt nur eine schwache Vorstellung von der Grausigkeit des Gemetzels in Estalla. Dem kaum zwanzigjährigen Menahem ben Zerach hatten die Blutmenschen die Eltern und vier jüngere Brüder erschlagen. Er selbst war von den Kannibalen verwundet und zu Boden gestreckt worden. So lag er ohnmächtig und dem Tode nahe unter den Leichen von der Abendstunde bis Mitternacht. Ein mitleidiger Ritter, ein Freund seines Vaters, suchte ihn unter dem Leichenhaufen auf, brachte ihn in sein Haus und ließ ihm die sorgfältigste Pflege angedeihen, bis er von den Wunden genas. — Ähnliche Gräuelszenen fielen zwar auch in anderen Teilen des Landes vor, namentlich in der größten navarresischen Gemeinde, Tudela, und in den kleineren: Falcos, Funes, Moncilla, Viana und anderwärts, allein nicht in dieser Ausdehnung wie in Estalla. Über 6000 Juden kamen in diesen Metzeleien um. Nur die Juden der Hauptstadt Pampeluna scheinen von diesem rasenden Anfalle verschont geblieben zu sein. Die Navarresen setzten endlich ihr Vorhaben durch, ihr Land trennte sich von Frankreich und erhielt einen eigenen König, Philipp III., Grafen von Evreux und Angoulême. Sobald dieser gekrönt war, wendeten sich die Verwandten der Gemordeten an ihn mit der Bitte, ihnen Gerechtigkeit zu gewähren. Anfangs machte Philipp ernst mit der Verfolgung der Schuldigen; er ließ die Hauptradelsführer, den Franziskaner Pedro Olligohen und andere, gefänglich einziehen und legte den Städten Estalla, Funes und Viana Strafgelder auf. Allein nach und nach befreite er die Eingekerkerten und erließ die Strafgelder auf dem Wege der Begnadigung. Die geraubten Güter und die Hinterlassenschaften der ohne Erben gebliebenen ließ er sich aber nicht entgehen; sie mußten ihm ausgeliefert werden, ganz wie in Deutschland. Die Juden durften allenfalls abgeschlachtet werden, der königliche Schatz durfte aber dadurch keine Einbuße erleiden. Neue Plackereien legte ihnen dieser König und seine Nachfolger auch noch auf. Die Juden Navarras fingen damals an ebenso zu verkümmern, wie die Deutschlands.

Genau genommen, leuchtete ihnen damals in Kastilien auch nur eine falsche Sonne, aber es war doch immer ein Lichtblick, der gegen das Düster, in dem sich die Gemeinden anderer Länder befanden, für einen Augenblick wenigstens wohltuend anmutet. Alfonso XI. hatte, sobald er mündig wurde und die Regierung übernahm (1325—1380), zwei jüdische Günstlinge um sich, Don Joseph von Ecija und Samuel Ibn-Wakar. Der erste, dessen vollständiger Name Joseph ben

Efraim Ibn-Benveniste[1]) Halevi lautete, war von einem gefälligen Äußern, verstand Musik und wußte sich bei den Großen beliebt zu machen. Auf Empfehlung seines Oheims hatte ihn der König nicht bloß zu seinem Schatzmeister (Almoxarif), sondern auch zu seinem vertrauten Ratgeber (privado) ernannt, auf dessen Stimme er nächst den beiden Rittern Garcilaso und Alvar Nuñez am meisten hielt. Joseph de Ecija hatte einen Staatswagen, Ritter begleiteten ihn auf seinen Fahrten und Hidalgos speisten an seiner Tafel. Einmal verwendete ihn der König zu einer ehrenvollen Sendung, die ihm das Leben hätte kosten können. Alfonso wollte sich mit einer portugiesischen Prinzessin verloben und zu diesem Zwecke seine Schwester Leonora aus Valladolid in sein Lager bei Escalona holen lassen. Er teilte diesen Plan, den er heimlich betrieb, nur seinem Vertrauten Joseph Benveniste mit und gab ihm eine Ehrenbegleitung von Rittern und Knappen (1328). In Valladolid teilte Don Joseph der Infantin seinen Auftrag mit, und diese schickte sich schon zur Abreise an, als eine intrigante Frau, Sancha, welche, so wie ihr Gatte, bei dem Vater des Königs viel gegolten hatte, die Bewohner von Valladolid aufwiegelte, sich der Abreise Leonoras zu widersetzen. Sie wußte ihnen beizubringen, daß der König seine Schwester nur deswegen abholen ließe, um sie seinem Günstling Alvar Nuñez zu vermählen. Dadurch würde dieser eine noch größere Macht erlangen, den jungen König ganz beherrschen und die Freiheiten Altkastiliens aufheben. Darauf belagerten die Bürger von Valladolid den Palast der Infantin und verlangten mit Ungestüm die Auslieferung des jüdischen Ratgebers; sie wollten ihm ohne weiteres den Garaus machen. Die Infantin, obwohl jung, hatte aber einen klugen Einfall. Sie verlangte, einige aus der aufgeregten Menge zu sprechen, erbat sich die Erlaubnis, in die Festung der Stadt einziehen zu dürfen und

---

[1]) Quellen über ihn Ibn-Verga, Schebet Jehuda No. 10 und Chronik Alfonsos XI. I, c. 52, p. 83: por ruego del infante Don Felipe su tio tomé (el Rey) por Almojarif a un Judio que decion Don Juzaf de Ecija, que ovó gran logar en la casa del Rey, et gran poder en el regno con la merced que el Rey le facia (schon im Jahre 1325); c. 64, p. 116: La istoria ha contado que el Rey avia dos caballeros del suo conseje et sus criados de quali el mucho fiaba et decian al uno Garcilaso et al otro Alvar Nuñez, et otrosi avia otro privado Almojarife Judio que decian Don Juzaf de Ecija c. 81, p. 129: Et porque aquel Don Juzaf de Ecija — — era hombre del consejo del Rey et en quien el Rey facia fiança. Es ist wahrscheinlich, daß dieser Joseph Benveniste identisch ist mit dem in Schebet Jehuda No. 2, p. 18 erwähnten דון גרשפ בן בנבנישתי, welcher mit Don Sulaiman Ibn-Jaisch als Abgeordneter an einen König (wohl Alfonso XI.) geschickt wurde.

versprach, unter dieser Bedingung ihnen Don Joseph auszuliefern. Die Belagerer gingen darauf ein, eilten nach den Stadttoren, um die Ausgänge zu verrammeln und ließen also die Infantin mit Don Joseph ruhig nach der Feste abziehen. Hier angekommen, verweigerte die Prinzessin die Auslieferung des jüdischen Abgeordneten. Nun fingen die Bürger an, die Feste zu belagern; es kam sogar Zuzug von Zamora und Toro. Josephs Leben hing an einem Haar.

Indessen war es einigen von Josephs Begleitung gelungen, aus der Stadt zu entkommen; sie eilten spornstreichs zum König nach Escalona und teilten ihm den Vorfall mit. Mit Recht sah darin Alfonso eine Empörung gegen seine Majestät, verließ den Platz, eilte nach Valladolid und entbot die Ritterschaft Altkastiliens dahin. Um seines jüdischen Günstlings willen belagerte er die ehemalige Hauptstadt seines Reiches, legte einige Häuser in Brand und hätte sie vollends zerstört, wenn sich nicht gemäßigte Personen ins Mittel gelegt und dem König erklärt hätten, daß das Volk nicht so sehr gegen Don Joseph, als vielmehr gegen Don Alvar Nuñez erbittert sei, weil dessen Einfluß ihm verhaßt wäre. Don Alfonso ließ sich herbei, Alvar seiner Ämter zu entsetzen, Don Joseph aber blieb in Gunst[1]).

Der andere Günstling des Königs Alfonso war sein Leibarzt Don Samuel Jbn-Wakar (Abenhuacar)[2]), wahrscheinlich ein Verwandter jenes Jehuda Jbn-Wakar, welcher viel bei dem Infanten Don Juan Immanuel galt (o. S. 252), und des Kabbalisten Joseph ben Abraham Jbn-Wakar[3]) aus Toledo (der die Kabbala in Verruf

---

[1]) Chronica de Alfonso XI, c. 81—83. Der judenfeindliche Geschichtsschreiber Mariana bemerkt bei dieser Gelegenheit, Joseph de Ecija sei lediglich wegen seiner Niedrigkeit und der Verächtlichkeit der jüdischen Nation überhaupt verschont geblieben. A Juzeph defendio su basseza, y el menosprecio en que es tenida communamente aquella nacion: Lo que pudiera acorrer a otro su perdicion, eso le valio. (Mariana, historia general de España IV, p. 112). Dieses Urteil schrieben und schreiben andere nach. Die Hauptquelle, die genannte Chronik Alfonsos XI., berichtet aber das Gegenteil, daß Don Joseph auch nach diesem Vorfall in Gunst und Würden geblieben ist. (84, p. 137) ed el Briov et Joan Martinez et Don Juzaf Almojárife del Rey, todos tres que eran del su consejo, fablaron con el (el Rey).

[2]) Ibn-Verga, Schebet Jehuda No. 10 und Alfonsos Chronik, c. 98. Don Simuel Abenhuer (l. Samuel Abenhuacar) fisico del Rey; c. 99 Dichos avemos la manera de la privanza que Don Simuel Abenhuacar avia en el merced del Rey.

[3]) Vgl. über ihn und seine Schriften Ersch und Gruber, Sectio II, T. 31, p. 100 ff., wo auch die Vermutung ausgesprochen ist, daß er jedenfalls noch 1335 gelebt hat, da ihn Narboni im Morékommentar I, 28 als einen Lebenden zitiert. — Der Superkommentator Motot stempelt Joseph Jbn-Wakar zum

brachte, indem er aufrichtig und freimütig gestand, daß ihre Anhänger über die Hauptpunkte ihrer Lehre uneins seien, der außer Nachmani keine Autorität anerkannte und selbst den Sohar halb und halb verdächtigte). — Der Leibarzt des Königs Alfonso, Samuel Jbn-Wakar, war wissenschaftlich gebildet, ein Astronom und vielleicht auch der Astrolog seines Herrn. Wenn er auch nicht zu Staatsgeschäften verwendet wurde, so hatte er doch durch die Gunst des Königs bedeutenden Einfluß. — Zwischen Don Joseph de Ecija und Jbn-Wakar bestand aber jene Eifersüchtelei, welche unter Höflingen, die von derselben Sonne leben, gewöhnlich ist. Sie waren überhaupt beide keine gehobenen, sittlich reinen Charaktere, beide vielmehr ehrgeizig und gewinnsüchtig, zwar nicht schlimmer als sämtliche Hofleute Alfonsos, aber auch nicht viel besser. Es ist auch nicht bekannt, daß sie auf das Wohl ihrer Stammesgenossen bedacht gewesen wären, oder die Wissenschaft, ein Fach welcher Art auch immer, gefördert oder jüdische Gelehrte unterstützt hätten. Durch ihre gegenseitige Eifersüchtelei suchten diese beiden Günstlinge einander Schaden zuzufügen, machten aber dadurch sich und ihre Glaubensgenossen bei der Bevölkerung verhaßt.

Einige reiche Juden hatten, wahrscheinlich im Vertrauen auf die günstige Stellung ihrer Freunde bei Hofe, Geldgeschäfte gewissenlos betrieben, einen hohen Zinsfuß genommen und säumige christliche Schuldner unbarmherzig verfolgt. Der König selbst begünstigte den Wucher der Juden und Mauren, weil er seinen Nutzen dabei fand. Die päpstlichen Bullen und das Anathem der Geistlichkeit gegen Zinsnahme erklärte er für null und nichtig und hob auch jenes früher erlassene Gesetz, welches die Schuldner von Zahlung der Wucherschulden entband (o. S. 251), vollständig auf. Dadurch mehrten sich aber die Klagen der Bevölkerung über die jüdischen und mohammedanischen Wucherer. Die Cortes von Madrid, Valladolid und anderen Städten machten diesen Punkt zum Gegenstand von Petitionen und verlangten die Abstellung der Mißbräuche. Der König mußte auf das Gesuch eingehen, erniedrigte den Zinsfuß auf $33^1/_3\%$ und traf Vorkehrungen, die aufgelaufenen Schulden auf eine nicht so drückende Weise tilgen zu können[1]).

Philosophen, der die Philosophie mit der Kabbala habe ausgleichen wollen (a. a. O.). Allein wer den hohen mystischen Wert der hebräischen Buchstaben so sehr betont, wie dieser Kabbalist, hat auf die Logik verzichtet und gehört unter die Träumer, nicht unter die Philosophen.

[1]) Vgl. über die Petitionen aus Urkunden bei Lindo, **history of the Jews in Spain**, p. 132 ff.

Die Gemüter blieben aber gegen die Juden erbittert. Die Cortes von Madrid verlangten daher mehrere Beschränkungen der Juden und namentlich, daß die Juden nicht mehr Ländereien erwerben und daß jüdische Schatzmeister und Steuerpächter überhaupt nicht mehr gelitten werden sollten (1329)[1]. Alfonso antwortete, daß es in den meisten Punkten bei dem bisherigen Brauche bleiben sollte; nur in betreff der Erteilung der Schatzmeisterwürde soll er den Cortes ein Zugeständnis gemacht, Joseph Benveniste seines Amtes enthoben, auch den bisherigen Namen Almoxarif, der an den arabischen Ursprung erinnerte, abgeschafft und dafür einen spanischen (tesoreo) bestimmt haben[2]. Indessen ist die Amtsentsetzung des Joseph de Ecija nicht genug beurkundet, da dieser noch viele Jahre im Vertrauen des Königs blieb. Don Samuel Ibn-Wakar erhielt sogar noch größere Begünstigung. Don Alfonso überließ ihm die Pacht von den Einnahmen, welche die Einfuhrartikel aus dem Königreich Granada abwarfen. Er erhielt außerdem ein Privilegium, die Münzen des Landes in einem niedrigeren Münzfuß prägen zu dürfen. Darüber war nun Joseph de Ecija neidisch und bot eine höhere Pachtsumme für die Einfuhrsteuer aus dem Granadischen. Als er nun seinen Nebenbuhler ausgestochen glaubte, spielte ihm dieser einen noch empfindlicheren Streich. Ibn-Wakar wußte den König zu überzeugen, daß es für die kastilianische Bevölkerung viel vorteilhafter wäre, wenn das Schutzsystem streng durchgeführt und jede Einfuhr aus dem benachbarten maurischen Königreiche verboten würde (1330 bis 1331)[3].

Während die beiden jüdischen Höflinge einander auszustechen und zu schaden trachteten, arbeiteten die Judenfeinde emsig dahin, nicht nur deren Ansehen, sondern auch die Existenz sämtlicher kastilianischer Gemeinden zu gefährden. Sie machten das Volk durch die Vorspiegelung erbittert, daß durch die Münzverschlechterung des Münzpächters Ibn-Wakar Teuerung der Lebensmittel entstünde, indem diese in die Nachbarländer exportiert würden, um dafür Silber einzutauschen, welches im Inlande einen höheren Wert hätte[4]. Die Judenfeinde arbeiteten auch von der kirchlichen Seite, um Vorurteile des Königs gegen sämtliche Juden zu wecken. Zu ihrem Vorkämpfer gab sich einer aus der Mitte der Juden her, der, kaum zum Christentume bekehrt, ein fanatischer

---

[1] Discurso sobre el estado de los Judios, p. 127 (vollständiger Titel oben S. 142, Anmerk. 1).
[2] Das. und Chronica, c. 85.
[3] Chronica, c. 98, 99.
[4] Das. c. 98.

Judenverfolger wurde. Es war der berüchtigte Abner, der Vorläufer der Pablo de Santa Maria, der Fray Vicente, der Lorqui, der de Spina, der Torquemada und anderer getaufter und ungetaufter Judenfresser, welche die Erniedrigung und Verbannung der spanischen Juden vorbereitet und durchgeführt haben.

Abner von Burgos, oder wie er später genannt wurde, Alfonso Burgensis de Valladolid (geb. um 1270, st. um 1346)[1], war in den biblischen und talmudischen Schriften unterrichtet, beschäftigte sich auch mit den Wissenschaften und war praktischer Arzt. Die aristotelisch-maimunische Philosophie, die er in sich aufgenommen hatte und vielleicht auch die Astrologie, der er ergeben war, hatten seinen Glauben aufgezehrt und ihn nicht bloß gegen das Judentum, sondern gegen jede Religion gleichgültig gemacht. Von Nahrungssorgen geplagt, fand Abner nicht die erwünschte Unterstützung von seiten seiner Stammesgenossen. Er war aber zu wenig Weltweiser, um sich mit Zufriedenheit in ein bescheidenes Los zu schicken. Er wollte vielmehr hoch hinaus, fand jedoch nicht die Mittel, seine Begierden zu befriedigen. Um nun in Bequemlichkeit und Pracht leben zu können, entschloß sich Abner, dem sechzigsten Lebensjahre nahe, zum Christentume überzutreten, obwohl diese Religion ihm ebenso wenig innere Befriedigung gewähren konnte, wie diejenige, der er den Rücken kehrte. Er nahm als Christ den Namen Alfonso an. Der ungläubige Jünger des Aristoteles und Averroes nahm ein Kirchenamt als Sakristan an einer großen Kirche zu Valladolid an, mit einer reichen Pfründe, welche seine weltlichen Wünsche zu befriedigen ausreichte. Seine Gesinnungslosigkeit und seinen Abfall suchte er sophistisch zu beschönigen. Er verfaßte eine philosophisch klingende Schrift, worin er die Willensfreiheit des Menschen leugnete und den Gedanken durchführte, der Erdensohn unterliege in allen seinen Handlungen der unerbittlichen Notwendigkeit, die von den Sternen vorgeschrieben werde[2]. Entschließung und Selbsttat vermöchten ihn nicht davon zu befreien. Auch sein Übertritt zum Cristentum sei eine Konsequenz des über ihn verhängten Fatums gewesen, gegen das er nicht habe ankämpfen können. Der astrologische Fatalismus war noch die einzige Überzeugung, die in der Seele Abner-Alfonsos fest haftete. Alles übrige, Religion, Gesinnung, Sittlichkeit, Treue, Ehre war ihm ein bloßes Spiel. Die astrologischen Alfanzereien verteidigte er auch mit großer Zähigkeit gegen seinen ehemaligen jüdischen Freund, den liebenswürdigen Schriftsteller Isaak Pulgar, welcher

[1]) Note 13.
[2]) Das.

eine Schrift zur Widerlegung der Astrologie geschrieben hatte. Diese Afterwissenschaft hatte nämlich damals viele Anhänger auch unter den Juden, und ein gebildeter Mann Salomo Alkonstantini (vielleicht aus Saragossa, ein Nachkomme der Familie, die früher für Maimuni auftrat, o. S. 25) verfaßte in dieser Zeit ein umfangreiches Werk, um den zwingenden Einfluß der Sternenwelt auf das menschliche Geschick mit mehr Gelehrsamkeit als Logik aus Bibel und Talmud zu beweisen[1]).

Alfonso trieb seine Gesinnungslosigkeit so weit, daß er nicht lange nach seinem Übertritt zum Christentum gegen seine ehemaligen Glaubens- und Stammesgenossen mit bitterem Hasse und in verfolgungssüchtiger Absicht auftrat. Bei seiner Vertrautheit mit der jüdischen Literatur war es ihm leicht, ihre schwachen Seiten herauszufinden und hervorzukehren, dieselben zum Gegenstand der Anklage gegen das Judentum zu machen und daraus die allergehässigsten Folgerungen zu ziehen. Alfonso war unermüdlich in Anschuldigungen gegen Juden und Judentum und verfaßte eine lange Reihe von Schriften[2]), in denen er teils angreifend, teils verteidigend zur Rechtfertigung des Christentums gegen Angriffe von jüdischer Seite auftrat. Die hebräische Sprache, die er gewandter als die spanische schriftstellerisch zu gebrauchen verstand, mußte zur Schmähung des Judentums herhalten. Er zog gegen die agadische Auslegungsweise, gegen talmudische Satzungen und gegen die Blindheit der Juden, Christus als Erlöser und Gott nicht anzuerkennen, zu Felde. Übertreibend oder geradezu lügenhaft machte er der Judenheit zum Vorwurfe, daß sie in eine Menge Sekten auseinandergehe, ohne zu bedenken, daß dieser Vorwurf der Christenheit mit viel größerer Berechtigung zurückgeschleudert werden könne, da das Christentum mit der Sektiererei geboren und großgezogen wurde. Um eine recht lange Liste von jüdischen Sekten herauszubringen, machte es der Sakristan von Valladolid, wie es viele judenfeindliche Schriftsteller vor und nach ihm gemacht haben. Er erweckte jüdische Sekten aus dem Grabe, welche längst überwunden und verschollen waren, und stempelte bloße Meinungsverschiedenheit über gewisse wesentliche oder unwesentliche Punkte im Judentume zu einer derben Sektenspaltung. Er zählte die Sadduzäer auf, die längst nicht mehr vorhanden waren, und nicht bloß die Karäer, sondern auch die Samaritaner, welche, eben-

---

[1]) Seine Schrift lautet מגלה עמוקות; da sie schon Barza zitiert, so muß Sal. Alkonstantini in der ersten Hälfte des vierzehnten Jahrhunderts geschrieben haben.

[1]) Note 13.

sowenig wie etwa die ursprünglich dem Judentum entstammten Christen, zum Verbande des Judentums gehörten. Er spaltete Pharisäer und Rabbinen zu zwei Sekten, behauptete fälschlich von den Kabbalisten, daß sie eine eigene Ketzerfamilie bildeten und an zehn Zahlen oder Personen in der Gottheit glaubten. Er erfand geradezu eine jüdische Sekte, welche zwei göttliche Wesen, Metatoron neben Gott, annehme[1]). Als Alfonso die Unverschämtheit hatte, eine seiner gehässigen Schriften seinem ehemaligen Bekannten Isaak Pulgar zuzuschicken, fertigte dieser ihn in einem beißenden Spottgedichte derb ab[2]) und setzte ihm überhaupt durch Gegenschriften zu. Die Juden Spaniens waren noch nicht entmutigt genug, um bei so frechen Angriffen zu schweigen. Auch ein anderer wenig bekannter Schriftsteller entgegenete Alfonso, und es entstand dadurch ein heftiger Federkrieg über Judentum und Christentum.

Alfonso von Valladolid blieb aber nicht bloß auf dem Gebiete der Schriftstellerei stehen, sondern trat geradezu vor dem König Alfonso XI. als Ankläger gegen die Juden auf. Er behauptete oder frischte vielmehr die Behauptung des Kirchenvaters Hieronymus und anderer wieder auf, daß die Juden in ihrer Gebetordnung eine Verwünschungsformel gegen den Gott der Christen und seine Anhänger eingeführt hätten. Eine solche ist allerdings vorhanden, aber ursprünglich lediglich gegen die ihre Stammesgenossen bei den römischen Behörden anschwärzenden Judenchristen (Nazarener Bd. IV₄, S. 59) in Aufnahme gekommen. Die Vertreter der jüdischen Gemeinde von Valladolid, welche vermutlich vom Könige zur Rechtfertigung aufgefordert wurden, stellten es in Abrede, daß die Verwünschung gegen die Minäer (Nazarener) sich auf Jesus und seine gegenwärtigen Gläubigen beziehe. Aber Alfonso ließ diese Rechtfertigung nicht gelten und machte sich anheischig, in einer Disputation mit Juden seine Anklage zu begründen. Der König von Kastilien ließ daher die Vertreter der Gemeinde von Valladolid zu einem Religionsgespräche mit dem Sakristan zusammentreten[3]). Es fand in Gegenwart von Staatsbeamten und Dominikanern statt. Hier wiederholte Alfonso Burgensis seine Anklage und blieb insofern Sieger, als infolgedessen der König Alfonso ein Edikt erließ (25. Februar 1336), wonach den kastilianischen Gemeinden bei Strafe von einer Mark Silber (oder 100 Maravedis) untersagt wurde, das angeschuldigte Gebetstück oder die Verwünschungsformel zu gebrauchen[4]). So war es

---

[1]) Ein Auszug aus einer seiner polemischen Schriften bei Alfonso de Spina, fortalitium fidei III, consideratio tertia.
[2]) Note 13.   [3]) Dieselbe Note
[4]) Alfonso de Spina, vgl. dieselbe Note.

den Judenfeinden gelungen, den judenfreundlichen König auf ihre Seite zu ziehen. Es sollte noch schlimmer kommen.

König Alfonso war in seiner Gunst nicht sehr beständig, sondern übertrug sie bald auf diesen, bald auf jenen, und wenn er auch die in Ungnade gefallenen nicht wie ein asiatischer Despot enthaupten ließ, so kümmerte er sich doch wenig um sie und ließ mit ihnen geschehen, was der augenblickliche Günstling für gut befand. Einmal wendete er sein Vertrauen einem Unwürdigen zu, Gonzalo Martinez (Nuñez) de Oviedo, der, früher ein armer Ritter, durch den jüdischen Günstling Don Joseph de Ecija zu höhern Ämtern befördert worden war. Weit entfernt seinem Wohltäter dankbar zu sein, haßte er denjenigen, welcher ihn erhoben hatte, und mit ihm sämtliche Juden. Als er es zum Minister des königlichen Hauses und später gar zum Großmeister des Ordens von Alcantara gebracht hatte (1337), rückte er mit dem Plane heraus, die Juden zu verderben. Er erhob eine förmliche Anklage gegen Don Joseph und Don Samuel Ibn-Wakar, daß sie sich im Dienste des Königs bereichert hätten. Er erhielt infolgedessen vom König die Vollmacht, mit ihnen nach Belieben zu verfahren, um von ihnen Schätze zu erpressen. Darauf ließ Gonzalo diese beiden mit zwei Brüdern des Ibn-Wakar und noch acht Verwandten samt ihren Familien in den Kerker werfen und zog ihr Vermögen ein. Don Joseph de Ecija starb im Kerker, und Don Samuel erlag der Folter, welche gegen ihn angewendet wurde. Das genügte aber dem Judenfeinde noch lange nicht. Zwei Juden, die dem Hofkreise nahestanden, suchte er ebenfalls zu stürzen, Mose Abudiel und (Sulaiman?) Ibn-Jaisch[1]). Er verwickelte sie in eine Anklage, stellte sich aber sehr freundlich gegen sie. Durch ihren Sturz gedachte Gonzalo Martinez seinen boshaften Plan gegen sämtliche kastilianische Juden leicht ausführen zu können. Indes gelang es den Angeklagten, sich durch eine hohe Geldsumme von der Anklage zu reinigen. Es bot sich aber eine andere Gelegenheit, das Verderben der Juden in Vorschlag zu bringen.

Der maurische König von Marokko, Abulhassan (Alboacin), von seinen bedrängten Glaubensgenossen in Granada zu Hilfe gerufen,

---

[1]) Der in Schebet Jehuda No. 10 genannte שמואל בן יעיש scheint identisch mit דון שולימאן בן יעיש (das. p. 18), mit dem דון גושפי Benveniste als Deputierter bei Hofe aufgeführt wird. Ein Sulaiman ben Jaisch hat in der ersten Hälfte des XIV. Jahrh. gelebt, da ihn Gatigno in seinem Superkommentar סוד השם (Ms. Bl. 5) zitiert: החכם דון סלימאן ר' יעיש הספרדי. Ist die Identität richtig, so muß man an der Hauptstelle No. 10 שלמה statt שמואל, d. h. Sulaiman, lesen.

hatte ein sehr zahlreiches Heer unter seinem Sohn Abumelik über
die Meerenge setzen lassen, um zunächst Kastilien hartnäckig zu bekämpfen,
es dem Kreuze zu entreißen und dem Halbmond zu unterwerfen.
Schrecken verbreitete sich bei dieser Nachricht im christlichen Spanien.
Der König Alfonso ernannte darauf Gonzalo Martinez, als Ordensmeister von Alcantara, zum Feldherrn in diesem Kriege mit königlicher
Vollmacht. Aber es fehlte an Geld. Bei der Beratung, wie dieses
zu schaffen sei, rückte Gonzalo mit seinem Vorschlag heraus, den Juden
ihre Reichtümer zu nehmen und sie noch dazu aus Kastilien zu verbannen.
Dadurch würden dem Könige bedeutende Geldmittel flüssig werden,
denn auch die von den Juden geplagten Christen würden gern bedeutende Summen dafür geben, um ihre Feinde los zu werden. Glück-
licherweise fand dieser Vorschlag Widerspruch im Rate des Königs und
sogar von seiten des höchstgestellten Geistlichen Kastiliens, des Erzbischofs von Toledo Don Gilles Alvarez de Albornoz.
Dieser machte geltend, daß die Juden ein unerschöpflicher Schatz für
den König seien, dessen man sich nicht berauben sollte, und daß die
Herrscher von Kastilien ihnen von jeher Schutz und Duldung gewährt
hätten. Don Mose Abudiel, der von der Beratung in betreff der Juden,
wobei es sich um ihr Wohl und Wehe handelte, Kunde erhielt, veranlaßte
die Gemeinden, öffentliche Fasten anzustellen und den Gott ihrer Väter
um Vereitelung von Gonzalos Bosheit anzuflehen. Dieser zog in
dieser Zeit nach der Grenze gegen das maurische Heer, erfocht leichte
Siege und hatte das Glück, daß der maurische Feldherr Abumelik von
einem Pfeil durchbohrt fiel, und daß die so gefürchtete Armee aufgerieben und zerstreut wurde. Dadurch schwoll dem Großmeister von
Alcantara noch mehr der Kamm; er dachte ein solches Gewicht in den
spanischen Angelegenheiten zu erhalten, daß der König gezwungen
sein würde, die von ihm vorgeschlagenen Maßregeln gut zu heißen. Er
war von dem Hochmut besessen, der dem Falle voranzugehen pflegt.

Die schwache Hand eines Weibes bereitete ihm den Sturz. Die
schöne und geistvolle Leonora de Guzman, welche mit ihren
Reizen den König so gefesselt hatte, daß er ihr treuer als seiner Ge-
mahlin war, haßte den Günstling Gonzalo Martinez und wußte den
König gegen ihn einzunehmen und ihm beizubringen, daß Gonzalo
Übles von seinem Kriegsherrn spräche. Alfonso wollte sich Gewißheit
darüber verschaffen und schickte ihm den Befehl zu, sich bei ihm in
Madrid einzufinden. Gonzalo zeigte sich aber dem königlichen Be-
fehle ungehorsam. Um dessen Zorn trotzen zu können, wiegelte er die
Ritter des Alcantaraordens und die Bürger der ihm überwiesenen

Städte gegen den König auf, knüpfte verräterische Unterhandlungen mit dem König von Portugal und sogar mit dem Feinde der Christen, dem König von Granada, an. Alfonso war genötigt, seine Ritterschaft gegen ihn zu entbieten und ihn in Valencia de Alcantara (in Andalusien, an der Grenze von Portugal) zu belagern. In seiner Verblendung ließ er Pfeile und Geschosse gegen den König schleudern, durch die ein Mann in der Nähe des Königs tödlich getroffen wurde. Aber einige Alcantaritter verließen ihren Ordensmeister und überlieferten dem Könige die Türme. So blieb Gonzalo nichts übrig, als sich zu ergeben und er wurde als Verräter zum Tode verurteilt und verbrannt (1339). Das war das Ende des Mannes, der den Juden Vernichtung geschworen hatte. Die kastilianischen Gemeinden feierten darauf ein neues Rettungsfest in demselben Monate, in dem auch die Bosheit Hamans gegen die Juden auf sein eigenes Haupt gefallen war. Alfonso wandte seit der Zeit den Juden wieder seine Gunst zu und erhob Mose Abudiel zu einer hohen Stellung an seinem Hof[1]).

Alfonso XI. blieb seitdem bis zu seinem Lebensende gerecht gegen die Juden. Obwohl die Cortes Klage gegen sie führten und von ihm Beschränkung ihrer bis dahin genossenen Rechte verlangten, ging er doch nicht darauf ein. Er verbot zwar den Juden wie den Mohammedanern den Wucher überhaupt und ließ die Schuldscheine vernichten, aber er gestattete trotz vielfacher Petitionen, daß Juden Ländereien erwerben durften und zwar diesseits des Duero bis zum Werte von

---

[1]) Die Nachricht von diesen Tatsachen beruht zwar auf der einzigen Quelle Schebet Jehuda No. 10; allein da der politische Teil darin durchweg mit der cronica Alfonso XI. übereinstimmt p. 181, 197, 203, 204, 206—208, so ist kritisch nichts dagegen einzuwenden. Die Züge von der Erhebung des Gonzalo Martinez zum Großmeister von Alcantara, von der Kriegsrüstung des Abumelik, Sohnes von Abulhassan: ויצבור הים אבומליך בן המלך אבואל (so zu lesen statt: אבואל חתן), von dem Erzbischof דון גיל מרביש: חסן מלך מרכיש, von den Umständen des Todes des Abumelik, von der übermütigen Empörung des Martinez, alle diese Züge sind so treu geschichtlich gehalten, wie sie nur ein Zeitgenosse geben konnte. Darum sind auch die anderweitig nicht dokumentierten Züge als geschichtlich anzusehen. Zacuto deutet dieses Faktum nur kurz an: בשנת ההיא (ה' ק) נלכדו כל היהודים בקשטיליא ונתנו כופר נפשם ונעשה להם נס. So in den alten Ausgaben, in der Filipowskischen dagegen (p. 224 a.): ונתנו כופר נפשם שנת מ"ס (ק) והיה להם מס — Der letzte Passus ist wohl korrumpiert statt ונעשה להם נס. Nach der jüdischen Datumangabe 5100 müßte man annehmen, daß die Vorgänge in der Zeit vom 18. September bis 31. Dezember 1339 vorgefallen seien. In der alten Ausgabe ist fälschlich Joseph de Ecija um 1349—1350 gesetzt, in den neuen dagegen richtig: וקודם זה היה השר דון יוסף דיאסיגה (das.).

20 000 Maravedis (über 3000 Taler) und jenseits sogar bis 30 000¹).

Man sollte glauben, daß die Juden unter diesen im ganzen nicht ungünstigen Verhältnissen ihre bereits zur Vollblüte entfaltete Geisteskultur weiter gefördert hätten; dem ist aber nicht so. Gerade Kastilien und überhaupt Spanien war in diesem Zeitraume arm, sehr arm an Pflegern der jüdischen Wissenschaft. Der Talmud war das einzige Fach, das die denkenden Männer anbauten, aber auch dieses nicht mit besonderer Fruchtbarkeit. Es zeigte sich auch im Talmudstudium eine Kraftabnahme. Die geachtetsten Rabbinen dieser Zeit setzten selbst so viel Mißtrauen in die eigene Leistungsfähigkeit, daß sie gar nicht mehr wagten, eine selbständige Ansicht aufzustellen und sich immer mehr auf die Ergebnisse älterer Autoritäten verließen. Für die Praxis machten sie es sich sehr bequem; sie folgten Maimunis Gesetzeskodex sklavisch und wichen nur in einzelnen Punkten, gegen die sich Ascheri erklärt hatte, von ihm ab²). Dem letzteren war es so ziemlich gelungen, den Hang der spanischen Juden zu wissenschaftlicher Forschung, wenn auch nicht ganz zu unterdrücken, so doch zu verdächtigen und dadurch zu schwächen. Die bedeutenden Träger des philosophischen Geistes gehörten fortan nicht mehr Spanien, sondern, wenn sie überhaupt auftauchten, meistens Südfrankreich an, Ibn-Kaspi, Gersonides und Narboni. Allein Ascheri und seine Söhne, welche seine Wissensfeindlichkeit erbten und in Spanien die Anschauung verallgemeinerten, daß man sich gar nicht mehr auf höhere Fragen über das Judentum und dessen Zusammenhang mit der Philosophie einlassen dürfe, daß ein solches Forschen an sich schon ein Ansatz zur Ketzerei und zum Unglauben sei, bedachten nicht, daß sie dadurch den Geist der spanischen Juden auch für talmudische Untersuchung schwächen und unfähig machen würden. Die jüdischen Söhne Spaniens waren für den einseitigen Talmudismus nicht so geeignet, wie die deutschen Juden. Untersagte man ihnen die Beschäftigung mit der Wissenschaft, so benahm man ihnen damit zugleich jede Schwungkraft des Geistes und machte sie auch für erlaubte Studien untüchtig. Selbst ihre Lust am Gesang und ihre dichterische Begabung verlor sich. Wenn der eine oder der andere noch dichtete, so war ihr Erzeugnis eine unschöne und gedankenlose Reimerei. Sie wurden immer mehr den von ihnen früher so ver-

---

¹) Ordenomiento de leyes que Don Alfonso hizo en las cortes de Henares año 1348, herausgegeben von be Asso (der lange Titel v. S. 142, Anmerkung 1, Titel XXIII, § 2, p. 53 f.)
²) Vgl. darüber Respp. Jehuda Ascheri No. 54.

achteten deutschen Juden ähnlich. Man braucht nur Jehuda Halevis schönes Gedicht über die Wunder der Feder mit der zerfahrenen, langweilig gespreizten gereimten Abhandlung des Dichterlings S ch e m - T o b A r b u t i e l[1]) zu vergleichen, um den tiefen Abstand zwischen Blüte und Verfall zu ermessen. Selbst die prosaische Darstellung, auf welche die jüdischen Spanier früher so viel Sorgfalt verwendeten, entartete meist zu einem geistlosen Wortschwall. Der liebliche Dichter S a n t o b d e C a r r i o n, welcher bereits unter Alfonso XI. seine Gedanken in schöne spanische Verse gekleidet hat, war eine vereinzelte Lerche, deren Schlag keinen Widerhall weckte.

Die acht Söhne Ascheris, seine Verwandten, die mit ihm aus Deutschland nach Toledo eingewandert waren (o. S. 234), und seine zahlreichen Enkel beherrschten fortan mit ihrer einseitig talmudischen, religiös-düsteren und büßermäßigen Richtung die spanische Judenheit. Die bedeutendsten unter Ascheris Söhnen waren R'Jakob (Baal ha-Turim) und R'J e h u d a, beide nicht bloß innig religiös, sondern auch selbstlose, aufopferungsfähige Charaktere, aber auch beide in einem höchst beschränkten Gesichtskreis befangen. Beide waren ebenso gelehrt im Talmud, wie unwissend in anderen Fächern, und wie dazu geschaffen, den inneren Verfall mit dem sich vorbereitenden elenden Geschicke der Juden in ihrem dritten Stammsitze in Einklang zu bringen.

J a k o b b e n A s ch e r i (geb. um 1280, st. 1340)[2]) war von herbem Mißgeschick heimgesucht. Sein Leben war eine Kette von Leiden und Entbehrungen; aber er ertrug sie mit Geduld, ohne Murren und Klage. Obwohl sein Vater Ascheri viele Glücksgüter nach Spanien mitgebracht hatte und stets in Wohlstand lebte, so litt doch sein Sohn R'Jakob unter drückender Armut und war von andern abhängig. Aber darum bezog er doch keinen Gehalt als Rabbiner; er scheint gar nicht einmal einen Rabbinersitz eingenommen zu haben. Wie sämtlichen Ascheriden, den Söhnen und Enkeln, war ihm der Talmud ausschließ-

---

[1]) Das מעשה הרב דון שם טוב בן יצחק ארדוטיאל, vollendet Tammus 1345, ist aus einem Ms. ediert in Dibre Chachamim p. 47 ff.

[2]) Die chronologische Seite ergibt sich aus folgender Berechnung: R' Jakob war älter als R'Jehuda, wie die Reihenfolge bei Menahem ben Zerach (Zeda La-Derech) ergibt. R'Jehuda verheiratete sich bereits 1306, wie die Grabschrift (Abne Sikkaron, p. 9) emendiert werden muß: (ר' יהודה) ונשא את בת אחיו ר' יחיאל — שנת הס״ו statt der Korruptel הם״ר (wie Luzzatto richtig vermutet hat). R' Jehuda war also 1306 ungefähr 18 Jahre alt, was auch daraus folgt, daß ihn sein Vater nach Spanien vorausgeschickt hat (nach Schalschelet). Er wurde demnach um 1284 geboren; also sein älterer Bruder früher.

liches Lebenselement; aber er behandelte ihn doch mehr mit erstaunlicher Gelehrsamkeit als mit erfinderischem Geiste. Sein einziges Verdienst ist, daß er in das Chaos der talmudischen Gelehrsamkeit eine gewisse Ordnung brachte und das Bedürfnis der Zeit nach einem abschließenden Gesetzeskodex für die religiöse Praxis befriedigte. Denn seitdem Maimuni anderthalb Jahrhunderte vorher sein Riesenwerk (Mischné Thora) in fast künstlerischer Gruppierung und lichtvoller Einteilung zusammengetragen hatte, war namentlich durch die Forschungen der französischen und deutschen Schulen der Umfang der religionsgesetzlichen Bestimmungen wiederum so sehr angewachsen, daß es dem fähigsten Kopfe nicht mehr möglich war, alles zu behalten und vorkommenden Falles anzuwenden. Dieser angehäufte Stoff war in zahlreichen Werken zerstreut und bunt durcheinandergemischt. Außerdem gingen die Ansichten über jeden einzelnen Punkt der Religionsgesetze so weit auseinander, daß die Rabbinen und Richter mittleren Schlages stets im Zweifel waren, welcher Meinung sie folgen, welcher Autorität sie sich anvertrauen sollten[1]).

R'Jakob Ascheri, durch seine deutsche Abstammung und seinen Aufenthalt in Spanien mit den Erzeugnissen der verschiedenen Schulen und Autoritäten bis ins einzelnste vertraut, war am meisten dazu befähigt, diesen chaotischen Stoff zu beherrschen und zu ordnen. Sein Vater hatte ihm durch die Kommentierung des Talmuds und die Berichtigung der Alfaßischen Entscheidungen (o. S. 250) — stets mit Rücksicht auf die Praxis — bedeutend vorgearbeitet. Auch Ben-Adrets ordnungsvolle Leistungen dienten ihm als Vorarbeiten. Mit dieser Ausrüstung und mit Benutzung aller vorangegangenen Leistungen, namentlich Maimunis, stellte R'Jakob einen zweiten Religionskodex zusammen (in vier Abteilungen, Turim, kurzweg Tur genannt, um 1340)[2]), aber lediglich für die religiöse, d. h. rituelle, sittliche, ehegesetzliche und zivilrechtliche Praxis, unter Beseitigung alles dessen, was seit der Tempelzerstörung und durch die veränderten Zeitverhältnisse außer Brauch gekommen war. Mit der Abfassung dieses Werkes beginnt gewissermaßen ein neuer Abschnitt in der inneren Entwicklung des Judentums.

R'Jakobs Religionskodex bildete einen Gradmesser dafür, um wieviel das offizielle Judentum seit Maimuni gesunken war. In Maimunis Gesetzbuch ist der Gedanke vorherrschend; jedes noch so absonderliche

---

[1]) Vgl. Respp. Jehuda Ascheri No. 54.
[2]) Die Zeit der Abfassung des Tur ergibt sich aus der Abteilung Orach Chajim No. 428.

Ritual wird darin — gut oder schlecht — mit dem Grundwesen der Religion in Verbindung gesetzt und als Ausfluß, gewissermaßen als Konsequenz desselben dargestellt. In R'Jakobs Kodex dagegen ist auf das Denken durchweg Verzicht geleistet. Die religiöse Peinlichkeit, wie sie in den jüdisch-deutschen Gemeinden heimisch war, sitzt hier als Gesetzgeberin und legt Erschwerungen und Kasteiungen auf. Maimuni hatte sich bei der Aufnahme der verbindlichen Religionsvorschriften ganz an den Talmud gehalten und nur selten Bestimmungen von Gaonen, als den mit Autorität bekleideten Vertretern des Judentums, aufgenommen. Ascheris Sohn dagegen brachte in das religiöse Gesetzbuch alles hinein, was irgendwann und irgendwo ein Frommer oder Überfrommer aus Skrupulosität oder gelehrter Auslegung ausgesprochen hatte. Maimuni stellte beispielsweise auf, es sei in einigen Gemeinden Brauch, acht Tage vor dem Fasttag zur Erinnerung an die Tempelzerstörung sich des Fleisches zu enthalten. R'Jakob Ascheri dagegen empfiehlt den Brauch des frommen Deutschlands, die Entsagung nicht bloß von Fleisch, sondern auch von Wein auf drei Wochen auszudehnen[1]). Daher überwuchern in seinem Kodex die von rabbinischen Autoritäten als verbindlich gestempelten Elemente bei weitem jene, welche aus dem Talmud fließen. Man könnte fast sagen, daß sich unter seinen Händen das t a l - m u d i s c h e Judentum in ein r a b b i n i s c h e s verwandelt hat. Selbst kabbalistische Spielerei nahm er in das religiöse Gesetzbuch auf[2])

Wie im Inhalt, so ist auch R'Jakobs Kodex in der Form von dem Maimunis grundverschieden. Insofern er dem letzteren folgt, ist auch darin systematische Gruppierung wahrzunehmen; in den selbständigen Partieen dagegen vermißt man die lichtvolle, wie eine Gliederkette zusammenhängende maimunische Ordnung. Auch Darstellung und Sprache haben nicht die maimunische Gedrungenheit und Klarheit. Nichtsdestoweniger fand dieser Religionskodex bald allgemeine Anerkennung, weil er einem Zeitbedürfnisse entsprach und übersichtlich alles zusammenstellte, was an Ritualien, Ehegesetzen und Zivilrecht für die Bekenner des Judentums im Exile unter den Völkern als verbindlich galt. Rabbiner und Richter nahmen ihn zur Richtschnur für praktische Entscheidungen und gaben ihm sogar den Vorzug vor Maimunis Werk, weil er auch die später hinzugekommenen Elemente enthält und in betreff der Ritualien strenger und peinlicher ist. Nur der eine oder der andere der zeitgenössischen Rabbinen[3]) mochten ihre Selbständigkeit, aus

---

[1]) Orach Chajim No. 521.   [2]) Das. No. 113.

[3]) Von Salom aus Wien oder aus Österreich erzählt Jakob Möln (Maharil) er habe sich mit dem Tur nicht allzusehr befaßt: חציר (ר' יעקב סג"ל)

eigener Forschung in den Quellen Entscheidungen zu treffen, nicht aufgeben und kehrten sich wenig an den neuen Religionskodex. Die große Mehrzahl dagegen nicht bloß in Spanien, sondern auch in Deutschland, war froh, ein fertiges Gesetzbuch zu besitzen, das alles Wissenswerte so bequem zurechtlegt, tief eingehende Untersuchungen entbehrlich macht und mehr das Gedächtnis als die Verstandestätigkeit in Anspruch nimmt. So wurde R'Jakobs Tur das unentbehrliche alleinige Handbuch für die Kenntnis des Judentums, wie es die Rabbinen verstanden, das sich vier Jahrhunderte lang behauptete, bis ein neues in Aufnahme kam, welches das alte noch bei weitem übertraf.

R'Jakob Ascheri hat auch einen Kommentar zum Pentateuch verfaßt[1]) und dieser beurkundet noch mehr den Verfall des Geistes in Spanien. Von schlichter Exegese hat dieser Kommentar nicht die leiseste Spur, gibt meistens lediglich Nachmanis Erklärungen wieder, enthält dafür aber desto mehr Spielereien mit Zahlen und Wörtern, um massoretische Zeichen als tiefsinnige Andeutungen (Remes) auszulegen. Man muß sich lebhaft vergegenwärtigen, daß in demselben Lande, wo Ibn-G'anach, Jizchaki Ibn-Jasus, Mose Gikatilla und Ibn-Esra so kühne exegetische Ansichten aufgestellt und Geschmack und Urteil geläutert hatten, R'Jakob Ascheri mit solchen Abgeschmacktheiten auftreten und dabei auf einen Leserkreis rechnen konnte.

Während jüdische Schriftsteller, Kabbalisten wie Nicht-Kabbalisten, den bereits geebneten Weg lichtvoller Exegese verließen und einen verkehrten Weg einschlugen, bahnte ein Mönch in dem unwegsamen Urwalde krauser Schriftauslegung, wie sie seit den Kirchenvätern in der Christenheit üblich war, in dieser Zeit zum ersten Male einen schmalen Weg einfacher Schrifterklärung an. Der Franziskaner Nikolaus de Lyra (blühte 1300—1340)[2]), Professor der Theologie in Paris und später Ordensprovinzial, der wahrscheinlich von getauften Juden im Hebräischen unterrichtet wurde, nahm sich Raschis einfache, sinngemäße Schrifterklärung zum Muster und führte sie zuerst, allerdings mit Klauseln, in die christliche Theologie ein. Durch die Verbreitung der Lyranischen Kommentarien (postillae) zum alten Testamente hat Raschis

---

מולין) על הרב מהר' שלום (מאושטרייך) שלא היה רגיל כך להגות בארבע טורים (Maharil gegen Ende). Dieser R. Salom war ein jüngerer Zeitgenosse des Jakob Ascheri. S. Salomo Lurja, Respp. No. 79.

[1]) Von diesem Kommentar ist der zahlenmystische Teil gesondert von dem rein exegetischen gedruckt Venedig 1544, der exegetische Teil ebenfalls getrennt von jenem erst Zolkiew 1805 und Hannover 1838.

[2]) Vgl. Note 13.

Exegese in christlichen Kreisen den Sinn für das Einfache geweckt und bis auf den Begründer der Reformation fortgewirkt. De Lyras Verdienst besteht lediglich darin, daß er die christliche Welt mit der Auslegungsart des jüdischen Exegeten von Troyes bekannt gemacht hat. Indessen ist es auch nicht gering anzuschlagen, daß der Franziskanermönch, der nicht weniger als seine Ordensbrüder von Judenhaß erfüllt war und in einer judenfeindlichen Schrift den Gewalthabern Mittel zur Bekehrung der Juden andeutete, so weit das Vorurteil besiegte, einem jüdischen Schrifterklärer den Vorzug vor christlichen einzuräumen.

Seinem Bruder R'Jakob an Gelehrsamkeit und Tugenden gleich, nur ohne dessen Fähigkeit, ein Chaos zu ordnen, war sein Bruder Jehuda Ascheri (geb. um 1284, st. 1349)[1]), den die Toledaner Gemeinde nach seines Vaters Tode (1327) zum Nachfolger im Rabbinate der spanischen Hauptstadt erwählte. Er führte sein Amt mit außerordentlicher Gewissenhaftigkeit ohne Ansehen der Person, und er konnte die ganze Gemeinde zu Zeugen anrufen, daß er sich nicht das geringste Vergehen habe zuschulden kommen lassen[2]). Als Jehuda Ascheri einst wegen Verdrießlichkeiten in seiner Gemeinde nach Sevilla überzusiedeln den Entschluß faßte, drang die ganze Gemeinde einstimmig in ihn, bei ihr zu bleiben und verdoppelte seine Einkünfte[3]). Trotzdem fühlte er sich in Spanien nicht behaglich und soll in seinem Testamente seinen fünf Söhnen geraten haben, nach Deutschland, der Heimat seiner Familie, auszuwandern[4]). Die Verfolgung der deutschen Juden während des Pestjahres hat sie wohl eines Besseren belehrt, daß es doch vorzuziehen sei, in Spanien zu wohnen. — Vermöge seiner Stellung in der größten Gemeinde und seiner umfassenden rabbinischen Gelehrsamkeit galt Jehuda Ascheri als die größte Autorität seiner Zeit, mehr noch als sein Bruder R'Jakob. Gutachtliche Anfragen von allen Seiten liefen zumeist bei ihm ein, und er beantwortete sie mit eingehender Gründlichkeit und in knapper Fassung[5]). Das rabbinische Schrifttum hat er durch kein besonderes Werk bereichert.

---

[1]) Vgl. o. S. 300. Anmerkung 2.
[2]) Respp. Jehuda Ascheri No. 54.
[3]) Gedalja Ibn-Jachja in Schalschelet.
[4]) Das.
[5]) Seine Responsensammlung זכרון יהודה Berlin 1846, ediert von W. Rosenthal und D. Cassel. — Ibn-Jachja zitiert von ihm ein Testament an seine Söhne אגרת התוכחת, das biographische Notizen über die Familie Ascheri enthalten haben soll und das wohl identisch ist mit dem von S. Schechter edierten in: צואות ה״ר יהודה בן הראש ואחיו הר יעקב בעל הטורים. Preßburg 1885.

Den Charakter der Unselbständigkeit und der bloßen Gelehrsamkeit tragen fast sämtliche talmudische Erzeugnisse dieser Zeit. Sie stellen entweder das bereits vorhandene mühsam zusammen, oder sie lehnen sich an eine ältere Autorität an und bilden Kommentarien oder gar Superkommentarien zu früheren Schriften. Jeruham ben Meschullam, einer von Ascheris zahlreichen Jüngern, ein Provenzale, den die Verbannung der Juden aus Frankreich (o. S. 246) nach Spanien verschlagen hatte, trug die zivilrechtlichen und rituellen Gesetze in zwei Kompendien zusammen (um 1334)[1]). — David Abudarham aus Sevilla verfaßte ein weitschweifiges Werk über Gebete und Ritualien in geistloser Weise (1340)[2]). Selbst die drei namhaftesten Talmudisten dieser Zeitepoche, die Fortsetzer der Schule Nachmanis und Ben-Adrets, welche sich von der ascheridischen, deutschen Richtung fernhielten, Schem-Tob Jbn-Gaon, Jom-Tob Jschbili und Vidal de Tolosa haben es zu keinem selbständigen Werke gebracht, sondern entweder den Talmud oder den maimunischen Religionskodex ausgelegt. Der erstere, als Kabbalist fruchtbar (o. S. 283), hat als Talmudist nur einen Maimunikommentar[3]) oder eigentlich eine Apologie gegen die Ausstellungen des Abraham ben David hinterlassen, in dem jedenfalls mehr Wissen als Geist steckt. Jom-Tob ben Abraham Jschbili (Ritba), der aus Sevilla stammte und in Alcolea de Cinca wohnte (blühte um 1310—1350)[4]), war ein fruchtbarer talmudischer Schriftsteller, auch von klarem und durchdringendem Verstand und seinem Lehrer Ben-Adret ähnlich; aber er verfaßte nichts als Kommentarien, zum Talmud, zu Alfaßis Werk und zu Nachmanis Schriften. — Der dritte bedeutendere Talmudist aus der Schule des Ben-Adret, Don Vidal Jom-Tob de Tolosa[5]), beschäftigte sich ausschließlich

---

[1]) Titel תולדות אדם וחוה und משרים. In dem ersten kommt VIII, 1 das Jahr 133 vor (vgl. Monatsschr. 1869, S. 443). Zu Ende teilt der Verfasser etwas von seinem Geschick mit.

[2]) Vgl. über ihn die Bibliographen.

[3]) Titel מגדל עוז, vielleicht in Spanien verfaßt; s. o. Seite 283, Anmerkung 6.

[4]) Folgt daraus, daß er ein Jünger des Ben-Adret war, der 1310 starb und seinen Kommentar zu Aboda Sara beendete: בעיר אלקוליאה די סינקא שנת ק״ב 5102 = 1342. Über seine literarischen Leistungen vergleiche die Bibliographen.

[5]) Daß Don Vidal, Verfasser des מגיד משנה, auch Jom-Tob hieß, ergibt sich aus der Anekdote, welche Jbn-Jachja im Namen des Meïr von Padua (XVI. saecl.) mitteilt: וקבלתי ממהר׳ מאיר מפאדווה כי לר׳ יום טוב בעל המגיד משנה היה לו אשה וכשנתאלמנה בא אליה בעל מגדל עוז וירשאל לה לאשה. ויהא השיבה לו: יום טוב אחרון לגבר ראשון כחול שויינהו רבנן

mit Maimunis Religionskodex und lieferte den ersten gründlichen Kommentar zu demselben, wovon er auch seinen Ehrennamen erhielt (Rabha-Magid) — wieder ein Kommentar, nichts als Kommentarien. — Man erzählte sich eine witzige Anekdote von seiner gelehrten Frau. Als ihr Gatte gestorben war, hielt sein Namensverwandter Jom-Tob Jschbili um die Hand der Witwe an. Sie wies aber den Antrag mit einer ebenso witzigen, als beleidigenden Anwendung einer talmudischen Phrase ab: „Der zweite Jom-Tob (Feiertag) ist im Vergleich zum ersten wie ein Alltagsmensch (Werkeltag)." — Überhaupt hat nur ein einziger talmudischer Schriftsteller in dieser Zeit den gebahnten Pfad des Auslegens und Sammelns verlassen und einen eigenen Weg eingeschlagen, S i m s o n ben Jsaak aus C h i n o n (blühte um 1300—1350)¹). Er führte in seinem methodologischen Werke (S. Keritot) den Leser in die Werkstätte des Talmuds, um dessen Operationen belauschen zu können, und teilt ihm feine und scharfsinnige Bemerkungen mit. Freilich fehlte auch Simson von Chinon der freie Blick, sich über den Talmud zu erheben und ihn mit selbständigem Auge zu betrachten. Indessen wenn er auch kein kritisches Werk zum Verständnis des Talmuds geliefert hat, so hat er doch einen Ansatz dazu getan und war jedenfalls seinen Zeitgenossen darin überlegen. Er zeigte auch mehr Sinn als sie für die Chronologie der talmudischen und nachtalmudischen Zeit. Simson stand zu seiner Zeit in hohem Ansehen, wenn auch wenig von ihm und seinem Lebensgange bekannt geworden ist; er muß einen selbständigen Geist besessen haben, da er sich nicht nur von der Kabbala fernhielt, sondern ihre lästerliche Art, sich im Gebete nicht an Gott, sondern bald an diese, bald an jene fingierte geistige Substanz (Sefira) zu wenden, geradezu verachtete. „Ich bete," bemerkte er, „in der Einfalt eines Kindes"²).

Wenn diese Anekdote echt ist, so kann sie nicht den Verf. des Migdal Os betroffen haben, der S c h e m-T o b hieß, sondern Ritba, Jom-Tob Jschbili. Daraus folgt, daß Don Vidal auch den hebräischen Namen Jom-Tob geführt hat, und daß er vor Ritba gestorben ist.

¹) Sein Zeitalter ergibt sich aus folgenden Momenten. In Respp. Ben-Adret III, No. 3 ist ein Bescheid gerichtet an: שמשון בן יצחק בן יקותיאל, und so zeichnete sich auch Simson von Chinon. Er blühte also noch vor Ben-Adrets Tod (1310). Dann findet sich von ihm eine Erläuterung zu dem Scheidebriefe, ausgestellt Anfang 1347 (Katalog der Wiener hebr. Kodizes, S. 57). Alles übrige bei den Bibliographen.

²) Respp. Isaak ben Scheschet No. 157: שמעתי מפיו (מפי הר' פרץ הכהן) שהרב ר' שמעון (l. שמשון) מקינון שהיה רב גדול מכל בני דורו היה אומר אני מתפלל לדעת זה התינוק כלומר להוציא מלב המקבלין שהם מתפללין פעם לספירה אחת ופעם לספירה אחרת.

Wenn das noch immer mit besonderem Eifer betriebene Talmudstudium in Spanien in Stillstand und Ermattung geraten war, so durften sich andere Fächer der Wissenschaft nicht beklagen, daß sie nicht vorwärts kamen und keine aufmerksame Pflege fanden. Die biblischen Studien, hebräische Sprachkunde und Schrifterklärung, waren so gut wie aus dem Register gestrichen; kaum klingt aus dieser Zeit ein einziger Name eines Schriftstellers zu uns herüber, der sich ernstlich damit befaßt hätte. Das Mutterland der jüdischen Philosophie hat in der nachascherischen Zeit auch keinen Religionsphilosophen von einiger Bedeutung mehr hervorgebracht. Die Achtung des Denkens war durch Abba-Mari's geschäftigen Eifer, durch Ben-Adrets Bannspruch und durch Ascheris entschiedene Abneigung gegen philosophische Forschung vollständig gelungen. Die wahrhaft Frommen scheuten die Berührung mit der Philosophie, weil sie ihnen als eine Vorstufe zur Ketzerei und zum Unglauben galt und die Scheinfrommen taten noch spröder gegen sie. Es gehörte Mut dazu, sich mit ihr einzulassen, denn sie brachte nur Verketzerung und Verachtung ein[1]). Die Kabbala hatte auch bereits das ihrige getan, durch ihr Blendwerk den Blick zu trüben. Freilich hatte die philosophische Forschung einen solchen Entwicklungsgang genommen, daß sie mit der Religion feindlich zusammenstieß. Die Bindemittel, welche Maimuni angewendet hatte, um das Judentum mit der aristotelischen Weltanschauung zu vereinen, erwiesen sich bei tieferem Eingehen als allzu künstlich und trügerisch. Die Brücke, die er über die jähe Kluft geschlagen hatte — auf der einen Seite die Überzeugung von einem persönlichen, in die Geschicke der Völker und der einzelnen eingreifenden Gott, der die Welt geschaffen, regiert, richtet, straft, belohnt, und auf der andern Seite jene Theorie, daß das Weltall sich von Ewigkeit an nach strengen Gesetzen der Notwendigkeit erhalte, und die Gottheit nur den Schlußstein dieses Weltgebäudes bilde — diese schwankende Brücke über eine so gähnende Kluft konnte nicht für die Dauer halten, sondern gab bei jedem straffen Auftreten eines konsequenten Gedankens nach. Maimuni hatte zur Vermittlung der zwei schroffen Gegensätze

---

[1]) Narboni Einleitung zum Moré: שנפקדו ממנו החכמים בינונתינו — לרוב התרשלות וטעוט ההשתדלות וזה לבזיון החכמה בין האומה ובזיון עזר הדת. Isaak Pulgar in אנשירה ובצליחה להתפשטות הסכלות ולהגדר האמת (Ms.) IV. Anfang:

בכל יום ילחמו פוחזים אוילים למשביל וחכמים האצילים
רבוזו את תבונתם ויתם וילעיגו קטנים עם גדולים

ויעיזו פניהם לנבונים ככופרי דת ועובדי האלילים

manches vom Judentum, namentlich von dem schlichten Wortsinn der Bibel, und noch mehr von der Agada geopfert. Die nachfolgenden Denker fanden die Opfer zu wenig. Von Konsequenz zu Konsequenz fortschreitend, fanden sie, daß manches, was Maimuni vom Judentum haltbar glaubte, sich vor der scharfen Beleuchtung der Vernunft in Nebel auflöse. Je kühner nun die Religionsphilosophie auftrat, desto mehr wurde sie von den Vertretern des Judentums verabscheut; sie mochten gar nichts von ihr wissen und zogen sich in das Gehäuse des Talmuds zurück.

„Zwei Klassen gibt es innerhalb des Judentums in unserer Zeit," so schildert ein Zeitgenosse die Stimmung. „Die Philosophenjünger spotten des Talmuds, setzen sich über die Ritualien des Judentums hinweg, erklären alles und jedes in der heiligen Schrift als Redefiguren und halten wenig auf die Religion mit ihren Vorschriften. Die andere Klasse verachtet die Wissenschaft, schmäht auf Aristoteles und seine Ausleger und will vom Denken nichts wissen"[1]). Diesen schroffen Gegensatz stellt der liebenswürdige aber redselige Isaak Pulgar anschaulich dar in einem heftigen Dialoge, man kann sagen in einer Rauferei zwischen der jüdischen Religion und der Philosophie[2]). Der Vertreter des talmudischen Judentums (Thorani) tritt in diesem Wechselgespräch als ein alter Mann mit langem Bart und in gebückter Haltung auf; er erscheint in einen Betmantel gehüllt. Sein philosophischer Gegner ist ein Jüngling in herausfordernder Stellung. In einer großen Volksversammlung (in Jerusalem) zanken diese beiden miteinander mit heftigen Geberden. Der Greis klagt den Jüngling an, daß dieser und seine Genossen darauf ausgingen, den alten Glauben aufzulösen, dadurch die Verbannung Israels zu verlängern, seine Erlösung hinzuhalten und den Druck zu vermehren. „Sie verändern die Religionsgesetze, spotten der talmudischen Weisen und führen fremde Schriften ein, welche Gottesleugner verfaßt haben. Diese Ketzer lernen den Glauben von den Ungläubigen. Diese Philosophen besuchen nicht das Bethaus, legen die Schaufäden nicht an ihre Gewänder, binden nicht die Betriemen an Kopf und Arm." — Der Greis ermahnt die Menge, den Jüngling zu steinigen oder zu verbrennen. Dieser erwidert in gereiztem Ton, daß der Alte über etwas urteile, wovon er gar nichts verstehe. Die philosophische Weisheit (Merkaba) stehe höher als der Talmud. Die Gesetze des Judentums seien nicht für Gott, der keiner

---

[1]) Kaspi, Sefer ha-Mussar (in Taam Sekenim). c. 11.
[2]) Im zweiten Teil seines עזר הדת, fragmentarisch ediert in demselben Sammelwerk.

Anbetung bedürfe, sondern lediglich zum Frommen für dessen Bekenner, sie hätten daher sämtlich einen vernünftigen Zweck. Darum sei von ihrer Beobachtung kein Lohn jenseits zu erwarten, da sie ihre Belohnung in sich selbst trügen. Die Frage, wie es komme, daß der Sünder oft glücklich und der Fromme so oft unglücklich sei, habe keinen Sinn. Tugend und Weisheit gewähren an sich Glück, Laster und Torheit seien an sich Unglück.

Da der Greis sieht, daß er mit seiner Heftigkeit nicht durchdringen kann, bedient er sich der Satire und macht sich über die Wissenschaften lustig, daß sie Vermutungen als Gewißheit, Täuschungen als Wahrheit ausgäben. Der Jüngling entgegnet darauf, erst durch den ausgebildeten Geist vermöge der Mensch sich zu seiner Würde zu erheben und sich vom Tiere zu unterscheiden. Denn nicht mit den Sinnen erkenne man die Dinge, sondern mit dem geistigen Auge. Erst durch einen philosophisch gebildeten Sinn vermöge der Mensch das Wahre vom Falschen, das Rechte vom Unrechten, das Verbotene vom Erlaubten zu unterscheiden. Ohne philosophische Einsicht erlägen die Menschen dem wüsten Aberglauben, Betrügereien und Wahngebilden; die Philosophie dürfe daher dieselbe Glaubwürdigkeit beanspruchen, wie die göttliche Offenbarung. Der rechtgläubige Greis macht dagegen geltend, daß nicht Aristoteles, sondern Mose, nicht die Vernunft, sondern die Prophetie die wahre Kunde von der Gottheit und ihrer Weltregierung mitteile. — Isaak Pulgar, der dem Stockgläubigen gern eine Niederlage bereiten mochte, läßt den Greis geflissentlich Blödsinn sprechen und die Kabbala mit hineinziehen, um sie recht lächerlich zu machen. Er läßt ihn behaupten, vermöge der prophetischen Offenbarung seien die Gläubigen imstande, die tieferen Geheimnisse der höheren Welten, Paradies und Hölle, die Engelgruppen und die zehn kabbalistischen Substanzen (Sefirot) zu erkennen. Der Fromme könne sogar vermittelst der geheimnisvollen Gottesnamen nach vorangegangenen Weihen Wunder tun, z. B. den Raum überspringen, sich unsichtbar machen, Krankheiten heilen, zukunftkündende Träume anregen, wie es deutsche und französische Fromme wirklich vollbrächten. Ein solches Bändigen und Beherrschen der Natur erlange man nicht durch philosophische Forschung, sondern durch die biblische Offenbarung.

Der philosophische Jüngling übertreibt dann wieder nach der anderen Seite und stellt die Wissenschaft höher als die Prophetie, denn jene gäbe klare und deutliche Erkenntnisse und vermöge sich von ihrem Verfahren Rechenschaft zu geben. Diese dagegen vollziehe sich ohne Bewußtsein, liefere nur dunkle, verworrene Vorstellungen, weil sie mit der ausschweifenden Phantasie aufs engste verknüpft sei. Darum bemerkten selbst die Talmudisten: „Der Weise ist mehr denn der Prophet."

Da der Stockgläubige und der Verteidiger der Wissenschaft ihren Streit nicht beilegen, die Zuhörer ihn auch nicht schlichten können, so drängen die letzteren beide, die interessante Streitsache einem jüdischen König von Jerusalem vorzulegen. Dieser gibt nun sein Urteil darüber in folgendem Sinne ab. Gott habe den Menschen mit zwei Lichtern begnadigt, mit dem Lichte des Geistes und dem der prophetischen Offenbarung. Da beide denselben Urheber hätten, so seien beide berechtigt und dürften einander nicht auslöschen wollen. Vermittelst des Geistes erhebe sich der Mensch zu der höheren Welt, zerreiße die Nebel der Unwissenheit und erlange ewiges Leben. Die Vernunft regele lediglich seine Einsicht, die Religion aber sein Tun, sein sittliches und religiöses Verhalten, und sei darum ebenso notwendig. Da der Mensch nicht imstande sei, ein bloß theoretisches, auch nicht ein bloß praktisches Leben zu führen, sondern die Praxis von der Einsicht leiten, die Theorie durch das Handeln bewähren lassen soll, so seien Philosophie und Religion zwei Führerinnen, die ihn durch das Leben leiteten. Der König ermahnt und befiehlt am Ende dem Gläubigen und dem Philosophen, nicht miteinander zu hadern, sondern sich wie ein Zwillingspaar zu vertragen, einander beizustehen, die Schwächen des einen Teils durch die Stärke des anderen zu stützen und zu kräftigen.

Isaak Pulgar (blühte um 1300—1349)[1]) vielleicht aus Avila, der Streitschriften und Epigramme mit dem judenfeindlichen Täufling Abner-Alfonso wechselte (o. S. 293), hat in diesem Dialog und überhaupt in seiner Schrift „Hilfe für die gefährdete Religion" den besten Willen gehabt, den Gegensatz zwischen dem Glauben und der damaligen Philosophie zu versöhnen. Allein weder der Machtspruch seines Königs von Jerusalem, noch seine Gründe konnten die Kluft ausfüllen. Isaak Pulgar war für sich von der Wahrheit des Judentums mit allen seinen Einzelheiten fest überzeugt und fand den Widerspruch zwischen Glauben und Wissen nicht so schroff, daß er nicht ausgeglichen werden könnte. Jeder wahrhaft philosophisch Gebildete, meinte er, beobachte sämtliche Religionsvorschriften, weil sie mit der Vernunft übereinstimmen. Nur die Anfänger, die Halbphilosophen, die es nicht zur Reife des Denkens gebracht hätten, diese verwürfen manche Ritualien und sprächen verächtlich von den jüdischen Gesetz-

---

[1]) Vgl. über ihn und seine Schriften Note 13.

gebern¹). Isaak Pulgar redete daher sowohl der strenggläubigen Frömmigkeit als dem vernunftmäßigen Denken das Wort mit großer Wärme. Sein Hauptwerk zur Rechtfertigung des Judentums gegen Halbwisser, Ungläubige, Astrologen und Christen hat eben diesen Zweck im Auge. Allein er vermochte bei aller Anstrengung und allen rednerischen Mitteln nicht, diese Überzeugung anderen beizubringen. Ein Geistesverwandter des Schem-Tob Falaquera (o. S. 215), besaß er nicht die logische Schärfe, um auch nur den Gegensatz in all seiner Unversöhnlichkeit zu erkennen, geschweige denn, ihn zu heben. Nur hin und wieder entwickelte Pulgar gesunde Gedanken, namentlich in seiner Bekämpfung der kabbalistischen Alfanzereien²) und der astrologischen Albernheiten³). Er widerlegte schlagend den Einwurf gegen das Judentum von der Winzigkeit und den Leiden seiner Bekenner⁴). Je erhabener und geistiger eine Religion sei, desto weniger sage sie der gedankenlosen Menge zu, weil auf diese nur plumpe, handgreifliche, sinnliche Vorstellungen und märchenhafte Wundererzählungen Eindruck machten. Weit entfernt, gegen das Judentum zu zeugen, spräche seine geringe Anhängerzahl gerade für seine Hoheit. Ebenso sprächen die gehäuften Leiden Israels für die Vortrefflichkeit seiner Lehre, weil es sich dadurch als von Gott geleitet und beschützt bewähre. „Denn wollte jemand die Völker, in deren Mitte wir leben, ringsum fragen, ob sie die Vertilgung der Juden wünschten, so würden sie Geld und selbst ein Glied von ihrer Hand dafür hingeben. Und trotzdem vermögen sie nicht, uns den Garaus zu machen." — Isaak Pulgar stellte zuerst die richtige, von Maimunis Glaubensartikeln ausgehende Ansicht auf, daß der Glaube an die messianische Erlösung kein wesentlicher Punkt des

---

¹) עזר הדת IV. Anfang: (במדעים האמתיים) קצת המתחילים ללמוד בהם
לא ישתדלו בעשית פרטי מיני המצות כראוי — והם הנקראים מתפלספים —
בסתרות לבוחם ומעוט ישוב תבונותם ישליכו אחרי גיום עשרה קצת המצות
ומזלזלין בכבוד מיסדי הדת. — ואמנם המגיע לתכלית המדע הוא הנקרא
באמת פילוסוף וחכם הוא יקירי ויפעל ויעשה כל מצות תורתינו הבטחונות
קלות וחמורות בראותו כי הן נכונות ונאיחות לשקול הדעת. Ebenso Kaspi
in ספר המוסר, c. 11.

²) Das. vgl. Note 13.

³) Das. III. in einem Dialog zwischen einem Astrologen (חובר) und Antiastrologen (חבר). Dieser Dialog scheint gegen Abner-Alfonso und gegen Salomo Alconstantini (o. S. 293 f.) gerichtet zu sein.

⁴) Das. I, 5. Bemerkenswert ist der Passus von dem Judenhaß zu seiner Zeit: כי כשתשאל לכל איש מאנשי האומות אשר סביבותינו היש את נפשך
לכלות את האומה הזאת מבינכם? יאמרו כי יתנו ויתנדבו לזה ממבחר הונם
וקצתם יקטעו קצת איבריהם. ועם כל זה לא יניחם אלהים לשלוט בנו
לכלותינו ולא יתן המשחית לבא אלינו להאבידנו.

Judentums sei, mit dem es stehe und falle, wiewohl viele Prophetenstellen für die einstige Erscheinung des Messias laut Zeugnis ablegten[1]). — Bei alledem war Pulgar nichts weniger als ein strenger Denker, der eine fruchtbare, bleibende Idee aufgestellt hätte. Schon seine Methode, die höchsten Wahrheiten in gereimter Prosa mit untermischten schlechten Versen beweisen zu wollen, verrät die Schlaffheit seines Denkvermögens. Er wußte angenehm zu erzählen, aber nicht zu überzeugen. Er hat deswegen auch wenig Einfluß ausgeübt.

Noch schlaffer an Geist war sein Zeitgenosse **David ben Jom-Tob Ibn-Billa (Bilja)**[2]) aus Portugal. Auch er redete der philosophischen Erkenntnis das Wort, weil durch sie die Vortrefflichkeit der Thora nur noch mehr hervortrete. Er machte aber von diesem Lehrsatze eine schiefe Anwendung. Ibn-Bilja war ein fruchtbarer Schriftsteller, hielt sich auch für einen Dichter und gab Anleitungen, wie man Verse machen könne. Aber sein Denkvermögen war ebenso mittelmäßig wie seine dichterische Fähigkeit. Um die Grundwahrheiten des Judentums zu beleuchten, vermochte er nicht einmal einen eigenen Gedanken aufzustellen, sondern raffte Ansichten anderer Denker zusammen. Ibn-Bilja stellte dreizehn Lehrsätze, gewissermaßen Glaubensartikel des Judentums, auf, die aber weder aus einem einheitlichen Prinzip folgen, noch durchweg jüdisch sind, noch überhaupt streng erwiesen werden. Darunter gehören zunächst das Dasein von Engeln, die Schöpfung aus nichts und der Glaube an eine zukünftige Welt geistigen Lebens. Seine Seelenlehre, auf die er fünf Glaubensartikel gründete, ist ein gedankenloses Gemisch zweier entgegengesetzter Systeme. Bald soll die Seele ein Ausfluß der Gottheit sein und bald eine bloße Anlage, die sich selbst erst zu ihrem Wesen machen soll. Die Thora stehe nach Ibn-Bilja höher als die philosophischen Wahrheiten und sei überzeugender als diese, beurkundet durch die Wunder. Ihr Inhalt habe einen äußerlichen Sinn für die Menge und einen tieferen für die Eingeweihten. Mit Bachja (VI$_3$, S. 39 ff.) nahm Ibn-Bilja an, daß eine noch so gewissenhafte Erfüllung und Ausübung der Ritualgesetze nicht die Vollkommenheit eines frommen Juden ausmache, sondern lediglich geläuterte Gottes-

---

[1]) עזר הדת I. 6.

[2]) Vgl. über ihn Zunz, Additamenta zum Katalog der Leipziger hebräischen Kodizes S. 326. Er setzt ihn um das Jahr 1320. Indessen da Jakob ben David ben Jom-Tob Poel, der erst 1361 seine astronomischen Tafeln anfertigte, höchst wahrscheinlich sein Sohn war, so hat der Vater wohl noch gegen die Hälfte des Jahrhunderts gelebt. Über seine Schriften vgl. Zunz a. a. O. Seine Hauptschrift ist sein: י"ג יסודות המשכיל in Dibre Chachamim, p. 56 ff.

erkenntnis und sittliche Gesinnung. Das Beste, was er aufstellte, ist noch der Glaubensartikel, daß Lohn und Strafe für die Seele nicht ein ihr von außen zukommendes Gefühl sei, sondern in ihr selbst, in der Befriedigung und Freude an einem gewissenhaften religiösen und sittlichen Leben oder in dem Schmerze über einen verfehlten Lebenslauf liegen. Nimmt man noch hinzu, daß Jbn-Bilja in seinen Pentateuchkommentar astrologische Grillen eingewebt hat, so kann auch er den Beweis liefern von der Gesunkenheit des Geistes unter den Juden der pyrenäischen Halbinsel in dieser Zeit.

Die Träger einer gewissen Gedankenhöhe in dieser Zeit sind daher nicht diesseits, sondern jenseits der Pyrenäen zu suchen, in Südfrankreich, wo sie sich trotz äußerer Widerwärtigkeiten behauptet haben. Hier war die Wissenschaft nicht verachtet. Hier, und namentlich in der Gemeinde Perpignan, gab es eine Art Verein, welcher philosophischen Studien oblag und sie förderte[1]). In der Provence lebten die drei zeitgenössischen warmen Parteigänger für eine metaphysische Klärung des Judentums, Kaspi, Gersonides und Vidal Narboni. — Sie haben zwar keine bahnbrechenden Gedanken zur Welt gebracht, und noch weniger ein abgerundetes System aufgestellt. Aber indem sie die Gedanken der Zeit straffer und bestimmter durchdachten, sich ernstlicher und gründlicher in metaphysische Fragen einließen und aus Maimunis Vordersätzen unerbittliche und kühne Folgerungen zogen, welche die erträumte Eintracht zwischen dem Judentum und der Zeitphilosophie in Frage stellten, haben sie jene Halbheit und Schlaffheit aus dem Sattel geworfen, welche mit Formeln spielte und auf überkommenen Ergebnissen ausruhte. Freilich haben sie sich durch ihr konsequentes Denken auch dem Verdachte ausgesetzt, daß sie den Weg des Unglaubens wandelten, namentlich von seiten derer, welche sich in die rituellen Äußerlichkeiten des Judentums einspannen und den Zutritt des Lichtes von ihm abwehrten. Denn wiewohl alle drei mit ganzer Seele dem Judentum anhingen und auch an den Ritualien festhielten, so ließen sie doch manche ihrer Äußerungen und Sätze, zu welchen ihr folgerichtiges Denken sie führte, als Ketzer erscheinen. In jener Zeit, wo die Religion ein festes, sozusagen kristallisiertes Gefüge hatte, erschien jede noch so unmerkliche Abweichung von der ausgeprägten Norm sofort als Ketzerei.

Bonafoux Joseph ben Abba-Mari Kaspi (Jbn-Kaspi, geb. um 1280, st. um 1340)[2]), stammte aus Argentière in Süd-

---

[1]) Mose Narboni, Zitat bei Munk, Mélanges, p. 504, Note.

[2]) Über das Biographische vgl. Kirchheim, Einleitung zu Kaspis Morékommentar (ed. Werbluner, Frankfurt a. M. 1848); Steinschneider in Ersch

frankreich, davon er sich den hebräischen Namen „von Silber" beigelegt hat, wohnte aber in dem nicht zu Frankreich gehörigen Tarascon, oder vielmehr weilte dort kürzere oder längere Zeit. Denn er war ein Ibn-Esra in verjüngtem Maßstabe, reiselustig, unruhig, schreibselig wie dieser, nur ernster und mit weniger Geist und Witz begabt, aber dafür mit Glücksgütern gesegnet und daher unabhängig[1]). Mit dem beginnenden Mannesalter, im dreißigsten Lebensjahre, erwachte in Joseph Kaspi ein unwiderstehlicher Drang zu philosophischer Forschung und eine Begeisterung für Weisheit und klare Erkenntnis, die ihn durchs ganze Leben nicht verlassen haben. Für Kaspi war die Weisheit in Maimuni verkörpert und Fleisch geworden. Er bedauerte daher nichts mehr, als daß er nicht dessen Zeitgenosse gewesen sei. „Warum lebte ich nicht zu Maimunis Zeit oder warum ist er nicht später geboren worden?" so klagte er ernst und bitterlich[2]). In dem Wahne, daß sich auf Maimunis Nachkommen dessen tiefe Weisheit vererbt haben müsse, ging er (um 1312) nach Ägypten. Bitter fand er sich indessen getäuscht. Der Urenkel Maimunis, Abraham II., derselbe, welcher eine Karäergemeinde bekehrt hat (o. S. 281), und sämtliche Nachkommen Maimunis waren fromme, schlichte Rabbinen, aber von Philosophie hatten sie keine Ahnung. Selbst in Talmudkenntnissen waren sie nicht bedeutend. Im Unmute rief Kaspi mit einem Bibelverse aus: „Wehe denen, die nach Ägypten wegen Hilfe ziehen"[3]). Nachdem er mehrere Monate in Ägypten und im Orient geweilt und sich überzeugt hatte, daß das Licht der Erkenntnis im Morgenland erloschen war, kehrte er nach Frankreich zurück und verlegte sich darauf, aus eigenen Mitteln und aus Schriften sich die höhere Erkenntnis, nach der er dürstete, zu verschaffen. Während der Hirtenverfolgung oder der darauf folgenden Anschuldigungen gegen die Juden wegen Brunnenvergiftung (o. S. 255 ff.) kam Kaspi in Versuchung, seinen Glauben oder sein Leben für denselben einzusetzen. Er blieb seiner Religion treu, kam aber doch mit dem

und Grubers Enzyklopädie, Sect. II, T. 31, S. 64 ff.; die hebr. Übersetzung, S. 51 ff. und Munk, Mélanges, p. 496 ff. Manche biographische Widersprüche sind noch zu lösen. Von Kaspis erstaunlich zahlreichen Schriften sind bis jetzt ediert der schon genannte doppelte Morékommentar (צמודי כסף ומשכיות), ferner ספר המוסר, Testament an seinen Sohn, und der Katalog seiner Schriften, von ihm selbst beschrieben, Titel קבוצת כסף, in Ben Jakob, Debarim Attikim.
[1]) Im Katalog.
[2]) Bei Kirchheim, Einl. a. a. O., S. III.
[3]) Daselbst und im Testament, Anfang.

Leben davon¹). Kaum gerettet, widmete er seine ganze Tätigkeit der Erforschung der Wahrheit aus der heiligen Schrift und den philosophischen Quellen, machte Entwürfe zu einer langen Reihe von Schriften, die er für sich und seine Söhne ausarbeiten wollte, unternahm weite Reisen zu diesem Zwecke nach Katalonien, Mallorka, Aragonien, Valencia (1327—32) und gedachte sogar über die Meerenge nach Fez zu reisen, weil er vernommen hatte, daß sich dort jüdische Weise befänden, von denen er etwas lernen zu können glaubte. Schon im fünfzigsten Lebensjahre stehend und mit bedeutenden Kenntnissen ausgerüstet, betrachtete sich Kaspi noch immer als Jünger und sehnte sich nach einem großen Meister, oder wenigstens nach einem würdigen Genossen oder einem empfänglichen Jünger, mit dem er sich in Gedankenverkehr über philosophische Fragen setzen könnte²). In seiner Heimat fand er wenig Gleichgesinnte, um auf solche Untersuchungen einzugehen. Seinen Zeitgenossen Gersonides scheint er nicht gekannt zu haben.

Von Valencia aus richtete Kaspi eine Art letztwillige Ermahnung an seinen zwölfjährigen Sohn, den er in Tarascon gelassen hatte (Ellul = August 1332), „für den Fall, daß ihn ein Wind in weite Fernen entführen oder der Tod ihn von ihm trennen sollte". Dieses Testament enthält sein Glaubensbekenntnis und ist in liebenswürdiger Herzlichkeit gehalten. Er wollte seinem Sohne die tiefen Überzeugungen, die in ihm lebten, als Vermächtnis hinterlassen, ihm schwärmerische Liebe sowohl für das Judentum als für die philosophische Erkenntnis einflößen, ihn vor den beiden Extremen, der Gleichgültigkeit gegen die Religion oder gegen die Wissenschaft, fernhalten und ihm zugleich einen Lehrplan in die Hand geben. Er wollte ihn für die Wahrheit erziehen, die, nach seiner treffenden Bezeichnung, „weder furchtsam, noch verschämt ist und nicht sein soll"³). — Der Kern des Judentums oder des Glaubens, den Abraham zuerst in die Welt gesetzt, ist nach Joseph Kaspi in vier Geboten enthalten, Gott zu erkennen als erste, einzige geistige (körperlose) Macht, ihn zu lieben und zu verehren. Aber darum seien die übrigen zahlreichen Vorschriften der jüdischen Lehre nicht gleichgültig. Denn zur Beherzigung und Betätigung jener so einfach scheinenden Gedanken gehörten eben die höchsten Anstrengungen des Geistes und des ganzen Wesens. Da aber der Mensch sich nicht zu jeder Zeit auf der Gedankenhöhe befinde, die Wahrheit ihm nicht stets gegen-

---

¹) Im Katalog in Debarim Attikim Heft II, p. 11.
²) Testament, verfaßt Ellul 1332, in Taam Sekenim p. 49.
³) Das. c. 15: בני עוד דבר ואמרת אליהם (אל הרבנים) אבי השביעיני לאמר: אין ראויה שתהיה (האמת) לא פחדנית ולא ביישנית.

wärtig sei, und er die „Mitte halte zwischen Engel und Tier", so bedürfe er fortwährender Anregung und steter Hinweisung auf die Quelle alles Seins und alles Denkens. Dazu seien eben die Gebote und Verbote des Judentums gegeben und eingeschärft worden. Je mehr der wahrhafte Jude sich mit Kenntnissen bereichere, und je höher er die Leiter der Philosophie erklimme, desto mehr lerne er die Notwendigkeit der Religion und des Gesetzes kennen. Denn die höchste philosophische Wahrheit sei nicht Feindin des Judentums, sondern dessen Freundin und Schwester. Es sei daher unverzeihlich von den Stocktalmudisten, daß sie die Wissenschaft ächteten, weil einige ihrer unwürdige Jünger dem Judentum den Rücken kehrten. Durch ihre Unwissenheit verfielen die Feinde der Philosophie in die höchste Sünde, sich die allerunwürdigste Vorstellung von Gott zu machen. — Kaspi ermahnte seinen Sohn, seinen Geist stufenmäßig mit Bibel und Talmud, mit Naturwissenschaften und Metaphysik und namentlich mit Maimunis „heiligem Buche" (Moré) zu bereichern und sich zum Apostel für die Vereinigung der Philosophie mit dem Judentum auszubilden und zu ertüchtigen.

Warum ist Kaspi denn doch von den Stockfrommen[1]) verketzert worden? Redete er nicht dem Judentum in seinem ganzen Umfange, selbst der talmudischen Auslegung und der Agada, das Wort? Freilich hat er gegen das trockene, gedankenlose, rabbinische Wesen seine Verachtung an den Tag gelegt und es mit Spott übergossen. Er erzählt eine Anekdote, wie er einst seinen Freunden ein Gastmahl bereiten wollte, seine Köchin aber seine Freude gestört habe, indem sie einen für Milchspeisen bestimmten Löffel in einen Fleischtopf gesteckt. Da habe er sich an einen Rabbiner gewendet, um zu erfahren, ob das Fleisch für sein Gastmahl gebraucht werden dürfe, habe aber denselben im Kreise der Seinigen bei einer reichbesetzten Tafel angetroffen und lange auf Bescheid warten müssen[2]). Indessen waren solche Ausfälle gegen das bestehende Judentum von seiner Seite nicht ernstlich gemeint. Praktisch hat er wohl alle Vorschriften ebenso streng beobachtet, wie er es seinem Sohne und dem Publikum empfohlen hat. Allein in der Theorie hat Bonafoux Kaspi Sätze aufgestellt, welche, obwohl er sie in der maimunischen Religionsphilosophie begründet glaubte, weit über diese hinausgingen. Unter der fast unübersehbaren Menge seiner Schriften über hebräische Grammatik, Bibelexegese und philosophische Fächer hat keine solche Bedeutung wie sein zwiefacher Kommentar zu

---

[1]) Von Simon Duran und namentlich von Abrabanel.
[2]) Testament c. 14.

Maimunis „Führer", in dem er kühne Gedanken niederlegte (nach 1332), die als Ketzerei angesehen wurden.

Maimuni hatte das Denken über die Gottheit und die Weltordnung fast zum religiösen Akt gestempelt und es so hoch gestellt, daß Kaspi, darauf gestützt, die vervollkommnete Denkkraft des Menschen fast Wunder verrichten ließ und damit die schwierigsten Probleme der Religionsphilosophie lösen zu können glaubte. Wie vermag die göttliche Vorsehung sich auf die Einzelheiten des menschlichen Tuns zu erstrecken, da die Gottheit doch nur das Allgemeine in der Weltordnung, aber nicht das Einzelne mit seinem Tun und Treiben berücksichtigt? Kaspi glaubte den Schlüssel zu diesem Rätsel gefunden zu haben. Sobald der Mensch seine Denktätigkeit bereichert, sie bis zur Gotteserkenntnis erhebt und dadurch mit dem allgemeinen Weltgeiste (Sechel ha-Poël) in Verbindung tritt, so ziehe Gott in sein Haupt ein: „Denn Gott ist Denken, und Denken ist Gott." Der denktätige Mensch ist dann, so lange er in dieser hohen Gedankenstimmung verharrt, ein Teil des Weltgeistes oder auch Gottes, da dieser die erste Ursache von allem ist. Diese erhöhte, mit Gott erfüllte Denktätigkeit, oder, was dasselbe sagen will, „Gott in seinem Kopfe" leite den Menschen auf allen seinen Wegen, behüte ihn vor Übel und sei mit einem Worte seine Vorsehung[1]). Von einem solchen in Denktätigkeit verharrenden Mann sagt dann die heilige Schrift: „Gott ist mit ihm."

Die höchste Stufe einer solchen erhöhten Denkkraft hat, nach Kaspi, Mose erreicht; darum wird er in der Bibel „der Gottesmann" genannt. Er sei der Adam gewesen, den Gott erschaffen. Das ganze Kapitel der Weltschöpfung sei eigentlich eine Auseinandersetzung der auf- und abgehenden Stufen, welche Moses geistige Erhebung durchgemacht[2]). In seiner hohen Gedankenstimmung habe er die Thora empfangen. Kaspi läßt es unbestimmt, ob Mose oder Gott die Thora offenbart hat[3]), was natürlich nach seiner Ansicht ihrer Göttlichkeit und Verbindlichkeit keinen Eintrag tut. Denn Moses Geist sei eben Gottes Geist gewesen. — Maimuni hat sich der Ansicht zugeneigt, daß die Welt einen zeitlichen Anfang habe. Kaspi dagegen, beeinflußt von der averroistischen Lehre, befreundete sich mit der Annahme, daß ein Urstoff von Ewigkeit her vor-

---

[1]) Kommentar zum Moré, p. 98. Frappant sind seine Ausdrücke: כי אנחנו מבראים האל בתוך השכל und ferner: הוא האל והאל הוא השכל ראשינו — ואותו השכל האישי הפרטי שבראשינו בפעל . . הוא המשכיל והמשגיח בפרטי עניננו ומאורענו.
[2]) Das. p. 30, 52, 98, 109, 113, 121 und öfter.
[3]) Das. p. 99.

handen gewesen sei, und daß die Schöpfung nur darin bestanden habe, daß Gott dieser Urmaterie die Formen gespendet habe[1]). Weit mehr als Maimuni bemühte sich Kaspi, die Wunder der Bibel auf natürliche Vorgänge zurückzuführen, den Stillstand der Sonne in Josuas Zeit, die Totenerweckung der Propheten Elia und Elisa[2]). — Kaspis Schriftauslegung trägt natürlich ebenfalls das Gepräge künstlicher Deutelei. Obwohl er Bewußtsein von dem einfachen Wortsinne hatte und die Regel aufstellte, daß man von diesem nicht abgehen dürfe[3]), so hat er diese Regel doch mehr als einmal übertreten. Hat er doch oft Maimunis Worte gedeutet, um einen Sinn nach seinem Geschmacke herauszudrechseln! — Das Ende dieses gemütsreichen Schwärmers für das philosophische Denken ist nicht bekannt. Er scheint auf seinen Reisen in einem Orte, wo er unbekannt und unbeachtet blieb, gestorben und ein Opfer seines Wissensdranges geworden zu sein.

Eine bedeutendere und begabtere Persönlichkeit war sein jüngerer Zeit- und Landesgenosse Levi ben Gerson oder Leon de Bagnols, auch Leo der Hebräer genannt, mehr bekannt unter seinem Schriftstellernamen Gersonides (geb. 1288, st. um 1345)[4]). Er stammte aus einer Gelehrtenfamilie und zählte zu seinen Ahnen jenen Levi aus Villefranche, welcher indirekt die Verpönung der

---

[1]) Kommentar zum Moré, p. 100.
[2]) Das. p. 53, 115.
[3]) Zitat bei Kirchheim Einl. a. a. O., S. VII, Anmerkung 1.
[4]) Sein Geburtsjahr eruierte de Rossi aus seinem arithmetischen ספר המספר oder מעשב חושב, das der Verf. beendet hat 5081 = 1321 im 33. Lebensjahre (Codices No. 836). Daß er noch vor 1360 gestorben sei, bemerkt Zacuto (in der Filipowskischen Edition des Jochasin p. 224 b), da ihn der Astronom Jakob ben David Poel in seinen Tafeln (angefertigt 1361) als einen Verstorbenen zitieren soll. Seine astronomischen Beobachtungen reichen indes bis 1340 oder 1341. Vgl. darüber Munk, Mélanges, p. 497 ff. Es soll eine lateinische Schrift von Leo Hebraeus handschriftlich in Paris und Oxford existieren über eine Konstellation vom Jahre 1341. Ferner enthält ein Baseler Kodex (F. II, 33) ein Schriftchen de numeris harmonicis von Leo Ebreus, dessen Anfang lautet: In Christi incarnationis an. 1343 nostro opere mathematico jam completo, fui requisitus a quodam eximio magistrorum in scientia musica scil. a magistro Philippo de Virtriaco de regno Franciae, ut demonstrarem unam suppositionem. Daraus geht hervor, daß er noch 1343 gelebt hat. Vgl. Steinschneider, hebr. Bibliographie המזכיר Jahrg. 1869, S. 162 ff. und die hebr. Übersetzung, S. 65 ff. Eine eingehende Darstellung seines religionsphilosophischen Systems gibt M. Joël in der Monatsschrift 1860 und 1861, auch als Separatausgabe erschienen. (Die Religionsphilosophie des Levi ben Gerson, Breslau 1862). Vgl. auch J. Weil, Philosophie Religieuse de L. b. G., Paris 1868.

Wissenschaft veranlaßt hat (o. S. 219). Trotz des Bannfluches Ben-Adrets gegen die Einführung der Jugend in die Wissenschaften wurde er frühzeitig in sie eingeweiht und konnte, ehe er noch das dreißigste Jahr erreicht hatte, sich an eine umfassende, gründliche, philosophische Arbeit machen[1]). Gersonides war ein vielseitiger und gründlicher Kopf, dem Oberflächlichkeit und Halbheit zuwider waren. Er drang daher in die verschiedenartigsten Fächer der Wissenschaften, die ihn anzogen, Mathematik, Naturwissenschaften, Arzneikunde, Astronomie, Metaphysik, Bibelexegese und Talmud, so tief ein, daß er fast alle mehr oder weniger bereichert und Schriften darüber hinterlassen hat. In der Astronomie hat er seine Vorgänger berichtigt und so genaue Beobachtungen angestellt, daß Fachmänner sie ihren Berechnungen zugrunde legten. Er erfand ein Instrument, vermittelst dessen die Beobachtungen am gestirnten Himmel sicherer angestellt werden konnten. Diese Erfindung hat ihn, den poesielosen Mann, dessen Kopf von trockenen Zahlen und logischen Schlüssen voll war, so sehr in Begeisterung versetzt, daß er ein hebräisches Gedicht — eine Art Rätsel — darüber machte[2]). Auch in der Arzneiwissenschaft trat er als Schriftsteller auf und erfand Heilmittel. Sogar als gründlicher Talmudist genoß er zu seiner Zeit bedeutendes Ansehen, und da er Ordnung liebte, so verfaßte er eine methodologische Schrift zur Mischna[3]).

Maestro Leon de Bagnols, wie er als Arzt betitelt wurde, der abwechselnd in Orange, Perpignan und in der damaligen Residenz der Päpste, Avignon, weilte, war so glücklich, nicht zu den Juden des eigentlichen Frankreichs zu gehören. Er litt also nicht bei der Austreibung seiner Stammesgenossen aus diesem Lande (o. S. 243); aber sein Herz blutete beim Anblick der Leiden, denen die Verbannten ausgesetzt waren. Auch von der Hirtenverfolgung und den darauf folgenden Leiden blieb er verschont. Gerade in derselben Zeit begann seine fruchtbare Schriftstellertätigkeit, welche mehr als zwei Jahrzehnte dauerte (1321—1343)[4]). Keines seiner Werke hat indes so viel Aufsehen gemacht, als sein religiös-philosophisches (Milchamot Adonaï), in dem er die kühnsten metaphysischen Gedanken mit einer Ruhe und Rücksichtslosigkeit auseinandersetzte, als kümmerte er sich gar nicht

---

[1]) Vgl. Schluß des V. Abschnittes seines Milchamot.
[2]) Ein Teil davon ist mitgeteilt in Edelmanns Dibre Chefez, p. 7 כל המקל.
[3]) יסוד המשנה.
[4]) Sein großes astronomisches Werk verfaßte er November 1328, המזכיר das. S. 163 und auch noch ein anderes בן ארב״אים לבינה.

darum, daß er wegen Abgehen von dem hergebrachten Vorstellungskreise verketzert und geächtet werden könnte. „Sind meine Behauptungen richtig," so äußerte er sich, „so kann mir der Tadel nur zum Lobe gereichen." Er wollte auch gar nicht, wie Kaspi oder Pulgar, mit den naivgläubigen Feinden der Wissenschaft anbinden. Kaum würdigte er sie von seiner Gedankenhöhe herab eines verächtlichen Blickes: „Für diese Leute ist das **Glauben** gut genug, mögen sie es behalten und sich vom Wissen nicht stören lassen"[1]. Leon de Bagnols gehörte zu den nicht häufig auftauchenden Denkern mit majestätischer Stirn, welche die Wahrheit an sich suchen, ohne Rücksicht auf andere Zwecke. Er stand in diesem Punkte höher als selbst Maimuni, der mit seinen Untersuchungen die Verherrlichung des Judentums und die Beseitigung der gegen dessen Wahrheit gerichteten Einwürfe beabsichtigte. Levi ben Gerson dagegen sprach es geradezu aus, man müsse die Wahrheit ans Licht ziehen, selbst wenn sie der Thora auf das Stärkste widersprechen sollte. Denn diese sei kein tyrannisches Gesetz, welches die Unwahrheit als Wahrheit aufzwingen wolle, sondern sie wolle gerade zur wahren Erkenntnis anleiten[2]. Stimme dann die gefundene Wahrheit mit den Aussprüchen der Bibel überein, so sei es um so erfreulicher. Gersonides hat in der Rücksichtslosigkeit des Denkens unter jüdischen Forschern nur an Spinoza seinesgleichen. Auch erkannte er keine Geheimnistuerei in der Wissenschaft an, wie viele seiner Vorgänger und selbst Maimuni, der sein philosophisches Werk lediglich für einen auserwählten Kreis bestimmt hatte und die profane Menge von ihm ferngehalten wissen wollte. Leon de Bagnols dagegen wollte die von ihm untersuchten Fragen ans helle Tageslicht gezogen wissen, in der Überzeugung, daß die Wahrheit keinen Schaden anrichten könne. Auch folgte er nicht sklavisch den für unfehlbar gehaltenen Autoritäten der Philosophie. Er stellte vielmehr seine selbstständige Ansicht nicht bloß Maimuni und Averroes, sondern auch Aristoteles entgegen.

Die Ergebnisse seiner Untersuchungen sind zwar nach dem gegenwärtigen Stand der von den Menschen errungenen Einsicht ohne besonderen Wert; aber die Anerkennung für sein eifriges, unermüdliches Streben nach Klarheit und Licht wird dadurch nicht geschmälert. Er hatte auch eine viel schwierigere Aufgabe zu lösen, als Maimuni. Das Gebiet der Philosophie war nach diesem durch Averroes und dessen Schule, die Gersonides in Betracht ziehen mußte, weiter und ver-

---

[1] Einleitung zu Milchamot, Gersonides' Hauptwerk, erste Edition von Jakob Mercaria, Riva di Trenta 1560, zweite Leipzig 1866.
[2] Das. ed. Riva, p. 2 d und Abschnitt IV, p. 69 a.

wickelter geworden. Fragen, die in Maimunis Zeit noch kaum angeregt waren, forderten in der Zeit des Philosophen von Bagnols schon ihre endliche Lösung. Er hatte aber auch die Fähigkeit dazu, sie in Angriff zu nehmen. An Kraft der Dialektik hat Levi ben Gerson ebenfalls nur wenige seinesgleichen. Die allerverwickeltsten und subtilsten Themata wußte er mit überraschender Leichtigkeit auseinanderzusetzen, in ihre Elemente zu zerlegen, ihr Für und Wider abzuwägen. Diese seine außerordentliche Fähigkeit war durch seine talmudische Schulung noch mehr geschärft und ausgebildet worden. Man könnte ihn die lebendig gewordene Logik nennen. Indessen ist an ihm auch bemerkenswert, daß er sich nicht immer mit Begriffen und Syllogismen begnügte, sondern es liebte, die Tatsachen der Natur und der menschlichen Erfahrung zu Rate zu ziehen und auf ihren Ausspruch etwas zu geben. Seine gediegenen Kenntnisse schützten ihn vor dem logischen und dialektischen Übermaß. Seine Darstellung ist nicht sehr anziehend. Denn, wie er ausdrücklich bemerkte, wollte er die nackte Wahrheit, so wie sie ist, ohne farbige und verführerische Hülle zeigen. Er verschmähte geflissentlich stilistische Mittel; er wollte nicht blenden oder überreden, sondern überzeugen[1]). Er wußte recht gut, daß sich hinter pomphaften, blumenreichen Phrasen nicht selten Gedankenschwäche verbirgt.

Leon de Bagnols hat kein vollständiges, abgerundetes religionsphilosophisches System geschaffen, sondern lediglich die Fragen, welche die Denker damaliger Zeit interessierten, schärfer und straffer gefaßt als seine Vorgänger[2]). Das Dasein Gottes, als die erste und notwendige Ursache alles Seins, des geistigen wie materiellen, dieser Punkt galt damals als erledigt und brauchte nicht mehr erwiesen zu werden. Aber die Frage, ob die Welt oder ihre Grundlage ewig oder erschaffen sei, war durch Averroes wieder angeregt worden, und Gersonides wollte sie ihrer Lösung näher bringen. Von dem Erfahrungssatz, daß ein Etwas nicht aus dem absoluten Nichts entstehen könne, konnte auch er sich nicht losmachen und er nahm deshalb eine Schöpfung aus einem von Ewigkeit her vorhandenen Urstoffe an, wie Kaspi; aber er teilt diesem Urstoff eine so dürftige, dünne, formlose Existenz zu, daß er fast dem Nichts gleiche. Man könne daher ebenso gut sagen, die Welt sei aus etwas, wie sie sei aus nichts geschaffen[3]). In irgendeiner Zeit habe Gott diesem dürftigen Stoff eine Form und die Möglichkeit fernerer Formentwicklung verliehen, und das sei der Schöpfungsakt gewesen. Einen

---

[1]) Milchamot, Einl., p. 3 a unten.
[2]) Das. VI, p. 68 a.
[3]) Das. VI, p. 60 c.

tatsächlichen Beweis führte Gersonides für die Zeitlichkeit des Weltalls
an, daß nämlich die Wissenschaften aus kleinen Anfängen sich immer
mehr ausgebildet und entwickelt, daß auch Sprachen, Künste, Staats-
verfassungen sich vervollkommnet hätten. Wäre die Welt von Ewigkeit
her in demselben Wechsel von Entstehen und Vergehen begriffen gewesen, so gäbe es für alle diese Erzeugnisse des menschlichen Geistes
keinen Fortschritt, sondern ein ewiges Beharren auf demselben Standpunkte[1]), was Averroes behauptet hat.

Hat Gott die Welt aus einem „fast nichts seienden" Grundstoff geschaffen, so kennt er die Dinge und auch die freien Handlungen des
Menschen. Dadurch sei aber die Willensfreiheit nicht aufgehoben; denn
Gott wisse die Geschehnisse aus seiner eigenen Natur als Möglichkeiten,
daß sie sich so oder so verwirklichen würden[2]). — Auf diese von Gott erschaffene Welt erstrecke sich nun die göttliche Vorsehung, um sie zu erhalten. In der niederen Sphäre erhielten sich lediglich die Gattungen
und Arten, während die Einzelwesen allen Zufällen ausgesetzt seien.
In dem Menschengeschlechte vermöchten sich aber einzelne durch höhere
Erkenntnis und Sittlichkeit zu einer eigenen Gattung zu erheben, dadurch mit dem Weltgeiste in Verbindung zu treten, sogar einen Einblick in die Zukunft und den Zusammenhang der Dinge zu gewinnen,
und dadurch sich selbst vor Unfällen zu schützen[3]). Gersonides behauptete,
der Mensch besitze die Anlage der Vorschau, vermöge also den Schleier
der Zukunft zu enthüllen, könne durch Anstrengung des Geistes, durch
Erhebung der Seele zum Ewigen und Beständigen und durch Absonderung von der menschlichen Gesellschaft die Stufe eines Propheten erreichen. Er gab sogar die Möglichkeit von Ahnungen[4]) und Hexerei zu.
— An den biblischen Wundern hatte Leon de Bagnols wenig auszusetzen,
viel weniger als Kaspi. Ihre Möglichkeit ist ihm mit der Entstehung
der Welt gegeben; sie seien als augenblickliche Schöpfungen zu betrachten.
Ihre Wirklichkeit war ihm durch die beurkundeten heiligen Schriften
bewahrheitet[5]). — In der Unsterblichkeitslehre ging er von der damals
herrschend gewordenen Ansicht entschieden ab, welche die abgeschiedene
Seele in dem Weltgeiste ganz und gar aufgehen und verschwinden ließ.
Gersonides nahm dagegen eine individuelle, stufenmäßige Unsterblichkeit an, je nach dem Grad der Vollkommenheit, den die Seele hienieden
sich angeeignet und errungen habe[6]).

---

[1]) Milchamot, Einl. p. 58 c. ff.
[2]) Das. III.   [3]) Das. IV.   [4]) Das. II.
[5]) Das. IV, zweite Abteilung.
[6]) Das. I, besonders c. 11—13.

Mit der Annahme der Prophezeiung und der Wunder, welche Gersonides philosophisch bewiesen zu haben glaubte, stand ihm die Offenbarung der Thora als unerschütterliche Tatsache fest, die weiter keines Beweises bedürfe. Sie hat natürlich wie alles von Gott Erschaffene einen Zweck, und zwar einen sehr erhabenen. Sie will zur wahren Glückseligkeit führen; Gott habe damit seinen Vorsehungsplan für das edelste Wesen auf Erden ergänzen und verwirklichen wollen. Die Offenbarung des Judentums habe das Zweckdienliche durch ganz bestimmte Anweisungen, dieses zu tun und jenes zu lassen, vorgezeichnet. Was sich aber nicht als bestimmtes Gesetz formulieren lasse, wie z. B., inwiefern der Mensch seine Freude oder seinen Unwillen beherrschen solle, das sei in der Form von Erzählungen niedergelegt, in denen uns nachahmenswerte Muster vor Augen geführt würden. Endlich seien manche Lehren, welche auf dem mühsamen Wege der Erkenntnis nicht so leicht erreichbar wären, durch prophetische Darstellung veranschaulicht. Auch der Talmud enthalte diese drei Bestandteile, G e s e t z e (Halacha), B e i s p i e l e und L e h r e n (Agada)[1]). Nach diesem Maßstabe legte Gersonides die heilige Schrift aus. Man kann sich denken, daß seine Erklärungsweise nichts weniger als sachgemäße Exegese war. Er war wie fast sämtliche jüdische Philosophen des Mittelalters in dem Irrtum befangen, daß die heilige Schrift sich entweder mit der aristotelischen Philosophie decke oder ihr wenigstens nicht widerspreche. Von den Irrtümern der Zeit war Levi ben Gerson überhaupt nicht frei. Er steckte auch im Wahne der Astrologie. Er prophezeite nach seiner Auslegung der Danielschen Jahreswochen die Ankunft des Messias für das Jahr 1358 und tat sich auf diese Berechnung etwas zugute[2]), obwohl sie bereits vor ihm Abraham ben Chija und Nachmani aufgestellt hatten.

Gersonides hat trotz seiner hervorragenden Begabung auf das Judentum wenig Einfluß geübt. Von den Frommen wurde er, wegen seiner rücksichtslosen Forschung und wegen seiner zweideutigen Stellung zur Schöpfungslehre, verketzert. Sein Hauptwerk „Kämpfe Gottes" nannten sie umdeutend „Kämpfe gegen Gott". Desto mehr Anerkennung fand er bei christlichen Forschern. Der Papst Clemens VI. ließ sich noch beim Leben des Verfassers, der ihn vielleicht ärztlich behandelte, die Abhandlung über Astronomie und über das neuerfundene Instrument aus dessen Werk ins Lateinische übersetzen (1342)[3]). Mit christ-

---

[1]) Einleitung zum Pentateuchkommentar.
[2]) Kommentar zu Daniel.
[3]) Munk, Mélanges, p. 500, Note aus einem Ms. Explicit tractatus instrumenti astronomiae magistri Leonis Judaei de Balneolis, habitatoris

lichen Gelehrten stand er in Verbindung. Auch das Ende Leon de Bagnols ist wie das Joseph Kaspis nicht bekannt geworden. Er hat aber schwerlich das Jahr erlebt, in dem der Fanatismus mit der Pest um die Wette eine wilde Jagd auf seine Stammesgenossen gemacht und sie zu Tausenden aufgerieben hat.

Der jüngste der drei provenzalischen Philosophen dieser Zeit war **Mose ben Josua Narboni**, auch Maestro **Vidal** genannt (geb. um 1300, st. 1362)[1]. Sein Vater Josua, der aus Narbonne stammte, aber in Perpignan wohnte, hatte warmes Interesse an der jüdischen, d. h. maimunischen Philosophie, und unterrichtete, trotz des darüber verhängten Bannes, seinen dreizehnjährigen Sohn in derselben. Vidal Narboni wurde ein ebenso schwärmerischer Pfleger der Metaphysik wie Kaspi. Seine Bewunderung teilte er zwischen Maimuni und Averroes, deren Werke er meistens kommentierte. Seine Reisen, die ihn vom Fuße der Pyrenäen bis nach Toledo und wieder zurück bis nach Soria (1345—1362) geführt haben, bereicherten und berichtigten seine Kenntnisse. Alles Wissenswerte interessierte ihn und wurde von ihm mit Genauigkeit beobachtet. Unfälle und Leiden waren nicht imstande, seinen Eifer für die Erforschung der Wahrheit zu dämpfen. Wutentbrannte Pöbelhaufen überfielen die Gemeinde **Cerbera** infolge des schwarzen Todes. Vidal Narboni mußte mit dem Rest der Gemeinde entfliehen und verlor seine Habe und, was noch schmerzlicher für ihn war, seine teuern Bücher. Das störte ihn indessen nicht; er setzte seine Arbeit da fort, wo er unterbrochen worden war. Freilich zu eigentlicher Selbständigkeit brachte er es nicht; er war ein treuer Aristoteliker von averroistischer Färbung. Man darf bei ihm noch weniger fragen, was er Bleibendes geleistet habe. In seinem Hauptwerke, dem Kommentar zur maimunischen Religionsphilosophie[2], an dem er mit Unterbrechungen sieben Jahre bis kurz vor seinem Tode gearbeitet hat (1355—1362), suchte er die maimunischen Ansichten durch averroistische Lehrsätze zu

---

Ancyrae Ad summum pontificem dominum Clementem VI. translatus de hebraeo in latinum anno 1342. Das ganze Werk über astronomische Beobachtungen existiert in lateinischer Übersetzung zweimal in der Vaticana und einmal in der Ambrosiana. S. Steinschneider, hebr. Bibliogr. המזכיר das. S. 164.

[1]) Vgl. über ihn Zunz, Additamenta zum Leipziger Katalog der hebr. Kodizes, S. 325 f. und namentlich Munk, Mélanges, p. 592 ff. Steinschneider, die hebr. Übersetzungen an mehreren Stellen.

[2]) באור לספר מורה נבוכים vollendet Jjar 1362 (vollständig ediert von Goldenthal, Wien 1852). Seine übrigen philosophischen Kommentarien sind noch unediert.

erläutern. Das Judentum erklärte auch Narboni als eine Anleitung, um zur höchsten Stufe theoretischer und sittlicher Vollkommenheit zu gelangen; die Thora habe einen doppelten Sinn, einen einfachen, plumpen für die gedankenlose Menge und einen tieferen, metaphysischen für die Klasse der Denker, eine in jener Zeit geläufige Ansicht, von der sich nur Gersonides frei hielt. Ketzerische Ansichten, d. h. solche, welche gegen das Gesamtbewußtsein des Judentums verstießen, hat auch Narboni aufgestellt, aber nicht mit dem Freimut und mit der Offenheit des Levi ben Gerson. An den Wundern mäkelte auch er und hätte sie gern ganz und gar weggeschafft. Aber die Willensfreiheit des Menschen verteidigte er mit philosophischen Gründen[1]) gegen den Fatalismus des Apostaten Abner-Alfonso (o. S. 293), mit welchem dieser seinen Abfall vom Judentum beschönigt hatte. Im Begriffe, von Soria, wo er mehrere Jahre geweilt hatte, in vorgerücktem Alter in sein Geburtsland jenseits der Pyrenäen zurückzukehren, überraschte ihn der Tod fast inmitten seiner Arbeiten.

Wenn der Karäer Aaron ben Elia Nikomedi auch unter die Philosophen dieser Zeit gezählt werden sollte, so würde er sich in Gesellschaft des Levi ben Gerson und der übrigen provenzalischen Denker schlecht ausnehmen. Denn ihm war sein geringes Maß philosophischen Wissens mehr Sache der Gelehrsamkeit als des selbsteignen Denkens. Aaron II. aus Nikomedien (in Kleinasien, geb. um 1300, st. 1369)[2]), der vermutlich in Kahira wohnte, überragte nur seine unwissenden Bekenntnisgenossen, stand aber hinter den rabbanitischen Religionsphilosophen um mehrere Jahrhunderte zurück. Seine Ausführungen hören sich wie eine Stimme aus dem Grabe an oder wie von einem, der mehrere Geschlechtsreihen verschlafen hat und die Sprache der alten Zeit redet, welche die neuen Zeitgenossen nicht mehr verstehen. Aaron Nikomedi kennt von der Philosophie lediglich, was er in den karäischen Schriften aus der Zeit Saadias und Joseph Albassirs (V₃, S. 256) und allenfalls in Maimunis Werk gelesen. Er steckte noch in dem Halbschlaf der Mutaziliten und wußte nicht recht, daß das vierzehnte Jahrhundert andere philosophische Probleme aufgestellt hatte als das zehnte. Sein religionsphilosophisches Werk, „Der Lebensbaum" (Ez Chajim) genannt, nimmt sich daher wie eine Versteinerung aus. Es behandelt allerdings meta-

---

[1]) המאמר בבחירה (abgedruckt im Sammelwerke Dibre Chachamim, p. 41 ff.) vollendet Tebet 1361, wenige Monate vor seinem Tode. Vgl. darüber Munk a. a. O., p. 502 und Note 13.

[2]) Vgl. über ihn Delitzsch, Einleitung zu Aarons Hauptwerk (verfaßt 1343), עץ חיים System der Religionsphilosophie, Leipzig 1841.

physische Fragen, Gottes Dasein, Attribute, Unkörperlichkeit, Ewigkeit, oder Anfänglichkeit des Weltalls, die Engellehre, die Versöhnungsfrage, die Natur des Bösen in der Welt, die Prophetie, die Unsterblichkeit; allein er stellt nur die verschiedenen Ansichten darüber einander gegenüber und entscheidet sich für das Wahrscheinliche.

Aaron ben Elia wußte nicht einmal recht anzugeben, welchen Zweck seine Schrift haben sollte. Ihn leitete, aber vielleicht ohne daß er sich genau Rechenschaft davon gab, bei Abfassung derselben die Eifersucht auf Maimuni und die Rabbaniten. Es wurmte ihn, daß Maimunis religions-philosophisches Werk „Der Führer" nicht bloß von Juden, sondern auch von Christen und Mohammedanern gelesen und bewundert wurde, während die Karäer nichts dergleichen aufzuweisen hatten. Aaron wollte mit seinem „Lebensbaum" die Ehre der Karäer retten. Er suchte daher das Verdienst des maimunischen Werkes zu schmälern und behauptete, daß manche Auseinandersetzungen darin bereits von karäischen Religionsphilosophen ausgesprochen worden seien[1]). Dennoch folgte er Maimuni fast sklavisch und behandelte lediglich die Fragen, welche dieser angeregt hatte; aber er suchte ihre Lösung nicht durch philosophische Mittel, sondern durch die Autorität der Bibel herbeizuführen. Aaron Nikomedi war im Grunde gegen die Lehren der Philosophie eingenommen und stellte den Satz auf, jeder Gläubige müsse die Ansicht der Philosophen fahren lassen und das Gegenteil für wahr halten, wenn die Thora sich dagegen ausspricht[2]). — Unter den Karäern gilt er natürlich als großes Licht und als letzte Autorität. Er verfaßte noch zwei andere Werke, eines über die karäischen Ritualien und einen ausführlichen Kommentar zum Pentateuch[3]), zwei Forschungsgebiete,

---

[1]) Es ist interessant zu bemerken, daß Aaron gerade die schwächste Partie im Moré, die Umdeutung der scheinbar anthropomorphistischen Wörter in der Bibel, beneidet hat und die Priorität dieser Behandlung den Karäern vindizieren wollte (c. 18): לא תחשוב שלא קדמוהו חכמים מחכמי הקראים בבאור אלו השמות אלא שכבר באר החכם ר' יוסף (הרואה) על דרך כלל נקדות התיך ספקית אלו השמות . . . והחכם ר' יהודה הבל הרחיב הבאור בס' אשכל הכפר . . ואחרי הבאור הזה באר החכם ר' משה בן מימון בספרו . . . והזמן שבין החבורים קרוב לב"צ שנה. Aaron verdächtigt leise Maimuni des Plagiats.

[2]) Das. c. 1.

[3]) ספר מצות und mit noch einem andern Titel, eine Liebhaberei der karäischen Schriftsteller: גן עדן, verfaßt um 1354. Das exegetische Werk hat den Titel כתר תורה, verfaßt 1362. Das Vorwort und einige Partieen der Genesis hat Kosegarten ediert und mit lateinischer Übersetzung versehen: Libri Coronae legis i. e. Commentarii in Pentateuchum Karaitici ab Ahrone ben Elihu conscripti aliquot particulae, Jena 1824.

ohne welche ein karäischer Schriftsteller, der nur etwas auf seinen Ruf gab, nicht gedacht werden kann. Auch in diesen hat er nichts Neues geleistet, sondern lediglich die Meinungen älterer Autoritäten einander gegenübergestellt. Nur hin und wieder berichtigt er sie, namentlich seinen unmittelbaren Vorgänger Aaron I. (o. S. 279), gegen den er, wohl wegen dessen Hinneigung zur rabbanitischen Lehre, seine Antipathie nicht verbergen konnte.

Von Deutschland hat die Geschichte aus dieser Zeit nur Trübes zu berichten, blutige Überfälle, Gemetzel und Armseligkeit des Geistes. Ascheri und seine Söhne waren verblendet oder ungerecht, wenn sie das bigotte Deutschland dem damals noch leidlichen Spanien vorzogen und von Toledo aus sehnsüchtige Blicke dahin warfen. In der Zeit von Ascheris Abreise an bis in die Mitte des Jahrhunderts folgten in Deutschland Leiden auf Leiden, bis fast sämtliche Gemeinden ausgerottet waren. Dadurch geriet auch das Talmudstudium, das einzige Fach, das in Deutschland mit Eifer und Hingebung betrieben wurde, in Verfall. Nur zwei Männer von rabbinischer Autorität tauchen in dieser Zeit auf, und diese hatten so geringe Selbständigkeit in talmudischen Kenntnissen, daß sie nur die früheren Erzeugnisse zu sammeln imstande waren und sie nicht einmal ordnungsmäßig zu gruppieren verstanden. Isaak aus Düren, Jünger des Meïr von Rothenburg[1]), und Süßkind Alexander aus Erfurt, Rabbiner in Frankfurt (vor 1348)[2]), beide haben Sammelwerke über Ritualien angelegt. Woher sollte auch den Deutschen die Geisteskraft gekommen sein, da sie nicht einen Augenblick ihres Lebens oder der Mittel zur Fristung desselben sicher waren? Sie ganz besonders traf in buchstäblichem Sinne die prophetische Strafandrohung: „Dein Leben wird in der Schwebe sein, du wirst Tag und Nacht zittern. Des Morgens wirst du den Abend und des Abends den Morgen herbeiwünschen vor Angst des Herzens." Der Kaiser Ludwig der Bayer soll zwar den Juden so viel Gunst erwiesen haben, daß ihnen der Kamm geschwollen sei[3]). Allein das ist eitel Verleumdung sowohl

---

[1]) Schlettstadt, Schem ha-Gedolim in Ben-Jakobs Debarim Attikim, p. 9. Sein Werk führt den Titel שערי דורא.

[2]) Das. p. 8. ספר אגודה יסד ר' זיסקינד מאיירפורטש הוא ר' אלכסנדרי מורנקבורטא. Über dessen Zeit vgl. Respp. Jakob Weil No. 163: אותו שתקן אגודה היה קודם הגזירות והיה למדן מופלג. Vgl. M. Horovitz, Frankfurter Rabbinen I, S. 10, Anmerkung 1.

[3]) Albert von Straßburg, Chronik I, 149. — — Quia quondam Ludovicus princeps ipsis (Judaeis) ... satis fuerit favorabilis et ergo ... mortuo principe, multum fuerant de nece sua dolorosi, quia talem spem habuerant ex quo in tantum populus Israel crevit, quod de suo auxilio

des Kaisers als der Juden. Kein deutscher Herrscher vor ihm hat seine Kammerknechte so übel behandelt, verpfändet, verkauft, als Ludwig der Bayer. Er legte auch den Juden eine neue Steuer auf, den sogenannten **güldenen Opferpfennig**. Da die Kaiser nach und nach ihre Einkünfte von den Kammerknechten verpfändet und verliehen hatten, um ihrer augenblicklichen Geldverlegenheit abzuhelfen, so mußte Ludwig der Bayer auf eine neue Einnahmequelle von ihnen sinnen. Er bestimmte durch ein Dekret (um 1342), daß jeder Jude und jede Jüdin im deutschen Reiche, welche über zwölf Jahre alt waren und mindestens über zwanzig Gulden verfügen konnten, dem König oder Kaiser jährlich einen Leibzins von einem Gulden zu zahlen hätten. Die Berechtigung dazu — wenn überhaupt Juden gegenüber von einer Art Recht die Rede sein kann — leitete er wahrscheinlich davon ab, daß die deutschen Kaiser in alle Rechte der römischen eingetreten seien. Da nun die Juden seit Vesspasian und Titus eine jährliche Steuerleistung an die römischen Kaiser zu zahlen hatten, so seien die deutschen Kaiser als ihre unmittelbaren Erben auch für den güldenen Pfennig zu betrachten[1]).

Während früher die Judenmetzeleien in Deutschland nur vereinzelt auftraten, kamen sie unter der Regierung Ludwigs wegen der Unruhen und Bürgerkriege massenhaft vor. Zwei Jahre hintereinander (1336 bis 1337) wütete eine förmlich organisierte Schar, Bauern und Gesindel, welche sich die **Judenschläger** nannte, mit entfesselter Wut und mit herzloser Grausamkeit gegen die Juden. Zwei verworfene Edelleute führten die Schar an; sie nannten sich von einem Leder, das sie um den Arm gewunden hatten, Könige **Armleder**. Auch dieses Mal, wie bei der Verfolgung durch Rindfleisch (o. S. 232), spielten kirchliche Schwärmerei und Glaubensdummheit eine Rolle. Einer der Armleder gab vor, er habe einen Wink von oben empfangen, die Marter und Wunden, welche Jesus erlitten habe, den Juden zuzufügen und dessen Kreuzestod in ihrem Blute zu rächen. Eine solche Aufforderung blieb in Deutschland selten ohne Widerhall. Fünftausend Bauern mit Heugabeln, Äxten, Dreschflegeln, Spießen, und was sie sonst als Waffe gebrauchen konnten, sammelten sich um die Armleder und richteten im Elsaß, am Rhein bis nach Schwaben hin ein Blutbad unter den jüdischen Bewohnern dieser Gegend an. Wie oft bei solchen Verfolgungen legten

---

in brevi omnes Christicolas volebant occidere. Daß Ludwig die Juden aus Bayern nicht vertrieben hat, wie Äneas Sylvius, nachmaliger Papst, berichtet, hat Aretin (Geschichte der Juden in Bayern) S. 24 bewiesen.

[1]) Vgl. Stobbe a. a. O., S. 30 ff.

auch dieses Mal viele Juden Hand an sich selbst und töteten ihre Kinder[1]), um sie nicht der Kirche preiszugeben. Der Kaiser Ludwig der Bayer erließ allerdings Befehle an die Ortsbehörden und auch an den Kanzler des Reiches und an den Burggrafen von Nürnberg, die gehetzten Juden zu schützen (April 1337)[2]); allein dieser Schutz kam zu spät oder war nicht wirksam genug. Zuletzt gelang es dem Kaiser, eines der Armleder habhaft zu werden, und er ließ ihn enthaupten.

Zur selben Zeit ereignete sich eine blutige Verfolgung in Bayern[3]), welche Habsucht und Glaubenswahn hervorgerufen hatten. Die Räte der Stadt Deckendorf (oder Deggendorf) wollten sich und die Bürger von den Schuldforderungen der Juden freimachen und sich noch dazu bereichern. Um dieses zu bewerkstelligen, wurde wieder die Fabel von einer Hostienschändung durch die Juden mit der Zutat von Wundern in Szene gesetzt. Als die Bevölkerung in fanatische Wut versetzt war, führte der Rat den Plan aus, den er heimlich außerhalb der Stadt, um die Juden nichts merken zu lassen, beschlossen hatte. An dem verabredeten Tage (30. September 1337), als ein Zeichen mit der Kirchenglocke gegeben wurde, zog durch das geöffnete Tor der Ritter Hartmann von Deggenburg, welcher in die Verschwörung eingeweiht war, mit seinen Reisigen in Deckendorf ein und wurde mit Jubel empfangen. Der Ritter und die Bürger überfielen darauf die wehrlosen Juden, mordeten und verbrannten sie und eigneten sich ihre Habe an. Zur Erinnerung an die Wunder, welche die von den Juden durchstochene Hostie getan, wurde eine Kirche zum heiligen Grabe erbaut und zum Wallfahrtsorte erhoben; der Pfriemen, dessen sich die Juden bedient, sowie die durchstochene Hostie wurden dort unter Kristall gesetzt, als Reliquien aufbewahrt und den Gläubigen jahrhundertelang, vielleicht noch heute, zur Erbauung gezeigt. An einer Säule dieser Kirche ist noch heute eine Inschrift zu lesen:

---

[1]) Quellen bei Schudt, jüdische Denkwürdigkeiten I, p. 455 f.
[2]) Lehmann, Israelit (Zeitschrift), Jahrgang 1861, S. 171.
[3]) Die Quellen bei Aretin a. a. O., S. 21 ff. Die Urkunde vom Herzog Heinrich, das. S. 29 mitgeteilt, beweist, daß der Wunsch der Deckendorfer, sich von den Schulden an Juden frei zu machen, der Beweggrund der Verfolgung war. — Das Mainzer Memorbuch zählt unter der Überschrift הרוגי בחים ואושטרייך und הרוגי ביירן vom Jahre ח"צ ה' = 1337—38 über dreißig böhmische und mährische und einundzwanzig bayerische Städte auf, in denen die Juden niedergemetzelt wurden. Eine hebr. Urkunde der Wiener Gemeinde, bei Wolf, Aktenstücke Hamaskir 1860, S. 31. Über die Deckendorfer Geschichte, wie aus einer scheußlichen Mordtat an den Juden sich Wundersagen gebildet haben, vgl. die interessante Schrift von Ludwig Steub, Altbayerische Kulturbilder. 1869. S. 107 ff.

„Anno 1337
Den nächsten Tag nach Michaelis Tagen,
Do wurden die Juden erschlagen,
Die Stadt sie anzunden,
Do war Gottes Leichnam funden,
Das sahn Fraw und Mann;
Do hub man das Gotteshaus zu bauen an."

Ein scheußliches Gemälde über dem Stadttor verewigte ebenfalls die Heldentaten und die Frömmigkeit der ehemaligen Deckendorfer. Von hier aus ergoß sich die Wut der Schlächterei über die Juden in Bayern, Böhmen, Mähren und Österreich. Tausende kamen dadurch unter mannigfachen Martern um. Nur die Bürger von Wien und Regensburg schützten ihre Juden vor der wutentbrannten Menge. Was tat der Kaiser gegen diese Verhöhnung des Landfriedens und die Ermordung seiner Kammerknechte? Es ist bisher nichts bekannt darüber. Er hatte damals den Kopf voll von den Händeln mit dem Papst und dem König von Frankreich, auf dessen Befehl der unfehlbare Stellvertreter Gottes Bannbullen gegen Ludwig schleudern mußte. Ludwig durfte vielleicht wegen seiner Rüstung zum Kriege die Städte nicht erbittern. Aber sein naher Verwandter, der Herzog Heinrich von Bayern und der Pfalz, bezeugte sämtlichen Bürgern von Deckendorf seine Huld dafür, daß sie „unsere Juden verbrannt und verderbt haben", und erlaubte ihnen alles, was sie ihnen abgenommen, öffentlich zu gebrauchen. Der Papst Benedikt XII. beauftragte zwar den Bischof von Passau, die Begebenheit von der angeblichen Schändung der Hostie durch die Juden sorgfältig zu untersuchen und wenn diese — wie er voraussetzte — unschuldig befunden werden sollten, gegen die Urheber so abscheulicher Lügengewebe, welche die Hinschlachtung und Ausplünderung so vieler Juden veranlaßt hätten, kanonische Strenge anzuwenden[1]). Allein kanonische Strafen vermochten nichts über die Rohheit der damaligen christlichen Welt.

Ob der Bischof von Passau seine Pflicht getan hat, ist weiter nicht bekannt. Kurz, der Beistand des Papstes frommte den Juden so gut wie gar nichts, und der Schutz des deutschen Kaisers war für sie die Stütze eines schwankenden Rohrs. Diese trostlose Erfahrung haben sie kaum ein Jahrzehnt darauf machen müssen. Denn es folgten bald für die jüdischen Gemeinden in fast ganz Europa, so weit das Kreuz angebetet wurde, die allertraurigsten Tage, gegen welche die Schlächtereien der Armleder und die von Deckendorf ausgegangenen nur ein schwaches Vorspiel waren.

[1]) Baronius (Raynaldus) annales eccles. ad an. 1338.

Zehntes Kapitel.

Der schwarze Tod.

Die lügenhafte Beschuldigung der Wasservergiftung. Gemetzel in Südfrankreich und Katalonien. Die judenfreundliche Bulle des Papstes Clemens VI. Geständnisse von Juden am Genfersee durch die Folter erpreßt. Gemetzel in allen deutschen Gauen. Die Geißler als Geißel für die Juden. König Kasimir von Polen. Verfolgung in Brüssel. Beratungen in Barcelona zur Verbesserung der Lage.

(1348—1350.)

Der Schimmer des Glückes, den die spanischen Juden unter Alfonso XI. hatten, diente nur dazu, ihren Brüdern in den anderen christlichen Ländern eine umfangreiche, gründliche, unbeschreiblich grausame Verfolgung zu bringen, mit welcher alle bisherigen Judengemetzel keinen Vergleich zulassen. Der Würgengel des schwarzen Todes, welcher über drei Jahre wütete, hat mit vorangegangenen Erdbeben und anderen erschreckenden Naturerscheinungen seinen Tanz von China aus über die Inseln und Küsten in das Herz Europas angetreten, keinen Stand, kein Alter verschont, den vierten Teil der Menschheit (wohl 25 000 000) wie mit einem giftigen Hauche hingerafft, bald dieses, bald jenes Land, diese oder jene Stadt in ein förmliches Beinhaus verwandelt und jede edle Regung in den Herzen der Menschen erstickt. In Europa machte der unsichtbare Tod mit seinen Schrecken die Christen zu leibhaftigen Würgengeln für die Juden, um diejenigen unter ihnen, welche die Seuche verschont hatte, der Folter, dem Schwerte oder dem Feuer zu überliefern und die ganze Judenheit vom Erdboden zu vertilgen[1]). Es charakterisiert die Erziehung, welche die Kirche ihren Bekennern gebracht, daß die Juden weder von Mohammedanern, noch von Mongolen, noch von irgendeiner zivilisierten oder barbarischen Völkerschaft der da-

---

[1]) Hermann Gygas, der seine Flores temporum, sive historia generalis 1349 schrieb, bemerkt (p. 139): . . . et nunquam desistunt (conspirari contra Judaeos), donec tota Judaeorum generatio deleta sit.

mals von der Pest heimgesuchten Erdteile, sondern einzig und allein
von Christen als Urheber der Pest massenhaft hingeschlachtet wurden.
Die Kirche hatte die europäischen Völker verdummt und vertiert; sie
hatte so oft und so eindringlich gepredigt, daß die Ungläubigen vertilgt
werden müßten, und daß die Juden noch schlimmer als Ketzer, noch
schlimmer als ungläubige Heiden, daß sie der Auswurf der Menschheit,
Christenmörder und Kinderschlächter seien, daß ihre treuen Söhne ihr
am Ende glauben und ihre Lehre betätigen mußten. Da nun durch die
Not der Zeit jede Zucht und Ordnung, Gehorsam und Unterwürfigkeit
aufgehört hatten, und der Mensch auf sich selbst gestellt war, trat die
Wirkung der kirchlichen Erziehung in scheußlichster Gestalt zutage. Der
schwarze Tod hatte zwar auch jüdische Opfer abgerufen; allein da die
Juden verhältnismäßig weniger von der Seuche heimgesucht waren als
die Christen[1]) — vielleicht wegen größerer Mäßigkeit in der Lebensweise
und größerer Aufopferung der Pfleger — so entstand der Verdacht, daß
die Juden, die doch jährlich Christenkinder schlachteten, wohl auch
Brunnen und Quellen, ja selbst die Luft vergiftet hätten, um sämtlichen
Christen aller Länder mit einem Male den Garaus zu machen.

Aber wo war der so umfassende Plan gefaßt und ins Werk gesetzt
worden? Wer hatte Autorität genug, alle europäischen Juden zu ge-
meinsamem Handeln für eine so gefahrvolle Unternehmung, wie die
Vergiftung der Christen, bewegen zu können? Nun, die Antwort schien
auf der Hand zu liegen. Die spanischen Juden, welche als im Besitz großer
Machtmittel und unbedingten Einflusses auf die Gemeinden von ganz
Europa galten, diese hätten den teuflischen Plan zur Vertilgung der
Christen ausgesonnen, überallhin Sendboten mit Giftdosen ausgesandt
und bei Androhung des Bannes sämtliche Juden bewogen, ihre Befehle zu vollstrecken. Von Toledo, gewissermaßen der jüdischen Hauptstadt, sei die Weisung ausgegangen. Das wahnbetörte Volk machte
sogar einen Toledaner Juden namhaft, der die Befehle und das Gift
überbracht hätte. Jakob a Paskate sei es gewesen, der aus
Toledo gekommen, sich in Chambery (in Savoyen) niedergelassen und
von da aus eine ganze Schar jüdischer Giftmischer nach allen Ländern

---

[1]) Der zeitgenössische Schriftsteller Chajim Gallipapa bemerkt in seinem
Werke עמק רפאים folgendes: ולו נפלו מהיהודים מת או למשכב שנפל ולאחד
ומתו מעמי הארץ מאה וילבשו עליהם קנאה ולא יכלו דבר אתם לשלום
Auszug bei Joseph Kohen, Chronik p. 36 a (Emek ha-Bacha, p. 65). Auch
bei Hottinger wird erzählt, daß die Juden keinen sonderlichen Schaden empfangen, hat einen Argwohn gegen sie verursacht. Helvetische Kirchengeschichte II,
S. 167.

Verdächtigung der Juden infolge des schwarzen Todes.

und Städten ausgesandt habe[1]). Dieser Jakob, sowie ein Rabbi Peyret aus Chambéry und ein reicher Jude Aboget sollen das Vergiftungsgeschäft im großen betrieben haben. Das Gift, welches von den jüdisch-spanischen Schwarzkünstlern bereitet worden, sei bald aus Basiliskenfleisch, bald aus Spinnen, Fröschen und Eidechsen, bald wieder aus Christenherzen und Hostienteig bereitet gewesen[2]). Es sei in kleinen ledernen Beutelchen oder Läppchen verteilt worden und sei nach einigen von roter und schwarzer, nach andern von grüner und schwarzer Farbe gewesen[3]). Solche blödsinnige Märchen, von Unwissenden oder Böswilligen erfunden, von der erhitzten Phantasie vergrößert und übertrieben, wurden nicht nur von der unwissenden Menge, sondern auch von den höheren Ständen geglaubt. Die Gerichtstribunale beschäftigten sich ernstlich damit, hinter die Wahrheit zu kommen und wendeten die Mittel an, welche das christliche Mittelalter zur Bestätigung eines Verdachtes mit besonderer Virtuosität gebrauchte — die Folter in jeder Gestalt.

So weit die Kunde reicht, wurden diese Märchen von der Brunnen- und Quellenvergiftung der Juden zuerst in Südfrankreich geglaubt, wo der schwarze Tod schon im Anfang des Jahres 1348 seine Opfer forderte. In einer südfranzösischen Stadt wurde die ganze jüdische Gemeinde, Männer, Frauen und Kinder, nebst den heiligen Schriften an einem

---

[1]) Der zeitgenössische Chronist Albertus von Straßburg erzählt: Quidam etiam inventi sunt, quasi omnia maleficiorum genera commisisse (Judaeos) sedentes in Hispania, habita per eos dudum consilio de veneficiis convenisse, bei Urstisius, Germaniae historici II, p. 148. Die Urkunden des Kastellans von Chillon, die Schilter zu Königshovens Chronik von Elsaß und Straßburg aus den Verhörprotokollen der Juden aus der Gegend des Genfersees beigefügt hat, teilen folgendes mit: quod magister Jacob Chamber commorans, a pascate (Pascate) dictus veneɹat de Toleto ... misit per quendam Valletum Judaeum de toco in quodam sacculo de corio tenui ... una cum litera, in qua mandabat ... quod sub poena excommunicationɪs suae legis poneret dictum toxicum ... ad intoxicandum gentes quae aqua illius fontis utebantur ... dicens in dicta litera, quod similiter in diversɪs et variis locis simile mandatum faciebat per ordinationem Judaeorum, magistrorum suae legis. Schilters Noten zu Königshoven p. 1031. Auch daß. p. 1037: Quod magister Jacob a Pasche venerat de Toleto Chamber residens ... misit de toxico. Schilter und manche nach ihm haben den Eigennamen Pasche oder Pascate als Passahzeit mißverstanden; es ist ein Eigenname.

[2]) Urkunden in den Noten zu Königshoven p. 1036, Hermann Gygas, a. a. O., p. 138.

[3]) Urkunden a. a. O., S. 1033, 1036, 1040, 1043, 1044.

Tage verbrannt (Mitte Mai)¹). Es war aber nicht die einzige Verfolgung in dieser Gegend. Von da aus verbreitete sich das Märchen nach Katalonien und Aragonien. Hier herrschte gerade in demselben Jahre die ungebundenste Anarchie, indem der Adel und das Volk gegen den König Don Pedro im Aufstand waren, um ihre Privilegien sicherzustellen. Als auch hier das Märchen von der Brunnenvergiftung in den Gemütern Wurzel gefaßt hatte, rottete sich das Volk in Barcelona an einem Sonnabend (gegen Ende Juni) zusammen, tötete an zwanzig Personen und plünderte die jüdischen Häuser. Indessen nahmen sich die Angesehensten der Stadt der Verfolgten an und jagten im Verein mit einem gerade hereinbrechenden fürchterlichen Unwetter, Donnergekrach und flammenden Blitzen die wahnbetörten oder plünderungssüchtigen Angreifer auseinander. —

Einige Tage später wurde ebenso die Gemeinde von Cervera überfallen, achtzehn Personen wurden getötet und die übrigen zur Flucht gezwungen. Der jüdische Philosoph Vidal Narboni (v. S. 324) befand sich damals gerade in dieser Stadt und verlor infolge der Zusammenrottung seine Habe und seine Bücher. Mehr Opfer fielen in dem Städtchen Tarrega, wo mehr als 300 Juden gemordet und in eine Grube geworfen wurden (10. Ab = 6. Juli). Sämtliche nordspanische Gemeinden waren auf Angriffe gefaßt, stellten öffentliche Fasten an, flehten den Himmel um Erbarmen an und verrammelten ihre Quartiere, wo Mauern vorhanden waren²). Indessen standen in Aragonien die höheren Stände den Juden bei. Der Papst Clemens VI. (derselbe, welcher sich für Gersonides' astronomische Arbeiten interessierte, v. S. 323), der beim Herannahen des schwarzen Todes zitterte und sich

---

¹) Bemerkung zu einem Pentateuchkodex in der Wiener Bibliothek, Katalog, p. 18: הלא זה מוצל מאש ביום האף והחכה ששפך השם באש חמתו על
קהל קדש מלגמא דשטדון (?) כי כלם קידשו הש״י טף ונשים ביום אחד
בשנת ק״ח . . . פרשת והעבירו תער (בהעלותך) והובא אלי זה החומש בעיר
אינגש בשנת ק״ט פרשת שוב אשוב . . . ונשארתי אני לבדי כי הוזמנתי
ונקראתי לפני אדוננו המלכה הצירה אננון (.ל אבניון) ושמה ישבתי ובביתי
במר נפשי. Der Name der Stadt ist noch nicht enträtselt. Die Zeit — Perikope — בהעלותך — damals der 19. Siwan, also in der Woche zwischen 11. bis 17. Mai 1348. Die Königin, von der hier die Rede ist, und von welcher der Kopist nach Avignon eingeladen wurde, war die berüchtigte Johanna von Neapel, Enkelin Roberts von Neapel, welcher Avignon gehört hat, bis sie es an den Papst veräußerte. Auch Gallipapa (a. a. O.) referiert über die Verfolgung in der Provence. Die bisherige Annahme, daß die Verfolgung wegen des schwarzen Todes zuerst in Savoyen ausgebrochen sei, ist hierdurch und auch aus dem Folgenden widerlegt.

²) Gallipapa a. a. O.

in seinem Zimmer förmlich abschloß, hatte doch ein Herz für die unschuldig
Verfolgten. Er erließ eine Bulle, in der er bei Androhung des Kirchen=
bannes untersagte, sie ohne richterliches Urteil zu töten, gewaltsam zur
Taufe zu schleppen oder ihre Güter zu rauben (anfangs Juli)[1]). Diese
Bulle half vielleicht in Südfrankreich, blieb aber in der übrigen Christen=
heit ganz ohne Wirkung. Ein Land lernte vom andern. Die paradie=
sische Gegend am Genfersee wurde zunächst der Schauplatz der blutigsten
Verfolgung. Auf Befehl des damaligen Herzogs Amadeus von
Savoyen wurden mehrere Juden, auf welche der Vergiftungs=
verdacht gefallen war, verhaftet und in zwei Städtchen am Genfersee,
in Chillon und Chatel (Chatelard, beide zwischen Vevey und
Ville=Neuve im Waadtlande) eingekerkert. Eine Gerichtskommission
wurde ernannt, um mit den Verhafteten ein Verhör anzustellen und sie,
wenn sie überführt würden, zu bestrafen. Hier legten also ein Fürst
und der Richterstand auf die Fabel von Giftmischerei der Juden Gewicht.
Am Versöhnungstage (15. September) wurden drei Juden und eine
Jüdin in Chillon auf die Folter gespannt, ein Wundarzt Valavigny
aus Thonon, ferner Bandito und Mamson aus Ville=
Neuve und drei Wochen später eine Mutter Bellieta und ihr
Sohn Aquet. Sie gestanden im Schmerz und in der Verzweiflung
alles ein, was man von ihnen herauspressen wollte, daß sie von dem
und dem Gift bekommen und es hier und da in der Nähe von Quellen
und Brunnen niedergelegt hätten. Sie gaben sich, ihre Glaubens=
genossen, ihre Eltern und Kinder an. Die schwache Frau und ihren
Sohn legten die herzlosen Richter zehn Tage später wieder auf die
Folter und die Gemarterten überboten sich an Enthüllungen. Aquet
sagte aus, sämtliche Juden der Gegend, angesehene und gemeine, hätten
eine förmliche Beratung vor den Toren von Ville=Neuve gehalten, wie
sie die Christen vergiften wollten[2]). In Chatelard wurden fünf Juden
beim Verhör gefoltert, und auch sie machten umfassende Geständnisse,
die an Glaubwürdigkeit mit jenen auf gleicher Stufe stehen. Einer von
ihnen, Aquet, übertrieb seine Aussagen ins Ungeheuerliche; er habe
Gift gelegt in Venedig, Gift in Apulien und Kalabrien, Gift in Toulouse

---

[1]) Baronius (Raynaldus) Annales ecclesiastici ad annum 1348 No. 33.
vom IV. Non. Julii. Vgl. über die Wirkung dieser und einer zweiten Bulle
vom 26. Sept. in der Franche=Comté, J. Morey in der Revue d'E. J. VII,
S. 18 f.

[2]) Urkunden in Schilters Noten zu Königshoven a. a. O. p. 1031—40.
Es heißt da ausdrücklich: inquisitio facta est ex officio curiae principis
domini nostri Amadei comitis Sabaudiae . . . contra Judaeos utriusque
sexus.

in Frankreich[1]). Alle diese Aussagen schrieben die Sekretäre nieder, und sie wurden durch Unterschriften beurkundet. Um die Glaubwürdigkeit nicht zu schmälern, fügten die verschmitzten Richter hinzu, die Schlachtopfer seien nur e i n w e n i g gefoltert worden[2]). Auf diese Aussagen hin wurden nicht bloß die Angeklagten und sozusagen Geständigen, sondern sämtliche Juden in der Gegend des Genfersees und wohl von ganz Savoyen verbrannt[3]).

Von der Genfer Gegend hatte sich das geflügelte Gerücht von der erwiesenen Schuld der Juden nach der Schweiz verbreitet, und alsbald wiederholten sich auch da dieselben Blutszenen. Die Konsuln von B e r n ließen sich die Gerichtsverhandlungen aus Chillon und Chatelard kommen, brachten auch ihrerseits einige Juden auf die Folter, erpreßten ebenfalls Geständnisse von ihnen und zündeten ebenfalls einen Scheiterhaufen für sämtliche Juden an (September)[4]).

Von B e r n und Z o f i n g e n (Kanton Aargau) aus, wo man ebenfalls Gift gefunden haben wollte, wurde die Vertilgung der Juden als Giftmischer systematisch betrieben. Die Konsuln von Bern richteten Sendschreiben mit der Anzeige, daß die Juden des Verbrechens vollständig überführt worden wären, nach Basel, Freiburg, Straßburg, Cöln und überall hin und ließen sogar einen Juden in Fesseln nach Cöln transportieren, damit sich jedermann von deren teuflischem Plane überzeugen sollte[5]). — In Z ü r i ch kam zu der Anschuldigung der Vergiftung

---

[1]) Urkunden in Schilters Noten zu Königshoven a. a. O. p. 1042—47.

[2]) Stets im Eingange des Protokolls: positus (vel posita) modicum aliquantulum ad quaestionem.

[3]) Die Urkunden a. a. O. S. 1030: Haec enim combustio Judaeorum ... facta est in pluribus locis Sabaudiae Comitatus. Hottinger berichtet a. a. O. II, S. 167, daß die Juden zu Genf, Vivis (Vevey) und dort herum mit Rad, Hochgericht und Feuer abgestraft wurden.

[4]) Albertus von Straßburg a. a. O., p. 147.

[5]) Albertus von Straßburg a. a. O. Post haec (post defensionem Judaeorum factam a Papa Clemente), tortis quibusdam Judaeis in Berna et reperto in Zofingen veneno .... scriptoque de hoc consulibus Basiliensis, Friburgensis et Argentensis civitatum. Als Ergänzung dazu das Schreiben der Cölner an Straßburg (in Schilters Noten zu Königshoven S. 1021) ... quod consules de Berna quendam Judaeum captivum transmiserint nobis ad informandum vos de intoxatione et veneni sparsione. Das Datum feria tertia ante festum St. Thomae 1349, d. h. 16. Januar. Folglich fanden die Vorgänge in Bern noch 1348 statt. Vgl. über die Gemetzel in der Schweiz Joh. Caspar Ulrich, Sammlung jüdischer Geschichten usw. Es sind gegenwärtig außerordentlich viele Quellengeschichten für diese Zeit gesammelt; vgl. Stobbe a. a. O. S. 284, Note 180, Frankel, Monatsschrift, Jahrgang 1863, S. 421, Anmerkung.

noch die der Ermordung eines Christenkindes hinzu, und auch hier wurden die scheinbar Schuldigen verbrannt, die übrigen verjagt und ein Gesetz erlassen, daß sie nimmermehr dahin zurückkehren sollten (21. Sept.)[1]). Der Judenbrand wälzte sich mit der Ausbreitung der Pest immer mehr nordwärts. Wie die Gemeinden um den Genfersee, so wurden auch die um den Bodensee St. Gallen, Lindau, Überlingen, Ravensburg, Schaffhausen, Constanz (Costnitz) und andere durch Scheiterhaufen, Rad oder Vertreibung und Zwangstaufe aufgerieben[2]). In Constanz hat einer von denen, welche aus Verzweiflung zum Christentum übergetreten waren, seinen Schritt gleich darauf bereut und sein Haus angezündet, um mit den Seinigen von eigener Hand aus dem Leben zu scheiden, indem er aus dem Fenster rief: „Sehet, ich sterbe als Jude." Durch den Brand seines Hauses sind mehr als vierzig Häuser eingeäschert worden[3]). — Noch einmal hat sich der Papst Clemens VI. für die Juden verwendet und eine Bulle an die katholische Christenheit erlassen, worin er die Unschuld der Juden an dem ihnen zur Last gelegten Frevel auseinandersetzte. Er brachte alle Gründe vor, die nur geltend gemacht werden konnten, um die Abgeschmacktheit der Anschuldigung ins Licht zu setzen, daß auch solche Gegenden von der Pest heimgesucht würden, in denen kein Jude wohne, und auch die Juden davon betroffen würden. Vergebens ermahnte er die Geistlichen, die Juden in Schutz zu nehmen und belegte die falschen Ankläger und Henker mit dem Kirchenbann (September)[4]). Das Kind war mächtiger geworden als sein Erzeuger, der Wahn mächtiger als das Papsttum.

Nirgends ist die Vertilgung der Juden mit mehr Gründlichkeit und Erbitterung betrieben worden, als in dem heiligen römisch-deutschen Reiche, als wären die Deutschen froh gewesen, eine Gelegenheit zu haben, ihren tiefen Ingrimm ungestraft an der ihnen verhaßten Nation befriedigen zu können. Vergebens hatte der Papst die Unschuld der Juden an der ihnen zur Last gelegten Seuche verkündet. Obwohl sonst gehorsame Knechte des päpstlichen Stuhles, hörten sie auf seine Stimme nicht, wenn sie zugunsten der Juden sprach. Vergebens erließ

---

[1]) Quellen bei Schudt, jüdische Denkwürdigkeiten I, 323; Datum Matthäi Abend = 21. Sept. 1348 (nicht 1349 wie die erste Quelle das. angibt).
[2]) Mainzer Memorbuch (Ms. bei Carmoly), אלה הגזירות אשר נעשו בשנת ק"ט לאלף ו' מדינת בודאיר ועלטקירכן לינדרוא רבנשפורק אוברלינגן קושטנצא שהרון עד בודאיר. Zum Teil auch bei Schudt.
[3]) Mansfeldsche Chronik ed. Spangenberg, S. 287, 337.
[4]) Baronius (Raynaldus) Annales eccles. ad annum 1348 No. 33 von VI. Kal. Octobris.

der neuerwählte Kaiser, der Luxemburger Karl IV., Handschreiben über
Handschreiben, den Juden, seinen Kammerknechten, kein Haar zu
krümmen. Selbst wenn sein Ansehen in Deutschland fester gewesen
wäre, würde er die Deutschen nicht willfährig gefunden haben, die Juden
zu schonen. Es gab damals auch kein beschränkteres Volk, als das
deutsche. Franzosen, Italiener, Spanier und Engländer hatten durch
ihre Beteiligung an öffentlichen Angelegenheiten ihren barbarischen
Ursprung zum Teil überwunden und trotz des mittelalterlichen Dusels
ihren Sinn für die Natur der Dinge geschärft. Das deutsche Volk aber,
fern von allem öffentlichen Leben, von Adel und Pfaffen bevormundet
und gegängelt, lebte in einer beständigen Traumwelt, in der Schein von
Wirklichkeit nicht zu scheiden ist. Nicht bloß, um die Habe der Juden zu
plündern, wie ein ehrlicher Erzähler jener Zeit, Closener aus
Straßburg, bemerkt: „Ihr bares Gut war die Vergiftung, welches die
Juden tötete[1]), nein, nicht bloß aus Eigennutz, sondern in ehrlicher
Dummheit, in urwaldlicher Einfalt glaubten die Deutschen, die Juden
hätten mit einem bißchen Gift den Rhein, die Donau und alle Flüsse,
Quellen, Brunnen, Felder und Wiesen verdorben. Wie in der Gegend
des Genfersees der Jude Jakob a Paskate und Rabbi Peyret in Cham-
béry, so sollte ein reicher und angesehener Jude, Moses in Mainz,
seine Glaubensgenossen in Deutschland mit Giftmitteln versorgt haben[2]).
Der „fürsichtige", weise Rat vieler Städte ließ daher die Brunnen und
Quellen vermauern, damit die Bürger nicht Gift einschlürften, und man
bediente sich nur des Regen= oder Schneewassers. Sollten das die
Juden, die Urheber dieses Übels, nicht büßen?

Indessen gab es auch wenige Einsichtige, welche den Wahn nicht
teilen konnten, daß die Juden an der großen Sterblichkeit schuld seien.
Diese wenigen verdienen einen Platz in der Geschichte, daß sie trotz der
sie umgebenden Gefahr menschlich fühlten und handelten. Es war
namentlich der Bürgerrat von Straßburg, der Bürgermeister Conrad (Kunze) von Winterthur, der Schöppe Gosse Sturm
und der Handwerksmeister Peter Schwarber. Diese gaben sich unsägliche Mühe, die Unschuld der Juden an den ihnen zur Last gelegten
Verbrechen an den Tag zu bringen, verteidigten und schützten sie gegen
das fanatische Anstürmen des Pöbels und selbst des Bischofs. Auch der
Rat von Basel und Freiburg stand auf seiten der Unglücklichen. Der

---

[1]) Straßburg. Chronik in der Bibliothek der Nationalliteratur I, S. 104.
Erst von dieser hat es Königshoven entlehnt. Schilters Noten zu Königshoven,
S. 1026 f., wie Stobbe bemerkte.

[2]) Urkunden das. S. 1023.

Rat von Cöln schrieb an den von Straßburg, er werde sich in betreff der Juden Straßburg zum Muster nehmen; denn er sei überzeugt, daß die Pest nicht anders denn als eine Strafe Gottes zu betrachten sei. Er werde daher nicht zugeben, daß die Juden wegen der grundlosen Gerüchte verfolgt würden, sondern werde sie, wie die Vorfahren es getan, kräftig schützen. In Basel machten aber die Gewerke und alles Volk einen Auflauf gegen den Rat, zogen mit ihren Fahnen vor das Rathaus und verlangten ungestüm zunächst, daß diejenigen Patrizier, welche wegen der früher den Juden zugefügten Kränkungen verbannt worden waren, zurückberufen, und dann, daß die Juden mindestens aus der Stadt gewiesen werden sollten. Die erste Forderung mußten die Ratsherren bewilligen, wegen der letzteren vertrösteten sie das Volk auf den Beschluß eines Städtetages, welcher zur Beratung dieser Angelegenheit in Aussicht genommen war.

In **Benfelden** (Elsaß) kam in der Tat eine Beratung wegen der Maßregeln in betreff der Juden zustande. Es tagten da der Bischof **Berthold** von Straßburg, Barone, Herren und Abgeordnete der Städte. Die Vertreter von Straßburg traten mutig für die Juden auf, selbst gegen den Bischof, welcher aus Bosheit oder Dummheit entschieden für die Vertilgung der Juden war. Sie machten wiederholt geltend, daß sie den Juden keine Schuld an der Pestilenz beimessen könnten. Allein sie wurden überstimmt. Es wurde beschlossen, die Juden aus allen Städten des oberen Rheins zu vertreiben (gegen Ende 1348)[1]. Seit der Zeit dieses Beschlusses von Benfelden wurden die Juden des Elsaß, die noch an den Wunden bluteten, welche die **Armleder** (o. S. 328) und ihre Scharen ihnen geschlagen hatten, für vogelfrei erklärt. Sie wurden bald in diesem, bald in jenem Orte verbrannt oder ausgewiesen. Die aus den Städten Verjagten wurden von dem wütenden Landvolke einfach totgeschlagen. Dieses herbe Geschick ereilte auch die Gemeinde von Basel. Auf einer Insel des Rheins, in einem eigens dazu erbauten Hause wurden sie ohne Urteilsspruch verbrannt (9. Januar 1349) und der Beschluß beschworen, daß innerhalb zweier Jahrhunderte kein Jude sich in dieser Stadt niederlassen dürfe[2]. Eine Woche später kam die Reihe an die Juden von Freiburg (Breisgau). Hier hatte ein Jude, wie sich denken läßt, unter der Folter, ausgesagt, er wäre mit vier Glaubensgenossen aus Breisach zu Rate gegangen, wie man die Brunnen vergiften könne, und er habe ein Säckchen

---

[1] Albertus von Straßburg a. a. O., S. 148.
[2] Das.

mit Gift eine Spanne lang ins Wasser geworfen. Die vier namhaft gemachten Giftmischer wurden nach Freiburg gebracht und legten noch viel umfassendere Geständnisse ab, sämtliche Juden von Straßburg, Basel, Freiburg und anderen Orten hätten von der Vergiftung Kunde gehabt. Ein anderer Jude sagte aus, es sei ein eigener Rat von zwölf Juden eingesetzt worden, welcher die Vergiftung geleitet habe, und dem alle Gehorsam schuldeten; das Gift hätten sie aus Basel bezogen. Darauf wurden sämtliche Juden von Freiburg dem Scheiterhaufen überliefert, bis auf zwölf der reichsten, welche vorderhand am Leben gelassen wurden, damit sie ihre Schuldner angeben sollten, denn es verstand sich von selbst, daß alles Eigentum der Schlachtopfer der Kommune zugesprochen wurde[1]). Zähringen (unweit Freiburg), dessen weiser Rat und Schultheiß bei den Juden Gift gefunden, hatte schon früher drei Juden und eine Jüdin gerädert und den übrigen noch eine Galgenfrist bis über die Feiertage gelassen[2]). Die Zeugnisse für die Schuld der Juden häuften sich. In Schlettstadt hatte sich ein angeklagter Jude im Gefängnisse entleibt und ein getaufter Jude hatte ausgesagt, die Juden gingen damit um, die Christenheit mit Gift zu verderben[3]). Sämtliche Städte im Elsaß waren daher erbittert gegen die Herren, welche Juden hielten. Die Gemeinde von Speyer[4]) fiel als erstes Opfer unter den rheinischen Gemeinden. Das Volk rottete sich zusammen, schlug mehrere Juden tot, andere verbrannten sich selbst in ihren Häusern und noch andere gingen zum Christentum über (10. Januar). Die Erschlagenen wurden in Weinfässern in den Rhein geworfen. Der Rat von Speyer eignete sich die Habe der Juden an und ließ deren Dörfer in der Umgegend versiegeln.

Trotzdem blieb der Rat von Straßburg in der Beschützung der Juden standhaft. Der Bürgermeister Winterthur richtete überallhin Sendschreiben, um günstige Berichte über sie in Händen zu haben und diese der täglich ungestümer auftretenden Bürgerschaft als Beweisstücke

---

[1]) Albertus von Straßburg, Schreiber, Urkundenbuch I. 2, S. 379—383. A. Lewin, Juden in Freiburg, S. 41 f.

[2]) Urkunde in den Noten zu Königshoven S. 1026.

[3]) Das.

[4]) Albertus von Straßburg a. a. O., S. 148. Lehmann, Speyersche Chronik, S. 699. Ich habe in der ersten Ausgabe die historische Kinah von Akiba Frankfurt (abgedruckt im Landshut, Amude Aboda II, Beil. ב, p. III ff.) als historische Quelle für die Gemetzel des schwarzen Todes behandelt, habe mich aber bei näherer Einsicht überzeugt, daß der Elegiker Verfolgungen aus verschiedenen Zeiten pêle-mêle zusammengereimt hat, daher lasse ich die Belege aus dieser Kinah hier fort.

für die Unschuld der Verdächtigten vorlegen zu können. Aber von vielen Seiten liefen gerade ungünstige Zeugnisse ein. Der Rat von Zähringen antwortete, er sei im Besitz des Giftes, das die Juden ausgestreut hätten, und an dem Tiere bei angestellten Versuchen gestorben wären; er wollte es aber nicht aus den Händen geben, sondern nur einem Sendboten vorzeigen[1]). Ein Kastellan von Chillon ließ die Bekenntnisse der gemarterten Juden aus der Gegend des Genfersees kopieren und schickte sie dem Rat von Straßburg zu[2]). Nur der Rat von Cöln ermutigte den Bürgermeister Winterthur, sich unverdrossen der Juden anzunehmen und das Verlangen der Judenfeinde zurückzuweisen. Denn, meinte er, viele kleinere und größere Städte würden dem Beispiele der Stadt Straßburg folgen[3]). Der Rat vermochte aber dem Ungestüm des Volkes nicht lange Widerstand zu leisten. Die niedrige Volksmasse konnte sich nicht denken, daß die drei Ratsherren aus Menschlichkeit die Juden beschützten, und war überzeugt, daß es nur aus Eigennutz geschähe. „Sie müssen viel Geld von den Juden bekommen haben, daß sie dieselben wider aller Willen so sehr verteidigten," so sprachen die Straßburger Bürger untereinander[4]). Die Gewerke, wahrscheinlich von der Geistlichkeit aufgestachelt, rotteten sich zusammen, zogen mit ihren Bannern vor das Münster[5]) und gingen nicht eher auseinander, bis der Bürgermeister Winterthur und seine zwei Kollegen ihres Amtes entsetzt wurden. Darauf wurde ein neuer Bürgerrat gewählt, der die Verfolgung der Juden begünstigte. Das Ende war vorauszusehen. Die Gemeinde von Straßburg — 2000 Seelen — wurde eingekerkert. Tags darauf, an einem Sabbat (14. Februar 1349) wurden sie sämtlich nach ihrem Begräbnisplatze geschleppt. Ein Holzgerüst war errichtet, das sie besteigen mußten, während es in Brand gesteckt wurde. Nur diejenigen, welche aus Verzweiflung zum Kreuze griffen, ließen die Henker am Leben; die übrigen verbrannten sie mit kaltem Blute. Der neue Rat beschloß auch, daß in 100 Jahren kein Jude in Straßburg aufgenommen werden sollte. Die Schätze der Juden wurden an die Bürger verteilt. Einige trugen Scheu, das Sündengeld zu behalten und verwendeten es, nach dem Rate ihrer Beichtväter, zu Kirchenzwecken.

Dann kam die Reihe an die älteste Gemeinde Deutschlands, an Worms. Die Juden dieser Stadt hatten um so eher das Schlimmste

---

[1]) Urkunde in den Noten zu Königshoven. S. 1028.
[2]) Das. S. 1029 ff.
[3]) Urkunde das. S. 1023 f.
[4]) Königshoven, Chronik S. 294.   [5]) Königshoven das.

von ihren christlichen Mitbürgern zu befürchten, als der Kaiser Karl IV. sie vorher der Stadt für die Dienste, welche diese ihm geleistet, mit Leib und Gut überliefert hatte. „Also, daß die Stadt und die Bürger zu Worms mit den Juden und der Jüdischheit mögen tun und lassen, brauchen und büßen als mit ihrem Gute"[1]. Die Bürger hatten also das volle Recht, mit ihnen nach Lust und Willkür zu schalten. Als nun der Rat beschlossen hatte, die Juden zu verbrennen, wollten diese den Tod durch Henkershand nicht abwarten, sondern beschlossen, ihm zuvorzukommen. Zwölf jüdische Vorsteher sollen sich auf das Rathaus begeben, und dort um Erbarmen gefleht haben. Als aber die Schöppen bei den Tränen kalt blieben, sollen diese zwölf mit den Waffen, die sie unter ihren Kleidern verborgen hatten, bei verriegelter Türe über die Ratsherren hergefallen sein und sie niedergemacht haben. Die übrigen Juden von Worms sollen sich ebenfalls zur Wehr gesetzt haben. Auf den Kirchhof geflüchtet, sollen die zwölf Vorsteher dort auf wunderbare Weise ein gemeinsames Grab gefunden haben. Indessen ist diese Erzählung nur sagenhaft; geschichtlich ist, daß fast sämtliche Juden von Worms ihre Häuser in Brand gesteckt und sich darin — mehr als vierhundert Personen — verbrannt haben; nur wenige entkamen (10. Adar II = 1. März)[2].

[1] Moritz, diplomata Alsatiae, p. 186. G. Wolf, zur Geschichte der Juden in Worms, S. 34, Beil. II.

[2] Daß die Juden von Worms sich selbst verbrannt haben, berichtet Albertus von Straßburg a. a. O. Wormatienses etiam Judaei et Spirenses, Oppenheimienses et Moguntini se ipsos combusserunt. Es folgt auch aus der Urkunde des Kaisers Karl zugunsten der Stadt Worms (bei Moritz a. a. O., p. 188 und bei Wolf a. a. O., Beil. III): „Ob solche Geschicht, als in Irre (ihrer) Stadt zu Wormessen geschehen ist an den Juden unde der Judischheit . . . . bie mit einander verbrannt unde vergangen sind, beide an Leibe und an Gute. Daran die Stadt unde Burger . . . geschädigt sind." Das Datum gibt das Wormser Minhag-Buch: ר' באדר חסמוך לניסן מתצנ״ן גזירת ק״ק לפ״ק שהיתה פה ק״ק ווירמשא (bei Lewison, Epitaphien von Worms, S. 16). Auch eine Handschrift, früher im Besitze des Professor J. Bernays, jetzt Cod. 171 der Bibliothek des jüd.-theol. Seminars in Breslau (aus der die Berichte über die Verfolgung zur Zeit des ersten und zweiten Kreuzzuges kopiert und ediert sind) hat dasselbe Datum: אלה שמות קדושי פה ווירמישא שנת ק״ט ר' ימים באדר השני 10. Adar II. = 1. März. Zum Teil folgt das Datum auch aus der oben angeführten Urkunde Kaiser Karls, die ausgestellt ist 1349, „Sonntag so man singt Judica in den Vasten". Sonntag Judica = 22. März war die Wormser Gemeinde bereits verbrannt. Aus diesen Angaben kann man schließen, was von der Geschichte der „zwölf Vorsteher von Worms" (ר״ב פרנסים) zu halten ist, deren Grab noch heute gezeigt wird. Wenn sie mehr als Sage sein soll, so fällt sie in die Verfolgungszeit des schwarzen Todes, wie nachgewiesen ist B. VI₃, S. 359 und

Die Bürger von Worms erlitten nicht nur bedeutenden Schaden durch die Feuersbrunst, die durch den Brand der jüdischen Häuser entstanden war, sondern gerieten auch in Händel mit einigen Herren und Rittern wegen der Ansprüche, welche dieselben an die Juden gehabt und eingebüßt hatten. Diese wollten an der Stadt Rache wegen der Vertilgung der Juden nehmen, obwohl der Kaiser Karl die Bürger von jeder Schuld freigesprochen hatte[1]). Der Rat verkaufte, um sich Ruhe zu verschaffen, die übriggebliebenen Grundstücke der Juden und beschwichtigte den edlen Zorn der Herren Ritter mit Geld[2]).

Auch die Juden zu Oppenheim verbrannten sich freiwillig, um nicht als Giftmischer gemartert zu werden (gegen Ende Juli)[3]). Die Gemeinde von Frankfurt, obwohl auch auf sie der Blick der Mörder gerichtet war, blieb so lange verschont, als die Gegenkaiser, Karl IV. und Günther von Schwarzburg, in dieser Gegend einander bekämpften. Der letztere hatte in Frankfurt seine Hofhaltung. Als dieser gestorben und beerdigt und auch der Kaiser Karl von dort abgezogen war, kam die Reihe zu sterben an die Juden zu Frankfurt. Auch sie verbrannten sich in ihren Häusern, als ein Angriff auf sie gemacht wurde, und veranlaßten ebenfalls eine große Feuersbrunst in der Stadt (24. Juli). Von den Gütern, welche die Bürger von den Juden angetreten, erkauften sie sich mit 20 000 Mark Silbers die Gnade des Kaisers Karl, den sie früher bekämpft hatten, und erlangten dadurch wieder das Recht, eine Messe zu halten, das ihnen Mainz streitig gemacht hatte[4]).

nicht während des ersten Kreuzzuges. Sie stimmt aber nicht nur nicht mit den obigen Berichten, sondern wird durch das Martyrologium der Bernayschen Handschrift widerlegt. Daselbst werden nämlich nahe an 400 Märthyrer von Worms vom Jahre 1349 (außer dem Gesinde) namentlich aufgeführt und darunter nur elf Vorsteher, die aber keinen besonderen Platz haben, sondern in bunter Mischung mit anderen Märtyrern aufgezählt werden.

[1]) Urkunde a. a. O.
[2]) Schaab, diplomatische Geschichte der Juden zu Mainz, S. 89, aus einer Urkunde und aus Flersheims Wormser Chronik das. S. 91 f.
[3]) Albertus von Straßburg das. p. 148.
[4]) Das. p. 148. Insultu quoque in eos (Judaeos) facto in Frankfurt post regis Caroli recessum et omnes domos suas et sibi vicinas cremarunt. Das. p. 152. Rex Carolus extunc Frankfurtensibus omnia sua privilegia confirmavit et nundinas restituit, datis sibi vigenti millibus marcarum quae recepta sunt a Judaeis crematis ibidem. Das Datum ist hier unbestimmt angegeben „nach der Abreise des Königs" gegen Ende Juli. Am 30. Juni hatte der Rat von Schlettstadt nach Frankfurt von seiner Überzeugtheit geschrieben, daß die Juden wirklich die Vergiftung verübt hätten, Urkunden in Schilters Noten zu Königshoven, S. 1026. Vgl. darüber Kriegk, Frankfurter Bürgerzwiste usw., S. 423, 545, Stobbe a. a. O., S. 101.

Als wenn ein Wahn noch nicht genügte, das schwache Israel zu verderben, kam noch ein anderer hinzu, welcher die Entartung des damaligen Christentums in eine neue Art von Baalkultus bekundet. Die verheerende Pest des schwarzen Todes wurde in der Christenheit allgemein als ein Ausbruch des göttlichen Zorns wegen allzu großer Sündhaftigkeit des Volkes und der Priester angesehen und erregte den Gedanken, denselben durch außerordentliche Büßungen abzuwenden. Scharen von Menschen zogen in Deutschland umher, die, ähnlich den ehemaligen Baalspriestern, ihren halbnackten Körper mit knotigen Riemen bis zum Bluten zerfleischten und durch ihre schauerlichen Gesänge überall Zulauf erhielten. Wurde doch von den Geißlern ein Brief vorgelesen, den ein Engel überbracht habe, des Inhalts, Jesus sei wegen der Sünde der Welt und auch wegen des Genusses von Fleisch am Freitag sehr erzürnt und sei erst durch Fürbitte seiner Mutter Maria bewogen worden, demjenigen Sündenerlaß zu gewähren, der sich vierunddreißig Tage hintereinander geißeln würde. Die Geißler entzündeten den Glaubenseifer der Volksmenge bis zur Raserei, und die nächsten Opfer waren immer die Juden. Einige Geißler gingen geradezu auf Ausrottung der Juden aus und nannten sich mit einem gewissen Stolz Judenschläger. Ein Reim aus dieser Zeit charakterisiert in wenigen Versen die Zuchtlosigkeit der damaligen Christenheit:

> „Die Pestilenz regierte geschwind.
> Nahm hin viel tausend Menschenkind.
> Die Geißler sah man nackend gehen,
> Sich selber schlagend mocht' man sehen,
> Die Erde ganz erbebt zur Hand:
> Die Juden wurden viel verbrannt".[1)]

Zum Gemetzel der Juden in Frankfurt haben die Geißler gehetzt.

In Mainz, wo die Juden bis dahin noch verschont geblieben, hatte ein Beutelschneider während einer Geißlungsszene einem Nachbar den Geldbeutel entwendet. Darob entstand Streit und Auflauf. Das Volk nahm die Gelegenheit wahr, die Juden anzufallen[2)]. Aber diese müssen schon früher untereinander den Plan verabredet haben, sich nicht wie Schafe abschlachten zu lassen. Dreihundert der Mainzer Juden

---

[1)] Bei A. Jaraczewsky, Geschichte der Juden in Erfurt, S. 27.
[2)] So muß man die Nachricht des Albertus von Straßburg daselbst S. 149 mit dem Bericht des Augustinermönchs Rebdorf bei Schaab a. a. O., S. 86 ausgleichen. Das genaue Datum gibt der Chronist Herb bei Schaab das. S. 87. — Die Zahl der Umgekommenen gibt der Chronist auf 12000 an, gewiß übertrieben.

griffen daher zu den Waffen und erschlugen von der sie überfallenden Menge zweihundert Personen. Freilich erregten sie dadurch um so mehr den Zorn der ganzen christlichen Bevölkerung, die sich ebenfalls bewaffnete. Die Juden kämpften lange, und als sie von der Übermacht der Feinde zurückgedrängt wurden, zündeten sie ihre Häuser an (24. August). Nahe an 6000 Juden sollen damals in Mainz umgekommen sein. Die größte deutsche Gemeinde war vollständig aufgerieben.

An demselben Tage wie in Mainz erlitten die Juden der alteingesessenen Gemeinde von Cöln samt denen, welche aus der Umgegend Zuflucht in der Stadt gesucht hatten, einen Überfall. Der Rat, welcher fest überzeugt war, daß die Seuche nicht vom Gifte der Juden verursacht, sondern eine Plage Gottes sei, hatte sie lange gegen die dummgläubige Menge geschützt; er hatte es für seine Pflicht gehalten, dem Beispiele der Vorfahren nachzukommen. Allein da die allgemeine Sterblichkeit die Zucht gelöst und die Scheu vor der Obrigkeit aufgehoben hatte, so unterlag der Bürgerrat mit seiner besseren Einsicht. Es entstanden in Cöln wie an vielen Orten Aufläufe der niederen Volksklasse gegen die Juden, denen der Magistrat nicht gewachsen war. Die Angegriffenen setzten sich teilweise zur Wehr, es entstanden hier und da Brände, und das Ende war, daß sämtliche in Cöln befindlichen Juden vernichtet wurden[1]). Wie ein unaufhaltsamer Brand wälzte sich die Judenschlächterei durch ganz Deutschland. Wer will alle Städte von den Alpen bis zur Nordsee und vom Rhein bis zur Oder zählen, in denen die Juden verbrannt wurden oder sich selbst verbrannten? Von der Gemeinde in Erfurt mit 3000 Seelen blieb keiner übrig, obwohl sie der Rat, nachdem sie bereits in ganz Thüringen — auch in Eisenach und Gotha — erschlagen worden waren, lange geschützt hatte[2]). In Breslau, wo damals eine nicht unbedeutende, ziemlich begünstigte Gemeinde ansässig war, wurde dieselbe vollständig vertilgt. Hinterher hat zwar der Kaiser Karl den Ratsmännern befohlen, die Mörder einzuziehen und „ihnen Recht zu tun". Aber er hatte vorher keine Maßregeln getroffen, solche Greueltaten zu verhindern, obwohl er von dem

---

[1]) Ennen, Geschichte der Stadt Cöln II, S. 331 ff. Stobbe a. a. O., S. 228, Note 80 und Seite 285, Note 182; C. Weyden, Geschichte der Juden in Cöln, S. 191 ff.

[2]) Aus einem Kodex bei Klose, Geschichte von Breslau in Briefen II, S. 190. Judaei occisi sunt per Thuringiam, excepta Erfordia, sequenti vero anno etiam Erfordiae per communitatem, invitis consulibus. Vgl. Schudt a. a. O. I, S. 466 f. und Jaraczewsky a. a. O., S. 25 ff.

bösen Anschlag gegen die Juden Kunde hatte¹). Ebenso ging es in anderen schlesischen Städten. In Österreich wurde ebenfalls der Ruf erhoben, die Juden seien Giftmischer, und auch hier wiederholten sich jene grausenerregenden Szenen. In Wien entleibte sich, auf Anraten des Rabbiners R. Jona, die ganze Gemeinde in der Synagoge²). In Krems, wo eine bedeutende Gemeinde war, wurde dieselbe von dem Pöbel dieser Stadt mit Zuzug desjenigen aus dem benachbarten Städtchen Stein und den Dörfern überfallen. Die Juden zündeten ihre Häuser an und kamen im Feuer um (29. September 1349), während nur wenige sich auf die Burg retteten. So ging es im ganzen Oberlande³). Der Herzog Albert nahm sich zwar der Juden an, ließ die an dem Judengemetzel beteiligten Dörfer plündern, die Teilnehmer in den Kerker werfen, drei Rädelsführer an den Galgen hängen und legte dem Städtchen Mautern Strafgelder von 600 Pfund, Stein und Krems von 400 Pfund auf⁴); allein er konnte den rasenden Fanatismus nicht hindern. Als er Juden in seiner Burg Kyburg Schutz gewährte, ließen ihm die benachbarten Städte ankündigen, sofern er nicht die Juden zum Feuer befördern würde, so würden sie es tun. Die Juden wurden richtig von den Einwohnern schonungslos ermordet⁵). Überall war der glühende Judenhaß oder der Wahnglaube der Deutschen mächtiger als der Wille der Fürsten. Ruprecht, Herzog von Bayern, wollte in Heidelberg und anderen Städten die wenigen, welche sich aus dem Gemetzel von Speyer und Worms gerettet hatten, schützen; allein die Bevölkerung stand gegen sie auf und beschuldigte ihn der Habsucht, als wenn er sich von ihnen hätte bestechen lassen⁶).

So brach denn auch in Bayern und Schwaben die Verfolgung aus, und die alten Gemeinden gingen unter; die von Augsburg gleich im Beginne (22. November 1348), dann Würzburg, München und viele, viele andere⁷). Die Juden zu Nürnberg, welche infolge des Welt-

---

¹) Klose a. a. O., S. 185, 192. L. Oelsner, Schlesische Urkunden zur Geschichte der Juden im Mittelalter, S. 17 ff. und Urkunden dazu. In Breslau erfolgte der Schlag 28. Mai 1349.

²) Chronicon Zwetlense bei Pez, Scriptores Rerum Austriacarum I, p. 541.

³) Chronicon Zwetlense a. a. O. Deutsche Chronik bei Menzel, Geschichte der Deutschen IV, S. 267. ⁴) Das.

⁵) Pez a. a. O. p. 970.

⁶) Albertus von Straßburg a. a. O., p. 149.

⁷) Vgl. Oefele, Scriptores rerum boicarum I, p. 615; Pez a. a. O. I, p. 248. Das Mainzer Memorbuch zählt nahe an 80 Gemeinden bayerischer Städte auf, die in demselben Jahre vertilgt wurden. Über Augsburg, Stetter, Geschichte von Augsburg I, S. 103.

handels dieser Stadt große Reichtümer und stattliche Häuser auf dem Markte besaßen, und natürlich viele Schulden ausstehen hatten, erregten ganz besonders die Mißgunst der verschuldeten Christen. Ihr Untergang war so sicher, daß der Kaiser Karl IV. den Rat im voraus vor Verantwortlichkeit sicherstellte, wenn die Juden wider dessen Willen beschädigt werden sollten[1]).

Endlich ereilte auch sie das herbe Geschick. Auf einem Platze, der später **Judenbühl** genannt wurde, errichteten die Bekenner der Religion der Liebe einen Scheiterhaufen, und diejenigen, welche nicht vorher ausgewandert waren, wurden verbrannt oder erschlagen (6. Dezember 1349)[2]). Nur der Rat von **Regensburg** gab sich alle erdenkliche Mühe, die Gemeinde, die älteste in Süddeutschland, zu schützen. Denn auch hier verlangte der Pöbel die Ausrottung oder mindestens die Vertreibung der Juden, und man fürchtete jeden Tag blutige Aufläufe gegen sie. Schon hatten die Herzöge von Bayern, die Söhne des Kaisers Ludwig, die ihre Verfolgung begünstigten, urkundlich erklärt, daß sie keinen Anspruch an die Stadt wegen der Juden erheben wollten, sondern es dem Rat und der Bürgerschaft überließen, „mit den Juden zu halten, wie sie wollten, nach Ehre und Notwendigkeit, sie auszuweisen und mit ihnen zu handeln **mit** und **ohne Recht**" (1. November). Aber der Rat und die Besten der Bürgerschaft betrachteten es als eine Ehrensache, den Juden, mit denen sie von jeher in gutem Einvernehmen standen und denen sie auch ein Jahrzehnt vorher (o. S. 330) treuen Beistand geleistet, Schutz angedeihen zu lassen. Sie erklärten an Eidesstatt öffentlich und feierlich in die Hände des Bürgermeisters **Berthold Egoltspecht**, daß sie dieselben treulich beschirmen und verteidigen wollten[3]), und sie hielten gewissenhaft ihr Wort. — Der Markgraf **Ludwig von Brandenburg**, Sohn des Kaisers Ludwig, der charakterlose Parteigänger für den Gegenkaiser Günther von Schwarzburg, zeigte seine christliche Gesinnung darin, daß er seinem Verweser den Auftrag erteilte, sämtliche Juden von Königsberg (in der Neumark) zu verbrennen und ihre Güter einzuziehen. So entmenscht war die damalige Zeit, daß sich der Henker seiner Tat noch rühmte und eine urkundliche Erklärung abgab, daß er

---

[1]) Würfel, Historische Nachrichten von den Juden in Nürnberg S. 92, vgl. das S. 16.

[2]) Das. andere Quellen bei Schudt I, S. 363. Hegel, Chronikon der Stadt Nürnberg I, S. 25.

[3]) Gemeiner, Regensburgische Chronik II, S. 56 f.

im Auftrage des Markgrafen Ludwig und mit Hilfe des Schöffen die Juden durch Feuer habe umkommen lassen[1]).

In Norddeutschland wohnten zwar damals wenig Juden, mit Ausnahme von Magdeburg; aber auch da, wo sie in geringer Zahl vorhanden waren, wurden sie verbrannt oder ausgetrieben. So in Hannover (1349), wohin die Geißler ebenfalls die Baalsraserei verpflanzt hatten[2]). Ein jüdischer Dichter (Poetan) Baruch beklagt die Greuelszenen, welche die Juden in Deutschland erlitten, mit einem Tränenstrome und liefert ein Zeugnis, wenn es dessen noch bedürfte, daß sie an den ihnen aufgebürdeten Verbrechen unschuldig waren:

> Wir haben wohl gesündigt schwer!
> Zu den Brunnen läuft ein boshaft Heer,
> Legte uns einen Hinterhalt,
> Um uns zu überfallen mit Gewalt.
> „Gift schreien sie, ist im Wasser,
> Das habt ihr Ungläubige, Hasser,
> Hineingeworfen, uns zu verderben;
> Bleibt ihr Juden, müßt ihr sterben."
> Sie selber legten in die Geräte,
> Was nicht sie, was uns nur tötete,
> Und das Gift, das unfindbare,
> Macht das Getränk, das untrinkbare,
> Zu einem Meer von Tränen,
> O Gott! Deinen treuen Söhnen.
> Israel ging durch die Flut,
> Die verwandelte sich in Blut.
> Und aus den Fluten
> Ging es in die Gluten.
> Edle wurden angebunden,
> Sie sollten Gott verraten;
> Aber keiner ward gefunden,
> Der eingewilligt in so verruchte Taten[3]).

Es blieben von den deutschen Juden nicht viele übrig, welche Klagelieder über die Tausende ihrer unschuldig gemordeten Brüder hätten anstimmen können.

Außerhalb Deutschlands, selbst unter den noch barbarischen Völkern, kamen damals nur verhältnismäßig geringe Verfolgungen vor. Der

---

[1]) Kehrberg, Beschreibung der Stadt Königsberg in der Neumark, S. 241.
[2]) Inschrift in der Sakristei einer Hannoverschen Kirche bei Wiener, Noten zu Emek ha-Bacha, S. 187. In dieser Inschrift kann der Ausdruck: **torquens et Ebreos** eher bedeuten, daß die Juden da gefoltert, als daß sie ausgewiesen wurden.
[3]) Übersetzung einer Kinah bei Zunz, Synagogale Poesie, S. 41.

König von Ungarn, Ludwig, ein Glaubenseiferer, hat sie zwar in derselben Zeit aus Ungarn vertrieben, aber nicht als Giftmischer, sondern als Ungläubige, die seinem Bekehrungsplan Widerstand geleistet hatten, obwohl er ihnen vollständige Gleichberechtigung mit den Christen und noch obendrein Privilegien zugesichert hatte. Die ungarischen Juden, die ihrem Glauben treu geblieben waren, wanderten nach Österreich und Böhmen aus[1]). — In Polen, wo die Pest ebenfalls wütete, haben die Juden nur wenig gelitten; denn sie wurden gerade in dieser Zeit von dem König Kasimir dem Großen einigermaßen begünstigt. Auf den Wunsch einiger Juden, welche dem König Dienste geleistet hatten, bestätigte Kasimir ein Jahr nach seiner Thronbesteigung (9. Oktober 1334) die Gesetze, welche Boleslaw Pius, Herzog von Kalisch, beinahe ein Jahrhundert vorher, oder eigentlich zuerst Friedrich der Streitbare, Erzherzog von Österreich, erlassen hatte, und die vom König von Ungarn und einigen polnischen Herzögen angenommen worden waren (v. S. 90). Diese Gesetze hatten jedoch nur für das beschränkte Gebiet des Herzogtums Kalisch und allenfalls für Großpolen Geltung; sie sollten aber, von Kasimir erneuert und bestätigt, für die Gesamtprovinzen des damals ausgedehnten polnischen Königreichs bindend sein. Und auch nur in diesem Umstande liegt ihre Bedeutung; denn an sich enthalten sie keine besondere Begünstigung für die Juden, nur daß diese dadurch vor Quälereien und Totschlag geschützt waren, eigene Gerichtsbarkeit erhielten und nicht der Willkürjustiz der polnischen Edelleute unterworfen waren. Freilich war es von hohem Werte für die Juden, daß Kasimir auch das Gesetz Boleslaws aufgenommen hat, daß die Juden nicht wegen Christenkindermordes verurteilt werden dürften, es sei denn, daß die Angeklagten durch drei christliche und ebensoviel jüdische Zeugen des Mordes überführt worden wären. Der Ankläger sollte sogar der Strafe der Verleumdung verfallen, wenn er seine Beschuldigung nicht vor Gericht durch sechs Zeugen beweisen könnte. Es war ferner günstig für die Juden, daß das Gesetz bestimmte, wenn ein Jude des Nachts bei einem Mordanfalle um Hilfe gerufen und die christlichen Nachbarn ihm nicht Beistand geleistet hatten, sollten diese zu einer Geldstrafe verurteilt werden. Endlich war auch das von Kasimir bestätigte Gesetz für die Juden Polens günstig, daß sie frei alles von

---

[1]) Löw, Geschichte der Juden in Ungarn, in Busch, Israelitisches Jahrbuch, Jahrg. 1847, S. 115. Daß die ungarischen Juden auch nach Polen ausgewandert wären, sagen die von ihm zitierten Quellen keineswegs, sondern lediglich, Austriam et Bohemiam inundarunt oder in Austriam et Bohemiam se receperunt (Judaei).

Christen kaufen und an sie verkaufen dürften. Diejenigen (Geistlichen), welche den Geschäftsverkehr mit Juden hindern würden, sollten dafür bestraft werden. Alle diese sechsunddreißig Paragraphen in betreff der Juden bestätigte Kasimir nicht bloß aus eigener Machtvollkommenheit, sondern mit Zustimmung der Starosten (Adligen) des Landes[1].

Dreizehn Jahre später hat zwar Kasimir den Wucher der Juden beschränkt und Gesetze darüber erlassen, daß die Zinsen nur einen Groschen von der Mark wöchentlich betragen, daß sie, wenn über zwei Jahre laufend, verfallen sollten, und daß Eltern nicht für die Schulden ihrer Söhne zu haften brauchten. Aber daraus ist keineswegs auf eine feindselige Stimmung des Königs gegen die Juden zu schließen, da er ausdrücklich bemerkte, er habe diese Beschränkung lediglich auf Antrieb des Adels gutgeheißen[2]. Die übrigen Gesetze zum Schutze des Lebens und des Eigentums hat Kasimir, der ein starker, energischer Regent war und für Ordnung und Handhabung der Gesetze Sorge trug, nicht verletzen lassen. Auch in dem Pestjahre scheint Kasimir die Juden Polens gegen die Wutausbrüche der irregeleiteten Bevölkerung beschützt zu haben. Denn das Geschrei von der Brunnenvergiftung der Juden war von Deutschland aus auch über die polnische Grenze gedrungen und hatte das Volk gegen sie aufgestachelt[3]. Aber selbst wenn die Zahl von 10,000 Juden, welche in dieser Zeit in Polen umgebracht worden sein sollen, genau ist, so steht sie in keinem Verhältnis zu der großen Menge der Schlachtopfer in Deutschland. — Später (1356)

---

[1] Der Wortlaut in der Einleitung zu Kasimirs Bestätigung der „Jura" ist hierbei zu beachten: Casimirus rex Poloniae ... Notitiae universorum tam praesentium quam futurorum praesentibus declaramus, quod cum nostram nostrorum baronum praesentiam accedentes viri idonei nostrique fideles Judaei terrarum nostrarum, nobis Privilegium ducis Boleslai ... quondam ducis Poloniae, super juribus suis ostendissent etc. (bei Sternberg, Versuch einer Geschichte der Juden in Polen, S. 86). Also auf Verlangen seiner wackern und treuen Juden, d. h. seiner Günstlinge, erneuerte Kasimir dieses Statut.

[2] Sternberg a. a. O., S. 87 ff.

[3] Es ist merkwürdig, daß der erste polnische judenfeindliche Geschichtschreiber Dlugosz (Longinus) kein Wort von der Verfolgung der Juden in Polen während des Pestjahres berichtet, obwohl er von dem Wüten des schwarzen Todes in diesem Lande erzählt, die Flagellanten erwähnt, und die Gemetzel der Juden in andern Ländern nicht verschweigt, historia polonica, p. 1090 ff., Matteo Villani, welcher angibt, daß mehr als 10000 Juden in Polen damals umkamen, fügt hinzu, in den Teilen, welche an Deutschland grenzen, d. h. wohl zunächst Schlesien, nelle parti confinanti con le terre dell' imperio (bei Muratori, scriptt. rerum Ital. T. XIV. zum J. 1348).

soll Kasimir, der von Liebe zu den Weibern beherrscht war, nachdem er seiner bisherigen Geliebten überdrüssig geworden war, eine schöne jüdische Konkubine namens Esther (Esterka) gehabt und mit ihr zwei Söhne (Niemerz und Pelka) und zwei Töchter erzeugt haben. Die beiden Töchter sollen sogar Jüdinnen geblieben sein. Infolge seiner Liebe zu Esther soll der König von Polen einigen Juden (vielleicht ihren Verwandten) bedeutende Begünstigungen und Privilegien erteilt haben[1]). Doch sind diese Nachrichten, von einem verdächtigen Zeugen überliefert, nicht geschichtlich gesichert.

Jedenfalls hatten es die Juden in Polen viel besser als in Deutschland, indem sie dort, wenn auch nicht den römischen Katholiken, so doch den schismatischen Ruthenen, Sarazenen und Tartaren, die in polnischen Gebieten lebten, gleichgestellt waren[2]). Die kanonischen Beschränkungen der Juden hatten in Polen noch nicht Platz gegriffen, weil die polnische Geistlichkeit im Durchschnitt mehr Sinn für die staatlichen als für die kirchlichen Interessen hatte, mehr patriotisch als bigott war. Noch durften da die Söhne jüdischen Stammes nicht nur die eigene Landestracht und goldene Ketten, sondern auch den Degen, wie die Ritter tragen[3]). Sie wurden sogar zum Kriegsdienste zugelassen.

Wie an der östlichen Grenze Deutschlands, so wurden die Juden auch an dessen westlicher Grenze, in Belgien, in der Zeit des schwarzen Todes verfolgt. In Brüssel stand ein reicher und gewandter Jude in Ansehen bei dem damaligen Herzog von Brabant, Johann II. Als aber die Geißler dahin kamen, sah dieser Jude den sichern Tod seiner Glaubensgenossen voraus und flehte seinen Gönner um kräftigen Schutz an. Johann sagte ihm denselben gern zu. Allein die Judenfeinde

---

[1]) Dlugosz, die Hauptquelle über das Liebesverhältnis zwischen Kasimir und Esther (Hester) a. a. O., p. 1100 fügt hinzu: Ad preces quoque praefatae Hester Judaeae et concubinae exorbitantes praerogativas et libertates per literas singulis Judaeis . . . concessit. Quarum foetor olidus etiam in diem hanc (1450) perseverat. Man hat unter diesen Prärogativen und Freiheiten das von Kasimir erneuerte Judenstatut verstanden und dem polnischen Geschichtsschreiber einen Anachronismus vorgeworfen. Denn jenes Statut ist vom Jahre 1334 ausgestellt, das Verhältnis zu Esther dagegen setzt Dlugosz selbst 1357. Der Verfasser der Geschichte Polens, Caro, bezweifelt daher das ganze Liebesfaktum, zumal keine ältere Quelle davon spricht. Allein unter praerogativae et libertates singulis Judaeis concessae braucht nicht jenes Statut gemeint zu sein, sondern Privilegien für einzelne Juden.

[2]) Folgt aus der Urkunde für Lemberg von 1356, Abhandlung in Zeitschrift der historisch-philologischen Gesellschaft in Breslau, S. 33.

[3]) Lelewel bei Sternberg a. a. O., S. 78, 80.

hatten dem bereits entgegen gearbeitet und sich von dem Sohne des Herzogs Straflosigkeit für das Blutvergießen der Juden zusichern lassen. Dann überfielen sie die Gemeinde von Brüssel in den Häusern, schleiften deren Bewohner auf die Straße und töteten sie sämtlich, fünfhundert an der Zahl[1]).

Die Gemeinden von Katalonien, welche, nächst denen der Provence, im Pestjahre die ersten Opfer hatten, faßten einen überlegten Plan, um ähnlichen Ausbrüchen des Fanatismus vorzubeugen. Zunächst sollten sämtliche Juden des Königreichs Aragonien einen gemeinsamen Fonds zusammenschießen, um diejenigen unter ihnen, welche bei einem Auflaufe oder einer Verfolgung Schaden erlitten hätten, zu unterstützen. Dann sollten sie Deputierte erwählen, welche dem Könige (damals Don Pedro IV.) ans Herz legen sollten, die Wiederkehr solcher Greuelszenen durch strenge Gesetze zu verhindern. Der König sollte vom Papste eine Bulle erwirken, daß die Juden nicht mehr für natürliche Unglücksfälle verantwortlich zu machen seien, auch nicht dafür, wenn ein Jude wegen einer Hostienschändung angeklagt werden würde. Der Papst sollte auch ein Dekret erlassen, daß Juden nicht wegen Ketzerei oder wegen Unterstützung christlicher Ketzer angeklagt werden dürften. Der König sollte ersucht werden, den Juden wieder die peinliche Gerichtsbarkeit einzuräumen, um Angeber und Verräter aus ihrer Mitte bestrafen zu können. Die Deputierten, je zwei für Aragonien und Katalonien und einer für Valencia und Mallorka, sollten Vollmachten bekommen, im Interesse sämtlicher Gemeinden zu handeln und namentlich bei Cortesversammlungen das Wohl ihrer Glaubensgenossen wahrzunehmen und es durchzusetzen, daß jeder Christ, der einen ungerechtfertigten Angriff auf Juden machen würde, des Landes verwiesen werden sollte. Noch andere Erleichterungen und die Abstellung von Bedrückungen und Schikanen sollten vom König erwirkt werden. Bei der Abfassung dieses Entwurfes, der in Barcelona ausgearbeitet wurde (1354)[2]), war höchst wahrscheinlich der Rabbiner R' Nissim ben Reuben Gerundi be-

---

[1]) Quelle in Carmolys revue orientale I, p. 169 f. Auch das Mainzer Memorbuch nennt aus dem Jahr 1349 neben קהלת וירמשא שפירא auch ברושלא, was wohl Brüssel bedeutet.

[2]) Das höchst interessante Aktenstück hat Schorr mitgeteilt in der Zeitschrift Chaluz, Jahrg. I (1852) p. 22 ff. Mit Recht vermutet der Herausgeber (das. p. 23, Note 7), daß R' Nissim bei der Beratung beteiligt war oder sie vielleicht gar angeregt hat. Falsch ist indes die Angabe desselben, daß der damalige König von Aragonien Alfonso IV. gewesen sei.

teiligt. Die Provinz Katalonien hatte bereits ihre Deputierten erwählt, Don Jehuda Eleasar und Mose Nathan. Valencia hatte ebenfalls den ihrigen abgeordnet, Don Crescas Salomo. Aber die Gemeinden des eigentlichen Aragoniens zauderten mit dem Anschluß. Der Plan kam gar nicht zur Ausführung, entweder wegen Zurückhaltung der aragonischen Juden, oder weil dem Könige zu viel zugemutet wurde. Die Juden unter dem aragonischen Zepter blieben also, wie bisher, gegen die im Königreich Kastilien zurückgesetzt.

Elftes Kapitel.

Die Macht der kaſtilianiſchen Juden unter Don Pedro.

Der ſchwarze Tod in Toledo. Günſtige Lage der Juden unter Don Pedro. Der jüdiſche Troubadour Santob de Carrion. Der Finanzminiſter Don Samuel Abulafia. Parteinahme der Juden gegen die Königin und für Maria de Padilla. Die prachtvolle Synagoge in Toledo. R' Niſſim Gerundi. Don Samuels Tod unter der Folter. Der Bruderkrieg. Parteinahme der Juden für Don Pedro. Unſägliche Leiden der Juden. Aufreibung der Toledaner Gemeinde. Don Pedros Tod, ein Wendepunkt in der jüdiſchen Geſchichte.

(1350—1369.)

Der ſchwarze Tod hatte auch in Kaſtilien ſeinen ſchauerlichen Tanz gehalten. Aber hier war die Bevölkerung einſichtsvoller als an anderen Orten und dachte gar nicht daran, die Juden dafür verantwortlich zu machen. In Toledo und Sevilla raffte die Peſt viele angeſehene Gemeindeglieder hin, aus den Familien der Abulafia, der Aſcheriden, der Ibn-Schoſchan und anderen. Den Schmerz der Überlebenden über ſolche Verluſte verlebendigen die erhaltenen Inſchriften der Grabſteine des Toledaner jüdiſchen Friedhofes[1]). Auch der König Alfonſo XI. von Kaſtilien fiel als Opfer der tückiſchen Seuche, und auch nicht eine leiſe Stimme klagte die Juden als Urheber dieſes Todes an. Kann nicht dieſer Umſtand als Gradmeſſer für die Bildungsſtufe der verſchiedenen europäiſchen Völker dienen? Unter Alfonſos Sohn und Nachfolger Don Pedro (1350 bis 1369) ſtieg der Einfluß der kaſtilianiſchen Juden zu einer Höhe, wie nie zuvor. Es war der letzte Glanz ihrer angeſehenen Stellung in Spanien, worauf bald dunkle Abendſchatten folgten. Seine zahlreichen Feinde gaben dem als fünfzehnjähriger Jüngling zur Regierung gelangten König den brandmarkenden Namen „Pedro der Grauſame", und ſeine Begünſtigung der Juden hatte auch

---

[1]) Epitaphien des Toledaner Friedhofes, gedruckt von Luzzatto in einem Werke Abne Sikkaron (Prag 1841) aus einem Kodex der Turiner Bibliothek.

ihren Anteil an diesem Schimpfnamen, obwohl Don Pedro nicht
grausamer war, als viele seiner Vorfahren und Nachfolger. Don Pedro
war ein Naturmensch im schlimmen wie im guten Sinne des Wortes,
der sich dem Zwange der Hofetikette und der politischen Rücksichten
nicht unterwerfen mochte. Durch die Falschheit und Treulosigkeit seiner
Bastardbrüder von der Konkubine Leonora de Guzman, derselben,
welche ohne es zu wollen, zur Rettung der Juden vor sicherem Untergang beigetragen hatte (v. S. 297), wurde der König zu blutigen
Vergeltungen förmlich herausgefordert. Selbsterhaltungstrieb, Sorge
um Wahrung seines königlichen Ansehens, Kindesliebe und Anhänglichkeit an eine Jugendgeliebte hatten an seinem rücksichtslosen blutigen
Verfahren mehr Anteil als angeborene Grausamkeit und Rachedurst.
Der junge König, welcher ein so trauriges Ende nehmen und die
kastilianischen Juden in seinen Sturz mit hineinziehen sollte, war vom
Anfang seiner Regierung an von tragischen Mächten umgeben. Seine
Mutter, die portugiesische Infantin Donna Maria, war von
ihrem Gatten auf Anreizung seiner Konkubine Leonore de Guzman
gedemütigt und vielfach gekränkt worden. Don Pedro selbst war gegen
seine Bastardbrüder und namentlich gegen seinen älteren Halbbruder
Don Heinrich de Trastamare zurückgesetzt worden. Seine
erste bedeutende Regierungshandlung mußte also sein, seiner ge-
demütigten Mutter Gerechtigkeit zu verschaffen und ihre Nebenbuhlerin,
die Ursache so vieler Kränkungen, in den Staub zu drücken und unschädlich zu machen. Daß er seine Bastardbrüder duldete, beweist,
daß er keineswegs allzu grausamen Herzens war. Seine Strenge
traf mehr die Granden und Hidalgos, welche Recht und Menschlichkeit
mit Füßen traten und das Volk mit junkerhaftem Übermut miß-
handelten[1]). Don Pedro hatte auch nur in diesem Kreise erbitterte
Feinde, aber nicht im Volke, das ihm, wo es nicht verlockt wurde, bis
in den Tod treu war. Auch die Juden waren ihm anhänglich und
haben für ihre patriotische Gesinnung ihre Habe und ihr Leben eingesetzt,
weil er sie vor Kränkung und Übermut geschützt und nicht wie Verworfene behandelt hat. Die Juden haben zwar durch ihn viel gelitten,
aber nicht als duldende Schlachtopfer wie in Deutschland und Frankreich, sondern als eifrige, leidenschaftliche Parteigänger und Mit-
kämpfer, welche die Niederlage ihres Parteihauptes in gleicher Weise
wie seine christlichen Anhänger geteilt haben.

---

[1]) Buchon zu Froissart, Chroniques II, p. 462 aus einer katalonischen
Chronik zur Rechtfertigung Don Pedros, die von dem modernen Geschichtsschreiber Lafuente, historia general de España, T. VII, 308 ff. übersehen wurde.

Als Don Pedro den Thron bestiegen hatte, und der Schmerz um den Verlust des verehrten Königs Alfonso XI. noch frisch war, durfte ein greiser jüdischer Dichter es wagen, ihm in schöngesetzten, spanischen Versen Lehren und Unterweisungen zu erteilen. Dieser Dichter Santob (Schem-Tob) de Carrion, aus der nordspanischen Stadt dieses Namens (um 1300—1350)[1]), die eine bedeutende jüdische Gemeinde hatte, war in der jüdischen Literatur vollständig vergessen. Christliche Schriftsteller haben sein Andenken und seine Verse erhalten. Santobs (oder verkürzt Santos) poetische Hinterlassenschaft verdiente aber auch aufbewahrt zu werden. Seine Verse fließen sanft und klar wie eine jungfräulich plätschernde Silberquelle, die ihrem Felsenkerker entronnen ist. Seine Reime hören sich wie das süße Lallen einer reinen Kinderstimme an. Er hatte sich nicht bloß die wohltönenden, klangvollen Laute der spanischen Sprache, welche gerade zu seiner Zeit im Übergange von der zarten Jugend zur kräftigen Männlichkeit begriffen war, zu eigen gemacht, sondern hat sie auch bereichert. Santob hat abgelagerte Gedanken der praktischen Weisheit seiner Zeit in schöne Strophen gebracht. Seine „Ratschläge und Belehrungen" an Don Pedro tragen den Charakter von Sentenzen und Sprüchen. Er hat, was nicht fehlen konnte, goldene Sprüche aus dem Talmud und den neuhebräischen Dichtern zu seinen Versen benutzt und den Honig seiner Poesie aus verschiedenen Blumen gesogen.

Santobs Gedichte sind aber nicht durchweg harmlos, sondern haben auch Stacheln. Er geißelte seine Stammesgenossen, welche sich durch die

---

[1]) Dieser Dichter wird zuerst von dem Dichter Iñigo Lope de Mendoza, Marquis de Santillana (st. 1458) erwähnt. Santillana bemerkt dabei, er habe zur Zeit seines Großvaters gelebt und proverbios morales und consejos gedichtet. Ticknor hat diese consejos oder trobas im dritten Bande seiner history of the spanish Litteratur aus einer Handschrift abgedruckt. Daraus ergibt sich, daß der Dichter Santob und nicht Santo geheißen hat (wie unwissende spanische Literarhistoriker ihn genannt haben, um ihn zum Heiligen und zum Konvertiten zu stempeln), ferner, daß er Jude war und blieb, und endlich, daß er im Anfang von Don Pedros Regierung lebte, vgl. über ihn Ticknor l. c. I, 86 ff. und Kayserling, Sephardim 19 ff. Dieser hat nachgewiesen, daß Santob nicht nur biblische, sondern auch talmudische und religionsphilosophische Sentenzen in seinen Versen verarbeitet hat. Der letzte Vers gibt an, daß Santob bereits unter Don Pedros Vater, Alfonso XI., gesungen und von ihm Versprechungen erhalten habe, die der Sohn erfüllen sollte:

> Et la merced que el noble
> Su padre prometio,
> La terna como cumple
> Al Santob et Judio.

königliche Gunst bereicherten und rügte die Vorurteile der spanischen Christen gegen alles, was von Juden kommt.

> Ich bin nicht weniger
> Als andere meines Glaubens,
> Die vom König haben
> Reichliche Geschenke.
>
> Ist meine Lehre gut,
> So sei sie nicht verachtet,
> Weil sie ein Dichter lehrt,
> Geringer als ein Ritter.
>
> Aus dünner, schwacher Wurzel,
> Wächst das duftreiche Rohr,
> Und aus einem häßlichen Wurm
> Stammt die feinste Seide.
>
> Die Rose riecht nicht weniger,
> Weil sie auf Dornen blüht;
> Der Wein schmeckt nicht schlechter,
> Weil er auf Reisern reift.
>
> Der Habicht gilt nicht geringer,
> Weil im schlechten Nest geboren,
> Und auch nicht die guten Lehren,
> Weil sie ein Jude erteilt.
>
> Man acht' mich nicht geringe;
> Welcher reiche Jude könnte
> In die Rennbahn mit mir treten,
> Zu singen, was ich singe?[1]

Santob sagte auch in seinen Stanzen (mehr als 600) unter der Blume dem jungen König bittere Wahrheiten, indem er ihm einen Tugendspiegel vorhielt und das Laster in seiner abschreckenden Gestalt zeigte. Zuletzt richtete er an Gott das Gebet, er möge dem Könige, dem Erhalter und Verteidiger des Gesetzes, das Leben verlängern, die Völker seines

---

[1] Diese Probe mag genügen, um die Darstellung Santobs zu charakterisieren (bei Ticknor III, p. 487, Stanze 3—8). Derselbe teilt eine bessere Lesart von der einen Stanze mit (I, p. 87):

> Non vale el açor menos
> Porque en vil nido siga,
> Nin los exemplos buenos,
> Porque Judio los diga.

Eine spätere Hand scheint Änderungen und Verbesserungen mit Santobs Stanzen vorgenommen zu haben. Mehr Proben gibt Kayserling a. a. O.

Landes in seinem Gehorsam erhalten und von Spanien übel, Krieg und
Aufstand fernhalten. Santob erinnerte noch den König an Versprechungen, die schon sein Vater ihm gemacht, und bat ihn, sie einzulösen.
Denn dieser jüdische Troubadour, dem die Muse so hold war, scheint, wie
viele seiner Kunstgenossen, kein Kind des Glücks gewesen zu sein. Ob
seine Bitte Erhör gefunden hat? Man weiß es nicht, wie denn überhaupt
gar nichts aus dem Leben dieses anmutigen, süßen jüdisch-spanischen
Dichters bekannt geworden ist.

Anderen hervorragenden Juden hat aber der König Don Pedro seine
ganze Gunst zugewendet. Sein Erzieher und allmächtiger Minister Don
Juan Alfonso de Albuquerque hatte ihm seinen eigenen Agenten,
der ihm viele Dienste geleistet, zum Finanzminister empfohlen, und der
König übertrug diesem dieses vertrauensvolle Amt ohne Rücksicht auf
jenen Cortesbeschluß, daß Juden nicht mehr zu diesem Amte zugelassen
werden sollten (o. S. 292). Es war Don Samuel ben Meïr Allavi
aus der angesehensten Toledaner Familie der Abulafia-Halevi. Samuel
Abulafia blieb aber nicht bloß Oberschatzminister (Tesorero mayor),
sondern brachte es bald zum Vertrauten (privado) des Königs, der
bei allen wichtigen Beratungen und Beschlüssen seine Stimme abgeben
durfte[1]). Seine Verdienste schildern zwei Inschriften, die eine bei seinem
Leben und die andere nach seinem Heimgang angefertigt, als die eines
edlen, schönen Mannes, voll von religiöser Gesinnung, „der nie von
Gottes Wegen abging, der Tadel vertragen konnte", und auch wohltätig
war. Aber daß er auch jüdische Kenntnisse in Bibel und Talmud besaß,
verkünden die Inschriften nicht[2]).

Noch ein anderer Jude verkehrte an Don Pedros Hofe, Abraham
Ibn-Zarzal, der des Königs Arzt und Astrolog war. Er und andere
Sterndeuter sollen Don Pedro prophezeit haben, vermöge seiner Ge-
burtskonstellation werde er der mächtigste König von Kastilien werden,
die glänzendsten Siege feiern, die Mohammedaner überall demütigen
und zuletzt noch Jerusalem für die Kirche erobern[3]). Wenn dem so war,
so haben die Sterne gelogen. Don Pedro war überhaupt so sehr von
Juden umgeben, daß sein Hof von seinen Feinden als ein jüdischer ver-

---

[1]) Der zeitgenössische Geschichtsschreiber Ayala in seiner Cronica zum Jahre 1350, c. 16.

[2]) Diese Inschriften sind in der von ihm erbauten Synagoge, jetzt in eine Kirche verwandelt (wovon weiter unten), erhalten und seine Grabschrift in den Toledaner Epitaphien Abne Sikkaron, p. 19 f.

[3]) Summario de los Reyes de España por el despensero mayor de la reyna Leonor (Verf. Juan Rodriguez de Cuenca, gedruckt Madrid 1781) p. 61 ff.

schrieen und verlästert wurde. Man weiß nicht, ob er aus eigenem
Antriebe oder auf Anregung seiner jüdischen Günstlinge die Juden seines
Landes kräftig beschützte. Als er zum ersten Male die Cortes von Valladolid eröffnete (Mai 1351), und diese dem König eine Bittschrift über-
reichten, daß er die eigene Gerichtsbarkeit der Juden aufheben und ihnen
nicht mehr einen eigenen Alkalden lassen sollte, antwortete er ihnen, daß
die Juden als schwaches Völkchen des besonderen Schutzes bedürften.
Sie würden vor christlichen Richtern kein Recht finden, oder ihre Prozesse
würden verschleppt werden[1]).

Während seine Verwandten daran arbeiteten, den jungen König
mit B l a n k a, Tochter des französischen Herzogs von Bourbon, zu vermählen, verliebte er sich in ein geistvolles, schönes Edelfräulein von echt
spanischem Blut, Maria de Padilla. Er soll sich sogar vor Zeugen
förmlich mit ihr vermählt haben. Den Heiratsantrag an Blanka ließ Don
Pedro widerrufen; aber die Prinzessin von Bourbon kam dennoch nach
Spanien oder wurde von ihren ehrgeizigen Verwandten dahin geschickt,
um sich das Diadem zu ertrotzen. Sie hat aber nur sich und dem Lande
Unheil gebracht. Die nächsten Verwandten des Königs intrigierten
nämlich so lange, bis sie ihn bewogen, das Beilager mit ihr zu halten. Er
vermochte aber nicht länger als zwei Tage bei ihr zu verweilen; dann
eilte er in die Arme seiner Geliebten de Padilla und ließ die Bourbonin
in Gewahrsam bringen. Zu der alten Parteiung im Lande kam dadurch
noch eine neue hinzu, indem sich einige Granden für die verstoßene Königin
aussprachen, andere zu Maria de Padilla hielten. Don Samuel Abulafia
gehörte zur letzteren Partei[2]), und mit ihm sämtliche Juden Spaniens.
Sie hatten Grund genug dazu. Es hieß, Blanka habe mit Mißfallen
wahrgenommen, welchen Einfluß Samuel und andere Juden an dem
Hofe ihres Gemahls hätten und wie große Ehren und Gunstbezeugungen
sie von ihm genössen. Sie habe daher einen bestimmten Entschluß gefaßt,
ja habe bereits daran gearbeitet, nicht bloß die jüdischen Höflinge zu erniedrigen und aus dem Hofkreise zu verdrängen, sondern auch sämtliche
Juden aus Spanien zu verbannen. Ihren Widerwillen gegen die Juden
habe sie nicht verheimlicht, sondern öffentlich ausgesprochen. Darum
hätten die jüdischen Höflinge Partei gegen sie genommen und sie in den
Augen Don Pedros verhaßt gemacht[3]). Wenn die Bourbonin Blanka

---

[1]) Mitgeteilt bei Lindo, History of the Jews of Spain, p. 147 f.
[2]) Ayala a. a. O. zum Jahr 1353, c. 16. Don Simuel el Levy . . .
privado del Rey et su consejero, servia quanto podio a doña Maria de Padilla.
[3]) Unus Judaeus . . . adversum dictam reginam (Blancam) specialiter conspiraverat pro eo, quia ipse, videns quod tam ipse (Judaeus,

wirklich eine solche judenfeindliche Stimmung gehegt haben sollte (es sprechen auch andere Tatsachen dafür), so waren die Juden um ihrer Selbsterhaltung willen gezwungen, den Einfluß der Königin nicht aufkommen zu lassen, sich zur Partei der de Padilla zu schlagen und sie kräftig zu unterstützen. Spaltungen und Bürgerkriege folgten aus diesem unseligen Verhältnisse des Königs zu seiner kaum recht anerkannten Gattin. Albuquerque, der anfangs gegen die Königin war und später sich für sie gewinnen ließ, fiel in Ungnade, und Samuel Abulafia nahm seine Stelle als vertrautester Ratgeber des Königs ein. Auf allen Ausflügen war Samuel mit andern hochgestellten Granden des Reiches stets in der Begleitung des Königs.

Eines Tages verlockten seine Feinde — an deren Spitze seine Bastardbrüder standen — den König nach der Festung Toro; sie hatten die Königin-Mutter, auf welche der junge König viel hielt, in ihren Verschwörungsplan gezogen, und diese hatte ihn dahin eingeladen. Demütig kamen die Brüder ihm entgegen. Don Heinrich von Traslamare, der ältere Bruder, küßte ihm die Hände, bereute seine Feindseligkeit gegen ihn und bat flehentlich um Verzeihung. Arglos antwortete Don Pedro, wenn Gott ihm verzeihe, so wolle er mit seiner Verzeihung nicht zurückhalten, und ritt in die Tore der Festung ein. Die Verschworenen ließen dieselben aber alsogleich schließen und nur wenige von des Königs Begleitung einziehen. Diese wurden sofort ergriffen und in den Kerker geworfen, darunter auch Samuel Abulafia (1354)[1]. Den König hielten die Verschworenen in Toro wie einen Gefangenen. Während sie einige Granden und sogar den Großmeister von Calatrava hinrichten ließen, verschonten sie merkwürdigerweise den Günstling Samuel. Diesem gelang es später mit dem König zu entfliehen. Weil er seinen Unfall mit dem König geteilt hatte, stieg er noch mehr in dessen Gunst. Er hatte außerdem für die Finanzen des Königs Sorge getragen und durch scharfe Beaufsichtigung der Steuereinnehmer es dahin gebracht, daß der König

---

Samuel) quam plures alii suae legis multipliciter frequentabat dictum regem (Petrum) habebantque multos favores et honores in aula sua, jam tractabat et disponebat, quod ab his retraherentur, immo vel a regno totaliter expellerentur. In quo eadem regina nimis se caute habuit, cum talia in principio debuerint aut ad tempus dissimulare, aut sic caute et occulte tractare, quod omnino lateret eos qui tangebatur, ne sequerentur quae postea sunt subsecuta. Ein anonymer Chronist bei Baluz, Historia Paparum Avenionensium, unter dem Titel: vita Papae Innocentii VI. T. I, p. 224.

[1] Ayala a. a. O. zum Jahre 1354, c. 25 und die Notizen im Appendix zu T. I, p. 577.

einen Schatz anlegen konnte, was seinen Vorgängern selten gelungen war. Die verräterische Gefangennahme des Königs in Toro bildet einen Wendepunkt in seiner Regierungszeit. Es entspann sich infolge der Zwistigkeiten ein erbitterter Bürgerkrieg in Kastilien, der Don Pedro zu grausamen Handlungen aufstachelte. Aber die jüdischen Günstlinge hatten keineswegs die Hand dabei im Spiele; selbst die Judenfeinde legten die Grausamkeiten nicht dem jüdischen Minister zur Last. Die Bastardbrüder mit ihrem Anhange bemühten sich, Meister der Hauptstadt Toledo zu werden. Dort hatte aber Don Pedro eine zahlreiche Partei, darunter auch sämtliche Juden, und diese mochten seine Brüder nicht in die Stadt einziehen lassen. Von ihren Freunden jedoch heimlich durch eine Pforte eingelassen, überfielen ihre Scharen die Stadtteile, wo viele Juden wohnten. In der Straße Alcana brachten sie fast 12000 Männer, Frauen, Greise und Kinder um. Aber in die innere Stadt konnten die Feinde nicht eindringen, weil die Juden die Tore verrammelt, sich zur Wehr gesetzt hatten und von den Rittern der königlichen Partei kräftig unterstützt wurden (Mai 1355)[1]. Einige Tage später zog Don Pedro nach Toledo, wurde von seinen Parteigenossen freudig aufgenommen und übte schwere Vergeltung an denen, die es mit seinen Brüdern gehalten hatten.

Samuel Abulafia stieg durch seine klugen Ratschläge, seine Finanzverwaltung und seinen Eifer für Maria de Padilla zu höchster Gunst beim König. Er hatte mehr Macht als die Granden des Reiches. Er besaß fürstliche Reichtümer, und achtzig schwarze Sklaven dienten in seinem Hause. Es scheint ihm aber jener Hochsinn gefehlt zu haben, der ihn gemahnt hätte, die günstige Stunde zu benutzen, um für die Zukunft seines Stammes und seiner Religion Sorge zu tragen. Wohl „suchte er das Beste seines Volkes", wie die Inschrift von ihm aussagt; aber er verstand eben nicht, was das Beste sei. Er schützte die Juden wohl vor Unbill und Gehässigkeiten, beförderte manche unter ihnen zu Ämtern, gab ihnen Gelegenheit sich zu bereichern; allein er war nicht das, was Chasdaï Ibn-Schaprut und Samuel Ibn-Nagrela ihren Religionsgenossen gewesen waren. Samuel Abulafia scheint auch wenig Sinn für Geistiges, für Hebung der jüdischen Wissenschaft und Poesie, gehabt zu haben. Kein Mann des Wissens wurde, so viel bekannt ist, von ihm unterstützt. Er baute allerdings Synagogen in mehreren Gemeinden Kastiliens und eine besonders prachtvolle in Toledo, aber nicht einmal ein Lehrhaus für Talmudstudien[2].

[1] Ayala a. a. O. zum Jahre 1355, c. 7.
[2] Zacuto in Jochasin: ר׳ שמואל הלוי שעשה בית הכנסת בטולטילה ... ובתי כנסיות אחרות בקשטיליא וטובות גדולות לישראל

Diese abulafianische Synagoge in Toledo, welche noch heutigen Tages als Kirche eine Zierde dieser Stadt ist, war halb im gotischen, halb im maurischen Stile erbaut, wie fast die meisten spanischen Kirchen jener Zeit. Sie besteht aus mehreren Schiffen, welche durch Säulen und Wölbungen voneinander geschieden sind. Feingeschnitzte Arabesken verzieren den oberen Teil der Wände ringsherum. Innerhalb der Arabesken ist auf grünem Grunde und weiß hervortretend der achtzigste Psalm in hebräischer Schrift zu lesen. Auf der Nord- und Südseite sind Inschriften in halberhabener Arbeit angebracht, welche in zwölf langen Linien die Verdienste des Fürsten Samuel Levi ben Meïr verewigen. Die Gemeinde dankt darin Gott, „der seine Gnade seinem Volke nicht entzogen und Männer erweckt hat, die sie aus Feindes Hand erretteten. Wenn es auch keinen König mehr in Israel gibt, so hat Gott einen Mann seines Volkes Gunst in den Augen des Königs Don Pedro finden lassen, der ihn über alle Großen erhoben, zum Ratgeber in seinem Reich ernannt und ihm fast königliche Ehren zuerteilt hat". Samuel Abulafia ist in diesen Inschriften übertrieben verherrlicht. Der Name des Königs Don Pedro ist mit großen Buchstaben hervorgehoben, als sollte es in die Augen fallen, daß dieser Fürst in einem innigen Verhältnis zu den Juden stand, gewissermaßen zur Synagoge gehörte. Zuletzt ist der Wunsch ausgesprochen, Samuel möge die Wiederherstellung des Tempels erleben und darin mit seinen Söhnen als Levite fungieren.

Der Bau dieser prachtvollen und großen Synagoge war im Jahre 1357 vollendet[1]). Für das darauffolgende Jahr hatten ein Jahrhundert

---

[1]) Ich habe in der Frankelschen Monatsschrift (Jahrgang 1856, S. 321 ff.) die Inschriften der Toledaner Synagoge (welche viele Federn in Bewegung gesetzt haben), zum Teil ergänzt, abdrucken lassen und ausführlich nachgewiesen, daß die Inschriften auf beiden Wänden zusammengehören und beide Samuel Abulafia gewidmet sind, gegen die Behauptung der Madrider Akademie, daß eine derselben einem sonst unbekannten Meïr dediziert sei. So schreibt es noch Amador de los Rios in seinen Estudios sobre la historia de los Judios (p. 54 ff) nach. Sonst erkennt auch er an, daß Haydeck, ein getaufter Jude, sie gefälscht hat, d. h. eine falsche hebräische Übersetzung dieser Inschriften aus einer mangelhaften kastilianischen für die echte Originalinschrift ausgegeben hat. De los Rios bemerkt auch, daß der Fälscher Haydeck viele Buchstaben an den Urinschriften geflissentlich verstümmelt und unleserlich gemacht hat, damit sein Betrug unentdeckt bleibe. — In betreff des Datums für die Vollendung der Abulafianischen Synagoge ist jedenfalls das Jahr 1357 sicher. Wenn in dem Passus der Inschrift: בשנת טוב ליהודים, nur das Wort טוב punktiert war, wie die Madrider Akademie behauptet hat, so muß man zu dieser Zahl (17) die Tausende und ein Hundert hinzudenken: 5117 = 1357. Auf einigen Toledaner Grabschriften aus dieser Zeit fehlen ebenfalls nicht

vorher der Astronom Abraham ben Chija und der Rabbiner und Kabbalist Nachmani und einige Jahrzehnte vorher der Philosoph Leon de Bagnols (o. S. 323) das Eintreffen der messianischen Zeit verkündet. Da sie aber nicht eingetroffen war, so sahen manche Juden in der hohen Stellung Samuels und anderer jüdischer Günstlinge eine Spur von dem Zepter Judas¹). Es war eine Verblendung, die eine bedenkliche Seite hatte. Diese faßte die damalige bedeutendste rabbinische Autorität, R' Nissim Gerundi ben Reüben (Ran)²) Rabbiner von Barcelona, ins Auge und predigte gegen die Berechnung des messianischen Erlösungsjahres aus den Danielschen Jahreswochen. Er fürchtete nämlich mit Recht, der Glaube an das Erscheinen des Messias könnte durch die Wahrnehmung, daß die so vielfach angestellten Berechnungen sich trügerisch erwiesen hätten, erschüttert werden. Haben doch selbst, so predigt er, ganz bestimmt gehaltene Zahlen für die Erlösung aus Ägypten und die für die Dauer des babylonischen Exils so manche zu irrtümlichen Hoffnungen verleitet, um wie viel mehr die geflissentlich in Dunkel gehüllten Danielschen Zahlen³)!

bloß die Tausende, sondern auch das erste Jahrhundert vom sechsten Jahrtausend aera mundi. Wären aber, wie Haydeck behauptet hat, auch sämtliche Buchstaben: לִהְהִלֹּל punktiert, so sollte wohl das ה vielleicht besonders hervorgehoben, die 5000 und die übrigen Buchstaben den Zahlenwert 100, zusammen dieselbe Zahl 5117 bezeichnen. Auch Lindo nimmt das Datum 1357 an (a. a. O., p. 149). In seinem Werke befindet sich eine Abbildung der Synagoge aus Autopsie (im Frontispiz und p. 148). — Diese Synagoge in Toledo führt jetzt als Kirche den Namen: iglesia de nuesta señora de San Benito oder del Transito.

¹) Paulus de Santa Maria, Zitat von Seite 310. Anmerkung.
²) Es kann kein Zweifel darüber sein, daß R' Nissim, der Hauptkommentator zu Alfassi und der Verf. der Derasohot, ein und dieselbe Person ist, wie Ben-Jakob in den Abditamenta zu Schem ha-Gedolim bemerkt hat (p. 172 a). In dem kompletten Jochasin werden sie geradezu identifiziert (p. 225 a): . . . הרב ר' נסים בן ראובן שעשה חדושים לתלמוד וספר דרשות ועשה פירוש לריף והוא היה בברצלונה ובפרפנייאן וחשלים פירוש ע"ז קל"א בשנת ה'. Seine Blütezeit ergibt sich aus seinen Responsen. No. 30 hat das Jahr 1340 und No. 77 das Jahr 1374. In einer der Predigten (No. 10) spricht er vor dem schwarzen Tode, 16 Jahre nach demselben, also 1364: אבל אנחנו ראינו מוסר אלהינו זה ר"ו שנה עד שנשתנו סדרי בראשית כי ירד רע בראשונה לרוב יושבי עולם וחלו בה חלאים משונים . . . עד שנחסר העולם בשנה אחת. Allerdings widerspricht sich Zacuto oder war im unklaren über Nissims Zeit, wenn er ein anderes Mal (das. 222 c.) den Verfasser der דרשות 1264 sterben läßt und ihn zu Nachmanis Schüler macht. Über seine literarischen Leistungen vgl. die Bibliographen.
³) Nissim Predigtsammlung (דרשות) No. 7 Ende.

R' Nissim Gerundi (blühte um 1340—1380) in Barcelona, fast der einzige Vertreter des höheren Talmudstudiums in dieser Zeit, war ein klar denkender Kopf, welcher der sinnverwirrenden Mystik abhold war. Er scheute es nicht, den von ihm so hochverehrten Nachmani zu tadeln, daß er sich zu tief in die Kabbala eingelassen habe[1]). R' Nissim war Arzt und verstand auch etwas von Astronomie; aber seine Stärke war die talmudische Gelehrsamkeit. Seine Auseinandersetzungen zeugen eben so sehr von scharfsinniger Tiefe wie von lichtvoller Klarheit. Freilich erhob auch er sich nicht über die unselbständige Richtung der Zeit. Er hat kein selbständiges Werk hinterlassen, sondern seine Forschungen an gegebene Texte angelehnt; er verfaßte lediglich Kommentarien zum Talmud und zu Alfassi. In der rabbinischen Literatur gilt R' Nissim als eine der letzten Autoritäten und wird noch zu den „ersten oder ältesten" gezählt.

Don Samuel hatte einen allzu bestimmenden Einfluß auf die Entschlüsse des Königs, als daß er keine Feinde hätte haben sollen. Selbst wenn er Christ gewesen wäre, hätte die Hofpartei Ränke zu seinem Sturze ersonnen. Und nun gar erst ein Jude! Nicht bloß Don Pedros Bastardbruder Don Heinrich und die Königin Blanka, sondern auch solche, welche früher in des Königs Dienst gestanden, suchten die kastilianische Bevölkerung gegen die Juden und namentlich gegen den jüdischen Ratgeber, aufzuwiegeln. Don Pedro Lopez de Ayala, Dichter, Chronikschreiber und des Königs Bannerträger, gab in einem Gedichte zu erkennen, wie die Höflinge von den hochgestellten Juden dachten: „Die Juden trinken der geplagten Christen Blut und lechzen nach ihren Gütern durch die Steuerpacht. Don Abraham und Don Samuel, mit Lippen süß wie Honig, erlangen vom König alles, was sie wünschen"[2]). Samuels Sturz war vieler Wunsch. Selbst einige Juden aus Toledo sollen, neidisch auf sein Glück, ihn beim König angeklagt haben, daß er auf des Königs Kosten sich so unermeßliche Reichtümer erworben habe, und daß ihm keiner darin gleich käme. Auf den Rat dieser jüdischen Feinde soll nun Don Pedro seinen jüdischen Günstling haben rufen und ihn in freundlichen Worten angeredet haben: „Vater, ich bin ruiniert, leiht mir zur Verheiratung

---

[1]) Isaak ben Scheschet No. 167: ובן הודעתיך מה שאמר לי ביחוד מורי הרב רבינו נסים ז"ל כי הרבה יותר מדאי תקע עצמו הרמב"ן ז"ל להאמין בענין הקבלה ההיא

[2]) Dieses Gedicht hat aus dem Rimado de Palacio der Verfasser des discurso sobre el estado ... de Judios (o. S. 142, Anmerk. 1) zunächst mitgeteilt, dann auch de Los Rios a. a. O. p. 53. Es stammt von Lopez de Ayala. Vergleiche Ticknor, Spanish Literature I. Um so wertvoller erscheinen seine günstigen Nachrichten über die Juden in seiner Cronica, wenn man bedenkt, daß er ein Judenfeind war.

meiner Kinder 20000 Mark Goldes, welche ich euch durch Renten nach und nach abzahlen werde". Samuel habe darauf barsch erwidert, er könne dem König nicht eine Mark vorschießen. Selbst der Drohung des Königs habe er Trotz entgegengesetzt[1]). Das Ganze klingt aber märchenhaft; denn so dumm war wohl Samuel nicht, um dem Könige zu versagen, was dieser ihm durch Gewaltmittel hätte nehmen können. Gewiß ist nur, daß Don Pedro das ganze Vermögen Samuels und seiner Verwandten einziehen ließ, welches in 170900 Dublonen, 4000 Mark Silber, 125 Kästchen mit Gold- und Silberstoffen, 80 Sklaven und 60000 Dublonen von seinen Verwandten bestand. Nach andern soll man in Samuels Hause unter der Erde eine erstaunliche Menge Goldes und Silbers gefunden haben. Don Pedro ließ seinen ehemaligen Günstling Samuel in Toledo verhaften und in Sevilla foltern, um ihn dahin zu bringen, noch mehr Schätze zu entdecken. Er blieb aber standhaft, gab nichts an und hauchte unter der Tortur sein Leben aus (Oktober oder November 1360)[2]). Eine Grabschrift verkündet mit einfachen Worten, wie hoch er früher gestellt war und wie seine Seele, durch Folterqualen gereinigt, zu Gott aufgestiegen sei. Sie enthält kein gehässiges Wort gegen Don Pedro.

Don Samuels Tod änderte nichts an dem freundlichen Verhältnisse zwischen dem König und den Juden[3]). Sie blieben ihm nach wie vor anhänglich, und er erteilte einigen unter ihnen große Auszeichnungen. Dafür mußten sie den Haß seiner Feinde gegen ihn teilen und wurden für

[1]) Zuritas Zusatz zu sommario de los Reynos de España p. 72, Note. Allein die Ungeschichtlichkeit dieser Anklage gegen Don Samuel verrät sich in dem Passus: vos ha robado nuettros Reynos mas de veinte año (Don Samuel Levi). Da Don Pedro nur 19 Jahre regiert hat, so kann ihn Don Samuel nicht 20 Jahre betrogen haben.

[2]) Ahyala setzt Samuels Tod unter der Folter im Jahre 1360 an, Cronica c. 17 I, p. 322. Der Apostat Paulus a Santa Maria sagt ebenfalls, er sei kurz nach dem Jahre hingerichtet worden, an welchem nach Gersonides und Nachmani der Messias erscheinen sollte, also kurz nach 1358. Auf seiner Grabschrift (in Abne Sikkaron No. 13), wo auch von seiner Folterung gesprochen wird, ist das Jahr ausgefallen, nur der Monat ist geblieben: נפטר בחודש; מרחשון auch das Tagesdatum fehlt. Der Monat Marcheschwan begann damals am 12. Oktober und reichte bis 11. November. Über die Schätze Samuels und seiner Verwandten vgl. Ahyala a. a. O. und sommario p. 73.

[3]) De Los Rios berichtet zwar von Strafgeldern im Betrage von 20000 Dublonen, die der König den Juden auflegte, mit der Verschärfung, ihre Güter zu konfiszieren und sie selbst als Sklaven zu verkaufen, bis die Summe gezahlt sei (a. a. O. p. 61, Note). Allein da er die Quelle nicht in extenso mitteilt, so weiß man nicht, was von dieser Angabe zu halten sei. Das Jahr 1407 aera mundi = 1365 verdächtigt sie ohnehin, da Don Pedro gerade in diesem Jahre die Juden brauchte.

seine Untaten verantwortlich gemacht. Don Pedro ging damit um, seine ihm verhaßte Gemahlin aus der Welt zu schaffen und forderte den Gefängniswärter Ortiz de Zuniga auf, ihm diesen Dienst zu leisten. Da dieser die Zumutung zurückwies, so übertrug der König einem niedrigen Trabanten Perez de Rebolledo das Mordgeschäft (1361). Ob die Königin eine Heilige oder eine Intrigantin war, ob sie den Tod verdient oder nicht verdient hat, die Art ihres Todes bleibt ein Schandfleck in Don Pedros Leben. Aber so sehr auch der Chronikschreiber de Ayala den Juden abgeneigt war, so hat er doch in seiner Chronik mit keinem Worte angedeutet, daß einer von Don Pedros jüdischen Günstlingen an dieser Schändlichkeit beteiligt gewesen wäre. Erst später erfand der Judenhaß allerlei Märchen, um des Königs jüdische Parteigänger in die Blutschuld mit hineinzuziehen. Es wurde gefabelt, ein Jude hätte der Königin Blanka auf Befehl des Königs Gift beigebracht[1]), weil sie darauf bestanden hätte, die Juden aus dem Königreich zu vertreiben. Eine französische Romanze, welche die Taten und Untaten französischer Abenteurer an Don Pedro und den Juden ausschmücken wollte, begründet den Tod der Königin durch eine jüdische Hand auf eigentümliche Weise.

Die Königin Blanka sei über einen Juden, ihren Vasallen, aufgebracht gewesen, weil er es gewagt habe, an ihrem Huldigungstage mit anderen christlichen Rittern ihr, dem Brauche gemäß, die Wange zu küssen. Obwohl sie sich anfangs von ihm diese Huldigungszeremonie habe gefallen lassen, habe sie sich doch später dadurch so sehr beschimpft gefühlt, daß sie nicht nur ihre Wange und ihren Mund mit heißem Wasser abgewaschen, sondern auch beabsichtigt habe, den zudringlichen jüdischen Ritter hängen zu lassen. Dieser habe sich aber zu Don Pedro geflüchtet, sei von ihm freundlich aufgenommen worden und habe sich bereit finden lassen, „diesen Dorn aus des Königs Fuß" herauszuziehen. Aus Rachegefühl und Willfährigkeit für Don Pedros Wunsch habe dieser Jude einige seiner Stammesgenossen um sich gesammelt, sei mit ihnen bis zum Schlafzimmer der Königin gedrungen und habe durch die Vorspiegelung, der König wolle noch in dieser Nacht sich mit ihr versöhnen und ehelich vereinigen, es durchgesetzt, daß die Türen ihnen geöffnet wurden. Darauf hätten sie ihr des Königs Befehl mitgeteilt, daß sie sterben müsse, hätten sie aus ihrem Bette in einen Keller geschleppt und ihr da den Tod durch

---

[1]) Florez, Reynas catholicas II, p. 631. Der Gewährsmann Rodrigo Bischof von Valencia lebte erst im 15. Jahrhundert. Der moderne spanische Geschichtsschreiber Don Modesto Lafuente erzählt den Tod der Königin Blanka, wie oben angegeben, T. VII, p. 243.

Erstickung beigebracht. Die jüdischen Mörder hätten sich der Rache durch die Flucht in ein Kastell, das ihnen Don Pedro angewiesen, entzogen und wären überhaupt straflos geblieben. — Ein anderes Mal erzählt diese französische Romanze, zwei Juden namens **Daniot** und **Turquant** wären von ihren Religionsgenossen als Mörder der Königin Blanka verraten worden. Der letztere habe seine Untat sogar eingestanden und habe Daniot und noch andere sechs Juden als Mitschuldige angegeben. Dieser habe aber alle Schuld von sich ab und Turquant zugewälzt und von sich behauptet, er habe das Zimmer der Königin gar nicht betreten und seine Genossen inständig gebeten, eine so tugendhafte Fürstin doch nicht zu töten [1]).

[1]) Wie wenig Zeit die Sage braucht, um die festen Tatsachen der Geschichte in die Gasform des Mythus zu verwandeln, beweist nichts schlagender, als die romantische Literatur über den Bruderkrieg in Spanien. **Trueller**, ein französischer Troubadour, dichtete eine Art Epopöe, „**Roumant**" genannt, deren Held du Guesclin ist. Dieser Heldenroman wurde 1387, also 16 Jahre nach dem Sturze Don Pedros, auf Veranlassung eines Kapitäns Estouteville in Prosa überarbeitet und später herausgegeben von Menard, unter dem Titel: **histoire de Messire Bertrand du Guesclin** (Paris 1618). Aus dieser und anderen Romanzen zur Verherrlichung desselben Helden bearbeitete später Lefebvre sein **mémoire de Du Guesclin**, herausgegeben in dem Sammelwerk von Petitot: **collection complète de mémoires relatives à l'histoire de France** T. IV, V (vgl. Petitots Einl. zum T. IV). Es gibt auch eine dritte Bearbeitung aus Romanzen über du Guesclin von Berville: **histoire de Bertrand Du Guesclin** (2 Bände). Alle diese prosaisierten Epopöen, welche auch den Krieg der feindlichen Brüder Don Pedro und Don Heinrich behandeln, geben auch viele Nachrichten über die Beteiligung der Juden an diesem Zwiste. Das ganze Unglück Don Pedros wird namentlich in Estoutevilles (oder nach dem Editor, in Menards) Schrift dem bösen Einfluß der Juden zugeschoben, mit einer lecken Entstellung der Geschichte, wie sie in der kurzen Zeit von kaum 16 Jahren gar nicht erwartet werden sollte. Dieselbe hat gleich im Anfange der Erzählung ... que de toute chose quelconques il (le roy Pietre) se conselloit aux Juifs, qui en sa terre demeuraient et leurs descouvraient tous ses secrets (p. 155). Die Romanze erzählt ferner, daß Don Heinrich seinem Bruder Vorstellungen wegen seines Verkehrs mit den Juden gemacht habe. Ein Jude Jakob habe sich dabei herausgenommen, den letzteren gegen den ersteren zu reizen; Don Heinrich habe dafür Jakob mit einer Lanze getötet, und sein Bruder habe ihn deswegen mit dem Tode bedroht. Die vertrauten Juden des Königs heißen bald Juda, bald Manecier (Manasse), bald Armacher, bald Turquant und Daniot, Namen, die gar nicht spanisch klingen. Die Züge von der Ermordung der Königin durch Juden (Menard p. 161 ff. und 346 ff.) verstoßen geradezu gegen die beglaubigten Nachrichten bei Ayala und bei Florez: **Reynas catholicas** II, p. 631. Die Verherrlichung des du Guesclin, die Beschönigung seines Gemetzels in Spanien und die Brandmarkung

Don Pedro erklärte öffentlich vor der Cortesversammlung von Sevilla, daß seine Ehe mit der Bourbonin Blanka ungesetzlich gewesen sei, indem er sich vorher auf rechtmäßige Weise mit Maria de Padilla vermählt habe und stellte Zeugen dafür auf. Diese, darunter auch Geistliche, beteuerten diese Tatsache mit einem Eide. — Sein Bastardbruder Don Heinrich de Trastamare war froh, durch den Tod der Blanka und dessen Folgen eine Gelegenheit bekommen zu haben, Bundesgenossen zur Entthronung des rechtmäßigen Königs zu gewinnen. Die Bourbonen in Frankreich und auch der König sagten ihm Hilfe zu und ließen für ihn die wilde Abenteurerschar der sogenannten großen oder weißen Kompagnie anwerben, welche nach Beendigung des Krieges mit England das französische Gebiet unsicher machte. So konnte der König von Frankreich zwei Fliegen mit einem Male schlagen. Auch der Papst unterstützte den Bastard, weil ihm Don Pedros Gunstbezeugung gegen die Juden ein Dorn im Auge war. Er tat den König von Spanien ohne weiteres in den Bann.

Um seiner Empörung einen Anstrich von Gesetzlichkeit zu geben und die Gemüter für sich zu gewinnen, schwärzte Don Heinrich seinen Bruder vielfach an und schilderte ihn als einen Unwürdigen der die Krone verwirkt habe, weil er seine Staaten durch Juden regieren ließe, ihnen und ihrer Religion anhänglich sei. Don Heinrich ging in der Verleumdung seines Bruders so weit, zu verbreiten, daß nicht nur dessen Geliebte, Maria de Padilla, eine Jüdin sei, sondern daß Don Pedro selbst von jüdischem Blute abstamme. Er erzählte folgendes Märchen: Alfonso XI., ihr gemeinsamer Vater, sei mit seiner Gattin sehr unzufrieden gewesen, weil sie ihm lauter Töchter geboren habe. Als sie einer neuen Niederkunft entgegensah, habe er ihr mit seiner Ungnade gedroht, falls sie ihm diesmal nicht einen Sohn zum Thronerben schenken würde. Als nun die Königin Maria wieder von einem Mädchen entbunden wurde, habe sie aus Furcht vor dem Zorn des Königs ein neugeborenes jüdisches Kind anstatt der Tochter untergeschoben. Und dieser Wechselbalg sei eben Don Pedro, der sich legitimer König von Spanien nenne[1]).

des Don Pedro, als von den Juden verführt, ist Haupttendenz dieser französischen Romanzen. Manche Erdichtungen rühren geradezu von Don Heinrich her, der seine Rebellion gegen seinen legitimen Bruder und seinen Kronenraub damit beschönigen wollte, daß er Spanien aus den Griffen der Juden befreit habe, wie sich auch aus einer andern Quelle ergibt. Jedenfalls ist daraus zu ersehen, welchen bedeutenden Einfluß die Juden in Spanien hatten.

[1]) Continuatio Guilelmi de Nangis: Henricus objicit fratri suo: Petrum elegisse Judaeos . et eis adhaesisse; per Judaeos domum suam regebat et totum regnum suum per eos gubernabat etc. Der Chronist

Mit den Soldknechten „der weißen Schar", einer gewissenlosen Bande, welche sich dem ersten besten Anführer vermietete und bald für, bald gegen eine Person oder Sache kämpfte, überschritt Heinrich die Pyrenäen, um seinen Bruder zu bekriegen und ihn zu entthronen. An der Spitze dieser französischen und englischen Auswürflinge stand der gewaltigste Krieger seiner Zeit, der Held und Abenteurer Bertrand du Guesclin (Claquin), berühmt durch seine Heldentaten, seine Häßlichkeit und seine drolligen Manieren, den die Sage, gleich dem Cid, verherrlicht hat. Die Juden nahmen durchweg für Don Pedro Partei und unterstützten ihn nicht bloß mit ihrem Gelde, sondern auch mit ihrem Blute. Sie scharten sich unter die Reihen seiner Krieger oder verteidigten die Städte gegen die Angriffe Don Heinrichs und du Guesclins[1]). In Briviesca (in Altkastilien) kämpften die Juden tapfer und verteidigten die Mauer der Stadt, welche in der Nähe ihres Quartiers lag, gegen die Engländer, denen die Eroberung dieses Stadtteils zugewiesen war. Die Juden unterlagen. Die wilden Söldner töteten nicht bloß die jüdischen Kämpfer, sondern auch die Wehrlosen. Von den zweihundert jüdischen Familien Briviescas blieb nicht eine Seele am Leben; ihre Leichname blieben den wilden Tieren und den Vögeln des Himmels preisgegeben[2]).

Don Pedro verließ wegen der Nähe des Feindes Burgos, die Hauptstadt von Altkastilien. Nach seinem Abzuge traten die Einwohner, Christen, Juden und Mohammedaner, zu einer Beratung zusammen, ob sie die Stadt verteidigen oder dem heranrückenden Heinrich und seiner Schar übergeben sollten. Auf einen angeregten Vorschlag beriet von den Angehörigen der drei verschiedenen Glaubenslehren jede Gruppe

---

war ein Zeitgenosse Don Pedros, wie er selbst angibt (in d'Achéry, veterum scriptorum specilegium III, p. 139). Auch die zeitgenössische Romanze bei Estouteville oder Menard p. 165 hat diesen Zug. Ein getaufter Jude habe verraten, daß Don Heinrich legitimer König von Spanien, Don Pedro dagegen ein jüdischer Wechselbalg gewesen sei.

[1]) Die Romanzen und nach ihnen Lesebvre und Berville lassen zuerst von du Guesclin eine fast unbekannte Stadt Maghalon oder Mugalon in Spanien erobern und dann eine Burg, wobei die Juden sich zur Wehr setzten und umkamen. Estouteville p. 186; Petitot IV, p. 338 ff; Berville I, p. 354 ff.

[2]) Die Nachricht bei Estouteville p. 188 und Berville a. a. O. I, p. 360 stimmt mit der Angabe des Zeitgenossen Samuel Çarça von dem Gemetzel in Briviesca überein (מקור חיים Ms. Einleitung mit vielen Fehlern abgedruckt in der Zeitung des Judentums Jahrg. 1848 und in Wieners Schebet Jehuda p. 131). Lesebvre dagegen referiert, die Juden hätten zur Rettung ihres Lebens den Feinden ihr Quartier übergeben (Petitot a. a. O. IV, p. 342).

getrennt von den übrigen, damit einer jeden uneingeschränkte Freiheit bliebe. Die Christen entschieden sich auf den Vorschlag des Erzbischofs von Burgos für die Übergabe der Stadt; ihnen schlossen sich die wenigen Mohammedaner an. Die Juden aber erklärten durch den Mund ihres Rabbiners, ehe sie ihren Entschluß verlauten ließen, sollten ihnen die Christen durch einen Eid zusichern, daß ihnen unverwehrt bleiben sollte, mit den Ihrigen nach Aragonien oder Portugal auszuwandern, falls ihr Entschluß nicht mit dem der übrigen Bevölkerung übereinstimmen sollte. Die Christen schwuren ihnen darauf Freiheit der Entschließung und deren Ausführung zu. Darauf soll der Rabbiner von Burgos statt des Entschlusses das Wort ausgesprochen haben, sie betrachteten die Zuneigung eines Christen zum Judentume ebenso als Abfall, wie den Übertritt eines der ihrigen zum Christentume, d. h. sie gäben Don Pedros Sache wegen seiner Anhänglichkeit an die jüdische Religion auf [1]).

Geschichtlich beurkundet ist nur, daß Don Heinrich bei seiner Übernahme von Burgos, wo er zuerst als König ausgerufen wurde (März 1366), die jüdische Gemeinde nicht sehr glimpflich behandelte, wohl weil sie sich seinem Bruder zugeneigt hatte. Er legte ihr eine Geldstrafe von 50 000 Dublonen auf und hob die Forderungen jüdischer Gläubiger an christliche Schuldner vollständig auf. Da die Juden von Burgos diese bedeutende Summe nicht erschwingen konnten, mußten sie ihre Habe und selbst die Ornamente von den Thorarollen verkaufen. Diejenigen, welche ihren Beitrag nicht leisten konnten, wurden als Leibeigene verkauft [2]).

Es ist durchaus nicht zu verwundern, wenn in dieser aufgeregten Zeit der Parteiung und des erbitterten Bruderkrieges, wo die Bande des Gesetzes gelöst waren, die Juden hin und wieder, wie in S e g o v i a und A b i l a, geplündert wurden, oder richtiger die Reichen ihrer Schuldforderungen an Christen verlustig gingen [3]). In Deutschland wäre bei solcher Gelegenheit ein Blutbad unter den Juden angerichtet worden. Der spanische Pöbel begnügte sich mit Wenigerem. — Ganz Spanien fiel dem Sieger zu, weil Don Pedro es verabsäumt hatte, die ihm anhängliche Bevölkerung zu konzentrieren oder durch bedeutende Summen die wilden Abenteurer der weißen Schar für sich zu gewinnen, wie ihm ge-

---

[1]) Dieser Zug, welcher übereinstimmend bei Estouteville a. a. O. p. 199 und bei Lefebvre a. a. O. IV, e, 253 vorkommt, verrät die Sagenhaftigkeit oder vielmehr die Tendenz, Don Pedro als so verworfen darzustellen, daß selbst die Juden ihn verachtet und verlassen hätten. Bei Estouteville das. p. 165 heißt es geradezu: mesmes les Juifs en blasmoient le roy en son absence et l'apelloient Tiran.

[2]) Samuel Çarça a. a. O.

[3]). Das.

raten wurde. Don Samuel mit seiner Klugheit fehlte ihm. Auch die Tore der Hauptstadt Toledo wurden dem Sieger geöffnet, obwohl die Partei Don Pedros, wozu auch die Juden gehörten, eine Zeitlang für Widerstand gestimmt hatte. Der Toledaner Gemeinde legte Don Heinrich ebenfalls eine sehr hohe Geldbuße als Strafe für ihre Treue gegen den legitimen König auf. Don Pedros letzte Zufluchtsstätte war die Stadt Sevilla.

Derselbe französische Romanzendichter, welcher den Helden du Guesclin verherrlichen und zugleich in die Erzählung von dessen Kriegstaten romantische Züge einflechten wollte, erfand ein Märchen, als wenn Sevilla durch den Verrat der Juden an Don Heinrich gekommen wäre. Die Romanze erzählt, Daniot und Turquant, dieselben, welche die Königin Blanka aus dem Leben geschafft haben sollen, hätten Don Pedros Gunst verloren, weil sie ihm nur zu schlimmen Dingen geraten und ihn dadurch ins Unglück gebracht hätten. Er habe sie dafür in die Verbannung geschickt. Unterwegs seien sie in die Hand eines von du Guesclins Kapitänen geraten, der sie als Juden dem Tode habe weihen wollen. Um sich zu retten, hätten die beiden ihm versprochen, vermittelst ihrer Stammesgenossen die Stadt Sevilla und auch die Person Don Pedros an Don Heinrich zu überliefern. Der Kapitän Mathieu de Cournay habe ihnen unter dieser Bedingung das Leben zugesichert, habe Daniot als Geisel zurückbehalten und Turquant nach Sevilla ziehen lassen. Dieser habe sich heimlich in die Judenstadt einzuschleichen und den Rabbiner zu überreden gewußt, daß die Sevillaner Gemeinde nicht so fest in der Treue zu Don Pedro verharren sollte, weil dieser Böses gegen sie im Schilde führe. Es sei demnach unter den Juden beschlossen worden, heimlich Don Heinrich, du Guesclin und seine Scharen durch das Judenviertel in die Stadt zu lassen und diese samt dem König in deren Hände zu spielen. Eine Jüdin, welche die Geliebte des Don Pedro gewesen sei, habe aber den geheimen Plan an denselben verraten und ihn veranlaßt, die Stadt zu verlassen. Vermittelst des Einverständnisses mit den Juden sei es nun dem Sieger leicht geworden, Herr von Sevilla zu werden[1]). Eine andere Romanze läßt, im Widerspruch damit, die Juden von Sevilla gemeinschaftlich mit den Christen und den Mohammedanern dieser Stadt für Don Pedro kämpfen und Don Heinrich seinen Eintritt erst durch einen harten Strauß erzwingen[2]).

[1]) Estouteville a. a. O. p. 215; Lefebvre a. a. O. p. 369. Die beglaubigte Geschichte weiß nichts von der Eroberung Sevillas durch Verrat oder gar durch Verrat der Juden. Ayala hat keine Spur davon.

[2]). Berville a. a. O. I, p. 408 ff. du Chastelet, histoire de Duguesclin p. 111. Auch dieser Zug ist nicht geschichtlich.

Noch einmal lächelte Don Pedro das Glück, nachdem es ihm den Rücken gekehrt hatte, da er als ein Flüchtling die Pyrenäen hatte übersteigen müssen und alles Land dem Sieger zugefallen war. Der heldenmütige Prinz von Wales, von seiner Eisenrüstung der schwarze Prinz genannt, der in Südfrankreich stand, unternahm es, dem entthronten König im Namen der Legitimität und in Aussicht auf reichen Lohn an Geld und Land Beistand zu leisten. Heinrich von Trastamare mußte wiederum Spanien verlassen (1367). Ganz Spanien jauchzte wieder dem Sieger Don Pedro und seinem Schildhalter, dem schwarzen Prinzen zu, wie es früher seinem Bruder und dem wilden Connetable von Frankreich du Guesclin zugejauchzt hatte. Bald wendete sich aber wieder das Blatt. Der schwarze Prinz ließ Don Pedro im Stich, und Don Heinrich kehrte abermals mit neuen Scharen aus Frankreich zurück. Die nördlichen Städte Spaniens fielen ihm wieder zu. Die Bürger von Burgos öffneten ihre Stadt dem Sieger; nur die Juden blieben dem unglücklichen Don Pedro treu. Unterstützt von einigen Rittern, Parteigängern Don Pedros, verteidigten sie die Judenstadt von Burgos, kämpften tapfer und unterwarfen sich erst der Übermacht. Sie erlangten auch von Heinrich eine günstige Kapitulation, daß sie in der Stadt unangefochten bleiben durften; nur mußten sie eine Million Maravedis zahlen[1]). Dieses Mal wollten aber die Christen den Sieg über Don Pedro ausbeuten. Die Cortes von Burgos stellten daher an Heinrich folgendes Gesuch; da die Juden Schuld an dem Bürgerkriege trügen, da sie Günstlinge und Beamte des früheren Königs wären, so möge der neue König ein Gesetz erlassen, daß fortan kein Jude zu einem Amte befördert werden sollte, nicht einmal zu dem eines Leibarztes des Königs oder der Königin. Auch sollten die Juden nicht mehr zur Steuerpacht zugelassen werden. Heinrich erwiderte darauf, die Juden von allen Ämtern auszuschließen, sei etwas, was noch kein kastilianischer König getan habe. Indessen werde er die Juden, die an seinem Hofe wären, nicht zu Rate ziehen, auch ihnen keine Macht einräumen, durch welche dem Lande Schaden erwachsen könnte[2]). Heinrich hatte also keine besondere Abneigung gegen die Juden, oder er mochte sie nicht durch Zurücksetzung zur Verzweiflung treiben. Die Beschränkung, die er den Cortes in betreff der Juden zusagte, war mehr darauf berechnet, seine Parteigänger nicht zu verletzen. Denn er saß noch lange nicht fest in der Regierung. Don Pedro zählte noch sehr viele Anhänger; die meisten jüdischen Gemeinden

---

[1]) Ayala, Cronica zum Jahre 1367 c. 34, 35.
[2]) In de Asso etc. discurso sobre el estado de los Judios a. a. O. p. 154. Lindo a. a. O. S. 151 ff.

hielten treu zu ihm, die Juden dienten auch im Heere und kämpften gegen den Usurpator für den König, der sie bis zuletzt mit Gerechtigkeit behandelte. Don Pedro hatte selbst in seiner verzweifelten Lage, als er den mohammedanischen König von Granada zu Hilfe rufen mußte, demselben ans Herz gelegt, die Juden zu schonen[1]). Indessen litten die Juden von Freund und Feind unsäglich; denn da Don Pedro allein nichts vermochte, sondern auf Hilfstruppen zuerst des schwarzen Prinzen und dann der Mohammedaner angewiesen war, so wurden die Juden von diesen nicht nach Wunsch des Königs behandelt. Die Gemeinde Villadiego, als wohltätig und als Förderin der Wissenschaft berühmt, wurde von den Engländern vollständig aufgerieben. Ebenso erging es der Gemeinde von Aguilar und anderen. Die Einwohner von Valladolid, welche Don Heinrich huldigten, plünderten die Juden splitternackt aus, zerstörten ihre acht Synagogen, raubten deren Schmuck und zerrissen die heiligen Schriften[2]). Es war eine gräßliche Verwilderung eingetreten. Wo Don Heinrich hinkam, brandschatzte er die Juden, stürzte sie in Armut und ließ ihnen nur das Leben. Der mohammedanische König, Don Pedros Bundesgenosse, führte 300 jüdische Familien aus Jaën als Gefangene nach Granada[3]). Noch schlimmer behandelte sie der wilde du Guesclin, der, von französischem Judenhaß geleitet, sie nicht als ebenbürtige Parteigänger und Kämpfer ansah, sondern als Knechte, die es gewagt hätten, gegen ihren Herrn die Waffen zu ergreifen[4]). Die Not war so groß, daß viele Juden in dieser Zeit zum Christentum übergingen. Andere aus Nordspanien wanderten nach dem nahegelegenen Navarra aus und wurden von der Königin Donna Juana für außerordentliche Steuern aufgenommen und gegen die einheimischen Judenfeinde geschützt[5]).

Am meisten litt damals die Gemeinde von Toledo. Sie brachte um die Wette mit den christlichen Anhängern Don Pedros die größten

---

[1]) Samuel Çarça Einl. zu Mekor Chajim (Ms.) . . . . . ובא המלך מן גרנטא ונכבש גארין בכח והרגו אנשים עד אין מספר וליהודים צוה המלך דון פידרא שלא ישלחו בהם יד אבל אם ירצו לשבות ישבו אותם. והוליכום שבויים לגרנטא ג׳ מאות בעלי בתים שהיו דרים בגאין. Auch abgedruckt in Wieners Schebet Jehuda p. 131 aus der Zeitung des Judentums Jahrg. 1838, aber sehr korrumpiert.

[2]) Samuel Çarça das. l.

[3]) Das. s. Anmerkung 1.

[4]) Guilelmi de Nangis continuatio (bei d'Achéry, specilegium III zu Ende) . . . et postremo infinitos Judaeos, qui in potentia armorum regem Petrum adjuvabant, trucidavit (Bertrand de Claquin).

[5]) Yanguas y Miranda, diccionario Artikel Judios II, p. 115.

Opfer, um die Stadt gegen den Feind zu verteidigen und hielt eine lange und schreckliche Belagerung aus. In dieser Belagerung war die Hungersnot so groß, daß die Unglücklichen nicht bloß die Pergamente der heiligen Schrift, sondern auch das Fleisch ihrer eigenen Kinder verzehrten[1]). Der größte Teil der Toledaner Gemeinde kam durch Kriegsunglück und Hungersnot um, 8000 Personen, (nach einigen über 10,000). Endlich siegte Don Heinrich über seinen von allen Seiten verlassenen Bruder bei Montiel (14. März 1369). Das Ende Don Pedros war tragisch. Beim Zusammentreffen mit seinem feindlichen Bruder soll dieser ihm die beleidigenden Worte ins Gesicht geschleudert haben: „Wo ist dieser Jude, Sohn einer Dirne, der sich König von Kastilien nennt". Darauf rangen beide miteinander, bis Don Pedro unterlag und von seinem Bruder und du Guesclin erstochen wurde. Der Papst Urban V. konnte bei der Nachricht vom Tode Don Pedros seine Freude nicht zurückhalten. „Die Kirche müsse jubeln", äußerte er sich, „über den Tod eines solchen Tyrannen, eines Rebellen gegen die Kirche und eines Gönners von Juden und Sarazenen. Der Gerechte freut sich, wenn er Rache sieht"[2]). Was das Papsttum lange nicht durchsetzen konnte, die Demütigung und Erniedrigung auch der spanischen Juden, das gelang unvermutet durch den Bruderkrieg in Kastilien. Auch die Juden Spaniens erlitten bei Montiel eine Niederlage, welche für ihre Zukunft verhängnisvoll war.

[1]) Der Zeitgenosse Samuel Çarça berichtet darüber in der Einleitung zu seinem Werke מכלל יופי (Ms.): בזמן הזה שהוא שנת מאה ועשרים ותשע לפרט במדינת פלנסיה מקום שחברתי זה החבור אשר כל קהלות מלכות קשטיליה ולראון הם בצער גדול וכל הקהלות הכתובות בתורה ובמשנה תורה נתקיימו בני... וקהל הקדוש קהל טוליטלה שהיא עטרת ישראל מתו בהם ברעב בשני חדשים יותר מעשרת אלפים איש במצור ובמצוק אשר צק המלך דון אנדרוק עליהם. והנשים רחמניות בשלו ילדיהם לברות למו. ומרוב הרעב אכלו כל ספרי התורות וכל הספרים וכל כלי עור והיו מהבהבים הצמר ואוכלים אותו והרבה בהם שמו נפשם בכפם ויצאו למחנה המלך כי אומרים טוב שנמותה בחרב משנמות ברעב... והרבה קהלות הקודש נהרגו ומתוך הצרות יצאו הרבה מישראל מן הכלל. והאמת כי אתי הבזוזי ובזוזי דבזוזי וגם כלתה פרוטה מן הכיס וגם כליס כלו הנשמות שבגוף ובן דוד לא בא. ואם אמת לספר כל הצרות מחול ירבון. ומדוחק הצרות לא היה אדם יכול להגות בו ספר כל שכן להגות בו. לפתוח Zu dieser grausigen Schilderung dient als Ergänzung die Einleitung des Menahem ben Zerach in seinem Zeda la-Derech.

[2]) de Peyrat, Vita Urbani V. (bei Baluz, vitae Paparum Avenionensium I, p. 432): Papa et ecclesia debebant gaudere de morte Petri, quondam regis... interfecti per spurium fratrem suum, pro eo, quia rebellis erat ecclesiae, fautor Saracenorum et Judaeorum.

Noten.

1.
Die chronologische Reihenfolge in den Streitschriften für und gegen Maimuni.

Der Herausgeber der maimunischen Sendschreiben und eines Teils seiner gutachtlichen Bescheide hat auch 15 Streitschriften für und gegen Maimuni mit aufgenommen, aber letztere so untereinandergewürfelt und mit irreführenden Überschriften versehen, daß Historiker sich dadurch in der Tat haben irreführen lassen. Namentlich ist Nachmanis Verhältnis zur damaligen Parteibildung falsch dargestellt. Der chronologische Zusammenhang der Streitschriften ist in den Editionen gar nicht beachtet. Das Verständnis der Parteistreitigkeiten, namentlich des Ganges und der Entwicklung derselben ist durch diese Konfusion außerordentlich erschwert. Da aber die chronologische Reihenfolge der Streitschriften, so notwendig für die historische Beleuchtung, meines Wissens bisher noch nicht kritisch ermittelt ist, und außerdem in jüngster Zeit noch andere polemische Sendschreiben aus dieser Zeit bekannt geworden sind, so verdient dieser Punkt eine eingehendere kritische Untersuchung.

Die alte Sammlung der Streitschriften (zuerst Konstantinopel 1522) enthält, wie gesagt 15 Piècen: Drei von David Kimchi; beginnend mit den Worten: I. יהודה אתה יודוך אחיך; II. הנה אנכי יצאתי לשטן; III. לא אחדל לדבר. — Drei von Jehuda Alfachar. IV. מי כחכם; V. רצער בך; VI. טובה תוכחת; הישן דוד הוא הקץ. Ferner VII. die Aufforderung der Saragossauer Gemeinde an die Gemeinden Aragoniens, für Maimuni und gegen den Ketzerrichter Salomo von Montpellier Partei zu nehmen. Dieses Sendschreiben, das von elf Personen und darunter auch von dem Leibarzt des Königs von Aragonien Bachiel oder בחיי ben Mose unterschrieben ist (der Name seines Bruders Salomo scheint darin ausgefallen zu sein), dieses Sendschreiben ist das einzige, welches ein Datum hat: Monat Ab 1232, und es muß als chronologischer Ausgangspunkt für die übrigen dienen. Ferner VIII. ein besonderes Sendschreiben des Bachiel ben Mose an die aragonischen Gemeinden in demselben Sinne. Vier zustimmende Erklärungen zu dieser Aufforderung: IX. der Gemeinde zu Huesta, X. von Monzon, XI. von Calatajud und XII. von Lerida. Ferner XIII. das Sendschreiben des Meïr ben Todros Abulafia an die Gemeinde von Gerona; XIV. das Sendschreiben des Abraham ben Chasdai an Jehuda Alfachar und endlich XV. ein Sendschreiben Nachmanis an die Gemeinden von Aragonien, Navarra und Kastilien (das kleinere genannt). Dazu kommt noch XVI. ein größeres Sendschreiben Nachmanis mit dem Anfang: טרם אענה אני שוגג, das zuerst in der Delmedigoschen Sammlung (תעלומת חכמה, Basel 1629) und seitdem noch zweimal (auch aus einem Ms.) ediert ist, das größere Sendschreiben oder אגרת החמדה genannt. Von den neuerdings hinzugekommenen weiter unten.

Folgt man der Ordnung in der Sammlung, so muß man annehmen, daß der erste Kimchische Brief das erste Zeichen in diesem Streite war. Dem widerspricht aber der Inhalt, der angibt, daß bei der Absendung dieses Sendschreibens bereits die Gemeinden der Provence, Kataloniens und Aragoniens Partei für Maimuni genommen und Salomo von Montpellier in den Bann getan hatten: והחרימו ונדו כל קהלות פרובינצה וקטלוניא וארגון. Folglich ist dieses Sendschreiben zur Zeit erlassen, nachdem die Hauptgemeinde von Aragonien, Saragossa, ihre Aufforderung hatte ergehen lassen, und nachdem die vier genannten Gemeinden (und wohl noch andere) zu gunsten Maimunis zugestimmt hatten, d. h. also nach Ab 1232. Als Kimchi dieses (erste) Schreiben an Alfachar absandte, war die Bewegung nicht erst im Entstehen, sondern neigte sich schon ihrem Ende zu. Kimchi bemerkt nämlich darin, daß die nordfranzösischen Rabbinen, welche früher auf Seiten des Verletzerers Salomo gestanden, die Hand von ihm abgezogen hätten: כי תחלה לאל השיבו ימין כסלוחות אחור חשובי רבני צרפת. Im dritten Sendschreiben bemerkt Kimchi, weil die französischen Rabbinen Salomo von Montpellier im Stiche gelassen hätten, habe er sich zuerst an die Minoriten- und dann an die Prädikanten- (Dominikaner-) Mönche gewendet: כי בראותו כי רבני צרפת נטשוהו ולסכל חשבוהו . . . . והוא שב עד הפסילים . . . ויקרא תחלה לכל הצעירים היחפים . . . ולא נח לבבו וידבר גם על הדורשים. Alle diese Vorgänge: die Zustimmung der aragonischen und anderer Gemeinden, die Reise Kimchis, seine Sendschreiben und also auch Salomos Verbindung mit den Mönchen, fallen sämtlich nach Ab 1232. Von den 16 Piècen gehören demnach die zwei aus Saragossa dieser Zeit, die drei Kimchischen, die drei Alfacharischen, die der vier Gemeinden und auch das von Abraham ben Chasdai einem späteren Datum an. Es bleibt also noch die Zeit von drei Sendschreiben zu ermitteln, den zwei Nachmanischen und dem Abulafianischen.

Vorher muß aber untersucht werden, welche Stellung Nachmani in diesem Streite eingenommen hat. Die Überschrift zu Nachmanis kleinerem Sendschreiben läßt ihn gegen Salomo Partei ergreifen und sein Schreiben an die Gemeinden aus Aragonien, Navarra und Kastilien gerichtet sein, um dieselben zu beeinflussen, Salomo und seine zwei Jünger in den Bann zu tun, weil sie es gewagt, mit frecher Stirn gegen Maimuni aufzutreten: וזאת האגרת שלחה הרמב״ן לקהלות ארגון נובארה וקשטילייא לנדות ולהחרים את ר׳ שלמה ושני תלמידיו וכו׳. Von dieser Überschrift ließen sich Historiker leiten, Nachmani als Gegner Salomos zu betrachten. Nichts kann falscher sein. In dem größeren Sendschreiben ist Nachmani gar sehr auf Salomos Ehre bedacht, warnt, ihm nicht zu nahe zu treten, und bemerkt, daß er sein Freund und ein Frommer sei: ואל חבירי הרב החסיר ר׳ שלמה¹) שלומכם כנהר חטו . . . . . וחצוו עליהם בבקשה ומטו לירא את מוראו להזהר בכבודו , , , , להזחר בגחלתו . . . . כי שמענו בבעלי המחלוקת מבעטים בכבודו ופורקים במוראו

---

¹) So lautet der Eigenname in der Handschrift der Seminarbibliothek, woraus Dr. Perles dieses Schreiben in der Frankelschen Monatsschrift abgedruckt hat. In der ersten Edition steht dafür ר׳ שלמה ברצלוני, was natürlich Unsinn ist, da das Folgende dadurch ganz unverständlich bleibt.

Note 1. Die chronol. Reihenfolge in den Streitschriften für u. gegen Maimuni. 377

.... למען תהיה מחלוקתו עם חכמי עירי כמחלוקת בית שמאי ובית הלל הנוהגים אהבה ורעות וח בזה. Nachmanis Parteinahme für die rigorosen französischen Rabbinen folgt auch aus dem Verse des antimaimunischen Dichters Meschullam Dafiera: לנו בנו נחמן לצור (weiter Note 3) und aus der Entgegnung des maimunistischen Dichters: ובן נחמן לעזרתם מזומן ולהם עוז ספריו מעניקים (Ozar Nechmad II, 85). Es folgt ferner aus folgendem Passus des kleinen Sendschreibens, daß Nachmani einen blinden Autoritätsglauben predigte: ואם רבני צרפת אשר מימי תלמודם אנו שותים דברו על השמש בחצי השמים לכסותו תחת כנפים וירח המזהיר צוו לסתותו. ובצד כוכבים לחתום .... אין על הרב המגיש דינו לפניכם חטאתם.

Und aus demselben nachmanischen Sendschreiben geht hervor, daß er gegen die Maimunisten eingenommen war. Er wünscht darin das audiatur et altera pars, weil die Sendboten, die Heuchler, verführerische, frömmelnde Schriften bei sich führen und einen Bann ausgesprochen wünschen: אל תשמעו לדבר בעל המחלוקת .... עד אשר מפי בעל דינו תשמעו החילוף כי צדיק הראשון בריבו .... ושתי כיתות המכחישים זו את זו תביאו בית דינכם יחד .... כי ראיתי כבר מהוראי אדם בדברע וברי דרך עלינו ובידם כתבי חלקות מנובבים הלבבות .... והוצרכתי לגלות אזניכם ... פן תשמעו אל דברי הזיפים ותתנו לחרם יעקב וכו׳. Welche Tragweite diese Worte haben sollten, und gegen wen sie gerichtet waren, verdeutlicht das Schreiben des Meïr Abulafia, das eine Antwort darauf ist. Ich gebe die betreffende Stelle ausführlich, weil daraus Nachmanis Stellung zur Streitfrage unzweideutig hervorleuchtet. Meïr Abulafia, der Finsterling, der הולך חשכים, wie ihn ein Epigramm bezeichnet, der entschiedenste Gegner der Maimunisten, schreibt an Nachmani: והנה הבינותי מאגרת ידידי ויקירי ומאקרת קצת קהל הקודש הנלוים אליו כי אימת הזיפים ופחד המטלפים נפלה עליו ועל החונים על דגליו ... ותראו פן ישמעו הארץ חלזו אל דברי הזיפים לתת הרב (ר׳ שלמה) לחרם ותלמידיו לגדופים. חלילה להם מעשות כדבר הזה ... ועל דברי יקירי ויידידי אשר בקש ממני לקנא לכבוד תורתנו ולדברי רבותינו ולהיות באגודה אחת עם רבותינו הצרפתים כאשר הסכימו בו לכבוד אלהים ולגדור גדר בעמו הפרוץ. Diese so deutliche Erklärung, welche nicht nur aussagt, daß Nachmani M. Abulafias Gesinnungsgenosse war, sondern auch, daß Nachmani ihn aufgefordert hat, sich für Salomo auszusprechen und den nordfranzösischen Rabbinen beizutreten, dies alles hat man übersehen. Nachmanis und Abulafias Sendschreiben ergänzen und erklären einander. Nachmanis Brief war zugleich von anderen aus seiner Gemeinde, im selben Sinne erlassen, begleitet. Die chronologische Einreihung ist dadurch ebenfalls gefunden. Beide Sendschreiben, das Nachmanische (kleinere) und das Abulafianische sind erlassen, ehe noch Salomo und seine Jünger in Spanien gebannt waren. Denn Nachmani wollte verhindern, daß sie (d. h. die Toledaner Gemeinde) auf die Heuchler und Falschen (זיפים), die Provenzalen, hören sollten, Salomo und seine Jünger in den Bann zu tun: לתת הרב לחרם usw. Abulafia bemerkt darauf, daß es ihm und seinen Gesinnungsgenossen gar nicht einfalle, gegen Salomo aufzutreten; im Gegenteil. Diese beiden Sendschreiben gehören also der Zeit vor Ab 1232 an. — Das größere Nachmanische Sendschreiben an die nordfranzösischen Rabbinen gerichtet, ist dagegen zur Zeit erlassen, als einige von ihnen ihren Sinn geändert und die Hand von Salomo abgezogen hatten. Nachmani tadelt darin ihre Gesinnungsänderung: ועתה ראינו התורה השנית ההולכת לשמאל ומקצת שרידיכם

ורבניכם אחריה והם כתוהים על הגזרה הראשונה וחוזרים בדבריהם. מה ראו ומה עשו? .... שומעין דבריו של זה היום ולכשיבא חברו למחר שומעין דבריו. Das trat wohl zur Zeit ein, als Salomo von den Provenzalen und Nordspaniern gemeinsam verurteilt worden war, also nach Ab 1232.

Ordnen wir nach diesem Resultate vor der Hand die schon früher bekannten Streitschriften:

1. Das kleinere Nachmanische Sendschreiben } beide vor Ab 1232.
2. Meïr Abulafias Antwortschreiben an denselben }
3. Das Sendschreiben der Saragossaner Gemeinde } beide Ab 1232.
4. Bachiels Sendschreiben }
5. Zustimmungsschreiben der Gemeinde Huesca
6.   „   „   „   Monzon
7.   „   „   „   Calatajud   } nach dieser Zeit.
8.   „   „   „   Lerida
9. Nachmanis größeres Sendschreiben.
10. Erstes Kimchisches Sendschreiben an Alfachar.
11. Erstes Antwortschreiben Alfachars (כי בהחכם).¹)
12. Zweites Kimchisches Sendschreiben.

---

¹) Das Sendschreiben mit dem genannten Anfang ist als erstes von Alfachar zu betrachten, nicht, wie in der Sammlung angegeben ist, als zweites. Alfachar gibt darin an, warum er Kimchis erstes unbeantwortet gelassen habe „wegen des Vorfalls mit den französischen Rabbinen"; ואני לא אצתי להשיב מפני הדברים שמתעסבת את החטיבה כי לא יכולתי בעת לכתוב לכבי ובנפשאר אליך. מפני המאורע אשר היטב חרה לי שאירע לך עם רבני צרפת וקדושיה. Es scheint, daß Kimchi von den französischen Rabbinen mit dem Banne belegt worden war. Darum durfte Alfachar nicht mit ihm verkehren. Der Grund des Bannes ist aus Kimchis und Alfachars Äußerungen zu erklären. Kimchi hat in irgend einer Schrift, vielleicht in seiner Polemik gegen die Karäer — ספר הפעלות (vgl. Carmoly in Josts Annal., Jahrg. 1836, p. 156), behauptet: die halachischen Kontroversen (הוריות דאביי ורבא) werden zur Messiaszeit aufhören. Er hatte ferner für alle Welt die Ezechielische Vision von Gottes Thronwagen im aristotelisch-maimunischen Sinne interpretiert (פירוש מעשה המרכבה על דרך הנסתר). Beides wirft ihm Alfachar in seinem Schreiben als Sünde vor: להחניף רבים בחלקלקות לבטל הוריות דאביי ורבא ולהתאמץ לצלות במרכבה. Kimchi rechtfertigt sich in seinem zweiten Sendschreiben gegen diese Vorwürfe: ואני אני הוא הבוחר באהבה בהוריות אביי ורבא וזה ודבר הספר. Dann erwähnt er seine verketzerte Schrift: חלקי מכל עמלי אשר הקימו בלי שונאי חנם לאוגב כיום הזה. לא היה דברי אלא מה שהראה לך יקירי בן אחותי בטופס ספרי ובמה שראית שכתבתי אין בו רע. אך בימי כתבתי לבל בעלי בינים... וזה ברור מן הנביאים ומן התלמוד כאשר ראית בטופס ספרי. ואם הרשעים הוסיפו וגרעו להנאני להאשימני בעיניכם, חמה את כנס ישאו. Kimchi fügt dann hinzu, die französischen Rabbinen hätten ihren Ausspruch gegen ihn zurückgenommen und ihn sogar um Verzeihung gebeten: ורצתה כי רבני צרפת השיבו אחד ימיכם ובקשני מחילה ממני. Kimchi kommt noch einmal in demselben Briefe darauf zurück: ואני לא בטלתי הוריות אביי ורבא כי שוקד אני על דלתותיהם ואם אתאמץ לצלות במרכבה בסלם אשר הקים לנו הרב המורה ..... אין תימה בזה וכו׳. Ohne diesen Hintergrund bleiben die Kimchischen und Alfacharischen Briefe unverständlich. Dennoch ist dieser Punkt von den Literatoren und auch von Kimchis Biographen ganz unbeachtet geblieben.

13. Zweite Antwort Alfachars.
14. Drittes Kimchisches Sendschreiben.
15. Dritte Antwort Alfachars.
16. Sendschreiben des Abraham ben Chasdaï gegen Alfachars Angriffe auf Kimchi.

Diese acht Streitschriften sind, wie oben angegeben, nach dem bekannten Datum Ab 1232 zu setzen. — Die Zahl der Sendschreiben, richtiger der Pamphlete, in dieser Sache war aber viel größer, wie teils aus Abraham Maimunis Sendschreiben Milchamot, teils aus neu entdeckten handschriftlichen Funden bekannt geworden ist. Diese sind zum Teil in **Ozar Nechmad II**, p. 170 ff. exzerpiert.

17. Der Gegenbann der Maimunisten von Lünel, dem sich die von Narbonne angeschlossen haben, Sendschreiben an sämtliche spanische Gemeinden: נוסח החרם אשר החרימו חכמי עיר לוניל . . . על כל הקהלות אשר סביבותם . . . ונצרפו עמהם . . . חכמי נרבונה ונתחברו יחד בחברה נאמנה ושלחו כתביהם אל שאר הקהלות הקדושות אשר בכל ספרד (Abraham Maimuni in seinem Milchamot p. 13). Diese Sendschreiben dürften die allerersten von seiten der Maimunisten gewesen sein. Es sind wohl dieselben, über die Nachmani klagt: — מתיאי אדם בדבר עוברי דרך צלינו ובידם כתבי חלקות מגנבי הלבבות דברי הזיפים. Sie würden demnach vor Ab 1232 erlassen sein.

18. Ein Sendschreiben der Maimunisten nach Spanien: נוסח כתב האחרת ששלחו לקהלות ספרד מי זה בא מאדום (das.), vielleicht eines der vorgenannten.

19. Sendschreiben des Salomo von Montpellier an die französischen Rabbinen, worin er sich über etwas beklagt hat, wahrscheinlich über ihre Gesinnungsänderung: ונוסח דכתב שקרל בו ר' שלמה בן אברהם לרבני צרפת (das.), vermutlich nach Ab 1232.

20. Eine Art revozierendes Glaubensbekenntnis des David ben Saul, eines von Salomos Hauptparteigängern, um den ihnen zur Last gelegten Anthropomorphismus zu mildern: נוסח האמונה שגלה בו סודרי ר' דוד בר שאול (das.). Aus einem Passus das. p. 25 erfahren wir etwas Näheres darüber: התחיל זה האיש (ר' דוד) (שלא ידע מה הוא אומר . . . להציל צצמי בן הדבה האמורה עליהם ועל מאבדי אמונת ישראל בסכלותן כי חלילה לחם מלדמות לבורא דמות או צורה או שאר איברברים האמורים בפשט המקרא ושמעולם לא דבר זה ולא עלתה על לבם זאת.

21. Eine Bannformel der Antimaimunisten, erlassen mit Unterstützung von Christen, d. h. den Mönchen: נוסח החרם של השועלים הקטנים מחבלים ; p. 13). שהחרימו בכח הגויים כל קוראי הספרים כרמים (das. p. 13).

22. Ein Sendschreiben des sonst wenig bekannten **Samuel ben Abraham Gasporta** an die französischen Rabbinen, abgedruckt in Kerem Chemed V, Anfang. Luzzatto hat daselbst (p. 16) nachgewiesen, daß dieses große Sendschreiben an die רבני צרפת, eine Art Abhandlung, beginnend: נום זהב וחלי כתם, nicht Abraham Maimuni, sondern dem genannten Autor angehört. In diesem ist noch nicht die Rede von Salomos Denunziation bei den Dominikanern. Es ist also in dem ersten Stadium des Streites erlassen.

23. In der Bodlejana befindet sich von demselben אגרת ר' שמואל בן אברהם אל רבני צרפת, worin über die Denunziation bitter geklagt wird: ומה נאמר עוד לאדונינו והנה אמת נצשתח התועבה . . . כי נתחללה ש"ש בפרחסיא ונתיקר שם ע"ז לפני הגויים . . . כהגלות נגלות יסודרי הספרים האלה אף כי בהשמפט לעיניהם בצרכאות שלחם. ומי ראה לצשות ככה

שקר שעה ובדברי (Auszug in Ozar Nechmad a. a. O., p. 170 f.). Dieses Sendschreiben ist also später erlassen. In ihm ist noch der Passus interessant, daß die Antimaimunisten als Maßstab für die rechtgläubige Agada-Auslegung Raschi bezeichnet haben: החרימו וקללו את המחזיקים בספרי ר' משה גם החרימו כל המפרש דברי רבותינו הגדותיהם שלא כדברי רש"י.

24. Ein zweites Sendschreiben des Abraham ben Chasdaï, gemeinschaftlich mit seinem Bruder Jehuda an die spanischen Gemeinden erlassen, eine brennende Anklage gegen die Antimaimunisten, weil sie die Mönche durch Aufstachelung ihrer Verketzerungswut und durch Bestechung gewonnen hatten, die maimunischen Schriften zum Feuer zu verurteilen. Dieses Sendschreiben ויתלקטו כל איש סורר ומורה, וימסרו ספר führt eine sehr scharfe Sprache: המדע והתמורה ביד הכומרים וגדולי הגלחים והצעירים וידברו באזניהם ... למה זה תיגעו נפשכם, להרחיק עד קצוי ארץ . . . נדודכם, ולרדוף את הכופרים בתורתכם . . . הלא גם בנו ספרים, ספרי מינים וכופרים, בשם מורה ומדע יקראו, ידיהם דמים מלאו. ועליכם המצוה הזאת לשערו ממכשול כם (l. בתוככם?) כמונו כמוכם . . . בערו אש במושבותם לא תשובו עד כלותם. כי הרבו להם מתנות והוסיפו לפזר ולשלוח מנות, לכלם נתנו חליפות ומגדנות עד אשר עורו עיניהם וכו' (Ozar Nechmad a. a. O., p. 171). Es versteht sich von selbst, daß auch dieses Sendschreiben nach Ab 1232 zu setzen ist.

25. Sendschreiben des „Fürsten" Meschullam ben Kalonymos ben Todros aus Narbonne, „eines Freundes von Alfachar", eines Antimaimunisten, an denselben, Kimchi glimpflicher zu behandeln, denn es gäbe auch unter den Maimunisten wahrhaft Gottesfürchtige, d. h. daß nicht sämtliche Parteigänger Maimunis Gesetzesübertreter wären, wie Alfachar behauptet hat. Er ermahnt ihn, Kimchi um seines Alters willen zu schonen: ועל ענין החכם ר' דוד באתי לחלות פניך . . . להעביר אשמתו וחמול על שיבתו ואל תחלל תורתו — למעני תעשה. (Das. p. 172).

26. Antwortschreiben Alfachars, daß er um des Freundes und Lehrers willen seine Fehde gegen Kimchi einstellen wolle: ואזכר לדוד את כל . . . ענתו, וענייתיו ולא אענה עוד אותו . . . ואשיב חרבי אל נדנה (das. p. 173). — Auch diese zwei Sendschreiben gehören derselben Zeit an.

Genaue Daten über den Verlauf dieses Streites lassen sich nicht aufstellen; es läßt sich lediglich der Monat Ab 1232 als Grenzmarke bezeichnen und die übrigen Vorgänge als ante oder post unbestimmt hinstellen. Durch Vermutung könnte man indessen diese Unbestimmtheit ein wenig einschränken. Es läßt sich nicht denken, daß die provenzalischen Maimunisten bei der Kunde von Salomos Bannspruch in Montpellier mit ihrer Polemik und ihrem Gegenbanne lange gezögert haben sollen. Demnach trat wohl auch Salomo mit seiner Verketzerung erst in demselben Jahre auf. Anderseits wissen wir, daß der Streit bereits einige Zeit vor Schebat — Januar 1235 sein tragisches Ende damit erreicht hatte, daß den antimaimunischen Denunzianten die Zunge ausgeschnitten worden war. Dieses, sowie den ganzen Verlauf hatte Abraham Maimuni in der angegebenen Zeit über Akko erfahren: באה אלינו מעכו . . . בסוף חורש שבט שנת צ"ה לפרט א' תקמ"ד לשטרות מגלה וכו' (Milchamot, p. 12). Da A. Maimuni dieses alles lediglich durch die Berichte solcher, welche die Schiffahrt von Südfrankreich nach dem christlichen Jean d'Acre zurückgelegt hatten, erfahren haben kann, so fiel die Bestrafung der Denunzianten ohne Zweifel, wenn nicht früher, so doch im Laufe des Jahres 1234

vor. Das Verbrennen der maimunischen Schriften fand demnach um 1233 statt. In betreff der Lokalität bemerkt A. Maimuni, daß die maimunischen Schriften in Montpellier verbrannt wurden: ומעתיקי הדברים הוציאו
קול בארצנו כי ספרי הרב אבא מארי ... שרפו אותם החלק האחד מאנשי
קהל מדינת מונטפשליר בכח אותו הנוצרים העוזרים. Hillel von Verona gibt dagegen an, daß die Verbrennung in Paris stattgefunden habe: ולא
דיים בתבערת לבד אמנם עוד האש אשר בה שרפום (ספרי הרמבם) הבעירוהו
מן הנר הגדול בבית הכומריא הגדולה של פריש לפני המזבח. והכומרים
הבעירו האש ונתנו עליהם ברחוב עיר פריש לעיני כל העם ונשרפו הספרים
(Taam Sekenim, p. 81 a. Chemda Genusa, p. 19).

2.

Einiges zu Nachmanis Biographie.

Nachmanis Biographie war, obwohl er auch in die Entwicklung des Judentums eingegriffen hat und als eine Autorität galt, zur Zeit der ersten Ausgabe dieses Bandes noch wenig bekannt. Dr. Perles war der erste, welcher wenigstens das Literarhistorische zusammengestellt hat (in Frankels Monatsschrift, Jahrg. 1859, S. 81 f.). Seitdem ist mehreres darüber bekannt geworden. Es hat sich herausgestellt, daß Nachmani auch einen landesüblichen Namen geführt, unter welchem man ihn eine geraume Zeit nicht erkannt hat.

1. Die Haupttat Nachmanis war seine Disputation in Barcelona am Hofe Jacobs I. gegen Pablo Christiani (vgl. über dieselbe auch die in der Monatsschrift, Jahrg. 1884, S. 497 f. veröffentlichten Auszüge aus Tourtoulon Jaime I. Montpellier 1867 und besonders die lateinische Urkunde, S. 508 f.), um derentwillen er Anfechtungen erlitten hat. Nun teilt Benedict Carpzov in der Einleitung zu Raimund Martins pugio fidei, introductio in Theologiam judaicam et lectionem Raimundi (CXII, p. 91) mit, daß nicht nur Nachmani, sondern auch ein anderer Rabbiner Bonastrüc mit Pablo Christiani disputiert habe, und daß dieser wegen Veröffentlichung der Disputation vom König relegiert worden sei. Seine Worte lauten: Paulus (Christiani) cum doctissimo Mose Gerundensi Rabbino Anno 1263 coram rege Jacobo congressus est ao victoriam reportavit..... Interim cum alio Rabbino Bonastruc nuncupato, perito ac locuplete Paulus manus conserit et de illo triumphat. Verum vafer hic recutitus Magister, dissertationis peractae falsos commentarios edit: quam ob causam a rege relegatur, non sine Christianorum, Pauli praecipue et Raymundi querimonia (quod leviori poena damnatus esset) apud Clementem IV. Pontificem deposita. Diese Nachricht ist ohne Quellenangabe. Sie stammt aber aus Diego (historia de los antiguos condes de Barcelona). Auffallend ist es und widerspricht allen Nachrichten aus jener Zeit, daß in demselben Jahre in Barcelona zwei öffentliche Disputationen gegen Pablo Christiani sollten gehalten worden sein. Die Urkunde, aus welcher das Faktum von Bonastrüc stammt, ist aber gegenwärtig dem ganzen Inhalt nach bekannt durch Prospero de Bofaruel y Mascara (Colleccion de documentos ineditos del archivo general de la Corona de Aragon, Barcelona 1848—1864, T. VI, p. 16). Aus dieser Urkunde ergibt sich, daß in der Tat nur eine einzige

Disputation im Jahre 1263 am Hofe Jakobs I. stattgefunden hat und zwar lediglich zwischen Nachmani und Pablo Christiani, daß aber der in der Urkunde genannte Magister Bonastrüc de Porta identisch ist mit Mose ben Nachmani aus Gerona. Dieser letzte Name war der landesübliche, unter welchem Nachmani im christlichen Kreise bekannt war.

Die Urkunde lautet:

Noverint universi quod, cum nos Jacobus etc. fecerimus venire apud Barchionam Bonastrugum de Porta, magistrum Judaeum de Gerunda, ratione accusationis, quam prior fratrum praedicatorum Barchinonensium, frater R. de Pennaforti et frater A. de Sigarra et frater Paulus ejusdem ordinis de ipso nobis fecerant qui asserebant quod in Domini nostri vituperium et totius fidei catholicae dixerat quaedam verba et etiam de eisdem librum fecerat de quo transcriptum dederat episcopo Gerunde: idem Bonastrugus in nostra praesentia constitutus praesentibus venerabili episcopo Barchinone Berengario A. de Angularia, magistro Berengario de Turri, archidiacone Barchinone, magistro B. de Olerda sacrista Barchinone, B. Vitale Ferrer de Minorica et Berengario de Vico, jurisperitis et pluribus aliis sic respondit: quod praedicta verba dixerat in disputatione, quae fuit inter ipsum et fratrem Paulum praedictum et in nostro palatio Barchinoni, in principio cujus disputationis fuit, nobis sibi data licentia dicendi omnia quacunque vellet in ipsa disputatione: quarum ratione licentia a nobis et fratre R. de Pennaforti praedicto sibi data in dicta disputatione de praedictis non tenebatur in aliquo, maxime cum praedictum librum quem tradidit dicto episcopo Gerunde scripsisset ad preces ipsius; super quibus nos Jacobus Dei gratia rex praedictus nostrum habuimus consilium cum episcopo Barchinoni et aliis supradictis, qualiter in facto dicti Judaei procedere deberemus: habito tamen consilio cum eisdem cum nobis certum sit dictam licentiam a nobis et fratre R. de Pennaforti sibi tunc temporis fore datum volebamus ipsum Judaeum per sententiam exulare de terra nostra per duos annos et facere comburi libros qui scripti erant de verbis supradictis: quam quidem sententiam dicti fratres praedicatores admittere nullomodo voluerunt. Quapropter nos Jacobus Dei gratia rex praedictus concedimus tibi dicto Bonastrugo de Porta magistro Judaeo quod de praemissis vel aliquo praemissorum in posse alicujus personae non teneris tempore aliquo respondere nisi tantum in posse nostro et praesentia.

Dat. Barchinone II. id. Aprilis A. D. 1265.

Aus dieser Urkunde, die manches Interessante enthält, geht die Identität entschieden hervor. Das angeklagte Buch, von welchem darin die Rede ist, ist das edierte פול פראי עם הרמבן ויכוח. Darin ist auch angegeben, daß Nachmani sich im Beginne Redefreiheit bedungen habe und daß diese ihm auch vom König und dem Dominikaner de Peñaforte gewährt worden sei. אעשה מצית אדוני, אם תתנו לי רשות לדבר כרצוני, ואני אבקש רשות המלך ורשות פראי רמון דפינאפורטי... ונתנו לי רשות כלם לדבר כרצוני. Das ist eben die licentia sibi data a nobis (rege) et fratre Raimundo de Pennaforti, welche als Entschuldigungsgrund für den Verf. angeführt wird. Damit

Note 2. Einiges zu Nachmanis Biographie.

sind alle Schwierigkeiten gehoben. Es scheint, daß auch Nachmanis Nachkommen den Namen בונאסטרוק führten mit dem Beinamen דיסמאסטרי. Vgl. darüber Frankels Monatsschrift Jahrg. 1865, S. 308 f. und S. 428 f. — Aus dieser interessanten Urkunde geht hervor, daß der König den von den Dominikanern angeschwärzten Bonastrüc oder Nachmani in Schutz nehmen wollte, daß er ihn zwar auf zwei Jahre relegierte, ihn aber nichtsdestoweniger gegen weitere Behelligung sicher stellen wollte. Darauf bezieht sich die oben von Carpzov mitgeteilte Notiz: quam ob causam a rege relegatur. Diese Relegatio muß jedoch nach der Urkunde auf zwei Jahre beschränkt werden. Mit dieser ihnen zu gering scheinenden Strafe waren die Dominikaner und besonders Pablo Christiani und Raymund Martin nicht zufrieden (wie Carpzov referiert) und beklagten sich darüber beim Papste Clemens IV. (Vgl. darüber weiter unten Nr. 5). — Die Richtigkeit der Identität von Nachmani und Bonastrüc ergibt sich auch aus Altamara, Bibliotheca dominicana ad. ann. 1273, p. 455. Daselbst wird auch von der Tätigkeit des Pablo Christiani erzählt und angegeben, er habe mit Bonastrüc und Mohse Gerundensis disputiert. Von letzterem heißt es dann: qui ut gentem suam deciperet falsos edidit commentarios. Quam ob causam per regem a patria relegatur. Hier wird also das in der Urkunde Angegebene auf Nachmani bezogen, freilich mit dem aus der Verlegenheit entstandenen Irrtum, als habe noch ein anderer, nämlich Bonastrüc, disputiert.

2. Nachmanis Geburtsjahr ist zwar nirgends angegeben; indessen da er 1267 in Palästina eintraf, dort noch einige Jahre lebte, also um 1270 das Zeitliche verließ, so kann er nicht lange vor 1200 geboren sein, und die gewöhnliche Annahme seines Geburtsjahres um 1195 geht wohl nicht weit von der Wahrheit ab, zumal wenn man noch Zacutos Angabe dazu nimmt, daß er bereits 1210 seine schriftstellerische (talmudische) Tätigkeit begonnen habe: ושנת תתק"ע התחיל לעשות ספריו. Diese Notiz muß Zacuto in einer uns unbekannt gebliebenen Schrift Nachmanis gefunden haben. Welche seiner vorhandenen Schriften gehört Nachmanis Jugendzeit an? In dem chaldäischen Einleitungsgedicht zur Bearbeitung der הלכות בכורות ונדרים, als Ergänzung zu Alfassi, stellt er sich selbst als sehr jung dar:

ולית לאלה עוצרא, למיתב לזעירא, רבותא ויקרא, ומסקיה לסמרכתא
עדי קטרי קטרין, פתחו ית ספרין, בעדין ליה אמרין פלן עולם עולתא.

Daß Nachmani seinen Kommentar zum Traktat Aboda Sara noch vor 1223 geschrieben hat, geht aus seiner Berechnung des nächstfolgenden Erlaßjahres hervor (das. p. 9 a): ולפי חשבון זה תהיה שנת ד' אלפים תתקפ"ג שנת שמטה.

Dieser Kommentar enthält bereits Hinweisungen auf seinen Kommentar zu Jebamot, und dieser wiederum verweist auf seinen Kommentar zu Schebuot, so daß man annehmen kann, er habe diese drei noch vor 1223 verfaßt; jedenfalls erst im beginnenden Mannesalter, wie denn überhaupt seine Talmudkommentierung zu seinen frühesten Arbeiten gehört. Im Kommentar פירוש (חדושים) zu Schebuot deutet er bereits die kabbalistische Theorie an: מה בין נדרים לשבועות יש לו סוד, שהנדר לבנין יסוד, והשבועה בו ה' האחרונה דרועה וברורה, מהיות משה גרועה. ותמצא שהנדרים על גבי תורה עולים, וכן לבטל המצות חלים, ואין כן בשבועות, יען כי פריחם מאותיות יעות. Man kann .ואדון הכל אשר בידו הכל ירדיעינו בסתום חכמה daraus schließen, was auf die Sage (bei Gedaljah Ibn-Jachja und Chajim

Vidal) zu geben ist, daß Nachmani sich erst spät nach Überwindung seines Widerwillens zum Studium der Kabbala entschlossen habe.

3. Spätere Kabbalisten geben Nachmani zum Lehrer in der Geheimlehre Esra oder Asriel (vgl. Note 3). Indessen kann er darin von seinem Hauptlehrer im Talmud, Jehuda ben Jakar eingeweiht worden sein. Zomber hat nämlich eingehend nachgewiesen, daß der Genannte Nachmanis Hauptlehrer war, auf den er sich am meisten beruft (vgl. Frankels Monatsschrift, Jahrg. 1860, S. 421 ff.). Nun wird dieser Jehuda ben Jakar, der wahrscheinlich ein Nordspanier war, von den Kabbalisten des dreizehnten Jahrhunderts als eine Autorität in der Kabbala zitiert. In Mose de Leons החכמה ס׳נפש (Nr. 69) kommt ein Passus vor: ועל זה נאמר ג׳ פעמים קדוש.... פירוש טעם כתר אחד לחכמה ואחד לבינה ואחד לכל הבנין דהיינו ז׳ ספירות. ושבח זה לכתר. זה לדעת ר׳ יהודה בן יקר ולדעת החסיד ר׳ יצחק בן הרב וכו. Schem-Tob Jbn Gaon führt ihn als kabbalistischen Gewährsmann an, dessen Worte ihm sein Lehrer Jsaak ben Todros mitgeteilt habe. Im Superkommentar ומורי החסיד ר׳ יצחק zu Absch. ויתרו heißt es: כתר שם טוב וכ׳׳ע: בן טודרוס נר׳׳י א׳׳ל בשם הרב ר׳ יהודה בן יקר, und dann weiter: אמר הרב ר׳ יהודה בן יקר כי לשון ויקדש אותו לשון קדושין וזה טעם קדושא רבא בשבת למשכיל ועונת תלמידי חכמים משבת לשבת. Er führt auch von ihm einen Ausspruch über die Seelenwanderung an, die er aus einem Vers in Kohelet bewiesen habe: ומורי ר׳ יצחק בן טודרוס אמר לי בשם הר׳ יהודה בן יקר עוד שם: ובכן ראיתי רשעים קבורים ובאו וממקום קדוש יהלכו (בראשית zu). Nachmani lebte in Gerona in einem gewissermaßen kabbalistischen Medium und hatte in seiner Geistesrichtung zu viele Empfänglichkeit für diese Lehre, um je Antipathie gegen sie zu empfinden.

4. Die Nachricht der Späteren, daß Nachmani Arzt war, ist von manchen bezweifelt worden. Sie ist aber durch seinen Jünger Ben-Adret bezeugt, der sich in seinen Respp. Nr. 120 auf dessen Beispiel beruft: ואני ראיתי את הרב ר׳ משה בר נחמן ז׳׳ל שנתעסק במלאכה זו אצל הנכרית בשכר (לרפאותה כדי שתתעבר). Da aber dieses Responsum etwas Gehässiges enthält, so hat es entweder die Zensurbehörde oder die Selbstzensur aus den Editionen weggelassen. Asulai beruft sich darauf.

5. Die Folgen der Disputation in Nachmanis Leben sind geeignet, auf die derzeitigen Vorgänge ein helles Licht zu werfen. Aus der von Carpzov mitgeteilten Notiz erfahren wir, daß sich die Dominikaner über die geringe Strafe des (zweijährigen) Exils beim Papste beklagt, und dieser darüber sich gegen den König beschwert habe. Qui (Pontifex) mansuetudinem regiam epistola arguit ao durius tractari hujusce modi homines jussit tamen citra maximam capitis diminutionem. Diese Bulle Clemens IV. an Jakob vom Jahre 1266 ist zum Teil bekannt. Raynaldus gibt in den Annales ecclesiastici (zum Jahre 1266, Nr. 29) den Inhalt dieser Bulle epitomatisch wieder: Instruxit pontifex (Clemens IV.) eundem regem (Jacobum Aragoniae) saluberrimis monitis .... ut Judaeos submoveret dignitatibus, ac sceleratum illum justa poena afficeret qui post habitam coram ipso de religione concertationem, ut trophaeum errori erigeret, librum composuerat, ao plura illius exemplaria in varia loca transmiserat. Der Name Nachmanis ist zwar in diesem Auszuge nicht genannt; aber er ist durch den Satz: „der nach gehaltener Disputation vor dem König ein Buch darüber verfaßt", kenntlich genug gemacht. Diese Bulle

datiert vom Jahre 1266, also einem Jahre später, als der König dem Bonastrüc oder Nachmani eine Art sauve-conduite ausgestellt hatte. Ob der König auf diese Weisung einging, den „Frevler", welcher seinen Glaubensgenossen reinen Wein eingeschenkt hatte, dafür zu bestrafen? Ein Jahr später, 1267, war Nachmani nach Palästina ausgewandert. In einem Sendschreiben Nachmanis (im Anfang zu seinem Pentateuchkommentar) kommt eine Äußerung vor oder vielmehr ertönt eine Klage aus beklommener Brust, daß seine Auswanderung nach Palästina eine **unfreiwillige** gewesen sei: אני הגבר ראה עני גליתי מעל שולחני הרחקתי אוהב ורע... עזבתי את ביתי נטשתי את נחלתי ושם הנחתי רוחי ונשמתי עם הבנים והבנות אשר כנפשי ורבתי כפחתי אשר הילדים ועם. So klagt kein Pilger, der die Sehnsucht nach dem heiligen Boden befriedigt hat, so klagt vielmehr nur ein **Verbannter, der die Seinen und das Seine hat verlassen müssen.**

Dem widerspricht keineswegs die Notiz, welche aus einer handschriftlichen Predigt Nachmanis bekannt geworden ist (Libanon p. 468). In derselben heißt es: רוח מה שהוציאני מארצי וטלטלני ממקומי, עזבתי את ביתי, נטשתי את נחלתי נטשתי כצורב על בני, אבזרי על בנותי לפי שרצוני להיות טלטול, שמחים בחיק אמם. (Die Überschrift dieser Predigt lautet: דרשה שדרש הרמב״ן כשנדר לאביר יעקב לצבור לארץ ישראל). Allerdings war es die Sehnsucht nach dem heiligen Lande, die ihm den Entschluß eingab, sich so weit von den Seinigen zu entfernen. Aber die Auswanderung überhaupt kann eine Folge der Plackereien gewesen sein, die er von den Dominikanern und besonders von dem Konvertiten Pablo Christiani zu erdulden hatte. Er hätte allerdings, um diesen zu entgehen, nach dem Königreiche Kastilien oder nach Frankreich gehen können. Aber einmal zur Auswanderung genötigt, zog er Palästina vor.

3.

Ursprung der Kabbala.

Die Kabbala galt eine Zeitlang als ein noli me tangere. Die Frommen trugen Scheu, näher an sie heran zu treten, und die Männer der Wissenschaft mochten sich mit dieser abstrusen, verrufenen Studie gar nicht befassen. Es war auch eine Hieroglyphenschrift, zu der der Schlüssel fehlte. Man kannte in der wissenschaftlichen Welt von ihr nur den Sohar und allenfalls die Porta Cooli des Abraham de Herera. Erst seit der Mitte des 19. Jahrhunderts hat man angefangen, der Kabbala ein wissenschaftliches Interesse zuzuwenden. Epochemachend sind für die wissenschaftliche Erforschung der Kabbala die hinterlassenen Blätter eines jung verstorbenen Gelehrten **Landauer**, welcher zuerst auf Ursprung und Entwicklungsgang derselben aufmerksam gemacht hat (aus seinem Nachlasse mitgeteilt Orient. Literaturbl., Jahrg. 1846, Nr. 12 ff.). Ungefähr zur selben Zeit veröffentlichte Frank sein Werk „La Kabbale" (Paris 1843, zweite Auflage 1889). Jellinek, der Übersetzer des Frankschen Werkes, hat die kabbalistischen Studien fortgesetzt und manchen schönen Beitrag zur seltenen Schriften zur Lösung dieser rätselhaften Theorie geliefert. Indessen ist das Verständnis der Kabbala, ihres Ursprungs und ihres Zusammenhanges mit der Kulturbewegung innerhalb des Judentums noch nicht bis zur Durchsichtigkeit ermittelt. Eine eingehende Untersuchung darüber, welche auf den gewonnenen Resultaten weiter baut, dürfte daher in einer Geschichtsdarstellung, welche es sich zur Aufgabe macht, alle Seiten des geschichtlichen Lebens bis zu ihrer Keimung zu verfolgen, nicht überflüssig sein.

Vor allem muß der Unterschied zwischen der alten Mystik aus der gaonäischen Zeit und der eigentlichen Kabbala festgehalten werden; die Konfundierung beider, gar nicht miteinander verwandten Erscheinungen hat das Verständnis unendlich erschwert. Landauers Urteil: „Diese Art Kabbala (der ספר יצירה und שיעור קומה des היכלות, der אותיות דר׳ עקיבא, selbst des und ähnlicher Schriften) unterscheidet sich wesentlich von der späteren; sie weiß nichts von den sogenannten Sefirot und nichts von Spekulationen über das Wesen Gottes, und wir sollten nach unseren Begriffen von Kabbala ihren Inhalt eher agadisch als kabbalistisch nennen" (Orient l. o. No. 14 col. 213), dieses Urteil bestätigt sich, je tiefer man in beiderlei Schrifttum eindringt. Die alte Mystik ist weiter nichts als die jüdische Muschabbiha oder Mugassima, d. h. das konsequente Festhalten des biblischen und agadischen Anthropomorphismus, um gegen die rationalistische, den mohammedanischen Schulen entlehnte, sich in den Karäismus verlaufende Mutazila zu reagieren, wie ich des weiteren nachgewiesen zu haben glaube (in Frankels Monatsschrift, Jahrg. 1858, p. 115 ff.). Die Mystiker der gaonäischen Zeit kennen nicht einmal das Wort קבלה oder ח״ן = חכמה נסתרה; ihre Schriften sprechen nur von סוד „Geheimnis."

Scheidet man die ältere Mystik von der eigentlichen Kabbala (obwohl zugegeben werden muß, daß jene auf diese influiert hat), so entsteht die Frage nach dem Ursprung der letzteren. Nun, der Charakter als Überlieferung, die sie so sehr betonte, ist ihr selbst in ihrer Blütezeit von Autoritäten streitig gemacht worden. Obwohl Ben-Adret Respekt vor ihr hatte, so gestand er doch ein, daß in seiner Zeit, wie überhaupt seit der Tempelzerstörung, die kabbalistische Tradition versiegt sei (Respp. I, Nr. 94): ודע כי לכל אלו (מצות) יש לבעלי סודות התורה טעמים נכבדים מאוד אף כי בעון הדור נסתתמו מעינות החכמה אחר שגרם החטא ונחרב בית מקדשנו . . . שמשם היה משך החכמה והנבואה נמשך לנביאים ולחכמים. Es ist bekannt, daß die angesehensten Rabbinen des vierzehnten Jahrhunderts, Simson von Chinon, Perez Kohen, R. Nissim ben Ruben, dann später Isaak ben Scheschet und Salomo Duran ihr Mißbehagen an der Kabbala an den Tag gelegt haben (Respp. ריב״ש, Nr. 157 und Salomo Duran, רשב״ש Nr. 189). Am schärfsten zog gegen die Mystifikation der Kabbala Isaak Pulgar im ersten Hälfte des dreizehnten Jahrhunderts zu Felde; er verlachte ihre Anmaßung, sich mit Bibel und talmudischer Tradition auf gleiche Linie stellen zu wollen. Da seine Ausführung Licht auf die im Dunkel schleichende Kabbala wirft und bisher nicht bekannt geworden ist, so teile ich sie aus einem Ms. (der Seminarbibliothek Nr. 53 עזר הדת Bl. 55 a) in extenso mit:

והטענה השנית היא טענת כת האנשים הנקראים בדור זה מקובלים והם אומרים כי אין שום יכולת בשכל האדם להשיג שום נעלם בהתבוננותו, ר״ל בכחות תולדה מהקדמות ידועות, כי אם בדרך קבלה לקוחה מנביא. וכי הם יודעים ומכירים באמת כי הקבלה אשר היא היום בידם היא הנשמעת מפי הנביאים. וכשיאמר אליהם אדם: מאין תדעו זאת? ואיך לא תשימו בלבבכם להסתפק ולאמר כי אפשר שלא היו דעות זה הנשמעים מפי הנביאים, כי היו נשכחים ונעדרים באורך הזמנים ובחלופי השנים ובטרדת התלאות אשר קרו בעוונותינו לצעדותינו? ישיבו ויאמרו חלילה לנו לשום שום ספק

Note 3. Ursprung der Kabbala.

באמונותינו אלה המקובלות אצלנו מפי האנשים המוחזקים בעינינו באשר
לא נסתפק בספרי תורתנו ובכתבי נביאינו וריעזו פניהם להשוות ולדמות
ספורי הבליהם לספרי הקדש ולא ידעו כי מיום מות משה אדונינו
השתדלו וחתריצו והתעסקו תמיד כל אנשי אבותינו לשמור את מסורת
כתביהם כדי שלא תחסר מהם אות או תעדיף אחרת. ועם כל חריצותם
והשתדלותם במסורתם נמצאו היום שנויים בכתבי הקדש במקצת מקומות. וזה
ידוע אצל המעיינין בספר התורה אשר הוא מפורסם אצלנו שהוא כתיבת יד
עזרא הכהן. כי ימצאו בו מלות שונות לדוימהן בשאר הספרים המוגהים
אשר בידינו. וכשיקרא האדם בספרים הנמצאים מהמקובלים ימצא דבריהם
בשני פנים. האחת מלות זרות מבהילות את השומע בלתי מורות על שום
ענין בהגיון הפרטי וארנס כי אם מוצא שפתים לבד וזרון לבם וחוקם סבלותם
להצדיק ולהאמין בדבר טרם שידעו מה שהוא נאמר במלאכת ההגיון. כי
לא ידעו ולא רבינו בחשבה יתהלכו. והשני כי רוב הדברים אשר אפשר
להתבונן בהם האדם שום ענין בהגיון פניכי ימצאו בהפך מה שיחייב השכל
והשקול הדעת. ומקצתם כפירה גמורה מסתרת יחוד האל יתברך והכחשת
תארי האמתיים. והמקובלים האלה אשר אני מדבר עמם יעידו פניהם ויהמו
קולם להלעיג ולבזות את המשתדלים לקרא בספרי הפלוסופיא ואומרים אליהם
למה זה תבלו ימיכם בהגות ספרי החבלים האלה אחר אשר אין בח לשכל
האדם להשיג הנעלמות ולעשות הנפלאות ולשנות הטבע. ומתנשאים בעצמם
כי הם ישיגו לדברים אלה מבלי שום יגיעה ועמל רק בהעתקת ספרים נכבדים
בעיניהם אשר היו גנוזים בבתי החכמים המפוארים עד אשר אנה אלהים
לידם היעתקם. Der letzte Passus scheint auf den Sohar anzuspielen, der
erst in Pulgars Zeit in Zirkulation kam. Stärkeres könnte in der Tat von
der Kabbala nicht gesagt werden, als daß ihre ganze als alte Überlieferung aus-
gegebene Weisheit sehr jung, daß ihre Schriften untergeschoben, und daß ihre
Formeln nichts weiter als hohle Töne sind, die nicht bloß gegen die Logik,
sondern auch gegen den Gottesbegriff verstoßen.

Ein Kabbalist aus derselben Zeit wie Isaak Pulgar gestand freimütig
und ehrlich ein, daß die Hauptlehre der Kabbala, die Begriffe vom En-Sof
und von den Sefirot weder in der Bibel, noch im Talmud angegeben und
nur höchstens durch eine Spur angedeutet seien. Der Verfasser des kabbalistischen Werkes ¹) מערכת אלהות bemerkt nämlich, nachdem er die Emanation
der ספירות vom אין סוף auseinandergesetzt hat (c. 7, p. 82 b ed. Mantua 1558):
דע כי האין סוף אשר זכרנו איננו רמוז לא בתורה ולא בנביאים ולא בכתובים
ולא בדברי ר"ל אך קבלו קץ העבודה קצת רמז. — Die Differenzen,
welche bereits im dreizehnten Jahrhunderte in betreff der Hauptpunkte in
den verschiedenen kabbalistischen Schulen eingetreten waren, beweisen gerade
nicht sehr für eine uralte Tradition. Dafür referiert ein Kabbalist selbst aus
der ersten Hälfte des vierzehnten Jahrhunderts, Joseph Ibn-Wakar in
seinem ספר קבלה (Ms. Anfang). Die Stelle ist ebenfalls für die Geschichte

---

¹) Das Zeitalter des Verf. von מערכת אלהות ergibt sich daraus, daß er
Ben-Adret als Lebenden zitiert, c. 4, p. 66 b und öfter. Seinen Lehrer nennt
er c. 5 ר' יצחק, höchstwahrscheinlich Isaak aus Segovia und nicht Isaak ben
Todros, den Lehrer des Schem-Tob Ibn-Gaon in der Kabbala, da die von
beiden Schriftstellern mitgeteilten Aussprüche im Namen eines R. Isaak miteinander nicht stimmen. Ob Mose aus Burgos der Verf. des Buches war,
ist sehr zweifelhaft. Gewiß war Perez Kohen nicht der Verfasser, wie gewöhnlich angenommen wird, da er gegen die Kabbala eingenommen war.

der Kabbala belehrend: נפלה מחלוקת בין המקובלים . . . . מהם מי שיאמר . . . . . . ששפעו כן הארץ סוף עשרה שכלים יקראו אותם ספיריות . . . . והציעו שהספירה שפלה ממנה שפע שקראוהו כתר . . . . ומהם מי שיאמין שאין שם כו׳. אם ר׳ ספירות ושהסבה האחת יתברך הוא השכל האחד מהם נקרא כתר ושפעה ממנה חכמה. Noch wichtiger für die Entwickelung der Kabbala ist folgende Stelle aus derselben Schrift, deren Inhalt der Sohar benutzt hat: ומהם מי שיאמר שהספירות שתי מדרגות מדרגה מטיבה ומדרגה מריעה. ומדרגה מריעה היא ג״כ אצלם עשרה וקוראים כלל הספירות המטיבות צד טהרה וצד ימין ובכל הספירות המריעות מכח אל הפועל והם משוקעות בשפע וזהו שאומרים שבעת הבריאה יצאו הספירות מכח אל הפועל והם משוקעות בשפע שכלי . . . . והמדרגות המשוקעות מדרגה מה שבתוכן הפרי ויצא מה וכדרגות המשוקעות הקליפות מהפרי ואחר כך נפתרדה מן הקליפות ויצא מה שבתוך הפרי ולזה קוראים אותם קליפות. Der Sohar war also nicht der erste Urheber dieser kabbalistischen Lehre von dem Gegensatze der guten und bösen Sefirot und von den קליפות.

War demnach die Kabbala weder eine ununterbrochene, von den Propheten durch die Talmudisten sich hinziehende Überlieferung, noch überhaupt eine uralte Lehre, so fragt es sich, zu welcher Zeit ist sie entstanden? Nun, auch davon machen die Kabbalisten kein Hehl. Sie führen sie auf den blinden Isaak, einen Sohn des Abraham ben David aus Posquières zurück. Diesen Ursprung gibt bereits einer der ältesten Kabbalisten des dreizehnten Jahrhunderts, Joseph G'ikatilla an: וקבלה שבידינו על היות אלו החכמים משתלשלת קבלת משה מרכבה כסיני עד עמוד הימיני החסיד ר׳ יצחק סגי נהור בן (פירוש ההגדה הקרוי ר׳ אברהם שבמקדש (l.שבפושקירש), enthalten in Mose de Leons חכמה הנפש). Wenn sich Joseph G'ikatilla noch ziert und einen Zusammenhang zwischen der Kabbala und der Merkaba aus der talmudischen Zeit annimmt, so sind andere Talmudisten weniger geniert. Sie sind froh, ihre Lehren auf diesen blinden Isaak zurückführen zu können. So nennt namentlich Bachja (im Kommentar zu וישלח) Isaak „den Vater der Kabbala": ר׳ יצחק סגי נהור אבי הקבלה, und Schem-Tob Ibn-Gaon in seinem Superkommentar zu Nachmani (Ende) וישלח zu כתר שם טוב bemerkt: כי פירוש פסוק זה הוא איש כפי איש עד ר׳ יצחק בן הרב (ראב״ד) ורבי עזרא ורבי עד אליהו הנביא. Ebenso in seiner Schrift Bade Aron: יזכאל מגירונה חברו פירוש ההגדות על פי קבלת והוסיף ר׳ עזרא נהור סגי (פירוש התפילות כמו שקבלו מרבי יצחק סגי נהור (Zitat bei Carmoly, Itineraires, p. 276). Dasselbe wiederholen andere Kabbalisten, wie Isaak von Akko und Rekanati. Einige setzen aus eigener Machtvollkommenheit etwas ältere Autoritäten als Urheber, entweder Abraham Ab-Bet-din, Schwiegervater des Abraham aus Posquières, oder Jakob Nasir, beide bekanntlich in der Mitte des XII. Saecul. Doch das sind vereinzelte Stimmen. Die Urheberschaft Isaaks des Blinden für die Kabbala ist umso glaubwürdiger, als sein Name sonst ohne Klang ist, und er sich durch kein talmudisches Werk ausgezeichnet hat. Freilich ziehen die Kabbalisten nicht nur seinen Vater, den berühmten talmudischen Kritiker Abraham aus Posquières, sondern auch den Propheten Elia mit hinein, machen den letzteren zum ersten Glied der kabbalistischen Traditionskette, Abraham zum ersten Empfänger, seinen Sohn zum zweiten, dessen Jünger Asriel zum dritten, oder fügen die oben genannten Personen ein. Doch Elias Urheberschaft beruht sicher auf einem Mißverständnis oder einer geflissentlichen Mystifikation. Abraham aus Posquières bediente

Note 3. Ursprung der Kabbala.

sich einmal einer pomphaften Phrase bei einer unbedeutenden Halacha-Fixierung: „Elia oder der heilige Geist ist seit Jahren in unserem Lehrhause erschienen und wir haben die Halacha so und so fest gestellt": וכבר הופיע רוח הקודש (אליהו) בבית מדרשנו והעלינו שהוא (הדס שנקטם ראשו) פסול (zu Hilchot Lulab VIII, 5). Daraus ganz allein haben die Kabbalisten die Behauptung geschöpft, der Prophet Elia oder der heilige Geist sei mit dem Rabbiner von Posquières im Verkehr gewesen, und habe — da sein Sohn ein Kabbalist war — ihm kabbalistische Offenbarungen gebracht, die er nur seinem Sohne überliefert hätte. Allein jene Phrase ist bloß eine Umschreibung für den Gedanken: es ist in unserem Lehrhause zur Gewißheit erhoben worden, daß" usw.

Indessen haben die Kabbalisten doch nicht so ganz Unrecht damit, Abraham aus Posquières als ersten Urheber der Kabbala zu betrachten, da er ihre Hauptlehre in nuce aufgestellt zu haben scheint. Isaak von Akko und der Verf. des מערכת אלהות teilen nämlich von ihm eine Erklärung mit, deren Tendenz darin besteht, den Anthropomorphismus in der Agada dadurch zu schwächen, daß eine zweite von Gott emanierte Potenz die Rolle der sichtbaren Gottheit in den prophetischen Theophanieen gespielt habe. Die Stelle ist höchst interessant, weil sie den Ausgangspunkt der Kabbala konstatiert, nämlich das Bedürfnis, die anthropomorphischen Agadas womöglich buchstäblich und doch annehmbar zu deuten. Die Stelle lautet bei beiden Schriftstellern gleich: הראב״ד ז״ל כתב בהגדה שאמרו מנין שהקב״ה מניח תפילין על שר הפנים ואמר שושמו כשם רבי אי שמא יש אחר שהוא למעלה כמנו נאצל מן הסבה העליונה (הראשונה) ויש לו כח הצלייה. והוא הנראה לו למשה, והוא שנראה לו ליחזקאל כמראה אדם עליו מלמעלה, והוא שנראה לנביאים. אבל עלת העלות לא נראה לשום אדם לא בימין ולא בשמאל לא בפנים ולא באחור וזהו הסוד במעשה בראשית: כל הידוע שיעורו של יוצר בראשית. ועל זה נאמר נעשה אדם בצלמנו כדמותנו (מערכה) Kapitel 10, p. 157 a und Isaak von Akko מאירת zum Abschnitt בא mit dem Anfang: (בענין זר מאוד שהעניה הראב״ד בפ״א בברכות וז״ל בנין ובו׳). Was dem beschränkten Isaak von Akko so wunderlich vorkam, ist ganz natürlich. Hier ist einerseits die absolute Transzendenz Gottes anerkannt, und daß von ihm nicht ein Erscheinen und Sichtbarwerden ausgesagt werden könne. Allein die Bibel setzt doch eine Persönlichkeit Gottes und ihr Eingreifen in die Welt voraus. Die Agada sagt von ihm aus, er ruhe, und lege Tephillin an; noch mehr, das mystische שיעור קומה sagt geradezu, die Gottheit habe Haupt, Glieder, Bart und alles Menschenähnliche. Wie sind diese einander so widersprechenden Vorstellungen miteinander zu reimen? Nun, es wird eine zweite Substanz, in welcher die Gotteskraft ist, zwischen Gott und die Welt eingeschoben, ähnlich wie der Philonische Logos, gewissermaßen als δεύτερος θεός, eingeschoben ist. Diese Potenz, es wird noch zweifelhaft gelassen, ob sie „der Angesichtsengel" (Metatoron) oder eine noch höhere Emanation ist, sei die eigentliche Trägerin der Theophanie, sie erscheine unter Menschengestalt, von ihr heiße es: „Wir wollen einen Menschen in unserem Ebenbilde schaffen", sie bilde die menschenähnliche Merkaba. Gewonnen wäre dadurch, daß man diese Potenz nicht in metaphysische Gemeinplätze zu verflüchtigen brauchte, und die allerkrassesten Agadas so ziemlich buchstäblich beibehalten könnte. Auffallend ist es, daß dieser Hauptpassus von der Emanation inmitten des Ausspruches von Abraham ben David nur als Anmerkung angeführt wird. Herr Mose

Soave teilte nämlich dieselbe Stelle aus einer Schrift von David, Enkel des Abraham ben David, mit (Ozar Nechmad IV, p. 37) und daselbst lautet sie: לשון הרב הגדול ר' אברהם בר דוד זקני. מנין שהקב"ה מניח תפילין על שאר חסנים ששמו כשם רבו הגה"ח: או שמא יש אחר שהוא למעלה ממנו מן הסבה העליונה ויש בו כח העליון: עד כאן לשון ההגה"ח. Dadurch wird es wieder zweifelhaft, ob Abraham ben David diesen Gedanken ausgesprochen hat. Indessen da zwei, wenn nicht ältere, so doch zeitgenössische Schriftsteller, nämlich Isaak von Akko und der Verf. von מערכת אלהות, ihn direkt aus Abraham ben Davids Kommentar zu den Agadas zitieren, so dürfte dessen Autorschaft doch nicht zweifelhaft sein. Es wäre interessant, wenn der Agadakommentar des Abraham ben David aufgefunden würde und die Authentizität dieser Stelle erwiesen werden könnte. Dann wäre der erste Keim der Kabbala, nämlich das Verhältnis des אין סוף zur Welt vermöge der Emanation (אצילות) gottähnlicher Substanzen oder Potenzen, gefunden, und es wäre erklärlich, wie sein Sohn, von diesem Gedanken oder dieser Versöhnungsmethode ergriffen, sie weiter ausgebildet hat und als Schöpfer der Kabbala angesehen wurde. Indessen ist die Autorschaft dieses Passus mit dem kabbalistischen Fruchtkeime gleichgültiger als die Stellung, welche der dort kurz hingeworfene Gedankengang zur Zeitbewegung einnimmt. Dieser Gedankengang kann unmöglich zur Zeit entstanden sein, als die Lehre vom En-Sof nebst Zubehör bereits ausgebildet war, weil sich darin ein unsicheres Herumtappen bemerkbar macht, während die Kabbala bereits eine bestimmte Lösung der dort aufgeworfenen Frage aufgestellt hat. Mag nun jener Gedanke Abraham ben David angehören oder nicht, er enthält, wie gesagt, die Kabbala in nuce; denn auch sie ist von dem lebendigsten Interesse durchdrungen, einen Mittelweg zwischen der krassen Buchstäblichkeit der Agada und der rationalisierenden, die Agada verflüchtigenden Religionsphilosophie zu finden. Wir sind eigentlich durch diese Erörterung von dem Außenwerke in das Innerste der Kabbala gedrungen, müssen aber wieder umkehren, um einige geschichtliche Punkte vorher zu erledigen.

Es hat sich ergeben, daß Isaak der Blinde, der Sohn des Hauptlehrers (בן הרב, wie Abraham ben David ohne weiteres genannt wird), von den ersten Kabbalisten als Urheber der Kabbala angegeben wird. Die Kritik braucht daher nicht skrupulöser als die eigenen Anhänger zu sein und ihr ein höheres Alter zu vindizieren. Abraham ben David starb Freitag am Chanukafeste 4959 (nach Zacuto), d. h. Anfang 1199. Sein Sohn ragte also jedenfalls in das dreizehnte Jahrhundert hinein und seine kabbalistische Tätigkeit koinzidiert mit der Zeit, als der maimunische Moré durch die Tibbonsche Übersetzung in Südfrankreich (wo dieser Isaak heimisch war) bekannt wurde, was bekanntlich so böses Blut gemacht und eine Reaktion gegen diese philosophierende Richtung hervorgerufen hat. Man ist also historisch berechtigt, wenn der Inhalt der Kabbala dasselbe Resultat ergeben sollte, anzunehmen, daß die Kabbala eben nur gegen die maimunische Theorie reagieren wollte. Sie gehört demnach mit ihren Anfängen der unmittelbar nachmaimunischen Zeit an: — Von der kabbalistischen Theorie des blinden Isaak, von dem ein Kabbalist bemerkt, seine Kabbala sei tief und rein gewesen: שקבלתו סולת נקיה ועמוק, ist wenig bekannt, doch soviel wissen wir, daß er das mystische ספר יצירה kommentiert hat, und daß er bereits die Sefirot unter ihren Benennungen כתר, בינה usw. und die Metempsychose annahm. Man erzählte von ihm,

Note 3. Ursprung der Kabbala. 391

er habe alte von neuen Seelen unterscheiden können: 'ר החסיד כי ושמעתי
יצחק בן הראב״ד היה מכיר בפני אדם אם הוא מן החדשים או מן הישנים
(Rekanati zu וירשב). Plantavitius besaß von Isaak, dem Blinden, oder יצחק
די מפסקארה einen handschriftlichen Kommentar zum Buche Jezira (Barto-
loccio III, No. 987, 1002 und Wolf I, No. 1248 und 1260). Es braucht
Kennern nicht gesagt zu werden, daß די מפסקארה, oder, wie Wolf las,
די פסקראס nichts anderes bedeutet als de Posquières, und daß Bartoloccis
und Wolfs Erklärung dieses Ortsnamens falsch ist. Da wir aber diese Schrift
nicht kennen, so läßt sich nicht entscheiden, inwieweit die Kabbala in seinem
Kopfe eine systematische Abrundung gewonnen hat. Um dieses System kennen
zu lernen, muß man sich an seine zwei Hauptjünger halten, an Esra und
Asriel aus Gerona.

Über diese beiden Kabbalisten ist viel Tinte verschrieben worden, ob sie
zwei verschiedene Personen oder identisch sind. Weil sie nämlich von den
Späteren oft miteinander verwechselt werden, war man geneigt, ihre Identität
zu behaupten. Indessen werden sie nicht bloß von Schem-Tob Jbn-Gaon
(o. S. 283), sondern auch von ihrem Zeitgenossen, dem Dichter Meschullam
En-Vidal Dafiera, in seiner Satire gegen die Maimunisten zur Zeit des
hitzigen Kampfes 1232—35 als zwei verschiedene Personen dargestellt. Ich
teile diese Verse mit, weil auch aus ihnen die Entstehung der Kabbala beleuchtet wird. Gegen die verflachenden, die Wunder leugnenden und die
Agada unehrerbietig behandelnden Maimunisten satirisiert dieser Dichter:

אפוד בקרבנו ואיך נשאל באוב, לוחות בידינו ולא נשברו.
לנו בנו נחמן למגדל עוז ואם לא צהלו קולם ולא דהרו.
עזרא ועזריאל ויתר אחבי. דעות הליצוני ולא שקרו.
הם כהני, המה יאירון מזבחי, הם כוכבי נשפי ולא קדרו.
הם יודעים ספר וספור עם ספר, אבן לספר היקר נזהרו.
הם יודעים אל יוצרם שיעור, אבל מלין ליראת כופרים צררי.

(Dibre Chachamim p. 77).

Die Tragweite dieser Verse wird sich später zeigen. Hier handelt es sich
um die Verschiedenheit von Esra und Asriel. Da sie gleichklingende Namen
haben, Zeitgenossen und Kabbalisten waren, so wurden sie miteinander verwechselt. Zacuto macht Esra zu Nachmanis Lehrer in der Kabbala: עזרא רבי
רבו של הרמב״ן בקבלה נפטר שנת תקצ״ה (so in den alten Ausgaben des
Jochasin; dieser Passus und auch das Folgende fehlt in der Filipowskischen
Edition). Dagegen tradierten Meïr ben Gabbaï, Chajim Vital und andere,
daß Asriel sein Lehrer gewesen sei. Die kabbalistische Erklärung zum hohen
Liede (fälschlich Nachmani beigelegt) vindiziert Rekanati dem Kabbalisten
Asriel: ואביאם (המצות) על הסדר שהביא אותם החכם ר׳ עזריאל בפירוש
(in טעמי המצות) שיר השירים שלו כי הוא ז״ל רמז בעשרת הדברות p. 4);
in einigen Handschriften dagegen und auch bei Isaak von Akko wird Esra
als dessen Verfasser aufgeführt. Schorr besitzt eine Handschrift des kabbalistischen Hoheliedkommentars, wo der Zweifel an der Spitze steht: פירוש
שיר השירים להחכם רקאנטי מיוחס להחכם ר׳ עזריאל ובקצת ספרים
מיוחס לר׳ עזרא (Chaluz VI, p. 84. Note).

Wenn es demnach zweifelhaft ist, ob der genannte Kommentar Asriel
oder Esra angehört, so ist der erstere jedenfalls Verfasser eines Werkchens
über die zehn Sefirot in Fragen und Antworten. S. Sachs' lichtvolle Kombination (in ha-Palit p. 45 f., 53 f.) über Asriels Autorschaft wird nicht

bloß durch den später lebenden Meïr Gabbai bestätigt, sondern auch durch eine Angabe des Isaak von Akko (in Einl. zu מאירת). Dort heißt es: עוד 'ועל עשר ספירות ועל דרך רבינו עזריאל ז"ל הכתר נקרא רום מעלה וכו. Dann teilt J. von Akko eine ganze Partie aus dem Werkchen mit, welches zu allererst vollen Aufschluß über das kabbalistische System gibt. Diese kleine aber höchst interessante Schrift, welche den Titel führt: עזרת ה' (von S. Sachs das. nachgewiesen) ist jetzt vollständig ediert (aus einem Wissliches'schen Kodex, Berlin 1850, zusammen mit דרך אמונה des Meïr Gabbai). Sie war aber schon früher in der Sammlung des Gabriel Warschauer 1798 ediert und befindet sich auch als Handschrift in der Michaelschen Sammlung. In dem Kodex Wissliches geht eine Einleitung voran, welche einige biographische Notizen über den Verfasser und zugleich Beweise dafür gibt, auf welchen Unglauben die Kabbala bei ihrem ersten Ausfluge stieß, und welche Anstrengungen die Kabbalisten machten, um Propaganda zu treiben. — Da der kritische Katalog ha-Palit des S. Sachs, in welchem dieses Vorwort abgedruckt ist, nur wenig verbreitet ist, so soll es hier seiner Wichtigkeit wegen seinen Platz finden.

הקדמה לספר עזרת ה'.

אני האיש הידוע המפורסם שמי בגוים שמחה מגמתי מעיר לצעיר, מאז היותי צעיר, ועד הנה לא נחתי מהיותי מחפש ומבקש בסוד השם ית' ויח' ומעיין בבריאת מעשיו והאמנתיו בדבריו המקובלים, אשר להם נגלו סתרי ית' וכל תעלומיו, וברוחי הוא כח מעשיו הגיד לעמו. ואני ברוב תאותי, בכל מקום שהייתה תחנותי, לא עצרתי כח לשאול מכל אדם מעיני הקבלה ולקבלה כאשר יתכן. ואני בהיותי בארץ ספרד בין האנשים הולך ושב כמנהגי הבראני הזמן במקום עומק (השפל בין חפם הנאספים להיות פילוסופים, ולא יספו ואת פועל ה' לא הביטו וישאלו תמיד דברים מופחרים אך במה שאין הלשון יכולה לדבר ואין האזן יכולה לשמוע. ובהיותי אצלם שאלוני מעיני מעשר ספירין וסיבת הענין והרחיבו עלי פיהם בהגיוגם ובפילוסופותם עד החזיקו בי בחזקת עור בהיותי דובר להם מענין עשר ספירות ואין סוף. ואמרו לי שלא נאמין באלו הדברים חלילה להם אם לא ידעוהו במופת. ואני עניתים כי המופת מאד נפלא ונעלם כי רק אשר ישרים מופתים בשמים אשר הם רחוקים ממנו מהלך ת"ק שנה וכ"ש האלהות אשר אין חקר לתבונתו, ואחרי שאינם רוצים להאמין כי אם בדבר אשר יראה עליו מופת מי יכרית להאמין דברים נסתרים שהם נעלמים מן העין ואדם אין יכול לעמוד בחקירתם. וחם ענו לי כי הסברא יכרית לכל אדם להאמין, וכל מי שיכפור בסברא אינו חכם והוא חסר הבריאה גוף בלתי שלם בשכל ותבונתו רעה, אכן מי שיאמר דבר מן הדברים אם לא יביא סברא לדבריו לא יתכן להאמינו מצד היותו מקובל. והביאו ראייה דברי חכם אחד מחכמתם (מחכמיהם) שאמר שבצל התושיה אין להאמין בו מצד שהוא בצל התושיה, אכן יש להאמינו מצד מה שידבר. ואני בשמעי דבריהם לבי חרד בקרבי, ובא החדרה ואשים מגמתי להשיב להם מענה שאילתם, ואפסול חרב מצעי התושייה ומגן מהפלפול. ואחבר זה הספר להיות לפניהם לעמוד בברזל ולחומות נחושת להרחיק דבריהם מעלי ולמעני, יסברו מעייניות תהום המעמיקים לשאול המגביריהם עד מעלה, וקראתי שם זה הספר עזרת ה' ויסוד ה' מסרתי ליראי ה' ולחושבי שמו להיות מהם לעזרת לה' בגבורים, ומאת ה' אשאל עזר שישפיע מבינתו עלי שלא אחטא.

¹) Die Vermutung Josts, daß unter השפל Sevilla zu verstehen sei, hat viel für sich.

Note 3. Ursprung der Kabbala.

In dieser Schrift treten zum ersten Male die kabbalistischen Schlagwörter En-Sof und Sefirot auf, aber so, daß die Zeitgenossen sie, als etwas bis dahin Unerhörtes, nicht annehmen mochten. Dagegen wird das Wort מקובלים in einer eigentümlichen Prägung, so wie das Wort Kabbala darin schon als bekannt vorausgesetzt.

Das Zeitalter dieses Kabbalisten, der jedenfalls einer der ältesten war, kann nicht zweifelhaft sein. Der Dichter Meschullam Dafiera, der während des Streites 1232—1235 dichtete (o. S. 391), spricht von ihm und Esra wie von Zeitgenossen, die Autorität genossen. Beide gehören also der nachmaimunischen Zeit an und waren Zeitgenossen jenes ersten hitzigen Kampfes für und gegen Maimuni, d. h. für und gegen den Rationalismus im Judentume. Da beide aus Gerona stammten, von wo aus Nachmani sein Sendschreiben für Abraham von Montpellier erließ (Note 1), so läßt es sich denken, daß Asriel und Esra ebenfalls gegen die Maimunisten Partei genommen hatten. — Doch gehen wir jetzt auf den Inhalt der Kabbala näher ein, wie sie zum ersten Male vollständig und systematisch in Asriels Schrift entwickelt ist. Nebenher sei bemerkt, daß seine kabbalistische Terminologie bei mehreren späteren Kabbalisten wiederkehrt.

Die Asrielsche Schrift hat zu ihrer Aufgabe, die Kabbala den Ungläubigen gegenüber ins rechte Licht zu setzen und ihr ein philosophisches Gepräge zu geben. Aus ihr lassen sich daher die Hauptpunkte des kabbalistischen Systems in seiner ursprünglichen Gestalt, sozusagen die kabbalistische Metaphysik erkennen und würdigen. Die Hauptlehre der Kabbala ist, wie Asriel es in der Einleitung ausspricht, die Lehre von En-Sof und von den Sefirot. Mit Recht wurden diese Begriffe mit Unglauben angehört, weil sie, namentlich der Ausdruck אין סוף, bis dahin in dem jüdischen Schrifttum unerhört waren. Diese Bezeichnung ist in der Tat fremdartig und dem griechischen ἄπειρον nachgebildet. Das Fremdartige des kabbalistischen Grundprinzips zeigt sich auch in Asriels negativer Definition, daß Gott weder Wille, noch Absicht, noch Denken, noch Sprechen, noch Tun beigelegt werden dürfe: דע כי אין סוף אין לומר כי יש לו רצון ולא כונה ולא חפץ ולא מחשבה ולא דבור ומעשה (ed. Berlin, p. 4 a). Dieser Satz kehrt auch bei spätern Kabbalisten wieder. Gott könne nicht einmal die Weltschöpfung gewollt oder beabsichtigt haben; denn Wollen verrate die Unvollkommenheit des Wollenden (das. 2 b): אם תאמר כי הוא בלבד כיון בבריאת עולמו (מבלי הספירות) יש להשיב על זה כי הכונה מורה על חסרון המכון. Wir brauchen nicht lange zu raten, welchem philosophischen Systeme diese Überschwänglichkeit in der Auffassung Gottes entlehnt ist; es ist die neuplatonische Philosophie, welche Gott selbst über das Sein, die Krafttätigkeit des Geistes und über das Wissen hinaushebt: ἐπέκεινα οὐσίας, ἐνεργείας τοῦ καὶ νοήσεως. Dasselbe kommt auch in G'ebirols Mekor Chajim vor. Asriel bemerkt ausdrücklich, daß er sich der Philosophie anschließe, die Begriffe von Gott lediglich in negativer Natur zu fassen: וחכמי המחקר מודים בדבר ואומרים כי אין השגתנו כי אם על דרך לא Diese negative Auffassung — ἐν ἀφαιρέσει — der göttlichen Attribute ist bekanntlich ebenfalls neuplatonisch. — Die Gottheit kann daher weder mit dem Gedanken erfaßt noch mit einem Worte bezeichnet werden (4a): דע כי אין סוף לא יכנס בהרהור וכל שכן בדבור (אף על פי שרש לו רמז בכל דבר שאין חוץ ממנו) ולכך אין אות ואין שם ואין דבר אשר יגבלנו. Indessen mußte auch Asriel, wie seine Vorgänger, von dem Regieren abgehen, und etwas Positives in den En-Sof setzen; nämlich 1. die absoluteste Vollkommenheit (2a): ואין סוף הוא שלמות בלי חסרון; 2. eine absolute Einheit und sich stets gleichbleibende Unveränderlichkeit (das.): מה שאינו מוגבל קרוי אין סוף והוא החשואה גמורה באחדות השלמה, שאין בה שנוי, ואם הוא מבלי גבול אין חוץ ממנו. Auch ein drittes Positives setzt Asriel vom En-Sof voraus, daß nichts außer ihm ist, d. h. daß alles, das All, in ihm ist. Diesen Gedanken wiederholt und betont er öfter, שאין חוץ ממנו, daß gar nichts außer ihm sei.

Aus diesen Vordersätzen wird eine Schlußfolgerung gezogen, welche den Angelpunkt seiner Kabbala bildet, mit dem sie steht und fällt. Ist alles in Gott, so ist auch die mangelhafte, beschränkte Welt in ihm. Sollte er nicht auch darin seine Kraft haben, so wäre seine Vollkommenheit beschränkt, indem er nur das Unendliche beherrschte und nicht auch das Endliche (2a unten): אם תאמר שיש לו (לאין סוף) כח בלי גבול (.ו בבלי גבול) ואין לו כח בגבול, אתה מחסר שלימותו. Andererseits kann nicht angenommen werden, daß der En-Sof die endliche Welt unmittelbar geschaffen habe; denn dann hätte er einen bestimmten Willen haben müssen, sie zu schaffen, während doch Wollen eine Beschränktheit in der Gottheit sei. Ferner müßte die sichtbare Welt, wenn von Gott hervorgebracht, ebenso unendlich wie ihr Schöpfer sein, während sie gerade die unendliche Seite vermissen läßt (das.): ואם תאמר שהגבול הנמצא ממנו תחלה היה העולם הזה שהוא (העולם) חסר משלמותו חסרת הכח שהוא ממנו (כח גבול). Um eine kühne Schlußfolgerung zu sollizitieren, beseitigt Asriel auch die Ansicht, daß die endliche Welt etwa gar nicht von Gott stamme, sondern ihr Dasein dem Zufall verdanke, durch die Hinweisung auf die in ihr herrschende Ordnung (2b): ואם תאמר שלא כיון בבריאתו (בבריאת העולם הזה) אם כן היתה הבריאה במקרה. וכל דבר הבא במקרה אין לו סדר, ואנו רואים כי הנבראים יש להם סדר, ועל סדר הם מתקיימים, ועל סדר הם מתבטלים, ועל סדר הם מתחדשים. Weist die Welt durch ihre zweckvolle Ordnung auf einen, von Vernunft geleiteten schöpferischen Willen, so beweist sie anderseits durch ihre Endlichkeit und Unvollkommenheit, daß sie nicht unmittelbar aus der Hand des unendlichen En-Sof hervorgegangen sein könne. Wer war denn nun ihr Schöpfer?

An diesem Punkt setzten Asriel und die Kabbala überhaupt ihre Hebel an. Um aus diesem Dilemma herauszukommen, daß Gott weder die Welt erschaffen, noch nicht erschaffen habe, schiebt Asriels Theorie, wie die Neuplatoniker und G'ebirol, intelligible Prinzipien oder Substanzen zwischen Gott und die Welt ein, und nennt diese: ספירות (das.) שהיה מציאות הנבראים באמצעות הספירות. Das notwendige Dasein von solchen intelligiblen Mittelwesen wird daraus gefolgert, daß sonst der Hervorgang des Endlichen aus dem Unendlichen unerklärlich bliebe, ganz auf dieselbe Weise, wie es G'ebirol beweist (Mekor Chajim III, Anfang). Die Entstehung dieser Sefirotsubstanzen erklärt Asriel auf folgende Weise. Zuerst sonderte sich oder emanierte vom En-Sof eine Intelligenz, die alle übrigen enthält, im En-Sof aber von Ewigkeit her vorhanden war, und nur durch einen Akt in die Wirklichkeit gesetzt wurde (3a): יש מהספירות שהיו בכח באין סוף כמו הספירה הראשונה שהיא שוה לכלם. Es wird besonderes Gewicht darauf gelegt, daß diese erste Sefira wie die übrigen emaniert und nicht geschaffen ist (נאצל ist der Ausdruck 2b, 4b). Der Unterschied von Emanieren und Schaffen wird darein gesetzt, daß beim ersteren keine Kraftabnahme stattfindet, was beim letzteren

כי כל בריאה שנוטלין ממנה תחמצט ותתחסר ‎ ‎: der Fall ist
שנוטלין ממנו ואיננו חסר ‎ ‎. Aus der ersten Sefira entwickeln sich die übrigen.

Diese Emanation aus dem En-Sof, die Sefirot in ihrer Gesamtheit,
haben Teil an seiner Vollkommenheit (2b): והספירות שאחר שהם הפעל
המתחיל להמצא מאין סוף תחלה ראוי להיות כהן שלם מבלי חסרון; sie sind
demnach unbegrenzt und bilden doch das erste Endliche. Folglich sind sie zugleich endlich und unendlich, aber in der Art, wenn die Fülle des En-Sof
sich ihnen mitteilt, sind sie gleich ihm vollkommen und unendlich, ist sie dagegen ihnen entzogen, so sind sie mangelhaft und endlich (2b, 3a) הספירות
לכל ראש ותחלה לכל הבא בגבול ‎ ‎. והגבול הנאצל ממנו (מאין-סוף) לכל
מצוי הם הספירות שיש להם כח לפעול בהשלמה ובחסרון ‎ ‎. הספירות שהם
כח השלם וכח חסרון כשהם מקבלים מהשפע הבא מהשלמותם הם שלם והמנע
(1.) ובהמנע) השפע מהם יש בהם כח חסר לכך יש בהם כח לפעול בהשלמה
ובחסרון. Sie bilden die Wurzel des Endlichen (3a) שהם הספירות ולפיכך
הגבול (שרש1.) כלל לכל מוגבל הם שלש. Auch in dieser Vermischung des
Unendlichen und Endlichen in dem Intelligibeln erkennt man den fremden
Ursprung. Der Neuplatonismus nimmt ebenfalls an, daß die aus dem Einen
(Gott) hervorgegangenen Substanzen νοῦς, ψυχή und φύσις nicht ihrem Ursprung gleich sein können, οὐκ ἴσον δὲ τὸ προϊὸν τῷ μείναντι. Asriel erklärt
die endliche Seite dieser Sefirot, die er eigentlich am meisten braucht, auf
folgende Weise: Der En-Sof ist an sich unerkennbar, denn das Unendliche
vermöge der menschliche Geist nicht zu fassen. Alles, was er begreifen soll,
muß Maß, Verhältnis und Grenze haben. Wollte sich daher der En-Sof
offenbaren, d. h. von seinem Dasein Kunde geben, so mußte er sich im Be-
grenzten und Endlichen zeigen, mußte in dem Emanieren der Sefirot die endliche
Seite hervorkehren (3a): ואלו לא המציא להם (לספירות). גבול, לא היינו
מכירים שהיה לו כח להמציא הגבול וכדי להעיד שאין חוץ ממנו המציא
הגבול. (2a): ולפי שהוא (אין סוף) נעלם הוא שרש האמונה ושרש המרי,
4a והכתוב הבא לרמוז חוץ ממנו שאין חוץ ממנו אוחז דרך הרמז כמו בראשית ברא
וכו׳ ‎ ‎. והעד המעיד שאין חוץ ממנו דרך האחיזות הוא אחיזה אשר אחיזה
Prägnant ist folgende, etwas dunkle Stelle (3a): וכדי להעיד שאין חוץ
ממנו, המציא הגבול, שהמוגבלים נכרים בהגבלתם ואף על פי שאין גבול
למעלה, רמז (1. רָמַז) ההרהור הבא מאין סוף (שהוא מתעלם ומתעלם מתחשב
בגבול) יש בגבול לכל הנתפש בהרהור חלב וברמז המחשבה המתחשבת למנת
להמצא בדבור ולהראות למעשה (vergl. über diesen Punkt Meïr Gabbaï
a. a. O., p. 13a, b). — Von dieser ihrer endlichen Seite könne man sogar
von den Sefirot aussagen, sie seien körperlich. Auf die Frage, warum soll
man den Sefirot Grenze und Körperlichkeit beilegen, antwortet Asriel (das.):
וכל הבא בגבול יש לו שעור ויש לו גשמות, כי כל מה שנתפש בהרהור חלב
קרוי גוף, וחכמי המחקר אמרו שכל האדם יש לו גבול ומדרך המנהג אנו
רואים כי כל דבר ואפילו הרוח יש לו גבול ושעור ומדה. An der körperlichen Seite der Sefirot ist die Möglichkeit gegeben, daß der En-Sof, welcher
in den Sefirot immanent ist, sich auch verkörpern könne.

Die Zahl der Sefirot ist bei Asriel, wie bei allen späteren Kabbalisten,
zehn, eine reine Willkür in Zahl und Benennung. Die [2]) עשר ספירות des

---

[1]) Diese Lesart hatte Meïr Gabbaï vor sich (Derech Emuna p. 13b oben):
אצילותיו שהוא שרש לכל הבא בגבול.

[2]) Asriel etymologisiert das Wort ספירה von ספר „Zahl" 2b: הסדר הזה
שהם (הנבראים) מתקיימים ומתבטלים בו הוא נקרא ספירות שהם כח לכל

Sefer Jezira, die Agaba (Chagiga 12 a): בעשרה דברים נברא העולם בחכמה
בתבונה ובדעת ובגבורה וכו', ferner die zehn Sphären in der damaligen
Astronomie, die Überschwänglichkeit der Zehnzahl bei Jbn-Esra, alle diese
Momente zusammen haben bei der Annahme mitgewirkt. Die erste Sefira
nennt Asriel nicht wie die Spätern כתר, sondern רום מעלה, die zweite ist
auch bei ihm חכמה. Es dürfte auffallen, daß die Kabbalisten, sei es Asriel
oder ein Älterer, welcher Begriff und Benennung eingeführt hat, nicht die
Weisheit oder das Denken, den νοῦς, als erstes Abgeleitetes und Emaniertes
aus dem En-Sof gesetzt haben. Es scheint, daß er dasjenige, worin Gott
dynamisch enthalten sein soll, noch höher als den Geist habe sublimieren
wollen, und daß ihm „der Wille" — חפץ des G'ebirolschen Systems vor-
geschwebt hat. Ein zeitgenössischer Kabbalist, Jakob ben Schescheth, nennt
geradezu die erste Sefira רצון in seinem שער השמים [1]) (Ozar Nechmad III,
p. 157): ועל החויה הדקה ודנסתרה הזאת הפנימית אמר משיחר וגדולי
יהיו לרצון וכן אמר נביא מבטיחו יעלו על רצון מזבחי בחלוף למד לדלת
(כלומר עד רצון) ... נתתי את לבי לדרוש חוריה שניה ומצאוניה רשומה
חן ראה ה' היא חכמה אם כל מושג ידענוה ... מצאתי חוריה שלישית
הבן בחכמה וחכם בבינה ... (Vergl. auch weiter das Zitat aus Abulafia).
Ich will damit nur die Tatsache konstatieren, daß Asriels Kabbala überhaupt
Elemente des Neuplatonismus entweder durch G'ebirol oder ein anderes
Medium aufgenommen hat. Asriel gebraucht auch bei der Gruppierung der
Sefirot die neuplatonische Dreiteilung der drei großen Weltsphären, νοῦς,
ψυχή, φύσις. Er verlegt nämlich drei Sefirot in den עולם השכל, drei in
den עולם הנפש und vier in den עולם הטבע (3 b) und gebraucht als ausgeprägte Formeln מוטבע, מורגש, מושכל (4 a). Auch seine Vergleichung der
Emanation der Sefirot aus dem En-Sof mit dem Entstrahlen des Lichtes,
um die Immanenz und vollständige Einheit zu bezeichnen: אע"פ שאין לחמשיל
משל לאין סוף, לקרב הדבר לדעתך המשל הדבר לנר שמדליקין ממנו אלפים
ורבבות, זה מאיר יותר מזה כולם שוים בהשואת האור הראשון, וכלם מעקר
אחד, diese Vergleichung erinnert ebenfalls an das von den Neuplatonikern
gebrauchte Bild von der Emanation aus dem Einen (Gott): οἷον ἐκ φωτὸς
τὴν ἐξ αὐτοῦ περιλαμψιν, ein Bild, das auch G'ebirol im Mekor Chajim
gebrauchte.

Aus dieser Auseinandersetzung ergibt sich zur Gewißheit, was die Kabbala
mit ihrer Lehre bezweckte. Sie erklärte die Gottheit vor der Schöpfung als
gewissermaßen nicht vorhanden, weil nicht erkennbar, und die Schöpfung als
eine Manifestation Gottes in drei Wesenskreisen, der Welt des Intelligiblen,

---

ספיר oder von Saphir leiten es ab. מצוי הנגדר בגדר מספר
השמים מספרים כבוד אל ab.

[1]) Dieses kabbalistische in Reimprosa geschriebene Werk, von Mortara aus
einem Kodex mitgeteilt, ist bereits ediert in Gabriel Warschauers Sammelwerk
unter dem falschen Titel: לקוטי שם טוב p. 15 ff. Denn daß es Jakob ben
Schescheth aus Gerona angehört, bezeugt Isaak von Alko (in וישלח זו מאירין
und gibt den letzten Teil wörtlich wieder: עוד ראיתי לכתוב הקנאה הגדולה
... אשר קנא החסיד המקובל ... ה"ר יעקב בר ששת גרונדי על מחשבת
הפילוסופים בענין התפלה. Das Zeitalter gibt der Verfasser selbst an (p. 163):
וכבר עברו אלף קע"ח שנה לגולה, in der Warschauer Edition קצ"ה, also 1175
oder 1178 seit der Tempelzerstörung = 1243 oder 1246 ist es geschrieben.
Vergl. über ihn Carmoly, Itinéraires, p. 280 Note 10, Jellinek, Beiträge II, 44.

Note 3. Ursprung der Kabbala.

der Seele und der Natur. In jedem derselben waltet Gott nicht direkt, sondern indirekt durch die Substanzen der Sefirot, welche auch die niedere Welt, die Natur, aus sich herausgesetzt haben. Damit wollte die Kabbala die unmittelbare Berührung des En-Sof mit der Körperwelt durch den Schöpfungsakt vermieden wissen. Da sie aber einen andern Zweck damit verband, mußte sie in allerlei Willkürlichkeiten und Ungereimtheiten verfallen. So weiß sie nicht recht, was sie mit der zehnten Sefira anfangen soll, da sie in die dreimal Dreiteilung nicht paßt. Ihre Schwäche besteht besonders darin, daß sie keine klare Vorstellung davon hat, was denn eigentlich die Sefirot bedeuten sollen, ob sie als Prinzipien (ἀρχαί) oder als Substanzen (ὑποστάσεις) oder als Kräfte (δυνάμεις) oder als intellegible Welten (κόσμοι νοητικοί) oder endlich als Attribute oder Organe der Gottheit zu betrachten seien. Diese Unbestimmtheit und Unklarheit entging auch den Gegnern der Kabbala nicht. Salomon ben Scheschet Duran (XV. Saeculum) wirft das der Kabbala vor in Respp. No. 189: עוד שהם (המקובלים) לא ידעו אלו עשר ספירות מה הם. אם הם תוארים או שמות או השפעות שופעות מאתו יתברך. Entschieden vernichtend ist dafür die Kritik des Abraham Abulafia, der dem Ursprung der Kabbala näher stand und selbst Kabbalist war in seinem ספר אמרי (bei Jellinek, Philosophie und Kabbala p. 38): הם (המקובלים) אומרים שקבלו מן הנביאים ומן החכמים שיש שם עשר ספירות בלימה ועל ידי הספירות ברא הבורא העולם כולו. וקראו לכל ספירה וספירה שמות ... וכששאלנום לא ידעו היודעים אלה הספירות על איזה דבר יפלו שמותיהם בעצם. אם על גופים ממש או על חמרים בלתי צורות או על צורות בלתי בעלי חומר או מקרים נשואים על גופים והם כחות או על נפשיות נפרדות נושא כלם או על דעות הנקראים שכלים נפרדים. אבל אומרים שלפי אמונתם הם ענינים נשפעים מאלוה ית׳ והם אינם בלבדיו נמצאים ולא הוא זולתם היום אבל לפני היצירה היו בו ית׳ מדמיונם בכח והוא הוציאם מן הכח אל הפועל כשרצה לבריא העולם. וקוראים שם אחת מהספירות רצון ולא ימצאו בעצמם דרך לקראו נברא גם לא ימצאו דרך לקראו קדמון. Die späteren Kabbalisten waren daher im Streite darüber, ob die Sefirot als Wesenheiten (עצמות) oder als Organe (כלים) anzusehen seien.

Die Frage entsteht nun, was hat Asriel oder seinen Vorgänger bewogen eine solche geschraubte, anderswoher entlehnte, geradezu unjüdische Theosophie aufzustellen, die Sefirot zwischen Gott und die Welt einzuschieben und den Weltschöpfungsakt auf ein anderes Prinzip zu übertragen? Die Antwort gibt das oben gegebene Zitat im Namen des Abraham ben David (o. S. 387) und auch Asriel liefert in derselben Schrift den Schlüssel dazu. Zwei Motive haben die Entstehung der Kabbala veranlaßt. Derjenige Kreis in Südfrankreich und Katalonien (Posquidres und Gerona), welcher sich mit der krassen Buchstäblichkeit der Schule des Abraham von Montpellier und überhaupt der nordfranzösischen Rabbinen nicht befreunden mochte, mußte sich die Anthropomorphismen in Bibel und Agada zurecht legen. Ja noch mehr, er mußte über den allerkrassesten Anthropomorphismus des שיעור קומה hinwegzukommen suchen. Die mystische Schrift Otijot di R. Akiba welche in dieser Zeit so recht in Zirkulation gekommen war, hat eine große Verlegenheit erzeugt. Da auch sie als eine Partie der Agada galt und als von R. Akiba und R. Ismael beurkundet auftrat, mochten sie auch die Südfranzosen aus der Schule des Abraham ben David nicht verworfen wissen. Aus diesem Grunde führten die ersten Kabbalisten die Sefirot ein und behaupteten, daß sie die göttliche Versichtbarung in der Erscheinungswelt bedeuten. Asriel drückt sich darüber aus (5a): דע כי כל הספירות נקרא כבוד. Darum betonte dieser die endliche, ja körperliche Seite der Sefirot, damit die Anthropomorphismen und Theophanieen in Bibel, Agada und Schiur Koma buchstäblich genommen werden könnten und nicht gedeutelt zu werden brauchten. Diesen Gedankengang setzt Asriel deutlich auseinander (4a). Er will die Frage beantworten, ob die Sefirot auch in Bibel und Talmud angedeutet seien: היש לך ראיה מן הכתוב או מדברי רז״ל (על אין סוף והספירות)? Die Schrift spricht von Gott, wie von einem endlichen, veränderlichen Wesen. Diese Ausdrücke können daher nicht von dem En-Sof selbst verstanden, sondern müssen durchaus auf die Sefirot bezogen werden: אנו רואין מתוך הכתוב שהוא (הארן סוף) אותז דרך הגבול כמו: יראל, יירר, ויבא, וילך, וידבר וכן כל כיוצא בו...אם כן כל הדברים הנמצאים בכתוב נאמרים על דרך הגבול...והגבול הם הספירות. Noch deutlicher entwickelt er diesen Gedanken (4b): ועל מה ששאלת, אם יש להם (לספירות) שעור וגבול וגשמות? זה מפורש בתורה בנביאים ובדברי חכמים. בתורה דכתיב בצלמנו כדמותנו. בנביאים: ועל דמות הכסא...בדברי חכמים: הידוע שיעור של יוצר בראשית מובטח לו שהוא בן עולם הבא. Hier haben wir es deutlich: Das Schiur Koma hat den Kreis, welcher zwischen den krassen Agadisten und den Philosophen in der Mitte stand, am meisten gedrückt. Die Deutung des Schiur Koma war das Hauptbestreben Asriels und Esras, wie der (o. S.ʼ391) zitierte Vers des Dichters Meschullam Dasiera angibt: הם (עזרא ועזריאל) יודעים את יוצרים שעור, אבל מיראת כופרים עצרו: d. h. sie, Esra und Asriel, wissen wohl anzugeben, inwiefern von der Gottheit ausgesagt werden könne, daß sie ausgedehnte Maße habe; aber sie halten mit der Sprache zurück aus Scheu vor den Gegnern.

Nächst den Anthropomorphismen und den Theophanicen waren es die Ritualien des Judentums, welche das Sefirot-System der Kabbala erzeugt haben. Die Thora schreibt gewisse Gesetze vor, welche die Gottheit in sinnlicher Gestalt voraussetzen, namentlich das Opferritual. Man könne doch nicht von dem En-Sof behaupten, daß er den Opferduft rieche, daß er die Opfer als seine Speise betrachte, wenn man nicht einmal von ihm Wissen und Erkennen prädizieren dürfe? Folglich sollen die Ritualien nicht auf den En-Sof wirken, sondern erst unmittelbar auf die Sefirot und dann erst mittelbar auf den En-Sof, als ihre Quelle und ihren Urgrund (4a): וכל סדרי בראשית וסדרי המצוות (¹ שהם על סדר הספירות מעידות זה וכל שכן הקרבנות שכתוב בהן את קרבני לחמי וגו׳ זה ועוד שיש רחוק שהוא מתקרב עד שהוא מגיע לכח הצליון. וכל זה לא יתכן בלתי הספירות וסדורם במורגש ובמוטבע ובמושכל, כי לשון עליה וירידה שהוא מדרך הטבע, והרחת הריח שכתוב בו וירח ה׳ וגו׳ שהיא מדרך הרגש, והשגת החכמה שכתוב בי מי כהחכם... כל אלה יש לו גבול ומה שאין לו גבול (הארן-סוף) אין להגבילו ולהמשילו בכל אלה. Vgl. über die kabbalistische Erklärung der Opfer die Frage an Isaak Allatif und seine Antwort (Kerem Chemed IV, p. 10): שאלה מה כונתך בביאת הקרבן למקדש ושחיטתו ושריפתו ואם אתה נמשך אחר טעם מורה צדק או אחר טעם בעל הסוד? תשובה...דע כי איני רצוי בטעמי הקרבנות של מורה צדק ועל סוד בעל הסוד נסמכתי.

---

¹) Statt der sinnlosen Lesart סדרי המטות hat Meïr Gabbaï (a. a. O. p. 4b) das Richtige וסדרי המצוות. Auch für das Folgende hat er bessere Lesarten.

Note 3. Ursprung der Kabbala.

Von allen Seiten tritt die Tatsache ans Licht, daß die Kabbala weiter nichts war, als eine energische Reaktion gegen die Verflüchtigung der Agada und der Ritualien in der maimunischen Philosophie. — Es ergibt sich aus der kabbalistischen Auffassung der Ritualien die Annahme einer magischen Wirkung derselben, und hier lehnte sich die Kabbala an Jehuda Halevis System im Kosari an. Die Belebung und die Segensspende gehen vom En-Sof auf die Sefirot über und gelangen durch diese zur niederen Welt. Durch die Übung der Ritualien werden erst die Sefirot angeregt, die Ausgießung der göttlichen Fülle, des göttlichen Segens (שפע), auf die endliche Welt zu bewirken. Dieser Gedanke kommt öfter bei Asriel vor: שהם (ר' ספירות) משפיעים לכל הצריכים מפני שקבלתם מאין-סוף. Die Ritualien haben dadurch eine außerordentliche Bedeutung gewissermaßen für das ganze Universum, weil dadurch der Zusammenhang mit dem En-Sof erhalten und gefördert wird. Dieser Gedanke kommt zwar nicht in Asriels kabbalistischer Schrift, aber im kabbalistischen Kommentar zu Canticum (p. 11) vor, der Asriel oder Esra angehört (vgl. o. S. 391): כי עשירת המצוה היא אור חיים והנושה אותה למטה מקרים ומעמד בהם. Dieser Kommentar kann überhaupt als Ergänzung zum kabbalistischen System in seiner Ursprünglichkeit dienen. Der Verfasser desselben, der sämtliche Gebote und Verbote unter den Dekalog subsummiert, hat aber mehr die nomistische, als die metaphysische Seite der Kabbala hervortreten lassen. Das Opfer hat nach ihm die Bedeutung, den Geist durch die Sefirot und „die Kanäle" herunterzuziehen und näher zu bringen (das. p. 21a): על ידי הקרבן היה הרוח יורד ומתיחד בצינורות הקדושים וכתקרב על ידי הקרבן ותירינו דאקרי קרבן. Der Priestersegen mit erhobenen zehn Fingern als Hinweis auf die Sefirot, hat den Zweck, den Segen von oben auf die Erde zu leiten (das. 12b): שבירך הכהן בנשיאת כפים לרמז בעשר אצבעותיו עשר ספירות ולהאציל הברכה בהם להודיע כי משם תוצאות חיים. Das Gebet erhielt durch die Anschauung der Kabbala eine sehr hohe Bedeutung, um die Segensspendung vom En-Sof gewissermaßen zu sollizitieren (das. 10b): צריך אתה לדעת סוד הברכות וחיובם לפי שהברכה היא אצילת תוספות והמשכה מאסיפת המחשבה (אין-סוף) שהיא מקור חיים ... לפיכך תקן דוד מאה ברכות כנגד עשר ספירות בכל אחד מהם עשרה וכו׳. — — Der Tempel war, nach der Auffassung Asriels oder Esras, nach dem Ideale der Sefirot erbaut: והמשכן נמו כן נעשה על דרך הצולם הצליון (das. 3b). Im Exile, wo es kein Opfer und keinen Tempeldienst gibt, sind die geistigen Kräfte und der Segensstrom gewissermaßen versiegt (das. 23b): וכל זה בזמן הגלות אשר אין זבח ומנחה והדברים הרוחניים מתצלים ונמשכים אל מקום יניקתם.

Man hat diese rituale, gewissermaßen praktische Seite der Kabbala nicht genug ins Auge gefaßt und stets lediglich die theosophische Seite behandelt. Allein für die Kabbalisten, namentlich für die ältesten, war jene viel wichtiger und diese diente sozusagen nur als Einleitung dazu. — Aus dem Bestreben, die talmudische Agada einerseits in ihrem buchstäblichen Sinne festzuhalten und anderseits ihr höhere Beziehungen zu vindizieren, kamen die Kabbalisten auf wunderliche Annahmen, welche die Kabbala eigentlich diskreditiert haben. Es lag auf der Hand, die Ezechielische Vision vom Thronwagen Gottes (מרכבה) — die zu deuten sich auch die Philosophen (Maimunisten) gedrungen fühlten — auf die Sefirot zu übertragen. Da nun die Agada allerdings einen sinnigen Ausspruch hat: „Die Patriarchen bilden den Thronwagen" (האבות הן הן)

(המרכבה), so war es den Kabbalisten nahe gelegt, die Patriarchen mit den Sefirot in Beziehung zu setzen. Abraham, Isaak und Jakob werden daher als Träger oder Verkörperung gewisser Sefirot dargestellt. Asriel deutet diese Beziehung nur an: Isaak wird nämlich bei ihm mit der Sefira „Strenge" דין = גבורה = פחד in Beziehung gesetzt (5a). Näher ist diese Parallele im Kommentar zu Canticum entwickelt (Einl.). Abraham wird mit der Sefira „Liebe" oder „Milde" (חסד), Isaak mit der Sefira „Strenge" oder „strenges Recht" identifiziert, und in Jakob sei die Personifizierung jener Sefira, welche eine Mischung von Milde und Strenge bildet: Der „Friede" oder die „Schönheit": אברהם אבינו השיג מידיעת בוראו אשר לא השיגו הראשונים מצורו אחז מדת החסד בידו. ויצחק השיג... והוא לקח את הדין וכאשר נולד יעקב ונראה בעולם דמות דיוקנא של הקב"ה... לקח ממדת הדין וממדת החסד הדרך המוצעת והיא דרכיו דרך אמת ונתיבת שלום... אז היו שלשה האבות מרכבה לרוכב משמי שמי קדם. Vgl. das kabbalistische Massechet Azilut, das die Parallelisierung der Sefirot mit den biblischen Heroen noch weiter führt (zu Ende): חסד לאברהם... פחד יצחק... תפארת מדת יעקב נצח מדת משה רבינו... הוד שם מדת אהרן... צדיק יסוד עולם מדת יוסף... מלכות... מדת דוד המלך.

Damit ist die Anwendung der Sefirotlehre noch nicht erschöpft. Auf dem Thronwagen in der Ezechielischen Vision sitzt ein Wesen, „gleich einer Menschengestalt" (כמראה אדם). Die Kabbalisten, welche den Sefirot neben der Unendlichkeit auch eine endliche und körperliche Seite beimaßen, glaubten sich dadurch berechtigt, die Sefirot sich in menschlicher Gestalt vorzustellen. Sie waren auch dazu genötigt, durch die Beschreibung der Organe und Gliedmaßen Gottes im Schiur Koma. Sie verglichen also frischweg die Sefirot mit Kopf, Augen, Armen, Schenkeln, und scheuten sich nicht eine Sefira mit dem Zeugungsgliede zu parallelisieren. In Asriels Schrift עזרת ה' findet sich allerdings nichts davon, weil er für ein philosophisch gebildetes, ungläubiges Publikum schrieb und daher Scheu trug, dergleichen Absurditäten auszukramen. Aber im Kommentar zu Canticum wird diese Parallele angedeutet. Mehr kommt davon in Midrasch des R. Nechunja oder Bahir, in Massechet Azilut und bei Späteren vor. Die Sefirot wurden von den Kabbalisten wie ein vollständiger menschlicher Organismus dargestellt. Das Hohe Lied bot die beste Folie dazu.

Die Kabbala hat auch eine eigentümliche Psychologie und die Lehre von der Metempsychose, welche mit der Lehre von den Sefirot nicht direkt zusammenhängt. Ohne Zweifel hat sie dieselbe ebenfalls aus dem Neuplatonismus genommen, auf, wer weiß, wie viel Umwegen. Die platonische Lehre von der Präexistenz der Seele sagte ihnen mehr zu, als die aristotelische, welche die Seele als tabula rasa auffaßt. Asriel bringt die Seelenlehre mit den zehn Sefirot in Verbindung und nimmt an, daß die Seele ihre Kraft von ihnen ziehe (3b): וכח נפש האדם נמשך מהם (מי' ספירות) ומכחם על דרך זה: רום מעלה בכח הנפש הנקראת יחידה, והחכמה בכח הנפש הנקרא נפש חיה, והבינה בכח הרוח, und so geht es fort in der Spielerei, zehn Benennungen für Seele in der Bibel als zehn verschiedene Seelenkräfte auszugeben und sie mit den Sefirot zu parallelisieren. — Ist die Seele präexistierend, so muß die Gesamtheit der Seelen, welche sich in die Existenz ringen sollen, sich in einem geistigen Pleroma befinden, ehe sie in das leibliche Leben eintreten. Die Kabbala fand diese Annahme in einer Agada angedeutet,

Note 3. Ursprung der Kabbala.

daß der Messias nicht eher erscheinen werde, bis sämtliche Seelen erschöpft sein werden: ארין בן דוד בא עד שיכלו כל הנשמות שבגוף (Jebamot p. 63a). — Die Metempsychose benutzten die Kabbalisten, um eine eigene Vergeltungslehre aufzustellen. Eine Seele, welche sich durch Sünden von dem Zusammenhange mit der Geisteswelt der Sefirot losgelöst und befleckt hat, muß öfter in das leibliche Leben wieder eingehen, bis sie sich geläutert hat. Das nennen die Kabbalisten das **Geheimnis des Durchganges oder der Seelenwanderung** (סוד הצבור). Sie führten darauf die Bestimmungen der Leviratsehe zurück. Durch die Ehe des überlebenden Bruders mit der kinderlos gebliebenen Witwe soll die Seele des verstorbenen Bruders wiedergeboren werden. Das ist das Mysterium der Schwagerehe (סוד היבום). Davon spricht auch der Verf. des kabbalistischen Kommentars zu Canticum, also Asriel oder Esra. (Vgl. darüber das Gedicht von Nachmani in seinem Hiobkommentar zu c. 32.) Es gibt also nach dieser Lehre alte und neue Seelen (vgl. o. S. 391). Auch der Neuplatonismus und namentlich Proklus hatte die Lehre, daß reine Seelen, die nicht schon im Leibesleben waren, nur selten zur Erde steigen; die meisten Seelen dagegen sind bereits schon früher dagewesen und durch Verschuldung wieder geboren. (Vgl. Zeller, Geschichte der Philosophie III, 2, S. 944.) Nachmani und spätere Kabbalisten beschränkten die Seelenwanderung auf dreimaliges Wiedergeborenwerden und wendeten darauf den Vers Hiob 33, 29: הן כל אלה יפעל אל פעמים שלוש עם גבר an. Die Messiasseele soll die letzte sein von denen, welche aus dem Pleroma (אוצר הנשמות) zur Erde gelangen. Ein frommer Wandel kann daher das Erscheinen des Messias fördern, so wie ein sündhafter es verzögert; denn wenn stets die alten Seelen wiedergeboren werden, was durch Sündhaftigkeit geschieht, so kann die Seele des Messias nicht in das irdische Dasein treten. (Vgl. darüber Schem-Tob. Emunot VII, I). So weit die Lehre der Kabbala in allen ihren Verzweigungen.

Es kann nach dem Vorausgeschickten nicht zweifelhaft sein, daß die Kabbala erst zur Zeit entstand, als die Bewegung gegen die maimunische Richtung im Judentume anfing, und daß sie gegen dieselbe reagieren wollte. Woher die ersten Kabbalisten, sei es Isaak der Blinde oder ein anderer, ihre, dem Neuplatonismus entlehnten Grundprinzipien bezogen haben, kann noch nicht mit voller Gewißheit angegeben werden. Daß die Kabbalisten keine Scheu trugen, philosophische Ideen der Zeitphilosophie aufzunehmen, beweist eine schlagende Stelle im Kommentar zu Canticum, wo der Verf. sich mit der platonischen Ansicht, Gott habe die Welt aus einem hylischen Stoffe geschaffen, befreundet und den Einwurf beseitigt, als werde damit die Ohnmacht Gottes angenommen, daß er nicht aus Nichts habe schaffen können. Denn es bekunde keineswegs die Ohnmacht Gottes, daß er nicht das Unmögliche geschaffen habe, z. B. daß die Diagonale eines Quadrats einer seiner Seiten gleich sei, oder daß zwei Gegensätze zu einer und derselben Zeit stattfinden sollten (das. 6a): והוא על דעת אפלטון האומר כי שוא הוא שיוציא הבורא דבר בלא דבר, כי יש חומר נמצא והוא על דרך משל בחומר לוצר או בברזל לנפח ויצייר ויצור מבני כח שירצה. כן הבורא ית' יצר מן החומר שמים וארץ. ופעם יצירתו מבנו דלת זה. אין קוצר בחוק הבורא כשלא יברא דבר בלא דבר, כמו שאין קוצר ביכלתו כשלא ימצא דברים הנמנעים שיברא מרובע זהרע אלכסונו שוה לצלעו ולקבץ שני הפכים ברגע אחד. וכמו שארין זה קוצר ביכלתו כך אין קוצר אם לא יאציל דבר בלא דבר כי זה בכלל הנמנעים. Die Kabbalisten

26

polemisierten also eigentlich nicht gegen die Philosophie überhaupt, sondern gegen die aristotelisch-maimunische und überhaupt gegen diejenige Richtung, welche die Autorität des geheiligten Schrifttums, Bibel oder Agada, zu schmälern suchte. So hat der Verf. des kabbalistischen Canticumkommentars eine starke Polemik gegen Jbn-Esras Ansicht, daß manche Verse im Pentateuch erst später hineingekommen seien (das. 20): מה שאחה צריך לדעת כי התורה כלה אמורה מפי הגבורה ואין בה אות ונקודה אחת שלא לצורך כי כלה בנין אלהים חצובה בשמו של הקב״ה. ואין הפרש בין ותמנע היתה פלגש... ואלוס מגדל ואלוס כירס ובין עשרת הדברות ופרשת שמע ישראל. והמחסר אית אחת חרי הוא כאלו חסר שס מלא ועולס מלא. ולכך היה הה הצורך לספור האותיות ולספור התבות חסרות ויתרות כתיב ולא קריין... ואותיות גדולות וקטניות... והשמר על נפשך לחיות מין לאמר כי עזרא הסופר הוסיף בה בהתעסקתו כמו והכנעני אז בארץ... הנה דרשו ערש ברזל כי זה הוא כפירה גמורה. Das letztere ist gegen Jbn-Esra gerichtet.

Die erste apokryphe, mystische Schrift, welche kabbalistische Lehren talmudischen Autoritäten, zuweilen auch fingierten, in den Mund legt, ist das Buch בהיר oder מדרש של ר׳ נחוניה בן הקנה. Daß es unecht und jung ist, braucht kaum bewiesen zu werden. Vor Nachmani wird es von keinem einzigen Schriftsteller zitiert. Auch verrät sich die Jugend durch die Bekanntschaft mit den Namen der hebräischen Vokal- und Akzentzeichen und durch deren mystische Deutung, wobei auch ein Ausspruch Jbn-Esras benutzt ist, daß die Vokale sich zu den Konsonanten wie die Seele zum Leibe verhalten (vgl. Jellinek, Philosophie und Kabbala p. 41 ff.). Aber auffallenderweise ist diese Stelle in chaldäischer Sprache gehalten (vgl. Anmerk.), während alles übrige hebräisch lautet. Bemerkenswert ist, daß der Verf. des Canticumkommentars (Esra oder Asriel) mehrere Sätze hat, die auch im Bahir vorkommen, ohne daß diese Schrift oder überhaupt ein מדרש als Quelle derselben angegeben wäre. Sie stehen da in selbständiger Haltung (vgl. z. B. p. 22a ff. אילן יש להקב״ה mit Bahir p. 5d ff.; Kommentar Cant. zweite Einleitung: והמלות האלה בריח לבנון, אתי מלבנון... קבלנו כי הוא חכמה mit Bahir p. 10c. Dritte Einleitung, daß man von der Finsternis nicht das Verbum יצר gebrauchen könne, mit Bahir p. 2c. Die Symbolisierung der 32 Schaufäden 7c mit Bahir 5d). Nur den Passus von dem Verhältnis der Vokale zu den Konsonanten zitiert derselbe Kommentar unter Aufführung eines Midrasch.[1]) Dieser Punkt bedarf noch einer Untersuchung. Jedenfalls kann der Bahir, da kabbalistische Theorien darin vorkommen, und er im zwölften Jahrhundert noch nicht bekannt war, nur der Zeit des Ursprungs der Kabbala angehören. Die Sefirotlehre ist im Bahir noch nicht entwickelt, sondern sehr roh gehalten; kaum daß die Zehnzahl erwähnt wird. Der Ausdruck אין סוף kommt nur einmal vor (4c) und nur wie hingehaucht. Dagegen wird auf die Seelenwanderung viel Gewicht gelegt (8d, 11a, d), worauf Nachmani seine kabbalistische Theorie und seine Hiob-Erklärung basiert hat.

---

[1]) Nach einem Schorrschen Ms. (Chaluz IV, 89, Note) lautet der Passus המשיל תורה שבכתב לנקודה. שהנקודות באותיות כמו הרוח בגוף כמו שאמרו רז״ל במדרש נקודה באוריתא דמשה דמי באתוותא כנשמתא דחיי בגופיה דאינש. In der Edition fehlt das Wort מדרש, und der chaldäische Passus ist auch gekürzt. Es ist möglich, daß die ganze chaldäische Stelle erst später in den Bahir interpoliert wurde.

4.
Das Martyrium von Lauda und Fulda.

Zunz hat, um einen vollen Eindruck von dem Blut- und Tränenstrom in der mittelalterlichen jüdischen Geschichte zu geben und dadurch das Verständnis der synagogalen Gebete mit ihren Seufzern zu erleichtern, Leidensannalen angelegt und die Judenverfolgungen und Martyrien Jahr für Jahr vom ersten Kreuzzug und noch früher bis in die letzte Zeit registriert (synagogale Poesie, S. 19—58). Er wollte, wie er sich so schön ausdrückt, mit dem „Trauergange" durch die Jahrhunderte die Tatsache konstatieren, „daß die Geschichte der europäischen Juden größtenteils nur eine Reihe von Experimenten enthält, welche die Feinde dieser Unglücklichen, um sie zu vertilgen, angestellt haben." Er wollte „die Motive des Zorns und der Erbitterung erklären", welche in den poetanischen Kinot und Selichot vorkommen, wollte „die Quelle der Tränen öffnen, die Schmerzen und Wunden zeigen, die Leiden fühlbar, die Flüche hörbar machen". Der Wert solcher martyrologischen Annalen besteht natürlich in ihrer Genauigkeit und Geschichtlichkeit, die Zunz' Gelehrsamkeit auf diesem Gebiete nicht vermissen läßt. Daß auch hin und wieder Mißgriffe vorkommen, schmälert das Verdienst dieser großartigen Zusammenstellung keineswegs und liegt in dem dornenvollen Gegenstand und in der Zerstreutheit der Quellen. Diese nur gerechte Anerkennung darf jedoch die Kritik nicht hindern, Berichtigungen in diesen Annalen anzubringen. Hier will ich ein Martyrium, das zu seiner Zeit viel Aufsehen gemacht und den Kaiser Friedrich II. veranlaßt hat, eine Kommission von Rechtsgelehrten zusammentreten zu lassen, um zu entscheiden, ob die Anschuldigung des Menschenblutgebrauches gegen die Juden gerechtfertigt sei, ins Licht setzen, weil es Zunz ganz und gar in Abrede gestellt hat. Dieser bemerkt nämlich (das. S. 29): Im Jahre 1236, berichtet Trithemius (Verf. der Chronica Hirsaugensis), haben die Juden in Fulda einige Christenknaben in einer Mühle hingerichtet; die Schuldigen wurden verbrannt. Der Mob schickte dem Kaiser Friedrich, bei welchem die Juden klagten, zum Beweise die Leichen nach Hagenau. Nach Schannat haben die Juden fünf Knaben ermordet, wofür 34 Juden mit dem Schwerte erschlagen wurden.' „Beide melden die Unwahrheit". Zunz verlegt nach drei übereinstimmenden Selichot dieses Martyrium von 1236 auf Ende 1234 und Anfang des folgenden Jahres, wobei viele Juden einfach ermordet und acht gelehrte Männer gemartert und zum Tode verurteilt wurden. Hier hat Zunz ein Martyrium für ein anderes substituiert und mit Unrecht das von Fulda 1236 geleugnet.

Denn nicht Trithemius und Schannat sind die ersten Quellen für das Martyrium von Fulda, sondern zwei Zeitgenossen, der anonyme Verf. der Annales Erfordenses (bei Pertz, Monumenta Germaniae XVI, p. 31) und ein anderer Anonymus bei Urstisius (Germaniae historici II, p. 91). Durch sie sind Faktum und Datum über alle Zweifel konstatiert. Der erstere referiert: 1236. Hoc anno V. Kal. Januarii in Fulda Judaei utriusque sexus triginta quatuor a cruce signatis Christianis sunt perempti, quoniam duo ex iisdem Judaeis in Sancto die Christi (natali) cujusdam Molendinarii extra muros habitantis . . . quinque pueros miserabiliter interemerant, ac ipsorum sanguinem in saccis cera linitis susceperant igneque domui supposito recedentes, cujus rei veritate comperta et ab ipsis reis Judaeis confessa puniti sunt ut supra dictum est. Die zweite Quelle gibt interessante Tatsachen dazu: Eodem tempore (1236) apud Fuldense monasterium Judaei quosdam pueros Christianos in quodam molendino, ut ex iis sanguinem elicerent ad suum remedium, peremerunt. Unde cives ejusdem civitatis multos ex Judaeis occiderunt. Sed cum puerorum corpora castrum Hagenowe delata et ibidem venerabiliter tumulata fecissent, imperator tumultum, qui tunc contra Judaeos exortus est, aliter sedare non valens, multos viros potentes, magnos et literatos ex diversis partibus convocans, diligenter a sapientibus inquisivit, utrum fama communis Judaeos Christianum sanguinem in Parasceve necessarium habeant, firmiter proponens, si hoc ei de vero constaret, universos sui imperii Judaeos fore perimendos. Verum quasi nihil certi super hoc experiri poterat severitas imperialis proposita, accepta tamen a Judaeis magna pecunia acquievit. Solche Berichte von Zeitgenossen über ein Faktum, das nicht in einem Winkel vorging, sondern in ganz Deutschland Aufsehen erregte, dürfen nicht ohne weiteres verworfen werden. Das Faktum und die Zeit werden auch durch eine jüdische Quelle bezeugt. Das Mainzer Memorbuch (bei Carmoly) führt das Martyrium von Fulda folgendermaßen auf: הרוגי וולדא תתקצ"ו ר"י בשבת ר' יוסף הצרפתי ר' דוד הצרפתי ובו. Auch das stimmt aufs Haar. 17. Tebet = 28. Dezember und V. Kal. Januarii = 28. Dezember. Das Faktum fand also einige Tage vor dem Beginn des Jahres 1236 statt. Die Amnestie des Kaisers für die Judenmörder ist in einer Urkunde erhalten bei Böhmer, Codex diplomaticus Moenofrankf. I, p. 76.

Wie steht es aber mit dem Faktum, das Zunz in drei Selichot gefunden und das in Zeit und Umständen verschieden von dem oben genannten ist? Auch damit hat es seine Richtigkeit; nur fand dieses Martyrium nicht in Fulda, sondern in Lauda an der Tauber (Baden) statt. Das genannte Memorbuch gibt vollständigen Aufschluß darüber: בשנת תתקצ"ה בלוירא ובישופשהיירים ר' בשבט. ור"א בו נהרגו אלו שבעה צדיקים נתייסרו ונכתתו עצמותם באופנים ביסורין קשין ובמיתה מרה. וביום ג' למחרתם נשרפים ואלו הן ר' נתן הזקן ור' יוסף ור' שלמה ור' ישמעאל ור' נחמיא ור' חייא ור' יחיאל בר יוסף הכהן ור' מאיר בר משה הלוי. וצמתם ר' יצחק בר מאיר בחתוז הראש בסריק. ואחר הריגתו שרפוהו. Es sind dieselben, die Zunz (das. S. 30) aufführt. Sie kommen auch in einer Selicha vor (aus einem handschriftlichen Machsor[1]) der Breslauer Universitätsbibliothek) in einer סליחה Anfang: אתה בחרתנו למוסף ר"ה, deren Verf. Isaak ben Nathan war. Darin wird die schauderhafte Folterung der acht Frommen haarsträubend geschildert: זדים קמו עלי בעלילותם . . . חשבו להכחידנו ולכלבו בשחיתותם. רום . . . כמו רשעים עלי כנים נדיבים ונתפשו שמונה צדיקים וטובים. יום אחד עשר בשבט דני ארבעה ההורגים, והנה ארבע אופנים אצל הכרובים, כל הרד אויב ואכזר מכתיריו ברסוק אברים . . . מהר בליעל ועל לשונו רגל סיבי והקפיפוהו בזוי זהב ובוזו כסף ולא אחכיל ביום נקם מלהרוג רוסף על זה אתחיל מבתי בחצצו יפגיום ויאסף, היה רצה אבלתחו טרף טורף רוסף פגע וסדר מיצרכיו בבית מצרכתיו, פגע בר' מאיר הלוי ונתנו אותו לנתחיו קם ויצא אל הרג . . . ר' יחיאל הסגן מפרחי כהונה . . . שם אחריו

---

[1] Dieses wertvolle Ms., welches auch בערבית zu Neujahr enthält (also für Worms bestimmt war) ist geschrieben von einem Jünger des R. Meir von Rothenburg vor des letztern Tode, vor 1293.

והחזיק ר' נחמיה בר חייא בתם לבבו ורוחו הנקיה . . . יום ש׳ י״ם עשר
הקריבו ר' חיים החסיד המכהן . . . חלק ובלק ישרשר וחכמי על ר' נתן
חזקן וכמרו נחומר . . . ור' שלמה הנעים פנעו בו פריצים . . . סדרו נתחיו
את הראש ואת פדרו על העצים. נעדרים שבעה אלה השלימו חירתם בעלעל
עברתו . . . נצח על השמינית האהוב ר' יצחק . . . קופדין כמוגל ירך שלח
בו בחרון אפו. ויהי ביום השלישי למהרתם הצית כחם האיר ושרף גופם.
Aus dieser Selicha ergibt sich die Differenz, daß einige der acht Märtyrer
erst am 12. Schebat hingerichtet wurden. Wir haben es also hier mit dem
Martyrium von Lauda und dem benachbarten Bischofsheim zu tun und
nicht mit dem von Fulda, welches elf Monate später stattfand. Landshut
hat in seinen Amuda Aboda, nach Zunz' Vorgang, Lauda und Fulda zu-
sammengeworfen. Der Irrtum beruht auf der hebräischen Schreibweise.
Hängt sich nämlich zufällig an das Wort לודא ein י an und das aus der
Mitte fällt aus, so ist die Verwechslung von Lauda und Fulda leicht.

5.

Das Datum der ersten Verbrennung des Talmuds in Frankreich.

Obwohl das Datum, an dem zum ersten Male der Scheiterhaufen für
den Talmud in Paris angezündet wurde — ein Faktum, das den Zeitgenossen
denkwürdig schien — in jüngster Zeit Gegenstand gelehrter Untersuchung geworden ist, so vermißt man noch immer kritische Gewißheit hierüber, weil
die christlichen und jüdischen Quellen darüber noch nicht konfrontiert worden
sind. Jüdischerseits wird das Jahr 1244, christlicherseits dagegen das Jahr 1240
als dasjenige Datum angenommen, an dem zuerst viele Wagen mit Talmudexemplaren auf Befehl des Königs Ludwig des Heiligen verbrannt wurden.
Welches ist das Richtige? Das erstere stammt, wenn auch nicht von einem
Augenzeugen, so doch aus durchaus glaubwürdiger Quelle. Zidkia ben Abraham, Verf. des Sammelwerkes über Ritualien (שבלי לקט) der in der zweiten
Hälfte desselben Jahrhunderts geblüht hat, berichtet aus seiner Jugend-
erinnerung oder aus Tradition von älteren Lehrern, daß die französischen
Rabbinen den Freitag der Perikope חקת zum Fasttage eingesetzt haben,
weil im Jahre 1244 eine Menge Talmudexemplare verbrannt wurden. Der
Passus fehlt zwar in der Edition des Schibole Leket, ist aber in einer Handschrift erhalten und ist auch in das nach demselben gearbeitete Buch תניא
No. 58 übergegangen (vgl. Schorr in Zion I, p. 94, Note). Die Stelle lautet:
ועל שאנו עוסקין בהלכות תענית ובענין שריפת תורה זה לזכר מה
שאירע בימינו . . . ונשרפה תורת אלהינו בשנת ה' אלפים ור' לבריאת העולם
ביום ששי פרשת חקת בעשרים וארבעה קרונות מלאים ספרי התלמוד
והלכות והגדות בצרפת כאשר שמענו לשמ״ע אזן. גם מן הרבנים שהיו שם
שמענו ששאלו שאלת חלום אם גזירה היא מאת הבורא והשיבו להם: ידא
גזירה איריתא, ופירשו ביום ו' פרשת חקת היא הגזירה. ומאיר יום ואילך
קבעוהו יחידים להתענות בכל שנה ושנה ביום ו' של פ' חקת ולא
קביעתיה לימי החדש. Freitag in der Woche der Perikope חקת fiel auf den

9. Tammuz = 17. Juni 1244. Eine so bestimmte Datumangabe verdiente allerdings vollen Glauben, wenn sich nicht von anderer Seite Bedenken dagegen erheben würden.

Aus einem Ermahnungsschreiben des Papstes Innocenz IV. an den König Ludwig, das Mai 1244 ausgestellt ist, geht nämlich hervor, daß der Talmud bereits vorher verbrannt worden sei. Dieses päpstliche Schreiben, welches noch gar nicht in Betracht gezogen worden ist, lautet in extenso: Ad Ludovicum Francorum regem ... Et licet dilectus filius cancellarius Parisiis, et doctores regentes Parisiis in sacra pagina et mandato felicis recordationis Gregorii papae, tam praedictum abusionis librum (quem Talmud Hebraice nuncupantur), quam alios quosdam cum omnibus glossis suis perlectos in parte ac examinatos, ad confusionem perfidiae Judaeorum publice coram clero et populo incendio concremarint, prout in literis eorum perspeximus contineri, quibus tu ut tanquam catholicus rex et princeps christianissimus impendisti super hoc auxilium congruum et favorem ... Quia tamen nondum Judaeorum ipsorum abusio profana quievit, nec adhuc dedit eis vexatio intellectum, celsitudinem regiam attente rogamus et obsecramus ... ut qui excessus hujusmodi detestabiles et enormes ... prout pie incepisti laudabiliter persequendo faciens debita severitate percelli, tam praedictos abusionis libros reprobatos per doctores eosdem, quam generaliter omnes cum glossis suis ... mandes per totum Regnum tuum ubicunque reperiri poterant, igne cremari. Datum Laterani V. Idus Maji, anno primo (Mansi concilia XXIII, p. 591. Raynaldus, Annales ecclesiastici ad annum 1244, No. 42). Da Innocenz IV. den päpstlichen Stuhl den 24. Juni 1243 bestieg, so ist dieses Schreiben den 11. Mai 1244 erlassen, und dieses beruft sich darauf, daß schon früher der Talmud „mit den Glossen", d. h. mit Raschi und Tossafot dazu, verbrannt worden sei. — Hier ist zwar das Jahr des Verbrennens unbestimmt gelassen, der anonyme Verf. der Annales Erfordenses, der in demselben Jahrhundert geschrieben, gibt aber ganz bestimmt das Jahr 1242 für das Faktum an: Circa festum St. Michaelis (eodem anno = 1241) rex Franciae ... nimiam studii sui jactantiam viginti quatuor carratas librorum suorum Parisiis incendio jussit cremari. Daß hier von Juden und vom Talmud die Rede ist, ist leicht zu erkennen; die betreffenden Wörter waren aber in dem Kodex, aus dem Mansi in einer Note zu den zitierten Annales eccles., p. 313 den Passus entnommen hat, nicht leserlich und sind auch bei Pertz XVI, p. 34 defekt. Aus der Angabe des zeitgenössischen zelotischen Dominikaners Thomas Cantipratensis scheint sogar hervorzugehen, daß der erste Scheiterhaufen für den Talmud noch früher angezündet wurde. Die Sache ist also nicht so leicht, wie es sich einige Historiker mit der Fixierung dieses Datums gemacht haben.

Um nun das Jahr zu ermitteln, ist es nötig, die Aktenstücke, welche von der Verhandlung über die Achtung des Talmuds zwischen den Päpsten, den Regenten Europas und dem Klerus vorhanden sind, zusammenzustellen. Denn die Geschichte hat einige Jahre gespielt. Die Anregung dazu ging von dem Konvertiten Nikolaus Donin aus, der als Ankläger des Talmuds 1239 vor dem Papst Gregor IX. auftrat. Die Aktenstücke darüber sind gesammelt in Quetifs und Ekhards scriptores ordinis Praedicatorum I, p. 128 und in Ekhards St. Thomae summa suo autori vindicata, daraus im Auszug mitgeteilt in Acta sanctorum zum 25. August p. 359 f. Dort heißt es: Tempore Gregorii papae quidam conversus Nicolaus nomine, dicto summo pontifici intimavit, quod Judaei lege veteri non contenti immo prorsus eandem praemittentes affirmant, legem aliam, quae Talmudi doctrinä dicitur, dominum edidisse ac verbo Moysi traditam . . . cujus volumen in immensum excedit textum bibliae . . . in quo tot abusiones et tot nefaria continentur, quod pudori referentibus et audientibus sunt horrori, et hanc esse causam praecipuam quae Judaeos in sua perfidia retinet obstinatos. Infolge dieſer Anklage erließ der Papſt ein Handſchreiben an die Kirchenfürſten, daß ſie mit Hilfe des weltlichen Armes die Talmudexemplare am erſten Sabbat in den nächſten Faſten (1240) ſaiſieren laſſen und den Dominikanern und Franziskanern übergeben ſollten: Si vera sunt quae de Judaeis in regno Franciae et aliis provinciis commorantibus asseruntur, nulla de ipsis esset poena sufficiens sive digna. Ipsi enim lege veteri non contenti, affirmant legem aliam, quae Talmut . . . dicitur etc. (wie oben). Fraternitatem vestram monendam diximus . . . quatenus primo sabbato quadragesimae proximae venturae mane, quando Judaei in Synagogis conveniunt, universos libros Judaeorum vestrae provinciae capi et apud fratres Praedicantes et Minores faciatis fideliter conservari.

Das Schreiben an den Biſchof von Paris übergab Gregor IX. Nikolaus ſelbſt zum Überbringen, weil dort die Hauptſchlacht gegen den Talmud geliefert werden ſollte. Literas nostras ad negotium super libro Judaeorum tibi ac collegis tuis a nobis commissum spectantes tibi ex parte nostra per dilectum filium Nicolaum, quondam Judaeum, latorem praesentium, praesentandas . . . devote recipiens ipsas venerabilibus fratribus archiepiscopis Franciae, Angliae, Castellae ac Legionum et Portugalliae regibus illustribus desinatas a nobis transmittas, cum videris expedire. Wie an die Könige, ſo ſchrieb der Papſt (20. Juni) auch an die Provinzialen der beiden Orden, ſich die Schriften der Juden ausliefern zu laſſen und ſie nach Befund zu verbrennen. Quatenus universos Judaeos in regno Franciae, Angliae, Aragoniae, Navarrae, Castellae et Legionum ac Portugalliae commorantes ad exhibendos omnes libros suos facientes compelli brachio saeculari, illos quos invenitis errores hujusmodi contineri, faciatis incendio concremari. Datum Laterani XII. Kal. Julii post pontificatum anno XIII. — Was weiter geſchehen iſt, referiert der Kanzler Odo von Paris, welcher dieſe Korreſpondenz zur Erinnerung mitteilt, um das Anathema gegen den Talmud nicht rückgängig machen zu laſſen: Omnia vero, quae interclusa fuerant (nempe viginti quinque articuli in Talmud) sub bulla et singula in praedictis libris in praesentia . . . Galteri archiepiscopi Senonensis et venerabilium patrum Parisiensis (et) Silvanectensis episcoporum et fratris Gaufridi de Blevello, Capellani vestri tunc Parisiis degentis et aliorum magistrorum Theologiae et etiam magistrorum Judaeorum, qui praedicta in libris suis contineri confessi sunt in praesentia praedictorum. Facta enim diligenti examinatione inventum est, quod dicti libri erroribus erant pleni.

Soweit die Vorbereitung zum Autodafé für den Talmud. Über die eigentliche Ausführung berichtet der Mönch Thomas Cantipratensis (de apibus p. 16), er erzählt, daß ein hochgeſtellter Geiſtlicher ſich beim König zugunſten der Juden verwendet habe, und noch andere intereſſante Nebenumſtände: Rex Franciae Ludovicus anno circiter 1239, instigante fratre

Henrico dicto de Colonia ordinis Praedicatorum . . . sub poena mortis congregari fecit Parisiis nefandissimum librum Judaeorum, qui Talmud dicitur . . . Hujus itaque libri diversa exemplaria ad comburendum Parisiis delata sunt. Flentes ergo Judaei adierunt Archipraesulem, qui regis consiliarius summus erat et pecuniam ei pro conservatione librorum innumerabilem obtulerunt. Qua corruptus, regem adiit et ad voluntatem suam juvenilem animum mox invertit. Redditis ergo libris Judæi solemnem agi constituunt omni anno, sed in vanum, aliud spiritu Dei ordinante. Revoluto enim anno die certo et ipso loco, quo libri exsecrabiles redditi sunt Judaeis, hoc est in Viceniis prope Parisiis dictus archiepiscopus ad consultationem regis veniens diro viscerum dolore correptus est, et eadem die cum ejulatu maximo vitae finem accepit. Fugit autem rex de loco cum tota familia, nimium verens, ne cum archiepiscopo divinitus feriretur. Nec multo post, ut prius instigante dicto fratre Henrico Judaeorum libri congregati sunt sub mortis poena et in maximo multitudine sunt combusti. Nota autem lector, quod omnes Orientales Judaei haereticos et excommunicatos reputant hos Judaeos, qui contra legem Moysis et prophetas hunc librum . . . Talmud . . . recipiunt et conscribunt et tamen Archipraesul legis Christi talem defendit. Obwohl der Mönch Thomas kein sehr zuverlässiger Schriftsteller war, vielmehr alle Vorgänge nach der Enge seiner klösterlichen Zelle beurteilt hat, so ist seine Angabe doch nicht ohne weiteres zu verwerfen, zumal er Zeitgenosse der Begebenheiten war und damals vielleicht gar in Paris weilte. Jakob Ethards Kritik, daß Thomas' Relation im Widerspruch mit Odos Referat stände, die erstere daher keinen Glauben verdiente, ist wohl begründet. Ein Aufschub zwischen der Verordnung des Papstes Gregor, den Talmud zu verbrennen, und der Ausführung hat jedenfalls stattgefunden. Das bezeugen sogar die Akten über dieses Faktum in einem Kodex der Sorbonne, woraus Ethard seinen Bericht geschöpft hat, daß der König die Frage, ob der Talmud zu verbrennen sei, einige Zeit ventiliert hatte, bis er sich endlich entschloß, Zensoren zur Prüfung zu ernennen: . . . Quod cum super combustione librorum Talmud . . . coram Christianissimo rege nostro Ludovico causa fuisset aliquamdiu ventilata tandem dedit nobis alios auditores videlicet archiepiscopum Senonensem, episcopum Silvanectensem, cancellarium Parisiensem (Odonem), in Scriptores ordinis Praedd. l. c. p. 129. Zweimal sind also Prüfungen mit dem Talmud vorgenommen worden, die erste unmittelbar nach der Konfiszierung der Talmudexemplare, und die andere, genauer eingehend (facto etiam postea diligenti examine, wie sich der Kanzler Odo ausdrückt), erst später. Wozu wäre eine zweite, genauere Prüfung und eine zweite Berufung einer Kommission nötig gewesen, wenn die Talmudexemplare nach der ersten Konfiskation verbrannt worden wären? Die erste Prüfung hing, wie es scheint, mit der Disputation zusammen, welche der französische Hof zwischen Nikolaus Donin und vier französischen Rabbinen veranstalten ließ, wovon die disputatio Jechielis cum Nicolao handelt. Diesen Zusammenhang deutet der Sorbonner Kodex (bei Quetif und Ethard) an: Statuta itaque die nobis, vocatisque peritioribus Judaeorum magistris coram se citatis, coeperunt inquirere super praemissis veritatem. Diese Disputation, welche, wie die Einleitung angibt, durch Nikolaus und seine Denunziation angeregt wurde: כי נתבולל בעמים ונקרא שמו ניקולש המרין

Note 5. Das Datum der ersten Verbrennung des Talmuds in Frankreich. 409

ומראשית היה שמו דוני'ן לא יהיה לו נין . . . ויוציא את דבתנו אל (חבלך¹ — ואל היקופש והחיבלבלים והגמונים פלירים בעיר פריסו — fand statt 1240, Montag in der Woche der Perikope בלק, den 20. Tammus = 25. Juni.

Gehen wir jetzt an die Ermittelung der Daten für die angegebenen Tatsachen. Juni 1239 erließ Papst Gregor die Bulle, den Talmud während der Fastenzeit des nächsten Jahres zu konfiszieren. Es läßt sich denken, daß der Befehl nicht eher zur Ausführung kam. Wenn nun Thomas angibt, die Exemplare wären ungefähr 1239 saisiert worden, so war er eben in betreff des Jahres zweifelhaft. Unmittelbar nach der Konfiskation derselben (Winter 1240) haben wohl die Pariser Juden jene Schritte getan, durch Vermittelung eines Erzbischofs die Zurückerstattung der Exemplare zu erwirken. Jedenfalls ist ein Aufschub eingetreten. Durch den Tod dieses Prälaten oder durch den Eifer des Nikolaus und des Heinrich de Colonia wurde die Achtung des Talmuds von neuem angeregt. Wenn der den Juden günstig gestimmte Erzbischof Walter Cornutus gewesen sein soll, wie Bulaeus (hist. universit. Paris III, 177) annimmt, so erfolgte dessen Tod 21. April 1241, und von diesem Tage an wäre die Wendung anzunehmen. Das revoluto anno bei Thomas ist jedenfalls als Ausschmückung anzusehen. Die Disputation fand im Sommer 1240 statt. Mag sich nun die zweite Prüfung durch die Bemühung der Juden bis zum nächsten Jahre hingeschleppt haben, bis 1241; jedenfalls bleibt es auffallend, daß der Scheiterhaufen erst drei Jahre später angezündet worden sein sollte, während das Urteil lange früher gesprochen war. Die Voraussetzungen der Bulle Innocenz IV., sowie die deutliche Angabe der Erfurter Annalen für das Jahr 1242 haben also eine Stütze an dem Umstande, daß der Urteilsspruch über den Talmud spätestens 1242 gefällt wurde. Das Datum bei Zidkija in Schibole Leket dagegen hat das alles gegen sich. Man müßte annehmen, daß sich Zidkija im Datum geirrt hat, oder daß die Zahl ב ה' von Kopisten in ד' ה' korrumpiert worden ist. Das Datum für die erste Verbrennung des Talmud in Paris 1242 hat demnach mehr Wahrscheinlichkeit. Daß in allen diesen Urkunden von dem ersten Akt die Rede ist, braucht kaum erinnert zu werden.

Das Monatsdatum bei Zidkija, Monat Tammus, steht jedenfalls fest. Denn es wird auch durch die Zionide des R' Meïr von Rothenburg bezeugt. Die Elegie שאלי שרופה in der Kinotsammlung gehört nämlich entschieden demselben an, wie Zunz mit Recht annimmt (Synagogale Poesie S. 310, Ritus S. 143), obwohl einige Ausgaben die Überschrift haben: שרסדה ר' מאיר שליח צבור; vgl. Landshut, Amude Aboda p. 161. Die Überschrift: קינה זו . . . על שריפת התורה bezieht sich ohne Zweifel auf die Verbrennung des Talmuds, wie einige Verse deutlich angeben: איך ערב לחכי אכול אחרי und weiter: ראותי אשר אספו שללך אל תוך רחובה בנדחת ושרפו שלל צלוי חגרי לבוש שק עלי התבערה אשר יצתה לחלק וספתה את תלוליך. Nun gibt diese Zionide den vierten Monat an, in dem das Unglück die Thora traf, die im dritten Monate geoffenbart worden:

חודש שלישי והוקשר הרביעי להשחית המדיך וכל רופי בלילוך.

¹) Die Wagenseilsche Ausgabe des וכוח ist sehr fehlerhaft, wie ich mich durch Vergleichung mit einer Handschrift in der Hamburger Stadtbibliothek überzeugt habe. Gleich der Anfang lautet im Mf. anders. Leider ist dieses auch gegen Ende defekt und unleserlich. — Die יקופש sind die Jakobiner oder Dominikaner von Paris, die חובלים Cordeliers.

Noch ist zu bemerken, daß Ludwig der Heilige ein besonderes Dekret erlassen haben muß, daß der Talmud auch künftighin verbrannt werden solle. Denn in einem Dekrete vom Dezember 1254 heißt es: Ceterum ordinationem factam in perpetuum de Judaeis observari districte precipimus, quae talis est: Judaei cessent ab usuris et blasphemiis, sortilegiis et caracteribus et tum (tam) Talibus (Talemus, Talmit = Talmud) quam alii libri, in quibus inveniuntur blasphemiae, comburantur, et Judaei qui hoc servare noluerint expellántur et transgressores legitime puniantur (bei de Laurière, Ordonnances des rois de France de la troisième race I, p. 75, No. 32). Hillel von Verona deutet es ebenfalls in seinem Sendschreiben an: ואז יצאה גזירה שלא ילמדו עוד ספרי התלמוד בגלוי עד היום הזה. Hillels Angabe, daß der Talmud in Paris zum ersten Male in kaum 40 Tagen nach dem Verbrennen der maimunischen Schriften (1233) verbrannt wurde, beruht auf nichts weiter als auf einer Sage, die sich später ausgebildet hat, um das letztere als Strafe für das erstere zu bezeichnen. Vgl. darüber Dr. Levin, die Religionsdisputation des R' Jechiel von Paris 1240; Frankel-Graetz, Monatsschr. Jahrg. 1869, S. 97 f.; Loeb in der Revue des Études Juiv. I., II. und III.

6.

Die jüdischen Naturforscher am Hofe Alfonsos des Weisen.

Der sogenannte astronomische Kongreß, den der weise Alfonso berufen und dem er selbst präsidiert haben soll, ist eine plausibel zugestutzte Fiktion, die Romanus de la Higuera durch seine Historia toletana oder einen von ihm mißverstandenen Prolog und Epilog zu astronomischen und astrologischen Werken aus der alfonsinischen Zeit in die Weltgeschichte eingeführt hat (vgl. den Nachweis o. S. 116), und die nicht sobald aus ihr verschwinden wird. Der geistvolle Autor der spanischen Literaturgeschichte Ticknor und der ziemlich vorurteilsfreie, moderne Geschichtsschreiber Spaniens, Don Modesto Lafuente, behandelten den astronomischen Kongreß noch immer als eine so ausgemachte Tatsache, daß sie es gar nicht für nötig hielten, die Quellen einer kritischen Prüfung zu unterwerfen. Das ist aber nicht die einzige Fiktion in der Literaturgeschichte der Alfonsinischen Zeit. Ein Literaturhistoriker, in dessen Adern jüdisches Blut floß, und dessen unvertilgbarer jüdischer Patriotismus ihn bewog, die Leistungen jüdisch-spanischer Schriftsteller gegenüber deren Verkennung und Verachtung besonders hervorzuheben, Joseph Rodriguez de Castro hat in seiner bibliotheca española de los escritores Rabinos españoles (Madrid 1781) unter vielen anderen Mißgriffen einen jüdischen Astronomen und Astrologen an Alfonsos Hof eingeführt, der seitdem in der jüdischen Literaturgeschichte figuriert, aber sein Dasein einem Mißverständnisse verdankt. Jehuda Mosca, der Kleine, hat nie existiert und hat lediglich eine Korruptel zu seiner Mutter.

Zacuto, der, selbst Astronom, sich nach jüdischen Astronomen aus der älteren Zeit umgesehen hat, kennt bloß zwei aus dem alfonsinischen Zeitalter, Isaak Jbn-Sid, Vorbeter in Toledo, welcher die alfonsinischen Tafeln angelegt hat: ואז (בימי המלך דון אלפונסו) החכם ר' יצחק בן סיד חזן

טוליטולה תקן לוחות צבא השמים בדקדוק גדול על פי פקדת המלך והם הנקראים זוג אלפונשו, und einen zweiten, Jehuda ben Mose Kohen, ebenfalls aus Toledo, welcher das arabische Werk eines Astronomen Abd al-Ra'heman al-Sufi-Abul-Husein (vgl. Steinschneider, Die hebräischen Übersetzungen des Mittelalters, S. 616, 979—980) über 1022 große Fixsterne aus dem Arabischen ins Kastilianische übertragen hat: ובשנה הד' למלכו שנת ר"י לפרט צוה (המלך אלפונסו) להחכם ר' יהודה בן משה הכהן בטוליטולה להעתיק ללשון לעז הספר הנכבד שעשה אבן אל הסן מן הישמעאלים בעניץ האלף וכ"ב ככבים גדולים. Diese zwei Namen muß man festhalten, um sich aus dem Gewirr von Korruptelen bei de Castro zurecht zu finden. Isaak, nach spanischer Aussprache Zag oder Çag, kommt in den spanischen Kodizes astronomischer Schriften bei de Castro auch unter der Form Rabisag, d. h. Rabbi Zag vor. So daß. I. p. 148b. Der König Don Alfonso spricht in der Einleitung: mandamos a nuestro sabio Rabizag el de Toledo que lo (un instrumento Armillas) fisiesse bien complido. Er wird als Autor von Schriften über Anfertigung von Wasseruhren, Quecksilberuhren, von Stundenzeigern und anderen Schriften angeführt (daß. p. 144a, 156a, 157b, 138a, 134a). Im Prolog einer Übersetzung eines astronomischen Werkes von Sarkel heißt es, der König habe es zum zweiten Male übersetzen lassen: Despues mandalo trasladar otra ves en Burgos mejor e mas complida mientre e maestro Bernaldo el Arabigo e a don Abrahem su alfasan en el anno XXVI del su regno ... era de Cesar 1315. Das Wort alfasan bedeutet im Spanischen ebensoviel wie alhassan, d. h. החכן. Da nun Isaak Ibn-Sid Chasan war, so muß man in diesem Passus eine Lücke annehmen, was ohnehin nötig ist, da doch schwerlich der Astronom oder Übersetzer der Chasan oder Vorbeter des Königs Alfonso gewesen ist. Es muß also ergänzt werden: mando trasladar ... a don Çag figo de Abraham su sabio, alfasan, wie Çag oder Isaak oft genannt wird: Weiser des Königs, oder sein Weiser. Es gab also keinen Astronomen Abraham an Alfonsos Hof, wie de Castro (daß. p. 117a und II. 647a) behauptet, sondern Abraham war lediglich der Name von Çags Vater. Ob dieser Çag den Beinamen Surjurmenza führte, wie derselbe unzuverlässige Autor angibt, ist mehr als zweifelhaft (vgl. Steinschneider a. a. O. S. 617).

Noch mehr Korruptelen als bei diesem Astronomen Isaak kommen bei Jehuda ben Mose Kohen in den Kodizes vor, aus welchen de Castro Auszüge gemacht hat, und daher noch mehr Mißverständnisse bei dem letzteren. Zunächst soll konstatiert werden, daß dieser Jehuda, der Übersetzer des Werkes über die Fixsterne, zugleich Leibarzt des Königs Alfonso war. In einem Buche über die Sphäre (la Espera) von Costa ben Luke heißt es im Vorworte (daß. I, p. 119a): Et fiso este Libro en Arabigo et despues mandolo trasladar de Arabigo en lenguaje castellano el Rey don Alfonso ... a mestre Juan daspaso clerigo (l. Daspa so clerigo) ea hyuda El Coem Sohalaquin, d. h. e a Yuda el Coen so alaquin, „sein Arzt". Aus dem arabischen Worte חכים, אלחכים entstand bekanntlich das spanische Wort haquin, faquin, alhaquin. Wenn nun der König zum Schlusse des Werkes sagt (daß. p. 122b): mandamos (nos Rey don Alfonso) a don Mosse nuestro Alfaquin que lo fisiesse, so muß man hier eine Lücke annehmen: a don Yehuda fijo Mosse, d. h. Jehuda ben Mose. Zum Schluß eines Kodex heißt es (daß. 117): Este libro fue sacada de uno, quel (que el) Rey don Alfonso deseno (deceno) mandó traduçir de Caldeo y Arabigo en lengua castellana Ayuda el cohem so Alhaquin et Guilen Arremon Daspa so clerigo en la hera (era) de 1294 y emendado por el dicho Rey en el lenguaje . . . En lo qual ayudaron Maestro Johan de Mesina y Johan de Cramona y el sobredicho ea (l. e.) Yehuda ea Samuel en . . . 1278 Chr. Es ist also wiederum derselbe Juda, welcher ein Werk, das ursprünglich chaldäisch gewesen, aus dem Arabischen übersetzt hat. Man kann daraus beurteilen, welche Gedankenlosigkeit dazu gehört, daß de Castro aus Juda filius Mosse eine ganz andere Persönlichkeit, einen Jehuda Mosca gemacht hat. Von einer Übersetzung der Astrologie des Ali Jbn-Ragel heißt es in einem Kodex (das. 114b): Hic est liber magnus . . . quem Juda filius Mosse de praecepto Domini Alfonsi . . . transtulit de arabico in idioma maternum et Alvarus . . . transtulit de idiomate materno in latinum. Freilich lautet die Überschrift eines anderen Buches: Hic est liber magnus . . . quem Yehuda filius Musce praecepto Domini Alfonsi . . . transtulit de arabico in maternum vel hispanicum idioma (das. 115a). Allein jedes Kind erkennt, daß Juda der Sohn des Mosse und des Musce einerlei ist und die Verschiedenheit nur auf verschiedener Schreibweise beruht. Dennoch sprechen nicht nur de Castro, sondern auch neuere Literaturhistoriker von einem Jehuda Mosca, als verschieden von Jehuda ben Mose Kohen. Denn auch der Prolog zu einer Schrift über die (astrologische) Eigenschaft der Steine, angeblich aus dem Chaldäischen ins Arabische übertragen, die von Juda Mosca ins Kastilianische übersetzt worden, hat keinen anderen Übersetzer im Sinn, als eben Jehuda ben Mose Kohen, Leibarzt, Astronom und Astrolog des Königs Alfonso. Die Stelle lautet im Original (das. p. 106a): El desque este libro tuvo en su poder (el Rey) fisolo leer a otro su Judio que era su fisico e disienle Yhuda Mosca el menor que era mucho entendudo en la arte de Astronomia e sabio e entendio bien el arabigo e el latin. Et desque por este Judio su fisico ovo entendido el bien e la grand pro que en el yazie, mandogelo trasladar ae arabigo en leguaje castellano etc. Dieser Prolog scheint mir aus späterer Zeit zu stammen. Denn die Angabe, daß Jehuda Mosca, d. h. wie wir ohne weiteres annehmen können, Jehuda ben Mose Kohen, auch Lateinisch verstanden habe, ist sehr verdächtig. In den oben zitierten Quellen aus der alfonsinischen Zeit wird ausdrücklich bemerkt, derselbe habe Schriften lediglich ins Kastilianische übersetzt und andere (Christen) daraus ins Lateinische, was eben voraussetzt, daß er nicht Latein verstanden hat. Auch der Beiname „der Kleine" (el menor) scheint auf einem Mißverständnis zu beruhen, begangen von einem, der so viel Hebräisch verstand, um Schnitzer machen zu können. Derselbe mag nun den Beinamen הכהן falsch gelesen, הקטן daraus gemacht und diesen Beinamen dem Jehuda Mosca oder Jehuda ben Mose aus Toledo beigelegt haben. — Der Kodex bei de Castro spricht noch von einem dritten jüdischen Astronomen an Alfonsos Hofe: Samuel Levi. Derselbe war mit Jehuda an einer Übersetzung beteiligt (s. oben) und hat eine Schrift über Anfertigung einer Kerzenuhr (relogio de la candela) verfaßt (das. p. 156b). Der König spricht in der Einleitung dazu: a Samuel el Levi de Toledo, maestro Judio que fisicsse este libro etc.

7.

Die messianische Apokalypse von den Mongolen.

Die Apokalypsenliteratur, welche einen Einblick in die von Hoffnungen und Befürchtungen erzeugte innere Stimmung gewährt, hat sich in jüdischen Kreisen eine geraume Zeit hindurch fortgesetzt. Ich habe auf die nicht wenigen apokalyptischen Schriften aus verschiedenen Zeiten aufmerksam gemacht (Frankel Monatsschrift, Jahrg. 1860/61, Geschichte Bd. V, Note 17; Bd. VI, S. 65). Eine junge Erscheinung dieser Literatur scheint mir das von Jellinek aus einer Handschrift edierte „Gebet des Simon ben Jochai" תפילת ר' שמעון בן יוחאי zu sein (Bet-ha-Midrasch IV, 117 ff.). Um die Abfassungszeit dieser Piece zu fixieren, muß man das bereits früher bekannte und von Jellinek neu edierte נסתרות דר' שמעון בן יוחאי vergleichend hinzuziehen, indem dieses mit jenem gegen Ende vollständig übereinstimmt. Nach dem Ausmalen des Glanzes in der messianischen Zeit beginnt in diesem offenbar ein neuer Abschnitt (Bet-ha-Midrasch III, p. 81): ר' שמעון אומר צתיד הקב"ה לשרוק לדבורים אשר בקצה ארץ מצרים und von hier ab lautet der Inhalt ganz so, wie in der Hauptpartie der תפילת רשב"י, so daß beide Texte einander berichtigen können, wo sie fehlerhaft sind. Aus einigen Momenten scheint mir hervorzugehen, daß gerade diese Partie zur Zeit der Mongoleneroberung in Asien und Europa geschrieben wurde.

Ich will zuerst die Punkte ins Licht setzen, welche überhaupt von den Mongolen zu sprechen scheinen.

תפילת ר' שמעון בן יוחאי (p. 120):	נסתרות דר' שמעון בן יוחאי
ביום ההוא ישרוק ה' לזבוב לדבורים אשר בארץ (?) ועושים מלחמה עם האשכנזים(?) ומלך ראשון מנהיג אותם ומוצא שימרד על אדוניהם ... והוא מורד על אדוניו והם מתקבצים אליו ויתקבצים במחנה אנשים שמרדו על אדוניהם ועושים מלחמה עם בני ישראל והורגים את גבוריהם ויורשים את כמוכם ורכושים והם אנשים כעורים ביותר ולובשים שחורים ויוצאים במזרח והם מרים ונמהרים ובכל שחורים ובאים אל ארץ רחוקה ... ועולים על ברום הרים ישראל וסורצים ההיכל וכוכבים הנרות וקורעים הדלתות.	ר' שמעון אומר עתיד ... לדבורה אשר בקצה יאורי מצרים(?) ועושים מלחמה בתוך מצרים (?) והמלך הראשון שמנהיג אותם ובוציאם הוא עבד שמרד על אדוניו ... והוא מורד על אדונו ומתקבצים אליו אנשים שמרדו על אדוניהם ויוצאים במעט ועושים מלחמה עם בני ישמעאל והורגים גבוריהם ויורשים מכונם ואת רכושם ... והם אנשים מכעורים ולובשים שחורים ויוצאים במזרח והם מהרים ונמהרים ... ועל ברום ישראל יעלו ויסבר(?) לפרוץ(?) בהיכל ולדלתים יעקרו ומרות יבכו.

Diese Beschreibung von außerordentlich häßlichen Menschen, die auf Rossen reiten, aus einem entfernten Lande kommen, mit den Jsmaeliten (Mohammedanern) Kriege führen und sie besiegen, paßt Zug für Zug auf die Mongolen oder Tartaren, wie sie die Zeitgenossen ihrer gewaltigen Eroberungen schildern. Unter dem ersten Könige, welcher von seinem Herrn abgefallen ist, und um den sich Rebellen sammelten, kann wohl Temudschin G'ingis-Khan verstanden sein. Die Aufeinanderfolge der vier Könige, welche in der Apokalypse aufgeführt werden, läßt sich um so weniger bestimmen, als der

Text besetzt scheint und nicht genau angibt, ob von wirklichen Khans oder lediglich von Feldherren die Rede ist. In dem einen Texte heißt es: ור׳ מלכים רעמדו עליהם שנים נשואים ושנים סגנים הראשון איש קונדרל וממליך מלך בחיריו מזרע המלוכה, in dem anderen dagegen: יצור רעמדו ד׳ מלכים אחרים שנים מהם נגלים ושנים אחרים יעמדו אליהם. Statt vier werden gar nur drei geschildert. Ein Zug in der Beschreibung des vierten Königs weist auf einen bekannten mongolischen Khan hin. Ich stelle wieder beide Texte darüber nebeneinander.

תפילת דרשב״י	נסתרות דרשב״י
והמלך הרביעי אוהב כסף וזהב והוא זקן וגבה קומה ויש לו שומא על גודלו של רגלו הימנית ועושה מטבעות של נחושת וטומן אותם תחת פרת עם כסף וזהב והם גנוזים למלך המשיח.	והמלך הרביעי שיעמוד עליהם אוהב כסף וזהב והוא איש שחור וגבה קומה זקן וגרגר והרג אותן שהוציאוהו וימליכוהו ויעשה ספינות של נחושת וימלא אותן כסף וזהב ויטמן אותם תחת מי פרת להצניעם לבניו והם עתידים לישראל.

Die eingehende Beschreibung dieses Königs bis auf seine Zehe führt zwar nicht zur Ermittelung desselben, weil wir keine eingehende biographische Beschreibung von der mongolischen Dynastie besitzen; aber der Zug von den Schätzen, welche von diesem Könige verborgen wurden, führt auf Hulagu, G'ingis Khans Enkel, Khan von Persien und Bruder der beiden Großkhans Mangu und Kululei. Er war es, welcher die Schätze, die er bei der Eroberung Bagdads, Georgiens, Armeniens und anderer Länder gesammelt hatte, 1268 in einer Festung auf einer Insel des Sees Ormia (Urmia oder Maragha in Adher Baigan) niederlegte und aufbewahren ließ. Vgl. d'Ohsson, histoire des Mongols III, p. 257. Houlagou était maître de sommes immenses prises dans Bagdad et dans les forts des Ismailijens, ou enlevées par les généraux mongols dans le Roum, la Georgie, l'Arménie, le Courdistan et le Lour (Louristan). Il fit bâtir un château fort sur une île escarpée, nommée Tala, qui est située au milieu du lac d'Ormia dans l'Azerbaidjan, où furent déposées ces espèces d'or et d'argent, fondues en balitochs (lingots). — Note das. Selon le Géographe Aboulféda on y mit une garnison de mille hommes, dont le chef était changé tous les ans. — Das. p. 146. Houlagou mourut dans son quartier d'hiver la nuit de dimanche 8 février 1269. Il fut enseveli sur le sommet de l'île de Tala, située au milieu du lac d'Ormia, où il avait fait bâtir une forteresse, qui recélait ses trésors. Eine solche Tatsache von dem Anhäufen unermeßlicher Schätze auf einer Insel ist so selten, daß man wohl nicht fehl geht, wenn man sie auf den Mongolenkhan Hulagu bezieht. Man müßte aber annehmen, daß der Apokalyptiker den Ormia-See mit dem Euphrat verwechselt hat. Die Apokalypse würde demnach zwischen 1258 und 1265 geschrieben sein.

Das נסתרות hat noch einen Zug, der in der andern Quelle fehlt, von den blutigen Eroberungen im Osten und Westen, in Asien und Europa, der wiederum nur auf die Mongolen paßt: בימיו (בימי מלך הרביעי) תפשע קרן מערבית (מזרחית?) ויחזר וישלח גייסות רבות ובאים והורגים בני מזרח ויחזר וישלח גייסות רבות ובאים והורגים את בני מצרב ויושבים בארצם (in der Parallele besetzt). Der Verfasser hatte wohl geringe Kunde von den

Eroberungen der Mongolen in Europa, in Rußland, Polen, Schlesien, Mähren und Ungarn. Darum sind die Züge nur angedeutet. Er war wahrscheinlich ein Orientale. Hulagus Kriegstaten hallten in Asien überall wieder. Er eroberte Bagdad (Februar 1258) und machte dem Kalifat ein Ende. Er eroberte Syrien, nahm Aleppo, die Hauptstadt (Januar 1260). Im März desselben Jahres ergab sich Damaskus Hulagus Unterfeldherrn Kitu-Boga (oder Ketbogha), der von da aus ganz Palästina durchstreifte bis Gaza, und überall Spuren von Barbarei zurückließ. Vgl. d'Ohsson a. a. O. p. 330. Les Mongols s'avancèrent jusqu'à Gaza et ravagèrent la partie méridionale de la Syrie pillant, tuant et faisant des captifs (auch Weil, Kalifengeschichte IV, S. 14). Nähere Nachrichten über die Verwüstung Palästinas und namentlich Jerusalems enthalten die externen Quellen nicht, weil die Eroberung nicht von langer Dauer war und keine Veränderung nach sich zog. Nur Nachmani, der sieben Jahre später einwanderte, schildert die gräßliche Verwüstung, zum Teil in dem Schreiben am Schlusse seines Pentateuchkommentars und mehr noch in dem Briefe an seinen Sohn Nachman (zum Schluß des שער הגמול in einigen Ausgaben). ומה אגיד לכם בענין הפרץ?
כי רבה העזובה וגדול השממון וכללו של דבר כל המקודש מחביררו חרב יותר מחביררו. ירושלים יותר חרבה מן הכל, וארץ יהודה יותר מן הגלילי ועם כל חרבנה היא טובה מאוד וירושביה קרוב לאלפים ונוצרים בתוכה כג' מאית פלטים מחרב השולטן ואין ישראל בתוכם כי מעת באו התרתרים ברחי משה ומהם שנהרגו בחרבם. רק שני אחים קונים צביעה מן המשול ואליהם יאספו עד מנין מתפללים בבית בשבתות. והנה זרזנו אותם ומצאנו בית חרב בנוי בעמודי שיש וכיפה יפה ולקחנו אותו לבית הכנסת. כי העיר הפקר וכל הרוצה לבנות בחרבות זוכה . . . וכבר התחילו ושלחו מעיר ש=ם להביא משם ספרי תורה אשר היו מירושלים והחביריחם שם בבא התרתרים.

Auf diese Verwüstung Palästinas durch die Mongolen oder Tartaren scheint die Apokalypse mit den Worten anzuspielen: ועולים על הרי ישראל ופורצים ההיכל, nur kann hier unter היכל nicht der Tempel verstanden sein. Noch mehr in תפלת רשב"י: ויעברו בארץ הצבי ובלה בידם וכל מי שהוא נשבה לא יחזור עד שיבא משיח. (Das. p. 121.) Auch das Folgende handelt davon, nur wimmelt der Text von Korruptelen. In dieser Zeit grausiger Zerstörung in Palästina scheint der Verfasser der Apokalypse geschrieben zu haben (1260), und prophezeite aus dem Kampfe der „häßlichen Männer" mit den Mohammedanern und Christen das Morgenrot der messianischen Zeit. Haben doch die Christen die Mongolen als die Scharen des Antichrist betrachtet, welcher dem Wiedererscheinen Christi unmittelbar vorangehen müsse; warum sollten die Juden nicht auch in dieser Drangsalszeit in Palästina „die Wehen der Messiaszeit" חבלי משיח erblickt haben?

8.

Salomo Petit und das Datum des Bannes über die Antimaimunisten in Akko.

Salomo Petit, dessen Name zuerst durch die Veröffentlichung des Briefwechsels zwischen Hillel von Verona und Maestro Gajo bekannt wurde, spielte eine Hauptrolle in den Wirren für und gegen Maimuni, welche zu Ende des dreizehnten Jahrhunderts von neuem entstanden. Durch Isaak von Akko erfahren wir, daß er ein Kabbalist war; er teilt nämlich kabbalistische Bemerkungen von ihm mit: ומורי החכ״ר (החכם ר' יצחק בן טודרוס נר״ו) אמר לי בשם הרב ר' שלמה הקטון שקללות אחרונות בא״ח ב״ש שדי שכל חמדות (בחוקותי) נקראות כן בחיותהם בברית (Meïrat Enajim Ms. zu Abſch.). Bei einer anderen kabbalistischen Schnurre erzählt er: ומענין זה שמעתי בשם הרב ר' שלמה הקטן ז״ל (zu Abſch. וארא). Im Abſch. וישלח referiert er von ihm ein albernes Märchen über Aristoteles: כי — — ואני מעיד עלי שמים וארץ בצבו ת״ו חיינו יום אחד אנחנו התלמידים יושבים ושונים לפני מורי הרב ר' שלמה הצרפתי הקטן זלה״ה. ואגב גררא הגענו לדבר על אריסטו אשר ילד בעוצם חכמתו אשר השיג והיה איש אלקים. ואמר לי מורי בעצמו בדרך אמת ונכון בצדות ברורות ששמע מפי אנשי אמת מר אריסטו החכם חידוש רבו של אלכסנדרוס שחקש באשת אלכסנדרוס המלך תלמידיו עד שחבשה שתשמע אליו והיא רצתה לו בתנאי שילך על כפיו ורגליו בחדר וכו'. Da wir jetzt aus dem Sendschreiben Hillels wissen, daß Salomo Petit geschäftig war, den Bann gegen die maimunischen philosophischen Schriften aussprechen zu lassen und dazu Unterschriften in Europa sammelte, so unterliegt es keinem Zweifel, daß der Anonymus, dem der Exilarch Jischaï und das Rabbinat von Safet alle Schuld an der Verketzerung der maimunischen Schriften aufbürdeten, kein anderer war als Salomo Petit. Die zwei Bannschreiben gegen den anonymen Wühler (מערער) in Kerem Chemed III, p. 170 ff. werden erst dadurch ins rechte Licht gesetzt. Man vergleiche folgende Parallelen. Hillel von Verona schreibt an seinen Korrespondenten (Chemda Genusa p. 18 und Taam Sekenim p. 71 a f.): זה צעד ימים רבים ששמעתי שבא בפרקא אחד מאשכנז שמו שלמה פטיט ועבר על צבו' — אך עתה מקרוב נודע כי עקר קבנתיו והליכותיו היה לחלחם בה' ובמשה עבדו וכי הוא נישא עמו כלי חרש מלאים טומאה מתוכם כלומר שהתחתים אגרות מצד חכמי אשכנז דוברות סרה על דברי רבינו משה ובפרט על מורה הנבוכים Der Exilarch Jischaï sagt in seinem Bannschreiben dasselbe von dem Anonymen aus: כי שמענו שיש מערער על רבינו משה בן מימון, — — ויבא המערער ויחפא — דברים אשר לא כן. ואז הזהרנו והסכמנו (l.) והחרמנו על כל מי שיוציא דבה על מורה הנבוכים — — וינתה והשתדל ללכת אל איים הרחוקים והלך וחזר והביא למו הוסיף — — פשע והשתדל ללכת אל איים הרחוקים והלך וחזר והביא למו כתבים אשר חתימת רבנים בתוכם לפי דבריו. Noch deutlicher in dem Verdammungsschreiben des Rabbinats von Safet daſ. (המערער חדש המחלוקת): וחזר ועבר לעבור בה והחזיר המחלוקת לעינה והצריך חכמי איי הים לחזור בדבריהם ולשנית בה שחתמו בראשונה. כפי מה ששמעו מרוב חבליו האמינו אליו — — ובריון שחזר לארץ הצבי התחיל להרבות מחלוקת. Es ist offenbar in beiden von derselben Person und derselben Tatsache die Rede, nämlich daß Salomo Petit einst in Akko die maimunischen Schriften verketzert hatte, von dem Exilarchen Jischaï in Damaskus gewarnt, reiste er überall herum, brachte Zustimmungsschreiben von Rabbinern nach Akko und sprach von neuem den Bann gegen die Leser der maimunischen Schriften aus: וגזרים למנוע קריאת מורה הנבוכים ולגנזם גניזת עולמים (daſ.). Hillel von Verona bezeichnet die Parteigänger des Salomo Petit näher durch הכבר רבני איים, oder חכמי אשכנז וצרפת אשכנז, die Orientalen unbestimmt: הרחוקים. Dafür wurden nun Salomo Petit und sein Anhang von dem genannten Exilarchen, seinem Kollegium und dem Rabbinat von Safet mit dem Banne bedroht, wenn sie nicht die verketzernden Schreiben an David Maimuni ausliefern sollten.

Note 8. Salomo Petit u. d. Datum d. Bannes über die Antimaimunisten.

Ist nun die Identität der Person und des Vorganges hiermit festgestellt, so läßt sich auch das Datum kritisch sicher stellen, und alle Schwierigkeiten, welche Edelmann in der Einleitung zu Hillels Sendschreiben aufgeworfen hat, lassen sich einfach lösen. Die Schwierigkeit ist nämlich diese. Das Bannschreiben des Exilarchen Jischaï trägt in der Kopie das Datum תמוז ח' מר ליצירה = 1286. Dagegen gibt Schem-Tob Falaquera, welcher über dasselbe Faktum referiert, das Datum 1290 an: ¹)מכתב על דבר המורה: בשנת חמשת אלפים וחמישים ליצירה קמו שנית מקצת מחצרפתים לעירר על מורה הנבוכים. ונודעו הדברים אל הנשיא וראש הגולה בדמשק—וידה הוא ובית דינו וכל קהלות ארץ הצבר ורבנן גבו וכל ארש שידבר תועה על הרמבם ועל ספריו ונשלחה הכתבים לבצלונה (²)ומשם נשלחו .ל.) שלחו(אלוני. (Zu Ende des Minchat Kenaot). Man merke wohl, daß diese Überschrift deutlich von der zweiten Verketzerung der maimunischen Schriften spricht, das heißt einmal durch Salomo von Montpellier und Genossen und das zweite Mal im Jahre 1290. Von einem dritten Male, wie Edelmann und andere vermuten, kann also keine Rede sein. Gegen diese zwei einander widersprechenden Data scheint Hillel von Verona ein drittes aufzustellen, das beiden widerspricht. Er setzt nämlich die Wirren des Salomo Petit in Akko mehr als 60 Jahre nach der ersten Bewegung gegen die maimunischen Schriften: זה ס' שנה ויותר, d. h. 1290 oder gar 1294—1295. Dazu kommen noch drei Sendschreiben in derselben Angelegenheit, welche früher nur allgemein aus de Rossis Kodizes (Nr. 166, 6) bekannt waren und jetzt durch Herrn Halberstamm aus Handschriften der Bibliotheken von Parma und München veröffentlicht sind. 1. Das Sendschreiben des Bannes des Exilarchen von Mossul David ben Daniel, datiert Ijar 1599 Seleucidarum. In demselben hieß es: ששמענו שעמד איש אחד ושמו שלמה בר' שמואל וערער והלעיג על דברי מורינו משה בן מימון בספר מורה נבובים. 2. Ein Schreiben des Schulhauptes Samuel Kohen ben David an David Maimuni, datiert Tischri 1600. 3. Sendschreiben desselben an einen Anonymus vom selben Datum (Kobak Jeschurun, 7. Jahrg., 1871, S. 69—80).

Von diesen verschiedenen Daten kann also nur eins richtig sein. Prüfen wir nun, welches am meisten gesichert ist. Das von Hillel angegebene ist zu unbestimmt gehalten, als daß Gewicht darauf gelegt werden könnte. Es kommt hier auf den terminus a quo an. Es können also nur noch die Jahre 1286, 1288 und 1290 in Betracht kommen. Die Zuverlässigkeit der ersten Zahl ist schon dadurch erschüttert, daß die Handschrift, aus der sie David Kalonymos im Jahre 1506 kopiert hat, wie derselbe angibt, bis zur Unleserkeit verdorben war: מכתיבה קדומה וישנה הרבה כמעט בלתי יכולה להקרא (Kerem Chemed a. a. O., p. 169 unten). Außerdem kann von den drei Zahlen 1286, 1288 und 1290 die letztere nicht richtig sein, wenn man die zwei Sendschreiben Hillels an seinen Korrespondenten Maestro Gajo kritisch betrachtet.

In dem ersten Sendschreiben bemerkt er, daß er erfahren, wie schon viele Jahre vorher Salomo Petit aus Deutschland über Ferrara nach Akko gereist

---

¹) Diese Abhandlung trägt zwar in der Ausgabe und der Quelle, woraus sie der Kodex genommen, nicht den Namen Falaqueras, wohl aber in einer de Rossischen Handschrift. Kodex Nr. 142.

²) Herr Halberstamm bemerkt, daß in einer in seinem Besitze befindlichen Hschr. hier noch die Worte hinzugefügt sind: אל הרב ר' שלמה בן אדרת, wie ich früher vermutet habe. Kobaks Jeschurun, Jahrg. 1871.

sei; neulich habe er erst von seinem Treiben gehört, er habe Feindseligkeit gegen Maimunis Schriften vor: אך — וזה כתה ימים ששמעתי שבא בפיררא עתה מקרוב נודע. Er beschwört seinen Freund, sich nicht der maimunifeindlichen Bewegung anzuschließen, führt ihm den ersten von Montpellier ausgegangenen Streit mit seinen Folgen, der Verbrennung des Talmuds, der Reue des Jona Gerundi und dessen unnatürlichen Tod vor die Seele, und gibt an, er wolle deswegen an David Maimuni, an die Weisen Ägyptens, an die Vorsteher der babylonischen Gemeinden schreiben. In dem zweiten Sendschreiben, ebenfalls wie das erste in Forli geschrieben, bemerkt Hillel, daß er von seinem Korrespondenten erst nach mehr als neun Monaten eine Antwort auf das erste empfangen habe, כי עברו ט' חדשים ויותר מיום שולחי אליך אגרתי עד יום הגיע אלי אגרתך. In der Antwort hatte ihm Maestro Gajo mitgeteilt, daß die Wirren in Akko zu Ende seien, indem die Weisen Babels und der Fürst von Damaskus (Exilarch Jischai) für Maimuni aufgetreten seien הגיעה אגרתך אלי אשר בה הודיעתני שהר' דוד (נכד הרמב"ם) בא על צבו — — ושהחכמי בבל ונשיא דמשק התעוררו לכבוד רבינו. Merken wir, daß innerhalb eines Jahres der Parteistreit in Akko durch das Auftreten der Autoritäten beschwichtigt worden war. Im Verlaufe teilt Hillel seinem Freund mit, er habe sein Werk תגמולי הנפש, ein unsterbliches Kind des Alters, vollendet, ואודיעך אדוני כי — הולדתי בן לזקונים הבן אשר לא ימות והוא ספר שהחבתי שמו ספר תגמולי הנפש. Nun hat Hillel dieses Werk im Jahre 5051 in Forli vollendet, wie der de Rossische Kodex Nr. 1243 angibt השלמתיו (ספר תגמולי הנפש) בשנת נ"א לאלף הששי בעיר פורלי.

(Die Zahl 5031 oder 5038, welche einige Kodizes haben, Edelmann, Einl. zu Chemda Genusa p. XXV ist entschieden korrumpiert statt נ"א; denn sonst müßten wir den Streit in Akko um 20 Jahre früher ansetzen). Also im Jahre 1291 oder 1290, als Hillel sein Werk תגמולי vollendete, war das Treiben des Salomo Petit in Akko bereits gescheitert. Folglich ist das von Falaquera angegebene Datum nicht ganz richtig, daß der neue Kampf gegen Maimunis Schrift erst ה'ן ausgebrochen wäre, selbst wenn man diesen Vorgang in den Herbst versetzt und daraus 1289 macht.

Das richtige Datum geben lediglich die neuerdings bekannt gewordenen Bannschriften des Exilarchen David von Mossul und des Schulhauptes Samuel Kohen von Babylonien. Die erstere datiert, wie schon angegeben, אייר א' תקצט לשטרות, und die zweite תשרי א' ת"ר und ist ein halbes Jahr später erlassen als die erstere. Die seleuzidischen Jahre 1599 und 1600 entsprechen zwar — da man bekanntlich bei orientalischen Schriftstellern 311 abziehen muß — den christl. Jahren 1288 und 1289. Allein da das seleuzidische Jahr, wie es in jüdischen Kreisen gehalten wurde, mit dem Herbste beginnt, so ist תשרי 1600 doch nur Sept. 1288. Demnach hat der Exilarch Daniel im Frühjahr und das Schulhaupt von Babylonien im Herbst 1288 Salomo Petit in den Bann getan oder mit dem Banne bedroht. Beide sprechen wie die übrigen Quellen von Briefen und Unterschriften, welche Petit zur Unterstützung der von ihm intendierten Verketzerung aus Europa nach Akko mitgebracht hatte. Der Exilarch von Mossul dehnt den Bann auch auf diejenigen aus, welche solche Schriften vorzeigen sollten, כל מי שיצא מתחת ידו או רחזיק... כתב או הסכמה או חרם על גניזת חבור מכל חבוריו (הבורי הרמב"ם) (das. S. 74). Samuel Kohen und sein Kollegium bedrohten mit dem Bann diejenigen, welche solche Briefe nicht innerhalb dreier Tage ausliefern sollten: ואשר שמענו על האגרות הכתובות לגנוז...

Note 8. Salomo Petit u. d. Datum d. Bannes über die Antimaimunisten.

ספר מורה הנבוכים, כבר הסכמנו גם חכמי בבל שאם לא יחזירום כל מי שיש
בידם לשלשת הימים שיהיו בכלל הנדוי והחרם (daſ. p. 76). Hillel aus Verona
bemerkt, Maeſtro Gajo habe ihm mitgeteilt, daß die Weiſen Babyloniens und
der Exilarch von Damaskus beide zu Ehren Maimunis aufgetreten ſind (Chemda
p. 21 b), ושחכמי בבל ונשיא דמשק התעוררו לכבוד רבינו. Unter den חכמי בבל
ſind eben Samuel Kohen und ſein Kollegium zu verſtehen, die, wie ſich gezeigt, den
Bann 1288 ausgeſprochen haben. Folglich hat der Exilsfürſt von Damaskus ebenfalls in demſelben Jahre den Bann gegen S. Petit erlaſſen. Folglich iſt das
Datum ה מ"ר falſch; man muß notwendigerweiſe dafür leſen תמוז הו מ"ח.

Wir ſind jetzt imſtande die Vorgänge genau zu präziſieren. Hillel von
Verona hatte erfahren, daß Maimunis Enkel David infolge der Verketzerungs-
verſuche gegen ſeinen Großvater in Akko eingetroffen war, um den Schlag
zu paralyſieren הודיעתנו שהר' דוד בא על עכו. Das Rabbinat von Saphet,
welches den Bannſpruch des Exilarchen Jiſchaï beſtätigte, bemerkt, daß es
dieſen Bannſpruch am Grabe Maimunis mit einem Teil der Weiſen von Akko
abgeleſen habe (Kerem Ch. daſ. p. 172) . . . גם אנחנו הקהל הדרים בצפת
בעת שהגיעינו כתב אדונינו הנשיא . . . על מי שחזר וערער על חבורו ר' משה
. . . על זאת נערנו חצנינו . . . ועמדנו על קבר הגאון עם מקצת חכמי עכו
וקרינו ההסכמה והחרמנו ונדרינו ובו. David hatte demnach in Akko eine
Partei um ſich geſammelt, welche gegen Petit und ſeinen Anhang agitierte.
Samuel Kohen und ſein Kollegium ſagen aus, daß ſie dem, was die Weiſen
Akkos beſchloſſen haben, beiſtimmen, Maimunis Gegner zu bannen (Jeschurun
daſ. p. 79): והרי הסכמנו על מה שעשו חכמי עכו ועבר הים והרי הם
מנודים מב"ד הגדול.

Demnach iſt die Reihenfolge der Bannſprüche gegen Petit und ſeinen
Anhang folgendermaßen:

1. Das Bannformular des Exilarchen David von Moſſul Monat אייר
1599 Seleucid. Frühjahr 1288.

2. Das Bannformular des Exilarchen Jiſchaï von Damaskus Monat
תמוז 1288.

3. Das Bannformular des Rabbinats von Saphet in Gemeinſchaft mit
den Maimuniſten von Akko in demſelben Jahre zwiſchen תמוז und תשרי.

4. Das Bannformular des Kollegiums von Babylonien Monat תשרי
1600 Septb. Herbſt 1288.

Die Wühlereien des S. Petit fallen alſo vor Frühjahr 1288, und Maeſtro
Gajo teilte die Nachricht von deſſen Demütigung an Hillel von Verona nach
תשרי 1288 mit. Da die Schiffahrt in damaliger Zeit von Akko bis Italien
mehrere Monate dauerte, ſo kann Gajo die Nachricht von den Vorgängen in
Akko Dezember 1288 oder Januar 1289 erhalten haben. Hillels zweites Send-
ſchreiben iſt demnach im Laufe des Jahres 1289 geſchrieben. — Herr Halber-
ſtamm will dieſe Vorgänge um 1291 anſetzen, das Datum ה מ"ר feſthalten,
und das ה nicht als Tauſender, ſondern als Einer zählen $46 + 5 = 51 = 5051$
$= 1291$. Allein dieſe Annahme hat nicht nur die Bannformulare des Daniel
und des S. Kohen gegen ſich, ſondern auch das Faktum, daß Akko im Mai 1291
mit Sturm genommen wurde. Bei dieſer Eroberung wurde die jüdiſche
Gemeinde ebenſo aufgerieben wie die chriſtliche, vgl. die Schilderung des
Iſaak von Akko darüber, Note 12. Alſo im Monat Tammus des Jahres 1291
gab es keine jüdiſche Gemeinde in Akko, von welcher Bann und Gegenbann
hätte ausgehen können.

9.

Das Datum der Gefangennahme des Meïr von Rothenburg und die Veranlassung derselben.

Die Frage über dieses Datum sollte eigentlich als erledigt betrachtet werden können, da es von zwei Seiten durch hebräische Urkunden fixiert ist (von Carmoly in Josts Annalen I, 349 und von L. Lewysohn, Epitaphien der Wormser Gemeinde, S. 75). Allein, da noch manche entgegenstehende Zeugnisse und externe Quellen, die bis jetzt noch nicht hinzugezogen sind, berücksichtigt werden müssen, so verdient sie noch immer eine eingehende kritische Behandlung. Stellt ja noch Zunz (Synagogale Poesie, S. 33) als Datum für die Gefangennahme des Meïr von Rothenburg das Jahr 1297 auf, in Widerspruch mit den Urkunden. Ohnehin hängen mit der Datumfrage andere Punkte zusammen und namentlich der Punkt, welcher Kaiser die Gefangennahme befohlen hat, und wodurch sie veranlaßt wurde. Schreiten wir vom Gewissen zum Ungewissen fort.

Das Datum ist, wie schon angedeutet, nicht zweifelhaft, nachdem der Grabstein des Meïr von Rothenburg aufgefunden wurde, wo es deutlich heißt: Er ist gestorben im Kerker am 19. Ijar 1293, und am 4. Tammus 1286 ist er vom römischen Kaiser eingekerkert worden: ציון הלז לראש מרנא ורבנא מאיר בן הרב ר' ברוך אשר תפסי מלך רומי בארבעה ימים לר"ח תמוז שנת ארבעים ושש לאלף הששי נפטר בתפיסה י"ט באייר שנת חמשים ושלש ולא נתן לקבורה עד ארבעה ימים לירח אדר שנת ששים לאלף הששי. Damit stimmt eine andere wichtige Notiz überein, welche Carmoly in einer Handschrift fand (mitgeteilt von Aaron Fuld aus dem Minhagbuche in Schem ha-Gedolim ed. Frankfurt a. M. und in den Additamenta zu Ben-Jakob Asulaï p. 84). Sie lautet: מורנו הרב ר' מאיר מרוטנבורג שם לדרך פעמיו לעבור הים הוא וביתו וחתניו וכל אשר לו. ויבא עד עיר אחת יושבת בין ההרים הרמים שקורא'ין לבמדירש גיבורגא בלשון אשכנז ורצה לישב שמה עד אשר יאספו אליו כל הצעירים עמו. והנה פתאום ההגמון בא בזאת העיר אשר שמו קינפפאא (Var.) קנפצל רכב מרומי דרך איתה העיר ועמו משומד אחד ושמו והכיר מורנו והגיד להגמון וגרם שהספחת מיינהארט מגערץ של אותו העיר תפסהו ד' בתמוז שנת מ"ו לאלף הששי ומסרהו למלך רודלף ונפטר בתפיסה בעי"ה יט אייר נ"ג וקבורה לא היתהו לו עד שנת ס"ו (Var.) ס"ג) ד' אייר (l. אדר).

In dieser Notiz sind die Schicksale des Meïr von Rothenburg genau gezeichnet, daß er mit den Seinigen und anderen hat übers Meer auswandern wollen, in der Lombardei von einem Konvertiten erkannt und verraten, vom Stadthauptmann Meinhardt v. Görz dem Könige (Kaiser) Rudolf überliefert und von diesem 1286 verhaftet worden sei. Damit stimmt wieder eine andere Notiz, welche Jechiel Heilperin in einer Sammelschrift fand, wahrscheinlich aus derselben Quelle: ואני הכותב מצאתי בקובץ ישן. שנת מ"ו לאלף ה' תפס מלך רומי שהיה נקרא אדלוף (l. רודלף) את ר' מאיר ונפטר תוך התפיסה יט אייר נ"ג לפ"ק ולא נתן לקבורה עד אדר ס"ז (Seder ha-Dorot zum Jahre 5046). Bis auf ein Jahresdatum stimmt damit auch ein Zeugnis, welches Gedalja Ibn-Jachja aus einer alten Schrift mitteilt: ואני המחבר ראיתי בקונטרס אחד ישן האומר בשנת ה אלפים נ"ו ד' תמוז מלך רומי המכונה ריידליף (l. רודלף) תפס הרב מרוטנבורג ונפטר בתפיסה י"ט אייר ולא נתן לקבורה עד ד' אדר שנת ס"ו. Bei drei so übereinstimmenden Zeug-

Note 9. Das Datum der Gefangennahme des Meïr von Rothenburg. 421

nissen muß man das Datum der Gefangennahme 1297 (davon sich wohl Zunz hat leiten lassen) für eine Korruptel halten statt ו"מ.

Dieses Datum 1286 für die Gefangennahme des Meïr von Rothenburg muß man auch gegen die Angabe einer externen Quelle festhalten, welche das Faktum ein Jahr später ansetzt. Die Annales Colmarienses bei Urstisius und Böhmer, fontes rerum Germanicarum p. 23 berichten nämlich vom Jahre 1287: A Judaeis interfectus est „der guote Weinher" prope Bacracum . . . Rex Rudolfus cepit de Rotwilre Judaeum qui a Judaeis magnus in multis scientiis dicebatur et apud eos magnus habebatur in scientia et honore. Daß hier von der Gefangennahme des Meïr von Rothenburg die Rede ist, und daß Rotwilre für Rothenburg steht, braucht nicht bewiesen zu werden. Es wird aber durch einen Passus im Chronicon Colmariense bei Böhmer a. a. O. p. 72 bestätigt. Dort heißt es zum Jahre 1288: Judaei regi Rudolfo ut eis de illis de Wesela atque Popardia justitiam faceret, et eos a periculo liberaret mortis, et ipsorum Rabbi i. e. supremum magistrum, cui schola Judaeorum et honores divinos impendere videbantur, quem rex captiverat, a captivitate carceris liberaret, viginti sibi millia marcarum promiserunt. Rex Judaeorum petitionem exaudivit, Judaeum captivum libertati restituit, illos de Wesela atque Popardia in marcis 2000 condemnavit et eos a mortis periculo liberavit. Insuper fecit rex dominum archiepiscopum Moguntinum sollemniter praedicare quod Christiani Judaeis injuriam maximam intulissent, et quod bonus Wernherus, qui a Judaeis occisus communiter dicebatur, et pro divino a quibusdam Christianis simplicibus colebatur, deberet igne cremari et ejus cinis in ventum dispergi et ad nichilum (nihilum) dissipari. In hac praedicatione domini archiepiscopi plus quam quingenti Judaei in armis sederunt, ut si aliquis Christianus in contrarium dicere voluisset, ipsum cum suis gladiis occidissent[1]).

Obwohl auch an dieser Stelle der Name des gefangenen Rabbiners nicht genannt ist, so ist in der Schilderung, die Juden hätten ihm „göttliche Ehren erwiesen", Meïr von Rothenburg nicht zu verkennen. Ob derselbe wirklich in Freiheit gesetzt wurde, wird sich weiterhin ergeben.

Aus dem Umstande, daß eine Mönchschronik es der Mühe wert hielt, die Gefangennahme eines Rabbiners und die Verhandlung über seine Freilassung unter die wichtigsten Tagesereignisse zu reihen, folgt ohne weiteres, daß die Begebenheit zu ihrer Zeit viel Aufsehen gemacht haben muß. Was war die Veranlassung zu dieser Gefangenschaft? Eine Notiz, welche Gedalja Jbn-Jachja aufbewahrt hat, gibt als Grund an, der deutsche König oder Kaiser habe eine Anklage wegen einer gewissen Angelegenheit gegen ihn erhoben und habe ihm eine hohe Summe als Strafe auferlegt, die er nicht habe erschwingen können; und darum sei er in Haft gekommen: המלך העליל עליו
(על ר' מאיר מרוטנבורג) על עסק אחד והיה שואל ממנו כך גדול והרב היה

---

[1]) Böhmer, der Herausgeber dieses Chronikon, bezweifelt die Richtigkeit der hier angegebenen Tatsache von der Predigt des Erzbischofs gegen den frischen Heiligen unter dem Schutze jüdischer Bewaffneten; sie klingt allerdings seltsam. Indessen gibt auch der mönchische Chronikschreiber zu, daß der „gute Werner" lediglich von Einfältigen als Heiliger verehrt wurde. Und dennoch werden noch heutigen Tages Wallfahrten zum „heiligen Werner" veranstaltet.

בְּנֵי וָאֶרֶךְ לֹאֵל יָד. Indessen werden wir daraus nicht viel klüger. Die Veranlassung zur Haft des Meïr von Rothenburg läßt sich aber aus einigen Urkunden jener Zeit ermitteln, welche Schunk veröffentlicht hat (Codex diplomaticus, Mainz 1797, Nr. 51, 52, 53). Erinnern wir uns, daß Meïr von Rothenburg am 4. Tammus = 28. Juni 1286 eingekerkert wurde. Am 6. Dezember desselben Jahres erließ, laut der obengenannten Urkunde, Kaiser Rudolf einen Befehl an die Mainzer Bürgerschaft und an die Gemeinden von Mainz, Worms, Oppenheim und der Wetterau mit dem Bedeuten, die Häuser und Güter der Juden, welche ohne Erlaubnis übers Meer ausgewandert sind, als Eigentum seiner Kammerknechte, dem Fiskus auszuliefern.

Die Urkunde bei Schunk Nr. 52 p. 122 ff. lautet:

Rudolfus Dei gratia Rom. Rex semper augustus, prudentibus viris Sculteto, Consulibus et universis Civibus Moguntinis fidelibus suis dilectis gratiam suam et omne bonum. Cum universi et singuli Judaei utpote Camerae nostrae servi cum personis et rebus suis omnibus specialiter nobis attineant, ut illis Principibus, quibus iidem Judaei a nobis et Imperio in feodum sunt concessi, condignum et iustum est, utique consonum rationi ut si aliqui Judaeorum huiusmodi facti profugi sine nostra ut Domini sui speciali licentia et consensu, se ultra mare transtulerint, ut se a vero Domino alienent, de illorum possessionibus, rebus et bonis omnibus, tam mobilibus quam immobilibus, ubicunque ea reperiri contingit, nos, ut Domini, quibus attinent, licite intromittere debeamus ac ea non immerito nostrae attrahere potestati.

Nos igitur, ut in profugos Judaeos eosdem iniuria taliter attemptata redundet, de circumspectione ac fide . . . Archiepiscopi Mogunt. Principis et Secretarii nostri Carissimi, ac nobilis viri Comitis de Katzenellenbogen dilecti nostri fidelis fiduciam obtinentes, ipsis, super omnes Judaeos Spiren: Wormat: Mogunt: Oppenheim ac super omnes Judaeos Wetreibie damus praesentibus plenariam potestatem, ut possessiones, res et bona mobilia et immobilia profugorum Judaeorum, ubicunque ea invenerint sine contradictione cuiuslibet, suae attrahant potestati, ac pro suae voluntatis arbitrio de ipsis ordinent ac disponant, prout eis videbitur expedire. Datum Spirae VIII. Idus Decembr. Regni nostri Anno XIV[1]).

Es waren also in demselben Jahre aus mehreren Städten des Rheinlandes viele Juden ausgewandert, um über das Meer zu gehen. Wie Schaab angibt, hätten sich die Mainzer Bürger bei dieser Gelegenheit 54 Häuser der ausgewanderten Juden angeeignet, und diese führten noch lange den Namen das Judenerbe (diplomatische Geschichte von Mainz S. 60 ff.). Eine solche freiwillige massenhafte Auswanderung muß einen tieferen Grund gehabt haben. Schunk bemerkt (das. S. 124), es sei damals in Syrien ein Messias erschienen, und dieser habe eine unzählige Menge Juden veranlaßt übers Meer zu ziehen, um an dem Messiasreiche teil zu nehmen. Indessen ist in den bis jetzt bekannten Quellen aus jener Zeit nicht ersichtlich, daß damals ein Pseudomessias in Asien aufgetreten wäre. Abraham Abulasia predigte seine kabbalistische Restauration damals in Sizilien und nicht in Syrien. Wohl

---

[1]) An die Städte Worms, Speier, Oppenheim und in der Wetterau sind dergleichen Befehle ergangen von dem gleichen Inhalt und Datum.

Note 9. Das Datum der Gefangennahme des Meïr von Rothenburg. 423

aber hatten die syrischen und asiatischen Juden in derselben Zeit eine günstige Lage unter dem Mongolenkhan Argun, und auch aus andern Ländern sind damals viele Juden nach Asien ausgewandert (vgl. folgende Note). Wie dem auch sei, die Auswanderung des Meïr von Rothenburg mit seiner Familie und seinen Genossen in demselben Jahre bildete einen Teil der massenhaften Auswanderung. Um gar keinen Zweifel darüber walten zu lassen, kommt der Ausdruck „übers Meer" (ultra mare) in den kaiserlichen Urkunden auch in der Notiz über Meïrs Auswanderung vor (שם לדרך פצעירו לעבור הים). Er erwartete in der Lombardei noch andere, welche mit ihm auswandern wollten, wie dieselbe Notiz angibt. War also der angesehene Rabbiner Deutschlands dabei beteiligt, so muß er an der Spitze der Unternehmung gestanden haben.

Dadurch ist nun vieles erklärlich. Der Kaiser Rudolf war über die Emigration der Juden ungehalten, weil er ganz einfach seine Finanzquelle nicht auswandern lassen mochte. Darum brachte er die größte rabbinische Autorität jener Zeit in Haft, als sie ihm durch den Stadthauptmann von Görz ausgeliefert worden war, damit er an ihr ein Unterpfand für das Verbleiben der deutschen Juden im Lande haben wollte. Ich sage in Haft; denn im Kerker war Meïr v. Rothenburg keineswegs. Seine Jünger durften ihn besuchen und nach wie vor unter ihm ihre Talmudstudien machen. Einer seiner Jünger arbeitete unter seinen Augen in Ensisheim ein Ritualwerk aus, wie Asulai aus einem Ms. des תשב"ץ, d. h. תשובות שמשון בן צדוק, bezeugt (s. v.): בתשב"ץ כ"י שקבל הדינים החם מר' מאיר בעודו בתפיסה. Eine Menge gutachtlicher Bescheide auf an ihn gerichtete Anfragen sind von ihm aus der Haft in Ensisheim erlassen. מורר רבינו (מאיר) למהר"ר אשר ממגדל (Respp. in der Jeßnitzer Ausgabe des רמבם zu הלכות אשרות אינזישהיים Nr 30); das. zu פסח Nr. 14: במגדל אינזישהיים הורה רבינו לדבר; das. zu כשפטים Nr. 60 klagt er über seine Haft, die schon 3½ Jahr dauerte: ואם ימצא שהתוספת וספרי הפוסקים חולקים עלי בשום דבר דעתי מבוטלה להם. כי מה לפני רודב יושב חושך צלמות ולא סדרים זה ג" שנים. Respp. ומחצת הצני הנשבח מכל טובה אסקופה הנדרשת מאיר בר ברוך. פפירוש וזרעים ותחרות Rothenburg Edition Lemberg 1860 Nr. 151: לכשאצא לשלום אטרח ברצון שיחיו מוצתקים לך ובתפיסתי את בוראי שלי לא שבחתי ובתורתני דבקתי ויראו המתנדבים יחזו את ה' בנועם ... נפש סר למשמעתך העני הנשכח מכל טובה אסקופה הנדרשת הנקרא בשכבר מאיר בר ברוך. Vgl. noch Hagahot Maimuni, von seinen Jüngern ausgearbeitet zu קריאת שמע ה', zu ישיבה 'ה und andere Stellen, wo Bescheide von ihm aus dem Turme von אינזישהיים (soll heißen אינזישהיים) mitgeteilt werden. In einem Responsum הלכות קנין heißt es, Meïr von Rothenburg habe seine Novellen zu Baba Mezia in der Haft ausgearbeitet: אשר כתב ר' מאיר בחידושיו בפ' האומנין במגדל אינזישהיים. Seine Verhaftung war also keineswegs eine Strafe, sondern mehr eine Versicherung seiner Person, damit er nicht wieder „übers Meer" auswandere und viele Juden nach sich ziehe. (Daß die Hastort Ensisheim im Kolmarschen war, ist nach den ausgezogenen Zitaten unzweifelhaft.)

Es bleibt noch ein Punkt aufzuhellen übrig, was von der Nachricht in der Kolmarschen Chronik zu halten sei, daß die Juden 1288, also zwei Jahre nach der Verhaftung, dem Kaiser für dessen Befreiung und für andere Genugtuung 20000 Mark geboten, und der Kaiser ihn in Freiheit gesetzt habe. Wir wissen aus der Angabe der Grabschrift und anderen authentischen Notizen, daß er bis zu seinem Tode und noch darüber hinaus in Haft blieb. Wie ging das zu? Hier fügt sich die von Salomo Luria tradierte Nachricht gut ein, daß Meïr v. Rothenburg selbst seine Freiheit nicht annehmen mochte, um dem gelderpressenden Kaiser keine Gelegenheit zu geben, durch Verhaftung von Rabbinen große Summen von den Gemeinden zu ziehen: כהר״ר בר ברוך היה תפוס במגדל אינזיסהיים (I. אינזיסהיימר) כמה שנים והשר תבע בן הקהלות סך גדול והקהלות היו רוצים לפדותו ולא הניח כי אמר אין פודין את השבויים יותר מכדי דמיהם (Kommentar ים של שלמה zu Gittin VI, No. 66). Jedenfalls ist die Nachricht in dem Chronicon Colmariense: et Judaeum (Rabbi) liberati restituit nicht genau. Daß Unterhandlungen zwischen dem Kaiser und den jüdischen Deputierten stattgefunden haben, wobei die letzteren ihm 23000 Mark Silbers unter der Bedingung versprochen haben, daß er sein Wort halten solle, folgt aus einem Responsum des Chajim ben Jechiel ואשתקד הפץ זהב (in Respp. Meïr von Rothenburg, Folioausgabe Nr. 241): לא הריני אלא ר״ב שנדרו למלך כ״ג אלפים לטרא על תנאי אם לא מקיים לא הריני חייבים לו כלום ינסוג אחור ולא קיים תנאו ובמזיד... והתנינו עם המלך ג' פעמים שאין לנו דין ודברים עמך אך אם תעשה מה שנדרת לנו רתנו וזה אצסוק(?) ואם לאו לא יתנו לך פרוטה. וענה המלך איני רוצה יותר אם עצה... בוטב ואם לאו אל תתנו. וכשנסוג אחור המלך אמרתי ... על הקהלות אם תטילו על הקהלות שלנו מאומה. Möglich, daß der Gegenstand dieser Unterhandlung die Befreiung des verhafteten Rabbiners war. — Die Nachricht, daß sich sein Jünger Ascheri für ihn mit einer Summe verbürgt und wegen Nichtleistung habe auswandern müssen, ist mit obigem nicht gut zusammenzureimen, da Ascheris Auswanderung erst 1303 stattfand, als Meïr von Rothenburg bereits 10 Jahre tot war und nur seine Leiche nach dem Tode des Kaisers Rudolf von seinen Nachfolgern Adolf und Albrecht in Haft gehalten wurde.

10.
Der jüdische Staatsmann Saad-Addaula.

Stellung, Charakter und Einfluß dieses Ministers am Hofe des mongolischen Großkhans Argun haben d'Ohsson in seiner histoire des Mongols T. III, p. 31 ff. und in neuester Zeit Weil in seiner Kalifengeschichte IV, S. 146 ff. aus authentischen Quellen geschildert, denen ich gefolgt bin. Nur auf zwei Punkte will ich aufmerksam machen, die ich anderweitig nur angedeutet habe. Aus einer Notiz des zeitgenössischen Fortsetzers von Bar-Hebräus' (Abulfaradj) Chronicon Syriacum (Text p. 592 unten) geht hervor, daß Saad-Addaulas hohe Stellung den auswärtigen Juden nicht unbekannt geblieben ist, daß sie sich vielmehr in seinem Glanz gesonnt, und zu ihm, wie zu einem mächtigen Beschützer und Mittelpunkt, hingezogen gefühlt haben. Der kurze aber wichtige Satz des Continuator lautet: ܒܕܪ הכין סוגאי מן יהודיא דבספרי עמירתא לותה (לות סעד אלדולה) אתקהלו וכלהון מן חד פומא אמרו: דבשרירא דקורנא דפרקנא וסברא דתושבחתא אקים מריא לבני עבריא לגברא הנא ביומתהון אחרנא. „Und deswegen haben sich viele von den Juden von den Grenzen der bewohnten Erde zu Saad-Addaula gesammelt und haben aus einem Munde gesprochen: „In Wahrheit als Horn des Heils und als Hoffnung des Ruhmes hat der Herr diesen Mann in den jüngsten

Note 10. Der jüdische Staatsmann Saad-Abdaula.

Tagen aufgestellt.'" Es ist also denkbar, daß auch die deutschen Juden Kunde von seiner Stellung hatten, zumal gerade in seiner Zeit der Kabbalist Salomo Petit (Note 8), der in Palästina von ihm gehört haben muß, eine Rundreise in Deutschland gemacht hat, um gegen die maimunischen Schriften Unterschriften zu sammeln.

Daß Saad-Abdaula nicht bloß den Mechanismus des mongolischen Staates in Gang brachte und das materielle Wohl der verschiedenen Bewohner zu fördern strebte, sondern auch auf geistige Hebung bedacht war, teilt d'Ohsson a. a. O. 38 mit: Sad-ad-Dévlet (le ministre israélite) réunit autour de lui des savants et des literateurs qu'il encourageait dans leurs travaux. Aussi composa-t-on à sa louange un grand nombre de pièces en vers et en prose. Une partie de ces panégyriques fut recueillie dans un volume, auquel on a attaché son nom. Ich habe daher aus dem Umstande, daß Saad-Abdaula seinen Stamm- und Religionsgenossen nicht unbekannt war, daß er sich vielmehr ihrer annahm, und daß er sogar von nichtjüdischen Dichtern besungen wurde, die Vermutung aufgestellt, daß ein Gedicht von einem morgenländischen Dichter auf einen hochgestellten jüdischen Staatsmann (das in Chaluz III, p. 153 aus einem Kodex der Bodlejana mitgeteilt ist) Saad-Abdaula besungen haben könnte. Die Form des Gedichtes und auch der übrigen dort mitgeteilten Piecen mit Versmaß und gelungener Versifikation weist auf die nachsaadianische und nachhaïsche Zeit hin, weil in der Zeit dieser Gaonen die morgenländisch-jüdischen Dichter entweder das Versmaß gar nicht kannten oder holperige Verse machten. Außerdem ist seit Manasse Jbn Kazra (990) kein hochgestellter Jude im Morgenlande bekannt. Überschrift und Inhalt dieses Gedichtes weisen aber auf eine bedeutende politische Persönlichkeit jüdischen Stammes hin. Die Überschrift lautet arabisch: ולה פי בן אלחרביה וקת רגועה אלי נצר דאר אלצרב, d. h. von demselben Dichter (wie die vorangegangenen Piecen) auf Jbn-Alcharbija zur Zeit seiner Rückkehr zur Jnspektion des Münzpalastes. ארץ אל ضرب bedeutet Officina monetaria, Münzungsstätte. Das paßt um so eher auf Saad-Abdaula, als das Finanzwesen zu seinem besonderen Ressort gehörte. Der Inhalt des Gedichtes auf Mardochai Jbn-Alcharbija (wie der Besungene genannt wird) paßt noch mehr auf ihn.

נגיד עם על אשר מכל סריניו
משחו יוצרו ראשית שמניו
ובבית הכלא יצא ורצים קראו אברך לפניו

גביר הוד מרדכי נאמן מלוכה ועוז משרה רצוי מלך ורוזניו
אשר יצא בחור מלכות ואותי בשירים קדמו שריו ונוגניו
ועטו על מעיל משרה ונתן רביד הדר והוד על צוארוניו.

וגם הסך באברתו לעם אל ופרש באמת עליו כנניו

גביר רעה בעוז צאן ההרגה
. . . . . שמו נמצא באף קטן וגדול . . . . .
ובו כה מחאו ימים ולילות עלי תוה פרעו שירי רנניו
והשיב אל בימיו המלוכה לעם קודש ובו רמו קרניו
גבור גבר במועצתיו עלי יועצי ארץ וכל הרו לפניו

Hier bricht das Gedicht ab; es ist defekt. Jeder Zug paßt auf Saad-Abdaula, bis auf den, daß er aus dem Kerker zur Standeserhöhung gelangte, der aus den Urkunden jener Zeit nicht bekannt ist. Professor Weil in Heidelberg, den ich in solchen zweifelhaften Fällen gern als meinen historischen Gewissensrat befrage, und der mir stets freundlich und zuvorkommend belehrenden Bescheid erteilt, hält ebenfalls die Identität von Saad-Abdaula mit dem in diesem Gedichte gepriesenen morgenländischen Mardochai Ibn-Alcharbija für wahrscheinlich. Daß dieses Gedicht und die vorhergehenden Piecen von einem morgenländischen Dichter stammen, kann keinem Zweifel unterliegen. In dem unmittelbar vorangehenden (p. 155 f.) von demselben Dichter werden ein Gaon Ali, Schulhaupt (wahrscheinlich von Bagdad), und seine Söhne besungen:

וראון (גאון) בית יעקב עלי כפיר דת . . . .
גאון יעקב וילד הגאונים . . . . . .

פאר משרה וירן ראשי ישיבות . . . . .

Der Name Ali und die Würde Gaon waren nur im Morgenlande, in Bagdad und Umgegend, heimisch. Würde unter Alis dort gefeierten Söhnen ein Samuel vorkommen, so könnte man an den Vater jenes Samuel ben Ali, des so heimtückischen Gegners von Maimuni, denken. So aber kann man diese Gedichte aus dem Divan eines morgenländischen Dichters getrost gegen das Ende des dreizehnten Jahrhunderts setzen.

11.

Die Bekehrung eines Dominikaners zum Judentum als Veranlassung zur Judenvertreibung aus England.

Zwei geachtete jüdische Chronographen, Samuel Usque und Ibn-Verga, erzählen aus einer älteren Quelle, nämlich dem Marthrologium des Prophiat Duran (Ephodi), das Faktum von der Bekehrung eines Mönches zum Judentum in England und bringen damit die Ausweisung der Juden aus diesem Lande in pragmatische Verbindung. Sie begehen aber scheinbar den Anachronismus, daß sie diese Vertreibung um ein halbes Jahrhundert zu früh ansetzen. Darum haben neuere Bearbeiter der jüdischen Geschichte seit Basnage auf dieses Faktum keine Rücksicht genommen und noch weniger es als Veranlassung zur Vertreibung angesehen. Aber das Faktum ist wahr und der Pragmatismus ist richtig. Es wird zunächst von einem zeitgenössischen christlichen Chronikschreiber, von dem Fortsetzer der Chronik des Florenz von Worcester, erzählt (Florentii Wigoriensis monachi Chronicon ed. Thape London 1747. Der erste Teil ist längst ediert, die continuatio ist aber durch diese neue Ausgabe bekannt geworden). Dort heißt es T. II, p. 214, zum Jahre 1275: Londoniis quidam de ordine praedicatorum, dictus frater Robertus de Redingge, praedicator optimus, lingua Hebraea eruditissimus, apostavit et ad Judaismum convolavit, atque Judaeam ducens uxorem se circumcidi atque Haggaeum fecit nominari. Quem accercitum et contra legem Christianam audacter disserentem rex (Eduardus) archiepiscopo commendavit Cantuariensi. Der Schluß fehlt offenbar in der Quelle. Denn wenn der Erzbischof von Canterbury die Sache in die Hand genommen hat, so wird der abtrünnige Mönch wohl schwerlich mit heiler Haut davon gekommen sein. Es müßte denn sein, daß de Redingge Reißaus und seinen Aufenthalt in einem toleranteren Lande genommen hat, wie die sekundären Quellen angeben.

In dieser Chronik von dem Fortsetzer des Florenz von Worcester wird zwar nicht erzählt, welche trübe Folge der Übertritt des Mönches zum Judentume herbeigeführt hat, aber angedeutet ist es; denn von diesem Jahre 1275 an bis zur Vertreibung 1290 sind in dieser Chronik fast jedes Jahr Judenverfolgungen wegen falscher oder halbwahrer Anlagen aufgezeichnet. Namentlich zeigte sich seit der Zeit die Königin-Mutter Leonora als erbitterte Judenfeindin. Sie ließ noch in demselben Jahre die Juden aus der ihr gehörigen Stadt Cambridge verjagen (das. p. 215): Ejecti sunt Judaei a Canabrigia per reginam matrem regis. Daß ihr Einfluß auf die Vertreibung der Juden aus England eingewirkt hat, bemerken die Annales Waverlienses ausdrücklich ... proourante Domina Alienora, matre dicti regis Angliae (expulsionem Judaeorum) (bei Gale, Historiae Angliae scriptores II, p. 242). Wir können uns also hinter der Feindseligkeit der Königin-Mutter die Dominikaner denken, welche die ihnen widerfahrene Schmach durch den Übertritt eines ihrer begabtesten Mitglieder zum Judentume an den Juden rächen wollten, wie die jüdischen Sekundärquellen (wohl aus der genannten zuverlässigen Primärquelle des Prophiat Duran) ausdrücklich angeben. Ibn Verga in Schebet Jehuda No. 20: כומר אחד מכת הנקראים פריריקאדוריס
חשק אשה יפה מאוד ונתגייר בהצנע ולקחה לו לאשה. והכת הדורשים
היה זה להם לחרפה נוסף על שנאת היהודים ... וחלבו כל הכומרים אל
המלכה ... וחשבה מחשבות איך תקח נקמת בעבור היהודים. Ähnlich Samuel Usque, der poetisierende Historiker (in seinen consolaçaõs, Dialogo III, No. 12) ... deram cocasio a um frade pregador, queda muita fermosura de una Judia se namorase ... tomou por remedio solrar os habitos de sua religiae e cristiandade e vestir aquelles de Judaismo, fazendose mui encubertamente Ebreo ... e achando por grande enjuria todos los frades o que aquelle commetera ... procuraran po meo da rainha ... y enoitaram ei Rey contra os Judeos. Unter der „Königin" ist die Mutter des Königs Edward I. zu verstehen. Diese war bigott und boshaft genug, um den erbitterten Dominikanern als Werkzeug dienen zu können. Dem klugen und gerechten König selbst konnten die Mönche nicht direkt und nicht sobald beikommen. Erst nach und nach wurde auch er gegen die Juden erbittert.

Die Einkerkerung sämtlicher englischer Juden wegen Anschuldigung der Münzfälschung und Münzbeschneidung 1278 (bei Florenz von Worcester a. a. O. p. 220, 21 und bei Rymer und Tovey) war schon eine schreiende Ungerechtigkeit, hatte aber noch einen matten Schein von Grund, aber die Einkerkerung derselben vom Jahre 1287 war eine tyrannische Willkür. Sie ist durch einen einfachen Stein mit roher Inschrift verewigt, welche der Nachwelt den Schmerz der Eingekerkerten verkündet. Die genannte Chronik teilt dieses Faktum mit (a. a. O., p. 238): Judaei per totam Angliam cujuscunque aetatis aut sexus die Veneris, in crastino Apostolorum Philippi et Jacobi (2. Mai 1287) securae sunt oustodiae mancipati, qui tandem regem de XII millia librorum ei solventes ... propria quisque redierunt. Der Stein, in den ein Eingekerkerter, namens Ascher, hebräische Buchstaben eingegraben, und der dem gelehrten Staatsmanne und Hebraisten Selden bei der Enträtselung so viel Kopfzerbrechen gemacht hat (de gentium II, c. 6, p. 190) sagt dasselbe aus:

רום . . . . ר' איר היו
תפוסים כל יהודי
ארץ האי שנ'
מ"ז לפ' לאלף
ששר אנד אשר
חקקתי.

Freitag, 2. Mai 1287, fiel auf den 16. Ijar. Man muß also lesen: רום . . . . ר' ר"ז איריר היו תפוסים כל יהודים וכו', was Selden nicht entziffern konnte, wie er die Wörter ארץ האי, sonderbar genug mit „istae terrae" wiedergab, während es bei jüdischen Schriftstellern „das Inselland England" bedeutet.

Daß zuletzt sämtliche Juden Englands und auch der englischen Besitzungen auf Anstiften der Königin-Mutter, d. h. in letzter Reihe der Dominikaner, ausgewiesen wurden, ist bereits angegeben. Zwei englische Chronikschreiber, welche die Tatsachen trocken mitteilen, geben keinen Grund der Vertreibung an und legen den Juden keinerlei Verbrechen zur Last, um die tyrannische Maßregel zu beschönigen. Der Fortsetzer des Florenz von Worcester berichtet zum Jahre 1290: accepta a totis communitatibus bonorum temporalium quinta decima, dominus rex omnes cujuscunque sexus aut aetatis per universam Angliam habitantes Judaeos, absque spe remeandi, perpetuo damnavit exilio. Ein anderer zeitgenössischer Chronist, Matthew of Westminster, erzählt die Austreibung mit mehr Details (Flores temporum ed. Frankfurt p. 414) ad 1290: Circa hos dies, scil. 31. Augusti, Judaeorum exasperans multitudo, quae per diversos orbes et intra fortia habitabat per retroacta tempora confidenter, jussa est cum uxoribus et parvulis suis una cum bonis suis mobilibus ab Anglia cedere, circa festum omnium Sanctorum, quod eis pro termino ponebatur quem sub poena suspendi transgredi non est ausa: quorum numerus erat (ut credebatur) 16511. Exierat etiam tale edictum a laudabili rege Anglorum in partibus Aquitaniae, a qua omnes Judaei pariter exulabantur.

Es ist wohl zu merken, daß von diesen heimischen und nicht sehr judenfreundlichen Schriftstellern mit keinem Worte die Münzfälschung einiger Juden, als — sei es auch nur entfernte — Veranlassung zur Ausweisung, erwähnt wird. Die Anklagen wegen Münzverschlechterung hatten zwölf Jahre vor dem Exil gespielt, und der kluge Edward I. hatte dabei die Erfahrung gemacht, daß den Juden von ihren Feinden falsche Münzen untergeschoben worden waren, um ein Objekt zur Anklage zu haben; der König hatte dem durch ein Gesetz eine Schranke gesetzt. Wenn selbst jüdische Quellen die Münzfälscherei als letzten Grund zur Ausweisung der englischen Juden angeben, so wußten sie nicht, was hinter den Kulissen vorging, daß die Dominikaner wegen der Apostasie des Robert de Redingge an den Juden Rache nahmen. Von der Münzfälschung als Veranlassung zur Vertreibung berichtet eine Quelle in Schebet Jehuda No. 18 und ein Zeitgenosse in den Responsen des Meïr von Rothenburg ed. Lemberg No. 246 כמה דמים נשפכו על ידי אלה וכאלה פוסלי מטבעות היינו ראחריבוהו לאחינו יושבי צרפת והאי.

Note 11. Die Bekehrung eines Dominikaners zum Judentum.

Den Tag der Auswanderung der Juden von London gibt das red book of exchequer bei Tovey, Anglia Judaica p. 232 an, nämlich den Dienstag Morgen, den Dionysiustag = 9. Oktober 1290. Wenn die jüdischen Quellen das Faktum um 50 oder 30 Jahre früher anzusetzen scheinen, so beruht das lediglich auf Korruptelen. Wenn Ibn-Verga (a. a. O.) datiert: וזהו הגירוש (גירוש אינגלאטירה) שנת ה' אלפים ועשרים ליצירה, so muß man sich das Wort עשרים in das Zahlzeichen נ umgewandelt und dieses als korrumpiert aus נ' denken also ה' נ' = 1290. Dasselbe Verfahren muß man mit dem Datum bei Usque anstellen (a. a. O.), wo er in dem ersten Teil ganz richtig den Übertritt des Dominikaners mit der Feindseligkeit der Königin (-Mutter) und der Vertreibung der Juden aus England in Kausalnexus bringt. Er hat, wie am Rande angegeben ist, dieses Faktum aus einer anderen Quelle geschöpft. Diese war eine hebräische und zwar, wie jetzt zur Gewißheit geworden ist, das זכרון השמדות von Prophiat Duran. Wenn nun Usque in der Überschrift das Datum hat Yngraterra anno 5002, so hatte seine Quelle ה' ב'. Auch hier muß man das ב' in נ' verwandeln, als ein Korruptel, das entweder schon Usques Quelle hatte, oder von ihm selbst eingeführt wurde. Den Vorfall von dem Übertritt des Dominikanermönches zum Judentum mit seinen trüben Folgen für die Juden Englands hat auch, wie schon gesagt, das Sohebet Jehuda No. 20 aus einer deutschen Chronik (כדברי הימים לאשכנזים), wohl dieselbe Quelle, die auch Usque benutzt hat. Nur kommen in Schebet Jehuda zwei Fehler vor. Zunächst ist da England mit Frankreich verwechselt (על ידי כומר שנתגייר) במלכות צרפת היה גרוש כולל. Dort wird der bekehrte Mönch (de Reddinge) als Beichtvater der Königin ausgegeben: הכומר ההוא (שנתגייר) איש חשוב כי המלכה היתה מתודת עמו הנקרא קונפיסור וחלבו... הכמרים אל המלכות ויגרדו לה את כל ענייני הקונפיסור ואיך היהודים גיררוהו. Das ist aber falsch und beruht wohl auf Mißverständnis der Grundquelle. Denn Usque gibt richtig an, daß die Dominikaner durch den Beichtvater der Königin (-Mutter) diese, den König und das Volk gegen die Juden einnehmen ließen, procuraran (os frades pregadores) por meo da rainha, que tin a um pregador, seu parente, com quem se confessava, incitarem el Rey etc. — Usque erzählt in der darauffolgenden Nummer, daß den aus England exilierten Juden die jungen Kinder gewaltsam genommen und im Christentum erzogen worden seien, und daß diese später unter dem darauffolgenden Könige auf die Probe gestellt worden wären durch zwei Zelte, auf deren einem die Thora und auf dem andern das Kreuz gemalt gewesen sei. Diese Fabel stammt aus dem Fortalitium fidei des in Anhäufung von Fabeln zum Nachteil der Juden unerschöpflichen Alfonso de Spina. Wir haben gesehen, daß die zeitgenössischen englischen Chroniken kein Wort von der gewaltsamen Bekehrung jüdischer Kinder haben, daß sie im Gegenteil angeben, die Juden seien mit ihren Frauen und Kindern abgezogen. Auch die Urkunden bei Rymer und Tovey bezeugen, daß Edward bei der Austreibung der englischen Juden den Behörden die größte Schonung eingeschärft hat. Gedalja Ibn-Jachja in Schalschelet (p. 92 b) hat die beiden Berichte von der Bekehrung des Mönches und dem Exil der Juden, der gewaltsamen Taufe der Kinder und der Probe mit den zwei Zelten zusammengeschweißt. Er hat diese Nachricht wahrscheinlich aus Usques Consolaçaōs entlehnt, wie vieles andere. Er beginnt den Bericht: בשנת ה' אלפים כ' כומר אחד נימול באינגלטירה כדי להנשא עם יהודית. Auch hier muß man

כ׳ ה׳ in נ׳ ה׳ emendieren, so daß in betreff des Exiljahres der Juden aus
England kein Widerspruch besteht. Schließlich sei noch bemerkt, daß der Zug
in den jüdischen Sekundärquellen, de Reddinge sei aus Liebe zu einem jüdischen Mädchen zum Judentum übergetreten, und daß er es heimlich getan,
von dem Bericht in der Chronik des Florenz von Worcester widerlegt wird.

12.

Autorschaft des Sohar.

Es gibt wohl schwerlich in irgendeiner Literatur ein Buch, das gleich
dem Sohar das Brandmarkungszeichen der Fälschung an sich trüge und sich
dennoch als göttliche Offenbarung eine Zeitlang behauptet und noch bis auf
den heutigen Tag unerschütterliche Gläubige und Verehrer gefunden hat.
Nicht bloß Juden, sondern auch Christen traten als Ehrenretter für das hohe
Alter und die Echtheit des Sohar auf, freilich mit einer Tendenz, welche die
Juden hätte mißtrauisch gegen ihn machen sollen. Neben den beiden Buxtorf,
Capellus und andern, welche dessen Jugend behaupteten, hielten ihn Light-
foot, Bartholocci, Pfeiffer, vor allen Knorr von Rosenroth, und
noch in unserer Zeit Molitor für ein echtes Werk des Simon ben Jochai,
das teilweise einen überirdischen Ursprung habe. Der Konvertit Paulus
Riccio, Leibarzt des Kaisers Maximilian, zog Parallelen aus Partien des
Sohar mit Stellen der Pseudoareopagitika, mit denen die ersteren jedoch nur
eine schillernde Ähnlichkeit haben. Man könnte recht gut eine ansehnliche
Bibliothek mit den Schriften ausfüllen, die pro und contra geschrieben wurden.
In jüngster Zeit ist die Soharfrage mit mehr Gründlichkeit und mehr eingehender, scharfer Kritik behandelt worden. Aber noch hat sie keinen Abschluß
gefunden. Landauer hat viel Scharfsinn aufgeboten, um ihn dem Schwärmer
Abraham Abulafia zu vindizieren. Jellinek, der anfangs dem zustimmte,
kam zwar später davon zurück und wies durch frappante Parallelen aus
Schriften des Mose de Leon nach, daß der eigentliche Sohar diesem an-
gehöre, glaubte aber noch immer, die Nebenpartien Abulafia vindizieren zu
müssen. Frank ging in seinem Werke la Cabbale von der Überzeugung aus,
daß eine Grundpartie des Sohar uralt sei und aus dem Parsismus stamme.
In jüngster Zeit hat ein Pole, David Luria, in einer eigenen Schrift
(קדמות הזוהר) die Verteidigung des Sohar mit Haut und Haaren übernommen und hat durch Scheinbeweise manche in ihrem Urteil schwankend
gemacht. So weit der Stand der Untersuchung über die Soharfrage. Meine
Aufgabe ist es hier, die bisher geltend gemachten Argumente für die Unechtheit des Sohar und die Autorschaft des Mose de Leon zusammenzufassen
und neue hinzuzufügen, die Beweise für dessen hohes Alter im ganzen oder
in einzelnen Teilen zu entkräften und dann aus alledem das Fazit zu ziehen.

Eigentlich brauchte die Unechtheit des Sohar gar nicht bewiesen zu werden.
Denn da die Kabbala, d. h. die Lehre vom En-Sof, von den Sefirot
und der metempsychosischen Vergeltungslehre, nach dem Eingeständ-
nisse der Adepten selbst jung und erst in der ersten Hälfte des dreizehnten
Jahrhunderts entstanden ist, und im Talmud keine Spur davon vorkommt
(Note 3), so kann der Sohar, d. h. sein Inhalt, welcher dieselbe Theorie vor-

aussetzt, nicht Simon ben Jochai zum Verfasser haben. Indessen wollen wir uns die Aufgabe nicht so leicht machen, sondern, auch abgesehen von jenen Resultaten, die Jugend des Sohar einerseits und die Autorschaft des Mose de Leon andererseits aus andern Momenten herleiten. Zunächst spricht die Bezeugung über sein Vorhandensein bei Schriftstellern entschieden gegen sein hohes Alter.

1. Der erste, welcher sich auf den Sohar beruft, ist nicht Menahem Rekanati, sondern Todros Abulafia. Wäre dieser 1283 gestorben, wie Zacuto (alte Edition) angibt und auch Zunz annimmt (zur Geschichte S. 433), so wäre zwar für das Alter des Sohar nicht viel gewonnen, aber die Autorschaft des Mose de Leon wäre hierdurch widerlegt. Allein Todros Halevi, eben derselbe, war Günstling des Königs Don Sancho und namentlich der Königin Maria de Molina und begleitete beide bei deren Zusammenkunft in Bayonne 1290. Abraham Bedaresi, der ihn besungen hat, erzählt es in seinem Buche חותם תכנית. Weil dieser Bericht nicht sorgfältig genug beachtet wurde, so gebe ich ihn hier in extenso: עבר בגבולנו זה שנים רבות המלך הגדול מלך קשטיליריא וגם אהלו כבודו בעיר הזאת תקופות ימים ובא בקרב מחנהו השר הגדול הנשיא נשיאי ישראי הלוי מרנא ורבנא טודרוס הלוי והיה גדול ונשוא פנים לפני הגבירה מלכת קשטיליריא ההולכת אז עם המלך. והיה הנכבד הזה חכם ונעים זמירות. וקדמתי פני הדרתו במנחת שיר מעט חרבש הזה ... אברהם בר יצחק בדרשי. Diese einzige Zusammenkunft des Don Sancho mit Philipp dem Schönen, mit dem jener so lange in Feindschaft gelebt hatte, geschah eben 1290, wie aus der spanischen Geschichte bekannt ist. Es liegt aber noch ein vollgültiger Beweis vor, daß dieser Todros Abulafia, der Verf. des אוצר הכבוד, mindestens noch 1304 gelebt hat. In diesem Buche (das Zunz nur als Manuskript kennt, das aber in Nowidwor 1808 gedruckt ist) gibt der Verf. an, daß er seinen Oheim Meïr Abulafia Halevi nur als kaum zehnjähriger Knabe gekannt und wenig von ihm gelernt habe: ושמעתי אומרים על שם דודי ר' מאיר הלוי שהיה מזהיר אזהרות רבות שלא להסתכל בלבנה ... ואוי לי שלא זכיתי ללמוד תורה לפניו כי אם בפרק הכונס ... בלבד ואני כבן עשר וברוך המקום אשר זכני לראות את הדרת פניו לעת זקנתו וסמך את שתי ידיו עלי וברכני בברכה המשולשת והיא שעמדה לי בבחרותי וגם עד זקנה ושיבה ת״ל (zu Rosch ha-Schana p. 25 b). Nun starb sein Oheim Meïr 1244; Todros ist also geboren um 1234, und da er schon hochbetagt war, als er das kabbalistische Werk verfaßt hat, so hat er mindestens noch, auch nur als Siebziger, 1304 gelebt. Er kann noch Mose de Leon überlebt haben. Um gar keinen Zweifel an der Identität des Todros, Verfassers des Ozar, und des von Abraham Bedaresi besungenen, aufkommen zu lassen, zitiere ich die Stelle von Abraham Gawison (Omer ha-Schikcha p. 119 b) החכם אברהם בדרשי ... היה בימי טודרוס הלוי בצ״ל אוצר הכבוד והיו כותבים זה לזה שירים ערבים ... ואמר הרב הבדרשי להרב הנזכר.

נצחתנו בשירים הערבים ...
לזאת נעזוב כלי שיר ונדום
וכנורות נחלה על הערבים.

Todros war der Vater jenes Joseph Levi Abulafia, der bei der Entstehungsgeschichte des Sohar eine Rolle spielt. Das geht aus einem Passus des Isaak von Akko (Meïrat Abschn. נשא) hervor: אחר כל זה הקרני ה' לפני בנו הרב יוסף והראה לי הענין באוצר הכבוד שחברו אביו ז״ל. Im Eingangsgedichte nennt sich der Verf. טודרוס בן יוסף הלוי in Akrostychen. Wenn also Todros nach 1304 gelebt hat, so konnte ihn Albalag in seinem Werke von 1292 oder 1294 als einen der Koryphäen der Kabbala anführen (o. S. 218).

Also dieser Todros Abulafia zitiert zuerst in seinem um 1304 verfaßten Werke einen Passus aus einem Midrasch, der in einer Partie des Sohar im מדרש הנעלם vorkommt, aber in einer Wendung, daß man daraus ersieht, diese Partie sei ihm erst jüngst als etwas Neues zu Gesicht gekommen (Ozar, p. 36 a) ושוב ראיתי ר' חזקיה הוה אזיל באורחא ... דהא תנינין לעולם . . . רצא אדם בכי טוב. Dieser Passus kommt vor im זהר חדש (ed. Amsterd. p. 8d). Noch ein anderes Zitat aus Sohar I, p. 145 b hat Todros das. (p. 27 a), eingeleitet וראיתי במדרש. Beweisen diese Zitate etwa ein hohes Alter des Sohar, wie David Lurja (der sich in der Chronologie nicht zurecht finden konnte) behauptet? Sie beweisen nur, daß der Sohar in Todros Alter bekannt geworden war, und daß er wie sein Sohn Joseph ihn als einen מדרש anerkannt haben. Todros bildete einen Sammelpunkt für Kabbalisten. Ihm dedizierte Mose de Leon eines seiner Werke (שקל הקדש) לכבוד הנשיא הגדול ... ר' טודרוס הלוי ... אני משה בר שם טוב מציר ליאון חברתי החבור הזה בשנת ח' נ"ב בציר ואדאל הגרה (bei Jellinek, Beiträge Heft II, S. 73). Ihm widmete Isaak Ibn-Latif vielleicht mehrere; jedenfalls eines seiner Werke, ראו ספר צרור המור קראתיו לשם תודרוס . . . נשיאה יסודתיו ולכבודו יצרתיו. Seinem Sohne Levi widmete Mose de Leon sein ספר הרמון und zum Schlusse des zweiten Teiles kommt eine kabbalistische Abhandlung von Joseph Abulafia vor: שאלת הנשיא הגדול ר' יוסף בן כבוד דרב הגדול ר' טודרוס. — Mit einem Worte, Mose de Leon stand mit dem Hause Abulafia in freundschaftlicher Beziehung, und es war natürlich, daß, wenn der Sohar von ihm verfaßt wurde, er seine kabbalistischen Freunde zunächst damit überrascht hat.

2. Auch Menahem Recanati zitiert den Sohar, aber dieser starb nicht etwa um 1290, sondern nach 1310, d. h. nach Ben-Adrets Tod, da er diesen als Verstorbenen zitiert, פסקי רקנתי No. 211.

3. Wenn unter dem מדרש נסתר ונעלם, den Schem-Tob Ibn-Gaon zitiert (auf dessen Autorität hat er die Ordnung der Abschnitte aus dem Pentateuch in der Tefillinkapsel geändert), der Sohar oder die Partie מדרש הנעלם zu verstehen ist, wie es den Anschein hat, so wäre das die zweite oder dritte Bezeugung. Aber aus welcher Zeit? Jedenfalls erst nach 1325 (vgl. o. S. 283, Anmerk. 8). Die Stelle lautet in מגדל עז zu Hilchot Tefillin, c. 3: כבר הציר צלינו רוח ממרום ומצאנו מדרש נסתר ונעלם . . . . Klingt das nicht, als wenn Schem-Tob (vielleicht erst bei seiner Rückkehr aus Palästina) den Sohar als etwas Neues in die Hände bekommen hätte? Man begreift nicht, wie David Lurja in dieser Notiz das hohe Alter des Sohar bezeugt sehen wollte. Schem-Tob war ein Leichtgläubiger, dessen Zeugnissen selbst seine kabbalistischen Zeitgenossen kein besonderes Gewicht beigelegt haben.

4. Unter dem Namen מדרש הזוהר oder מדרש של ר' שמעון בן יוחאי zitiert ihn Isaak Ibn-Minir in einer Schrift vom Jahre 1330 (vgl. Chaluz VI, p. 85 Note.[1])

---

[1]) Zunz gibt an, der zweite Schriftsteller, nächst Rekanati, der den Sohar bezeugt, sei Immanuel Romi (in Geigers Zeitschrift IV, S. 193, Note 32):

5. Am wichtigsten ist das Zeugnis des Isaak von Akko, das bisher nur unvollständig bekannt war, und durch die neue Edition des Jochasin, p. 88 f. eine hellere Beleuchtung erhält. Es ist ein zu interessantes Aktenstück, das mitgeteilt zu werden verdient.

בחדש אדר כתב ר' יצחק דמן עכו כי נחרבה בשנת חמשים[1] לפרט ושנהרגו חסידי ישראל שם בד' מיתות ב"ד, ובשנת ס"ה היה זה ר' יצחק דמן עכו בנבארה באיטאליה[2]) וניצל מעכו ובשנת ס"ה עצמה בא לטוליטולה, ומצאתי בספר דברי הימים שלו ר"ל מר' יצחק דמן עכו הוא שעשה ספר קבלה בשנת[3]) המלאך ונחרבה בוטמו עכו ונשבו כולם בוזמן בן (?) בני של הרמב"ן ובוזמן בן ר' דוד בן אברהם בן הרמב"ם ז"ל. וזהוא הלך לספרד לחקור כיצד נמצא בוטמו ספר הזוהר אשר עשה ר' שמעון ור'אלעזר בנו במערה אשרי הווכים לאמתתו, באזרו יראו אור: ואמרי לאמתתו, מפני שוייף טקצת אשר זייף. ואמר שקבל כי מה שנתמצא בלשון ירושלמי האמין כי הם דברי ר' שמעון. ואם תראה בלשוו קדש האמין כי אינם דבריו רק דברי המזייף מפני שהספר האמתי הוא בלשון ירושלמי כלו ז"ל: ומפני שראיתי כי דברי מופלאים ישאבו מטקור העליון המטעין המשפיע בלתי תקבלת בשכל"י, רדפתי אחריו ואשאלה את התלמידים הנמצאים בידם דברים גדולים מטנו מאין בא להם סודות מקובלים מפה אל פה אשר לא נתנו ליכתב ונתצאו שם מבוארים לכל קורא ספר. ולא מצאתי תשובותיהם על שאלתי זאת מכוונות, זה אומר בכה וזה אומר בכה: שמעתי אומרים לי על שאלתי כי הרב הנאמן הרמב"ן ז"ל שלח אותו מארץ ישראל לקטלוניא לבנו והביאו הרוח לארץ ארגון וי"א לאלקנטי ונפל ביד החכם ר' משה די ליאון הוא שאומרים עליו ר' משה די ודאל חגארה. וי"א שטעולם לא חבר חגאר"ה דשב"י

Das soll aus dem Versteil (in Machberet No. 8) folgen: הלמדת הזהר אבי? Aber wie paßt dorthin der Sohar? Immanuel will die Unwissenheit eines jungen Freundes, der sich gegen ihn übermütig benommen, ins Licht setzen. Wäre da der Tadel von der Unkenntnis des Sohar angebracht? Es werden da lauter rein wissenschaftliche Werke genannt, השמעת מימיך על ההגרון הראית לעולם ספר החזיון ... ולא ראית לעולם ספר המופת ... חידית ספר החוש המוחש ... הלמדת הזהר אבי ... ומה בספר הנפש לארוסט"ו Ganz entschieden hatte Immanuel hier die praktisch-medizinische Schrift des arabischen Arztes Abulkassem Alzaharawi (aus Zahara bei Cordova), die im Mittelalter sehr geschätzt war, in dem Sinne. In hebräischer Übertragung lautet der Name bald הזהר, bald הזהאוי (vgl. Katalog der Wiener hebr. Bibliothek zu Nr. 148 und der Leydener zu Nr. 40, 11; Steinschneider, die hebr. Übersetz. S. 740). Der Name kann also auch וזהאבי geschrieben worden sein. Es gibt aber keinen Sinn, wenn man das Wort in זהר und אבי auseinanderreißt.

[1]) Hier fehlt die Zahl יא, denn Akko wurde den Christen entrissen 1291, vgl. o. S. 186.

[2]) Muß wohl heißen בקאטלניא = Katalonien. Auch im Jochasin ed. Fil. p. 225 kommt diese Korruptel vor הרב מגיד משנה באיטליירא, der in Katalonien gelebt hat.

[3]) Dieses Zahlwort bedeutet entweder 5096 = 1336 oder, wenn das ה' Tausende angeben will, 509 = 1331. Isaak von Akko lebte also noch lange nach Mose de Leons Tod.

ספר זה אבל ר' משה זה היה יודע שם¹) הכותב ובכחו יכתוב ר' משה זה
דברים נפלאים אלה, ולמען יקח בהם מחיר גדול כסף וזהב רב ִתולה
דבריו באשלי רברבי ואמר מתוך הספר אשר חבר רשב"י ור' אלעזר בנו
וחביריו אני מעתיק להם דברים אלו. ואני בבואי ספרדדה ואבא אל עיר
אלדולדיד אשר המלך (שם) ואמצא שם לר' משה זה ואמצא חן בעיניו
וידבר עטי וידר לי וישבע לאמר: כה יעשה לי אלהים וכה יוסיף אם לא
הספר הקדמון אשר חבר רשב"י אשר הוא היום בביתו במדינת ישבילי(?)
היא אוילה בבואך אלי שם אראך. ויהי אחר הדברים האלה נפרד טמני
וילך ר' משה זה אל עיר ארבלא לשוב אל ביתו לאוילא ויחלה בארבלא
וימת שם. וכשמעי הבשורה היטב חרה לי עד מות ואצא ואשים לדרך פעמי
ואבא אל אוילה ומצאתי שם חכם גדול וזקן ושמו ר' דוד דפאן²) קורפו
ואמצאה חן בעיניו ואשביעהו לאמר: הנתברדו לו סודות ספר הוזהר שבני
אדם נחלקים זה אומר בכה זה אומר בכה ור' משה עצמו נדר לי (?לתת)
אלי ולא הספיק עד שמת ואיני יודע על מי אסמוך ולדברי מי אאמין. ויאמר
דע באמת כי נתברר לי בלא ספק שמעולם לא בא לידו של ר' משה זה
אין בעולם ספר הוזהר רק היה ר' משה בעל שם הכותב ובכחו כתב כל
מה שכתב בספר הזה ועתה שמע נא באיזה דרך נתברר לי: דע כי ר' משה
זה היה מפוזר גדול וטוציא בעין יפה ממונו עד שהיום הזה ביתו מלא כסף
וזהב שנתנו לי העשירים המבינים בסודות גדולים אלא (אלו) אשר יתן להם
כתובים בשם הכותב ומחר נתרוקן כלו עד שעזב אשתו ובתו הנה ערומות
שרויות ברעב ובצמא ובחוסר כל. וכשמשמענו שמת בעיר ארבולו ואקום ואלך
אל העשיר הגדול אשר בעיר הזאת הנקרא ר' יוסף די אוילה ואומר לו:
עתה הגיע העת אשר אשר תזכה לספר הוזהר אשר לא יערכנו זהב וזכוכית אם
תעשה את אשר איעצך. ועצתי היא זאת: שיקרא ר' יוסף זה לאשתו ויאמר
לה, קחי נא מנחה נאה ביד שפחתך ושלחי אותה לאשת ר' משה ותעש כן:
ויהי ממחרת ויאמר עוד לה: לכי נא ביתה אשת ר' משה ואמרי לה: דעי כי
רצונו הוא להשיא את בתך לבני ואליך לא יחסר לחם לאכל ובגד ללבוש לך
ימיך ואין אני מבקשת ממך דבר בעולם רק ספר הוזהר אשר היה זה אישך
מעתיק ממנו ונותן לבני אדם. דברים אלה תאמרי לה לבד ולבתה לבד ותשמעי
את דבריהם אשר יענוכה ונראה היהיו מכוונים אם לא. ותלך ותעש כן.

¹) Der Schwindel, daß man vermöge eines mystischen Gottesnamens
Schriften verfassen und vermittelst eines anderen (שם הדרוש) predigen könne,
dessen sich deutsche Mystiker zur Zeit Ben-Adrets und noch früher gerühmt
haben (vgl. Respp. Ben-Adrets Nr. 548: ועושין כן בשם קורין אותו שם
הדרוש) — dieser Schwindel kommt auch in Tikune Sohar vor (No. 55 a):
שם הדרוש איהו צדיק עליה אתמר ה' אלהים נתן לי לשון למודים...
שם הכותב ונקודה דשם הכותב והמכתב מכתב אלהים. Der Kunde des
rühmte sich auch Joseph ben Todros Abulafia, in einem Zitat, mitgeteilt
von Jellinek, Kerem Chemed VIII, p. 105. Von diesem Joseph, der bei
der Entstehung des Sohar eine Rolle spielte, hat der de Rossische Koder
Nr. 166,8 ein Sendschreiben an die provenzalischen Rabbinen über den Moré:
Josephi fil. Todros dissertatio epistolaria ad Rabbinos Provinciales de
Libro Moré Nevochim.

²) In der alten Konstantinop. Edition: קרובי רפאן.

Note 12. Autorschaft des Sohar.

ותען אשת ר' משה ותשבע לאשת ר' יוסף לאמר: כה יעשה לי אלהים וכה יוסיף אם מעולם ספר זה היה עם אישי אבל מראשו ולבו וטדעת ושכלו כתב כל מה שכתב. ואמרה לו בראותי אותו כותב מבלעדי דברו לפניו: מדוע תאמר שאתה מעתיק מספר ואתה אין לך ספר רק מראשך אתה כותב? הלא נאה לך לאמר כי משכלך אתה כותב ויותר יהיה כבוד לך. ויען אלי ויאמר: אלו אודיע להם סודי זה שמשכלי אני כותב לא ישגיחו בדברי ולא יתנו בעבורם פרוטה כי יאמרו כי מלבו הוא בודה אותם אבל עתה כאשר ישמעו שמתוך ספר הזוהר אשר חבר רשב"י ברוח הקדש אני מעתיקם, יקנו אותם בדמים יקרים כאשר עיניך רואות. אחר כך דברה אשת ר' יוסף זה עם בתו של ר' משה את הדברים אשר דברה עם אמה להשיאה לבנה ולתת לאמה לחם ושמלה, ותען לה כאשר ענתה אמה לא פחות ולא יותר: התרצה עדות ברורה יותר מזו? כשמעי דבריו אלה נשתוממתי ונבהלתי מאד ואאמין אז כי לא היה שם ספר רק בשם הכותב היה כותב ונותן לבני אדם. ואסע מאוילה ואבא אל עיר טלאבירה[1] ואמצאה בה חכם גדול מופלא נדיב לב וטוב עין שמו ר' יוסף הלוי בנו של ר' טודרוס המקובל ואחקורה ממנו על אודות הספר הזה ויען ויאמר אלי: דע והאמן כי ספר הזוהר אשר חבר רשב"י היה בידו של ר' משה זה וממנו יעתיק ויתן לאשר טוב בעיניו, ועתה ראה בחינה גדולה אשר בחנתיו לר' משה אם מתוך ספר קדמון יעתיק או בכח שם הכותב יכתוב, והבחינה היתה שטים רבים אחרי כתבו לי קונדרסים גדולים ורבים מהזוהר גנבתי לי א' מהקונדרסים ואמרה לו כי אבד ממני ואחלה את פניו להעתיקו לי שנית, ויאמר לי: הראני נא אחרית קונדרס אשר לפניו וראשית הקונדרס אשר יבא אחריו ואני אעתיקנו לך שלם כראשון אשר אבד לך, ואע"ש כן. אחר ימים מועטים נתן לי הקונדרס מועתק ואניחהו עם הראשון ואראה כי אין בינהם הפרש כלל לא תוספת ולא מגרעת לא שינוי ענין ולא שינוי דברים אבל שפה אחת ודברים אחרים כאלו הועתק קונדרס מקונדרס. היתכן בחינה יותר גדולה מזו ונסיון חזק מזה? ואסע מטאלביבירה ואבא אל העיר טוליטולה ואוסיף עוד לחקור על הספר הנזכר אל החכמים ותלמידיהם ועדיין מצאתים חלוקים זה אומר בכה וזה אומר בכה. וכאשר ספרתי להם בענין בחינת החכם ר' יוסף הנזכר אמרו לי שאין זה ראיה כי נוכל לומר שטרם נותנו לאדם קונדרס מאשר יכתוב בכח שם הכותב יעתיקהו תחלה לעצמו ולעולם לא יתרוקן ממנו, אבל יעתיק ויתן יעתיק ויתן דמעתיק[2] מספר לספר קדמון. אמנם נתחדש לי ענין כי אמרו לי תלמידים שראו איש זקן ושמו ר' יעקב[3] תלמיד מובהק של ר' משה זה אשר הוה אוהבו כנפשו שהיה מעיד עליו שמים וארץ שספר הזוהר אשר חבר רשב"י (ולא מצאתי בספר תשלום זה הדבר).

Man braucht kein Wort zu verlieren, um die vollständige Wahrheit dieses Berichtes hervorzuheben. Sämtliche Einwürfe, welche Landauer gegen die Echtheit dieser Urkunde machte (Orient, Jahrg. 1845, Literbl. col. 711 f.),

---

[1] Daf. טאלאבירה = Talavera.
[2] Wohl zu lesen: במעתיק מספר קדמון לספר.
[3] Das ist wohl derselbe Jakob, dem Mose de Leon sein ספר המשקל oder הנפש החכמה gewidmet hat (daf. in der Einleitung).

fallen durch die ursprüngliche Fassung (welche der erste Herausgeber, Samuel Schulam, gekürzt und entstellt hat) in nichts zusammen. Die Frage, wie sich Isaak von Akko zu diesen Zeugnissen verhalten hat, läßt sich nicht entscheiden, da der Schluß fehlt. Wahrscheinlich war er am Ende doch von der Echtheit des Sohar überzeugt, da er manches Soharistische in sein Meïrat Enajim eingeflochten hat. Seine Schrift, in welcher diese Urkunde ursprünglich mitgeteilt wurde, scheint verloren zu sein. Möglich, daß sie die Kabbalisten vernichtet haben. — Aus allen diesen Zeugnissen geht mit Bestimmtheit hervor, daß der Sohar erst gegen Ende des XIII. und Anfang des XIV. Jahrhunderts bekannt wurde. Zum Überflusse sei hier noch auf einen Ausspruch des offenherzigen Kabbalisten Joseph-Ibn-Wakar aufmerksam gemacht, daß der Sohar für die Kabbala unzuverlässig sei, „weil er voll von Irrtümern und Fehlern" sei (Steinschneider in Ersch und Gruber, Encyclop. Sectio II. T., S. 101 und Jewish Literature, p. 113); ferner auf das gewiß untrügliche Zeugnis des Stockkabbalisten Jehuda Chajot (vom Jahre 1500), daß der Sohar nicht einmal Nachmani und Ben-Adret bekannt war, worauf auch Landauer aufmerksam gemacht hat: ספר הזהר... לא זכו קדמונינו (לראותו) כמו ר' האי ור' ששת גאון ור' אליעזר מגרמיזא והרמבן והראבד והרשבא כי בזמנם לא נתגלה ... (Einleitung zu seinem Kommentar zu Maarechet Elohut, p. 2 a).

Trotz des nicht allzugünstigen Leumunds des Sohar bei seiner ersten Veröffentlichung errang er sich doch so sehr die Anerkennung als eine echte kabbalistische Tradition von Simon ben Jochai, daß selbst solche Männer, welche der Kabbala fern standen, wie Joseph Albo und Joseph Ibn-Schem-Tob, ihn in ihren theologisch-philosophischen Schriftkreis hineinzogen. Erst Elia del Medigo frischte den Zweifel an dessen Echtheit wieder auf (in seiner Schrift Bechinat ha-Dat, Wien 1833, p. 43): (הקבלה) דריצנו מנגדי זאת הדעת כי אשר יאמרו אלה המתיחסים בקבלה שהמה דברי ר' שמעון בן יוחאי בספר הזוהר אינו אמת. Drei Momente führt del Medigo gegen die Echtheit an, oder läßt er von den Gegnern der Kabbala dagegen geltend machen: 1. die Unbekanntschaft des Talmuds, der Gaonen und der Rabbinen aus der Blütezeit mit dem Sohar und seinem Inhalte; 2. seine Veröffentlichung in so später Zeit; 3. die vielen Anachronismen, die darin vorkommen, indem darin amoräische Autoritäten mit dem Tannaiten Simon ben Jochai in unmittelbarem Verkehr aufgeführt werden. — Noch entschiedener trat gegen die Echtheit des Sohar, sowie gegen die Kabbala überhaupt, der italienische Rabbiner Leon di Modena auf in einer scharfgespitzten polemischen Schrift (ארי נהם, zuerst erschienen Leipzig 1844). Indessen hielt er sich nur bei allgemeinen Kriterien auf, ohne tiefer auf den Inhalt des Sohar einzugehen und daraus kritische Beweise zu ziehen. Inzwischen gewann der Sohar durch seine Verbreitung vermittelst der geschäftigen italienischen Typographie immer mehr Anhänger und Verehrer (zuerst wurde ediert שבצים תקוני זהר, Mantua 1558, dann der eigentliche Sohar zugleich Mantua 1558—1560 und Cremona in Folio 1559—1560). Zwar erhoben sich damals gewichtige Stimmen, welche den Druck des Sohar verhindern wollten. Unter anderem machten sie geltend, daß der Sohar zur Ketzerei führe und darum geheim gehalten oder gar verbrannt werden müsse, wie aus der Apologie für den Sohar von Isaak ben Immanuel de Lates, damals Rabbiner von Pesaro, hervorgeht (in den Respp. desselben, Ed. Wien 1860, p. 124 ff.): דפסק נגד

הרבנים אשר בקשו לעכב הדפסת הזוהר מעצם גזרות המלכות על שריפת
עוד יש מהם שהוסיפו סרה ואמרו כי (p. 126): דהן היישט עס;התלמוד
.היצין בזוהר יביא למינות ולפיכך טען גניזה או שריפה לבער הקדש

Isaak de Lates, der Ritter für den Sohar, trug aber den Sieg davon, und mit seiner Approbation versehen, erschien die Mantuaner Ausgabe. Auch Christen wurden auf ihn aufmerksam durch den genialen Querkopf Pico de Mirandola und den Kardinal Ägidius von Viterbo, den Jünger des Elias Levita. So unerschütterlich fest stand die Autorität des Sohar in der zweiten Hälfte des sechzehnten Jahrhunderts, daß selbst der erste jüdische Kritiker Asaria dei Rossi aus ihm das hohe Alter der hebräischen Vokal- und Akzentzeichen bewies, während umgekehrt die Bekanntschaft mit diesen Zeichen im Sohar dessen Jugend verrät. Bis ins achtzehnte Jahrhundert hinein wagte niemand an der Echtheit des Sohar mit Simon ben Jochaï als Verfasser auch nur einen leisen Zweifel zu hegen.

Die Bewegung, welche der pseudomessianische Schwindel des Smyrnaers Sabbataï Zewi in Asien und Europa hervorgerufen hat, war für die Kritik des Sohar ein Wendepunkt. Weil die Sabbatianer dieses Schriftwerk als ihr Grundbuch betrachteten, aus ihm antibiblische und antitalmudische Konsequenzen zogen, selbst christliche Dogmen in ihm fanden und die heillose Verwirrung der Apostaten in Polen verursachten, wurden selbst die Stockorthodoxen gegen dasselbe mißtrauisch. Der kenntnisreiche, aber heftige Jabez (Jakob ben Zebi Emden) unternahm einen kritischen Feldzug gegen einige Bestandteile des Sohar in einer eigenen Schrift (משפחת הספרים, Altona 1763). Seine Beweisführung geht ins Detail. Jabez weist gründlich nach, daß der Sohar Bibelverse falsch zitiert, Talmudstellen verkennt und manches Rituale enthält, das erst von späteren rabbinischen Autoritäten (פוסקים) aufgestellt wurde oder durchaus falsch ist. Er hebt ferner hervor, daß der Sohar die Kriege der Kreuzfahrer gegen die Mohammedaner wegen des Besitzes von Palästina kennt (Sohar II. 32a), daß er philosophische Termini aus der tibbonidischen Übersetzung des Moré (wie עלת העלות, causa causarum) gebraucht, und daß er einen Gedanken des Jehuda Halevi (im Kosari II, 36) benutzt, daß Israel das Herz im Organismus der Menschheit sei und darum die Leiden tiefer empfinde (Sohar III, 221 b und 161 a). Auch ein anderer Passus ist im Sohar aus dem Kosari entlehnt, von der Gewohnheit der Juden, sich beim Gebete zu bewegen (III, 218 b). Schlagend sind folgende zwei kritische Momente, welche Jabez gegen die Echtheit geltend macht. Der Sohar, wenigstens die Partie רעיא מהימנא, kennt das Wort Esnoga als Synagoge und deutet das Wort kabbalistisch (282 b): ושכינה נוגה, ונוגה לאש, ומהכא
קרי לבי כנישתא אש נוגה. Nun ist Esnoga eine portugiesische (und wohl auch nordspanische) Verstümmelung von Synagoge. Dasselbe kommt auch vor in der Einleitung zu Tikune Sohar, p. 6 a. בית תפלה דלצילא אש
נגה כי ביתר בי כנישתא — Das andere kritische Argument weist nach, daß der Sohar eine talmudische Phrase wie ein Ignorant vollständig mißverstanden hat. Die Formel יורד עמו לחייו, welche viermal im Talmud vorkommt (Baba Mezia 71 a, Kiduschin 28 a, Ketubot 50 a und Joma 75 a) ist zwar nicht verständlich (vgl. Raschi und Tossafot zur ersten Stelle, eine Erklärung im Namen des Gaon Zadok), das Wort לחייו bedeutet aber jedenfalls „ans Leben, bis an die Existenz". Der Sohar aber hat es mit לחי „Kinnbacken" verwechselt und gibt den talmudischen Satz: הקורא לחברירו, רשע יורד עמו

אמר ר' חייא כל מאן דקרי לחברא רשע נחתין ליה לגיהנם ונחתין ליה לעלעוי (III, 122a).

Nach dieser schonungslosen Kritik sollte man von Jabez ein unerbittliches Verdammungsurteil über den Sohar erwarten; indes fiel sein Endresultat kurios genug aus. Er meint, man müsse in dem Schrifttum, das man mit dem Namen Sohar bezeichnet, drei verschiedene Gruppen unterscheiden. Der Kern oder der Sohar im engeren Sinne sei uralt und darum heilig, enthalte altjüdische kabbalistische Aussprüche, welche einen echten traditionellen Charakter tragen und auf Mose, ja auf eine göttliche Offenbarung, zurückgeführt werden müßten. Zum Kern des Sohar rechnet er kleinere und größere Partien, die darin unter verschiedenen Titeln enthalten sind, nicht bloß אדרא (רבה וזוטא), ספרי דצניעותא und סתרי תורה, sondern auch מתניתין und תוספתא. Indessen gibt Jabez zu, daß die Redaktion dieser Gruppe keineswegs auf Simon ben Jochai zurückzuführen sei, sondern in die gaonäische Zeit falle, vielleicht, von einem Autor desselben Namens, in dem der Tannaï Simon ben Jochaï durch die Seelenwanderung wiedergeboren sei. Die zweite Partie unter dem Titel רעיא מהימנא, wozu auch sämtliche תקונין gehören, die desselben Geistes und in derselben Sprache gehalten sind, setze dagegen einen spanischen Autor voraus. Dieser Bestandteil des Sohar könnte von Mose de Leon oder auch vielleicht von dem Propheten aus Avila verfaßt sein, und zwar so, daß der eine ihn produziert, der andere ihn berarbeitet habe. Endlich der dritte Bestandteil, welcher unter dem Titel מדרש הנעלם figuriert, sei weiter nichts als das Machwerk eines unverschämten Fälschers, der den ehrwürdigen Namen des Simon ben Jochai mißbraucht habe, „um sich an einen hohen Baum zu lehnen". Außerdem fänden sich noch im Sohar Interpolationen aus späterer Zeit. Jabez' Kritik gegen den Sohar ist wahrhaft vernichtend, was Mose Konin dagegen vorgebracht hat (in seinem Ben-Jochaï) ist eitel Wind. Gewissenlos ist aber die Apologie des leichtsinnigen Dichters J. Satanow für den Sohar (קונטרס ס' הזוהר, Berlin 1783, p. 24 ff.), weil er selbst ein Stück Sohar nachgeahmt und darin moderne Anschauungen zum Ausdruck gebracht hat. — Man sieht es indessen der Kritik des Jakob Emden an, daß es ihm sehr schwer geworden ist, mit dem Sohar zu brechen; er hätte ihn lieber von der Anklage der Fälschung ganz frei gesprochen und jedes Wort in ihm auch des von ihm so gebrandmarkten מדרש הנעלם, als inspiriert geglaubt. Glaube und Kritik sind bei Jabez miteinander im Kampfe begriffen. Seine letzte Argumentation für die Echtheit des Sohar im engeren Sinne steht daher auf sehr schwachen Füßen, der Sohar müsse mindestens älter als Mose de Leon sein, da Bachja ben Ascher in seinem Kommentar (von 1291) eine Stelle daraus zitiert, nämlich zu Levit. 22, 22:... ובמדרשו של רשב"י ראיתי כי רצו אנשים זה מיכאל וסמאל אשה הרה זו כנסת ישראל וכו. Allein das beweist entweder zuviel oder zuwenig. Denn gerade dieser Passus kommt im Sohar (II, p. 113) in der Partie רעיא מהימנא vor, den doch Jabez Mose de Leon vindiziert! Also müßte auch diese Gruppe alt sein, was aber gegen Jabez' Annahme läuft, da gerade in dieser Partie die verräterische Deutung von Esnoga vorkommt. Es ist aber nicht das einzige Zitat bei Bachja aus dem Sohar. Gleich im Anfang wird eine Stelle aus ihm angeführt mit derselben Einleitungsformel: ובמדרשו של רשב"י ראיתי וזוצ זה מיכאל... כל הארץ זו רפאל (aus Sohar I, p. 46b). Allein man erwäge folgendes. Hätte der Sohar Bachja

Note 12. Autorschaft des Sohar.

ben Ascher bei Abfassung des Kommentars bereits vorgelegen, so würde er sich nicht auf so wenige Auszüge beschränkt, sondern zu seinem eklektischen Zwecke ebensoviel daraus benutzt haben, wie Rekanati. Diese Zitate sind daher weiter nichts als Randglossen eines Kopisten. Jabez' Hauptbeweis für das hohe Alter des eigentlichen Sohar ist demnach ohne Kraft.

Auch die Unterscheidung zwischen dem eigentlichen Sohar und dem Raja Mehemna (und den mit Recht von Jabez damit identifizierten תקונין) läßt sich kritisch nicht festhalten. Denn ganze Stellen in der einen Gruppe kommen auch in der anderen vor. Beispielsweise sei folgendes angeführt. Der scheinbar so tief mystische Anfang des Sohar (in der Ed. Cremona, in der Vulgata nach der Einleitung I, p. 564), aus dem soviel Wesens gemacht wird: בריש הורמנותא דמלכא גליף גלופי בטהרא עלאה בוצינא דקרדינותא ונפיק גו סתים.., מרישא דארן סוף קוטרא דגולמא נעיץ בעזקא לא חוור ולא אוכם וכו dieser Passus kommt mehrere Male in den Tikunim vor (V, Anfang p. 15a): בריש הורמנותא דמלכא בוצינא דקרדינותא כד מדיך משיחתא נפיק מינה קו דסתים... ועלה אתמר קוטרא בגולמא נעיץ בעזקתא ואיהי לא חוור auch XVIII, p. 36b und a. St. — Ein Passus des Sohar über angeblich alte mystische Schriften (in der Cremoneser Edition I, col. 173): זה ספר תולדות אדם... דהא כמא ספרין אנון, ספרא דרב המנונא סבא ספרא דר׳ כרוספדאי ספרא דחנוך וכו׳, ist wiederholt und weiter ausgeführt in Tikunim (No. LXX, p. 135b). Die weitläufigen Ausführungen einer wunderlichen Art von Physiognomik, welche bald an den Vers זה ספר תולדות אדם und bald an ואתה תחזה angeknüpft wurden, in Sohar II, p. 70—78, in Sohar Chadasch ed. Amst. p. 27—31 und in Tikunim No. LXX, p. 120a ff.) gehören als Fragmente eines einzigen Stückes zusammen. Der lange Exkurs in den Tikunim stand in einem Ms. inmitten des Sohar, wie die Annotatoren zur Amsterd. Edition bemerken. Die ganze Einleitung zum Sohar mit den Deutungen der Gebote (in der Vulgata, in Ed. Crem. in anderer Ordnung erst von col. 17 an), dieses ganze Stück gehört seiner Natur nach dem רעיא מהימנא an, der bekanntlich die Deutung der פקודין zu seiner Domäne gemacht hat. Wer will da noch zwischen Sohar und den übrigen Partien unterscheiden? Ich verweise noch auf das Zitat (o. S. 431) bei Tobros Abulafia, das gerade dem מדרש הנעלם angehört, der nach Jabez entschieden gefälscht sein soll und doch von Tobros als alter Midrasch anerkannt wurde! Warum sollte auch die eine Gruppe echter oder älter als die andere sein? Sie berufen sich sämtlich auf Simon ben Jochai, auf seinen Kreis und auf talmudische Autoritäten. Ist die eine Mystifikation, so ist es auch die andere. Schriftsteller des 14. Jahrhunderts zitieren ohne weiteres auch die anderen Partien unter dem Namen Sohar. Wozu auch die Zahl der Fälscher vermehren, wenn einer entlarvt ist? Wir werden auch Gelegenheit haben, auf Parallelen von Sohar und Raja nebst Tikunim aufmerksam zu machen. Die Tikunim scheinen jedenfalls zum Sohar zu gehören, da sie die vermißte Einleitung dazu bilden und die 70 fachen Deutungen des Wortes בראשית im Anfang der Genesis mit Buchstabenversetzung enthalten[1]).

---

[1]) Die Nachträge der תקונים in der Amsterd. Ed. von 1706 (mit dem Kommentar חמדת צבי) und im Sohar Chadasch gehören zu den 70 Tikunim, von denen einige kurz und besetzt sind. Der מדרש הנעלם befindet sich größtenteils im Sohar Chadasch.

Das Wort תקונא bedeutet in der Soharsprache soviel wie „Erklärung", vgl. zu I, p. 38: ‎‫כד כאן אשתכלל מלין מכאן ולהלאה תקונא דפרשתא דא‬, d. h. bis hierher das Allgemeine, von da ab die Erklärung im einzelnen. Mag diese Anmerkung vom Verfasser oder einer anderen Hand herrühren, so ist das Wort jedenfalls im Sinne des Sohar gebraucht. Ein guter Teil vom Soharanfang ist lediglich die Fortsetzung und Ergänzung der Tikunim, erst dadurch erhält dieser Teil Sinn. Nehmen wir an, daß die Gruppe Raja und Tikunim nicht dazu gehören, woher sollen denn die Leser des Sohar wissen, daß das Buch diesen Namen führen will? Denn nur in diesen beiden Partien kommt die Benennung des Buches öfter vor. Man erwäge bic Worte in den Einleitungen zu den Tikunim in Sohar Chadasch ‎‫והמשכילים יזהירו‬... p. 72b, 78b: ‎‫אילין ר' שמעון וחברייא יזהירו כד‬ ‎‫אתכנשו למיעבד האי חבורא דאיהו מזהרא עלאה‬... ‎‫והאי חבורא איהו‬ ‎‫כגונא דתיבת נח דאיתכנש בה מכל מין ומין‬... ‎‫כזוהר דרגא דמשה רבינו‬ ‎‫דעל שמיה אתקרי האי חבורא ספר הזוהר‬... ‎‫ועוד והמשכילים‬... ‎‫אילין ס' רבא מארי מתונתין דלעילא‬... ‎‫כלהון יזהירו בחיבורא דא‬... ‎‫ועל שמיה אתקרי ספר הזוהר בדיוקנא דעמודא דאמצעיתא‬ (auch in der Edition der Tikunim von Amsterd. 176 p. 1a, 15ab). Ebenso in der alten Einleitung zu den Tikunim: ... ‎‫אילין ר"ש וחברייא‬ ‎‫כתיב והמשכילים‬ ‎‫כד אתכנשו למיעבד האי חבורא רשותא אתיהיב לון זלאליהו עמהון ולכל‬ ‎‫נשמתין‬... ‎‫ולכל מלאכיא‬... ‎‫ולעשר ספירן לגלאה לון רזין טמירין דלא‬ ‎‫אתיהיב רשו לגלאה לון עד דייתי דרא דמלכא משיחא‬... ‎‫אמר רעיא מהמנא‬ (‎‫לאליהו‬) ‎‫קום‬... ‎‫לחברא לון בהאי חבורא‬. ‎‫דא דאתקרי ספר הזהר‬ ‎‫והמשכילים‬... ‎‫אילין ר' שב"י‬... ‎‫כד עבדו האי חבורא אסתכמו לעילא‬ ‎‫וקראו ליה ספר הזהר‬ (p. 13a). „Dieses Buch oder dieses Buch der Sohar" kann doch nur in Partien gesagt werden, die zu demselben Buche gehören. Die oft zitierte Stelle aus dem Raja (zu Sohar III, p. 133b) will auch nichts anderes sagen als diese Einleitung: ‎‫והמשכילים‬ ‎‫יזהירו‬. ‎‫אנרן אנון דקא משתדלין בזהר דא דאקרי ספר הזהר דאיהו כתיבת‬ ‎‫נח דמתכנשין בה וכו'‬. Von dem Hintergrunde dieser Stelle weiter unten. Vgl. noch Tikunim No. VI, 153b.

Rekapitulieren wir das bisher Gesagte, so darf es als unzweifelhaft gelten, daß die drei oder vier Hauptpartien des Sohar, nämlich der Grundtext, die Tikunim mit den Einleitungen, das Raja und der ‎‫מדרש הנעלם‬ nicht auf verschiedene Zeiten und Verfasser zu verteilen sind, sondern derselben Entstehungszeit und demselben Autor angehören. — Wäre es noch nötig, die Jugend des Sohar zu konstatieren, so ließen sich Beweise bis zur Ermüdung häufen. M. Sachs hat nachgewiesen, daß im Sohar Entlehnungen aus der „Königskrone" des Salomon Jbn-G'ebirol vorkommen (Spanische Poesie S. 229 f.), und S. Sachs hat gründlich erörtert, daß der Sohar in der von Frank für alt behaupteten Idra eine psychologische Bemerkung von Jbn-Esra benutzt hat (Kerem Chemed VIII, p. 74 f.). Rapoport hat im Sohar eine Erwähnung des Alexander Aphrodisias nachgewiesen (Rapoport, Hebr. Briefe an S. D. Luzzato, 1885, S. 6 f.). Der Sohar benutzt das Buch Serubabel (III, p. 173b), das erst im 11. Jahrhundert entstanden ist; er kennt das Gebet ‎‫אל אדון‬ (II, p 132a, 205b), die Formel ‎‫כל נדרי‬ (II, 116a), das Umtauschen der Gottesnamen auf der Außenseite der Mesusa durch ‎‫כוזו‬ ‎‫במוכסז כוזו‬ (I, p. 18b, 32a), das erst im 13. Jahrhundert von Frankreich nach Spanien verpflanzt wurde (vgl. die Bemerkung von S. Nissen in Zion

Note 12. Autorschaft des Sohar.

II, p. 161 f.). Erstaunliche Ignoranz verrät der Sohar, daß er die Tempelsäulen Jachin und Boaz als Personen ausgibt (II, p. 39b): שרת דרגין, דירקב וירכי ובועז ויוסף דרגא דאברהם..., und daß er hartnäckig die Phrase ר"ח סרכות statt ר"ח טרפות gebraucht (Tikunim No. XXI, p. 56b): סכין פגום דא סמאל... וכל סירבא... אנון רגליה דיליה ואינון ח"ר כנפי ריאה צריך דלא יהא בה סרכות חמני׳ (das. No. 25, p. 69a): סרי סרכות אינון מאן דעבר עליהו וכו׳.

Der Inhalt des Sohar bestätigt vollständig das Zeugnis des Isaak von Akko nach der einen Seite, daß er aus dem Kopfe (und zwar flachen Kopfe) eines Spaniers in die Welt gesetzt wurde. Es handelt sich also noch darum, auch die andere Seite zu konstatieren, daß Mose de Leon der Verfasser war. Nun, hierüber geben die bisher bekannt gewordenen Schriften des Mose de Leon befriedigenden Aufschluß. Jellinek hat die schlagendsten Parallelen aus dem Sohar und Mose de Leon's ס׳ המשכיל einander gegenübergestellt (Mose de Leon p. 21 ff.). Das umfangreiche ספר הרמון (Ms. in zwei Teilen über Gebote und Verbote nach der Art des רעיא מהימנא) bietet noch viel mehr Parallelen, man könnte viele Bogen damit füllen. Eine schlagende Stelle wird jedoch genügen, in dem Verf. des Rimmon auch den Verf. des Sohar zu erkennen. In Rimmon II, No. 133, Bl. 25, bemüht sich Mose de Leon zu erklären, warum das Tetragrammaton nicht bei der Schöpfungsgeschichte der sechs Tage, sondern erst später vorkommt. Er deutet es nun so: weil die irdische Welt endlich und vergänglich ist, darum durfte dieser Gottesname, welcher die Ewigkeit bedeutet, nicht dabei vorkommen, sonst wäre die Welt, wenn unter diesem Einfluß geschaffen, ebenfalls unvergänglich. Er zitiert dann als Beleg den Vers Psalm 46, 9: לכו חזו מפעלות אלהים אשר שם שמות בארץ, den er ebenfalls dahin deutet: שמית, Zerstörung, Vergänglichkeit paßte nur zum Namen: אלהים. Der Passus lautet: אמנם כי יש פירוש אחר בחיווח שם המיוחד נזכר באחרונה לקיים כל החיוויות אמרו חז"ל לכו ראו מפעלות וכו׳ מפני שהיו מפעלות אלהים שם שמות... שאלמלא היו מפעלות ה' ה' ו' ה' שם קיום בארץ. והענין בזה על כל המפעלות זה העולם השפל כלם נפסדים מפני שכל הוויותיו בשם זה שאלמלא יהיו בשם המיוחד כלם יהיו קיימים בקיומם וכו׳. Der angeführte Vers verrät aber einen Gedächtnißfehler; denn gerade in diesem Psalme kommt der Gottesname ה' vor. Mose de Leon hat ihn aber mit Psalm 66, 5 verwechselt, wo es lautet: לכו חזו מ' אלהים. Dieselbe Deutung und derselbe Mißgriff kommen nun auch im Sohar vor (I, p. 58b): ר' יהודה פתח לכו חזו כו' אלהים אשר שם שמות וגו', האי קרא אוקמוה ואתמר... שמית ודאי רחא שמא גרים לבלא (לשון שממון) דאלו הוי מפעלות ה' ה' ו' ה' שם קיום בארץ אבל בגין דהוון מפעלות שמא דאלהים שם שמות בארץ. אמר ליה ר' חייא וגו׳. Die Annotatoren zum Sohar, Elia da Pesaro (in תולדות אהרן zu Psalm 46) und andere waren natürlich höchst verwundert darüber, daß der Sohar einen falsch zitierten Vers deutet: תמיהני הרי לא נמצא בפסוק הזה שם אלהים כלל כי אם שם בן ד'. Sie können sich nicht denken, daß der Verf. ein leichtsinniger Prediger war, dem es nicht auf Genauigkeit ankam.

Eine noch frappantere Parallele aus Mose de Leons משכן העדות (verfaßt 1293) und dem Sohar läßt sich wegen ihrer Obszönität gar nicht wiedergeben. Den Vers Ezechiel 46, 1; 9: שער החצר הפנימית הפונה קדים יהיה סגור ששת ימי המעשה וביום השבת יפתח... לא ישיב דרך השער אשר

וביון, deutet Mose de Leon auf den Koitus am Sabbat (Bl. 47): בא בו
דאתא לידן מלתא נאמר בה מה שהוא גנוז בחדרי חדרים ליראי ה׳ ...
כי פסוק זה מתחיל בה אמר וגו׳. הפונה קדים ולא אחור ואם יש לך
פונים תבין הפונה קדים כי על כן נאמר בתורתנו התמימה משכבי אשה
והבן ... יהיה סגור כ׳ ר׳ זהו מצות שבת זכור ושמור, זכור כל השבוע ושמור
לשבת שנ׳ כה אמר ה׳ לסריסים אשר ישמרו את שבתותי מלמד כי נאמר על
סוד המשגל ... יהיה סגור וביום השבת יפתח כי אמרה תורה סור אחר
גדול שלא ישוב אליה באותו הלילה כדי שתתעבר בשבת כי יש לשבת סגולה
גדולה לילד ... באמרו לא ישוב ... כי נכחו רצא וכאומרם ז״ל כונת ת״ח
לעו״ש מצ״ש. Man wird staunen, dieselbe Obszönität im Sohar wiederzufinden, und zwar im Namen des Simon ben Jochaï (I, p. 65 b unten f.).
ר׳ שמעון פתח ... שער החצר הפנימית יהיה סגור וגו׳. האי קרא אית
לאסתכלא ביה ואיהו רזא ... אלין רבי חול דתרצא דא יהיה סגור דלא
לאשתמשא חול בקודשא. Was hier nur wie hingehaucht vorkommt, wird
verdeutlicht in den Tikunim (No. XXI, p. 61 b): ובגין דא כונת ת״ח בשבת
דבריומין דחול דשליט מטטרון אתיבר ביה יהיה סגור ששת ימי המעשה ביה
והאי נקודה, (No. XXXVI, p. 80 b): איהו סגירא תרעא וביום השבת יפתחא
איהר סתימא וחתובא בשית יומין דחול הה״ד ... יהיה סגור וגו׳ וביומא
שביעאה אתפתח לקבלה לבעלה ובגין דא זווגא דת״ח משבח לשבת
(auch No. XXX und zu No. XVII). Man erwäge wohl den Umstand, daß sich
Mose de Leon in seinem Mischkan auf diese obszöne Deutung viel zugute
tut und sie als ein von ihm gefundenes Geheimnis ausgibt. Darf man da
noch Anstand nehmen, ihn als Autor derselben Deuteleien im Sohar anzuerkennen?

Einige kühne Andeutungen in den verschiedenen Partien des Sohar
geben, wie mir scheint, zu verstehen, daß ein Mose Verfasser desselben sei,
ein Punkt, der eine eingehende Untersuchung erheischt. Während sonst Simon
ben Jochaï als Verfasser des Sohar angegeben wird, kommt an einigen
Stellen deutlich genug die Anspielung vor, daß Mose den Sohar geoffenbart
habe, und zwar in prophetischer Wendung von Simon ben Jochaï selbst ausgesprochen, daß Mose das Buch erneuern oder offenbaren werde (in Tikunim No. LXIX, p. 110a, auch Sohar Chadasch ed. Amst., p. 73d, und
in einigen Stellen im Raja Mehemna). Die Hauptstelle lautet unzweideutig:
אמר ר׳ שמעון חברייא בודאי הקב״ה אסתכים עמנא עלאין ותתאין למחוי
בחאי חבורא. וכאה דרא דהאי אתגליא ביה, דעתיד כולי האי
(I. כולי) לאתחדשא על ידא דמשה בסוף יומי בדרא בתראה
לקיימא קרא מה שהיה הוא שיהיה, וביה ממבון שבחי השגירא „Dieses
Buch, der Sohar (vgl. oben S. 440), wird am Ende der Tage durch
Mose erneuert oder offenbart werden"; das verkündet Simon ben
Jochaï. Konnte Mose de Leon deutlicher sprechen, wenn er über dem Werke
den Meister nicht vergessen machen wollte? Die Stelle steht übrigens nicht
isoliert. Im Sohar selbst wird Mose über die Maßen gepriesen, allerdings
Mose, der Prophet, aber eigentlich ein Mose, in dem jener auferstanden
ist, der die Geheimnisse kennt, der die messianische Zeit fördern soll! Ehe
dieser Mose erscheint, kann die Messiaszeit nicht kommen (Sohar I, p. 23b):
ובכל שיח דא משיח ראשון ... טרם רצמח דא משיח שני ולמה בגין דלית
תמן משה לקבלה לשכינתא, דעליה אתמר ואדם אין. ורזא דמלה לא יסור ...
שילה דא משה חשבון דא כדא ... עד דייתי האי דאקרוי אדם, עד דיצמח
צדיק, ומניה אמת מארץ תצמח תלמידי חכמים דאינון לא צמחין

Note 12. Autorschaft des Sohar.

בגלותא. ודא משה דאתמר ביה תירד אמת היתה בפיהו דלא יהא מאן
דדריש לשבינתא בותיה... יכיח משתכיין ת"ח בארעא בהאי זמנא Also
durch Mose werden in jener Zeit, in späterer Zeit, im Anbruch der
messianischen Zeit, die Adepten der Kabbala (ת"ח hier gleich משכילים oder
מארי דקבלה) getränkt, d. h. begeistigt werden. Unter Mose kann also hier
nicht der gesetzgebende Prophet gemeint sein, sondern ein Mose in späterer
Zeit. Ja, es scheint, daß in Mose, dem „treuen Hirten" רעיא מהימנא überhaupt, der Name des Mose de Leon angedeutet liegt. Die merkwürdige,
oft zitierte, aber noch nicht befriedigend erläuterte Stelle (Sohar III, 153a b)
scheint die Art und Weise, wie der Sohar durch Mose unter der Figur des
Simon ben Jochai zustande gekommen ist, anzugeben: ורעיא מהימנא בך
אתקיים... ושם נסחוי... והמשכילים יזהירו אלין אינון דקא כשתדלין
בזהר דא דאקרי ספר הזהר דאתי כתיבת נח דמתכנשין בה ב' מאיר וז'
ממלכותא וזמנין א' מאיר ושניא ממשפחה דבחון יתקיים כל הבן הילוד
היאורה תשליכוהו ודא אור דספרא דא ובלא על סיבה (ספרא)[1] די לך.
ומאן גרים? דא צורב דאנת תהא בההוא זמנא כיונה, דשליח אחרא דאקרא
בשמך, כצורב דאשתלח בקדמיתא ולא אהדר בשליחותיה דאשתדל
בשקצים דאתמר בהון עם הארץ שקץ בגין ממונא דלהון, ולא אשתדר
בשליחותא לאהדרא לצדיקייא בתיובתא באלו לא עביד שליחותא דמאריה.
ובך מתקיים רזא דיונה דאל בעמקין דתהומי ימא, הבי תיעול אנת בעמיקו
דתהומי אוריתא... ובגין דאנת תהא אחיד בתרין משיחין... דהוא"ד די לך
דאתמר ביה ונתן החיר למשה אתייהיב בך... קם רע"ם וכשיק ליה (לבוצינא
קדישא) וברין ליה אמר ודאי דשליחא דמאריך אנת לגבן. פתח תנאין
ואמוראין ואמרו רעיא מהימנא! אנת הוית ידע בכל דא וכל ידך הוא
אתגלייא אבל בענוה דילך... באלין אחרין דאנת מחבייש לאחזקה
טיבו לגבך, מני הקב"ה לן לבוצינא קדישא, למהוי בידך ובפומך
באלין אחרי.

Alles läßt sich allerdings in diesem rätselhaften Wirrwar nicht lösen, aber
den Hauptgedanken kann man doch herausschälen. Fangen wir vom Ende
an: „Der treue Hirte" Mose ist zu bescheiden, um unter seinem eigenen
Namen himmlische Enthüllungen zu machen; darum sprechen „das heilige
Licht" (Simon ben Jochai), Tannaim und Amoraim aus seinem Munde. Mose
soll den Messias fördern, und dazu soll das Buch Sohar dienen. Es ist
zwar schon früher eine Person desselben Namens wie der „treue Hirte"
(Mose) mit messianischer Sendung aufgetreten; aber sie hat so wenig, wie
der Rabe in der Arche, ausgeführt, weil sie sich um Geldes willen mit
den Unwissenden eingelassen hat[2]). Darum soll jetzt Mose, gleich

---

[1]) So lautet die Lesart in der Cremonenser Edition.

[2]) Jellinek bringt mit Recht den Tadel gegen den mit dem Raben ver-
glichenen messianischen Verkünder mit dem falschen Propheten in Spanien
1295 in Verbindung. Nur hat er sich von Jost täuschen lassen, daß der eine
von ihnen in Leon aufgetreten sei. Die Quelle für diese Tatsache ist nicht
Pistorius, sondern Alfonso de Spina in Fortalitium fidei (L. III,
Nonum mirabile p. 81 der Nürnberger Edition von 1485), der sie aus der
Schrift des Konvertiten Abner-Alfonso, De bellis Dei c. 27, mitteilt. Dort
heißt es ausdrücklich: ... tempore supradicto (5055 a creatione, 1295) sur-
rexerunt duo Judaei. qui prophetae dicebantur, quorum unus erat in
civitate Abulensi [Avila] et alius in villa quae dicitur Ayllon. Also
in einem kleinen Städtchen trat einer der Propheten auf, in Ayllon,

der Taube (יונה) in der Arche, dieselbe Mission übernehmen, aber gleich Jona durch Vertiefung in die Geheimnisse der Lehre. Was die Worte sagen wollten, der Sohar sei wie die Noaharche, in der sich zwei aus der Stadt und zwei aus dem Reiche und zuweilen einer aus der Stadt und zwei aus der Familie sammeln und auch das Nachfolgende, ist mir nicht klar. Jellineks Erklärung (Beiträge I, S. 25 f.) befriedigt nicht. Auch das, was an einer anderen Stelle gesagt wird, Mose, der Prophet, sei in jeder Zeit durch die Seelenwanderung vorhanden und wandle sich in verschiedene Gestaltungen (Sohar III, 273a): ... אתמר עלך (רעיא מהימנא) ממכון שבתו השגיח ואנת הוא ... בכל דרא ודרא בגלגולא כגלגל דמתהפך לכמה גוונין scheint auf die Identifizierung des Propheten Mose mit dem Verfasser des Sohar gleichen Namens anzuspielen. Wie kann aber Simon ben Jochaï den Sohar verfaßt haben, wenn Mose ihn offenbart hat? Auch diese Frage wird an einer Stelle aufgeworfen, auf die Landauer aufmerksam gemacht hat, ohne sie recht auszunutzen: Der treue Hirte, Mose, leuchtet in Simon ben Jochaï, dem Größten seines Kreises; beide bilden nur eins: ... אנת בוצינא קדישא רעיא מהימנא נהיר בך, ואנת בר חבריא, וכלא חד בלא פרודא כלל (Raja zu III, p. 256). Es ist also nur immer ein und dieselbe Person, welche die kabbalistischen Geheimnisse des Sohar offenbart; sie hat lediglich ihre Rolle auf zwei antike Persönlichkeiten verteilt. Der Mose in der letzten Zeit ist der eigentliche Verfasser, er ist der wiedergeborene Prophet, der auch denselben Namen führt. Denn auf Namen gibt die Kabbala sehr viel. — Man kann allerdings in Deutungen solcher widerhaarigen Stellen sehr leicht zu weit gehen. Ich lege daher meine Vermutung Sachverständigen zur Prüfung vor.

Daß der Sohar die messianische Zeit fixiert, ist bekannt, aber nicht das Jahr 1240 (wie Landauer behauptet hat, um daraus die Autorschaft des Sohar für Abr. Abulafia zu vindizieren), sondern viel später. In Abschnitt וירא (I, p. 116 a b, 117 a) wird ein messianisches Jahr verkündet. An der ersten Stelle: ריחי אלך שתיראה ... בזמנא שית זמנין עשר (שתרן נפש) כדין שלמו ו׳, ר׳ זמנין ו׳, שית זמנין עשר ... כדין הוו שתרן לאקמא מעפרא ist die Zahl 60 im 6. Jahrtausend angenommen, d. h. 5060 = 1300, vielleicht 5066 = 1306. Aber das ist erst der Anfang der messianischen Zeit oder das Ende der Erniedrigung Israels. In jedem Zyklus von 60 Jahren wird sich die Gnade Gottes steigern und wird ihre Vollendung erst im Jahre 600 erreichen: ובשית מאה שנין לשתיתאה יתפתחון תרעי דחכמתא לעילא. An der zweiten Stelle heißt es: ובזמנא דשתין שנין לעיבורא דרשא באלף שתיתאה יקים אלה פקידו לברתיה דיעקב ובתר זמנא עד דיהא לה זכירא שית שנין ופלגא ... בשתין ושית יתגלא מלכא משיחא בארעא, also 5066 = 1306. In Sohar Chadasch zu ואתחנן (p. 4 b) ist angegeben: דהא לשבעין שנין באלף שתיתאה ... לבתר דאינון תשעה ירחין (דיתחזון רכב אש וסוסי אש) קודשא

nicht in der Hauptstadt Leon. Das genannte Jahr ist dort bezeichnet durch ein mystisches Wort: ultima dies quarti mensis supradicti anni, qui apud eos dicitur Chamalim [fehlt bei Pistorius], scheint aber korrumpiert zu sein. — Was von den Zeichen der Kreuze, die sich (nach der Versicherung des Augenzeugen Abner-Alfonso) an den Kleidern der Anhänger der Propheten von Avila und Ayllon befunden haben, zu halten ist, weiß ich nicht. Wenn es nicht eine Fabel ist, wie die zur Zeit des Kaisers Julian, so war es wohl ein Spaß.

Note 12. Autorschaft des Sohar.

בריך הוא יתער למשיח דא וכו׳, d. h. 5070 = 1310; III, 252a Raja lautet die Zahl 1260 oder 1272 nach der Tempelzerstörung = 1328 oder 1340. Im מדרש הנעלם zu I, p. 139b wird die Totenauferstehung auf 1648 angesetzt, diese Zahl ist aber als unecht angefochten worden und gehört wahrscheinlich der Fabrikation der sabbatianischen Schwindler an. Aus der im Sohar angegebenen Berechnung der Messiaszeit folgt jedenfalls mit Entschiedenheit, daß Abraham Abulafia, der bekanntlich das Jahr 1290 als Messiasjahr wiederholentlich verkündet hat, nicht der Verf. desselben gewesen ist. Auch sämtliche Argumente, welche Landauer für Abulafias Autorschaft geltend gemacht hat, haben keine Beweiskraft. Wenn er behauptet, daß im Sohar die Lehre vom En-Sof und den Sefirot keine Rolle spielt, so ist das nicht richtig. Sie kommt in den תקונים sehr oft vor und im Sohar selbst oft genug, um gegen Abulafias Verfasserschaft zu sprechen, der sich darüber lustig gemacht hat (vgl. oben Note 3) und also nicht damit spielen durfte.

Die Beweisführung Franks für das höhere Alter des Sohar (oder einer Partie desselben) als Mose de Leon ist leicht zu widerlegen. Der berühmte Verfasser des Werkes la Cabbale hat sich zu sehr von schillernden Parallelen bestechen lassen und die Kritik zu wenig berücksichtigt.

David Lurias Beweise für das hohe Alter des ganzen Sohars halten vor einer ernsten Kritik gar nicht Stich; er wollte zu viel beweisen und bewies darum gar nichts. — Sein Argument aus dem השם ס׳ ist bereits oben und das aus המשכל ס׳ durch Jellineks Konfrontation widerlegt. Sein Beweis aus den Zitationen des Sohar in ברית מנוחה ס׳ beruht auf Unkenntnis; denn der Verfasser desselben (Abraham aus Granada) war nicht älter als Mose de Leon, sondern viel jünger und schrieb zwischen 1391 und 1409. S. 16b erwähnt er des Übertritts vieler Juden in Spanien wegen der Verfolgung von 1391: וזהו רמז הגאולה כאשר יבא יתאמין הגלות ורלים כן
המשכילים יכשלו בראיתם בלבול הגלות וצרות גדולות וכדי להנצל מן החרב
יצאו מן הדר. Mose Botarel, der 1409 schrieb, nennt zuerst das Buch und den Verfasser. — Seine Argumente, die sich auf Abulafia, Schem-Tob Jbn-Gaon und Menahem Rekanati beziehen, sind bereits eingangs widerlegt. Was David Luria als Stütze aus gaonäischen Responsen und anderen Schriften herbeizieht, ist entweder nicht kabbalistisch oder Interpolation. Alles Übrige namentlich von p. 23 an, verdient keine keine ernstliche Widerlegung.

Man hält in der Regel den Sohar für die Hauptquelle der kabbalistischen Offenbarung, weil er in der Tat alle vorangegangenen Leistungen verdrängt hat. Bedenkt man aber, daß von der Entstehung der Kabbala in dem ersten Viertel des 13. Jahrhunderts bis zur Entstehung des Sohar 1293—1305, also in 80 Jahren viel darüber geschrieben worden war, so kann vieles, was im Sohar vorkommt, älteren Kabbalisten entlehnt sein. Von manchen Punkten läßt sich dies geradezu nachweisen. Außer der Lehre vom En-Sof und den Sefirot bildete auch die eschatologische Metempsychose den Inhalt der Kabbala. Um die letztere aus der Bibel zu beweisen, führte Jehuda ben Jakar den Vers Kohelet 8, 10 an; וכן ראיתי רשעים קבורים ... וישתבחו בעיר כלומר בחציר,
und Isaak ben Todros, der Lehrer des Schem-Tob Jbn-Gaon, das. 4, 2: ושבח אני את המתים שכבר מתו (מתו כבר) (d. h. die schon zweimal gestorben sind); vgl. darüber Schem-Tob in כתר שם טוב und Isaak von Akko, Meirat zu Abschnitt בראשית. Diese von Jehuda ben Jakar und Isaak ben Todros aufgestellten Beweise für die Seelenwanderung hat der Sohar aufgenommen

I, p. 130 a, 188 b; III, p. 216 a. Naḥmanis Andeutung von der dreimaligen Wiedergeburt in dem Vers Hiob 33, 29 הן כל אלה יפעל אל פעמים שלש, hat der Sohar III, 216 a, 280 b und Tikunim öfter. — Die Schrulle von den linken oder satanischen Sefirot, den Schalen (Kelifot), die sich durch den ganzen Sohar hindurchzieht, gehört einigen älteren Kabbalisten an, wie aus einer Äußerung des Todros Abulafia hervorgeht (in Ozar ha-Kabod, p. 18 a): ודע כי דעת אצילות צד השמאל זה הוא ידיעה עמוקה ונעלמה מעיני רוב הקהל המקובלים הגדולים אשר קבלו קצת אמת מסתרי התורה ומסתרי האצילות של יד הימין עד כמעט שרובם לא השכילוהו בזה ולא שתו; und p. 17 b: לפי שלא שמעו שמעה כי כשם שיש אצילות לבב לזאת. אשר הטוב מכח הימין כמו כן יש גם כן אצילות רעה והשחתה ועונש אצילוהם מצד שמאל; vgl. o. S. 189. In den Tikunim (No. XVIII, p. 36 a) ist die klassische Stelle dafür, die auch Schem-Tob zitiert (Emunot, p. 53 a), wo auch die Namen für die linken Sefirot vorkommen: כגונא דאיהו מלכות קדישא הכי איהי מלכות חייבא הרשעה, כגונא דמילה איהי ערלה דחמן סמאל ... לקבל תרי ירכי קשוט מסטרא דמסאבו תאומי אל תומיאל עוגיאל אנגיאל עוזיאל ... כזא ועואל שעריאל כתריאל (כרתיאל) לקבל כתר עליון ... ואינון כתרין תתאין אינון קליפין לעשר ספיראן Die Namen der satanischen Sefirot klingen wie einige der gefallenen Engel im Henochbuche (Dillmann, c. 6, 69), die Syncellus aus dem griechischen Text erhalten hat. Die Namen sind aber hier wie wie im Henochbuche verstümmelt. סמאל entspricht dem Σαμιηλ, תמיאל und תומיאל dem Tumael und Tamiel עזאל dem Ἀζαήλ, שעריאל dem Σαριηλ (vgl. Dillmann, p. 93). Der Verf. des Sohar hat sie wohl einem Henochbuche entnommen, das er oft zitiert, sowie auch Mose de Leon in seinen hebräischen Werken öfter Auszüge aus einem ס' חנוך gibt. Die היכלות in Mose de Leons ס' הרמון und im Sohar stammen wohl aus derselben Quelle. Es mag ihm eine Übersetzung aus einem arabischen Buche Idris-Henoch vorgelegen haben.

Landauer hat zuerst darauf aufmerksam gemacht, daß im רעיא מהימנא der Talmud, richtiger das Talmudstudium, niedrig gestellt und verspottet wird. Indessen kommen solche antitalmudische Ausfälle auch in anderen Partien vor. Die Stelle Sohar I, p. 27 b, zu Genesis 2, 15 erhält erst ihre Erläuterung durch Parallelen in den Tikunim: ¹)אעשה לו עזר כנגדו דא משנה אתחא ... ואתחא דאית לה דם טוהר ודם נדה דחאי נער ואיהו שפחה דשכינתא ... ובגין דא אתקבר משה לבר מארעא קדישא וקבורתא דיליה משנה איהי ולא ידע גבר ית קבורתיה עד יומא הדין קבורתא דיליה משנה דשלטא על מטרוניתא דאיהו²) קבלה למשה. מלכא ומטרוניתא מתפרשא מבעלה בגין דא תחת אחת שלש רגזה ארץ תחת עבד כי ימלוך ...²). Diese rätselhafte Stelle נער will sagen: Die Mischnah ist das Weib des Metatoron (welcher zugleich נער und עבד, Diener, Trockenheit, Unfruchtbarkeit יבשה = מטטרון bedeutet). Sie ist Sklavin der Schechina oder der kabbalistischen Theosophie. Ihr Bild

---

¹) Wahrscheinlich wegen dieser verfänglichen Stelle haben einige die ganze Partie von p. 2 a bis p. 29 a für unecht erklärt; vgl. Annotation zu p. 22. Allein Isaak Lurja hat die Partie für echt gehalten, wie Asulaï bemerkt in der Jerusalemischen Edition des Sohar I, p. 22 a, Note.
²) קבלה למשה soll den Gegensatz bilden zu הלכה למשה מסיני und bedeutet eine Höherstellung der Kabbala gegenüber der talmudischen Halacha.

ist das Weib, das nicht immer rein ist, sondern auch Unreinheit produziert. Mose wurde außerhalb Palästina begraben zur Strafe, weil er den harten Fels, die Halacha, die Mischnah, die talmudische Theorie, die nur winzige Wassertropfen liefert, geschlagen, statt zu sprechen, d. h. statt das überströmende Wort der Kabbala zu gebrauchen. „Bis jetzt", d. h. bis zur Abfassung des Sohar, hat man das Grab Moses nicht gekannt, nicht gewußt, warum er in unheiligem Lande begraben wurde. Sein Grab, d. h. die Veranlassung zu seinem Grabe, ist die Überlieferung der Mischnah, der Gesetze; diese beherrscht die Herrin, die Kabbala. Dadurch ist die Gottheit von Israel getrennt, die Erde erzittert, weil der Diener Metatoron (die Trockenheit) und die Sklavin (die Mischnah) herrschen". Den Schlüssel zu diesem Rätsel geben mehrere Stellen in den Tikunim (No. XXVIII, p. 73 a): דהלכתא בולימא דמטרוניתא . דאיהי קבלה . ובגלותא משנה דאיהי מטרון שלטא ואיהי משנה למלך באתר דמטרוניתא רבה משנה, ודא היא ושפחה כי תירש גבירתה, וביומי דמשה לא שלטה שפחה אלא מטרוניתא לבתר דמית משה וירית יהושע דאיהו נער באתר מלכותא (l. דמלכתא) שלטה שפחה. Noch deutlicher die lange Stelle das. (No. 21, p. 53): שמעו חרים את ריב ה׳ מאן ריב דא שכינתא דאיהי ריב ה׳ דאיהו רבי רב בגין בנהא איהי ריב ברבי ורבנן ורבא. ריב ודאי בכולהון תנאים ואמוראים דאיהי מריבת בהון בשית׳ סדרי משנה בגין בעלה . . . דאיהי ריב עם אבהן בגין דמרחקין לה מבעלה דאנון אתקריאו אמוראים והאתנים מוסדי ארץ אלין אינון תנאים . . . בהפוך אתוון . . . והא איהו בהפוך אתוון תניא דמסייע לה בגלותא ועלה אתבר איהו מושבע ושרים בסלע קנך . . . דלא נפיק מנהא אלא טפין זעיר שם וזעיר שם וכמה מחלוקות על אלין טפין ומאן גרים דא המורים . . . דאם לא דמחה בה לא הוו טרחין ישראל ותנאין ואמוראן באורייתא דבע ״פ דאיהי סלע אלא אתמר בם ודברתם אל הסלע ונתן_בימיו בלא טורח . . . והוא נפיק מיא בלא קשיא ומחלוקת ופסק . . . ובגין דא אסתלקא שכינתא מן הסלע דאיהי ו׳ מן מיטטרון ואשתאר מטטרון יבשה . . . ובתר דאסתלק האי מבוצא מתמן שליט מרה באתרהא ההי״ד ויבאו מרתה, ורוא דמלה וימררו את חייהם בעבודה קשה, דא קושיא בחקר דא קל וחומר והא אוקמוהא. והכי הוי ישראל עד דאחזי לון ע״ן וימתקו המים ודא עץ החיים דאתרברבי על האי מבוצא. S. auch Sohar Chadasch, p. 74 a. Das niedrige Verhältnis des Talmuds, ja sogar der Bibel zur Kabbala wird an mehreren Stellen angedeutet. Die prägnanteste ist (Einleitung zu Tikunim, p. 1 b): . . . ביצים מארי מקרא, אפרוחים מארי משנה, האם מארי קבלה ולצליחו אתמר והאם רובצת על האפרוחים או על הבצים שלח תשלח בניהו אבל כל מארי קבלה אתמר לא תקח האם (בינה) על הבנים דלית סבלתנו לאשמודעי בשכינתא באלין מארי קבלה . . . ואלין לה דירה דירה לקב״ה ופרחון עמה בכל אתר דאיהי פרחה . . . אבל אפרוחין לית גדפין דלהון שלמין דפרחין Als Ergänzung dazu Raja III, p. 279 b: בהון דאינון פקודי דעשה כ״ש בצ״ע (Lücke) פתח רעיא מהימנא ואמר סבא סבא אית סלע ואית סלע אית אבן ואית אבן . . . אית אבן דלית בה נביעו דמיא דחכמתא ולא דבור אלא אבן דאיהי סלע דמשה צלה אתמר ודברתם אל הסלע דאיהי בה הסלק ולא תליא בה אלא דבור ופרוסא אבל סלע אחרא דאתקריאת (קליפה) משנה, נוקבא דעבד נער, עלה (l. עליה) אתמר בדבריהם לא יוסר עבד, אלא דמחאן ומתבררין מנה כמה פסקיות ולקטין לון ואתקרין לקוטות, . . . בלא נביעו דחכמה וקבלה אבל סלע די לי איהו ברתה דמלכא . . . ובגין דמחינא בה לקרנא עלה זאתגזר עלנא מותא, דמאן דמסרב למטרוניתא חייב מיתה, כ״ש מאן דמחי לברתיה דמלכא. ובגין דא אתגזר עלי דלא איעול לארעא דישראל ואנא קביר בארעא

נוכראה. Noch stärker ist der Ausfall gegen den Talmud und die Talmudstudien in Raja III, p. 275 a f. (in der Cremon. Ed. zu II, col. 171). Zum Schlusse sei noch die Stelle erwähnt, welche angibt, daß vermöge der zu verbreitenden Kenntnis der Kabbala durch den Sohar die Ritualien ihre Bedeutung verlieren würden (III, 124 b, in Raja): . . . והמשכילים יזהירו
כהאי חבורא דילך דאיהו ספר הזהר . . . ובגין דעתידין ישראל למטעם
מאילנא דחיי דאיהו האי ספר הזהר יפקון ביה מן גלותא . . . ואילנא דטוב
ורע דאיהו אסור והתר טומאה וטהרה לא שלטה על ישראל יתיר. Eine besonders maliziöse Invektive gegen den Talmud und seine Methode findet sich noch im Raja Sohar III, p. 27 b.

Landauer hat die verschiedenen kabbalistischen Schulen, bis zur Entstehung des Sohár einschließlich, kurz charakterisiert (Orient, 1845, Litbl. No. 15). Er teilte sie in die orthodoxe Schule oder die des Nachmani, in die kabbalistisch-philosophische oder die des Ibn-Latif, in die philosophisch-kabbalistische oder die des Joseph G'ikatilla und endlich in die des Sohar, repräsentiert durch Abulasia und Mose de Leon. Diese Einteilung ist nicht zutreffend, und die Glieder, welche zu je einer Schule gehören, sind nicht glücklich eingeordnet. Da uns jetzt mehr kabbalistische Literatur zugänglich geworden, ist als dem jungen Landauer in den vierziger Jahren, so treten für uns die Unterscheidungsmerkmale schärfer hervor. Da wir von den Leistungen Isaaks des Blinden, des „Vaters der Kabbala", wenig wissen, so macht für uns den Anfang:

1. Die Gerundensische Schule. Dazu gehören zunächst Esra und Asriel, dann Nachmani und sein Lehrer Jehuda ben Jakar und endlich Jakob ben Scheschet. Das Charakteristische an dieser Schule ist, daß sie die neue Lehre vom אין סוף, von den ספירות, der Metempsychose סוד העבור mit der dazugehörigen Vergeltungslehre סוד הגמול und der eigentümlichen Messianologie סוד משיחה zuerst begründet und entwickelt hat. Es ist die schöpferische Schule, die kabbalistische Exegese ist bei ihr noch untergeordnet.

2. Die Segovianische Schule. Dazu gehören Jakob Kohen aus Segovia, der Ältere, seine Söhne Isaak und Jakob der Jüngere, Mose ben Simon aus Burgos, Isaak ben Todros, der Lehrer des Schem-Tob Ibn-Gaon und dieser selbst, Todros Abulasia und sein Sohn Joseph, der Verfasser des מערכת אלהות, und endlich Isaak von Akko. Es ist die exegetische Schule, welche dahin strebt, Bibel und Agada per fas et nefas nach ihrer kabbalistischen Theorie auszulegen. In ihren Gliedern zeigt sich keine Spur von Originalität.

3. Die quasi-philosophische Schule des Isaak Ibn-Latif, die ziemlich isoliert ist.

4. Die abulasianische Schule. Sie ist in ihrem Hauptinhalte nicht originell; denn der Gebrauch von נוטריקון, גמטריא und צירוף, der sie charakterisiert (der bei den Schriftstellern der gerundensischen und segovianischen Schule nicht vorkommt), stammt von den Deutschen, aus der Schule des Jehuda Chasid und des Elieser Rokeach aus Worms. Abulasia gesteht es selbst, daß er den deutschen Mystikern viel zu verdanken habe. Zu dieser Schule gehört unbedingt Joseph Gikatilla.

5. Endlich die soharistische Schule. Sie ist ein confluxus aller vorangegangenen Leistungen, gebraucht und mißbraucht alle kabbalistischen Lehren und Methoden. Sie hat alle vorangegangenen Schulen absorbiert, überwuchert und zurückgedrängt.

13.
Abner-Alfonso, Isaak Pulgar[1]) und Nikolaus de Lyra.

I.

Der Apostat Abner-Alfonso verdiente wegen seiner Gesinnungslosigkeit und Unbedeutendheit keine Behandlung in einer besonderen Note. Da sein Name aber in der zeitgenössischen und späteren hebräischen Literatur oft wiederkehrt, er der heftigste, judenfeindlichste Schriftsteller in Kastilien war, dadurch viel Unheil veranlaßt hat und die auf ihn bezüglichen Daten auch als chronologischer Stützpunkt dienen können, so verdienen die Tatsachen, die von ihm bekannt sind, zusammengestellt zu werden, zumal das, was in neuester Zeit über ihn geschrieben ist, nicht genügt, manches auch geradezu falsch ist. — Die Identität der Namen Abner und Alfonso de Valladolid gibt er selbst in seiner Konfessionsschrift: libro de las tres gracias (Ms.). Dort heißt es: „digo yo maestro de Valladolid que ante avia nombre Rabi Amer (l. Abner) de Burgos (bei Amador de los Rios, p. 302). Der Anfang seiner polemischen Hauptschrift de bellis Dei lautet in der Übersetzung: Este es libro de los batallos de Dios, que compuso maestre Alfonso converso, que solia haver nombre Abner, quando era Judio (bei Rodriguo de Castro I, p. 195). Auch Mose be Tordesillas nennt ihn in seiner polemischen Schrift (צור האמונה Ms.) gegen Ende: תלמיד אחד מתלמידיו של מאיסטרי אלפונסו הנקרא בתחלה אבנר. — Chajim Ibn-Musa nennt ihn per Antiphrasin אב חושך (im Eingange zu seiner polemischen Schrift מגן ורומח Ms.).

Die Angabe bei spanischen Schriftstellern, daß Alfonso de Valladolid 1270 geboren, 1295 übergetreten und 1346 gestorben sei (bei de Castro a. a. O.) ist nichts weniger als genau. Was nun das Jahr seiner Taufe betrifft, so ist es geradezu falsch angegeben. Alfonso de Spina, welcher die Nachricht über die Vorgänge der sogenannten Propheten von Ayllon und Avila (o. S. 438) aus Abners Schrift De bello Dei geschöpft hat, fügt in dessen Namen hinzu, Alfonso sei in jenem Jahre 1295 bereits Arzt gewesen und sei von denen, welche infolge der Enttäuschung und der Kreuzesbilder gelitten hatten, zu Rate gezogen worden. Er selbst sei lange wegen der Vorfälle in Avila in Zweifel gewesen, bis ihm die Erleuchtung geworden sei, sich zum Christentum zu bekehren: Quae omnia (de prophetis in Abulensi civitate) longe traduntur a supradicto magistro Alfonso. Qui ex praedictis se asserit multa vidisse et jam testimonium perhibet. Jam in fine (libri) narrat, quod cum ipse esset medicus, aliqui praedictorum (Judaeorum) petebant consilium medicinae, ut possent curari a praedictis cogitationibus, quod credebant . . . eis acciderat ex aliqua infirmitate et debilitate cerebri. Dicit etiam, quod multo tempore ipse fuit in dubio

---

[1]) Ich will gleich von vornherein die Aussprache Pulgar, statt der bisher meist gebrauchten Polgar oder Polkar, rechtfertigen. Pulgar war nämlich in Kastilien ein nicht seltener Familienname. Bekannt ist Fernando Pulgar, Sekretär Ferdinands und Isabellas, der in seiner Chronik Reges catholicos Nachrichten von dem ersten Akte der Inquisition gegen die Scheinchristen gibt. Es verschlägt nichts dagegen, daß der Name in hebräischer Schrift konsequent יצחק פולקר lautet. Die spanischen Juden haben das spanische g öfter durch ק wiedergegeben, פורטיקאל für Portugal, שקוביא neben שגוביא für Segovia.

quod ad istud signum, usque, illuminante Deo, credidit ... et conversus
est ad fidem Christi. Alfonso ist also erst viel später als 1295 übergetreten.
Vor der Hand wollen wir die Tatsache festhalten, daß er 1295 schon Arzt
war, also bereits im Mannesalter stand.

Er lebte allerdings noch in den vierziger Jahren des 14. Jahrhunderts,
aber, wie es scheint, noch später als 1346. Denn Mose Narboni hat ihn
noch vor dessen Tode, wie er in seiner Schrift באמר הבחירות (Dibre Chachamim p. 37 ff.) angibt, kennen gelernt. Da nun Alfonso damals schon
sehr betagt war (vgl. weiter), so kann Narboni ihn nur in Spanien, in Valladolid gesehen haben. Nun war Narboni noch 1344 in seiner Heimat, in
Perpignan, wanderte überhaupt wohl erst gegen 1347—48 nach Aragonien
und war 1348—49 in Cervera (vgl. Munk, Mélanges, p. 504, Note). In
dieser Zeit scheint Alfonso noch am Leben gewesen zu sein. Narbonis Äußerung über Abner wirft ein so grelles Licht auf dessen Charakter, daß der
ganze Passus als biographische Urkunde mitgeteilt zu werden verdient. Der
Maamar ha-Bechira, eine Verteidigung der Willensfreiheit, ist nämlich gegen
eine Schrift Alfonsos zur Rechtfertigung des Fatalismus gerichtet, worin der
Apostat seinen Übertritt mit dem Beschluß der Sterne entschuldigt hatte. Der
Eingang der Gegenschrift von Narboni lautet: ראיתי והנה חכם כהמיוחדים
בדורו ואני השגתיו באחרית ימיו חבר אגרת הגזרה אמר בה כי אין
בגזרה הכל ונגזר מחוייב הכל אך אפשר שם; (dann weiter das. p. 40 unten):
וזה האיש המכונה אבנר בחלו נרו עלי ראשו הנה הוא אצלינו (?) שהחכמת
העקות ראה כאשר כי .טעה אבל עזר בזה שטיצה אחשוב ולא גדול שעור
רחבים אל פנה אנשיה, את ושנאתם לעברתם, בחכמה, ולהתהדרם להתנכרות,
שהיא על המדומית הצלחה אל (?יעלוהו .I) ויקחוהו כלים כדמות כזב ושטר
בקט להם די אשר הדעה שלמי בהחסידים היה לא כי .לנצחיות כלי
והתהכרחי בהכרחי רק המוחש אל לפנות אין כי ,,ש"ל שבת מערב חרובין
אין כי ,החכמה כפר גם עשה אשר הרע כי ראה ואחר ... מאוד בספיק
כי ,כוללת בגזרה כמתנצל אמר ... בה גדל אשר התורה כנגד לבא לחכם
עד באמת עמד לבו הזדונים המים שטפוהו אם כי .להוריות נגזר הכל
הכריחוחו והגזרה התמורה כוכבי שבל ,צבעו לא נכרי ערין. Es ist also sonnen-
klar, daß das Christentum dem Alfonso gleichgültig war und er nur aus Ehrgeiz und zur Befriedigung irdischer Wünsche übergetreten ist.

Wenn er also um 1347 noch gelebt hat und 1295 bereits Arzt war, so
kann er allerdings um 1270 geboren sein, muß also in den vierziger Jahren
des 14. Jahrhunderts ein hochbetagter Greis gewesen sein. Ibn-Jachjas Angabe, daß Abner ein Jünger Nachmanis gewesen sei, ist also grundfalsch, da
dieser 1266—67 Spanien verlassen, und damals Alfonso kaum noch geboren
war. Alles, was in Schalschelet ha-Kabbala über das Verhältnis Abners
zu Nachmani erzählt wird, ist demnach Fabel.

Der Apostat Paulus de Santa Maria gibt an, Alfonso sei gegen sein
60. Lebensjahr zum Christentum übergetreten, d. h. um 1330 (auf dem letzten
Blatt seines Sorutinium Scripturarum): Fuit etiam in hac regione tempore regis Alfonsi XI. quidam magister Alfonsus Burgensis, magnus
biblicus, philosophus et almetaphysicus, qui in LX anno aetatis suae
fere fidem christianam .. suscepit. Das wäre um 1330. Damit würde
die Angabe stimmen, daß er lange nach der Begebenheit von 1295 in Avila
Christ geworden ist. — Vor dem Jahre 1236 war er bereits getauft und als

Note 13. Abner-Alfonso, Isaak Pulgar und Nikolaus de Lyra.

Ankläger gegen seine ehemaligen Glaubensgenossen vor dem König Alfonso XI. aufgetreten. Das erfahren wir aus einer Urkunde des genannten Königs, welche Alfonso de Spina aufbewahrt hat (Liber III, consideratio VII). Wegen der darin enthaltenen Tatsachen teile ich sie zum großen Teile hier mit. Dominus Alfonsus Castellae ... rex ... consiliis Judaeorum regnorum nostrorum ... gratiam cum salute. Volo vos scire, nobis fuisse relatum per Magistrum Alfonsum, conversum sacristam majoris ecclesiae Vallisoletanae, vos uti a magnis temporibus inter vos ... oratione quadam, in qua maledictiones omnipotentis Dei Christianis et omnibus ad fidem Christi conversis imprecamini, eos censendo haereticos, etiam inimicos capitales, et quod publice Deum exoratis, ut eos destruat atque perdat. Et licet aliqui Judaeorum dicendo negabant: hoc non dicere Christianis, disputavit tamen hoc dictus magister Alfonsus cum sapientioribus Vallesole (Vallesoleti), qui de vobis fuerint adinventi, coram judicibus vestris ac scribis publicis et meritis atque probis viris de praedicatoribus fratribus et multis aliis circumstantibus, ubi juramento legis Judaeorum illi summe literati inter se concesserunt, dictis librorum suorum injunctum ab antecessoribus hoc fuisse, veluti, dictus magister Alfonsus demonstrabat ... vidente nobis hoc vituperare et erogare (derogare) fidei Christianae, in bonum duximus per mandatum ne in aliquo regnorum nostrorum amplius hoc fiat. Quod si Judaeus vel Judaea hoc praesumserit attentare ... sub poena nostri dominii centum marabaetinorum numismae novae ... Datum Vallesoleti 25 die mensis Februarii aera 1374. Dieses Jahr der spanischen Ära entspricht dem christlichen Jahre 1336. Merkwürdig ist's, daß Wolf in seiner Bibliotheca III, p. 123, wo er diese Urkunde mitteilt, das bezeichnete Jahr für ein christliches Jahr hielt und damit beweisen wollte, daß Alfonso noch so spät gelebt habe.

Abner-Alfonso hat sehr viel geschrieben, Hebräisch und Spanisch; Lateinisch dagegen hat er nicht verstanden. Seine Schriften sind noch nirgends übersichtlich zusammengestellt.

1. Ein Superkommentar zu Ibn-Esras Kommentar zum Dekalog, wahrscheinlich noch im Judentum verfaßt, bei de Castro I, p. 195 nach Morales und Antonio.

2. Eine polemische Schrift gegen die Agada unter dem Titel מורה צדק wird zitiert von Mose de Tordesillas (im Eingange zur obengenannten Schrift). In Schem-Tob Ibn-Schapruts אבן בוחן (Ms. XV, 13, p. 169 r.) kommt ein Zitat von Alfonso vor, daß er dieses Buch vor dem folgenden geschrieben: ואמרת שביארת אותו בספרך מורה צדק.

3. Eine Widerlegung gegen die polemisch-apologetische Schrift מלחמות ה', angeblich von David Kimchi, in Wahrheit aber von Jakob ben Rüben[1])

---

[1]) Das מלחמות ה' ס' Ms. befindet sich auch in der Seminarbibliothek Nr. 34. Es hat im Eingange ein Gedicht mit dem Akrostichon יעקב בר ראובן. Ein Kopist gibt an, es sei im Jahre תתקל = 1170 verfaßt. Da aber Ibn-Esra als Verstorbener (p. 75 r.) und der Dichter und Arzt Joseph ben Sabara (p. 91 v.) הרופא (l. בן זבר) מדברי יוסף בן זכר zitiert werden, so muß er später gelebt haben. Denn da der letztere seinen Roman Scheschet Benvenisti gewidmet hat (o. S. 77), so hat Jakob ben Rüben gegen Ende

Der Titel von Alfonsos Schrift scheint gelautet zu haben: ס׳ תשובות על
מלחמות. ה׳ לקמחי. Alfonso de Spina zitiert es öfter in dem dritten Buche
seines Fortalitium unter dem Titel De bellis Dei oder De proeliis Dei und
teilt Auszüge daraus mit. Auch Schem-Tob Jbn-Schaprut hat ganze Stellen
daraus in dem genannten Werke, Abschnitt XII, und widerlegt die christlichen Behauptungen darin. Merkwürdig ist, daß Alfonso darin eine Geschichte von Jesu in chaldäischer Sprache erwähnt und einen langen Passus
zitiert: בספר שחברו בלשון ירושלמי בעירבדא דישו בר פנדירה (das. XV, 8,
Bl. 180 verso f.). Wahrscheinlich waren in dieser Schrift die Angriffe auf
einige talmudische Halachas enthalten, welche Juda da Modena ausgezogen
hat (Reggio, Bechinat ha-Dat, p. 51 f.). Alfonso schrieb diese apologetisch-
polemische Hauptschrift in hebräischer Sprache. Auf Ansuchen der Infantin
Blanka übersetzte er sie selbst ins Spanische (bei de Castro l. c.). Der spanische Titel lautete: Los batallos de Dios.

4. La concordia de las Leyes, wahrscheinlich eine Nachweisung, daß
die christlichen Dogmen auch im Alten Testamente angedeutet seien (bei de
Castro).

5. Libro de las tres gracias, von dem bei de Los Rios (l. c.) einige
Auszüge gegeben sind.

6. מנחת קנאות zur Rechtfertigung der Astrologie gegen Pulgar (bei
Bartolocci No. 1001; de Rossi, Codex 533, p. 75b. Orient, Jahrg. 1840,
Liter.-Bl. col. 249). Das Werk scheint nicht mehr zu existieren. Alfonso
hatte dieses Werk Isaak Pulgar zugeschickt, worauf dieser eine Entgegnung
schrieb unter dem Titel: אגרת החרפות in fünf Abschnitten (bei de Rossi
a. a. O. p. 73a, 74b und Bibliotheca antichristiana p. 93). Das Einleitungsgedicht dazu von Pulgar hat Carmoly mitgeteilt (Orient, a. a. O.):

מנחתך שטחה ומעלה מעל
כי נטמאה תחת ידו הבעל
לכן תקנא בה בנפשך, אם כבת נכרי חשבתיה ובעולת בעל
אולם לנסותו שלחתה לי, במי מרים בדקתיה וכוסה רעל
בטנה ראה צבתה, ירכה נפלה כי מחשבת שוא לבבי געל.

7. תשובות על המחרף, eine Entgegnung auf Pulgars Schrift (bei de
Rossi a. a. O.). Darin scheint im Eingange jenes Gedicht gestanden zu haben,
das ebenfalls im Orient a. a. O. mitgeteilt ist:

לקול שחל ושאגתו חלוש לב למרחוק אחותתו רעדה
שתי אזניו תצלנה בשמעו, ומה יעש בבא יום הפקודה.

8. שלש אגרות, drei Briefe gegen die Juden (bei de Rossi a. a. O.).
Ein sonst unbekannter Joseph Schalom hat darauf entgegnet in einer
Schrift unter dem Titel: תשובות על אגרות אלפונסו.

9. Darauf entgegnete wiederum Alfonso in einer Schrift: תשובות
התשובות (bei de Rossi a. a. O.).

des Jahrhunderts gelebt. Das folgt auch daraus, daß er Maimunis Moré
noch nicht kennt. Er lebte wahrscheinlich in Frankreich und hielt sich nach
seiner unfreiwilligen Auswanderung in der Gascogne auf: כפי המקרה אשר
הקרני בחיותי במורד קשקוניא גולה וגנוזר עלי להתגורר עמהם ושם באו־ץ
מגירי אחכני נוצרי אחד. Der Verf. war natürlich ein Rabbanit und zitiert
nicht bloß Saadia öfter, sondern auch die Agada. [Falsch ist die Identifikation
desselben mit einem Karäer desselben Namens.

10. אגרת הגזרה zur Rechtfertigung des Fatalismus (oben).

11. סוד הגמול, eine so betitelte Schrift gleicherweise zugunsten des Fatalismus zitiert Joseph Jbn-Schem-Tob, der eine Widerlegung dagegen geschrieben hat (vgl. Munk, Mélanges, p. 509, Note). Es ist fraglich, ob es nicht mit Nr. 6 identisch ist.

Von diesen zahlreichen Schriften Abner-Alfonsos sind nur zwei mit Gewißheit spanisch geschrieben, die meisten also hebräisch.

II.

Isaak Pulgar stand, wie sich eben gezeigt, in einem polemischen Verhältnisse zu Alfonso, blühte also jedenfalls in der ersten Hälfte des 14. Jahrhunderts. Ein näheres Datum ist aus seinen bisher bekannt gewordenen Schriften nicht zu entnehmen. In der Fortsetzung des תקון הדעות von Albalag ist zwar ein Datum angegeben: והיה השלמתו ברביעי בשבת שנת והפריק קצת ח' ימים לחודש תמוז (in Chaluz IV, p. 83). Allein man weiß nicht, was mit diesem Datum anzufangen ist, ob es dem christlichen Jahre 1438 entspricht und also nicht dem Verfasser, sondern dem Kopisten angehört; das Tages- und Monatsdatum stimmt aber mit dieser Jahresform auch nicht. Soviel ist gewiß, daß Pulgar das Albalagsche Werk nach 1292 oder 1294 fortgesetzt hat. Das Datum 5067 = 1307, welches die Albalagsche Schrift in der Vatikana hat (bei Bartholocci bibliotheca III, p. 890, No. 922, auch Carmoly, Itinéraires p. 282) scheint dem Fortsetzer, also Isaak Pulgar anzugehören. Er schrieb also bereits 1307. Die von ihm bisher bekannt gewordenen Schriften sind:

1. Die Fortsetzung des Albalagschen Werkes oder die Überarbeitung von Alghazalis drittem Buche des Makasid (das.). Vgl. jetzt Steinschneider, Die hebräischen Übersetzungen des Mittelalters, S. 299 f.

2. Sein Hauptwerk עזר הדת Ms. auch in der Seminarbibliothek in fünf Abschnitten gegen die Leugner der positiven Religion, die Buchstäbler, Kabbalisten, Astrologen und zur Rechtfertigung eines geläuterten, philosophischen Judentums, meistens in Dialogform mit Versen untermischt. Ein Fragment aus dem zweiten Abschnitt ist gedruckt in Taam Sekenim p. 12 ff.

3. Eine spanische Schrift gegen die Astrologie (oben I, Nr. 6).

4. אגרת החרפות gegen Alfonsos מנחת קנאות (oben I, Nr. 6).

Mit Alfonso hat Pulgar auch persönlich verkehrt, wie aus עזר הדת (Bl. 13 r.) hervorgeht: פעם נתחברתי עם איש אחד חי נפשי מהיר ויודע בדרכי הדת גם בפילוסופיא ובא עד קצו למלאות חפצו ונצחו לבו לשוב מדרכי תורתנו, היה שנו מקדם ר' אבנר. ויען ויאמר לי בתהוכחו אצלי: התאמין בחכמי התלמוד הקדומים?... ואומר וכו'. Er rechtfertigt weiter die halachische Tradition, gibt aber die Agada preis, da sie nicht wesentlich zum Talmud gehöre: שאין ההגדות מעצם התלמוד. Abner-Alfonso polemisierte gegen Pulgar in seiner Schrift De bellis Dei wegen dessen Unsterblichkeitslehre, weil derselbe mit vielen Philosophen die individuelle Fortdauer der Seele leugne (Auszug in Jbn-Schaprutz Eben-Bochan XV, 3, Ms. Bl. 167 v.): וגם היו קצת הפילוסופים והרמב״ם ושאר הנמשכים לדעתם כמו ר' יצחק בן פולקאר וזולתו טועים בזה באמרם שאין הנשאר מראובן לאחר המות זולת הנשאר משמעון.

III.

Nikolaus de Lyra, der berühmte Postillator, welcher durch seine Postillen zum Alten Testament Luther so sehr angeregt hat, daß man in dem Jahrhunderte der Kirchenreform sagte: Si Lyranus non lyrasset, Lutherus non saltasset, verdient auch in der jüdischen Geschichte einen Platz. Seinem Namen begegnet man öfter in jüdischen Schriften. Chajim Jbn-Musa hat 1456 eine Widerlegung verfaßt gegen Lyras apologetische und polemische Schrift, welche unter verschiedenen Titeln zitiert wird, sie lautet aber ursprünglich: Tractatus fratris Nicolai de Lyra de Messia ejusque adventu, una cum responsione ad Judaeorum argumenta quatuordecim contra veritatem Evangeliorum. Sie befindet sich zum Schlusse der lyranischen Postillen und auch zu Ende der polemischen Schrift des Geronimo de Santa Fé unter dem Titel Hebraeomastix, Frankfurt 1602, von p. 140 an. Lyranus verfaßte diese Abhandlung 1309, wie er daselbst p. 191 angibt. Jbn-Musas Widerlegungsschrift hat zum Titel: ספר מגן ורומח; der Verf. bemerkte im Eingange: אתחיל עתה... בזה החבור להשיב כנגד ניקולאו די לירא ראש המדברים כנגדנו בספר הוכוח שלו. Zu den Autoren, welche Lyras jüdischen Ursprung behaupten, könnte man auch Jbn-Musa hinzuzählen, welcher von ihm aussagt: בעבור היהודים היו מפחדים להשיבו כי היה (ניקולאו) נוצרי חדש מזרע היהודים ויהודי היה לה' שנים כמו שאומרים הנוצרים. Allein nichtsdestoweniger hat Wolf mit seiner Beweisführung recht, daß de Lyra von christlichen Eltern geboren wurde (Bibliotheca I und III s. v.). Ein Passus in der lyranischen polemischen Schrift, welchen auch Wolf übersehen hat, spricht entschieden dafür. Er sagt deutlich aus (zu Ende), daß er selbst mit Juden keinen Umgang gehabt und nur die Erfahrung anderer in betreff der Juden mitteile, warum dieselben eine Antipathie gegen das Christentum haben: Multi tamen Judaei avertuntur a fide Christi triplici de causa. Prima est propter timorem penuriae temporalis ... Alia causa est, quia a cunabulis nutriuntur in odio Christi ... Alia causa est ex difficultate et altitudine eorum, quae in fide catholica proponuntur credenda, sicut est: Trinitas personarum ... duae naturae in persona Christi ... et ideo putant (Judaei) nos tres Deos adorare ... In ipsa sacra Eucharistia vocant (Judaei) nos pessimos idolatros sicut per experientiam cognoverunt illi, qui frequenter de istis cum eis contulerunt. Da er selbst angibt, daß er das Hebräische wenig verstehe, so ist an seinem christlichen Ursprunge nicht zu zweifeln. Ich zitiere nur noch den Passus aus seinem Prolog zu den Postillen, wo er dies bezeugt, und wo er Raschi so hoch stellt: Similiter intendo non solum dicta doctorum Catholicorum, sed etiam Hebraeorum maxime Rabbi Salomonis, qui inter doctores hebraeos locutus est rationabilus, ad declarationem sensus literalis inducere ... Postremo quia non sum ita peritus in lingua hebraica vel latina, quin in multis possim deficere etc. Bekannt ist sein übrigens fehlerhaftes Distichon über die vierfache Auslegungsweise der Heiligen Schrift, welche im jüdischen Kreise unter dem Notarikon פרדס geläufig ist פשט רמז דרוש סוד. Jn demselben Prologe heißt es:

Littera gesta docet, quid credas allegoria,
  Moralis quid ägas, quo tendas anagogia.

Es ist den Juden entlehnt, und zwar solchen, welche einer verkümmerten und verdorbenen Bibelexegese folgten.

Register.

A.

Aaron ben Elia, Karäer 325 f.
Aaron ben Joseph aus Barcelona 148.
Aaron ben Joseph, Karäer 128, 279 f.
Aaron ben Juda, Karäer 134.
Aaron Halevi 148.
Aaron Kohen aus Narbonne 247.
Aaron ben Meschullam 31.
Aaron Nikomedi s. Aaron ben Elia.
Aaron von Dork 110, 113.
Aaron I. s. Aaron ben Joseph.
Aaron II. s. Aaron ben Elia.
Abba-Mari 223 ff., 227, 230, 235 ff., 238 f., 241.
Abba-Mari Abigedor s. Astrüc de Noves.
Abi-Assaf s. Elieser ben Joël Halevi.
Abi-Esri s. Elieser ben Joël Halevi.
Abigedor Kohen 157, 161.
Abner s. Alfonso Burgensis.
Abraham Abenfar 143.
Abraham Abulafia 173, 189, 191 ff., 196.
Abraham von Aragonien, Arzt 104.
Abraham ben Chasdai 55 f., 78.
Abraham ben David 39, 49, 60.
Abraham ben Joseph aus Pesaro 161.
Abraham bei Mansi 161.
Abraham Ibn-Barzal 358.
Abraham Maimuni I. 2, 32 f., 50, 57, 163.
Abraham Maimuni II. 281, 314.
Abudarham, David, aus Toledo 143.
Abudarham, David, aus Sevilla 143, 305.
Abusahhel, Salomo 134.
Abulafia, Abraham ben Samuel s. Abraham Abulafia.
Abulafia, Levi 200.
Abulafia Meïr s. Meïr Abulafia.
Abulafia Samuel s. Samuel Levi Abulafia.
Abulafia Todros s. Todros Abulafia oder Todros ben Joseph Abulafia.
Abulmeni s. Abraham Maimuni I.
Achitub von Palermo 195.
Adolf von Nassau, Kaiser 231 f.
Aguilar, Gemeinde in 373.
Akko 109, 158, 165, 186, 282.
Aladil, Sultan 12.
Albalag 217 f.
Albert, Herzog von Österreich 346.
Albertus Magnus 107.
Albigenser 8 ff., 53.
Albrecht, Kaiser 232, 245.
Albuquerque 358.
Acharbija s. Saad Abdaula.
Alcharisi 77.
Aldea de los Judios 114.
Alfachar, Juda s. Juda Alfachar.
Alfonso der Edle von Kastilien 6, 13.
Alfonso III. von Portugal 143.
Alfonso X., der Weise 114 ff., 140 ff., seine judenfeindlichen Gesetze 117 f.
Alfonso XI. 251 f., 285, 288, 295, 298, 331, 354.
Alfonso Burgensis 293 ff., 310, 325.
Alfonso von Poitou 104.
Alkamel, Sultan 2.
Alkisti, Wesir 3.
Allatif 189 f.
Allavi s. Samuel Levi Abulafia.
Alvar Nunez 289 f.
Allegoristen 215 f., 218.
Almohaden 16, 81, 90.
Almoxarif 18, 115, 141, 251, 285, 289.
Amadeus von Savoyen 335.

Amalarich von Bena 9.
Amschel Oppenheimer 169.
Anatoli 54, 86 f., 162, 228.
Anatolio s. Anatoli.
Andreas s. Anatoli.
Andreas II. von Ungarn 27.
Angoulême, Gemetzel in 92.
Anjou, Gemetzel in 92, 94.
Antimaimunisten 29 ff., 34, 36, 46 f., 54, 69, 76, 98, 154 ff., 158 ff., 237.
Aquet 335.
Aragonien, Juden in 5, 19, 25, 37, 45, 119 ff., 220, 257, 287, 334, 352.
Argun, Mongolen-Khan 173, 183 ff.
Armleder, Verfolgung durch 328 f., 339.
Arnold von Citeaux 8 f., 13.
Arnoldi, Wilhelm 53.
Arnoldus de Sigarra 124.
Arnstadt, Verfolgung in 136.
Arzneikunst verboten 103, 118.
Ascher ben Jechiel s. Ascheri.
Ascheri 230, 234 f., 249, 252.
Ascheriden 237 f., 299 f.
Asriel, Kabbalist 44, 60 f., 71.
Astrüc En-Duran de Lünel s. Abba-Mari.
Astrüc de Noves 259.
Augsburg, Juden in 232, 346.
Aussätzige, Verfolgung durch 258 f.
Auswanderung der Juden aus der Rheingegend 173.
Avignon, Konzil von 10.
Avila, Juden in 143, 370; Prophet von 194, 196.
Ayala 364.
Ayllon, Prophet von 196.
Azzahir Ghasi, Sultan 3.

B.

Bachja ben Ascher 187.
Bachja s. Bachiel.
Bachiel Alkonstantini 25 f., 45, 56.
Bacharach, Verfolgung von 172.
Bahir, mystische Schrift 70.
Bandito aus Villeneuve 335.
Bann gegen das Studium der Wissenschaften 236 ff.
Barcelona, Disputation in 121 ff., Gemetzel in 334.
Baruch, Dichter 348.
Baruch ben Samuel 22.
Basel, Verfolgung in 339.
Bedaresi, Abraham 98, 188, 239.

Bedaresi, Jedaja Penini 221, 239 ff., 242, 247.
Bela IV. von Ungarn 27, 138.
Bellieta 335.
Belvello, Geofroy von 95.
Ben-Abret 132, 144 ff., 168, 195, 223 ff. 230, 237, 239, 241, 249 f., 261, 283.
Benedikt XII. 330.
Benfelden, Beratung in 339.
Benveniste, Isaak s. Zag Benveniste.
Benveniste, Scheschet s. Scheschet Benveniste.
Berachja Nakdan 78 f.
Bern, Gemetzel in 336.
Bertrand, Kardinal-Legat 19.
Bertrand du Guesclin s. Guesclin.
Beschuldigung, falsche, wegen Christenmordes 84, 105 ff., 113, 171, 176, 179.
Beziers, Juden in 9, 37, 48; Kirchenversammlung in 103.
Bibelerklärung 82, 129 f., 187, 222, 268, 311 f.
Bischofsheim, Verfolgung in 84.
Blanche, Königin von Frankreich 97, 108.
Blanka, Königin von Kastilien 358 f., 364.
Boleslav Pius 349.
Bonafour, Vidal 224.
Bonastrüc de Porta s. Nachmani.
Bonifacius VIII. 241.
Boppard, Verfolgung in 172.
Bordeaux, Gemetzel in 92, 257.
Briviesca, Juden in 369.
Brückenhausen, Gemetzel in 172.
Brüssel, Gemetzel in 351 f.
Bulle Clemens IV. 124.
Bulle Clemens V. 251.
Bulle Clemens VI. 334, 337.
Bulle Gregor IX. 84.
Bulle Innocenz IV. 105 f.
Burgos, Juden in 143, 369 ff., 372.

C.

Cambridge, Juden in 178.
Carrion, Juden in 143.
Cellani, Peter 53.
Cevera, Gemetzel in 324 f., 334.
Chajim ben Samchun 78.
Chananel Ibn-Askara 283.
Charisi 48, 273.
Chiskija ben Rüben 22.

Christiani, Pablo 121 ff., 125, 137.
Clemens IV., Papst 124, 126.
Clemens V., Papst 251.
Clemens VI., Papst 323, 334.
Closener aus Straßburg 338.
Coblenz, Verfolgung in 136.
Cöln, Juden in 345.
Constantia von Kastilien 251.
Constitutio Judaeorum 4.
Cournay, Mathieu de 371.
Crescas, Salomo 353.
Crescas, Vidal 224.
Crispia s. Berachja Nakdan.
Cuenca, Juden in 143.

D.

Dasiera, Meschullam En Vidas 47, 72.
Dan, Rabbi 197.
Daniel ben Saadia 32 f.
Daniot 367, 371.
Dante Alighieri 260, 269, 271.
David Abudarham s. Abudarham, David.
David ben Daniel 167.
David ben Jomtob 312 f.
David ben Kolonymos von Münzenburg 21.
David ben Saul 36, 52.
David ben Schaltiel 101 f.
David da Trani 161.
David de Dinanto 70.
David, Exilarch 12, 33.
David Kimchi s. Kimchi, David.
David Maimuni 147, 159, 166, 276.
David Rasan 212.
Deckendorf, Verfolgung von 329 f.
Deggenburg, Hartmann von 329.
Deulacres 180.
Deutschland, Juden in 21 ff., 136 ff., 156 f., 167 ff., 231 ff., 233 ff., 328 ff., 337 ff.
Diniz, König von Portugal 143.
Dominikaner 4, 15, 24, 35, 53, 57, 85, 95, 113, 114, 126, 138, 149, 177, 179 f.
Donin 94 f.
Duns Scotus 180.

E.

Edward I. von England 176, 179.
Edward, Prinz von Wales, der „Schwarze Prinz" 372 ff.

Egoltspecht, Bürgermeister von Regensburg 347.
Eleasar ben Jehuda 22, 73.
Eleonore, englische Königin 177, 180 f.
Elias von London 111, 113.
Elieser ben Joseph aus Chinon 248.
Elieser ben Joel Halevi 22.
Elieser aus Touques 110.
Elsaß, Juden in 339.
Emanuel, Regent von Kastilien 252.
England, Juden in 10, 20, 92, 110 ff., 176, 179, 181 f.; Verbannung derselben 182; ihre Anzahl 182; Auswanderung von Rabbinen aus 11.
En-Sof 63 f., 74.
Erfurt, Verfolgung in 136.
Escalita, Sen s. Samuel Sulami.
Esobi s. Ezobi.
Esra, Kabbalist 44, 60 f., 71.
Estalla, Verfolgung in 287.
Esterka 351.
Estori Parchi s. Parchi.
Exegese s. Bibelerklärung.
Exeter, Kirchenversammlung in 181.
Ezobi, Joseph 80 f.

F.

Farag Jbn-Salomo 160.
Farragut s. Farag.
Ferdinand III. von Kastilien 25, 46, 114.
Ferdinand IV. 251.
Ferrara, Juden in 160 f.
Frankfurt a. M., Verfolgung in 100 ff.
Frankreich, Juden in 33, 92 ff., 137, 225 ff., 252 ff., 258, 287, 333 ff.; Ausweisung aus 182, 243 ff.; Auswanderung von Rabbinen aus 11; ihre Zahl 246.
Franziskaner 4, 15, 24, 35, 53, 95, 113, 177.
Friedrich I., der Streitbare von Österreich 88, 349; sein Rechtsstatut 89 f., 170.
Friedrich II., Kaiser 21, 23, 85, 87, 90, 100, 105, 136.
Fuero juzgo 117.
Fulda, Verfolgung in 91 f.

G.

Gajo, Maestro 160, 165.
Geißler 344 ff.
Gematria 74, 193.

Genfersee, Gemetzel am 337 ff.
Genova, Fray de 123.
Gerona, Juden in 46.
Gersonides 299, 313, 318 ff.
Gikatilla, Joseph s. Joseph Gikatilla.
Gilles de Albornoz 297.
Gonzalo Martinez 296 ff.
Görz, Meinhard von 174.
Gracian s. Salomo Gracian.
Grammatik, hebräische, Verkümmerung der 82.
Gregor IX., Papst 24 f., 27, 35, 53, 84, 88, 92, 94.
Gregor X. 170.
Gudeo, Legat 136.
Guesclin, du 369 ff., 373 f.

H.

Haggai s. Robert de Reddinge.
Hagin Denlacres s. Deulacres.
Hannover, Verfolgung in 348.
Hebron, Juden in 284.
Heidelberg, Juden in 346.
Heinrich III. von England 92, 110 ff.
Heinrich de Trastamare 355, 360, 364 ff., 368 ff., 372 ff., 374.
Heinrich, Erzbischof von Mainz 175.
Henoch-Metatoron 62, 200.
Hillel von Verona 162 ff., 192.
Hirtenverfolgung 255 ff., 314.
Honorius III. Papst 18 ff.
Honorius VI. 181.
Hulagu, Mongolen-Khan 127.
Hütelein, Isaak 176.

J.

Jaca, Verfolgung durch die Hirten in 257.
Jaën, Juden von 373.
Jakob Abbaßi 261.
Jakob aus Landau 10.
Jakob a Pascate 332.
Jakob ben Abba-Mari s. Anatoli.
Jakob ben Ascheri 300 ff.
Jakob ben Jehuda 176.
Jakob ben Machir 225 ff., 237 ff., 249 ff.
Jakob ben Scheschet 69.
Jakob Jahion 143.
Jakob Tibbon s. Jakob ben Machir.

Jakub Almanzur 16.
Jaschar, Buch 80.
Jayme I. von Aragonien 19, 25, 56, 118, 124 f.
Ibn-Abi-Osaibija 2.
Ibn-Aknin s. Joseph Ibn-Aknin.
Ibn Aldabi s. Meir Ibn Albabi.
Ibn Alfual s. Joseph Ibn Alfual.
Ibn Allatif s. Allatif.
Ibn Almali s. Nathanael Ibn Almali.
Ibn-Bilja s. David ben Jom-Tob.
Ibn-Jaisch (Sulaiman?) 296.
Ibn-Kaspi s. Kaspi.
Ibn-Latif s. Allatif.
Ibn-Matka 85 f.
Ibn-Sahal, Ibrahim 81 f.
Ibn-Wakar, Joseph s. Joseph Ibn-Wakar.
Ibn-Wakar, Juda s. Juda Ibn-Wakar.
Ibn-Wakar, Samuel s. Samuel Ibn-Wakar.
Ibn-Zarzal s. Abraham Ibn-Zarcal.
Jean d'Acre s. Akko.
Jechiel ben Mose 275.
Jechiel dei Mansi 161.
Jechiel von Paris 36, 96 f., 109.
Jedaja Penini s. Bedaresi, Jedaja.
Jehuda s. Juda.
Jephet ben Zaghir, Karäer 279.
Jeruham ben Meschullam 305.
Jerusalem 12, 127, 284.
Jesaja da Trani, der ältere 161.
Jesaja da Trani, der jüngere 161.
Jischai ben Chiskija, Exilarch 158, 167.
Jkriti s. Schemarja Jkriti.
Immanuel Romi 164, 261, 263, 266.
Innocenz III., Papst 1, 3 ff., 14, 18, 20, 23, 84, 117.
Innocenz IV., Papst 99, 105, 118, 170.
Inquisition 53.
Joccus (Jose?) 110.
Joez ben Maltiel 137.
Johann ohne Land 10 f., 20.
Johann XXII., Papst 255 f., 262 f.
Jonathan Kohen aus Lünel 11.
Jom-Tob Jschbili 305.
Jom-Tob de Tolosa s. Vidal de Tolosa.
Jona ben Abraham Gerundi I. 36 f., 54, 98 f.
Jonathan Kohen 11, 33.
Joseph Abulafia 188, 211.
Joseph ben Abba-Mari s. Kaspi.
Joseph ben Mose Kohen 102.
Joseph ben Sabata 76 f.

Joseph Benveniste s. Joseph de Ecija.
Joseph de Ecija 286, 288 ff.
Joseph G'ikatilla 190, 194, 198.
Joseph Ibn-Aknin 2, 33.
Joseph Ibn-al-Fawwal 261.
Joseph Ibn-Wakar 290 f.
Joseph Joschua 133.
Joseph Kaspi s. Kaspi.
Joseph von Avila 212.
Isaak ben Abraham 102.
Isaak Albalag s. Albalag.
Isaak Benveniste s. Zag Benveniste.
Isaak der Blinde 60 f.
Isaak ben Chelo 284.
Isaak aus Düren 327.
Isaak Ibn-Latif s. Allatif.
Isaak Ibn-Sid s. Zag Ibn-Said.
Isaak Israeli II. 250.
Isaak ben Mardochai s. Gajo, Maëstro.
Isaak Or-Sarua 101, 156.
Isaak Pulgar 293, 308 f.
Isaak von Akko 186, 211.
Isaak von Corbeil 110.
Israel ben Samuel Maghrebi 279.
Israeli s. Isaak Israeli.
Italien, Juden in 159, 161 f., 259 ff.
Juana von Navarra 373.
Juda Alcharisi 76.
Juda Alsachar 46 ff., 50, 55.
Juda ben Ascheri 237, 300 f.
Juda ben David aus Melun 96.
Juda ben Jakar 39, 44, 52, 60.
Juda ben Isaak Halevi 11, 31.
Juda ben Isaak ben Sabbatai 76 f.
Juda ben Mose Kohen 101, 115.
Juda ben Sabbatai s. Juda ben Isaak.
Juda Chasid 73.
Juda Eleasar 353.
Juda Ibn-Matka s. Ibn-Matka.
Juda Ibn-Sabura 222.
Juda Ibn-Wakar 252, 290.
Juda Salmon 195.
Juda, Schatzmeister von Portugal 144.
Juda Siciliano 261, 275.
Judenabzeichen 23 f., 118, 136, 139, 178, 253.
Judenbrater 136.
Judenbühl 347.
„Judenerbe" 175.
Judenhut (Pileum cornutum) 136.
Judenschläger 328, 344.
Judenstatut 89 f., 170.
Judensteuer in England 111 f.
Judensteuer in Kastilien 141 f.

Juden unter Mongolen 100.
Judenzoll in Deutschland s. Opferpfennig, der güldene.

K.

Kabbala 44, 59 ff., 66 ff., 71, 75, 145, 187 ff., 190, 194, 196, 200 ff., 211, 283 ff., 285, 307.
Kabbalisten 67, 75, 158, 165, 189, 191, 196, 201, 209, 211, 212, 283 ff
Kalonymos ben Kalonymos 253, 258 f., 263.
Kalonymos ben Todros 230, 236.
Kammerknechte 88, 90, 101, 174, 245, 328.
Karäer 133, 276 ff., 278 ff., 283, 325; ihr Gebetbuch 280.
Karl von Anjou 160.
Karl IV. 338, 343, 347.
Kasimir, König von Polen 349 ff.
Kaspi 299, 313 ff.
Kastilien, Juden in 37, 55, 117, 140, 251 f., 285, 287, 291, 354 f.; ihre Zahl 142 f.
Katalonien, Juden in 37, 334, 352.
Kimchi, David 37, 50 f., 55.
Kitzingen, Gemetzel in 102.
Königsberg in Neumark, Gemetzel in 347.
Konrad IV., König 101.
Krim, Karäer in der 278.

L.

Ladislaus IV. 140.
Langton, Kardinal 10, 20.
Lateankonzil, viertes 14, 23, 91.
Lauda, Verfolgung in 84.
Leo de Bagnols s. Gersonides.
Leone Romano 261, 275.
Leonora de Guzmann 297, 355.
Levi aus Villefranche 219, 223.
Levi ben Gerson s. Gersonides.
London, Verfolgung in 114.
Lorch, Verfolgung in 171.
Lublin 88.
Ludwig VII. von Frankreich 13.
Ludwig VIII. von Frankreich 23 f.
Ludwig IX., der Heilige von Frankreich 24, 88, 92, 95 f., 108, 110.
Ludwig X. von Frankreich, 253.
Ludwig der Bayer, Kaiser 327 f.

Ludwig, König von Ungarn 349.
Ludwig, Markgraf von Brandenburg 347.
Lünel, Juden in 37, 230, 254.
Lyra, Nikolaus de 303.
Lyranus s. Lyra.

M.

Madrid, Juden in 143.
Mamson aus Villeneuve 335.
Märtyrer s. die einzelnen Städte.
Maimunische Schriften, Verbrennung der 54, 98.
Maimunisten 29 ff., 34, 37, 46, 54, 55, 73, 76, 156, 159, 167, 238.
Mainz, Juden in 171, 173, 344; Synode in 21; Verfolgung in 171, 344 f.
Malmed 87.
Mansi s. Abraham und Jechiel bei Mansi
Mardochai ben Joseph 138.
Mardochai ben Hillel 232.
Mardochai Jbn-Alcharbija s. Saad Abdaula.
Marescall, Graf 110.
Maria de Molina 188, 251.
Maria de Padilla 359, 361, 368.
Martin IV., Papst 194.
Martin Raymund s. Raymund.
Martinez Gonzalo s. Gonzalo.
Meïr Abulafia 30 f., 45 ff., 52, 86.
Meïr ben Mose aus Rom 161.
Meïr ben Simon 71.
Meïr de Malea 115, 140.
Meïr Jbn-Aldabi 285.
Meïr von Rothenburg 98, 156 ff., 161, 173, 175, 234.
Meïri 221 ff.
Meles, Mose Iskafat s. Mose.
Meles, Samuel s. Samuel ben Juda.
Menahem ben Zerach 288.
Menahem, der Deutsche 74.
Menahem Meïri s. Meiri.
Meschullam ben David 101.
Meschullam ben Kalonymos 55.
Meschullam ben Mose 71.
Meschullam Dafiera s. Dafiera.
Meschullamin s. Samuel ben Juda.
Michael Scotus 86 f.
Midrasch di R. Simon ben Jochai s. Sohar.
Milo, Legat 8, 10.
Mohammed Alnasir 12, 17.
Mongolen 100, 127, 173 f., 183 ff.
Monmorency, Alice von 18.

Montpellier, Juden in 37, 99, 105, 223 ff., 228, 236 ff., 254 f.; Konzil von 14.
Morel, Sir s. Samuel von Falaise.
Mose Abudiel 296 ff.
Mose aus Burgos 218.
Mose aus Coucy 49, 57 f., 96, 109.
Mose aus Evreux 110.
Mose aus London 114.
Mose aus Mainz 338.
Mose ben Chasdaï s. Taku.
Mose ben Samuel aus Perpignan 230.
Mose ben Schem-Tob s. Mose de Lyon.
Mose de Leon 190, 199 ff., 212.
Mose, Schatzmeister der Königin Maria de Molina 251.
Mose Jbn-Tibbon 103, 219.
Mose Iskafat 241.
Mose Kohen aus Safet 167.
Mose Narboni s. Narboni.
Mose Nathan 352.
Mulcoz, Konrad de 91.
Mulrichstadt, Gemetzel in 172.
München, Verfolgung in 172, 346.

N.

Nachmani 37 ff., 43, 50, 52, 71 ff., 121 ff., 125, 131.
Narboni 299, 313 f., 324, 334.
Narbonne, Juden in 37; Konzil von 23.
Nazir Mohammed 282.
Nathan Romi 161.
Nathanael Jbn-Almali 261.
Natronai, Schüler Abulafias 195.
Navarra, Verfolgung in 288.
Nechunja ben Ha-Kana 70.
Neglib-Eddin 185.
Neklo 88.
Nevers, Grafen von 8.
Nikolaus III., Papst 117, 140.
Nikolaus de Lyra s. Lyra und Lyranus.
Nikolaus Donin s. Donin.
Nothampton, Juden in 179.
Nürnberg, Juden in 232; Gemetzel in 346.
Nissim Gerundi 352, 363, 364 f.
Nußgarten 198.

O.

Oberwesel, Verfolgung in 172.
Odo, Kanzler der Universität Paris 96, 107.

Ofen, Synode in 139.
Österreich, Juden in 21, 233, 346.
Olligoyen 287 f.
Opferpfennig, der güldene 328.
Oppenheim, Juden in 173; Verfolgung in 343.
Oxford, Konzil von 20.

P.

Palästina 12, 127 f., 131, 282 ff.
Palermo, Juden in 88; ihre Absperrung ins Ghetto 88.
Palma, Juden in 26.
Parchi Estori 246, 281.
Paris, Disputation von 97.
Parlament, jüdisches, in Worcester 112
Paula dei Mansi 161.
Pedro Olligoyen s. Olligoyen.
Pedro II. von Aragonien 5.
Pedro IV. von Aragonien 352.
Pedro der Grausame von Kastilien 354 ff., 372 ff., 374.
Penini s. Bedaresi, Jedaja.
Perez aus Corbeil 110.
Perpignan, Juden in 220, 224, 230, 249 f., 313 f.
Petrus von Benevent 14.
Petrus de Janua 124.
Peyerac 258.
Pforzheim, Verfolgung in 102.
Philipp August von Frankreich 5, 13.
Philipp III. von Frankreich 138.
Philipp III. von Navarra 288.
Philipp IV., der Schöne, 176, 182, 241, 243, 287.
Philipp V., der Lange, von Frankreich 254, 258.
Poesie, neuhebräische 76—81, 261, 267, 273.
Poitou, Gemetzel in 94.
Polen, Juden in 138 f., 349 ff.
Portugal, Juden in 143 f.
Profatius s. Jakob ben Machir.
Profiat s. Jakob ben Machir.
Pulgar s. Isaak Pulgar.

R.

Rabbinat, Ober-, von England 110.
Ramla, Gemeinde in 284.
Rasiel s. Gikatilla.

Raymund Martin 124, 150.
Raymund von Peñaforte 25, 119, 123, 149, 177.
Raymund VI. von Toulouse 8, 10, 14.
Raymund VII. von Toulouse 18, 24.
Raymund Roger von Beziers 9.
Reddinge, Robert de 177.
Regensburg, Juden in 170, 232, 347.
Rindfleisch, Verfolgung durch 232 ff.
Ring, Gerbaldus 171.
Robert, Erzbischof von Gran 27.
Robert von Neapel 260 f., 263, 275
Rokeach s. Eleasar ben Jehuda.
Rom, Juden in 260 ff.; Konzil in 14.
Rouen, Konzil von 26.
Rudolf von Habsburg 136, 156, 169, 171 f., 175.
Ruprecht, Herzog von Bayern 346.

S.

Saad Abdaula 173, 183 ff.
Saadia aus Segelmesi 195.
Sabbatai ben Salomo 163.
Safet, Gemeinde von 167, 284.
Saints, Gemetzel in 92.
Salomo Alkonstantini 56, 294.
Salomo ben Abraham von Montpellier 35 f., 47, 50, 52.
Salomo ben Adret s. Ben-Adret.
Salomo ben Ascher 57.
Salomo ben Jakob 261.
Salomo de Lünel 229.
Salomo Gracian 241.
Salomo Petit 157 ff., 164 ff., 186.
Salomo von Tarascon 138.
Salon s. Samuel ben Juda Meles.
Salvatierra, Untergang der Gemeinde von 12.
Samuel aus Château-Thierry 96.
Samuel aus Falaise 109.
Samuel, Schatzmeister Ferdinands IV. 251.
Samuel ben Juda Meles 259.
Samuel ben Juda Meschullam s. Meles.
Samuel Halevi 116.
Samuel Kohen ben Daniel 167.
Samuel Ibn-Wakar 286, 288 ff.
Samuel Levi Abulafia, Staatsmann, 358, 359 ff.
Samuel Saporta s. Saporta.
Samuel Sulami 220, 224.
Sancho, König von Kastilien 140 f.
Sancho IV. 108.

Sangisa, Schwester Johanns XXII. 262.
Santob de Carrion 300, 356 ff.
Saporta, Samuel 48 f., 55.
Savoyen, Gemetzel in 335 f.
Schatzmeister, jüdische s. Almoxarif.
Scheinmohammedaner 17, 81, 115.
Schemarja Ikriti 275 ff.
Schem-Tob Ardutiel 300.
Schem-Tob Falaquera 168, 215 ff.
Schem-Tob Ibn-Gaon 283, 305.
Schem-Tob Tortosi 103.
Scheschet Benveniste 31, 77.
Schiur Koma 62, 156, 164.
Schum s. Mainz, Synode von.
Schwarm, Peter 338.
Schweiz, Verfolgung in 336 f.
Scotus, Duns s. Duns.
Scotus, Michael s. Michael.
Seelenwanderung (Ibbur Gilgul) 68.
Sefirot-Lehre, kabbalistische 64 ff.
Sens, Juden in 6.
Segovia, Juden in 187, 370.
Serachja ben Schaltiel 163.
Sevilla, Juden in 82, 114, 371.
Simcha ben Samuel 22.
Simon von Montfort 8, 14.
Simson aus Chinon 306 f.
Simson ben Meir 148, 236.
Simson ben Abraham s. Simson von Sens.
Simson von Sens 11, 32 f., 49.
Simson ben Zadok 175.
Sinzig, Verfolgung in 136.
Sizilien, Juden in 90.
Sohar 202 ff., 211; seine Wirkung 212 ff.
Spanien, Juden in 12 f., 18, 37, 114, 140 ff., 149 ff., 230, 251 f., 285 ff., 354 ff. (s. auch Juden in Kastilien, Aragonien usw.).
Speyer, Gemeinde in 173; Gemetzel in 340.
Statute of Judaism 178.
Stocktalmudisten 28 ff., 34 f., 75, 86, 250, 308, 310, 316.
Straßburg, Juden in 338 ff.; Gemetzel in 340 ff.
Streit für und gegen Maimuni s. Maimunisten u. Antimaimunisten.
Streit für und gegen die Wissenschaften 223 ff., 230, 242, 250.
Sturm, Gosse 338.
Südfrankreich, Juden in 18, 23, 33 f., 230, 235, 257, 313 ff.
Süßkind, Alexander 327.

Süßkind Wimpfen 175.
Sulami s. Samuel Sulami.
Synagoge, abulafianische in Toledo 362.

T.

Tachkemoni 76.
Taku, Mose 154 ff.
Talmud, Anklage des 94, 107; Studium des 39 f., 51, 93, 99, 108, 250, 299, 307; in der Schule 93; Verbrennung des 98, 107, 249, 255.
Tanchum, der Jerusalemer 132 f.
Tarrega, Gemetzel in 334.
Tibboniden 103, 228 ff., 236, 249.
Tod, schwarzer, Verfolgungen infolge des 331 ff., 344 ff.
Todros Abulafia 31, 77.
Todros Halevi s. Todros ben Joseph Abulafia.
Todros ben Joseph Abulafia 188 ff., 211, 218, 251.
Todros von Beaucaire 225.
Toledo, Juden in 46, 99, 143, 187, 234, 361, 371, 373 f.; Verfolgung in 13.
Toro, Festung in Spanien 360.
Tossafisten, letzte 109, 110.
Tossafot Evreux 110.
Tossafot Touques 110.
Toulouse, Juden in 18, 246.
Tours, Konzil von 26; Gemetzel in 257.
Troyes, Verfolgung in 176.
Turquant 367, 371.
Tur 303.

U.

Ungarn, Juden in 26, 138 f., 349.
Urban V., Papst 374.

V.

Valavigny aus Thonon 335.
Valladolid, Juden in 143, 295, 373; Disputation in 295.
Verdun, Gemetzel in 256.
Vergeltungslehre, kabbalistische 67.
Vidal Bonafoux s. Bonafoux.
Vidal Crescas s. Crescas.
Vidal ben Salomo s. Meïri.
Vidal de Tolosa 305.
Vidal Narboni s. Narboni.
Vidas En s. Dasiera Meschullam.
Villadiego, Juden in 373.

W.

Wallfahrer nach Jerusalem 283 f.
Walter, Erzbischof von Sens 95.
Wakar s. Juda Ibn-Wakar.
Weißenburg, Verfolgung in 136 f.
Werner, Erzbischof von Mainz 171.
Wien, Juden in 88, 330, 346; Kirchenversammlung in 136.
Wilhelm, Bischof von Paris 95.
Wimpfen s. Süßkind Wimpfen.
Winchelsea, Juden in 176.
Winterthur, Conrad von 338 f., 340.
Worcester, jüdisches Parlament in 112.
Worms, Gemeinde in 173; Gemetzel in 342 ff.
Würzburg, Vernichtung der Gemeinde in 232; Gemetzel in 346.

Z.

Zag Abenazot 143.
Zag Benveniste 14, 18 f.
Zag Ibn-Said 116.
Zag de Malea 115, 140 f.
Zamora, Konzil von 251.
Zidkija ben Abraham 161.
Zifroni, Familie 268.
Zofingen, Gemetzel in 336.
Zuniga, Ortiz de 366.
Zürich, Gemetzel in 337.

Druck von Oskar Leiner in Leipzig. 17047